U0927335

明清江南的州县行政与地方社会研究

A Study on the District Magistrates and Local Society of Jiangnan during the Ming and Qing Dynasties

冯贤亮　著

上海古籍出版社

2013年度国家社科基金后期资助项目（13FZS025）

国家社科基金后期资助项目
出版说明

后期资助项目是国家社科基金项目主要类别之一，旨在鼓励广大人文社会科学工作者潜心治学，扎实研究，多出优秀成果，进一步发挥国家社科基金在繁荣发展哲学社会科学中的示范引导作用。后期资助项目主要资助已基本完成且尚未出版的人文社会科学基础研究的优秀学术成果，以资助学术专著为主，也资助少量学术价值较高的资料汇编和学术含量较高的工具书。为扩大后期资助项目的学术影响，促进成果转化，全国哲学社会科学规划办公室按照“统一设计、统一标识、统一版式、形成系列”的总体要求，组织出版国家社科基金后期资助项目成果。

全国哲学社会科学规划办公室

2014 年 7 月

目　录

绪　论

一

地方行政与社会关系的问题，一直颇受国内外学界关注。作为政治统治、财政汲取和意识形态控制最重要的基层空间，州县地区行政的有效展开，是国家稳定的依赖和前提。

学界关于明清时期的研究论著中，颇多涉及州县行政的考察，无论是法制史、经济史、社会史还是文化史，都有程度不等的论析。其出发点，首重制度史的表达，所以很早就出现了律例典章的研究、基层制度的考察、官僚体制的分析以及胥吏群体的解读等等。晚出的更多研究，藉由不少州县司法档案、牧令政书等的整理刊行，侧重于制度层面的内容与实际行政的综合分析。尽管谁都知道制度与实践之间存有差距，但是真正要将其全面系统地廓清，仍非易事。况且，仅从史料层面而言，还有大量的直接体现州县行政实践的史料，需要进一步挖掘、整理与解析；在史料工作推进的前提下，具体研究方能得以逐步改进，才能与研究者预设的理想目标相去不远。

就本书关心的江南地区而言，传统研究中十分注重社会经济史层面的考察，一方面，这与明清时期江南一直属于全国最为重要的财赋之区，并被不同时期无数的文人士绅所反复强调、过度描述有关；另一方面，也应当与20世纪50年代以来，为了探讨"资本主义萌芽"等问题而吸引了大量一流学者的眼光，在史料开掘与专题讨论上，在质与量两个方面，都有前所未有的大发展，是分不开的。

倘从州县行政与地方社会的关系着眼，成果最宏富的制度变迁与社会经济关系的研究，与本书多具相关性。例如，森正夫的明代江南土地制度研究，①就

① （日）森正夫：《明代江南土地制度の研究》，同朋舍1988年版。

明代的官、民田,地方均粮与赋税改革,有全面的论述;梁方仲编的《中国历代户口、田地、田赋统计》、①何炳棣关于土地数字的考释,②都曾详述明清中国土地制度的得失与土地数字统计的问题;傅衣凌有关明代江南市民经济的探讨、③梁方仲的明代粮长与明清社会经济研究、④王业键的清代田赋讨论、⑤陈恒力与王达以《补农书》为中心的江南农业研究、⑥伍丹戈有关明代土地制度和赋役制度发展的研究、⑦叶显恩主编的《清代区域社会经济研究》、⑧唐文基的明代赋役制度史研究、⑨陈支平的清代赋役制度演变考察、⑩陈春声的清代广东米价与市场机制的研究、⑪刘志伟的明清广东里甲赋役制度研究、⑫范金民编的《江南社会经济研究(明清卷)》与所著《明清江南商业的发展》⑬和《国计民生:明清社会经济史研究》、⑭刘石吉的明清时代江南市镇研究、⑮樊树志的《江南市镇:传统的变革》、⑯陈学文的明清时期太湖流域的商品经济与市场网络分析、⑰洪焕椿与罗仑主编的《长江三角洲地区社会经济史研究》、⑱村松祐次的近代江南租栈研究、⑲铃木智夫的近代中国地主制研究、⑳星斌夫的明代漕运研究、㉑黄仁宇的明代漕运与财

---

① 梁方仲:《中国历代户口、田地、田赋统计》,上海人民出版社1980年版。

② (美)何炳棣:《中国古今土地数字的考释和评价》,中国社会科学出版社1988年版。

③ 傅衣凌:《明代江南市民经济试探》,上海人民出版社1957年版。

④ 梁方仲:《明代粮长制度》,上海人民出版社2001年版;《明清赋税与社会经济》,中华书局2008年版。

⑤ 王业键 Yeh-Chien Wang, *Land Taxation in Imperial China, 1750 - 1911*, Harvard University Press, 1973. 中文译本《清代田赋刍论》,高风等译,人民出版社2008年版。

⑥ 陈恒力编著:《补农书研究》,中华书局1958年版;陈恒力校释,王达参校、增订:《补农书校释》,农业出版社1983年版。

⑦ 伍丹戈:《明代土地制度和赋役制度的发展》,福建人民出版社1982年版。

⑧ 叶显恩主编:《清代区域社会经济研究》,中华书局1992年版。

⑨ 唐文基:《明代赋役制度史》,中国社会科学出版社1991年版。

⑩ 陈支平:《清代赋役制度演变新探》,厦门大学出版社1988年版。

⑪ 陈春声:《市场机制与社会变迁——18世纪广东米价分析》,中山大学出版社1992年版。

⑫ 刘志伟:《在国家与社会之间——明清广东里甲赋役制度研究》,中山大学出版社1997年版。

⑬ 范金民编:《江南社会经济研究(明清卷)》,中国农业出版社2006年版;范金民:《明清江南商业的发展》,南京大学出版社1998年版。

⑭ 范金民:《国计民生:明清社会经济史研究》,福建人民出版社2008年版。

⑮ 刘石吉:《明清时代江南市镇研究》,中国社会科学出版社1987年版。

⑯ 樊树志:《江南市镇:传统的变革》,复旦大学出版社2005年版。

⑰ 陈学文:《明清时期太湖流域的商品经济与市场网络》,浙江人民出版社2000年版。

⑱ 洪焕椿、罗仑主编:《长江三角洲地区社会经济史研究》,南京大学出版社1989年版。

⑲ (日)村松祐次:《近代江南の租栈》,东京大学出版会1978年版。

⑳ (日)鈴木智夫:《近代中国の地主制——租覈の研究訳注》,汲古书院1977年版。

㉑ (日)星斌夫:《明代漕运の研究》,日本学术振兴会1963年版。

政赋税研究、①吴琦的漕运与中国社会研究、②川胜守的明清江南农业经济史研究③与市镇社会史研究、④吴金成的明清江南社会研究、⑤郁维明对明代周忱在江南的改革研究、⑥田炯权的近代社会经济史研究、⑦刘翠溶的明清时期家族人口与社会经济变迁研究、⑧徐泓的清代两淮盐场研究、⑨岸本美绪的清代物价与经济变动的研究、⑩黄宗智的长江三角洲农家经济研究、⑪唐力行的明清徽州区域社会经济研究、⑫李伯重的《多视角看江南经济史：1250—1850》与《江南农业的发展：1620—1850》二书、⑬岩井茂树的近世财政研究、⑭山本进的清代社会经济史研究、⑮赖惠敏的明代南直隶赋役制度研究、⑯范毅军对明清太湖以东地区市镇的探讨、⑰蒋兆成的明清杭嘉湖社会经济史研究、⑱王卫平的明清时期江南城市史研究、⑲夏井春喜的近代江南地主制研究、⑳吴建华的明清江南人口社会研究、㉑张海英的明清江南商品流通与市场体系研究、㉒陈锋的《清代财政政策与货币政策研究》及

---

① （美）黄仁宇：《明代漕运》，新星出版社 2005 年版；《十六世纪明代中国之财政与税收》，三联书店 2001 年版。

② 吴琦：《漕运与中国社会》，华中师范大学出版社 1999 年版。

③ （日）川勝守：《明清江南农业经济史研究》，东京大学出版会 1992 年版。

④ （日）川勝守：《明清江南市鎮社会史研究——空間と社会形成の歴史学》，汲古书院 1999 年版。

⑤ （韩）吴金成：《明清时期的江南社会：以城市发展为中心》，收入《中国江南社会与中韩文化交流》，杭州出版社 1997 年版。

⑥ 郁维明：《明代周忱对江南地区经济社会的改革》，台湾商务印书馆 1990 年版。

⑦ （韩）田炯权：《中国近代社会经济史研究——义田地主和生产关系》，中国社会科学出版社 1997 年版。

⑧ 刘翠溶：《明清时期家族人口与社会经济变迁》，台北中研院经济研究所，1992 年版。

⑨ 徐泓：《清代两淮盐场的研究》，台北嘉新水泥文化基金会 1972 年版。

⑩ （日）岸本美緒：《清代中国の物価と経済变动》，研文出版 1997 年版。

⑪ （美）黄宗智：《长江三角洲小农家庭与乡村发展（1350—1988）》，中华书局 1992 年版。

⑫ 唐力行：《明清以来徽州区域社会经济研究》，安徽大学出版社 1999 年版。

⑬ 李伯重：《多视角看江南经济史：1250—1850》，三联书店 2003 年版；《江南农业的发展：1620—1850》，上海古籍出版社 2007 年版。

⑭ （日）岩井茂树：《中国近世財政史の研究》，京都大学学术出版会 2004 年版；中文译本《中国近代财政史研究》，社会科学文献出版社 2011 年版。

⑮ （日）山本进：《清代社会经济史》，山东画报出版社 2012 年版。

⑯ 赖惠敏：《明代南直隶赋役制度的研究》，台湾大学出版委员会 1983 年版。

⑰ 范毅军：《传统市镇与区域发展：明清太湖以东地区为例，1551—1861》，联经出版事业股份有限公司 2005 年版。

⑱ 蒋兆成：《明清杭嘉湖社会经济史研究》，杭州大学出版社 1994 年版。

⑲ 王卫平：《明清时期江南城市史研究：以苏州为中心》，人民出版社 1999 年版。

⑳ （日）夏井春喜：《中国近代江南の地主制研究——租栈関係簿册の分析》，汲古书院 2001 年版。

㉑ 吴建华：《明清江南人口社会史研究》，群言出版社 2005 年版。

㉒ 张海英：《明清江南商品流通与市场体系》，华东师范大学出版社 2002 年版。

其主编的《明清以来长江流域社会发展史论》、[1]余同元的明清时期江南工匠技术经济史研究、[2]白凯的江南租税与农民反抗研究、[3]伍跃的明清徭役制度与地方行政的探讨、[4]李志庭的浙江地区开发探源、[5]森田明的清代水利社会史研究、[6]川胜守的明代江南水利政策发展的考察、[7]缪启愉编著的《太湖塘浦圩田史研究》、[8]彭雨新与张建民的《明清长江流域农业水利研究》、[9]魏嵩山的太湖流域开发探源、[10]张芳的《明代太湖地区的治水》、[11]潘清的明代太湖流域水利建设阶段的分析、[12]钱杭的萧山湘湖水利社会的研究、[13]王建革的《水乡生态与江南社会(9—20世纪)》、[14]洪璞的明代以来吴江县乡村经济与社会变迁研究、[15]吴滔的清代苏州市镇与农村关系的空间透视、[16]黄敬斌的江南居民消费研究[17]等,讨论了赋役制度、城乡土地资源利用与乡民生活、市镇经济与商品流通等问题,全面而深入。

其次,是关于州县行政与官僚群体的考察,成果数量上不如前者,讨论的深度仍有很大的推进。如瞿同祖的《清代地方政府》、[18]杨联陞的《明代地

---

① 陈锋:《清代财政政策与货币政策研究》,武汉大学出版社2008年版;陈锋主编:《明清以来长江流域社会发展史论》,武汉大学出版社2006年版。

② 余同元:《传统工匠现代转型研究:以江南早期工业化中工匠技术转型与角色转换为中心》,天津古籍出版社2012年版。

③ (美)白凯 Kathryn Bernhardt, *Rents, Taxes, and Peasant Resistance: The Lower Yangzi Region, 1840-1950*, SMC Publishing Inc, Taipei, 1992. 中文译本《长江下游地区的地租、赋税与农民的反抗斗争(1840—1950)》,林枫译,上海书店2005年版。

④ 伍跃:《明清時代の徭役制度と地方行政》,大阪经济法科大学出版部2000年版。

⑤ 李志庭:《浙江地区开发探源》,江西教育出版社1997年版。

⑥ (日)森田明:《清代水利史》,亚纪书房1974年版;《清代水利社会史研究》,郑樑生译,台湾编译馆1996年版;《清代水利与区域社会》,山东画报出版社2008年版。

⑦ (日)川胜守:《明代江南水利政策的发展》,载《明清史国际学术讨论会论文集》,天津人民出版社1982年版。

⑧ 缪启愉编著:《太湖塘浦圩田史研究》,农业出版社1985年版。

⑨ 彭雨新、张建民:《明清长江流域农业水利研究》,武汉大学出版社1993年版。

⑩ 魏嵩山:《太湖流域开发探源》,江西教育出版社1993年版。

⑪ 张芳:《明代太湖地区的治水》,载《太湖地区农史论文集》第一辑,1985年印行本,第95—105页。

⑫ 潘清:《明代太湖流域水利建设的阶段及其特点》,载《中国农史》1997年第2期。

⑬ 钱杭:《库域型水利社会研究:萧山湘湖水利集团的兴与衰》,上海人民出版社2009年版。

⑭ 王建革:《水乡生态与江南社会(9—20世纪)》,北京大学出版社2013年版。

⑮ 洪璞:《明代以来太湖南岸乡村的经济与社会变迁:以吴江县为中心》,中华书局2005年版。

⑯ 吴滔:《清代江南市镇与农村关系的空间透视:以苏州地区为中心》,上海古籍出版社2010年版。

⑰ 黄敬斌:《民生与家计:清初至民国时期江南居民的消费》,复旦大学出版社2009年版。

⑱ 瞿同祖 Tung-tsu Ch'u, *Local Government in China Under the Ch'ing*, Harvard University Press, 1962. 中文译本《清代地方政府》,范忠信、晏锋译,法律出版社2003年版。

方政府》①等,对明清府、州、县政府的权力运作及其特点等有宏阔的探讨;谭其骧有关浙江省历代行政区划及地区开发过程的分析,②则详述了地方经济发展与政区变革的深层联系;周振鹤的《地方行政制度志》,③是目前较为系统阐释历代政区变迁及其规律的著作;柏桦的《明代州县政治体制研究》与《明清州县官群体》,④从施政行为和政治心理的视野,探析了明清州县政治体制的概貌;何朝晖的明代县政研究⑤是关于明代帝国县政的广泛性考察;此外,宫崎市定关于清代雍正朝胥吏与幕友的研究、⑥缪全吉的《明代胥吏》、⑦任道斌的《清代嘉兴地区胥吏衙蠹在经济方面的罪恶活动》、⑧唐瑞裕的《清代吏治探微(一)》、《清代吏治探微(二)》与《清代乾隆朝吏治之研究》、⑨蔡申之的《清代州县故事》、⑩瓦特的晚清中国地方行政官员的讨论、⑪赵世瑜的《吏与中国传统社会》、⑫黄宗智的《清代的法律、社会与文化:民法的表达与实践》、⑬梁治平的清代习惯法研究、⑭许大龄的清代捐纳制度研究、⑮伍跃的《中国的捐纳制度与社会》、⑯郭润涛对明清官府幕友家

---

① 杨联陞:《明代地方政府》,载 Charles O. Hucker ed., *Chinese Government Ming Times: Seven Studies*, Columbia University Press,1969. 后收入氏著《国史探微》,中文版可参辽宁教育出版社 1998 年版,第 94—116 页;新星出版社 2005 年版,第 89—109 页。

② 谭其骧:《浙江省历代行政区划——兼论浙江各地区的开发过程》,原载杭州《东南日报》,1947 年 10 月 4 日,收入《长水集》(上),人民出版社 1987 年版。

③ 周振鹤:《地方行政制度志》(《中华文化通志·制度文化典》第 4 典),上海人民出版社 1998 年版。

④ 柏桦:《明代州县政治体制研究》,中国社会科学出版社 2003 年版;柏桦:《明清州县官群体》,天津人民出版社 2003 年版。

⑤ 何朝晖:《明代县政研究》,北京大学出版社 2006 年版。

⑥ (日)宫崎市定:《清代の胥吏と幕友:特に雍正朝を中心として》,《東洋史研究》1958 年第 16 卷第 4 号,第 347—374 页。

⑦ 缪全吉:《明代胥吏》,台北嘉新水泥公司文化基金会 1969 年版。

⑧ 任道斌:《清代嘉兴地区胥吏衙蠹在经济方面的罪恶活动》,载《清史论丛》第六辑,中华书局 1985 年版。

⑨ 唐瑞裕:《清代吏治探微(一)》,文史哲出版社 1991 年版;《清代吏治探微(二)》,文史哲出版社 1998 年版;《清代乾隆朝吏治之研究》,文史哲出版社 2001 年版。

⑩ 蔡申之:《清代州县故事》,近代中国史料丛刊本,文海出版社 1970 年版。

⑪ (美)瓦特 John R. Watt, *The District Magistrate in Late Imperial China*, Columbia University Press, 1972.

⑫ 赵世瑜:《吏与中国传统社会》,浙江人民出版社 1994 年版。

⑬ (美)黄宗智 Philip C. C. Huang, *Civil Justice in China: Representation and Practice in the Qing*, Stanford University Press, 1996. 中文译本《清代的法律、社会与文化:民法的表达与实践》,上海书店出版社 2001 年版。

⑭ 梁治平:《清代习惯法——社会与国家》,中国政法大学出版社 1996 年版。

⑮ 许大龄:《清代捐纳制度》,哈佛燕京学社 1950 年版。

⑯ 伍跃:《中国の捐納制度と社会》,京都大学学术出版会 2011 年版(中文版见《中国的捐纳制度与社会》,江苏人民出版社 2013 年版)。

人的研究、[①]白德瑞的清代衙役研究、[②]黄克武对清前期州县行政的文献研究、[③]顾慕晴对明清州县官员自我律求的分析、[④]巫仁恕的传统城市“群众集体行动”之研究、[⑤]吕进贵对明代巡检制度的探讨、[⑥]戴顺居对明代强盗案件的专题研究、[⑦]张研的《清代县级政权控制乡村的具体考察：以同治年间广宁知县杜凤治日记为中心》、[⑧]张小也的明清国家与基层社会的系列个案考察[⑨]等等，都是从广义的社会史角度，涉及地方衙门中特殊群体的构成与社会影响，企图说明吏役在地方政府的实际运作；而任立达主编的《中国古代县衙制度史》、[⑩]郭建的《帝国缩影——中国历史上的衙门》、[⑪]林乾的《清代衙门图说》、[⑫]李乔的《清代官场图记》[⑬]等，则是以轻松的笔调来展示古代衙门群体像的著作。

第三，是关于州县行政与地方社会关系的，大多侧重于地方特殊群体（如士绅），并以之为上层的国家与下层的民间之际的政治媒介，注意其在城乡之间、举业仕途、著姓望族之间的社会流动及其影响，从而展开的大量考察研究。例如根岸佶的耆老绅士研究、[⑭]潘光旦与费孝通的《科举与社会流动》、[⑮]吴晗等人合撰的《皇权与绅权》、[⑯]吴晗的晚明仕宦阶级生活分析及遗稿《明代的新仕宦阶级、社会的政治的文化的关系及其生活》、[⑰]费孝通从

① 郭润涛：《官府、幕友与书生——绍兴师友研究》，中国社会科学出版社 1996 年版；《清代的“家人”》，《明清论丛》1999 年第 1 辑。

② （美）白德瑞 Bradly W. Reed, *Talons and Teeth: County Clerks and Runners in the Qing Dynasty*, Stanford University Press, 2000.

③ 黄克武：《从乾隆末年经世思想看清初官僚行政：〈切问斋文钞〉服官、选举部分之分析》，收入中研院近代史研究所编：《近代中国初期历史研讨会论文集》，1989 年 4 月，第 579—618 页。

④ 顾慕晴：《明、清州县官之自我律求》，载《中国行政评论》1992 年第 1 卷第 3 期，第 33—84 页。

⑤ 巫仁恕：《激变良民：传统中国城市群众集体行动之分析》，北京大学出版社 2011 年版。

⑥ 吕进贵：《明代的巡检制度》，“明史研究丛刊”，明史研究小组 2002 年版。

⑦ 戴顺居：《明代的强盗案件：判牍中所反映的民间社会治安问题》，“明史研究丛刊”，明史研究小组 2005 年版。

⑧ 张研：《清代县级政权控制乡村的具体考察：以同治年间广宁知县杜凤治日记为中心》，大象出版社 2011 年版。

⑨ 张小也：《官、民与法：明清国家与基层社会》，中华书局 2007 年版。

⑩ 任立达主编：《中国古代县衙制度史》，青岛出版社 2004 年版。

⑪ 郭建：《帝国缩影——中国历史上的衙门》，学林出版社 1999 年版。

⑫ 林乾：《清代衙门图说》，中华书局 2006 年版。

⑬ 李乔：《清代官场图记》，中华书局 2005 年版。

⑭ （日）根岸佶：《中国社会に於ける指導層——耆老紳士の研究》，平和书房 1947 年版。

⑮ 潘光旦、费孝通：《科举与社会流动》，载《社会科学》1947 年第 4 卷第 1 期。

⑯ 吴晗等：《皇权与绅权》，上海观察社 1948 年版。

⑰ 吴晗：《晚明仕宦阶级的生活》，收入北京市历史学会编：《吴晗史学论著选集》第一卷，人民出版社 1984 年版，第 508—516 页；《明代的新仕宦阶级、社会的政治的文化的关系及其生活》，1943 年作，后收入《明史研究论丛》第五辑，1991 年，第 1—68 页。

城乡关系史的角度对中国绅士的讨论、①萧公权的晚清帝国对乡村社会的控制研究、②伍丹戈的明代绅衿地主的研究、③张仲礼有关19世纪中国社会中士绅作用的研究、④何炳棣的明清社会史论、⑤鹤见尚弘的明代乡村控制研究、⑥奥崎裕司的中国乡绅地主研究、⑦滨岛敦俊的明代江南农村社会研究、⑧川胜守的明代浙江嘉兴府的嵌田问题研究、⑨森正夫的明末清初荒政与地主佃户关系研究、⑩稻田清一的江南乡村地主生活空间的个案考察、⑪吴金成的明代绅士阶层形成及其社会经济作用的研究、⑫森正夫与滨岛敦俊等人编的《明清时代史的基本问题》、⑬岸本美绪的17世纪中国的秩序问题研究、⑭山本英史所编《中国近世的规范与秩序》中有关明清社会与政治的若干研究、⑮吴仁安的明清江南望族研究、⑯邓尔麟对17世纪江南地方统

① 费孝通 Fei Hsiao-Tung, *China's Gentry: Essays in Rural-Urban Relations*, the University of Chicago Press, 1953. 中文译本《中国士绅》,惠海鸣译,中国社会科学出版社2006年版。

② 萧公权 Hsiao Kung-ch'üan, *Rural China*, *Imperial Control in the Nineteenth Century*, University of Washington Press,1960.

③ 伍丹戈:《明代绅衿地主的发展》,载《明史研究论丛》第二辑,江苏古籍出版社1983年版,第9—25页。

④ 张仲礼 Chang Chung-Li, *The Chinese Gentry: Studies on Their Role in 19th-Century*, University of Washington Press, 1955. 中文译本《中国绅士——关于其在19世纪中国社会中作用的研究》,李荣昌译,上海社会科学院出版社1991年版。

⑤ (美)何炳棣 Ho Ping-ti, *The Ladder of Success in Imperial China: Aspect of Social Mobility in China, 1368-1911*. Columbia University Press, 1962. 中文译本《明清社会史论》,徐泓译注,联经出版事业公司2014年版。

⑥ (日)鹤見尚弘:《明代における郷村支配》,收入《岩波講座·世界歷史》第12卷,岩波书店1971年版。

⑦ (日)奥崎裕司:《中国郷紳地主の研究》,汲古书院1978年版。

⑧ (日)濱島敦俊:《明代江南農村社会の研究》,东京大学出版会1982年版。

⑨ (日)川勝守:《浙江嘉興府の嵌田問題》,载氏著《中国封建国家の支配構造——明清賦役制度史の研究》,东京大学出版会1980年版。

⑩ (日)森正夫:《十六—十八世紀における荒政と地主佃户関係》,载《東洋史研究》,27.4:1969,第69—111页,1969;中译本见刘俊文主编:《日本学者研究中国史论著选译》第六卷"明清",中华书局1993年版,第26—73页。

⑪ (日)稻田清一:《清末江南一乡村地主生活空间的范围与结构》,载《中国历史地理论丛》1996年第二期,第219—242页。

⑫ (韩)吴金成:《明代社会経済史研究——紳士層の形成と社会経済的役割》,汲古书院1990年版。

⑬ (日)森正夫、濱島敦俊等编:《明清時代史の基本問題》,汲古书院1997年版。

⑭ (日)岸本美緒:《明清交替と江南社会——17世紀中国の秩序問題》,东京大学出版会1999年版。

⑮ 参(日)山本英史编:《中国近世の規範と秩序》,东洋文库2014年版。

⑯ 吴仁安:《明清江南望族与社会经济文化》,上海人民出版社2001年版。

治的考察、①赖惠敏对明清浙西士绅家族的研究、②唐力行的近世中国商人与社会的研究、③王振忠的明清徽商与徽州村落研究、④吴琦主编的《明清地方力量与地方社会》⑤与《明清社会群体研究》、⑥常建华的明清宗族、国家与社会研究、⑦张研的清代基层社会组织的研究、⑧徐茂明的明清江南士绅与江南社会的研究、⑨陈宝良的《明代社会生活史》、《明代儒学生员与地方社会》与《明代社会转型与文化变迁》、⑩巫仁恕对晚明消费社会的研究、⑪山本英史的《清代中国的地域支配》、⑫方志远的明代国家权力结构及运行机制研究、⑬冯玉荣的明末清初松江地方士人研究、⑭卜正民的《明代的社会与国家》、⑮王家范对明清地方行政与社会关系的若干评述⑯等，对明清帝国如何控制城乡社会、绅士阶层的地位与影响等，都有精致深入的讨论。而较明显体现这个包含了地方有力阶层的绅士、乡绅或地主等群体的整体力量的，多在慈善事业、公共服务、乡村教化、灾害应对、基层控制、赋役负担等方面，像酒井忠夫的中国善书研究、⑰魏丕信与王国斌等人编

---

① （美）邓尔麟 Jerry Dennerline, *The Mandarins and the Massacre of Chia-ting: An Analysis of the Local Heritage and the Resistance to the Manchu Invasion in 1645*, Ph. D. dissertaiton, Yale University, 1973; *The Chia-ting Loyalists: Confucian Leadership and Social Change in Seventeenth-Century China*, New Haven: Yale University Press, 1981. 中文译本《嘉定忠臣——17 世纪中国士大夫之统治与社会变迁》，宋华丽译，中央编译出版社 2012 年版。

② 赖惠敏：《明清浙西士绅家族的研究》，台湾大学历史研究所博士论文 1988 年版。

③ 唐力行：《商人与中国近世社会》，浙江人民出版社 1993 年版。

④ 王振忠：《明清徽商与淮扬社会变迁》，三联书店 1996 年版；《明清以来徽州村落社会史研究》，上海人民出版社 2011 年版。

⑤ 吴琦编：《明清地方力量与地方社会》，中国社会科学出版社 2009 年版。

⑥ 吴琦编：《明清社会群体研究》，中国社会科学出版社 2009 年版。

⑦ 常建华：《明代宗族研究》，上海人民出版社 2005 年版；《清代的国家与社会研究》，人民出版社 2006 年版。

⑧ 张研：《清代社会的慢变量：从清代基层社会组织看中国封建社会结构与经济结构的演变趋势》，山西人民出版社 2000 年版。

⑨ 徐茂明：《江南士绅与江南社会（1368—1911）》，商务印书馆 2004 年。

⑩ 陈宝良：《明代社会生活史》，中国社会科学出版社 2004 年版；《明代儒学生员与地方社会》，中国社会科学出版社 2005 年版；《明代社会转型与文化变迁》，重庆大学出版社 2014 年版。

⑪ 巫仁恕：《品味奢华：晚明的消费社会与士大夫》，中华书局 2008 年版。

⑫ （日）山本英史：《清代中国の地域支配：地方文献が解き明かす清代中国の国家》，庆应义塾大学出版会 2007 年版。

⑬ 方志远：《明代国家权力结构及运行机制》，科学出版社 2008 年版。

⑭ 冯玉荣：《明末清初松江士人与地方社会》，中国社会科学出版社 2011 年版。

⑮ （加）卜正民 Timothy Brook, *The Chinese State in Ming Society*, Routledge Curzon, 2004。中文译本《明代的社会与国家》，陈时龙译，黄山书社 2009 年版。

⑯ 王家范：《漂泊航程：历史长河中的明清之旅》，北京师范大学出版社 2011 年版。

⑰ （日）酒井忠夫：《中国善書の研究》，国书刊行会 1999 年版；中文译本可参《中国善书研究》（增补版），刘岳兵、何英莺译，江苏人民出版社 2010 年版。

的《养民》、[①]梁其姿的明清慈善组织研究、[②]夫马进的中国善会善堂史研究、[③]李向军的清代荒政研究、[④]吴震的明末清初劝善运动思想研究、[⑤]王卫平的以明清时期为重点对传统社会保障与慈善事业的考察、[⑥]黄鸿山对晚清江南慈善事业的研究,[⑦]以及李文海与夏明方编的《天有凶年:清代灾荒与中国社会》,[⑧]等等,都堪为代表。

结合上面的综述,我们发现,在传统研究中,州县行政曾引起学者们的高度关注。其学术前提,当然是政治史与制度史的长期重视。在后来的学术变化中,法制史的再度兴起,导致了人们对于州县行政律法及其实践的兴趣,出现了像瞿同祖的《清代地方政府》这样的经典之作。后来与当世的相关断代史研究,其实都未超过瞿氏。瞿氏虽以行政律法的实践为中心,却基本是用社会学的方法来研究清代地方政府的常规制度及运作模式。考察内容涉及州县官、书吏、衙役、长随、幕友这些州县行政的主角,具体实践包括司法、征税、其他行政事务以及士绅与地方行政的诸多关联,资料极为丰赡,论析相当精核。后来的研究,大都受到瞿氏研究范式的影响,在瞿氏的论述系统与数据线索上作了若干扩展。

在关于明代的研究中,杨联陞的工作较早,对明代府、州、县政府的权力运作及其特点等有宏观的论述。[⑨] 柏桦也是较早直接以明代的州县研究为题,[⑩]此后关于明代帝国县政广泛性的考察,何朝晖的县政研究一样显得较为细致深入,都适当分析了明代州县衙门的设置与功用等问题。[⑪]

再如,张仲礼的清代中国绅士研究、[⑫]张伟仁的清代法律研究、[⑬]缪全吉

---

① (法)魏丕信,王国斌 Pierre-Etienne Will, R. Bin Wong, *Nourish the People: The State Cililian Granary System in China, 1659 - 1850*, Center for Chinese Studies, University of Michigan, 1991.

② 梁其姿:《施善与教化:明清的慈善组织》,联经出版事业公司 1997 年版。

③ (日)夫馬進:《中国善会善堂史研究》,同朋舍 1997 年版;中文译本《中国善会善堂史研究》,伍跃、杨文信、张学锋译,商务印书馆 2005 年版。

④ 李向军:《清代荒政研究》,中国农业出版社 1995 年版。

⑤ 吴震:《明末清初劝善运动思想研究》,台湾大学出版中心 2009 年版。

⑥ 王卫平:《中国古代传统社会保障与慈善事业:以明清时期为重点的考察》,群言出版社 2005 年版。

⑦ 黄鸿山:《中国近代慈善事业研究——以晚清江南为中心》,天津古籍出版社 2011 年版。

⑧ 李文海、夏明方主编:《天有凶年:清代灾荒与中国社会》,三联书店 2007 年版。

⑨ 杨联陞:《明代地方政府》。

⑩ 柏桦:《明代州县政治体制研究》、《明清州县官群体》。

⑪ 何朝晖:《明代县政研究》,特别是第 19—25 页。

⑫ 张仲礼:《中国绅士——关于其在 19 世纪中国社会中作用的研究》;《中国绅士的收入》,费成康、王寅通译,上海社会科学院出版社 2001 年版。

⑬ 张伟仁:《清代法制研究》,中研院历史语言研究所 1983 年版。

的《明代胥吏》、任道斌的《清代嘉兴地区胥吏衙蠹在经济方面的罪恶活动》、佐伯富的雍正朝养廉银研究、①曾小萍的18世纪中国的财政改革与州县问题研究、②唐瑞裕的《清代吏治探微》、③蔡申之的《清代州县故事》、赵世瑜的《吏与中国传统社会》、王志强从国家层面对清代律法的存在状态与地域特性等的考察、④魏光奇的清代县制研究、⑤瓦特对晚清帝国地方行政官员的考察、林丽月对乡贤祠与明清基层社会的研究、⑥刘铮云对清代乡地保甲与州县科派的研究、⑦巫仁恕对清代基层社会与国家控制的研究、⑧邱澎生的明清法律与地方经济的研究、⑨白德瑞的以清代巴县为中心的县衙吏役研究、⑩周保明的清代地方吏役制度研究、⑪岁有生的清代州县经费研究⑫等，检讨了传统衙门中特殊群体的构成、经济生活与社会影响，企图说明州县长官与吏役们在地方行政中的实际状况及其政治运作。

其他更多的相关研究，大多是讨论行政制度、官员职责、地方防卫、赋役制度、乡村传统与经济开发、社会变乱控制等，当然与州县行政都有相当的关联。⑬

---

① （日）佐伯富：《清雍正朝的养廉银研究》，郑樑生译，台湾商务印书馆1996年版。

② （美）曾小萍 Madeleine Zelin, *The Magistrate's Tael: Rational Fiscal Reform in Eighteenth Century Ch'ing China*, University of California Press, 1984. 中文译本《州县官的银两：18世纪中国财政的合理化改革》，董建中译，中国人民大学出版社2005年版。

③ 唐瑞裕：《清代吏治探微》，台北文史哲出版社1991年版。

④ 王志强：《法律多元视角下的清代国家法》，北京大学出版社2003年版。

⑤ 魏光奇：《官治与自治——20世纪上半期的中国县制》，商务印书馆2004年版；《有法与无法——清代的州县制度及其运作》，商务印书馆2010年版。

⑥ 林丽月：《俎豆宫墙：乡贤祠与明清的基层社会》，收入黄宽重主编：《中国史新论：基层社会分册》，联经出版事业公司2009年版，第327—372页。

⑦ 刘铮云：《乡地保甲与州县科派——清代的基层社会治理》，收入黄宽重主编：《中国史新论：基层社会分册》，联经出版事业公司2009年版，第373—422页。

⑧ 巫仁恕：《官与民之间——清代的基层社会与国家控制》，收入黄宽重主编：《中国史新论：基层社会分册》，联经出版事业公司2009年版，第423—474页。

⑨ 邱澎生：《当法律遇上经济：明清中国的商业法律》，五南图书出版公司2008年版。

⑩ （美）白德瑞 Bradly W. Reed, *Talons and Teeth: County Clerks and Runners in the Qing Dynasty.*

⑪ 周保明：《清代地方吏役制度研究》，上海书店出版社2009年版。

⑫ 岁有生：《清代州县经费研究》，大象出版社2013年版。

⑬ 这方面的研究，主要有陶希圣与沈任远合著的《明清政治体制》（台湾商务印书馆1967年版）、川勝守的《中国封建国家の支配構造——明清賦役制度史研究》（东京大学出版会1980年版）、张研的《清代族田与基层社会结构》（中国人民大学出版社1991年版）、小野和子编的《明清時代の政治と社会》（京都大学人文科学研究所昭和五十八年印行本）、真水康树的《明清地方行政制度研究》（北京燕山出版社1997年版）、赵秀玲《中国乡里制度》（社会科学文献出版社1998年版）、吴吉远的《清代地方政府的司法职能研究》（中国社会科学出版社1998年版）、王兴亚的《明代行政管理制度》（中州古籍出版社1999年版）、太田出的《清代江南三角洲地区的佐杂“分防”初探》（载《中国社会历史评论》2000年第二卷）、吉尾寛编的《民众反乱と中华世界——新しい中国史像の构筑に向けて》（汲古书院2012年版）等等。

特别是那思陆的州县行政研究,就直接以衙门的司法审判为题。①

就总体而言,地方行政实践的研究,即考察其具体运作与实践模式,将是未来研究的一个重大方向;不过,在许多论述中,仍过多强调明清州县行政的制度设计与变化,以及一些州县牧令与行政办公人员(包括幕僚的从政心得体会及少得可怜的小吏之记录)的一般性记录,还不能充分地揭明真正的行政实践内容、制度在地方行政过程中的具体推行。而且,在解读明清中国地方行政的同时,十分需要呈现较为翔实的地区差异的分析,并以整合性的研究,把握国家论的陈述。② 这一点,在中国区域史或地域社会史研究中,又恰恰是尤为重要的。

二

传统研究认为,明清时期中国社会结构的基本特征是建立在“地主经济”基础之上,又以专制主义朝廷集权为政治背景,等级关系与土地占有并无直接联系。这样的结构从总体上看,首先是上层的“皇帝与贵族等级”;其次是中层的“官僚士人等级”(包括了这个等级中比较居下的孝廉、弟子员、太学生、举人、贡生、秀才、监生、未出仕的进士等);最后是下层的“平民等级”,这一等级的构成最为复杂,数量也最多,包括庶民大地主、自耕农、中小地主、一般城镇居民、商人、手工业者、佃户、佣工以及奴婢贱民等。③ 经君健对传统中国的社会结构曾建立了一个基本的理论框架:最上层的是第一等级的皇帝和宗室贵族,接下来当是第二等级的官僚缙绅;其次是第三等级的“绅衿”;第四是极为复杂又人数最多的“凡人”等级;第五是“雇工人”等级;最下的是“贱民”等级。④

从州县官府与地方社会关系的层面来说,那些在地方社会中占据主导地位的绅士,以及数量不菲、盘踞于衙门中的官吏,是影响地方行政的两大群体。两大群体之间、群体内部之间的政治互动、利益冲突、社会网络等问题,会极大地影响地方行政工作,也给民间社会生活带来深刻影响。

费孝通提出过“差序格局”的理论概念,深刻揭示出中国人际关系的边

---

① 那思陆:《清代州县衙门审判制度》,中国政法大学出版社 2006 年版。

② (日)岸本美緒:《明清交替と江南社会——十七世紀中国の秩序問題》,“序”,第 8 页。

③ 参李治安、孙立群:《社会阶层制度志》(《中华文化通志》第 4 典“制度文化”),上海人民出版社 1998 年版。

④ 详参经君健著:《清代社会的贱民等级》,浙江人民出版社 1993 年版,第 3—49 页。

界模糊性与相互重叠的历史状态。在这种格局中,我们的社会关系是逐渐从一个一个人推出去的,是“私人联系的增加”,而社会范围是由无数私人联系所构成的网络。所以在传统社会结构中,存在着一种“双轨制”,应当注意皇权、绅权、帮权和民权这四种不同权力间错综复杂的关系;作为中国政治中极其重要的人物,绅士一方面对底层社会有着巨大的影响力,另一方面,“绅士可以从一切社会关系,亲戚、同乡、同年等等,把压力透到上层,一直可以到皇帝本人”。①

费正清更强调说,士绅的产生是用来填补早期的官僚政府与中国社会之间的真空;帝制政府仍然是一个上层结构,并不直接进入村庄,因为它是以士绅为基础的。② 所以,绅士和文人(“潜在的绅士”)在王朝统治中的准确定位,对乡村社会控制的讨论显得十分重要。绅士们以其个人的才干与社会地位,对乡村市镇中的广大民众有着举足轻重的影响力。③ 瞿同祖认为,士绅是与地方政府共同管理当地事务的地方精英,与地方政府所具有的正式权力相比,他们属于非正式的权力;其发挥影响的渠道,主要有百姓的圈子和地方官的圈子。④ 傅衣凌则提出:“乡绅一方面被国家利用控制基层社会,另一方面又作为乡族利益的代表或代言人与政府抗衡,并协调、组织乡族的各项活动。”⑤

不过,在关注“绅士”或“乡绅”的研究中,不少学者早已注意到两者的区别与联系。

根岸佶早期有关“耆老绅士”阶层的研究,细心观察到清初黄六鸿在《福惠全书》中的定义,⑥发现笼统的“士绅”概念与“乡绅”的定义有不少差异。黄氏认为,所谓“本地乡绅”就是那些“有任京外者、有告假在籍者、有闲废家居者”,⑦前提条件当然是要有功名。在州县的“宪纲册式”的规范要求中,罗列出了官属(掌印知州县一员)、乡绅(或现任某官,或原任某官)、举人、贡生、监生、生员、节孝、经制胥役(吏房吏若干名)。⑧ 这样的并列不

---

① 费孝通:《乡土中国与乡土重建》,风云出版公司1993年版,第22—29、270、147—158页。

② (美)费正清 John King Fairbank, *The United States and China*, the 4th edition, Harvard University Press, 1983, pp. 32 - 39.

③ 萧公权 Hsiao Kung-chuan, *Rural China: Imperial Control in the Nineteenth Century*, University of Washington Press, 1960, p. 507.

④ 瞿同祖 Chu Tung-tsu, *Local Government in China under the Ch'ing*.

⑤ 傅衣凌:《中国传统社会:多元的结构》,《中国社会经济史研究》1988年第三期。

⑥ (日)根岸佶:《中国社会に於ける指導層——耆老紳士の研究》。

⑦ [清]黄六鸿:《福惠全书》卷四《莅任部三·待绅士》,光绪十九年文昌会馆刻本。

⑧ [清]黄六鸿:《福惠全书》卷四《莅任部三·文移诸式》,“宪纲册式”条。

是没有意义的,而能充分显示出,“乡绅”与地方州县官员、举人、贡生、监生等是有着明显不同属性的群体,是具有官僚身份者乡居时的称呼。奥崎裕司吸收了根岸佶的发现,并从思想史的角度出发,深入分析明清时期乡绅地主的典型代表及其历史影响,涉及乡村里甲制的编成、“村落共同体”问题和赋役制度的改革过程等。① 后来有学者提出不同意见,认为进士、举人、监生、生员等都可以归入“乡绅”的范畴。② 这一看法,自然与明清时代人们的认知是有矛盾的。

现在学界统称的“士绅”,其实在传统时代都是习用“绅士”一词。这个意涵笼统的群体,按照清人的说法,包括了本城举监生员及告休家居之大小官员,也是地方官最应熟悉的社会有力阶层。其中公正廉明的,是所谓的“公正绅士”,要格外予以礼遇。他们在地方上的重要影响,就是所谓“地方有事,非此等人调处不可”。③

可是,在学界的相关研究中,对于士绅的定义及分层的意见,多有不同。本村正一认为,士绅应该包括现任官,退任官,候补官,举人、秀才等未出仕者和有官衔者这五类人。④ 天野元之助的定义更有意思,认为士绅是指退休在野的官僚及其子孙。⑤ 萧公权则将现任官等有官衔的归为“绅”类,举人、监生等有功名而未出仕者归为“士”类,⑥统称“绅士”。傅衣凌认为,在外地任官但仍对故乡基层社会产生影响的官僚、地方上无功名而有权势者,都可纳入士绅或“准士绅”的范围内。⑦ 张仲礼则指出,士绅群体因内部的差异可以被分为上下两层,但应当包括监生在内。⑧ 山根幸夫按照做官与否的标准进行划分,将现任官、退任官以及被免官僚归为上层士绅,举人、贡生、监生与生员则被归入下层士绅。⑨ 与他们的观点不同,何炳棣表示,生员和监生不当列入“士绅”层,但他强调了士绅阶层的流动性,即平民有上升

---

① (日)奥崎裕司:《中国鄉紳地主の研究》,汲古书院 1978 年版,第 4—12 页。

② (日)寺田隆信:《明代鄉紳の研究》,第一章《鄉紳の登场》,京都大学学术出版会 2009 年版。

③ [清]延昌:《知府须知》卷四《到任事宜》,“公正绅士”条,清抄本。

④ (日)本村正一:《清代社会に於ける紳士の存在》,《史渊》24,1940 年。

⑤ (日)天野元之助:《支那农业经济论》,改造社 1940 年版,第 307 页。

⑥ 萧公权 Hsiao Kung-chuan, *Rural China: Imperial Control in the Nineteenth Century*.

⑦ 傅衣凌:《中国传统社会:多元的结构》,《中国社会经济史研究》1988 年第三期,第 3 页;《明清封建各阶级的社会构成》,《中国社会经济史研究》1982 年第一期,第 12 页。

⑧ 张仲礼:《中国绅士——关于其在 19 世纪中国社会中作用的研究》,第 1—68 页。

⑨ (日)山根幸夫:《河南省商城县の紳士層の存在形態》,《東洋史研究》40—2,1982 年,第 277—302 页。

为士绅的可能与途径。[①]

其实,现代的多数研究,大概都与刘翠溶的意见相仿,即凡是与科举、捐纳和仕宦有关的人士,大致可以属于学者讨论中国传统社会时习称的绅士阶层的范围。[②] 或者就以费正清的定义为准,从经济和政治的双重意义的角度将之界定为狭义和广义两种:狭义的士绅,仅限于那些通过科举考试或者通过举荐、捐赀获取功名的个人,这是从政治的角度来说的;广义的士绅,则兼顾了政治与经济的两重性,可以视其为一群家族,而不是个别有功名的人,所以在平民大众眼里,这个士绅阶层还包括了大地主。士绅阶层在地方具有领导地位和管理职能,也是官方并未深入到中国下层社会的主要原因。[③] 总的来说,士绅还是一个较为宽泛的概念。

士绅是明清时期中国社会最为重要的阶层。早在1947年,根岸佶就提出,在"国家与社会分离"的格局下,绅士成为了基层社会的领导者,承担了安靖地方、赈济救灾、教化风俗等地方事务,弥补了政府统治的不足,充当了国家与社会之间的联系纽带。[④] 绅士的影响力,当然依地区差异而会有所不同,但作为官僚与民众的媒介,确实起着特殊的中介作用。[⑤] 以长期从事江南区域社会经济史研究的森正夫等为代表的日本学者,都已充分认识到,"乡绅"的研究是把握明末以来中国社会的关键所在。[⑥]

在日本学界,明清"乡绅土地所有论"曾颇为流行,认为明末清初"乡绅土地所有"的发展导致了里甲制的解体,使14世纪明初创立并维持的征收税粮、摊派徭役及维持共同体再生产的机构瓦解,与此相应,国家政权虽然对"乡绅土地所有"的发展采取了一定的限制措施,但最终还是容忍了"乡绅土地所有"。从这个意义上讲,国家仿佛变成代表乡绅利益的权力机构。[⑦] 而在这一观念基础上发展形成的"乡绅统治论",影响也很大,代表学者就是重田德。他提出,乡绅是一个政治社会范畴,而非经济范畴。乡绅的

---

① (美)何炳棣 Ho Ping-ti, *The Ladder of Success in Imperial China: Aspect of Social Mobility in China, 1368-1911*, pp. 39-40.

② 刘翠溶:《明清时期家族人口与社会经济变迁》,第38页。

③ (美)费正清 John King Fairbank, *The United States and China*, pp. 32-39.

④ (日)根岸佶:《中国社会に於ける指導層——耆老紳士の研究》。

⑤ 瞿同祖 Ch'u T'ung-tsu, *Local Government in China Under the Ch'ing*, pp. 150.

⑥ (日)森正夫:《明代の郷紳——士大夫と地域社会との関連についての覚書》,载氏著《明清社会经济史旧稿选》(私家版),未来舍1983年版,第487—503页。

⑦ (日)森正夫:《日本の明清时代史研究における郷紳論について》(1)(2)(3),分别载《歴史評論》1975年第12期、1976年第4期、1976年第6期。另参(日)檀上宽:《明清乡绅论》,收入刘俊文主编,高士明、邱添生、夏日新等译:《日本学者研究中国史论文选译》第2卷,中华书局1993年版,第459页。

统治是通过主佃关系、权利、声望等途径,并在制度变革等因素的推动之下建立的,可以将乡绅统治理解为集权体制下的特权阶层将权力私有化,从而形成有着半独立倾向的"自上而下的封建化"。[①] 宫崎市定则认为,由乡绅领导的"乡里评判",对其自身有制约作用。[②] 另外如酒井忠夫所言,可以与乡绅并称的"士人",同样作为社会的中间阶层,左右着地方舆论,成为乡评、公愤意识的代言人,"起着指导层的作用"。[③]

酒井忠夫还指出,在《明实录》的记载中,万历十六年(1588)第一次出现了"乡绅"这个词,此后官方与民间的使用变得更为普遍。而且明清文献中经常出现的"乡官"与乡绅是同义词。[④] 卜正民充分利用了酒井忠夫的研究成果,认为在16世纪80年代,一个明显形成的乡绅阶层开始受到万历朝廷的注意;晚明地方士绅的成长,"促使他们的兴趣差不多自然而然从掌握国家级权力转移到支配地方级权力"。但他又认为,也自万历时代起,地方文献中出现了"郡绅"、"邑绅"和"乡绅"等术语以描绘这种新的精英,表明士绅被视为与地方有关而非与国家有关,也就是说"国家与地方开始分离"。[⑤] 卜正民的认识,在理解晚明绅士的地位与国家权力关系上应该是有问题的。

在传统社会中官吏居于绝对的统治地位,但官吏的社会基础主要是绅士,而绅士与国家的关系,"远比简单的经济管理模式所能表述的更为复杂"。[⑥] 傅衣凌很早就指出,政府可以授予或褫夺某些乡绅统治地方基层社会的权力,虽然乡绅作为一个阶层一直掌握着直接统治"乡族社会"的权力,但是哪些人可以进入这一阶层和这一阶层中哪些人可以合法地履行这些权力,都取决于政府的授权和承认。[⑦] 况且,明代社会中的乡绅,只能经由科举考试的成功,才能达到较高的社会目标,并作为一种价值观念,在明清社

---

① (日)重田德:《鄉紳支配の成立と構造》,收入《岩波講座·世界歷史》第12卷,岩波书店1971年版。另参(日)檀上宽:《明清乡绅论》,第467页。

② (日)宫崎市定:《明代苏松地方の士大夫と民衆——明代史素描の試み》,《史林》37—3,1954年。中译本收入刘俊文主编,栾成显、南炳文译:《日本学者研究中国史论著选译》第6卷,中华书局1993年版。

③ (日)酒井忠夫:《中国善书研究》(增补版),江苏人民出版社2010年版,第89—107页。

④ (日)酒井忠夫:《中国善书研究》(增补版),第87—88、95页。

⑤ (加)卜正民 Timothy Brook:《为权力祈祷:佛教与晚明中国士绅社会的形成》,江苏人民出版社2005年版,第18—19页。

⑥ 张仲礼:《中国绅士——关于其在19世纪中国社会中作用的研究》,弗兰兹·迈克尔"导言"(1953年),第4—5页。

⑦ 傅衣凌:《中国传统社会:多元的结构》,载《中国社会经济史研究》1988年第三期,后收入氏著《休休室治史文稿补编》,中华书局2008年版,第212页。

会中具有深广的影响力。① 所以,倘若不将乡绅与国家权力等一起考虑,就不能很好地理解何以这个群体会被认为是拥有势力者。②

士绅的荣衔与威权都来自国家的赋予,正因如此,他们在地方社会中的领袖或"精英"身份很容易为民众所认同,自然地成了民间的代言者,如鲁迅所言:"他们知书识理的人是专替人家讲公道话的。"③"乡绅"在决断乡村纠纷中的作用,以及他们在民众中拥有威望的一个重要基础,就是有知识和学问。鲁迅还通过"皇帝坐龙庭"的风波,谈到了乡下人对那个有文化的赵七爷的畏惧心理。④ 有知识、有文化,在传统时代是身份制上的一个重要标识。因为"乡下人在城里人眼睛里是'愚'的",⑤较有学识的"乡绅"在乡村事务的决断中,普遍拥有更大的声望。⑥ 当然,他们也是"乡族利益"的代表或代言人,能与政府抗衡,同时协调和组织"乡族"的各种活动。⑦ "绅士"们常常说服政府接受他们的看法,甚至利用自己对官府的影响,将自己的意志强加于地方官吏。当然作为地方领袖,他们与政府往往会结成联盟,构成了官方与民间的"中介"。⑧ 他们与地方民众之间既有依存关系,但又存在着诸种矛盾冲突,⑨特别是从崇祯末到清初,发生于江南大部分地区的"奴变",⑩在康熙初年才得以逐渐平息下去,⑪是这方面的有力反映。森正夫通过明末清初太仓州沙溪镇乌龙会的叛乱考察,指出叛乱不是单纯的奴变,而是试图推翻原来以乡绅、士大夫为顶点的等级社会秩序。⑫ 明末的嘉兴人

---

① (美)何炳棣 Ho Ping-ti, *The Ladder of Success in Imperial China: Aspect of Social Mobility in China, 1368 - 1911*, pp. 89 - 90.

② (日)岸本美緒:《明清交替と江南社会——17 世紀中国の秩序問題》,"序",第 16 页。

③ 鲁迅:《离婚》,收入氏著《鲁迅全集》第二卷《彷徨》,人民文学出版社 1981 年版,第 146 页。

④ 鲁迅:《风波》,收入氏著《鲁迅全集》第一卷《呐喊》,第 470—471 页。

⑤ 费孝通:《乡土中国·生育制度》,北京大学出版社 1998 年版,第 12 页。

⑥ 费孝通 Fei Hsiao-Tung, *China's Gentry: Essays in Rural-Urban Relations*, p. 81.

⑦ 傅衣凌:《明清封建各阶级的社会构成》、《中国传统社会:多元的结构》,分别载《中国社会经济史研究》1982 年第一期、1988 年第三期。

⑧ 张仲礼:《中国绅士——关于其在 19 世纪中国社会中作用的研究》,第 52—53、67 页。

⑨ 参李文治编:《晚明民变》,上海书店、中华书局 1989 年版;谢国桢:《明季奴变考》,收入氏著《明清之际党社运动考》,中华书局 1982 年版,第 209—236 页;冯尔康:《道光朝的民困与民变》,收入氏著《清人生活漫步》,中国社会出版社 1999 年版,第 72—85 页。

⑩ (日)西村かずよ:《明末清初の奴僕について》,收入(日)小野和子编:《明清時代の政治と社会》,京都大学人文科学研究所,1983 年印行本,第 233—275 页。

⑪ 谢国桢:《明末农民大起义在江南的影响——"削鼻班"和"乌龙会"》,收入氏著《明末清初的学风》,人民出版社 1982 年版,第 249 页。

⑫ (日)森正夫:《一六四五年太仓州沙溪鎮における烏龍会の反乱について》,收入(日)佐久間重男、山根幸夫编:《中山八郎教授颂寿纪念·明清史论集》,燎原书店 1977 年版。

沈德符描述过从海瑞时代开始的江南奴变情形:“于是刁民蜂起,江南鼎沸,延及吾浙。不问年月久近、服属尊卑,以贱凌良,以奴告主,弟侄据兄叔之业,祖遗蒙占夺之名,自庚午至今将四十年,少者壮,壮者老,习为故常,专此诬讦”,以致那些“缙绅之贤者”,反而要谨避以搏忠厚之名。① 另外,上层绅士与下层绅士之间的矛盾,也是时常存在的,②有时甚至会对王朝统治产生威胁。③

总之,正如傅衣凌指出的那样,中国社会的发展具有多元性与不平衡性,对于传统社会的诠解,不能简单地凭单一或二元的方法和视角,而应着眼于“多元结构”的解析。④ 尤其是自晚明以来,地方社会各阶层的复杂多变、王朝统治的危机、制度的变革、社会的动荡等问题,大多于州县层面的政治与社会生活中投射出来,像民变与社会心态的问题、⑤社会重建与乡绅角色的问题、⑥士绅与地域社会的问题、⑦地方利益诉求与冲突的问题、⑧文人结社与思想变化的问题、⑨城市生活与地方认同的问题⑩等,多侧面地呈现出王朝统治与州县社会控制之复杂性。

而在有关江南地区的大量研究中,滨岛敦俊提出了一个“中层”的概念,比较新颖。他的界定是:囊括“中层”的地方社会三阶层是,下层的“社”、“村”或“村社”的基层社会,中间的以市镇为核心的地域社会,以及上层的“县社会”(即“乡绅”层);除此之外,其上为国家,其下为贫民大众;而且,

---

① [明]沈德符:《万历野获编》卷二十二《督抚》,“海忠介被纠”条,中华书局1959年版,第558页。

② [明]佚名:《民抄董宦事实》,载中国历史研究社编:《明武宗外纪》,上海书店1982年据神州国光社1951年版复印本,第217—256页。

③ (日)山根幸夫:《明末農民反乱と紳士層の対応》,《中島敏先生古稀紀念論集》(下),汲古书院1981年版。

④ 傅衣凌:《明清封建各阶级的社会构成》、《中国传统社会:多元的结构》,分别载《中国社会经济史研究》1982年第1期、1988年第3期。

⑤ (美)赵佶:《试论明代后期权势之家与中央及地方政治间的关系:董份与湖州之变》,载《中国社会历史评论》2000年第二卷,第96—104页;吴建华:《“民抄”董宦事件与晚明江南社区的大众心态》,《中国社会经济史研究》2000年第1期。

⑥ 陈春声:《明末东南沿海社会重建与乡绅之角色——以林大春与潮州双忠公信仰的关系为中心》,《中山大学学报》社会科学版,2002年第4期。

⑦ 徐茂明:《江南士绅与江南社会(1368—1911)》,商务印书馆2004年版;冯玉荣:《明末清初松江士人与地方社会》,中国社会科学出版社2011年版。

⑧ 廖华生:《士绅阶层地方霸权的建构和维护——以明清婺源的保龙诉讼为考察中心》,《徽学研究》2008年第1期。

⑨ 吴震:《“证人社”与明季江南士绅的思想动向》,《中华文史论丛》2008年第1期。

⑩ 罗晓翔:《城市生活的空间结构与城市认同——以明代南京士绅社会为中心》,《浙江社会科学》2010年第7期;费丝言 Fei Si-yen, *Negotiating Urban Space: Urbanization and Late Ming Nanjing*, Harvard University Asia Center, 2010.

"乡绅"话语层的出现,即便是地方知县或知府,也不能随心所欲地施政,而需要同士大夫、士人及耆老层协商处理地方事务。①

三

本书讨论的地域江南,是个范围极小的地理空间,却是唐宋以后整个中国在经济、文化上最为繁荣的地区,在社会、经济、政治等方面都较有代表性,是一个州县行政较为成熟、行政实践又较为复杂的地区。除了社会经济与文化上所具的代表性外,江南的"政治"意义也很重要。②

然而关于江南的地域指涉问题,常常因不同研究者的论题所需而随意设定,从无统一的认识。③ 但如果回溯至历史时期,了解彼时人们思想、观念中的"江南",或许将会对我们的研究如何更加切近那个时代更有帮助。

自唐宋以降,江南因其经济文化上的影响力与国家赋税负担中所占的较大份额,地位日益提高。江南的许多城镇,在生活方式、生产形态、文化追求等方面,对中国其他地区的影响也在加强。苏州、杭州作为"人间天堂"的意象或所谓"上有天堂,下有苏杭"的古语,④也不知何时已悄然形成。

至明代开国,奠都南京,太湖边上的苏州、松江与常州三府即属于直隶地区;同时在洪武十四年(1381),朱元璋将嘉兴、湖州二府从"江南行省"的范围划割至浙江,增益浙江的疆土。⑤ 在明代人的意象中,苏州、松江、常州都是"三吴"地区。⑥ 与今天讲的"苏南"大致吻合。不过,范围更广的说法,曾有"吴中"一词。据嘉靖年间人们的看法,"吴中"包括了环太湖周边的苏州、松江、常州、镇江、杭州、嘉兴、湖州,十分明确。⑦ 这个概念,其实是明清两代人们的一般共识。

---

① (日)濱島敦俊:《"民望"から"鄉紳"へ——十六・七世紀江南の士大夫》,载《大阪大学大学院文学研究科紀要》2001 年第四十一卷,第 27—62 页。

② 邹逸麟:《谈"江南"的政治含义》,收入王家范主编:《明清江南史研究三十年(1978—2008)》,上海古籍出版社 2010 年版,第 177—182 页。

③ 国内外有关江南地区历史变革的一些主流观点,可参冯贤亮:《明清江南地区的环境变动与社会控制》,上海人民出版社 2002 年版,第 1—10 页。

④ [明] 罗懋登:《西洋记》卷一・第二回《补陀山龙王献宝、涌金门古佛投胎》,万历二十五年刊本。

⑤ 冯贤亮:《明清中国地方政府的疆界管理——以苏南、浙西地域社会的讨论为中心》,《历史地理》第 21 辑,上海人民出版社 2006 年版,第 92—108 页。

⑥ [明] 伍余福:《三吴水利论》,嘉靖吴郡袁氏嘉趣堂刻《金声玉振集》本。

⑦ [明] 不著撰者:《吴中水利通志》,北京图书馆藏明嘉靖三年锡山安国铜活字本。

明代已经将苏、松、常、嘉、湖五府列为“江南”经常性的表述对象，[①]因为这些地区的经济发展已在全国获得了独一无二的地位，且备受国家依重。嘉靖年间的嘉兴府海盐县人郑晓，也是以这些地区来论述江南的。[②] 所以后来有人建议，在最为富庶的苏南浙西地区设立专门的行政区，并置督抚专治，称作“江南腹心”。[③] 明清笔记、文集、小说中的江南，一般就是指这一地区。作为国家财赋重地的“江南”，明人意象中最具代表的是“苏、松、嘉、湖等府”。[④] 在归有光(1507—1571)看来，“江南”就是南直隶的苏、松、常与浙西的杭、嘉、湖六府地区。[⑤] 清初康熙年间刊行的《吴中开江书》，仍以太湖为中心，包括了传说不一的“三江”地区。[⑥]

清代学者进一步指出，苏、松、常、镇四府“合于浙西则未有异者”，有很强的统一性。[⑦] 所谓浙西，当然就是杭、嘉、湖三府。因此也可以认为，杭州、嘉兴、湖州、苏州、松江、常州与镇江七府就是所谓的“江南”。[⑧] 但仍应指出，清前期所谓的“江南”，在行政上主要指的是今天江苏、安徽两省地区。苏、松、常三个府不过是正式的“江南省”的一部分。而且，无论是官方还是民间，这三个府往往并称，尤以苏松并称为常。清代雍正二年以后，从苏州府新析出的太仓直隶州成为一个与府平级的行政区，由此形成“苏松太”这一新词汇并沿用至清末。

至民国时期，像南京、上海、苏州、无锡、镇江等城市都曾被视为“江南”的范围，是长江下游的一个核心地域，与北方的黄河流域、南方的珠江流域相对。所以“江南”就成了“一个多重性格的流域”，即从经济上看，“江南是一个都市线”；从人文的观点上看，“江南是物质文明最高度的区域”；从政治上看，“江南是现在政治机构的中枢”。[⑨]

而在当时“江苏水利协会”自办的杂志中，绘有一幅“太湖流域大势

---

① 赋税征收问题的讨论往往将此五府并称。参[清] 查继佐：《罪惟录》“志”部卷十四《漕志》，浙江古籍出版社1986年版，第769页。

② [明] 郑晓：《今言》卷三，中华书局1984年版，第139页。

③ [明] 卢泾才：《上史大司马东南权议四策》，载[明] 冯梦龙编撰：《甲申纪事》卷十一，上海古籍出版社1993年影印本。

④ [明] 天然痴叟：《石点头》第三卷《王本立天涯求父》，上海古籍出版社1985年版，第61页。

⑤ [明] 归有光：《震川先生集》卷八《寄王太守书》，上海涵芬楼影印常熟刊本。

⑥ 详参[清] 顾士琏等辑：《吴中开江书(三种)》(康熙七年刻本)，特别是其中《娄江志》卷下所收的明代万历年间王在晋撰《娄江诸水利说》篇。

⑦ [清] 全祖望：《鲒埼亭集外编》卷四十九《浙西分地录》，上海涵芬楼影印姚江借树山房刊本。

⑧ [清] 东鲁古狂生：《醉醒石》第八回“假虎威古玩流殃、奋鹰击书生仗义”，上海古籍出版社1992年版，第68页。

⑨ 刘翔：《江南社会的解剖与再造》，《新运月刊》1936年第34期，第51页。

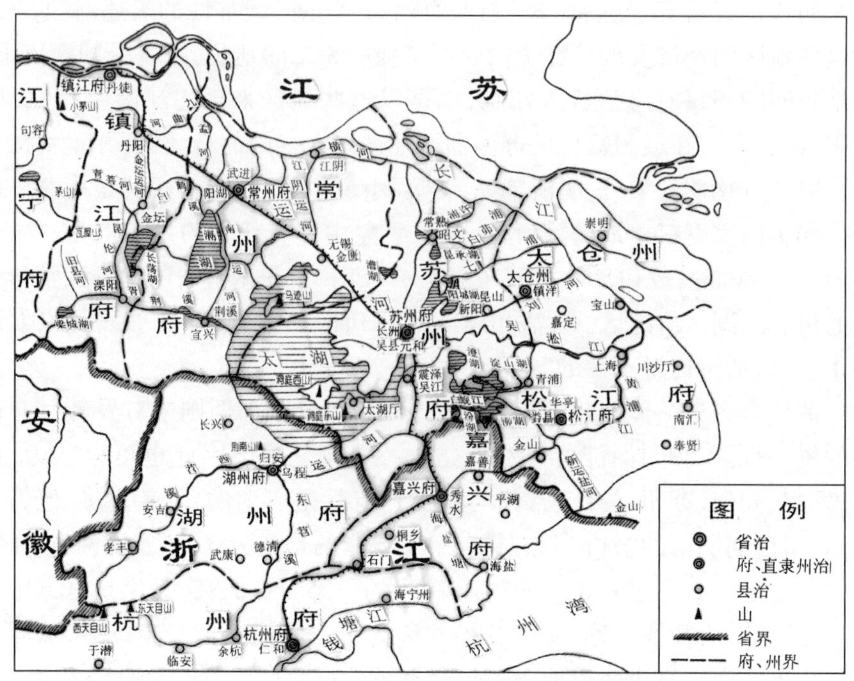

图一　太湖平原的水系与行政

图”，地理上就是茅山、天目山系以东，长江以南的三角地带，加上附带地区，完全等同于民国政府与民间时常讨论的“江南水道大势”之地。① 这样看来，当时的政府与民间一致认为，江南就是太湖平原地区，与地理学意义上的太湖流域也基本相同。

可是，在《民国江南水利志》的“叙例”中，对所论的“江南”曾有一番剖白，直言这个江南是“对江北而言”，不是苏、皖兼圻之谓：“苏皖兼圻，称曰江南，清代则然，民国则否。”也因为这部书是出自“江南水利局”，以局书名，似乎显得颇为允当。② 然而在1928年因上海特别市的成立，上海居然被排除在这个“江南”之外。③ 另外值得注意的是，在《民国江南水利志》所收的资料中，还包括了浙西杭、嘉、湖三地的内容，多少与其定义的“江南”有所出入。

① 详参无锡人胡雨人编的《江浙水利联合会审查员对于太湖局水利工程计划大纲实地调查报告书函》（民国间铅印本）所附“江南水道大势图”及其相关图注。

② 沈佺编：《民国江南水利志》卷首“叙例”，民国十一年木活字刊本。

③ 太湖流域水利委员会编：《太湖流域水利季刊》第四卷第四期《太湖流域民国二十年洪水测验调查专刊》，民国二十年十月。

总之,从民间惯习的角度讲,“江南”仍然不过是太湖平原地区而已。① 民国年间,梁方仲在研究近代田赋时,就已明确地指出:“东南田赋之重”一语,在明人集子或奏疏中常常见到;所谓“东南”,有时或称“江南”,亦称“两浙”,其实只是指苏州、松江、常州、嘉兴、湖州五府而言。②

尽管江南地域不大,具体研究上容易把握和加深问题的讨论,特别是有关这个地区的传世文献极其丰富,有很大的资料选择面,但是,其内部州县存在着诸多差异,文献中随处可见的行政和社会问题,使我们又可以想象,在中国的其他僻远地带,州县行政更不可能完全依循制度规划的思路来运作,而是必须较多地与地方传统相结合,方能有效地展开。因此,本书还希望在许多实证研究与乡村调查的基础上,以“衙门”这个官府的象征为核心,努力廓清以往研究中在这方面的若干认识,说明其地区差异及时代变迁,并希望在方法和理论上都能有所推进。

四

本书的着眼点,是要从历史社会学的视野,来分析州县行政与地方社会关系,通过一系列有特色的事件、案例中行政官员的大量实践活动以及社会反应,来考察明清江南地区的州县政治实态及其与地方民生的诸多问题。同时说明当时的州县官府,作为国家行政权力下延的端点和地方意愿表达的起点,在维持地方治安、经济运作、风俗教化、灾难应对等方面的重大问题时,是如何进行操作的;在进一步保证王朝对城乡社会有效控制的同时,其推展的相关对策或应对措施,与人们熟知的明清相关制度史描述,会存在多大的距离。

本书研究所用的文献史料,除了一般的国家典制性材料、各级官吏及幕僚的牧令书或佐治政书、文人的日记文集、明清各朝实录、江南各府州县乡镇的大量地方志、碑刻资料等常规史料外,江南地方行政长官巡抚、知府、知县、知州等人的文集、日记和笔记,都或多或少与本书的考察内容相关,需要

① 或者如万志英所概括的太湖盆地,在地理上、文化上都是具有整体性,地域上包括明清时期的苏州、松江、常州、嘉兴、湖州以及杭州、镇江的部分地区。参(美)万志英 Richard Von Glahn:《太湖盆地民间宗教的社会学研究》,收入李伯重、周生春主编:《江南的城市工业与地方文化(960—1850)》,清华大学出版社 2004 年版,第 288—289 页。

② 梁方仲:《近代田赋中的一种奇异制度及其原因》(1935 年),收入《梁方仲经济史论文集》,中华书局 1989 年版,第 10 页。

从中细心提取有用的信息，为解读明清江南州县衙署的实态、地方行政与社会关系的诸种情状，提供较好的史事依据。特别是关于地方陋规、社会"恶习"、官吏廉腐、制度变化的描述记载，其实已较多地触及了地方行政实践的问题。在前辈时贤的论著中有关胥吏、衙役、幕僚、巡检司、地方儒学等所谓州县中下层社会的研究，已从不同的侧面，昭示出对于传统中国社会还有许多地方需要展开深层次的研究探讨。但基本的研究素材，主要来源于州县幕僚一般性的心得笔录，官修地方志书的若干记载，一些文人（包括官宦）的笔记与文集，甚至是带有写实意味的小说、戏剧等，直接源于州县牧令的行政实例及其文献汇编，仍须充分开掘。那些地方官吏日常的从政文集、判牍资料以及相关笔记、日记等文献中，其实都有反映江南社会生活与地方政治实际的丰富信息（如嘉善、平湖、桐乡、昆山、嘉定、吴江、常熟、武进、湖州等不同时期地方官员遗留的资料，涉及判牍、日记、日常工作文集、县政工作体会记录以及纯粹的地方风物记载等）。

近十余年来，笔者多次在江南的田野考察中，于国家、地方与高校图书馆的文献数据收集过程中，发现了不少以往研究中很少注目的州县史料，且多与江南直接相关；当然，还有许多罕见史料都佚存海外，搜罗甚为不易。也正因如此，本书的重点与难点就显得颇多，概而言之，主要存在于两个方面：一是由于文献中制度性的描述占据了很大的比重，给我们认清制度与实践的差距带来了鉴别的难度，同时也涉及对以往相关研究作重新检讨的许多问题；二是在此背景下，要了解那个时代，在一个特定的地域社会中行政实践是如何展开的，不同的州县行政在表达与实践上会有怎样的异同，就要对更多的实践性史事作进一步勾勒和清理，这需要大量有说服力的史料作支撑，从而修正以往我们对明清中国地方社会的若干传统认识。

根据这样的思路，本书探讨的问题，可以包括以下三大方面的内容：

首先，是关于府州县衙门及其官僚群体的考察，包括各类衙署的设置及历代重建、州县官员与佐杂人员的编成及其具体分析，以及应对不同行政工作需要产生的俸禄、陋规、加派甚至对地方社会可见的各种扰害。本书在涉及具体问题考察时，将随带予以说明，同时注意官方档案文献的记录与实际情况的差别。

其次，以地方行政工作为中心，关注治安管理、疆土控制、刑事操作、社会教化等层面的细节，窥探州县衙门的实际运营及其行政的具体展开，特别是涉及捕盗与地方治安、命案刑判、地方公共工程建设、灾害应对等方面的内容，既注意考察其行政效能，也时刻观照整个王朝统治在其间的影响，进而可以对州县官府难以主导地域社会全局的情境下，王朝统治对于地方社会的深层而全面的介入，也就是国家动力支配的问题，作出必要的论析。

第三，在上述各类问题的细致研究基础上，对国家的制度安排、社会教化、州县的整顿、基层控制及其时代变革问题，予以必要的回应，并着重分析州县衙门中的各类官吏作为一种群体相，在明清时代各阶层知识人、普罗大众心目中的感受及评判，强调州县行政与社会关系的地区差异和时代变迁。

对本书而言，以往的不少研究，已建立了很好的学术背景，但据新发掘整理的很多明清史料之研读，仍有许多方面的问题十分值得深入研究。在本书探讨的诸多内容中，有一些构成了关键问题：国家权力在县以下社会的渗透情况与民间的感觉、评判，国家的垂直控制系统与太平天国战争后国家权力“下移”的检讨，乡绅地主与官府在面对社会变乱时期的具体勾连，巡检司、保甲、县级佐杂官吏以及各类胥吏在乡村社会中的实际作用和影响，政治变化和王朝更替影响下地方社会如何维续稳定等。

与前文所述的其他很多相关研究一样，本书展开的这类研究，对于我们认识传统中国的基层社会结构有着重要意义，对明清两代地方政治生态与社会变迁的描画，会有一定程度的推动。可以认为，对明清中国州县社会的考察，是明清历史整体研究中的一项基础工作，惟有更多地从实践性的层面，来考察历史时期的制度运行与社会变化，才能更加贴近历史的事实，并对传统社会结构与地方行政形成比较全面、系统的认识。

五

明清时代的江南，属于帝国的经济重心所在，赋税沉重，政府予以了高度关注；同时，由于科举兴盛，官绅密集，工商地主的力量较为强大，是地方利益与国家利益极容易产生矛盾而问题繁多的地方；而明代以来江南社会的诸多变化，可以显现出地方利益与王朝统治的紧张关系，以及江南官绅阶层的复杂网络与社会影响等内容。为此，本书不再囿于制度史或政治史的宏观描述，而选择对明清江南各类州县衙署的实态、行政调控、官绅网络及其影响、地方行政与社会关系等具体问题，予以较多的揭示，重点突出其地域结构、制度组织、实践认知的评析。

除绪论外，首先是第一章，关于府州县衙门及其官僚群体的考察，包括各类衙署的设置及历代重建、州县的银两、州县佐杂人员的编成及其具体分析。明清江南州县衙署的存续与建设，是州县施政的基本出发点。本章论述了地方州县形势与衙署建设的许多重要侧面，包括历史悠久、历史不长、历史最短三类，基本廓清了江南州县行政衙署及其官吏生活的空间结构。进而说明衙门行政人员配置的一般情况，工食俸银的制度安排及其实际状况、地区差异等。

第二章，是有关州县行政复杂性的论述，就国家制度中的州县行政规范而言，不可能呈现出地方行政的实践状态及明清两代不同州县可能存在的各种差异。但就总体而论，无论是朝廷还是地方，对州县官员的期许，即所谓宣朝廷德化、奉朝廷法令、扬善惩恶、通达民情，既能有效地抑制或消除衙门吏役的腐败贪虐，又能很好地完成朝廷要求的催科抚字之重任。本章以诸多实例，说明地方行政中存在的难以形容的各种繁难与衙蠹之害，以及州县官员在理想与现实之间很难保持平衡的困境。

第三章，主要讨论太湖平原的行政空间与经济占有问题。在明清两代，无论是官方还是民间，在这个问题上的突出表现，就是疆界上的插花错壤。由于传世文献的局限，在明代，矛盾与冲突最严重的，我们能够深入分析的，是以嘉兴府的嘉兴、秀水、嘉善三县为核心的地区。实际上，一般性的错壤问题，广泛地见诸城镇乡村，长期影响着政府的施政与民众的日常生产和生活。清代的许多问题，基本上都是明代遗留下来的。因此，本章的考察就从明代开始，即太湖平原开始被人为地分割为苏南、浙西两大地域，分别从属不同的高层政区之时。在厘清苏南、浙西两大地域的来由后，本章系统地考察了其间的政区分割、地方经济占有与政府控制问题，展现存在于城乡地带的错壤实态。清末，从地方到朝廷力图改正插花错壤的共同要求，使整个太湖平原出现了一次疆界上的大调整，许多存在于民间的历史痼弊，得以重新厘正。本章在这方面，也提供了一些实证性的事例。

第四章，重点考察治安与秩序的问题。地方社会秩序的稳定，本是确立王朝正统的基础。反过来，王朝的更替或重建，也会影响社会秩序与地方统治。明清两代五百余年间，社会变迁与政治变幻显得十分复杂。倘从地方行政的角度出发，制度上的安排与行政实践的重点，其实仍在治安与赋税两端，为保证这些工作的顺利进行，绥靖地方，安抚民心，思想教化显得十分重要。本章将论述州县在思想教化、治安维护、危机应对、赋税征取等时期，所面临的种种问题及解决方案，并特别注意在明清交替之际地方社会的若干变动与政治控制在州县层面的深刻表现。

第五章，论述明清交替之际江南从事地下抗清的士人生存状况及其与地方官府的周旋问题。17 世纪中叶江南人民的抗清运动，是明清交替史上至为重要的一页，也一直颇受学界关注。由于王朝的更替，江南士绅的动向出现了很大的分化。大量的士绅百姓因坚持抗清而先后殉难。不过，真正切近士绅们的抗清活动及其在清廷密网捕杀下的日常生活，因史料的缺乏，以往研究并不能作出细致深入的个案性解剖。本章以嘉定人侯岐曾的抗清生活日记为个案，对1645年到1647年清廷在江南初建政治统治秩序的时期，从几个重要的社会层面，重新考察那些周旋于刀山剑树之下的抗清人士的紧张生活，从而再现清初江南社会的不安、个人生命的微弱，以及像侯家这样在国变后坚持地下抗清、长期遭受清政府的通缉与威胁的艰难生活，也从侧面昭示出清初统治在江南城乡的迅速确立及其稳固程度。

第六章，讨论的是江南的特大水灾与社会应对问题。江南是水乡泽国，水患或水灾问题是当世与后来人们最关注的自然灾害。相应的水利防护传统时常被官绅们所强调，并以政府为主导，水利设施屡有重建。在明代万历年间，危害深重、影响较大的水灾，发生于万历十五年与万历三十六年。这都成了万历朝至清代初期人们的普遍认识。对于大灾的记录，主要见于江南地方官绅的笔录、官方史书及地方志书的记载中。从中可以概见时人的水灾记忆，以及从朝廷至地方州县的调控情况，这亦成为后来州县地方讲求水利、荒政，并常引以为鉴的重要比照。特别是其间的民生救济与官绅们的活动，为探讨明代后期江南社会的变化、地方利益与王朝统治的关系以及江南官绅阶层的复杂网络与社会影响，提供了不少素材。

第七章，分析自然演化与人工改造对江南地方水利的影响以及行政调控的问题。水利事业是江南最具意义的社会公共工程，充分利用水乡环境的资源，保障河港功能的正常发挥，是维护江南这个财赋重地的一大基础，也是保证历代王朝有效汲取地方赋税的重要前提。由于滨江临海、河湖密布的环境格局，乡村地方的坍涨时常发生，既影响到民间百姓的课税负担，又会损害所谓的共同利益，因而必然要求州县官府予以及时调整。当一个县级行政单元内，坍涨的发生影响了固定的征税额，特别是坍没田地的税额得不到适当的弥补时，州县官员理应向朝廷呈报，要求减免。但实际上，一般的州县都不愿或不敢承担国课“缺额”的风险，地方小民只能因此常受坍地税额的赔累之苦。至于水面涨田，州县官府为扩大税赋而近乎“放纵”地方豪右或小民经营，从而形成各种私占“合法化”的怪象。这些都造成了明清两代文人反复批评地方水利荒怠的现象。本章将分析水利荒怠的事实，同时结合水乡环境的考察，对朝廷至地方的水利整顿工作及其效应进行概要的梳理。

第八章，探讨的是府县秩序与地方行政问题。由于现存不多的牧令书及从政心得体会，不可能在行政实践方面提供太多的史事例证，故本章以湖州知府宗源瀚的行政实践及其与下属知县的关系为论述中心。时间上正好是在太平天国战争后,是地方行政变动较大而又亟需秩序再建的时期,在以往研究中已出现了国家权力下移与"地方自治"的概念逻辑,但依本章的讨论而言,其实这并不完全符合历史实际。同时本章还将讨论,知府在地方行政中虽有着承上启下的重要作用,但真正面临州县级的棘手问题时,仍需借助更高一级国家权力机构的力量,方能得以解决。从国家到地方的垂直控制系统的牢固性,并没有因为战乱的破坏而出现崩溃。而府与县之间的矛盾冲突,正隐含了地方政府的行政实践及其与国家相关制度描述的差距。

第九章,以尸场命案为中心,讨论州县地方的刑事操作及其相关的改革调整工作。人命案件是州县地方行政工作中的大事,法律上要求州县官员遇到人命呈告时,既要十分审慎,又要及时勘验审实。在此过程中出现的诸多弊端,及其对地方社会产生的深重扰累,虽已深为时人所熟识,也经无数有识之士的揭示、批判或警训,不同时期不同官员的多方改革、调整,但是仍然没有太多的改观。其很难予以全部消除的重要原因,在于胥吏层的薪资太低,而又出身本地、长期盘踞衙门,命案勘验成为其向民间需索钱财、营私舞弊的长期依靠。而短暂莅任的州县官,根本不可能在其有限的任期内清除这些问题。律法上的制度设计与要求,与实际行政的距离相去太远。限于史料,本章考察的时期是清代,同时特别注意到太平天国战争后,命案勘验工作有了一次大规模的整顿,涉及整个江南地区。

第十章,分析地方社会中出现的匪乱妖言对民间产生的恐慌及其间江南发生的攻城暴乱事件。太平天国战争后,江南地方政府面临着重建地方社会秩序、恢复经济生产等要务。但战后存在的社会危机感,以及民间随时可能发生的变乱,一直难以真正平复。同治十年二月,在江苏、浙江、安徽交界的广德州与湖州府地区,发生了所谓"教匪"反乱事件,即攻打广德州与建平县两地城市。由于地方巡检与府州县官吏的警觉,以及民间的举报、地方驻守军队的配合,攻城暴乱伊始就被击散了。但暴乱的消息使湖州府长兴县等地的百姓十分惊恐,纷纷有逃移之态。在曾国藩等高级官僚看来,这次惊人的暴乱行为,是"发逆"余党的作乱。这样,在朝廷的高度关注下,三省府州县官吏展现了跨政区、跨地区的合作,缉捕行动时长三个月,终使逃窜的匪徒与大头目先后被捕获。一般认为,在太平天国战争后,自朝廷到地方的垂直控制系统、地方的保甲体系以及府州县对于地方社会的掌控能力,有不同程度的削弱甚至崩溃。可是从本章对这一暴乱事件被平定的整体分析来看,这种认识是不太准确的。

最后第十一章是余论,对明清江南州县行政作整体的评判,重点是将衙门作为一种整体象征,对其在明清时代民众心目中的感受及评价,包括州县官员与胥吏群体形象、吏治风气及社会影响、官绅网络及其中存在的利益冲突等作一总体考察,进而探讨州县官府与民间社会的关系变化与协调、地方发展与社会平衡的维续等问题。

当然,要以本书有限的研究内容,真正对明清江南州县行政作出全面评判,仍然十分困难。这其中包括州县衙署的维持问题,当中涉及州县官吏群体的构成、薪资与日常开销、行政工作的展开等内容,及其在不同府州县之间的差异,本来都不易廓清。本书也不宜再按明清时期制度上的设计,作些罗列排比,予以简单的说明,因为这些都不可能真正体现当时的实际情形。所以本书的侧重点,仍然是以各类明确的事例、案件等为论述依据,当中最主要的内容,仍在社会变化与国家控制的种种表现——王朝统治、州县行政、地方利益如何被紧密地裹挟在一起,随着历史的变革,显现出难以形容的复杂程度。

本书以江南地区为讨论中心,在揭示其秉具的地方特质及其变化的同时,也注意该地域社会内人们对于州县官员及其行政(包括整个帝国行政)的看法,以及所谓"国家权力"的问题,说明那些包蕴在各种文字记述中、被注入不同时代人们情感的江南,在发展过程中对王朝生活的态度及参与实践。进而也企望阐明,研究明清社会特别是明清江南地域社会的重要意义,在于历史上的江南,可以为上述问题的解决,能提供深度描述的系统文本资源、各类细致的动态变化样貌、社会发展的恒定特征,以及十分重要的有关江南的地方知识史,并超越时代性。

第一章　州县的治所与衙署

一、府州县形势

从秦代开始,中国的基层州县就有了等第之分,一般以人口多寡为区别;汉代还有以事务的繁简来分等的成例。延至唐代,按照县的地位、户口与地理条件,明确地出现了赤、畿、望、紧、上、中、下七等。元代分县等则有较大变化,将前代赤、畿、望、紧的名目全部废去,仅以户口多寡为标准,为上、中、下三等。①

然而,《明史·地理志》并无这方面的详细记录,这表明晚至清初,正史编撰者们没有在州县等级上过多地予以强调。因此,我们也无法更为深入地比较明、清两代在这方面的变化情况,即如何看清这些州县在政区级次中的不同等第以及帝国中枢予以的关注程度之差别。

实际上,在《明史·职官志》中,载有吴元年(元至正二十七年,1367)将南方各县按照缴纳钱粮的多寡,统一分作三等:粮 10 万石以下为上县,6 万石以下为中县,3 万石以下为下县。

洪武十四年十月,出现了繁简之例:②

> 在外,府以田粮十五万石以上、州以七万石以上、县以三万石以上,或亲临王府、都司、布政使、按察司并有军马守御,路当驿道、边方、冲要供给之处,俱为事繁;府粮不及十五万石、州不及七万石、县不及三万石,及僻静之处,俱为事简。

---

① 周振鹤:《地方行政制度志》(《中华文化通志·制度文化典》第 4 典),上海人民出版社 1998 年版,第 309—315 页。

② 《明太祖实录》卷一百三十九,“洪武十四年十月壬申”条。

这个样例，被采入万历重修的《大明会典》，并言洪武二十六年又曾定此繁简则例，①与前基本一致。

嘉靖朝以后，由于地方事务日繁，上述分等出现了细化。时人杨博称，在隆庆元年，吏部曾按皇帝命令，"将天下府州县大小、繁简、冲僻、难易细加重访，逐一品第"，"大率以边方残破、远方困惫、盗贼猖獗、灾殄频仍、冲繁难支、刁疲难治为上，稍易者为中，易者为下"。②

由此表明，明代地方政府的地区差异与相应的州县形势，其实也有具体、实际的规范与运作。而清代全国清晰的州县等第区分，与明代应该就已存在的成例，有着不可分割的内在联系。

康熙间，慈溪人姜宸英在给友人的诗序中，特地强调了这种州县繁简的显著差异及其相关考绩法度的效应：③

> 今天下府州县，大小繁简至悬殊也。法有调用固善，然当著为令，又于调用中稍寓古迁转之意。峻其品级，增其俸秩，异其考成，待其课绩有效，则优以不次之擢。如是，虽同一守令也，大小繁简之制判然有别，人得自见其长而得人为易矣；守令得人，天下清和咸理不难致矣。

区分州县等第、制订繁简之例，对于地域差异极为明显的中国地方政府而言，显然十分必要。

雍正六年三月，广西布政使郭鉷曾上奏要求必须明确政区分等的标准，④其理由主要是：

> 州县地方本有大小之异，而居官才具实有短长之分。以长才而处小邑，固为未尽其能；以要地而畀短才，必致有亏厥职。总缘州县官员大半系初登仕籍，其平日未尝经练，故人与地相当之处未能悬定，一旦凭签掣缺，纵有才能出众者，无由区别，或以庸员而得要地，竟将皇上之人民财赋令其尝试，及至地方废坠不修，始行罢斥，则其贻误已多。

---

① 万历《大明会典》卷十二《吏部十一·考核通例》，万历朝重修本。

② ［明］杨博：《总论天下郡县》，收入［明］陈其愫辑：《皇明经济文辑》卷九《地理一》，天启七年自刻本。

③ ［清］姜宸英：《湛园集》卷一《清苑令吴君德政诗序》，文渊阁《四库全书》本。

④ 实际上，郭鉷原名金鉷，上奏时用的是郭姓，大概在雍正六年七月升任广西巡抚时始恢复本姓。参刘铮云：《"冲、繁、疲、难"：清代道、府、厅、州、县等级初探》，载中研院《历史语言研究所集刊》第六十四本第一分，1993年3月，第179页。

据此，他认为州县要缺之必需贤员者，可以分为四等：地当孔道者为冲；政务纷纭者为繁；赋多逋欠者为疲；民刁俗悍、命盗案多者为难。当然，此四等之中“有专者，有兼者，有四等俱全者”。①

这个要求，后来就成为地方职官缺分的正式标准。概括而言，冲、繁、疲、难四条俱全的为“最要”或“要”缺，具三条的为“要”缺，具二条的为“中”缺，具一条或没有的为“简”缺。② 但这种地方缺分从清初到清末不断发生着更动。③

由于清沿明制，清代地方行政方面的情形，也可以大致反映此前在明代可能存在的情况。《清史稿》修竣于民国，上述州县的具体分等，在其《地理志》中却标示甚详：“清初画土分疆，多沿明制，历年损益，代有不同。”④有关江南各府州的等级，详参表1。

表1　清代江南各府州等第比较

府　州	等　级
苏　州	最要。冲，繁，疲，难。
太　仓	繁，疲，难。
松　江	要。　繁，疲，难。
常　州	冲，繁，疲，难。
嘉　兴	冲，繁，疲，难。
湖　州	繁，疲，难。

资料来源：《清史稿》卷五十八《地理志五》、《清史稿》卷六十五《地理志十二》。
说明：太仓州在清代为直隶州，与府同级。

顾祖禹曾分析天下州域形势，认为苏州府“枕江而倚湖，食海王之饶，拥土膏之利，民殷物繁。田赋所出，吴郡常书上上”，是江淮以南形胜最重要之区。南面相邻的松江府，形势也很重要，所谓“雄襟大海，险扼三江，引闽越之梯航，控江淮之关键”，而且“居嘉、湖之肘腋，为吴郡之指臂”。⑤ 至于北面的常州府，“北控长江，东连海道，川泽沃衍，物产阜繁”，而地近南京，所以“翼带金陵，为转输重地，脱有不虞，则京口之肘腋疏，而吴郡之咽喉绝”。⑥

---

① 《世宗宪皇帝朱批谕旨》卷二百二上，“朱批郭鉷奏折”条，文渊阁《四库全书》本。
② ［清］方大湜：《平平言》卷一，“初任宜简僻缺”条，光绪十八年刊本。
③ 刘铮云：《“冲、繁、疲、难”：清代道、府、厅、州、县等级初探》，第199页。
④ 《清史稿》卷五十四《地理志一》。
⑤ ［清］顾祖禹：《读史方舆纪要》卷二十四《南直六》，上海书店1998年影印本。
⑥ ［清］顾祖禹：《读史方舆纪要》卷二十五《南直七》。

这三个府都属南直隶地区，嘉、湖二府的重要性由此被低视。

前述各府职官缺分等级，也与顾氏的观点相符合。府级层面的苏州占据了“最要”、“冲”、“繁”、“疲”、“难”五条，松江占了“要”、“繁”、“疲”、“难”四条，常州占了“冲”、“繁”、“疲”、“难”四条，以及从苏州析出的太仓直隶州占了“繁”、“疲”、“难”条，都属传统的“南直隶”地区；而浙江的嘉兴与湖州就是一般省份的府级政区，前者占了“冲”、“繁”、“疲”、“难”四条，后者与太仓州一样，只有“繁”、“疲”、“难”三条。①

上述这些府州所辖各个政区的等第差别，将通过表2，简单地予以示明。②

表2　清代江南州县形势比较

州县别	等　　级	备　　注
吴　县	冲，繁，疲，难。倚。	
长洲县	冲，繁，疲，难。倚。	
元和县	冲，繁，疲，难。倚。	
昆山县	疲，难。	
新阳县	疲，难。	
常熟县	繁，疲，难。	
昭文县	繁，　难。	
吴江县	冲，繁，　难。	
震泽县	繁，　难。	
镇洋县	繁。　　倚。	清代太仓州附郭县
嘉定县	疲，难。	
崇明县	冲，繁。	
宝山县	繁，疲，难。	
华亭县	繁，疲，难。倚。	
娄　县	疲，难。倚。	
奉贤县	疲，难。	
金山县	疲，难。	

① 冯贤亮：《明清江南州县的衙署》，载《传统中国研究集刊》第四辑，上海人民出版社2008年版，第381—407页。

② 有关府州县变化的详细情况，可参冯贤亮：《明清江南地区的环境变动与社会控制》，第56—66页。

续 表

州县别	等　　级	备　　注
上海县	冲,繁,疲,难。	
南汇县	繁,疲,难。	
川沙厅	繁,疲,难。	嘉庆十年置,1912 年改县
青浦县	繁,疲,难。	
福泉县		乾隆八年省
武进县	冲,繁,疲,难。倚。	
阳湖县	繁,　难。倚。	
无锡县	冲,繁。	
金匮县	繁,　难。	
宜兴县	疲,难。	
荆溪县	疲,难。	
江阴县	繁,疲,难。	
靖江县	难。	
嘉兴县	冲,繁,疲,难。倚。	
秀水县	冲,繁,难。	
嘉善县	繁,疲,难。	
海盐县	繁,难。	
平湖县	繁,疲,难。	
崇德县	冲,繁,难。	康熙元年改称石门
桐乡县	繁,难。	
乌程县	繁,疲,难。倚。	
归安县	繁,疲,难。倚。	
长兴县	冲,繁。	
武康县	繁,疲,难。	
德清县	繁,疲,难。	
孝丰县	简。	
安吉州	疲,难。	乾隆三十八年改县

资料来源:《清史稿》卷五十八《地理志五》、《清史稿》卷六十五《地理志十二》。

表中罗列的44个州县,等级为"冲"并"繁"的占12个,此外为"繁"的也有20个。地位显然都很重要。在这些地方,除了府、州、县一级的地方首要行政长官,还有一些佐贰杂职,包括县丞、主簿、巡检、典史、儒学训导等。其品秩与制度上规定的每年固定的政府津贴,详参下表3。

表3　明清地方州县官吏品级与俸银

<table>
<tr><th>官　　称</th><th>品　阶</th><th>俸银(两)</th></tr>
<tr><td>知县</td><td>正七品</td><td rowspan="2">45</td></tr>
<tr><td>州判</td><td>从七品</td></tr>
<tr><td>县丞</td><td>正八品</td><td rowspan="2">40</td></tr>
<tr><td>府州县训导</td><td>从八品</td></tr>
<tr><td>县主簿</td><td>正九品</td><td rowspan="3">33.114</td></tr>
<tr><td>州吏目、巡检</td><td>从九品</td></tr>
<tr><td>典史、州县税课司大使、河泊所所官</td><td>未入流</td></tr>
</table>

资料来源:[明] 李日华撰、鲁重民补订:《官制备考》卷下《各品称呼》,明刊本;《大清缙绅全书》,"钦定吏部则例官阶品级",荣录堂宣统元年版。

说明:明代各学训导与县学教谕均为"未入流";俸银数据为清代的情况。

《明史·职官志》与《清史稿·职官志》对县级政府主要官吏的职责,都有比较明确的解释:知县主掌一县政治,包括决讼断辟、劝农赈贫、讨猾除奸、兴养立教等,"凡贡士、读法、养老、祀神,靡所不综"。一县之中,除知县外,还设有县丞、主簿,分掌粮马、征税、户籍、缉捕诸职,典史则掌稽检、狱囚;若无丞、簿,典史也可兼领其事。总之,州县长官能听讼、催科、缉盗,"即是第一等好牧令",其他的教养诸善政,才能赖以生根。这是治民的基本范畴。①

二、城墙与治所

施坚雅曾详细指出,在中国,城市的概念一直与衙门和城墙紧密相连。传统中国人的观念中,一座真正的城市是建有城墙的县治、府治或省治。②更详细的研究样例,我们也可以在瞿同祖的《清代中国地方政府》中看到。③

---

① 《江苏省例》藩政类,"整顿水利蚕桑"条,同治八年江苏书局刊本。

② (美)施坚雅:《中国农村的市场和社会结构》,史建云、徐秀丽译,中国社会科学出版社1998年版,第8页。

③ 瞿同祖 T'ung-Tsu Ch'u, *Local Government in China under the Ch'ing*, pp. 1–7.

牟复礼认为,通常讲的中国城市,是定位于朝廷下属政权机关所在地大约1 500到2 000个城市集中点,亦即都城、省会、府、州、县城。这些城市因为在行政上具有重要性,于是也就有了筑城的资格和需要,其间行政职能对城市的形式起着很大的作用。①

江南地区城市的发展,有着颇为悠久的历史。所谓"凡藩郡卫所,所治必建城郭,以宿兵守民,防御奸宄"。② 嘉兴府、苏州府等城,在春秋时期就已存在。发展到元末兵乱时期,以苏州府为中心的张士诚政权,对江南地区的城市曾进行了一次规模较大的重建。由于城市具有捍外卫内的鲜明功能,所以在明代人的心目中一直有这样深刻的认识:"民之依城自固,犹居室以安身也。"③城防建设更是"设险之大端"。④ 民间俗语云"大难避于城,小难避于乡",其中亦体现出城市"御暴保民"的功用。⑤ 所以,无论战乱有无,城邑的巩固都是地方官府应该时时在意的大问题。

嘉靖朝以前,江南地区因承平日久,城防建设除了在正德年间因寇贼盗乱有过一段时间的发展外,基本上处于稳定状态,没有大的变化;有的城市因为繁荣日久,城防武备早已荒废;有的地方甚至不愿筑城。

例如,宣德五年分县后长期没有城池保障的嘉善县,到嘉靖三十二年倭乱突起,政府要求加紧修筑城防时,地方百姓还很不情愿,"一闻大役,不乐者什九,纷然阻挠"。⑥

再如,嘉靖年间,常熟人邵圭洁(生卒年不详)以筑城为例,说明了"寻议寻寝"的现象之原因,主要在于"有司皆倚卫于秉锄之夫,百姓皆偷安于荷担之计",其表现在四个方面:⑦

> 其一则势豪之家,据为己有,庐而为市,则廛之入倍于他市;污而为田,则租之入倍于他田,未见无城之害,而厚享无城之利。一闻斯议,则所以曲为挠阻者,无所不至矣。
>
> 其二则贸易驵侩之徒,据要津为垄断,或得之市儿,或赁之豪家,皆重楼叠宇,蓄妻妾、长子孙,视为故业,彼便私图,宁顾公义。一闻斯议,

① (美)施坚雅主编:《中华帝国晚期的城市》,叶光庭等译,中华书局2000年版,第119页。

② [明]李东阳:《常州府修城碑记》,载乾隆《江南通志》卷二十《舆地志·城池一·下江府州县》,乾隆二年重修本。

③ 嘉靖《江阴县志》卷一《建置记·城池》,嘉靖二十七年刻本。

④ 乾隆《镇江府志》卷四《城池》,乾隆十五年增刻本。

⑤ 嘉靖《安吉州志》卷一《城池》,嘉靖间刻本。

⑥ [明]姚弘谟:《筑城成功碑记》,载万历《嘉善县志》卷十《艺文志》,万历二十四年刻本。

⑦ [明]邵圭洁:《北虞先生遗文》卷五《志铭杂著·筑城议》,万历间刻本。

则所以曲为挠阻者，无所不至矣。

其三则乡居殷富之户，田连阡陌，货充市肆，有司将兴大役，而公帑不给，未免以佚道使民，或益之丁田，或派之夫役，或假之船橇，或劝之米粟，皆其所预计而恐及之者；彼且自成村落，自列廛市，不图有城之利，而惟计筑城之扰。一闻斯议，则所以曲为挠阻者，无所不至矣。

其四则官府侵渔及奸顽逋负之徒，或解运正色之外，挪移隐蔽，以资温饱，或经年积欠之数，辗转延挨，以冀迁脱，其弊不能悉举。有司以不给之故，亦未免取偿于此辈，匪惟不保其利，抑且因此获谴，未见城之完，而先见家之破。一闻斯议，则所以曲为挠阻者，无所不至矣。

邵圭洁所言常熟县屡次欲修筑城墙而多不能成功的原因，在江南其他城市也是存在的。嘉靖年间正值倭患最剧之时，城墙的修治比其他时期显得更为紧要。在这样的背景下，士民百姓最终不得不放弃私利，为筑城作出贡献。嘉靖三十二年，知县王鈇负责重建城防时，①当地富民谭晓就义输了4万两白银帮助筑城。②

从城墙的比较而言，苏州府城的规划是最为典型的。尽管在明初，苏州地区还是“室无高垣，茅舍邻比”的境况，③但其迅速地恢复和繁华，仍是不争的事实。以致今天的海外学者确信，它是唯一巨大的前现代化城市，是它资助了政府而不是相反。④

嘉兴地区在倭乱大爆发前，是“人垂老不识兵革”，承平日久，人情狃于晏安，故常常是“玩细娱而忽远虑”，城郭池濠废而莫讲。⑤ 府城含有嘉兴与秀水两座附郭县城，在元末明初曾经一番整修。明初的修葺工作较为简单，新修县城较旧城周12里的面积缩小了3里，城高则倍于旧制，增置或扩建了月城、钓桥、城楼、城门（水门）、女墙、敌楼（以后渐有倾圮，至嘉靖间无一存者）。⑥

松江府城在江南地区可能算是较为狭小的，清人甚至认为“不及吴郡之三”；但其东西南北四境，十分繁华，“非官家栉比，即商贾杂居”，市物陈列，

---

① ［明］管一德编：《皇明常熟文献志》卷二《县令》，万历三十三年刻本。

② 同治《苏州府志》卷四《城池》，同治间修、光绪九年刊本。

③ ［清］唐甄：《潜书》下篇上《富民》，中华书局2009年版，第107页。

④ （美）迈克尔·马默 Michael Marme：《人间天堂：苏州的崛起，1127—1550》，载（美）林达·约翰逊主编：《帝国晚期的江南城市》，成一农译，上海人民出版社2005年版，第59页。

⑤ ［明］吴鹏：《修城记略》，载光绪《嘉兴府志》卷四《城池》，光绪五年鸳湖书院刻本。

⑥ 嘉靖《嘉兴府图记》卷二《邦制一》，嘉靖二十八年刻本；崇祯《嘉兴县志》卷二《城池》，崇祯十年刻本；光绪《嘉兴府志》卷四《城池》，光绪五年鸳湖书院刻本。

几乎“无一隙地”。① 元末张士诚据有当地时，于城楼之外加葺了月城。明初重加修护，仍有月城、水门等设置。整座府城形势也很重要，“前襟黄浦，大海环其东南，三江绕乎西北”，地方皆为平畴沃壤，四望可以极目，所以明人称其为“东南之重地”。洪武三十年十一月，金山卫中千户所的一部分官军被分出来，专门成立松江守御千户，守护府城。② 附郭华亭县，下辖 8 个乡。③

江南地区的普通城市于初建时，从筑城材料来看，最简单的是以木、竹为栅。如昆山县，向未有城，“惟树竹木为栅”；常熟、太仓两地，也是如此。④ 稍好的就用土砌，如昆山县城在元末明初重建时，改筑成了土城。⑤ 德清县城在明初只存土郛，安吉、孝丰两地都是以土为城垣。⑥ 江阴晚至正德时还在筑土城；靖江县的土城是在元末筑就，入明后维持旧状。⑦ 最好的当然是砖石筑就的城垣，如无锡县城在明以前就已是石筑，明代继续予以缮治；⑧ 常熟县城在元末筑成砖城，嘉定县城也是如此，但到正德时已渐渐毁圮；⑨ 长兴县城在明初筑成了砖城。⑩ 还有少数砖石与土混合型的城市，如崇明县城，早期一直是“内砖外土”，晚至宣德初才改以砖筑。⑪

值得注意的是，江南地区一直没有城郭设置的县城，为数并不少，如宣德五年分县后新立的嘉善、平湖、桐乡三县，一直无城；崇德县在洪武十九年城上砖石被拆公用后，尽管在天顺年间仍有四座城门设置，但“无城如故”。⑫ 武康县是“累土为缭垣”，也无城郭。⑬ 上海县从元代至元二十九年从华亭县析置后，一直未设城墙，仅建有两个门，环县“以水为险”。⑭

除了上述这些县级城市外，还有一些小城镇或城堡，从地理方位看，都

---

① ［清］曾羽王：《乙酉笔记》，旧抄本，收入上海人民出版社编：《清代日记汇抄》，上海人民出版社 1982 年版，第 14 页。

② 崇祯《松江府志》卷十九《城池》，崇祯四年刻本。

③ 嘉靖《南畿志》卷十六《郡县志十三 · 松江府属沿革》，嘉靖间刻本。

④ 正德《姑苏志》卷十六《城池》，正德间刻本；同治《苏州府志》卷四《城池》。

⑤ 正德《姑苏志》卷十六《城池》；同治《苏州府志》卷四《城池》。

⑥ 乾隆《浙江通志》卷二十三《城池上》，乾隆元年重修本。

⑦ 嘉靖《南畿志》卷二十《郡县志十七 · 常州府属沿革》。

⑧ 嘉靖《南畿志》卷二十《郡县志十七 · 常州府属沿革》；乾隆《江南通志》卷二十《舆地志 · 城池一 · 下江府州县》。

⑨ 正德《姑苏志》卷十六《城池》，正德间刻本。

⑩ 乾隆《浙江通志》卷二十三《城池上》。

⑪ 正德《姑苏志》卷十六《城池》。

⑫ 乾隆《浙江通志》卷二十三《城池上》；光绪《嘉兴府志》卷四《城池》。

⑬ 乾隆《浙江通志》卷二十三《城池上》。

⑭ 嘉靖《南畿志》卷十六《郡县志十三 · 松江府属沿革》。

处沿海地带。它们在海防方面具有特殊的重要性,是江南城市海防的前缘,所以很多在明清两代成了卫、所治地。如吴淞江守御所,在嘉定县东南四十里,洪武时期已筑成土城,此后不断得到重修。① 此类"城市"因其海防的专门目的,城防设施较为全面。如松江府的青村城,筑于洪武十九年,周6里,高达2丈5尺,建有4座城门,门上有城楼,外设月城。城防较一些县城为好。② 此外,还有金山卫、南汇城、澉浦城、乍浦城、梁庄寨城、杨舍堡城等,其中澉浦城完全是用砖石包砌的;而乍浦城的城防设施比较而言是最完善的,不但具备一般的城防配套设施,还经常得到杭、嘉、湖三府的联合葺治。③

据初步统计,江南城市的面积都在周15里之内,城墙高度都在3丈之内。④ 池濠也很深阔,城防设施初具规模,有水门(水关)、城门、濠池(大都利用便利的水网构成,如安吉县城濒临大溪,"引水为壕,凿壕为池"⑤)、女墙、敌铺,甚至还有瓮城(如长兴县城,6座城门各有瓮城⑥)。但这些城市多在嘉靖前遭毁坏。

在常州府,无锡、江阴与附郭武进的规模,远比宜兴、靖江两县为大,其防御能力自然也最强。江阴县城规模大的原因,可能与其地处长江沿岸的要冲有关,它是常州府由江入海的重要门户;虽然靖江县城处长江江心沙岛,但因其地与常州府本土有着天堑之隔,对整个常州府而言,其重要性要逊于江阴。江阴与靖江隔江相望,在军事上可以互为犄角。而且江阴枕江之冲,是苏、常诸府的北门,所以明人往往认为这里"视他邑独重"。⑦ 无锡地近苏州,属于苏、常二府的陆路交通必经之地,由于苏州府地区防御力量较强,无锡地方完全可以此为屏障,防范能力相对弱化了。

明人说常州是内陆府郡,从宋室南渡以后,阻江为险,防护重点置于沿长江一线,"增置沿江民兵、游击,忠、卫二屯"。这种武备设置到元代被废除,明时又予重新加强防御力量,但仅存"警逻"而已。事实上,许多武备设置,如常州卫指挥使司、宜兴守御千户所、府治东北的教场以及江阴县的教场等,都是

---

① 正德《姑苏志》卷十六《城池》。
② 乾隆《江南通志》卷二十《舆地志·城池一·下江府州县》。
③ 乾隆《浙江通志》卷二十三《城池上》。
④ 县级城市中,太仓州城的规模较大,周14里50步;就城墙高度而言,一般最高为2丈8尺以下,个别有高达3丈,如长兴县城。参正德《姑苏志》卷十六《城池》;乾隆《浙江通志》卷二十三《城池上》。
⑤ 嘉靖《安吉州志》卷一《城池》,嘉靖间刻本;同治《湖州府志》卷十七《舆地略·城池》,同治十三年刊本。
⑥ 乾隆《浙江通志》卷二十三《城池上》。
⑦ [明]唐顺之:《江阴县新志序》,载嘉靖《江阴县志》卷首,嘉靖二十七年刻本。

在洪武年间废弃的，直到成化年间仍未见复置或增设。① 靖江县城本处江中沙岛，曾经在正德元年因海盗的出现，由巡抚都御史艾璞委派常州府通判刘昂、靖江知县周奇在县城上加筑了土墙，四门换上陶甓，此后不断得以重修。②

所以，在较为和平的时期，地方防护的需求是很低的，有的甚至"武备寖缓"，③城防建设上往往维持旧态，最多不过对旧城重加修葺而已。然而，遇到水、旱等天灾，即便是一些建设较好的城市，因城砖具有交易的价值，许多饥民就盗砖易食，致使城防日渐毁圮。如永乐年间的一次大祲，使元末已为砖城的常熟县城遭到人为的毁灭性破坏。④

只有在战乱突起，对地方政府的威胁加重时，城防建设的重要性才会凸显出来。嘉靖倭乱的发生，使地方行政长官与乡宦们都注意到了没有城防的危险，纷纷上奏要求筑城（详参表4）。

表4　明清江南州县城市建设情况

府州县别		城　建　及　用　材
苏州府	昆山县	元至正十七年土筑；明嘉靖十七年因旧基甃以砖石；清顺治、雍正、乾隆初年屡次重修
	新阳县	清雍正二年始建，与昆山县同城
	常熟县	元至正十六年，张士诚据吴，甃为砖城；清康熙十九年修
	昭文县	清雍正二年始建，与常熟县同城
	吴江县	元至正十四年张士诚拓旧城重筑；清顺治四年修，康熙四年重修
	震泽县	清雍正二年始设
	太仓州	元至正十七年筑，清雍正年间修，乾隆二年、三十二年、三十五年、五十九年重修 镇洋县为附郭
	嘉定县	宋嘉定十二年筑，元至正十七年筑为砖城，明嘉靖三十二年改建，清顺治九年修，康熙十年、二十三年、雍正七年、乾隆二十四年重修
	宝山县	旧为吴淞城，明嘉靖中改筑；清康熙九年修、五十七年重修，雍正二年置县，即其地为城
	崇明县	明嘉靖三十四年始筑砖城；万历十一年、清顺治十六年、康熙十四年、雍正十年、乾隆元年重修

① 成化《重修毗陵志》卷二《地理二·城郭》，成化二十年刊本。

② 隆庆《重修靖江县志》卷一《疆域上·城池一之一》，隆庆三年刻本。

③ ［明］李东阳：《常州府修城碑记》，载乾隆《江南通志》卷二十《舆地志·城池一·下江府州县》。

④ 正德《姑苏志》卷十六《城池》；乾隆《江南通志》卷二十《舆地志·城池一·下江府州县》。

续　表

府州县别		城建及用材
松江府	上海县	明嘉靖年间新筑、清康熙十九年修,雍正九年、乾隆四年十四重修
	奉贤县	旧为青村城,清康熙二十二年修、雍正三年置县治、乾隆四十年重修
	金山县	旧治金山卫,清乾隆二十四年移治朱泾镇,城未建
	南汇县	旧为南汇城,清康熙二十二年修,雍正三年置县治,雍正五年、乾隆四十年重修
	川沙县	川沙厅城,明嘉靖间筑,清康熙间屡修,乾隆三十七年、嘉庆十年重修;清末改县
	青浦县	明嘉靖十九年始建,万历初筑城
嘉兴府	嘉善县	明嘉靖三十二年兴筑,清雍正、乾隆年间屡修
	海盐县	明洪武十七年筑,清雍正、乾隆中屡修
	平湖县	明嘉靖三十二年兴筑,清雍正、乾隆中屡修
	崇德县	明嘉靖三十四年始筑;清康熙、雍正、乾隆中屡修(清代改名石门)
	桐乡县	明嘉靖三十二年筑,上砖下石;清雍正、乾隆中屡修
湖州府	长兴县	明筑砖城,清雍正、乾隆中屡修
	武康县	旧无城,惟累土为缭垣;清雍正中建,乾隆中修
	德清县	明初存土郛;嘉靖二十五年于要路四门各围以石,三十二年筑城;清雍正、乾隆中屡修
	孝丰县	原为土垣;明万历四年更为石城,清乾隆中修
	安吉州	原安吉县城,为土城,元末筑;明嘉靖三十三年城内土岸以石甃之;清雍正、乾隆中屡修
常州府	无锡县	宋乾兴年间筑;明嘉靖三十三年筑砖城;清康熙七年修
	金匮县	雍正二年始建,与无锡县同城
	宜兴县	明永乐中增筑
	荆溪县	清雍正二年始设,与宜兴县同城
	江阴县	明正德中筑;嘉靖二十二年,叠石培址,甃砖为面,完成几达三分之一,三十六年筑成砖城
	靖江县	明成化中筑;嘉靖三十二年,改甃石城

资料来源:《江南通志》(四库全书本)卷二十《舆地志·城池一·下江府州县》;同治《苏州府志》卷四《城池》;嘉庆《直隶太仓州志》卷四《营建上·城池》;嘉靖《太仓州志》卷二《城池》;康熙《重修崇明县志》卷三《建置志·城池》;民国《太仓州志》卷四《营建志·城池》;万历《嘉兴府志》卷二《城池》;[明]姚弘谟:《筑城成功碑记》,载万历《嘉善县志》卷十《艺文志》;天启《平湖县志》卷

一《都会》;光绪《嘉兴府志》卷四《城池》;乾隆《浙江通志》卷二十三《城池上》;同治《湖州府志》卷十七《舆地略 · 城池》;嘉靖《安吉州志》卷一《城池》;崇祯《松江府志》卷十九《城池》;乾隆《上海县志》卷六《城池》;成化《重修毗陵志》卷二《地理二 · 城郭》;康熙《常州府志》卷五《城池》;[清]黄印辑:《锡金识小录》卷二《备参下 · 旧城考》;《大清一统志》(四部丛刊本)卷七十七《苏州府一》、卷八十二《松江府一》、卷八十六《常州府一》、卷一百三《太仓州一》、卷二百八十七《嘉兴府一》、卷二百八十九《湖州府一》。

说明:太仓州原属苏州府,在清雍正二年始升直隶州,下辖镇洋、崇明、嘉定、宝山四县。这里列入苏州府地区一并考察。另外,与府治同城的县,均不予列入。

譬如,松江府的东北门户上海县,当时编户已有600余里(每里编制为110户),殷实人家大多在市,钱粮40余万,银布之类数船可载,兼之富商大贾四方辐辏,县治所在居积货物尤多。但县门之外不到一里就是黄浦江,江潮汛急,倭寇顺流而至,地方上很难防御。明人顾从礼特别指出正是无城可守而使倭寇入侵如探囊取物,上奏朝廷要求资助筑城费用,加快建立城防。① 上海县城池由此得到了一次彻底的整修。

在嘉兴府,嘉兴县在嘉靖以前,除危堞深隍而外无壮险可恃,只在东、北郊设有东栅、北栅这样的简易设施,起初只能"绝盗径"、"拒暴客",而不能说有何城防效用。嘉靖三十三年,倭寇蹂躏城外数万家。次年,巡抚胡宗宪、佥事王询、侍郎赵文华才开始议建敌楼等城防设施。②

又如湖州府的长兴县,在嘉靖寇乱时期急修城防,而经费未定,经过多方筹划,在新任县令黄扆的主持下,以县中原来所设的大粮役43名,各以所辖民户、丁粮分曹并作,如有不齐,就"通融裒益,务得其平",由此共筹得修城经费银26 847两,但修建月城的经费依然无法筹得。③ 而嘉兴府是在修城后,将城下空隙地方任由百姓随置房屋,条件是纳一定的课税,以作为政府缮城的部分经费来源。④

仅就城防本身而言,北方极重军事,城郭都很坚牢而广阔,城门较少;而江南属水乡泽国,城郭建设不但要考虑防范水害、变乱和难民,还要重视水上交通,所以水、陆城门设置都很多。斯波义信通过对宋代江南的研究,已说明了这一点。⑤

清代在明代的基础上,州县城市有了较多的发展,新增了许多州县,大

---

① [明]顾从礼:《奏请筑城疏》,载崇祯《松江府志》卷十九《城池》,崇祯四年刻本。

② [明]李日华:《建郡城各处水口总栅议》,载康熙《嘉兴府志》卷十四《兵政》附;崇祯《嘉兴县志》卷二《城池》,崇祯十年刻本;光绪《嘉兴府志》卷四《城池》,光绪五年鸳湖书院刻本。

③ [明]顾应祥:《重修长兴县城记》,载乾隆《浙江通志》卷二十三《城池上》。

④ 嘉靖《嘉兴府图记》卷二《邦制一》,嘉靖二十八年刻本;崇祯《嘉兴县志》卷二《城池》,崇祯十年刻本;光绪《嘉兴府志》卷四《城池》。

⑤ (日)斯波义信:《宋代江南经济史》,方健、何忠礼译,江苏人民出版社2001年版,第312页。

多是将明代一些基层行政驻所的旧地发展为新设县城的驻所。下面聊举几例说明。

吴淞江所（清代所设宝山县城之前身），嘉靖十六年兵备副使王仪更筑土城于旧城西南一里。十九年，贼入寇，军民移栖新城，以旧城为教场。三十一年倭寇犯境，次年夏四月围逼旧城，城遭毁坏。三十三年巡按尚维持以土城难守，檄嘉定县知县杨旦筑新城，周730丈，高2丈4尺；濠广2丈4尺，深1丈，堑广2丈，深8尺；增辟西北水门1座；陆门有4座；雉堞1 190垛，敌台9座，窝铺40间。①

松江府的金山卫、青村、南汇嘴三城都是在洪武十九年由安远侯主持修筑的。永乐十五年，都指挥使谷祥增筑。后由指挥侯端等重修浚治金山城池；弘治初指挥使翁熊重修。②

金山卫之有城，是为了防海寇。它是后来金山县城的前身，其地在松江府城南72里，西连乍浦，东接青村，周12里300步，高2丈8尺，濠周于城，深1丈8尺，面广12丈，陆门8，水门1，门楼4，角楼4，腰楼8，敌台8，间以箭楼48，雉堞3 678垛，其外营堡烽堠，气势宏伟，固若金汤。洪武十九年始筑城，周12里零300步5尺6寸5分，高2丈8寸，永乐十五年增高5尺，今高2丈8尺；池周13里300步；旱门4，水门1，城楼5，角楼4，窝铺72，吊桥4，烽堠墩台44，营堡7。弘治时重修。万历二十六年，因城池日渐颓淤，重修。③

青村城，后来奉贤县城的前身，在金山城东100里，周围6里，高2丈5尺，濠广24丈，深7尺多，城门4，上各有楼，外各有月城，角楼4，敌台11，箭楼28。④

南汇嘴城，在青村北50里，周围9里130步，高2丈2尺，濠周于城，深7尺多，广24丈；陆门4，水门4，门楼、角楼各4，敌台4，箭楼40。⑤

川沙城，在八团镇。嘉靖三十六年，巡抚赵忻、巡抚尚维持、兵备熊桴根据里人乔镗、王潭的建议，兴筑城池，以备倭寇，内设守堡千户公署、百户所、军器库、把总司、抚按行台、钟鼓楼、城隍庙、下沙三场二场盐课司、南跄巡检司、三林庄巡检司、演武场，又置附堡营田若干亩，除输粮外，其余都充作守堡公用。川沙城后来逐渐发展成为一个沿海巨镇。⑥

宝山城，在上海县东北，与嘉定县接壤。永乐初沿海设防，曾筑高丘20

---

① 嘉庆《直隶太仓州志》卷四《营建上·城池》，嘉庆七年刻本。

② 正德《松江府志》卷九《城池》，正德七年刊本。

③ 正德《松江府志》卷九《城池》；崇祯《松江府志》卷十九《城池》，崇祯四年刻本；嘉靖《南畿志》卷十六《郡县志十三·松江府属沿革》，嘉靖间刻本。

④ 正德《松江府志》卷九《城池》；崇祯《松江府志》卷十九《城池》。

⑤ 正德《松江府志》卷九《城池》；崇祯《松江府志》卷十九《城池》。

⑥ 正德《松江府志》卷九《城池》；崇祯《松江府志》卷十九《城池》。

丈,延亘10里。晚至万历七年,抚按才动议改筑城池,周3里,高1丈8尺。①

值得注意的是,普通城市大多据社会经济的发展需要而兴建,城防设施都很差,一方面说明了江南的长久安定,另一方面则表明城乡的融合较为密切,因为高大坚固的城垣(城池)会在无形中加大城市与乡村之间的隔膜程度。由于这些原因,江南地区城防长期的脆弱性,在嘉靖倭乱突起时,一下子就暴露出来了。而地位处州县城以下的那些行政驻所,因地区开发和社会发展,从一个小区域的中心聚落(如青村所、金山卫等)发展为清代及其以后江南地区的县城,毫无疑问,嘉靖期间的城防建设应当是一个重要的基础。

三、城市形态与规模变化

江南的城市一般都位于水陆交通的网点上,畅通的水运和便捷的用水环境,是其赖以长期延续发展的根本。城市形态必须与水网环境相协调,因而就出现了与传统所谓的方形结构迥异的情况。直到民国时期,江南绝大多数城市的空间形态,与清代的情况仍基本一致。

在一般城市的内部,水道往往纵横交错,即便是清代后期有着较大变化的上海县城,城内的河道也几乎可直达每一户住宅和商号。② 一些形态上不大规整的城市,正是契合了河道弯曲分布的要求,如嘉兴府城(含嘉兴、秀水两县附郭)、③湖州府城(含乌程、归安两县附郭)、④常州府城⑤等较典型。

在苏州城内部,"三横四直"为纲的水网与一条环城河道的水系结构,⑥从宋代以来即十分有名,且常为世人所称道;城内建筑、桥梁都精致优雅,而到处可以饮用的河水,更让外国人认为超出了威尼斯。⑦

---

① 正德《松江府志》卷九《城池》;崇祯《松江府志》卷十九《城池》。

② (英)伊懋可 Mark Elvin: *Market Towns and Waterways: the County of Shanghai from 1480 to 1910*,载氏著 *Another History: Essays on China from a European Perspective*, Wild Peony PTY Ltd., 1996, pp. 101-139.

③ 光绪《嘉兴府志》卷一《图说》,光绪五年鸳湖书院刻本。

④ 同治《湖州府志》卷一《图》,同治十三年刊本。

⑤ 康熙《常州府志》卷一《图考》,康熙三十四年刻本。

⑥ 详参[清]盛林基:《苏郡城河三横四直图说》(嘉庆二年),收入苏州博物馆、江苏师范学院历史系、南京大学明清史研究室合编:《明清苏州工商业碑刻集》,江苏人民出版社1981年版,第307—309页。

⑦ 参(英)阿瑟·哈罗德·希思:《画里中国》,见《港督话神州》附,北京图书馆出版社2006年版,第215页;(比)高华士:《清初耶稣会士鲁日满常熟账本及灵修笔记研究》,郑州:大象出版社2007年版,第162页。

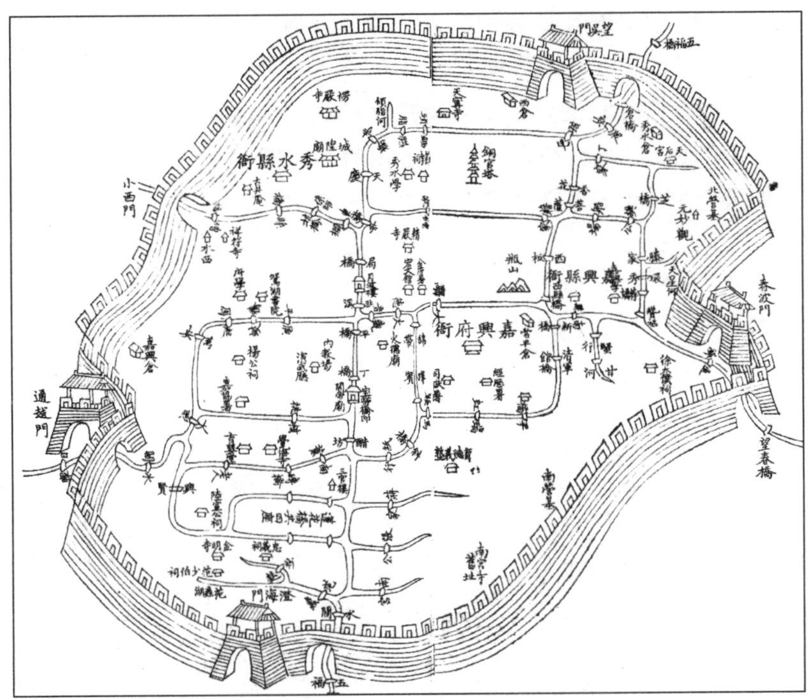

图一　光绪《嘉兴府志》所绘的不规整的嘉兴城及其府县治同城情况

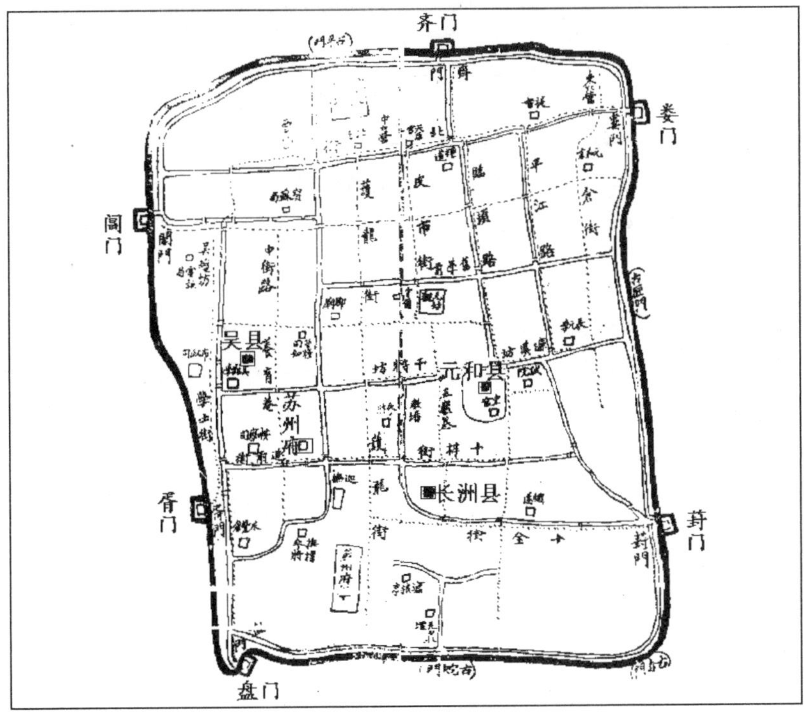

图二　民国二十二年铅印《吴县志》所绘的苏州府长、元、吴三县同城而治示意图

民国年间铅印的《吴县志》中,所绘的"苏城全图",完全与明清时代苏州府城的范围一致,清晰地标明了城内的水网情况,以及苏州府治与长洲、元和、吴县三县治同城的形态;整个城市的构造,是比较典型的长方形。① 这种类方形的城市构造,在古代中国是相当普遍的。

再如太仓城,也属于这种类方形的空间结构。参下图三。

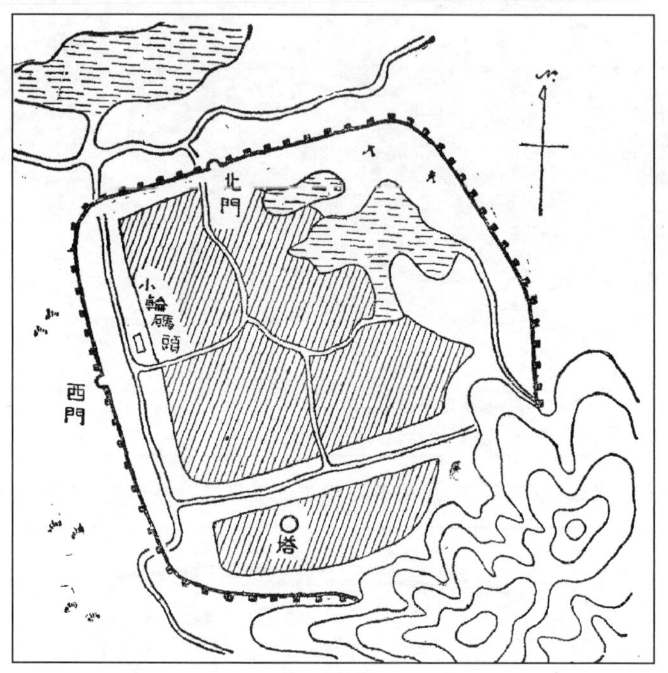

图三　太仓城的形态

(据东亚同文会编:《支那省别全志》第15卷《江苏省》,东亚同文会1920年版,第154页)

但是江南水乡的城市,很多难以合乎这种类方形的形态。

像常熟县城,如果说是类方形,则显得牵强。详参下图四。同时应该注意到,明清时代一直在竭力维持的城垣体系正在废弛。约至1924年,常熟县城的城楼失修坍塌,因无力修复,一一予以拆除。1929年,拆除了南门月城,改建总马桥;接着拆除大东门、小东门两座月城,改建泰安、阜安两座吊桥。次年,建新公园(即今天的虞山公园)时,先拆除了公园范围内的城墙,又拆了西门、旱北门的月城,以便交通往来。此后对于新式交通有所障碍的南门与旱北门城门,也进行拆除。② 传统城市的空间形态被逐渐改变。

① 民国《吴县志》附图,民国二十二年刊本。

② 常熟市地方志编纂委员会编:《常熟市志》,上海人民出版社1990年版,第79页。

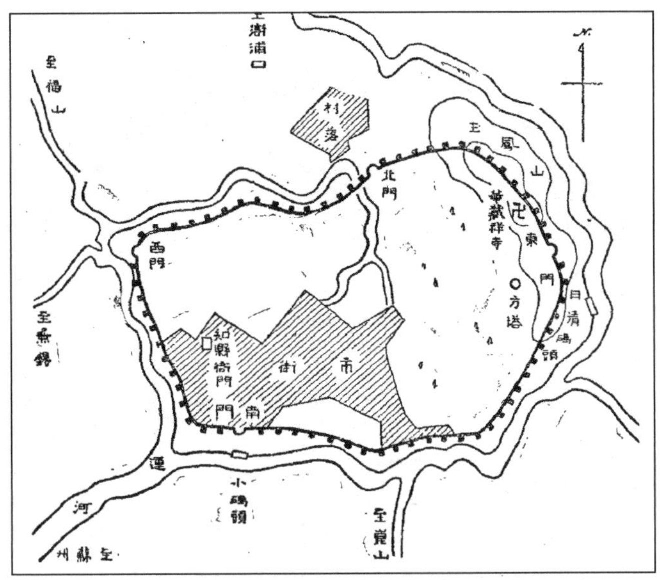

图四　常熟县城的空间结构

（据东亚同文会编：《支那省别全志》第15卷《江苏省》，东亚同文会1920年版，第153页）

同治年间刻印的《上海县志》之县城图，则接近圆形。[①] 这在江南并不少见，像松江府城、[②]青浦县城、[③]海盐县城、[④]嘉定县城、[⑤]安吉县城、[⑥]长兴县城、[⑦]无锡县城、[⑧]基本成圆形的石门县城[⑨]与常熟县城[⑩]等，也属于这种形态。

常州的城河系统和苏州的三横四直的水系截然不同，其城河是环状的，而且一环套一环，构成四层环状。最外一环是城外的新城东南濠（现为穿过常州市区的运河）、东北濠、西北濠（现在关河）。第二环是西兴河、前河和后河。第三环是子城河。最内的一环是玉带河和惠明河。除了几小段南北直河外，主要河道都是东西贯通，这就影响到常州的街道，使之不像中国一

① 同治《上海县志》卷首《图说》，同治十一年刊本。

② 嘉庆《松江府志》“图经”，嘉庆二十二年松江府学刻本。

③ 光绪《青浦县志》“图说”，光绪五年刊本。

④ 光绪《海盐县志》卷首《图》，光绪二年刊本。

⑤ 光绪《嘉定县志》卷首《县境水利旧图》，光绪六年重修、尊经阁藏版。

⑥ 同治《安吉县志》卷首《图》，同治十二年刻本。

⑦ 同治《长兴县志》卷一上《图》，同治十三年修、光绪十八年增补刊本。

⑧ 康熙《无锡县志》卷一《图》，康熙二十九年刻本。

⑨ 光绪《石门县志》“城市图”，光绪五年刊本。

⑩ 光绪《重修常昭合志稿》卷首“图”，光绪三十年刊本。

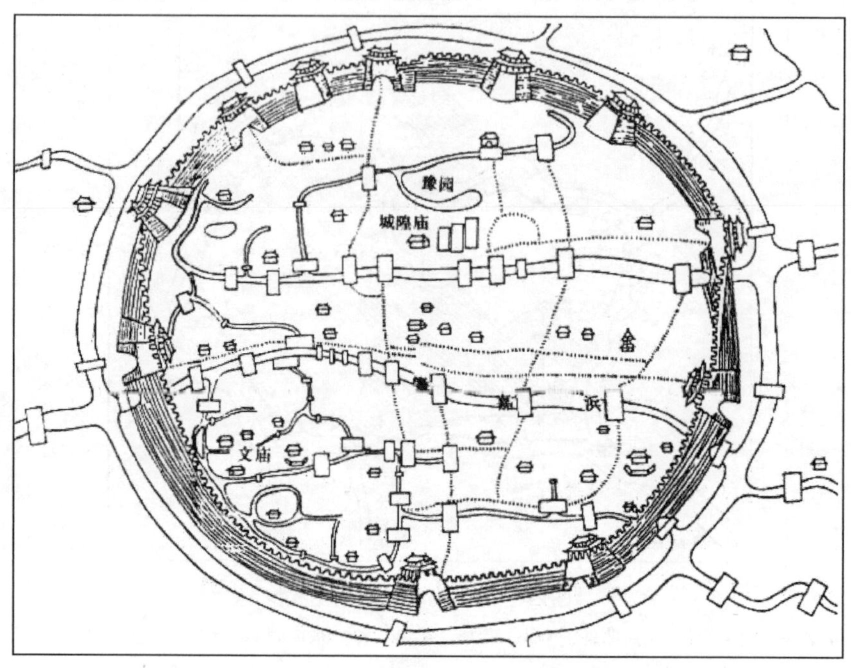

图五 同治《上海县志》中所绘的圆形上海县城

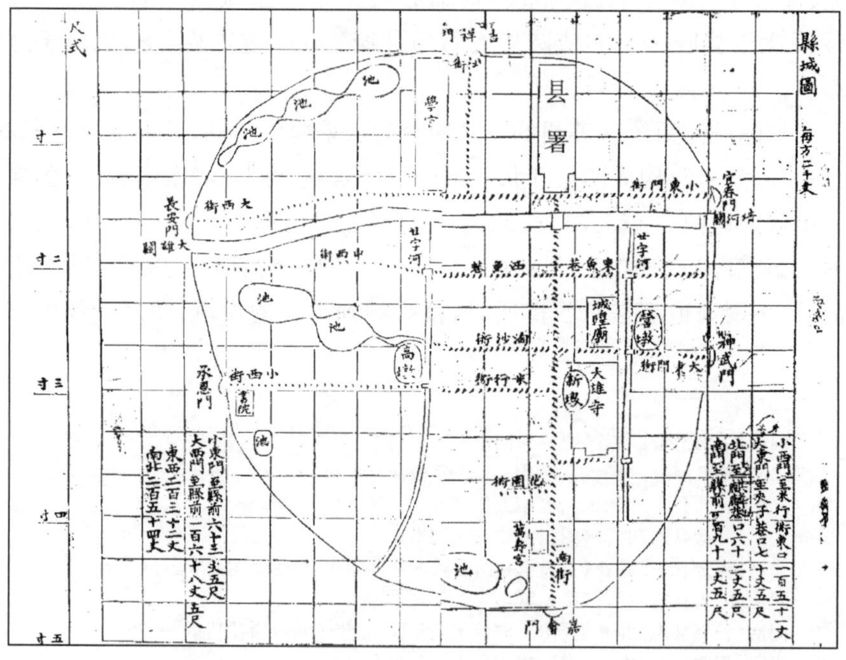

图六 光绪《长兴县志》所绘的圆形县城

般城市有一条特征鲜明的南北中轴线。①

比较特殊的当属金山县城。乾隆年间开始，金山县从金山卫迁入朱泾镇，直至清末，这个新县治一直无城，②所谓的县城所在地就显得太过平凡，让人觉得有些不合常规。

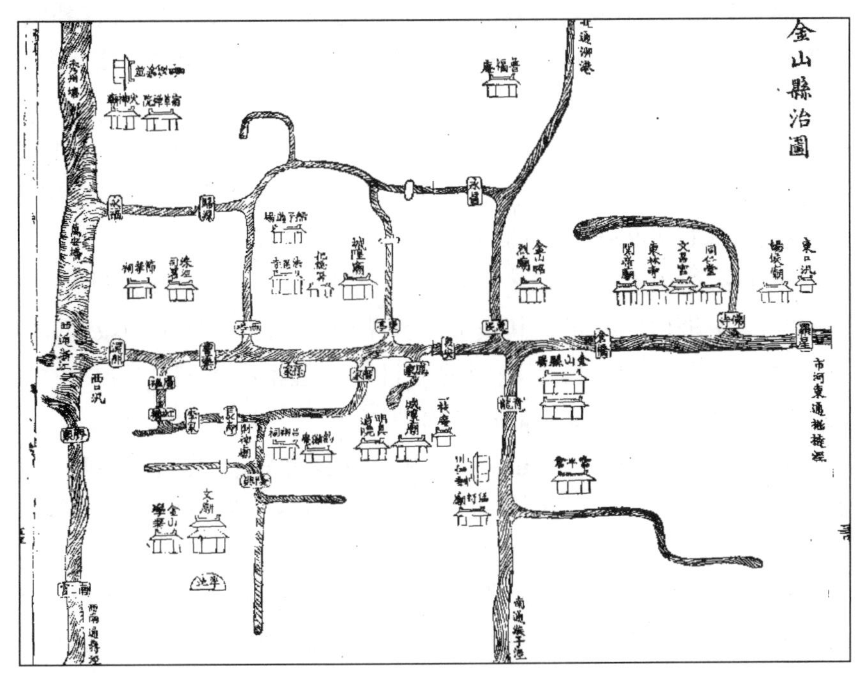

图七　嘉庆二十二年刊《松江府志》所绘的治于朱泾镇的金山县城

在晚清的江南，上海城因有租界的存在，其发展变化是最显著而独特的。从 1843 年正式开埠以来，上海旧县城之外的租界地区在不断扩张，形成了“城外城”。到 1906 年还希图将宝山县境纳入公共租界之中，虽然没有成功，但法租界在 1914 年最终扩充至徐家汇，较原有的范围大 20 倍。租界范围经过多次扩大，总面积已达 32.8 平方公里。另一方面，上海的工商业十分繁荣，人口在快速增长。从 1852 年上海县人口的 54 万，1910 年的 129 万，1930 年时上海市人口的 314 万（含租界人口 144 万），1940 年的 400 万，至 1948 年的 540 万，百年之中人口增长约达十倍。这样，城区范围也随之逐渐扩大，除旧城区、旧租界地区仍在发展外，闸北、南市、沪西、浦东一带开始形成新的城市区与平民居住区。到 1946 年，周边的大场、七宝、莘庄三个

① 万灵：《常州的近代化道路——江南非条约口岸城市近代化的个案研究》，安徽教育出版社 2002 年版，第 16 页。

② 光绪《金山县志》“图”、卷七《建置志上》，光绪四年刊本。

镇区被划入上海市区，连同旧租界全市共划为 30 个区，全市面积达到 639 平方公里。①

除了上海城有惊人的发展外，绝大多数的江南城市，直到民国年间，在空间形态与地域结构上没有太过明显的变化。②

与北方相比，太湖地区的城市都沿河而建，规模一般较小，没有外城，城内街道狭窄，市街往往扩张至城外。所以出现了城内为政治区、城外为商业区（码头）的形态，苏州之阊门外、镇江之西门外就是其中的典型。③ 平原地区高度水网化的自然背景，与城镇空间格局与民生习尚的奠定有着必然的联系。长期依赖水路交通的城镇，在近世新式交通如铁路与公路系统的兴建后，生活上保持着传统常轨的同时，多少发生着些改变。

苏州在南宋绍定二年（1229）曾有一幅石刻城市平面全图传世，与 1945 年的航空摄影图相比照，足证其城市形态异常稳定，两者所示的城墙、城濠、街道与运河都极近一致，除了城门的数目与位置稍有不同外，唯一的大变化，就是拆除了原来围护衙署而建的内城。④

嘉兴城也不大，周围仅八里。城墙晚至北伐之后，才先后被拆除。东门和北门先拆，最后才拆到西门，拆除后建造环城马路。⑤ 地域结构尚属稳定。

以嘉善县而言，其城市空间与形态长期较为稳定。⑥ 早在明代正德五年（1510），嘉善知县胡浩在魏塘镇日晖桥之东建宾阳门、太平桥之西建平城门，日启夜闭。⑦ 这大概是城市形态初具之时。真正的兴建，要晚至嘉靖三十三年。那时为了抗倭的需要，才开始兴筑，基本规模与相关配套设施得以完善：城垣周 1 502 丈，高 3 丈，广 2 丈，壕阔 6 丈；周围方 9 里；濠周于城，阔 6 丈；设有水门 5 座、陆门 4 座，各因其坊名，城楼亦如之；城墙垛凡 2 664 个，

---

① 褚绍唐：《上海历史地理》，华东师范大学出版 1996 年版，第 12—14 页。

② 冯贤亮：《江南城镇的空间、形态与管理（1912—1949）》，收入邹逸麟编：《明清以来长江三角洲地区城镇地理与环境研究》，商务印书馆 2013 年版，第 34—76 页。

③ 李长傅编著：《江苏省地志》，中华书局 1936 年铅印本，第 101 页。

④ （美）施坚雅：《中华帝国的城市发展》，载氏编《中华帝国晚期的城市》，叶光庭等译，中华书局 2000 年版，第 17 页。

⑤ 台北嘉兴同乡会：《嘉兴今昔》，嘉兴市政协学习和文史资料委员会编：《嘉兴市文史资料通讯》第 34 期，2003 年 1 月 2 日，收入《嘉兴文史汇编》第 4 册，当代中国出版社 2011 年版，第 68 页。

⑥ 参冯贤亮：《魏塘：明代以降一个江南城镇的空间形态与社会变革》，收入《复旦史学集刊》第四辑“明清以来江南城市发展与文化交流”，复旦大学出版社 2011 年版，第 192—206 页。

⑦ 嘉善县志编纂委员会办公室编：《嘉善县志》（送审稿），第一编，“建置区划”1993 年 4 月，第 24 页。

月城144丈,望楼4座,水门旁台5座,墩台12座,窝铺36间。① 据统计,筑城共占地353亩。② 这样的建设,完全是出自军事防御的目的。

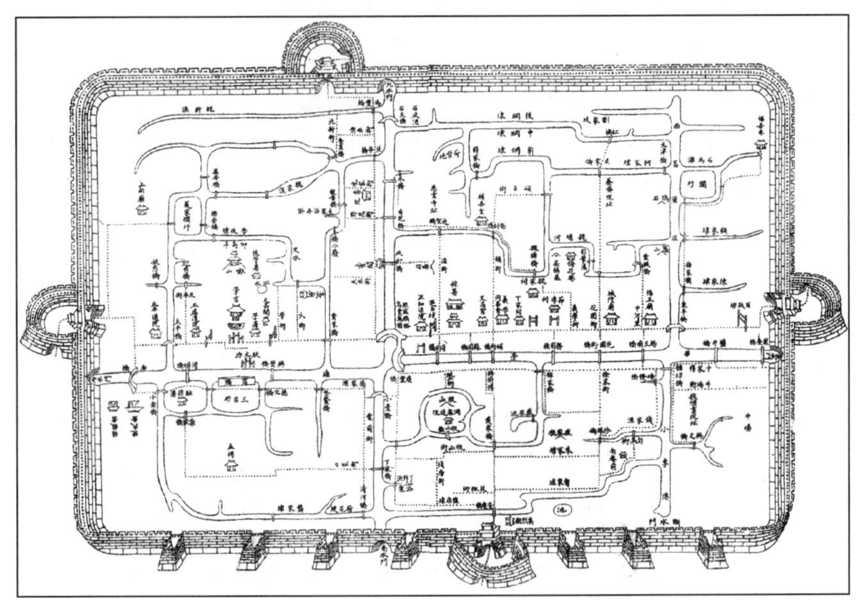

图八　光绪《嘉善县志》所绘县城形态

在江南地区,既有陆门又有水门的城墙,是最普通不过的建置了。明代嘉靖年间嘉善县城初建的这一形态,到清代仍然没有大变,城墙仍分四门:北有熙宁门,西为太平门,南为庆丰门,东为大胜门。康熙二十二年,知县崔维华修了城墙五段,合计达30丈;又修造城垛83,小修城垛151。康熙二十五年,知县严宏祖重建了西城楼。康熙二十八年,知县李之藻重建东城楼。康熙四十三年,知县于舜枚重葺东水门。康熙五十八年,知县孙锦重修西水门。雍正三年,知县张镛倡修南门城隅,又督修东北城墙20多丈。雍正五年,接到朝廷要求在杭嘉湖统一修城的命令,知县李天桂负责修城垛21座,费银48.93两,动用的是去年受雨水之灾的贫民,使其出力而得糊口。后来又陆续增修城墙,费银达750多两。雍正八年,知县郜煜重建东、西两个城楼。③ 这是清代前期的修城史,根据需要,不定期的修护城墙应是地方官府

---

① 冯贤亮:《城市重建及其防护体系的构成——十六世纪倭乱在江南的影响》,载《中国历史地理论丛》2002年第一期,第11—29页。

② 嘉善县志编纂委员会办公室编:《嘉善县志》(送审稿),第一编,"建置区划"1993年4月,第24页。

③ 雍正《嘉善县志》卷二《区域志下·城池》,雍正十二年刊本。

的一项基本工作。这样一座被城墙环绕的城市,①大概是最符合人们对中国城市的印象。但从总体来看,城市的内部空间并未得到扩张。

至民国年间,嘉善县城的规制大致如是:周围六里三百七十步,高二丈三尺五寸,厚二丈二尺;城门有四,东大胜,西太平,南庆丰,北熙宁;有水门五,其南一门已堙塞。② 这表明,明代以来的县城格局,基本没有什么变化。1949 年以后,特别是60 年代开始的大规模拆城运动,再次使这个县城成了无城墙的城市。

所以,中国城市的形态,并非如一些学者所云的,在长江下游占大多数的行政首府所在的城市,正好有 4 座城门;而且,城市在行政层级体系中的地位,与城门(旱门)数目之间有直接联系的观点,③也是不正确的。

比如,武进县城门有 7 座、吴县城门有 6 座(即阊、胥、盘、葑、娄、齐门)以及民国时期新辟的 3 座(即新阊门、平门、金门)、昆山县城门有 6 座、太仓城有 7 座(即大东、小南、大南、小西、大西、大北、小北)、松江城门有 5 座,等等。④ 其他邻近的浙江地区的情况,也各有不同(详参表 5)。

表 5　民国时期杭嘉湖地区县级城市空间范围与城门统计

县级城市	空间范围	城门数目	水门数目	备注
海宁	周围七里九十步,高一丈五尺	5	3	城门东曰春熙,西曰安戍,南曰镇海,北曰拱宸,东北曰宣德;水门一在拱宸门西,一在宣德门北,一在安戍门南
余杭	在南苕溪南岸,周回七百三十丈,高二丈五尺,周广一丈六尺	4	2	城门南曰对薰,北曰拱极,东曰宾阳,西曰秩成;临溪南城有水门二
临安	在东苕溪南岸,周围五里,城高一丈	4	—	城门东曰会锦,西曰聚金,南曰迎薰,北曰拱极,各树木栅
於潜	周围五里,高一丈五尺,厚一丈	3	—	城门西曰锦江、南曰迎恩、北曰仰山;其东则以山势逼阻,故不置门

① (瑞) 阿道夫 · 克莱尔:《时光追忆——19 世纪一个瑞士商人眼中的江南旧影》,陈壮鹰译,东方出版中心 2005 年版,第 75 页。

② 姜卿云编:《浙江新志》上卷《地方志》第二十一章《嘉善县》,杭州正中书局民国二十五年刊本,页八十七。

③ 章生道:《城治的形态与结构研究》,载(美) 施坚雅主编:《中华帝国晚期的城市》,叶光庭等译,中华书局 2000 年版,第 105 页。

④ 李长傅编著:《江苏省地志》,中华书局 1936 年铅印本,第 280、293—295、297、301—302、308 页。

续　表

县级城市	空间范围	城门数目	水门数目	备　注
昌化	周围七里有余,高一丈五尺,厚一丈八尺	3	—	城门东曰趋京、西曰三瑞、南曰登龙,其北则以负山不设门
富阳	在富春江南岸东南,广六里,延袤一千丈有奇,厚二寻	4	—	城门东曰升平、南曰萃和、西曰康阜、北曰达顺
新登	在鼍江南岸,周围三里,高一丈六尺,厚一丈	4	—	城门东曰元始、南曰亨通、西曰利遂、北曰贞成
嘉兴	周围一千八百余丈,高一丈五尺	4	2	城门东曰澄霁、西曰阜成、北曰拱宸、南曰迎薰;有水门二,一南水门,一小西水门
嘉善	周围六里三百七十步,高二丈三尺五寸,厚二丈二尺	4	5	城门东曰大胜、西曰太平、南曰庆丰、北熙宁;有水门五,其南一门今塞
桐乡	在运河南岸,周围一千二百丈,外高三丈一尺,内高一丈四尺,面阔一丈八尺,脚阔二丈二尺	4	4	城门南曰时薰、东曰青阳、西曰兑悦、北曰来远
崇德	在运河西北岸,周围七里余,高二丈余,阔一丈	5	5	
平湖	在杭州湾北岸,周围九里,高二丈	5	3	城门东曰启元、西曰毓秀、南曰豫泰、北曰丰亨、西南曰小南门;水门西、南、北各一
海盐	在杭州湾南岸,周围六里三十五步,高二丈五尺	4	3	四个城门各称靖海、望吴、来薰、镇朔;水门有南、西、北各一
吴兴	当东西苕溪总汇,周围十三里一百三十八步	5	5	城门东曰迎春、西曰清源、南曰定安、北曰奉胜(止有水门)、东北曰临湖、西北曰迎禧(止有陆门)
长兴	周围一千一百七十丈,高一丈七尺,广二丈八尺五寸	6	2	城门东曰神武、南曰嘉会、西南曰承恩、西曰长安、北曰吉祥、东北曰宜春;水门东曰清河关、西曰大雄关
德清	在东苕溪西岸,周围七百七十三丈五尺,高二丈三尺,阔二丈	5	—	城门东曰拱乾、南曰峻明、西曰宾尘、北曰礼辰(又称迎薰)

续 表

县级城市	空间范围	城门数目	水门数目	备注
安吉	周围六里,高二丈二尺,广一丈	4	—	城门东曰宾阳、西曰宾成、南曰丽正、北曰拱宸
孝丰	周围六百七十九丈,高二丈,厚半之	4	—	城门东曰威凤、西曰通德、南曰灵龙、北曰迎安

资料来源:姜卿云编:《浙江新志》下卷,杭州正中书局民国二十五年刊本。

说明:资料记录中有的城市没有特别指明水门,多数是水陆城门合一,表格中也不作标示;但在低丘山区的县城,有的城门只是旱门而已。湖州地区的武康县城原来在银山附近,民国时迁至乌回山,没有城垣。

民国时期的县同样有着不同的等第区分。例如在浙西的杭嘉湖地区,一等县有杭县、海宁、嘉兴、吴兴、长兴,二等县有富阳、嘉善、海盐、平湖;三等县有余杭、临安、於潜、新登、昌化、崇德、桐乡、德清、武康、安吉、孝丰。① 后来的县级分等更细。到 1939 年,浙江省方面认为各县情形复杂,本非三等所能归纳,于是决定改设六等。这样,一等县有嘉兴、吴兴;二等县杭县、长兴;三等县海宁;四等县富阳、於潜、嘉善、海盐、平湖;五等县临安、昌化、崇德、安吉、孝丰、余杭;六等县新登、桐乡、德清、武康。② 到 1941 年,安吉、孝丰仍然还是五等县。③

可以发现,从上述城市及其城门数量的统计比较来看,这种行政层级的分等,与城门数量的多寡并无必然的联系。

四、衙署的建设

实际上,民众心目中的衙门,基本是指州县官所在驻所和常设办公地点,一般在城池的相对中心之地;即使有的县城形态呈独特的圆形,衙署也基本设在圆心处。④ 在建筑结构上,衙署则一般都呈方形或类方形。

在一般人的印象中,作为王朝统治及官府权力的象征,衙署的建设应该宏大、坚固、威武,但在明清时期,并非完全如此。弘治年间巡按苏州等地的

① 姜卿云编:《浙江新志》上卷,杭州正中书局 1936 年刊本,第 10 页。

② 朱俊瑞、李涛:《民国浙江乡镇组织变迁研究——以“新县制”为中心的分析》,中国社会科学出版社 2007 年版,第 39、97 页。

③ 安吉县地方志编纂委员会编:《安吉县志》,浙江人民出版社 1994 年版,第 374 页。

④ 参同治十一年刊《上海县志》卷首“图说”、光绪五年刊《青浦县志》之《图说 · 青浦县治图》。

监察院御史冯祇，看到昆山县衙十分“弊漏”，认为其不符合衙署应该具备的“严等威、备制度、谨防闲”的特征与意义，要求利用剩余公款进行大修。[①]《大明律》曾有明文规定，地方有司官吏“不住公廨内官房，而住街市民房者，杖八十”。[②] 这种做法，无非是“严出入之防”；至于公廨的公用器物，如桌椅床凳之类，若有丢失、毁坏，则要“以毁失官物论”。[③] 但在实际工作中，与制度规范多有违背。除了高级的府级城市外，一般的州、县小城市中的衙署，大多较为简陋，许多还借用民房、寺庙作为暂栖之地，[④]时间上甚至长达数年。

例如，苏州府首县之一的长洲县衙，在明初“堂宇犹卑隘不称，岁久浸敝”，正统二年通过县衙的重建，胥吏的住房环境终于得到改善。[⑤] 吴县则是弘治八年重建县衙榜廊两侧的胥役住房后，又于嘉靖六年重建吏舍，提高胥吏生活空间的质量。[⑥] 江阴县衙，在弘治八年，由于知县黄傅的努力，经过全部整修，其形制才基本完备。[⑦] 元末已被战火毁坏的乌程县衙，在洪武元年时的规制仅加建了后厅、前轩，十分简陋，直到嘉靖三十六年，经知县蒋宏德修葺后，才符合一般的规模。[⑧] 因为明代官方认为豪华的县衙并无意义，所以“改造衙门，欲其壮观；增修公廨，取便安居”，都不是紧要的事。[⑨] 尤其是在地方遇有凶荒时，更不能允许，“一应不急之务，俱宜停止，俾军民息肩”。[⑩] 当然，与州县衙署相比，佐贰官吏分防驻地的衙署就更显简单。像原来在青浦县城东的县丞署，于乾隆十年移驻七宝镇后，一直没有正式的“官署”，“常僦民舍以居，甚为不便”。到嘉庆年间，在新任巡检黄文华自捐俸银和地方绅衿的帮助下，才得以在七宝镇南购得房舍一所，修葺成公署。[⑪]

---

① ［明］杨循吉：《松筹堂集》卷三《记·昆山县重修察院记》，北京图书馆藏清金氏文瑞楼抄本，收入《四库全书存目丛书》集部第43册，齐鲁书社1997年影印版，第206页。

② 怀效锋点校：《大明律》卷二十九《工律一·营造》，“有司官吏不住公廨”条，法律出版社1999年版，第228页。

③ ［明］应槚：《大明律释义》卷二十九《工律一·营造》，“有司官吏不住公廨”条，嘉靖三十一年刊本。

④ 县衙经常栖居民房的事例，地方文献中记载甚多。至于将寺庙地点作为办公地点，史料中也不乏详细记载。如，嘉兴府秀水县在初建时，就暂栖于府城西北爽溪东岸的仁寿寺。参万历《秀水县志》卷二《建置志·公廨》，万历二十四年修、民国十四年铅字重刊本。

⑤ 隆庆《长洲县志》卷五《县治》，隆庆五年刻本。

⑥ 嘉靖《吴县志》卷三《县治公廨》，嘉靖间刻本。

⑦ 嘉靖《江阴县志》卷一《建置记·公署》，嘉靖二十七年刻本。

⑧ 崇祯《乌程县志》卷一《治宇》，崇祯十年刻本。

⑨ ［明］戴金编：《皇明条法事类纂》卷四十九《一应不急之务不许兴工修理》，据东京大学图书馆藏抄本影印，东京古典研究会出版1966年版。

⑩ ［明］焦竑：《玉堂丛话》卷四《献替》，中华书局1981年版，第107页。

⑪ ［清］顾传金纂：《蒲溪小志》卷二《县丞署》，传抄本，收入上海市文物保管委员会编“上海史料丛编”，1961年印行本，第28页。

有学者指出，明代绝大多数的州县衙门是在洪武年间兴建或重建的，建筑格局在此际发生过根本的变化，与前代有明显的区别，所以亦可称为“洪武定制”；其主要特点，在于建设正厅，并以此为中心，包括正堂、左右厢、堂前廊廨、池塘树木等等。① 但实际上，明代州县衙署的建筑格局，各地都有不同，并非一律。

除了知县的办公大厅及其生活空间外，县衙之间，还须置备佐贰杂职官吏、幕僚与各科胥吏的办公场所及生活区，收银库，仓库，甚至监狱等。建筑格局多呈四方形，带有封闭性，而且以南北向为中轴，依次而建各类厅堂官房。缪全吉根据明代地方志收录的衙署图，认为一般州县衙署中的大堂前仅有房科吏舍，没有监狱；而三班衙役的说法，明代却已常见。② 其实，监狱设置之有无，全国并非统一。在江南地区的州县衙门中，监狱也并非全部没有。

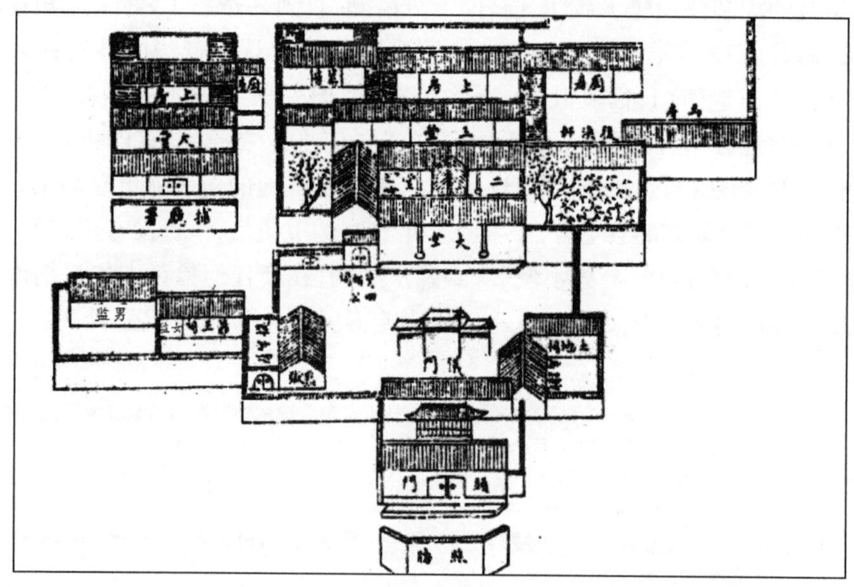

图九　清代杭州府於潜县衙署的空间结构及其男女监狱安排

（据光绪《於潜县志》卷首《县署图》，民国二年杭州广文石印公司印本）

下面，仅就江南地区随意检择若干个县衙，分为历史悠久、历史不长、历史最短三类，以作讨论说明之例。

常熟县的历史较为悠久，在这方面的建设应该比较成熟。县衙在虞山

① 详参柏桦：《明代州县政治体制研究》，中国社会科学出版社 2003 年版，第 105 页。

② 参缪全吉：《明代胥吏》，第 67—69 页。

东南一里。据地方旧志云,宋代治平年间(1064—1067)规制已甚为完备;元元贞二年(1296),升县为州,县衙不变。明洪武二年(1369)改县后,又开始增广廨宇。永乐初,仅重建了谯楼。① 宣德九年(1434),主簿郭世南署县事后,作了较大规模的修整:②

> 宣德五年秋,东浙郭公世南来主常熟簿,语人曰:"昔之在官者,必先肃其厅事,以为民瞻;严其馆舍,以共使命。"视官事如家事,无不尽心力为之。……莅政之初,务清心寡欲,以完民力,政通民和,始议修葺公廨,期月之久,栋楹朽败者皆易之,级砖屋瓦缺落者皆葺之,由是百废兴起,焕然如新。

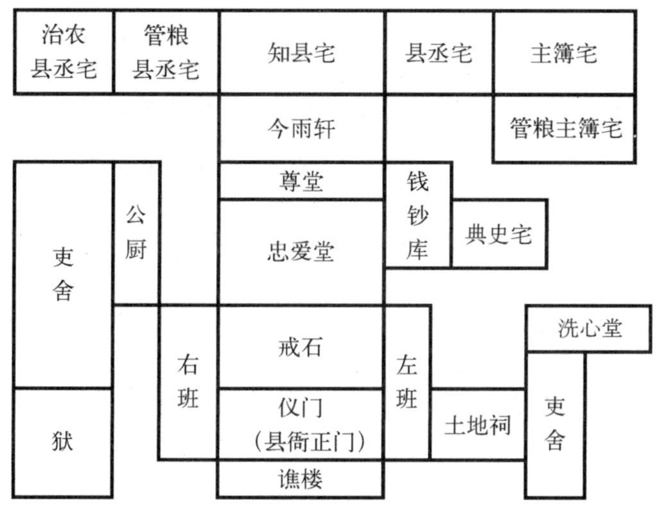

图十　明代常熟县衙的简明结构

(据弘治《常熟县志》卷首"县治新图")

弘治二年(1489),县厅失火;次年知县祝献重建,名"忠爱堂";东西耳房各有一间。九年,知县杨子器重建钱钞库,设两廊,立六曹吏房及架阁库,县宅内堂改名今雨轩。此外,典史厅(原县丞署旧地)、幕厅一间(为正厅的西耳房)、佐贰官分理政务的小厅二处6间、后堂西偏的6间厨房、土地祠、监房(包括门房3间、重囚房5间、轻囚房6间、女囚房1间)等,也在此时得

---

① 光绪《重修常昭合志稿》卷十四《公廨志》,光绪三十年刊本。

② 弘治《常熟县志》卷二《县治》,上海图书馆藏清抄本。

到重建。①

有意思的是，常熟县衙的空间结构中，县丞有三处、主簿有两处、知县与典史各仅有一处生活空间，这完全表明这里拥有县丞职位的有 3 人、主簿应该有 2 人，否则也没有必要作这样的规划。至于吏舍、钞库、公厨、县厅（“忠爱堂”）、土地祠、监狱等，都是其他州县衙署普遍都有的设置。

由于常熟夙称繁难，每一任知县“大率岁一易，坐席未暖，即捧檄欲行，不暇为经久计”，②县衙不可能建设得太好。因地方知县这类“不暇为经久计”的心态，会影响县衙的建设，甚至完全不作规划或翻修，则仍然是具有普遍性的现象。

表 6　明代常熟县衙主要行政官员的生活空间

名　称	位　置	主　　居	附属说明
知县宅	尊仁堂后	正堂三间二厦，匾额曰“承恩”，弘治九年改名“今雨轩”	中堂三间，旧匾“承恩堂”移此，为书房；西为茶房；后有荷池、桥亭二间；寝室前三间、后三间；东西厢房各三间；厨房三间，宅门三间，两耳房为隶卒居所
县丞宅	在治厅东北	正堂三间二厦	前有抱轩，后堂三间，东西厢房各三间，面南墙门一座
新增管粮县丞宅	在治厅西北	前后堂各三间	面南墙门一座；东二间为厨房，西二间为书房
新增治农县丞宅	在管粮县丞宅西	正堂三间，后堂三间二厦	东西厢房各二间，面东皂隶房二间，墙门一座
主簿宅	在县丞宅东	正堂前后各三间二厦	东厢为书房、西厢为厨房，墙门一座
新增管粮主簿宅	在库房北	前后堂各三间	面西门一座，南厢房二间、北厢房二间
典史宅	旧丞厅地、治厅东北	正堂三间二厦，后堂三间	外门三间，东厨房、西书房各二间
吏　舍	治厅东西廊房之后	共六十八间	据司典三十二名东、西分居

资料来源：弘治《常熟县志》卷二《县治》。

所以，自明代弘治年间的大规模修整后，后世基本保持不变，堪称“严邑

① 弘治《常熟县志》卷二《县治》、光绪《重修常昭合志稿》卷十四《公廨志》。
② 光绪《重修常昭合志稿》卷十四《公廨志》。

巨瞻”。康熙时期,也不过是将县丞公署改建于清权坊右而已,少有更置。① 咸丰十年(1860)的太平天国战火,使江南的许多县衙遭受重创,常熟的县丞厅、典史署都被毁圮,其他许多官廨废后再无重建。时常熟、昭文两县同城而治,守备公署被烧毁后,一直未建衙署,只能暂栖民房。②

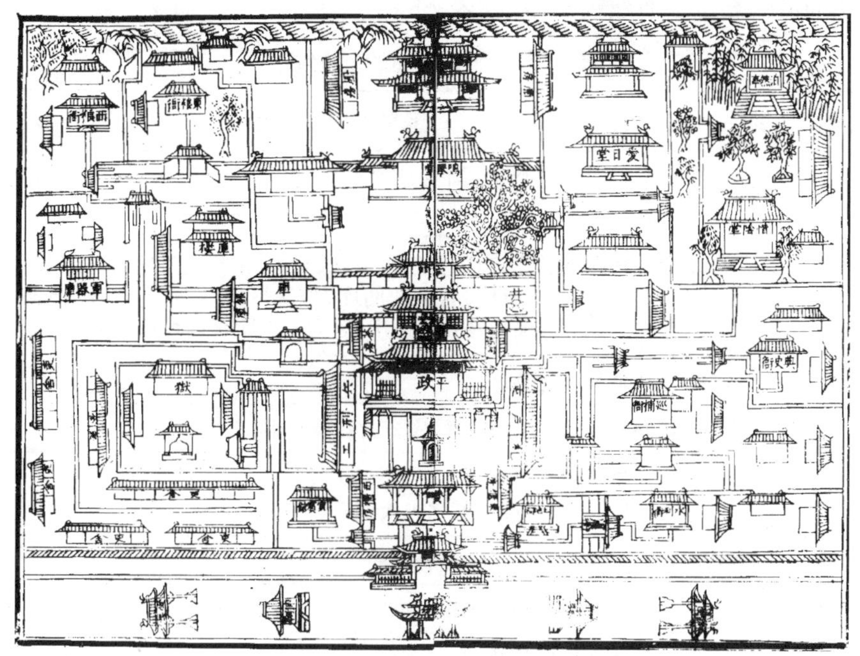

图十一　万历年间所绘的嘉定县衙

(据万历三十三年《嘉定县志》卷三《营建考上》)

嘉定县设于宋代,建制也较成熟,但非府治所在的附郭县,由明至清,历届知县都有重修、扩建、翻新之举,既反映了地方衙署不同时代的不同特征,也体现了县衙不同主人的个人旨趣及从政主导思想,颇具典型意义。

宋嘉定十一年(1218),知县高衍孙即军马司酒坊之地,改并县治。元代为州,明洪武二年(1369)复为县,弘治十年(1497)以增置太仓州的需要割去循义、乐智二乡,下辖 24 都,共 668 里(每里为 110 户)。县衙规制,过去以中间为正堂,外列官吏廨舍,堂之东为典史厅,西为架阁库,前两翼为六房,库之南为监狱。永乐十年(1412)八月火灾,县衙中仅存谯楼、库、狱,此后重建情况无考。正统三年(1438)复灾,至七年,知县扆昭重建,衙署正中建为平政堂。此后至万历二十九年(1601),知县韩浚在仪门外右偏建寅宾

① 康熙《常熟县志》卷三《官署》,康熙二十六年刻本。

② 光绪《重修常昭合志稿》卷十四《公廨志》。

馆，署名“喜闻”；廨之内为“四虚阁”、“惜阴堂”、“爱日堂”，又增筑周围垣墙，辟西马道。至此，县衙雄固，所谓“城郭之固，宫室之制，修文讲武之所，莫不毕具”，堪称一个模范式的县衙。①

再看清代的情况。根据光绪《嘉定县志》的详细记载，可以复原出一个简明的清代嘉定县衙建筑史（详参表7）。

表7　清代嘉定县衙的重建统计

时　期	重建原因及过程
顺治三年	大盗王招劫狱焚署，知县被迫移居赵氏岁有堂，作为临时的办公地点
顺治十年	知县查逢盛撤岁有堂，移建牧爱堂，至是，重建大堂，颜曰亲民。左为龙亭库，为赞政厅，右为架阁库，为册籍房，右外为库厅，前两旁为六房、承发、铺长司及皂隶房，后为工字厅。三阅月告成
康熙六年	知县余敏重建县署
康熙七年	建调鹤轩：三堂西偏，移应奎山右填庭中
康熙十二年	知县赵昕构有仪轩： 大堂后，移明署倪长圩祠内太湖石填于庭
康熙五十一年	知县袁宏益重建大堂前轩三楹
康熙五十二年	知县刘文灿建楼三楹：鸣琴堂左偏。鸣琴堂即三堂，始建年月失考
雍正十一年	知县江之炜建赞政厅：大堂东。延祐六年，提控陈元鼎建幕官厅。康熙六年改赞政。至是重建
乾隆十四年	知县傅作霖建土地祠：仪门外左折北，即县丞废廨改建
乾隆四十四年	知县姚学甲重修县署：鸣琴堂为怀陆堂，戒石亭为牌坊，建为山亭于署内西北高阜，五十七年又改牧爱堂为可近堂，为山亭为今我亭
嘉庆十二年	知县吴桓建乐民之乐亭（可近堂后）、风琴小馆（怀陆堂东）
咸丰五年	知县刘郇膏重建今我亭
同治四年	知县汪福安重建县署。咸丰十年，匪扰署毁，至是重建亲民堂，可近堂东，移建怀陆堂，堂后建楼二座，前为大门、仪门，戒石坊东西为吏户礼兵刑工粮仓、承发供招房、皂隶房，亲民堂右为库房，西北隅为今我亭，东南为幕宾房。后楼始建年月失考，前楼即三堂故址改建
光绪六年	知县程其珏重建后楼三堂：十月九日火，仍改前楼为三堂

资料来源：光绪《嘉定县志》卷二《营建志 · 官署》。

---

①　万历《嘉定县志》卷一《疆域考上 · 建置》、卷三《营建考上 · 县治》，万历三十三年刊本。

衙门的整修翻新，历来都是由知县主导具体工作，不同时期的不同知县，衙门重建的原因或重心都有不同。风水意识，也时刻成为重建工作中的一个重要影响因子。比如，顺治十年（1653），衙署中新建的“牧爱堂”，因“形象家言城隍庙高于旧治，嫌以阴压阳故”，较原来的中堂高出三分之一。咸丰五年（1855），不知出于什么缘故，也用形象家言，在重建的“今我亭”前植木杆，而且每夜必须悬灯。①

还有一些官衙未必都在城区，而是散布于乡镇村落，也应值得注意。以下是一份万历年间统计的嘉定县直属官廨机构表，可资参考。

表8　嘉定县直属官廨

名　称	始 建 情 况	增 改 情 况
江湾巡检司	在县东南六十里，洪武三年巡检李遇春请以千户所遗址改建	洪武八年巡检吴晚节增建廨舍
顾泾巡检司	在县东三十里，洪武十一年巡检马升请以废昆福寺改建	洪武二十八年巡检赵刚增建谯楼；万历二十三年知县王福征重建
中槎巡检司	在县南十三都	洪武十八年革
吴塘巡检司	在县西南三十六里，洪武六年巡检赵叔康请以没官房改建	万历时革
捕盗司	在州治西，即宋读书林址改建	万历时废
税课局	在按察司东，吴元年建	洪武四年改建；嘉靖四十一年巡按御史陈瑞奏革，有子局九所，在南翔、大场、罗店、黄渡、安亭、青浦、张泾、钱门塘、十四都，万历时俱废
商税务	在县市，宋嘉定间建	万历时废
酒　务	在县治西；新江酒库在县治南二十四里；徐公坊酒库在县西二十四里；侍卫马军司酒库在县市西，课解淮东总领所，俱宋制	万历时废
市舶提举司	在黄渡镇	洪武间以嘉定去京师不远，不宜导番夷使入，诏罢之，改设浙江定海
阴阳学	元为阴阳教授司，洪武十七年改学，在从民坊西	弘治十八年知县高坛改建按察司西，后圮，万历时移西库泾东岸

① 详参光绪《嘉定县志》卷二《营建志·官署》，光绪六年重修、尊经阁藏版。

续 表

名 称	始 建 情 况	增 改 情 况
医 学	弘治十八年知县高坛买地建署,与阴阳学并	万历时与阴阳学合为一
蒙古字学	在谯楼东,元至正五年知州刘文质建	万历时废
惠民药局	在县治西太平桥北,元延祐三年知州周思明建	明朝因之,牧养阑遗小儿;正统八年县丞张瑞请迁于呈瑞坊万户府基;成化元年改建按察司行台
幕官厅	在县堂东偏,元延祐七年提控案牍陈鼎建	
僧会司	设无定署	万历时在西隐寺
道会司	设无定署	万历时在城隍庙

资料来源:万历《嘉定县志》卷四《营建考下 · 属廨》。

江南地区许多州县的衙署,若非历史悠久,大多较为简陋,历代都需要不断重修扩建,以应各种行政办公之需。

嘉善县的历史不长,[①]自宣德五年建县时,县衙已规模初具。[②] 比较明、清两代地方志的记载,明代县衙的样式在清代有很好的维续。[③] 清代雍正年间,地方志编撰者们对此有特别的说明,指出当时的县衙基本沿袭前代的样式,仅作扩建、增补若干官房而已。康熙十六年(1677),知县杨廉重建西廊兵、刑、工房;二十二年,知县崔维华重建了前轩,移榜廊为监狱,重筑隔河屏墙;三十四年徐现麟拆掉了县衙前的都宪坊,改设屏墙。雍正六至八年(1728—1730),知县郜煜重修公堂前轩,将归燕堂、大库、茶房规入内署,另建库房、茶房于石库南,另在幕厅故址建起三相祠,撤去幽亭,重建皂隶房于甬道左右,并重修两廊的土谷祠、福堂、谯楼等;其承发科房屋三楹尤加意修饰,在衙门前竖立石狮两座,原来的石狮则移至仪门外。县衙后的河道口筑起堰坝,建关圣殿以镇之。这显然也是出于风水的考虑。经连年兴修,县衙的规模十分宏丽。雍正九年,知县杨绳祖在站台左添置了日晷一座。知县的私人住所依旧,雍正八年知县郜煜将内署的归燕堂、大库、茶房修葺一新;

① 参冯贤亮:《明清中国地方政府的疆界管理——以苏南、浙西地域社会的讨论为中心》,《历史地理》第21辑,上海人民出版社2006年版,第92—108页。

② 光绪《嘉善县志》卷五《建置志上 · 公署》,光绪十八年刊、民国七年重印本。

③ 明代的基本情况,可参万历《嘉善县志》卷二《建置志 · 公署》。

九年，知县杨绳祖建花厅并修整三堂等处。其他县丞、主簿、典史、驻防的住宅，也各有翻修。①

嘉庆年间，主持编修县志的知县万相宾等官绅，对县衙的前后历史，考证说明更详：除指明最初的县衙位置在魏塘镇内华亭塘北、魏塘河南，还说明在宣德五年（1430）建县后，次年始建县衙的雏形，在正统六年（1441）、成化年间（1465—1487）、弘治年间（1488—1505）、嘉靖元年（1522）、万历二十二年（1594）、崇祯年间（1628—1644）多次在知县主导下重修。清代自雍正之后，乾隆二十六年（1761）、乾隆三十八年、乾隆四十六年、乾隆五十六年、嘉庆二年（1797）的重建工作较为重要，或由上级政府拨款，或由知县捐钱，修整内衙、大堂、仪门等。县衙基地自万历时期以来未有大变，占地为29.623 亩，其规制也最终完备，较有典型性。具体而言：

中为莅政公堂，前轩三楹；

左右为门皂值宿房；

堂后为石一座、库房、茶房、更楼；

堂东为三相祠，又东为承发科；

下为月台，两旁为皂隶房，中为戒石；

两翼为廊，东为列吏、户、礼房，课程科粮房，盐法科，西列兵、刑、工房；

南为仪门，左为起征科，右为军器库；

仪门外东首为轿班房、马快房、银房各二间，西首为民壮房、土谷祠各一间；

西首为狴犴，中为丽谯，下为县衙大门及左右班房；

大门前为照墙，门外石狮二座。

至于知县的内衙“对越堂”，万历年间在燕堂之北，崇祯年间知县李陈玉改称“退思楼”，后改建“天尺楼”；雍正八年（1730）将归燕堂、库房、茶房归入内衙，次年建花厅；嘉庆年间重建花厅，以供清玩。内衙西部为书房、内房、上房、杂房；东首为厨房、柴房、下房。另外还有后院房 14 间。县丞、主簿、典史的衙署，除后者在县城外，前二者后来分别移驻西塘、枫泾二镇，历代都有重修。②

咸丰十年（1861）县衙尽毁于战火，晚至同治五年（1866）知县傅斯怿禀请重建，经费从“米捐项内拨给钱九千九百八十五千文”，开始建头门、谯楼一座，仪门三间，左起征科、右军器库，莅政公堂三间，两廊科房十八间，差房六间，以及内署二堂。工程未竣，傅知县即卸任，由代理知县王晋玉接手。到光绪十八年，又动用房捐、米捐的余钱 2 300 千文继续重建，至监狱完工

① 雍正《嘉善县志》卷三《建置志·官署》，雍正十二年刊本。

② 嘉庆《嘉善县志》卷四《建置志上·公署》。

后,县衙的重建工作才告结束。①

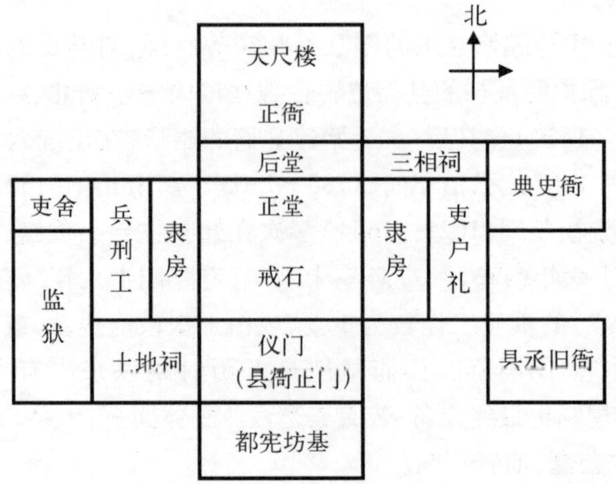

图十二　嘉庆年间嘉善县衙的简明结构

(据嘉庆五年《嘉善县志》卷首《县治图》)

与嘉善县一样,秀水县也始建于明宣德五年。不过,由于秀水县治与府治同城,规制要"宏敞"得多。其建县之初:②

> 制略如嘉兴而无谯楼。秋七月,知县赵忠始领篆来莅事。中为正堂,扁曰"节爱"。堂之南为轩厅、为露台、为甬路,半为戒石亭,又南为仪门,左右各翼门;又直南为大门,扁曰"秀水县"。堂之后为腰堂、为后堂,直北为公廉堂。堂之左为赞政厅,右为西耳库。甬路下为丹墀,墀左右为六房吏廊,后堂之左为火房,右为军资库、架阁库,东北为知县衙。仪门外左为土地祠,前延宾馆,南抵大门;内为东夹道,夹道之北为丞衙。折而东为簿衙,又北为丞衙,又北为典史衙,极北夹道通正衙西、吏廊之北,绕二库外为吏舍。路出正堂,西南仪门外,右为邑犴,大门外球场东西榜廊,又南跨河为县桥,桥左为旌善亭,右为申明亭。

此后,嘉靖、万历时期都略有重修工作。特别是在万历二十年(1592)间,知县李培重修县署的工作令人瞩目。在他的规划布置下,县衙原有令廨六间,新增二十间;丞廨两处各六间;簿廨六间;典史廨五间;吏舍三十六间;东西廊房共十二间;正厅穿堂后典史厅并仪门、头门、库房各三间;狱房五

① 光绪《嘉善县志》卷五《建置志上·公署》,光绪十八年刊、民国七年重印本。

② 万历《秀水县志》卷二《建置志·公廨》,万历二十四年修、民国十四年铅字重刊本。

间。此外还于空闲地广置园圃池亭。直到清初，时人仍然认为县衙的规制比较宏敞。由知县任之鼎负责、县学教谕范正辂编辑、训导袁日华校订的康熙《秀水县志》，对公廨建置的描述也至为详晰。① 其中土地面积因与另一附廓嘉兴县同城，与府治共处一地，因此除本县衙门的占地外，还包括了公占的土地面积，总计2 980多亩（详参表9）。在一个县域里面，这绝不是一个小数目。虽然全部用于衙署公廨的政府公共工程，不纳入地方政府的赋税清册（按理房屋都是有契税的），但在土地利用方面应是一个独特代表，在明清中国地方社会中具有广泛意义。

表9　清代嘉兴府秀水县的各类衙署

建筑基地名目	公占田亩数（亩）	坐落位置
察院衙门一所	21.702	西南隅一册
布政司衙门一所	8.5	南隅一册
按察司衙门一所	7.321	南隅二册
兵巡道衙门一所并中军房二处	13.425	南隅二册
盐运分司衙门一所	13.32	西隅一册
嘉兴府并佐贰首领衙门、阴阳、医学	209.567	
本府清军馆衙门一所	8.11	
本府理刑馆衙门一所	6.55	
本府督造馆衙门一所	7.45	东隅二册
嘉兴县基本各衙宇	82.74	东一册
秀水县基本各衙宇	103.718	
嘉兴府儒学基地并射圃厅	43.28	北一册
嘉兴县儒学	21.306	东一册
秀水县儒学	30.769	北二册
秀水县申明、旌善二亭	1.9	北一册
山川坛一所	7.118	象东一册
社稷坛一所	8.45	五福西都
郡厉坛一所	2.753	时清北都
杨公祠一所	11.56	西一册

① 详参康熙《秀水县志》卷二《公廨》，康熙二十四年刻本。

续 表

建筑基地名目	公占田亩数(亩)	坐落位置
陆宣公祠一所	9.21	西一册
龙王庙一所	3.5	永一都一册
本郡城隍庙一所	13.75	北二册
演武场并敌台三座	237.74	永一都一册
嘉兴千户所	22.56	南隅一册
织染局一所	17.51	南隅二册
木府军储仓　所	5.11	西一册
本府天星河泊所衙门	2.857	东二册
本府弓张局一所	3.1	西一册
本府狱司一所	6.428	东二册
本府羁所一所	5.33	西一册
嘉兴县便民仓一所	25.206	北一册
秀水县东、西二仓	40.801	东一册
县花园预备二仓	23.893	北二册
西水驿一所	9.543	象西都
递运所一所	3.336	象西都
北津亭一所	3.5	时清北都
杉青闸巡检司并衙宇	4.872	永一都
王江泾巡检司并衙宇	3.493	三十都
凤池铺	0.651	北一册
集庆铺	0.724	北二册
钟秀铺	0.553	北二册
灵光铺	0.426	南二册
府西铺	0.321	南一册
府东铺	0.814	南一册
府前铺	0.726	东二册
碧漪铺	0.62	东一册
毛家铺	0.756	西一册
西丽铺	0.619	西都

续　表

建筑基地名目	公占田亩数(亩)	坐落位置
报忠铺	0.514	西一册
东瓜铺	0.724	德四册
北丽铺	0.34	时清北都
太平铺	1.56	德一册
五龙北铺并井亭	1.17	出拳南都
闻店铺	3.57	永三十都十册
龙花铺	1.782	休六都三册
三塔铺	1.897	永一都三册
分香铺	2	零东二册
赵墙铺	2.8	零东七册
杉青铺	1.5	时清北都
金桥铺	0.8	永三都十册
本县城垣并兵马司	1 905.074	
累　计	2 981.219	—

资料来源：康熙《秀水县志》卷二《公廨》。

说明：原文中有“秀水县申善明旌善二亭”，据前书所载内容应作申明、旌善二亭；龙王庙的基地原文作“五三亩五分”，因“五”字上有一划点，疑为误字，根据前后公廨情况，定为“三亩五分”；军储仓坐落原文作“西二一册”，“二”字上有一清晰的修改划点，故定为“一册”；金桥铺的坐落原文作“永三十十册”，显然有误，据上下文意，改为“永三都十册”。另外，表中各衙门公占在县志中原作“2 980.952”亩，而根据原文数字统计，结果却为“2 981.219”亩，两者实际差距不大。

比较而言，苏州府震泽县于雍正二年(1724)始设，作为县级政区历史很短，故以此县作为新县衙署的样例，或可得到一些普遍性的认识。

震泽县的衙署与作为政府公共建筑的仓庾，或置县时始建，或本吴江县旧地分属。其具体情形，在乾隆年间当地政府公修的地方志中，记述较详。县初建时，官府也是赁民房听事。雍正八年，知县邓圭在北门内钞角圩的济农仓废址上建立县衙。当时，上级政府拨下公款 3 224 两，费时约六个月才建成。具体结构如下：①

前面为大门(三楹)，外设屏墙，挨次为仪门(三楹)；

中为公堂(三楹三轩)，堂前竖有戒石，两边为廊；

东为吏、户、礼承发房，西为兵、刑、工房；

---

① 乾隆《震泽县志》卷七《营建三·公署》，乾隆十一年修、光绪十九年重刊本。

六房之后，有周庐，以居吏胥；

仪门之西南，为监狱，东为寅宾馆、土地祠；

堂之西北为丰盈库，库后是知县廨，有门有堂，北面是楼（门、堂、楼各五楹）；

西为敬畏堂（三楹）、幕房（十三楹）；

东南为公厨，也是知县临吏民、接宾僚与公余宴息之地；

四周有墙，共计98丈，监狱的墙周长40丈。

县丞署未建，县丞赁民房以居。

其他还有两处衙署，都始建于明代，至乾隆年间仍保持较好：

平望巡检司，在平望镇，始建于宋，明洪武二年（1369）巡检王信重建，清康熙二十三年（1684）巡检王之佐再建。

震泽巡检司，在震泽镇，宋代始建，明洪武四年巡检李进重建于庄河桥北（清代无考）、天顺六年（1462）巡检王纲改建于观音桥西、万历四年（1576）巡检夏濂重建。

历史更短的，当以松江府地区清代新增的一些县为代表。

譬如，金山县衙原在金山卫城内，晚至雍正八年（1730）才由知县高泽莱领帑创建，有大门、仪门、甬道、皂隶监狱、东西六房、承发房、大堂、简房、库房、川堂、三堂、侧房、燕室、书斋、厨房、土地祠等常规结构。①

奉贤县衙的建设更晚，原在青村城内，到雍正十年，由知县徐必昌领帑建造照墙一座、大门三间、东面皂监狱、西面快监狱、土地祠、监狱等，与金山县衙大致相仿。咸丰十一年（1872）被太平天国战火焚毁，同治年间重建。②

川沙厅署于乾隆二十九年（1764）得到详建，后因太平天国战火焚毁之故，在同治元年（1862）、同治十一年先后得到重修。③ 清末改县时，县衙的设置不过承继以前的厅署罢了。④

这里需补充的是，在州县衙署中须设立“戒石”一举，当从五代时开始。“戒石”上最初镌刻的内容，是蜀王孟昶颁于各县的《令箴》，共24句：⑤

> 朕念赤子，旰食宵衣。言之令长，抚养惠绥。政存三异，道在七丝。驱鸡为理，留犊为规。宽猛得所，风俗可移。无令侵削，无使疮痍。

---

① 乾隆《金山县志》卷二《公署》，乾隆十六年刊、民国十八年重印本。

② 光绪《奉贤县志》卷二《建置志·官署》，光绪四年刊本。

③ 光绪《川沙厅志》卷二《建置志·衙署》，光绪五年刊本。

④ 民国《川沙县志》卷六《工程志·公署》，民国二十五年铅印本。

⑤ ［元］徐元瑞：《吏学指南》卷一，“戒石铭”条，元刻本。

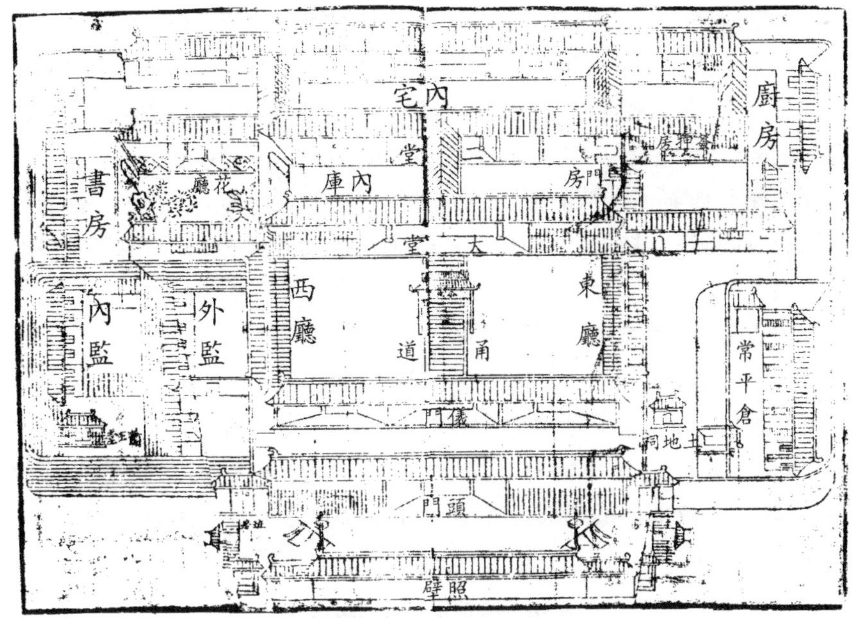

图十三　清代川沙厅衙署

（据光绪五年刊《川沙厅志》卷首《图说》）

> 下民易虐，上天难欺。赋舆是切，军国所资。朕之赏罚，固不逾时。尔俸尔禄，民膏民脂。为民父母，莫不仁慈。勉尔为戒，体朕深思。

宋太宗时，将其中的“尔俸尔禄”、“民膏民脂”、“下民易虐”、“上天难欺”四句，特别摘出刻石，自此流传后世，成了府州县衙署中通行的《戒石铭》。① 但按南宋鄞州（鄞县）人袁文撰的《瓮牖闲评》记载，有人曾于《戒石铭》每句下各添一句，变成“尔俸尔禄，只是不足；民膏民脂，转吃转肥。下民易虐，来的便著；上天难欺，他又怎知”。②

到明代，从朱元璋时代开始，都要将戒石竖于府州县的甬道中，并刻上“公生明”三字以为警戒。③ 戒石的上面，一般还盖有小亭，镌有“戒石”两字在正面，背面则刻上“尔俸尔禄，民膏民脂。下民易虐，上天难欺”十六字。在钱塘人田艺蘅（1524—?）看来，州县官员能真正面对警省的并不多，“殊不知上天固难欺，而下民亦难虐也。民虽至愚，虐甚则变，欲安其上，复可得

---

① ［明］陆容：《菽园杂记》卷十，中华书局 1985 年版，第 126—127 页。

② ［清］赵翼：《陔余丛考》卷二十七，“戒石铭”条，商务印书馆 1957 年版，第 569 页。

③ ［清］顾公燮：《消夏闲记摘抄》卷上，“戒石铭”条，旧抄本，收入孙毓修编：《涵芬楼秘笈》第二集，北京图书馆出版社 2000 年影印版，第 623 页。

乎？"①又据此前仁和人郎瑛（1487—1566）的说法，元代时浙西官厅另有四句铭文："天有昭鉴，国有明法。尔畏尔谨，以中刑罚。"②但赵翼说"此不知起于何人"。③ 在洪业早年的记忆中，晚清时各地衙门的布置大体一样，刻"尔俸尔禄，民膏民脂"的戒石已变成很大的"影墙"，用来贴示公告。④

江南州县衙署中的戒石上一般都刻有这十六字戒文。但是，有的州县并不用石，而是以木坊取代。如昭文县在雍正初期新设后，就未取石刻，而是在甬道上建木坊，书上这十六字。而常熟县因戒石妨碍人员出入，到道光六年也废去了，改建木坊以代之。⑤

在传统中国，地方州县政府的衙署，都被列入了广泛的公署或公廨之类。在这种情形下，除了基本的学宫（含学田）、寺庙建设外，还有一些"公署"颇值得注意。这些公署中往往多有不属本县管治者，级别更有跨政区的，如上级各行政部门的临时办事处。下表10仅以明代的嘉定县为例，作简单的排比说明。

表10　明代嘉定县公署统计

名　称	始建情况	增建情况
都察院行台	在县治西，成化十三年知县吴哲即旧馆驿改建	右有行馆三楹，万历三十年知县韩浚建
按察司行台	在都察院西，成化元年知县洪冕即惠民药局改建	
海防厅	在县治东，旧为察院行台，洪武二年知县胡永安建；嘉靖三十二年因倭患督抚张经请特设防海郡丞一员，专驻本县，乃改为厅	万历二十二年同知朱芹增建后楼五楹及门外谯楼二楹
理刑公署	在城隍庙东，万历元年知县赵举廉即四门小学改建	
守御千户官廨	在观潮门内，洪武十二年镇海卫百户陈贵建	洪武三十二年知县樊镇即其地改建仓廒，至万历时练兵官皆侨寓廨未设

① ［明］田艺蘅：《留青日札》卷十八，"戒石"条，上海古籍出版社1985年影印万历己酉刻本。
② ［明］郎瑛：《七修类稿》卷三十一《诗文类》，"戒石铭"条，上海书店2001年版，第340页。
③ ［清］赵翼：《陔余丛考》卷二十七，"戒石铭"条，商务印书馆1957年版，第569页。
④ （美）陈毓贤：《洪业传》，商务印书馆2013年版，第39页。
⑤ ［清］郑光祖：《一斑录》杂述六，"戒石"条，道光二十五年刻咸丰二年增修、《舟车所至丛书》本。

续　表

名　称	始 建 情 况	增 建 情 况
演武场	旧在合浦门外三里	嘉靖十五年知县李资坤即城内广储库故址改建
养济院	旧在县治东南	永乐元年迁仆射巷;成化间重建,于县治西改先桥南
馆驿	在县治西,洪武二十一年知县赵孜建	后废海运,改建都察院行台
南候馆	在澄江门外濠南岸	万历三十年知县韩浚重建
西候馆	在合浦门外	
能馆	在观潮门内,南宋端平元年知县郑士颖建;淳祐九年知县林应炎改名练溪驿	万历时废
登津馆	在合浦门外,南宋景定三年知县常懋建	万历时废
永折漕粮碑亭	在西候馆内,万历二十年知县王福征建	

资料来源:万历《嘉定县志》卷四《营建考下·公署》。

当然,衙署的修建,都应在国家律法规定的范围之内,无论何时何地,"有所营造,应申上而不申上,应待报而不待报,而擅起差人工者,各计所役人雇工钱,以坐赃论"。非法营造,处罚相同。地方城垣若有坍倒、仓库公廨但有损坏,"一时起差人夫军人修理者,不在此限"。① 这些规范反映了官府对于衙署的建设,实际并不十分重视。所以有人含蓄地批评,认为政令所出的衙署,"非有高明伟焕,不足以称",应该有既大且备的建筑架构。② 相对而言,地方公廨、仓库的维护,常常比县衙重要,《大明律》中明确规定,这些官房"但有损坏,当该官吏随即移文有司修理",否则罚笞四十。③ 内外各衙门、公馆、廨宇、仓廒库藏并局院造作之处,以及一应在官房屋,如儒学、铺舍、申明亭之类,如有损坏,都应该及时报告上级官府,进行修理;否则除了

① 怀效锋点校:《大明律》卷二十九《工律一·营造》,"擅造作"条,法律出版社1999年版,第225页。

② [明]杨循吉:《松筹堂集》卷三《记·浙藩重修廨宇记》,北京图书馆藏清金氏文瑞楼抄本,收入《四库全书存目丛书》集部第43册,齐鲁书社1997年影印版,第208页。

③ 怀效锋点校:《大明律》卷二十九《工律一·营造》,"修理仓库"条,第228页。

上述惩罚外,还要“计所损之物着令(陪)[赔]偿”。①

作为传统中国政治统治和思想控制最重要的层面,州县行政的有效展开是国家与社会稳定的依赖和前提,其行政机构的运作与行政职能的展开,牵涉地方社会诸多层面的利害关系;而州县治所与各类衙署的设置及变迁,应该成为我们考察传统中国地方行政的重要基础之一。并且通过论析州县衙署在当世民众心目中的感受及功用,可以透视州县行政与社会关系的地区差异和时代变迁,从而从一种比较特殊的视野,对帝国后期的州县地位和作用进行重新评判。

历届州县官员对于衙署的改建举措,一定程度上可以透视出其为政的思想,即便是粉饰,也表达出官方试图向民间展示其正面从政形象的期望,如衙署中的“岁有堂”、“牧爱堂”、“赞政厅”、“可近堂”、“乐民亭”、“亲民堂”等最具代表。衙署的每一次重修、改建或扩建,基本出现于新任知县的初期政治工作中,既有恢扩旧政的意思,也有新政新貌的期许,更有再建官府声威的目的。

与其他地区相比,江南地区占尽了全国最富庶区域的所有州县。这里的州县衙署及其建设过程中所暗含的行政效能,如机构设置中仓库与办公室并存、办公室与起居室一处等的规划,其精简性与一定的高效性颇令人深思。

另一方面,衙署建设经费的不足与国家律法的限制,制约了历任州县衙署主人扩张办公与生活空间的企图,其本身经济收入的低微也是一个重要因素。同时,州县陋规的长期存在与地方官吏的频繁流动,使衙署秉具国家权威象征的同时,又使更多的民众对其产生敬畏与疏离感。可是,衙署与地方社会经济之关系至为密切,其具体反映完全能从衙门的维护、建设以及各项机构的设置情况透视出来,进而可以据此考察一个地方的社会总体状况,以及官府重视程度的地区差异。

五、行政人员的置配

与州县行政的复杂性相比,衙门行政人员的工作结构、数量配置、俸银工食等要明晰得多。占据官府人数最多的,是那些依赖衙门谋生的吏役群体。他们多出生本地,在官、民之间构成了极为复杂的社会网络与利益

---

① [明]应槚:《大明律释义》卷二十九《工律一·营造》,“修理仓库”条,嘉靖三十一年刊本。

关系。

可以发现，自明代以降，州县行政的职员配备已相当齐整，且分工明确，①官吏与杂役人等的数量，从制度规定的角度来讲还不能说很多。

例如，在嘉定县衙中任职的正式行政人员，据地方志的记载原来有31人，嘉靖以后降至30人（详参表11）。除此之外，还有一些重要的行政管理机构，经常被人们忽视。在万历年间编修的《嘉定县志》中，特别强调了这些内容。其编制情况如下：②

顾泾巡检司（巡检1员、司吏1名）；

江湾巡检司（巡检1员、司吏1名）；

吴塘巡检司（巡检1员、司吏1名），万历年间裁革；

中槎巡检司（巡检1员、司吏1名），万历年间裁革；

军储仓大使（1员）；

税课局大使（1员），万历年间裁革；

医学训科（1员）；

阴阳学训术（1员）；

僧会司僧会（1员）；

道会司道会（1员）；

青浦盐场大使（1员）、副使（1员）、攒典（1名）。

表11　明代嘉定县行政职员配备情况

<table>
<tr><th colspan="3">职　员</th><th>人数</th><th>备　注</th></tr>
<tr><td colspan="3">知　县</td><td>1</td><td>掌一切民政、财政、军政、狱讼、教化等县事</td></tr>
<tr><td colspan="3" rowspan="3">县　丞</td><td rowspan="3">3</td><td>掌巡捕清军</td></tr>
<tr><td>管粮</td></tr>
<tr><td>掌水利；嘉靖初裁革</td></tr>
<tr><td colspan="3" rowspan="2">主　簿</td><td rowspan="2">2</td><td>掌水利、盐法</td></tr>
<tr><td>掌管粮</td></tr>
<tr><td colspan="3">典史</td><td>1</td><td></td></tr>
<tr><td rowspan="2"></td><td rowspan="2">吏房</td><td>司吏</td><td>1</td><td></td></tr>
<tr><td>典吏</td><td>2</td><td></td></tr>
</table>

① 详参缪全吉：《明代胥吏》，台湾嘉新水泥公司文化基金会1969年版。

② 万历《嘉定县志》卷八《官师考上·设官》。

续 表

职员			人数	备注
	户房	司吏	1	
		典吏	2	
	粮房	司吏	1	
		典吏	2	
	礼房	司吏	1	
		典吏	2	
	兵房	司吏	1	
		典吏	2	
	刑房	司吏	1	
		典吏	2	
	工房	司吏	1	
		典吏	3	
	铺长司	司吏	1	
	承发科	典吏	1	
	架阁库			六房吏点充轮换
	济农仓			六房吏点充轮换

资料来源：万历《嘉定县志》卷八《官师考上·设官》。

明代中央设内阁、六部、六科，府州县地方因之有“六房”。① 与明朝相比，清代的典吏似乎要简省一些。以嘉定县为例，明代有吏、户、礼、兵、刑、粮六房，每房司吏1名、典吏2名，另有工房司吏1名、典吏3名，铺长司司吏、承发科典吏各1名；而清代，额设知县1名、县丞1名（主管盐务，乾隆三十四年移驻南翔镇）、主簿1名（主管水利，顺治四年裁革，九年复设，至雍正三年分属宝山县）、典史1名（主管巡捕），设定典吏仅有吏、户、礼、兵、刑、工六房及承发科典吏各1名。②

不过这样的比较，仍然是停留在制度史层面的规范，与实际行政工作的安排，肯定还是有差别的。

譬如，在嘉善县，吏员的规制都有定额，万历年间吏、户、礼、兵、刑、工六

① ［明］陈龙正：《几亭外书》卷四《乡邦利弊考·补议未送三条》，崇祯间刻本。

② 光绪《嘉定县志》卷十一《职官志上·县职表》。

房吏役各置有司吏1名、典吏2名,总计18名。后来不断增添,户房因税事独繁,添没了粮科3名,主管承发、架阁工作;邮、传各1名;铺长24名;儒学司吏1名。到清代,官方又规定,典吏六房各有1名、儒学1名。在雍正时期,吏房增加司吏1名,承发、盐法、架阁、铺长、供招五科典吏各1名,儒学攒典1名,任期均为5年;在同一时期,还添设钱粮总吏2名,五年任期若考核完满,可任以九品杂职。此外需注明的是,雍正七年(1729)还添设了提牢典吏1名。①

衙门职员数字的变化表明,无论明清,制度上的设计都不可能确保州县行政在具体推行过程中一成不变。而且不同州县的人员配备是有差异的。下表12所示嘉定与宝山两县的情况,基本属于制度上的安排,其明显的差别只是出现在"民壮"人员的数量编制上。

表12　清代嘉定与宝山两县衙役比较

衙役种类	人数	
	嘉定	宝山
门子	2	2
皂隶	16	16
仵作	—	—
仵作学徒	—	—
马夫	8	8
禁卒	8	8
轿夫及伞扇夫	7	7
灯夫	—	—
库卒	4	4
仓夫	4	4
民壮	30	35

资料来源:瞿同祖:《清代地方政府》,法律出版社2003年版,第98页。

总之,到清代,州县衙署之组织已十分清晰,有吏、户、礼、兵、刑、工六房,快、壮、皂三班,三班隶役充之;六房则胥吏充之,各有职掌;此外有幕客,为牧令所延聘,以理刑名、钱谷、征比、挂号、书启之务。其他还有如司阁、签押、稿案、用印、挂号、跟班、办差、管仓之役,以供驱使奔走者,就是所谓的

① 嘉庆《嘉善县志》卷十《官师志·职官》。

“长随”群体。[①] 这些衙役构成了一种有组织的力量,州县官依靠他们推行法令,否则,州县官无法征收赋税和漕粮,也无法征调民众从事修筑城墙、开铺道路、兴修水利之类的力役,或为官府供办车马及交通工具;而承担治安职能的衙役也为官府所依赖,用于执行传唤或拘捕等警察职能。[②]

就衙役的出身而言,除州县正印官及其佐贰官外,于衙署工作的人员,身份具有一定的模糊性。以明代为例,职役可以分为两类:一是在官之民,有吏、书、门、皂、壮、捕兵及狱卒;二是在官亦在民,有老人、总甲、小甲、党正、党副、保长及甲长。[③] 这两类役基本出身本地,具有浓厚的“乡土”性,其人际网络与人情关系有着难以形容的复杂性。

六、工食俸银的比较

明代地方官吏的俸禄是以谷子计算的,但实际发放的只是一部分,其余的折合纸币、铜钱或实物给付。至明代中叶以后,随银本位经济的发展,俸禄乃渐有折合银两的趋势。[④] 这就有了所谓的本色与折色。若以正七品官员而论,俸禄是 90 石,本色占 54 石,余下的折色为 36 石。具体来说,在本色俸当中,除支米 12 石外,折银折钞俸为 35 石、折绢俸 7 石,折银共计 26.95 两;在折色俸当中,折布俸占 18 石,该银 0.54 两,余下的折钞为 18 石,该本色钞 360 贯。[⑤] 这些都是制度的规定。由于明代地方衙署的工食俸禄记载在地方文献中多不够详确,故有关这方面的考察比较,将主要以清代的史事为例展开。

据《康熙朝品级考》的记述,地方知县与翰林院编修、六科掌印给事中、各部院衙门七品笔帖式、兵马司副指挥、按察司经历等官的品级一样,都是正七品,薪俸统一为 45 两。[⑥] 该项俸银数显然也是制度层面的统一规定。

同样,州县衙门其他工作人员的工食俸银及杂项开支,各地虽稍有差异,但大体情形趋于一致。其基本来源是所谓钱粮的存留部分,属于地方财

① 蔡申之:《清代州县故事》,《近代中国史料丛刊》本,1970 年版,第 149 页。

② 瞿同祖:《清代地方政府》,范忠信、晏锋译,法律出版社 2003 年版,第 95 页。

③ 缪全吉:《明代胥吏》,台北嘉新水泥公司文化基金会 1969 年版,第 18 页。

④ 杨联陞:《明代地方政府》,收入氏著《国史探微》,新星出版社 2005 年版,第 107 页。

⑤ 万历《大明会典》卷三十九《户部二十六 · 廪禄二 · 俸给》,万历朝重修本。

⑥ [清] 管庭芬辑:《康熙朝品级考》,收入缪荃孙编:《烟画东堂小品》“冷”字号册,民国九年江阴缪氏刊本。

政的范畴。而且其存留的额数，并不与州县自身的大小与公务的繁杂程度成正比。

例如，康熙三十一年(1753)苏州府属州县地丁银存留的额度，分别是太仓128 706两、长洲205 113两、吴县87 741两、吴江205 136两、常熟县199 798两、昆山180 514两、嘉定269 766两，就很能反映上述事实。①

在一般的州县行政开支记录中，会详列主要官员及其下属编制的工食俸银情况。以康熙年间的秀水县为例：②

知县经费银，789两4钱；

县丞经费银，76两；

主簿经费银，69两1钱1分4厘；

典史经费银，67两5钱2分；

儒学经费银，67两5钱2分；

杉青闸、王江泾二巡检司巡检经费银，180两6钱4分。

知县、县丞、主簿、典史、儒学及巡检等官员的配置比较完整，其职司部门的经费总数记载完备。各官员下属吏役的详目，却并未显现出来。以下是所举孝丰县的情况，虽官员配置记录不全，但衙门的主要开支，下属成员的工食银甚至闰银都有记录：③

本县衙门

门子工食银一十二两，有闰加一两；

皂隶工食银八十四两，有闰加七两；

仵作工食银一十二两，有闰加一两；

马快工食银四十八两，有闰加四两；

民壮工食银九十六两，有闰加八两；

禁卒工食银三十二两，有闰加二两六钱六分七厘；

轿伞扇夫工食银四十二两，有闰加三两五钱；

库子工食银二十四两，有闰加二两；

斗级工食银二十四两，有闰加二两；

盐捕工食银二十八两八钱，有闰加二两四钱；

铺司兵工食银六十二两，有闰加五两一钱六分七厘；

---

① (美)曾小萍：《州县官的银两：18世纪中国财政的合理化改革》，董建中译，中国人民大学出版社2005年版，第33页。

② 康熙《秀水县志》卷三《田赋》，康熙二十四年刻本。

③ 同治《孝丰县志》卷四《食货志·赋役》，同治十二年修、光绪三年刊、光绪二十九年补刊本。

渡夫工食银四两五钱，有闰加三钱七分五厘；

孤贫口粮银八十四两，有闰加七两；

囚粮银三十六两。

祭祀项下：

文帝祭银六十两，武帝祭银六十两，文庙祭银七十二两；

社稷山川坛祭银二十一两七钱四分，原编银二十八两，除解司余剩银六两二钱六分外，故仅前数；

厉坛祭二十一两；

厉坛米折银六两；

乡贤名宦祠祭银八两；

天目龙神祠祭银八两；

文庙香烛银一两六钱；

拜贺习仪银四钱八分；

迎春酒礼银二两。

儒学衙门

儒学俸银八十两；

廪粮银六十四两；

膳夫银四十两，有闰加银三两三钱三分三厘；

斋夫银三十六两，有闰加三两；

门斗工食银一十四两四钱，有闰加一两二钱。

典史衙门

门子工食银六两，有闰加五钱；

皂隶工食银二十四两，有闰加二两；

马夫工食银六两，有闰加五钱。

巡检衙门

皂隶工食银一十二两，有闰加一两；

弓兵工食银四十一两二钱五分，有闰加三两四钱三分八厘。

州县级地方志中记载的工食俸银数，大多属制度上的规定，仅能说明财政的要求，因而堪称账面情况。清代余杭县的俸银编数亦是如此：①

本县知县经费银四百八十三两：

① 嘉庆《余杭县志》卷十三《田赋·户口》，民国八年重刊本。

俸银四十五两；

门子二名，十二两；皂隶十三名，七十八两；马快八名，四十八两；仵作三名，十八两；民壮二十四名，一百四十四两；库子四名，二十四两；斗级四名，二十四两；轿伞扇夫七名，四十二两；禁卒六名，四十八两。

知县项下经费银的编数记载，完全符合制度上的要求，即知县本人俸银45两，其他的皂隶、仵作、民兵、库子、马快、伞夫、门子等都是每人6两之数。这种财政账目上的数字，与实际情况难以吻合。再举湖州府长兴、安吉两个县的记录为例（详参下表13）。

表13　清代长兴与安吉的州县经费银比较

类　别	安　　吉	长　　兴
州县官俸银	80两	45两
门　子	2名，银12两	2名，银12两
皂隶、仵作	16名，银96两	16名，银96两
马　快	8名，每名工食银6两，陆路备马、置械、水乡打造巡船银10两8钱，共银134两4钱	8名，每名工食银6两，陆路备马、置械、水乡打造巡船以司缉探银10两8钱，共银134两4钱
民　壮	24名，银144两	30名，银180两
禁　卒	8名，银48两	8名，银48两
轿伞扇夫	7名，银42两	7名，银42两
库　子	4名，银24两	4名，银24两
斗　级	4名，银24两	4名，银24两
合　计	604两4钱	605两4钱

资料来源：同治《安吉县志》卷五《赋役》、同治《长兴县志》卷六《田赋》。

表格中的统计资料，都属制度上的要求，与同治年间的实际情况定有出入。须补充说明的是，安吉州在乾隆三十八年（1773）被改为县后，[①]经费银被减少；而长兴县在彼时已将皂隶减为13名，增设了3名仵作，民壮减至24名，照这样计算，同治年间长兴知县的经费银按规定应该是569两4钱。[②]

再看嘉兴府平湖县，在官方统计的知县经费银细目下，还有相关的变动说明：[③]

---

① 《清高宗实录》卷九百四十，"乾隆三十八年八月辛丑"条。

② 同治《长兴县志》卷六《田赋》。

③ 光绪《平湖县志》卷七《食货志·田赋》，光绪十二年刊本。

本县知县,经费银陆百伍拾叁两肆钱:

俸银肆拾伍两,除摊扣荒缺银捌两叁分玖厘,仍于存留内造报。

门子二名,共银壹拾贰两。皂隶一十六名,内仵作三名,共银玖拾陆两。马快八名,共银肆拾捌两,又原编马快陆路备马、置械、水乡打造巡船以司缉探,共银捌拾陆两肆钱,批解藩库抵给将军都统各衙门各役工食等项之用。民壮三十八名,共银贰百贰拾捌两,外一十二名拨入理事同知衙门。禁卒八名,共银肆拾捌两。轿伞扇夫七名,共银肆拾贰两。库子四名,共银贰拾肆两。斗级四名,共银贰拾肆两。

闰加银伍拾两钱。各役八十七名,每伍钱;马快八名,备马、置械、造船每玖钱,批解藩库抵给工食。

在常州府无锡县,地方存留的银两数中,包括了各级衙门官役俸工银2 467.12两、闰月银157.567两,具体开销在地方志中列举得至为详细。详参下表14。

表14　清代无锡地区的政府人员常规俸禄细目

名目		人数	每人工食俸银（两）	小计（两）	加闰月银合计（两）
知县	俸银	1	45	45	
	门子	2	6	12	1
	皂隶	16[a]	6	96	8
	马快	8	16.8[b]	134.4	11.2
	民壮	38	8[c]	304	
	禁卒[d]	8	6	48	4
	轿伞扇夫	7	6	42	3.5
	库子	4	6	24	2
	斗级	4	6	24	2
	铺兵	98	9	882	73.5
	高桥至江阴的铺兵	10	9	90	7.5
	修理仓监费用			5	
县丞	俸银	1	40	40	
	门子	1	6	6	0.5
	皂隶	4	6	24	2
	马夫	1	6	6	0.5

续　表

名　　目		人数	每人工食俸银（两）	小　计（两）	加闰月银合计（两）
典　史	俸　银	1	31.52	31.52	
	皂　隶	4	6	24	2
	马　夫	1	6	6	0.5
巡　检	俸　银	1	31.52	31.52	
	皂　隶	2	6	12	1
	弓　兵	35	4.628 5	162	13.5
县儒学	俸　银	1	40	40	
	廪　生	10	4	40	3.33
	斋　夫	2	12	24	2
	门　子	2	7.2	14.4	1.2
	膳　夫	1	20	20	1.667

资料来源：光绪《无锡金匮县志》卷九《赋役》，光绪七年刊本。

说明：a：雍正七年酌裁4人，抵给仵作工食；b：含马食草料费用；c：含器械置备费用；d：另有加给工食银两，雍正九年奉文于各役工食内扣给。

上述无锡县的统计表明，那里的俸银基本上是满额的。俸银的分派，完全是按知县、县丞、主簿、典史、巡检、儒学等若干部门展开；而每个职官的从属人员根据职位、工作需要，设定了比较固定的名额，按照制度规定进行工食俸银的发放。

需要特别注明的是，廪生是岁考（由学政主管，三年一次）中成绩最优的生员，享有津贴（“廪米”或“廪粮银”），在每个县的官学中都有固定的名额，一般都是每年4两；[①]表格中没有列出仵作一项，但实际上编设有4人，工食银总计为24两，平均每人6两。此外，表格中并没有列出主簿一项，据清代从当地新析出的金匮县开支统计项的说明，金匮县主簿的俸银为33.114两，下设门子1人，工食银6两（闰月加银0.5两）；皂隶4人，每人工食银6两（闰月加银1两）；马夫1人，工食银6两（闰月加银0.5两）。[②] 根据这个俸禄的等差，表明主簿的位置是在县丞之下、典史之上。至于闰月加银，基本是在0.5两至1两之间。

---

① 张仲礼：《中国绅士——关于其在19世纪中国社会中作用的研究》，李荣昌译，上海社会科学院出版社1991年版，第15—16页。

② 光绪《无锡金匮县志》卷十《赋役》，光绪七年刊本。

同时也可以发现，州县政府在官方教育上的经费支出其实并不低，就闰月加银一项，每人多在 0.5 两以上，无锡县儒学膳夫的加闰银为 1.667 两，远远高出衙门中其他部门所得。

以上的随机抽样统计都表明，不同州县衙门中，知县、县丞、主簿、典史、儒学及巡检各项经费银，差别明显，各州县职官下属的胥吏之间的俸工银及其闰月银，也有差别。同时值得注意的是，江南不少州县在明清时期多有一分为二或一分为三者，[①]薪俸的差异随之产生，尽管不少州县还是同城而治。

嘉庆年间，常州府的宜兴、荆溪两县境本属一地，在分县后，两地的知县、县丞、主簿、典史及其下属人员，在薪俸上出现了许多差别；当然最重要的差别是荆溪缺设一些官吏组织。详细比较详参下表 15。

表 15　嘉庆年间宜兴、荆溪两县地方行政薪俸开支情况比较

<table>
<tr><td colspan="2">县　　别</td><td colspan="2">宜　兴</td><td colspan="2">荆　溪</td></tr>
<tr><td colspan="2">名　　目</td><td>人　数</td><td>银　两</td><td>人　数</td><td>银　两</td></tr>
<tr><td rowspan="12">知县</td><td>俸银
遇闰加银</td><td>1</td><td>45
3.75</td><td>1</td><td>44.409</td></tr>
<tr><td>薪银</td><td></td><td>18.49</td><td></td><td></td></tr>
<tr><td>纸张银
遇闰加银</td><td></td><td>20
1.666</td><td></td><td></td></tr>
<tr><td>修宅家伙银</td><td></td><td>20</td><td></td><td></td></tr>
<tr><td>送上司伞扇银</td><td></td><td>10</td><td></td><td></td></tr>
<tr><td>吏书
遇闰加银</td><td>12</td><td>72
6</td><td></td><td></td></tr>
<tr><td>门子
遇闰加银</td><td>2</td><td>12
1</td><td>2</td><td>11.842
0.987</td></tr>
<tr><td>皂隶
遇闰加银</td><td>16</td><td>96
8</td><td>16</td><td>94.74
7.893</td></tr>
<tr><td>马快</td><td>8</td><td>48</td><td>8</td><td>132.636</td></tr>
<tr><td>草料银
遇闰加银</td><td></td><td>86.4
11.2</td><td></td><td>
11.05</td></tr>
<tr><td>民壮
遇闰加银</td><td>50</td><td>300
25</td><td>29</td><td>228.955</td></tr>
</table>

① 冯贤亮：《明清江南地区的环境变动与社会控制》，上海人民出版社 2002 年版，第 56—65 页。

续　表

县别		宜兴		荆溪	
名目		人数	银两	人数	银两
知县	灯夫 遇闰加银		24 2		
	禁子 遇闰加银	8	48 4	8	47.37 3.947
	库书 遇闰加银	1	6 0.5		
	轿伞扇夫 遇闰加银	7	42 3.5	7	41.449 3.453
	仓书	1	6 0.5		
	库子 遇闰加银	4	24 2	4	23.685 1.973
	斗级	4	24 2	4	23.685 1.973
	铺兵 遇闰加银			21	149.215 12.432
	修监银		20		
	修理仓监				4.935
县丞	俸银 遇闰加银	1	40 3.333		
	薪银		8.202		
	书办 遇闰加银	1	6 0.5		
	门子 遇闰加银	1	6 0.5		
	皂隶 遇闰加银	4	24 2		
	马夫 遇闰加银	1	6 0.5		
主簿	俸银 遇闰加银	1	33.114 2.759		

续 表

县别		宜兴		荆溪	
名目		人数	银两	人数	银两
主簿	书办 遇闰加银	1	6 0.5		
	门子 遇闰加银	1	6 0.5		
	皂隶 遇闰加银	4	24 2		
	马夫 遇闰加银	1	6 0.5		
	小计		69.114		
典史	俸银 遇闰加银	1	31.52 2.626	1	31.106
	书办 遇闰加银	1	6 0.5		
	门子 遇闰加银	1	6 0.5	1	5.921 0.493
	皂隶 遇闰加银	4	24 2	4	23.685 1.973
	马夫 遇闰加银	1	6 0.5	1	5.921 0.493

资料来源：嘉庆《重刊宜兴县旧志》卷三《田赋志·解支》、嘉庆《重刊荆溪县志》卷一《田赋志·解支》。

这份表格统计透露出不少问题：这里的知县明确标明有加闰银，这在其他地方很少见；民壮在工食外，另要配给器械银每人2两；铺兵工食银按常规的话是每名7两，但荆溪县的待遇高于这个标准；宜兴县7名轿伞扇夫的工食银是每人6两，但地方志记为24两，显然有误，这里改作42两；在《荆溪县志》中，吏役的工食银按制度额定为每人6两，但实际所得少于此数，闰银也是如此。①《宜兴县志》所列都是标准数，与制度规定一致，比较而言，《荆溪县志》记载的情况可能更为真实。

① 嘉庆《重刊宜兴县旧志》卷三《田赋志·解支》，嘉庆二年刻本；嘉庆《重刊荆溪县志》卷一《田赋志·解支》，嘉庆二年刻本。

清代知县为正七品,每年按制度规定可支取的俸银为45两、养廉银1200两(养廉银自雍正六年始),但在实际的推行中,俸银却不能满额发放。这在很多地方的表现都是一致的。有关江南地区府州县正印官员年度养廉银的制度安排,可参下表16。

表16　清代江南五府一州的府州县官年度养廉银

府州县	养廉银(两)	府州县	养廉银(两)
苏州府	3 000	**松江府**	2 500
吴　县	1 800	华亭县	1 500
长洲县	1 800	奉贤县	1 000
元和县	1 800	娄　县	1 500
昆山县	1 000	金山县	1 200
新阳县	1 000	上海县	1 500
常熟县	1 000	南汇县	1 500
昭文县	1 000	青浦县	1 000
吴江县	1 200	小　计	11 700
震泽县	1 400	**嘉兴府**	2 000
小　计	15 000	嘉兴县	1 600
常州府	1 500	秀水县	1 600
武进县	1 400	嘉善县	1 300
阳湖县	1 200	海盐县	1 200
无锡县	1 500	石门县	1 200
金匮县	1 200	平湖县	1 200
江阴县	1 000	桐乡县	800
宜兴县	1 000	小　计	10 900
荆溪县	1 000	**湖州府**	1 600
靖江县	1 500	乌程县	1 600
小　计	11 300	归安县	1 600
太仓州	2 000	长兴县	1 200
镇洋县	1 000	德清县	1 200
崇明县	1 200	武康县	600
嘉定县	1 000	安吉县	800
宝山县	1 200	孝丰县	500
小　计	6 400	小　计	9 100

资料来源:《大清缙绅全书》,荣录堂宣统元年春季版。

上述养廉银，都由各级官府或衙门首脑负责安排，但不可能完全由知县或知州一人独享。如普通州县，在知县(州)外，还有县丞、县学教谕、管粮主簿、巡检、典史等佐杂官吏，需要适当分派一定份额的养廉银，而幕宾、门丁、捕快、仵作、轿夫、船工、狱卒等衙役人员，数量也不少，同样由知县提供他们的薪水。此外日常办公、官署的维修、迎来送往、地方的巡察等，也要花费不少的银子，按照常规也应由知县提供。特别需要注意的是，在清初，一个县中常有数百至上千的书吏分两组进行轮班，每次每班在衙署内被封锁十天，这十天内所有的衣食起居都需要由官府提供，①从而构成衙门一项重要的开支。

同样是在嘉庆年间，嘉善县的人员编排及相关俸银统计情况，与宜兴、荆溪两县又有不同，主要表现就是知县的俸银较后二者低不少(详参表17)。

表17 嘉庆年间嘉善县主要行政人员的工食俸银细目

<table>
<tr><th colspan="2">名　　目</th><th>人数</th><th>每人工食俸银(两)</th><th>小计(两)</th><th>合计(两)</th></tr>
<tr><td>知　县</td><td>俸　银</td><td>1</td><td>37.211[a]</td><td>37.211</td><td rowspan="9">497.4</td></tr>
<tr><td rowspan="8"></td><td>门　子</td><td>2</td><td>6</td><td>12</td></tr>
<tr><td>皂　隶</td><td>16</td><td>6</td><td>96</td></tr>
<tr><td>马　快</td><td>8</td><td>16.8[b]</td><td>134.4</td></tr>
<tr><td>民　壮</td><td>12</td><td>6</td><td>72</td></tr>
<tr><td>禁　卒</td><td>8</td><td>6</td><td>48</td></tr>
<tr><td>轿伞扇夫</td><td>7</td><td>6</td><td>42</td></tr>
<tr><td>库　子</td><td>4</td><td>6</td><td>24</td></tr>
<tr><td>斗　级</td><td>4</td><td>6</td><td>24</td></tr>
<tr><td>县　丞</td><td>俸　银</td><td>1</td><td>40</td><td>40</td><td rowspan="4">76</td></tr>
<tr><td rowspan="3"></td><td>门　子</td><td>1</td><td>6</td><td>6</td></tr>
<tr><td>皂　隶</td><td>4</td><td>6</td><td>24</td></tr>
<tr><td>马　夫</td><td>1</td><td>6</td><td>6</td></tr>
<tr><td>主　簿</td><td>俸　银</td><td>1</td><td>33.114</td><td>33.114</td><td rowspan="4">69.114</td></tr>
<tr><td rowspan="3"></td><td>门　子</td><td>1</td><td>6</td><td>6</td></tr>
<tr><td>皂　隶</td><td>4</td><td>6</td><td>24</td></tr>
<tr><td>马　夫</td><td>1</td><td>6</td><td>6</td></tr>
</table>

① (美)曾小萍：《州县官的银两：18世纪中国财政的合理化改革》，董建中译，中国人民大学出版社2005年版，第35—36页。

续 表

名	目	人数	每人工食俸银(两)	小计(两)	合计(两)
典 史	俸 银	1	31.52	31.52	67.52
	门 子	1	6	6	
	皂 隶	4	6	24	
	马 夫	1	6	6	
县儒学	俸 银	1	31.52	31.52	193.12
	廪生粮银			64	
	斋 夫	3	12	36	
	门 斗	3	7.2	21.6	
	廪生膳银			40	

资料来源：嘉庆《嘉善县志》卷八《食货志上·赋税》，嘉庆五年刻本。

说明：a：原额为45两，除去摊赔荒缺银7.789两解司充饷；b：每人工食银6两，另加陆路备马、置械、水乡打造巡船以司缉探银10.8两。

需要特别指明的是，应不同时期朝廷的要求，州县级官府编排的俸银中，有一部分是要承担上级官府中部分官吏的俸禄支出，包括抚院、粮道、知府、总捕通判、照磨厅、府学等及其下属职员。

常州府武进、阳湖二县与府衙同城而治，据光绪十二年的统计，这两县承担的上级官衙中部分官役俸工银已有不少(详参下表18)。

表18 清代武进、阳湖二县官役俸工银承担情况比较

名	目	俸工银(两)				备 注
		阳湖县		武进县		
		俸银	遇闰加银	俸银	遇闰加银	
抚院	皂隶4名半			27	2.25	
	铺兵半名			3	0.25	
苏松粮道	俸银			17.452		内应实除挑废银0.001两
本府知府	俸银			105		内应除挑废银0.007两
	快手8名			48	4	
	皂隶8名			48	4	
	修理仓监			5		

续 表

名目		俸工银(两)				备注
		阳湖县		武进县		
		俸银	遇闰加银	俸银	遇闰加银	
本府知府	府库家丁	12		12		此款都在各县民壮工食银内拨给
本府总捕通判	俸银	24.54		24.54		武进县内应除挑废银0.002两
本府照磨知事	俸银	12		12		
	门子1名	6	0.5	6	0.5	
府学	教授俸银			45		
	训导俸银			40		
	廪生6名	64	5.333	64	5.333	
	膳夫2名					

资料来源:光绪《武进阳湖合志》卷八《赋役志二·田赋中》、卷九《赋役志三·田赋下》,光绪十二年刻本。

大概而言,承担上级官府相关职员俸禄支出责任的,主要是那些与知府或直隶州衙署同城而治的州县。

除了上述常规的费用支出外,各地州县机构还需承担名目繁多的杂费,包括上级官府和地方各种公共事务的经费支出。如无锡地方所谓的年底新书节炭银、报事扛抬夫12名工银(每人7.2两)、祈晴雨银、乡饮酒席银、各上司案临行香讲书赏用纸笔银、本县新官到任公宴祭祀等费用、养济院孤贫235名柴布银、文庙各坛祠春秋祭祀及香烛等项费用、其他杂支各项费用555两多,等等。①

知府衙门的杂费支出,由所属各州县分摊。如苏州府的司府算造徭里会议各项册籍、纸张费用一项,支出总计要216.781两,具体分摊至所辖各县及银两数是:吴县(54.924)、长洲(27.5)、元和(27.5)、昆山(18.279)、新阳(19.231)、常熟(19.626)、昭文(19.721)、吴江(15)、震泽(15)。② 更为详细的杂费负担,详参下表19的初步统计。

① 光绪《无锡金匮县志》卷九《赋役》,光绪七年刊本。
② 同治《苏州府志》卷十五《田赋四》。

表19　苏州府属各县每年需承担的杂支项目

名　　目	支付银两	备　　注
司府算造徭里会计各项册籍纸张	216.781	
本府税粮总书造册纸张	41.293	
本府钟鼓夫2名工食	5.996 闰月加0.5	吴县1名(2.996两)、长洲1名(3两);闰月银两县平摊
看守华亭并公馆门子工食	30.285 闰月加2.533	
习仪拜牌接敕香烛	63.344	
岁底新书	303.53	
乡饮酒席	78.798	
江宁场屋	40.672	
协济文场	46.187	
协济武场	32.799	
本府岁贡坊仪	39.36	
太仓州岁贡坊仪	7.989	全部由吴县承担
各县岁贡坊仪	137.763	
会试盘缠	203.364	
水陆各营船械	2 029.067	
各县厅事义民32名工食	243.857	
各县巡盐民壮98名工食	694.17 闰月加58.067	
各县孤贫1 306名柴布	1 665.55 闰月加40.411	
总　　计	5 982.316	

资料来源:同治《苏州府志》卷十五《田赋四》。

有意思的是,太仓州在雍正以后为直隶州,已不属于苏州府管辖,但苏州府的吴县仍要承担其岁贡坊仪全部费用。当然,由单独一个县或两个县合力承担一项杂支的,毕竟还不多见。

在嘉定县,官府需要承担的杂支,也是从自主存留的银粮项中征用,除去应扣的"荒缺银"外,实际开支的项目与费用主要如下:①

① 光绪《嘉定县志》卷四《赋役志中·起存款目》。

司州造册纸张银 14.996 两；

本州造册纸张银 4.195 两；

巡盐巡捕民壮 10 名工食银 71.993 两、闰月银 5.999 两；

看守各上司公馆门子 1 名工食银 3 两、闰月银 0.25 两；

接敕拜牌习仪行香等银 4 两；

乡饮酒等银 4.999 两；

岁底新书银 27.997 两；

江宁府场屋银 3.756 两；

协济科场银 4.333 两；

水陆各营船械银 216.336 两；

府贡坊仪银 4 两(邑自改隶太仓州后无府学贡,未详此项作何支用)；

县贡坊仪银 13.998 两(以上两项坊银六年统算,照名数均给)；

会试旧举人盘缠银 20.665 两(会试之年,照通省文武举人名数统算均给)；

孤贫 48 名柴布银 62.078 两、闰月银 1.502 两；口粮米 137.376 石、闰月米 11.448 石。

上列的府贡坊仪、县贡坊仪、会试举人盘缠银、场屋或科场银等项,都是属于科举教育方面的专项支出。不过,太仓州升为直隶州后,就无府学这项名目了,嘉定县所列的教育支出,应该承袭此前隶属于苏州府时常规的府贡传统,且在清代一直未被调整过。

前文所论的武进、阳湖二县,因与府衙同治,其杂支负担的名目更为众多,包括府总书造册纸张、乡试誊录生工食银、本府巡盐民壮工食银、督粮厅盐快工食银、县盐快工食盐、奔牛递运所归并毗陵驿河轿夫工食银、飞递夫工食银、孤贫 360 名给养银、孤贫 347 名给养银、府学考贡坊仪银、县学考贡坊仪银、本府岁底新书节炭银、本府各官赍缴勘合关领新书银、本县岁底新书节炭银、本府新官到任公宴祭祀银、本县新官到任公宴祭祀银、本府进表习仪救护日月香烛银、旧举人会试盘缠银、乡饮酒席银、祈晴祷雨银、武场公用供应银、科场席舍银、钟鼓夫工食银、本府公馆门子工食银、裱褙刻字工食银、看守道院门子工食银、看守察院门子工食银、税课司归并本县巡栏夫工食银、各上司按临行香讲书赏用纸笔银等。总计而言,阳湖县编祭及俸工杂支合编银为2 686.958 两、遇闰加银 135.458 两；武进县除去挑废缺额银 0.075 两、闰银缺额 0.002 两,实征银 791.089 两、遇闰加银 25.406 两,其编祭及俸工杂支合编银 3 566.165 两、遇闰加银 178.001 两,挑废缺额银 0.251

两、闰银缺额 0.012 两。①

此外需要提及的是,在嘉定知县王福征撰写的《详定役米碑略》中,指出要为官府的基层领导(主要是粮长、首名、收头、塘长、里长、扇书)派发必要的津贴(以米计算),以作他们在具体执行公务时可能遭受的经济损失或者付出辛劳的补偿。这样的做法,除嘉定县外,太仓、昆山等地也有这样的事例。在嘉定县开列的补偿情况如下:②

一粮长,有坍荒包赔之苦,每名津米十石;
一首名,有奔驰听比之劳,津米一十八石;
一收头,有煎销炭银之费,津米一十八石;
一塘长,有开浚督责之烦,津米十石;
一里长,有起夫戽水之累,津米一十二石;
一扇书,有书算纸张之费,津米二十四石。

当然,以上所有的摊派、开支负担,最后都要落到地方民众的身上。祖籍江苏吴县的刘献廷(1648—1695)在清初有这样的记载:③

有明时,州县之吏,俸薪而外,杂项公费,不一而足。其大者若城池、桥梁、仓库之修葺,皆有经费,故税赋之外,杂役不派之民,而官亦不困。独催科无术,强有力者坐而免焉,而贫弱重困,催科抚字,胥失之矣。今监有明之失,无不完之粮,最为得之。独是一切经费,尽行裁革。有司无点金之术,以供诸役而给上官之求也,势不得不取之里下,于是杂役之派,有倍于赋税者矣。上之人于何知之?官民之困,未知所止也。

州县衙门经费有限而公费开支庞杂的情形,在明清两代都一样,虽然清初对晚明在"催科抚字"方面的弊政有所改革,但是地方官府"供诸役而给上官之求"的问题仍然需要解决,以故对民间的"杂役之派"不得不又倍于赋税之征,将所有的负担仍然置于民众身上。后来周寿昌(1814—1884)就

① 光绪《武进阳湖合志》卷八《赋役志二·田赋中》、卷九《赋役志三·田赋下》,光绪十二年刻本

② 万历《嘉定县志》卷六《田赋考中·徭役》。

③ [清] 刘献廷:《广阳杂记》卷三,中华书局 1957 年版,第 114 页。

说："今小吏皆勤事，而奉禄薄，欲其毋侵渔百姓，难矣。"①常州府武进县人、康熙时期曾任浙江巡抚的赵申乔（1644—1720），对这些问题概括得更为深刻：②

> 公私一切费用，皆取于里民。若日用之米蔬供应，新任之家伙案衣，衙署之兴修盖造，宴会之席面酒肴，上司之铺设供奉，使客之小饭下程，提事之打发差钱，戚友之抽丰供给，节序之贺庆礼仪，衙役之帮贴工食，簿书之纸札心红，水陆之人夫答应，官马之喂养走差，与夫保甲牌籍、刊刷由单、报查灾荒、编审丈量等项，皆有使费陋规，难以更仆枚举。总之，无事不私派民间，无项不苛敛里甲。而且用一派十，用百派千，以饱赃官婪蠹之贪腹。嗟嗟，小民膏血有几，而能满此漏卮巨壑哉！

州县官府的经费银既然如此有限，官员俸银又不能满足日常用度之需，那么向民间的"加派"就会产生。康熙认为："州县用度不敷，略加些微，原是私事"，朝廷对此也没有良好的解决方案。③ 可是多数的"加派"，未必都出自州县官员的私愿，而是官与吏的合谋，甚至多因胥吏而起。在常熟县，有所谓"飞差"的名目，包括了修县治、修沙船、修炮船、修座船、造花园、造军器、造营房、造火药、河夫、城夫、大夫、防苏公费、司道公费、府厅公费等内容，对民间诈害甚剧。甚至民有田一亩的，要纳银四五两，此弊横行，百姓真是死徙流亡、无有孑遗。④ 总之，处理"钱谷"问题是州县工作中除"刑名"之外最重要的工作，是关系国计民生的大事。

---

① [清] 周寿昌：《思益堂日札》（十卷本）卷九，"州县官加俸"条，中华书局 2007 年版，第 189 页。

② [清] 赵申乔：《赵恭毅公剩稿》卷六《告示·再行禁绝火耗私派以苏民困示》，乾隆二年赵侗敩刻本。

③ [清] 王庆云：《石渠余纪》卷三《纪耗羡归公》，北京古籍出版社 1985 年版，第 141 页。

④ [清] 尚湖渔夫：《虞谐志》，"粮胥传"，收入[清] 丁祖荫辑：《虞阳说苑》乙集，民国六年铅印本。

第二章　州县的责任

一、亲民莫如州县

对地方而言，州县官员是切近而重要的，所谓"君门甚远，贤牧是亲"，[①]"亲民之官，州县为最"。[②] 明人这样论道："国家重守令以重民也。令之贤否，系民之休戚，匪得其人，贻上之忧尔。"[③]真正有"爱人之心"的县令，"足以使其惠朝布而暮及"，但地方政事冗碎，"虽一盐一米之课，皆必令面命而口嗾使谕之，然后得集事"，自省府以下，州县工作就显得更是"劳而难为"。[④] 而官民之间的理想状态，当如"家人父子"一般相处。[⑤] 百姓对官员的最好期许，或许应该像周忱（1381—1453）抚吴时的成效，即"百姓不知有凶荒，朝廷不知有缺乏"。[⑥] 无论对朝廷还是对地方，州县官员都应努力做到这一点，责任可谓重大。

江南州县地当冲要，钱粮浩大，词讼繁多，对地方粮里、老人而言，很需要有适任的官员来管理，否则就会产生"非宦得其人，则民不得其所"的困境。[⑦] 清人方大湜从官、民两个方面，作了精辟的概括："天下之治乱系乎

---

① 康熙《重修崇明县志》卷十《宦迹志》，康熙二十年刻本。

② 乾隆《海宁州志》卷七《名宦》，乾隆四十年修、道光二十八年重刊本。

③ ［明］顾鼎臣：《顾文康公文草》卷首《诰敕 · 苏州府昆山县知县王朝用》，中国科学院图书馆藏万历至顺治顾氏家刻本，收入《四库全书存目丛书》集部第 55 册，齐鲁书社 1997 年影印版，第 260 页。

④ ［明］杨循吉：《松筹堂集》卷四《序 · 送贾君还治余姚序》，北京图书馆藏清金氏文瑞楼抄本，收入《四库全书存目丛书》集部第 43 册，齐鲁书社 1997 年影印版，第 233 页。

⑤ ［明］侯尧封：《岁漕永改编序》，收入［清］汪永安原纂、侯承庆续纂、沈葵增补：《紫隄村志》卷一《田赋》，康熙五十七年修、咸丰六年增修，上海图书馆藏传抄本。

⑥ ［明］撰人不详：《云间杂志》卷中，《奇晋斋丛书》本。

⑦ ［明］况钟：《况太守集》卷十六《民情部案录 · 起复民情部案全文（宣德六年）》，吴奈夫等校点，江苏人民出版社 1983 年版，第 165 页。

民，民之治乱系乎牧令。盖牧令者亲民之官，官不能治民，则民之疾苦日甚，天下所由多事也。”①倘若面对的是“治乱民”的问题，则应有“治乱民如治乱丝”的思想准备，不可操之过急，唯缓缓图之，然后可治。②

与民最近，与地方治乱最相关的州县官，和那些主要起承转与监督功能的高阶层官员相比，更具重要性。③ 就像在吴江、苏州有着长期生活经历的唐甄(1630—1704)所论：“为政之道，必先田市；死刑次之；盗贼次之。杀人之罪，一县之中，岁或一二人；多盗之方，一府之中，岁不数见；其为害也恒少。农不安田，贾不安市，其国必贫。”④

理想视野下，地方行政工作中有“吏治必称循良，亲民莫如州县”之说。况且江南系财赋重地，州县行政于催科、抚字尤难，非常需要好的官员前来当政。⑤ 江西人万谷春于万历四十七年莅任吴县知县时，姚希孟给他去信鼓励道：“此时之敝地最易于治耳。若吴之赋，额差减于长洲，而征输稍不费力，则催科、抚字正不必分为两途。”⑥而州县正印官对地方的影响，又涉及各个方面。万历十九年(1591)举人、常熟人管一德曾有总结说：⑦

> 县之教化风俗，俱由令尹而造。贵家巨姓可颐指一邑，而犹俛而听于令；市井豪椎埋为奸，道路以目，亡敢诘者，唯令剔伏；庠序学校，惟令广厉；百万编氓，阽危凋瘵，烦冤郁苦，惟令拯纾；即不幸有兵革倥偬，而转战婴城，亦惟令捍御。其于法甚尊，而于情甚亲者，毋如令也。

州县官员要应对地方巨室、土豪、文化教育、刑名狱讼、弭盗治安等工作，须具有一定的掌控能力，这就对其人选有相当的要求。

何良俊移居苏州时，曾与华亭人董传策(？—1579)谈论“守令”的问题，后者因在嘉靖三十七年(1558)间上疏弹劾严嵩而闻名天下。何氏说：⑧

---

① ［清］方大湜：《平平言》，但湘良《序》(光绪十三年)，光绪十八年刊本。

② ［清］周寿昌：《思益堂日札》(十卷本)卷九，“治民如丝”条，中华书局 2007 年版，第 190 页。

③ 顾慕晴：《明、清州县官之自我律求》，载《中国行政评论》1992 年第 1 卷第 3 期，第 34 页。

④ ［清］唐甄：《潜书》上篇下《善施》，中华书局 2009 年版，第 83 页。

⑤ ［明］娄坚：《学古绪言》卷二十《乞祀朱、熊、王三公于名宦呈词》，文渊阁《四库全书》本。

⑥ ［明］姚希孟：《文远集》卷五《书牍 · 万吴县拙庵》，收入《四库禁毁书丛刊》集部第 179 册，北京出版社 1997 年据国家图书馆藏崇祯张叔籁等刻清阁全集本影印，第 334 页。

⑦ ［明］管一德编：《皇明常熟文献志》卷二《县令志小序》，万历三十三年刻本。

⑧ ［明］何良俊：《四友斋丛说》卷十三《史九》，第 106 页。

当今第一急务，莫过于重守令之选，亦莫过于守令久任。盖守令亲民之官，故缙绅辈凡有志与朝廷干事、与百姓造福者，独守令可行其志。若迁转太速，则自中才以下，一切怀苟且之念。且初至地方，必一二年后庶乎民风士俗可以周知。今守令迁转不及三年，则是方知得地方之事，已作去任之计矣。故虽极有志意之人，不复有政成之望，亦往往自沮。及至新任一人，复是不知地方之人，如此则安望天下有善治哉！

何氏对于守令选拔、任期可能存在的问题所作的精彩评论，也可以代表明清时代有识之士对州县官员的共同体认。

守令选拔当然是根本性的问题。州县官府倘不得其人，就很有可能弊端百出，问题尤重：①

不特本官贪酷罢软，贻害地方，即奸胥、蠹役、土棍、讼师以及官亲、幕友、家丁人等，内外勾通，亦无不为地方之害；不特恣行秕政，贻害地方，即良法美意，如社仓、保甲等项，行之不善，亦无不为地方之害，故曰“灭门州县”。

据明末《重刻官员品级考》的说法，知县多由部检校、都察院检校、苑马寺主簿、上林苑监典簿、卫经历、府经历、布政司照磨（降官）、博士、部照磨、都司都事、州判官、县丞、光禄寺典簿、署丞、监事、录事、副兵马、京县丞、太仆寺主簿、行太仆寺主簿、京府经历、盐运司经历、都察院照磨、通政司知事、京县主簿、按察司知事、国子监典簿、鸿胪寺主簿、学正、教谕等有经验的官吏升任。② 但也有不少知县是由新科进士等人担任，其从政经验与官场知识都相对薄弱。

明代的州县长官莅任时，都需熟读朱元璋时代即颁定的《到任须知》册，内容包括：祀神、恤孤、狱囚、田粮、制书榜文、吏典、承行事务、仓库、会计粮储、各色课程、金银场、盐场、公廨、系官房屋、书生员数、耆宿、孝子顺孙义夫节妇、官户、境内儒者、起灭词讼、犯法官吏、犯法民户、警迹人等三十一条。③

除此之外，行事谨慎的官员应该注意：到任之初，若无“公馆”住歇，可以吩咐前站花钱赁民房住下，不能住宦宅以免欠下人情。到了莅任境内，就

① ［清］方大湜：《平平言》卷一，“造孽莫如州县”条，光绪十八年刊本。
② 何朝晖：《明代县政研究》，北京大学出版社 2006 年版，第 26 页。
③ 万历《大明会典》卷九《吏部八・关给须知》，万历朝重修本。

要礼房准备县佐、儒学及各士夫举监详细之履历册,以备了解地方情形。在正式上任前一天,需准备"交盘"工作,由吏书们将库内现存实在银数照两院循环簿造册二本,以便交接。到任一两日内,要接见地方士绅、拜见上司等等。① 其中,到任之际的财务工作"交盘",被视为"第一要务"。②而收罗阅读地方志书(或称风俗志),则为州县官了解地方各种情形提供了重要参考。③ 这些工作都是制度或习惯上的要求,多为有经验的官员们所熟知。

在新官履任时,要设立各项簿册,即上司来文号簿各一扇、词状号簿各一扇、各上司比较前件簿一扇、各房吏书年貌籍贯三扇、代脚色册一扇、各房候缺吏一扇、门子民壮皂隶阴阳生各役一扇。④ 这些工作都为官员本人的有效施政作了准备。同时,明代律法要求府州县官员遇有"催办事务",要根据设立的"信牌",按地理远近,定下程限完成。并规定,"知府官不许入州衙、州官不许入县衙、县官不许下乡村",只有逢到"点视桥梁圩岸,驿传递铺,踏勘灾伤,检尸、捕盗、抄劄之类",地方官才可下乡。⑤ 因而日常州县行政中面向城乡百姓的大量事务,就必须依赖各类衙门胥吏与基层社会"领袖"来处理。

而衙门每天工作的日程,是以敲击一种竹筒("梆")和一个小铁棒("点"或"云板")的声音来发布和限定的。黎明前,在内衙(州县官宅邸)敲云板七遍,外衙敲梆一遍,衙门开门。此时,书吏、衙役长随都必须到岗。清晨,敲云板五遍,竹梆两遍,案牍分给书吏,衙门职员开始办公。接着,州县官主持"早堂",接受并分派案牍,阅读听取衙门职员们所呈的书面或口头报告,讯验被捕系的罪嫌或将要解送到其他衙门的囚犯,接受任何诉讼。然后,州县官回到他的办公室("签押房",意即"签批文件的房间"),在那里接收或签批文书,包括与当日将要听审案件的相关书状。⑥

在有操行的官员看来,衙门之内的日常生活还有许多不当行的内容,像无事演戏、做寿酬神演戏、聚会赌博、讲究酒宴饮食等等,⑦都会败坏官衙风气,疏离官民关系,需要予以禁绝。莅任之时,还需要"先治门以内衙役",禁

---

① [明]佘自强:《治谱》卷二《到任门·住歇、各履历册、交盘清查、拜士夫、往见上司》,崇祯十二年胡璇刻本。

② 雍正《钦颁州县事宜》,"交盘"条,同治七年江苏书局刊本。

③ (日)滨岛敦俊:《方志与乡绅》,《暨南史学》2003年第六号,第241—242页。

④ [明]佘自强:《治谱》卷二《到任门·置各项簿》,崇祯十二年胡璇刻本。

⑤ 怀效锋点校:《大明律》卷三《吏律二·公式》,"信牌"条,法律出版社1999年版,第44页。

⑥ 详参瞿同祖著:《清代地方政府》,第32页。

⑦ [清]方大湜:《平平言》卷二,"勿演戏"、"勿赌博"、"勿讲究饮食"、"宴会勿太奢"条,光绪十八年刊本。

制“家人”们罔利作奸、外通线索等弊。[①]

除了道德的约束与官场的禁令外，“当官不接异色人最好”，不仅仅是巫、祝、尼、媪应予疏绝，而且匠、艺之人虽不可缺，“亦当用之以时，不宜久留于家”，若与其太过亲狎，“皆能变易听闻，簸弄是非”。儒士当然应予礼遇，但也有本非儒者，“或假文辞或假字画以媒进，一与之款洽，即堕其术中”。这些都需要为官者审察，以为“清心省事”之一助。[②]

明人认为，“邑令最近民，抚之即生，虐之立瘁”，[③]责任十分重大。归有光说：“夫为令，如婴儿乳哺，饥寒燥湿，唯乳母知之。又如良医按病调剂，分毫不爽，乃可已病。”[④]一位好的牧令，就应该如乳母、良医一般用心。地方即使有再大的情事，也要“安妥闲静，与小民处置”，凡事要详慎，使百姓知道“胜负在理”。[⑤] 遇到每一件事则以解纷为主，对兄劝友，对弟劝恭，对亲邻劝和睦，要讲情理，“然后可以为民父母”。[⑥] 从这个层面讲，确实如古人所言“县令与民最亲”。[⑦] 倘为官清正，能为民除弊，在民间往往可获“青天”的美誉。道光二十九年任海盐知县的段光清，勤于吏事，“日坐堂皇，有控诉者，立时传讯”，使案无积牍；并时常循行巷陌，访察民情，“讼棍蠹役皆为敛戢”；对其访获的所谓扰害地方的“土棍”予以重惩。海盐百姓称其为“段青天”。[⑧]

不过在清人陆耀（1726—1785）看来，假如缺乏才干，即使州县官“洁清自好”而称不上贪酷，可能比贪酷而有才干的官员对地方的危害更大：“暗昧不明，优柔不断，识不足以剔弊，力不足以惩奸，彼虽不贪，有代之而吸民膏者，彼虽不酷，有代之而戕民命者，其与贪酷害民无异；且百为丛脞，诸务废弛，或反不若贪酷者流，犹能理烦而治剧。”[⑨]这种认识在绅士阶层中又是较有普遍性的。[⑩]

---

① ［清］陆文衡：《啬庵随笔》卷一《格言》，光绪二十三年吴江陆同寿刻本，台湾广文书局1969年影印版。

② ［明］何良俊：《四友斋丛说》卷三十一《崇训》，第287页。

③ ［明］赵南星：《赵忠毅公诗文集》卷十七《杂著·邑令箴》，崇祯十一年范景文等刻本。

④ ［明］归有光：《震川先生集》别集卷九《公移·乞休申文》，上海古籍出版社1981年版，第930页。

⑤ ［明］佘自强：《治谱》卷四《词讼门·居官第一须知》，崇祯十二年胡璇刻本。

⑥ ［明］刘时俊：《居官水镜》卷一《杂说》，“续情说”条，万历间刊本。

⑦ 光绪《长兴县志》卷十六《风俗》引“谭志”，同治十三年修、光绪十八年增补刊本。

⑧ 光绪《海盐县志》卷十四《名宦录》，光绪二年刊本。

⑨ 黄克武：《从乾隆末年经世思想看清初官僚行政：〈切问斋文钞〉服官、选举部分之分析》，收入中研院近代史研究所编：《近代中国初期历史研讨会论文集》，1989年4月，第582页。

⑩ ［清］梁章钜：《退庵随笔》卷五《官常二》，道光间刻、光绪元年浙江书局校刊本。

二、吏治的期许

大概从三国时代以降,朝廷对地方官员的要求,多不出清、慎、勤三字的范围,为官以清为本,“以清为第一义”。① 所以到清代,州县衙署的讼堂上多书有“清慎勤”三字匾额,②以为训诫。当然在这三个字诀外,最为紧要的还有一个“明”字,“廉而不明,则我不要钱,必有从中要钱者;慎而不明,则持躬有余,应物不足,必有当断不断者;勤而不明,则徒劳罔益,事之是非、可否、先后、缓急必有颠倒错乱而不自知者”。此外,还有一个“缓”字,当官者以暴怒为戒,“事有不可,当详处之,必无不中,缓即从容详处之,谓非怠缓也”。③ 在这些居官清正、慎明、从容的要求外,有人觉得还应特别注意为官的“和平”,“倘一偏执,则处事不能周详,人情难以通达,未免美中不足”。④

州县长官的行政准备,清代多与明代相仿。康熙时期曾任山东郯城县令的黄六鸿,对自己的为政有着很高的期许。从政伊始,即重拾以往一些良吏的言论,无非是“上不负皇恩、下造福百姓”的内容,后来还将他的从政经验制成《福惠全书》流世。这是一部比较能够全面反映地方县衙行政与治体的资料集,写作的角度是从县级最高行政长官出发,故可以作为地方官的基本思想体认。湖州归安人戴璐(1739—1806)曾指出,《福惠全书》在坊间很是盛行,“初仕者奉为金针”。⑤ 后来湖南长沙人周寿昌(1814—1884)也有类似的说法:“凡初仕者几于人置一编。”⑥延昌在其从政体会中,专门提及他于光绪五年(1879)选补广西浔州知府时随带的必要书籍,除《皇朝经世文编》、《六部处分则例》、《牧令书》、《洗冤录》、《秋审实缓比较》、《驳案新编》与《续编》等书外,还有一套《福惠全书》,以为行政参考。⑦ 该书中有一段材料,专门罗列县衙行政所需的种种账号簿册,主要有下面这些(括号内是相关的负责部门):⑧

---

① [清]方大湜:《平平言》卷一,“清慎勤”条,光绪十八年刊本。

② [清]赵翼:《陔余丛考》卷二十七,“清慎勤匾”条,商务印书馆1957年版,第569页。

③ [清]方大湜:《平平言》卷一,“官不可不明”、“缓”条,光绪十八年刊本。

④ [清]刘廷玑:《在园杂志》卷一,上海古籍出版社2012年版,第89页。

⑤ [清]戴璐:《藤阴杂记》卷二,上海古籍出版社1985年版,第22页。

⑥ [清]周寿昌:《思益堂日札》(十卷本)卷四,“赵秋谷事”条,中华书局2007年版,第57页。

⑦ [清]延昌:《知府须知》卷一《在京事宜》,“备带书籍”条,清抄本。

⑧ [清]黄六鸿:《福惠全书》卷二《莅任部一》,“设内外号簿”条,光绪十九年文昌会馆刻本。

上司公文簿[各房簿式附]　　上司批审词状簿[各房簿式附]
自理词状簿[各房]　　上司词状差簿[各房]
自理词状差簿[各房]　　杂差簿[各房]
吏书花名册[吏房]　　实征册[户房式见钱谷部]
征收钱粮总簿[户房式见钱谷部]　　流水日收簿[户房付收役]
比较钱粮簿[户房钱粮外另有别项仓口各设簿]　　催粮经理花名册[户房]
印发滚单簿[户房]
印发串票簿[户房]　　摘拿欠户差簿[户房]
印发限单簿[户房]　　收粮日报簿[户房]
拿欠粮经里差簿[户房]　　起解钱粮簿[户房库吏]
拆封簿[户房]　　支领官俸簿[户房库吏]
钱粮库收簿[库吏]　　支领孤贫口粮簿[户房库吏]
支领工食簿[户房库吏]　　典坊牙杂税银簿[户杂房]
支领驿站工料簿[户房库吏]　　领换牙帖簿[户杂房]
收典坊牙杂税银簿[户杂房]　　支领师生俸廪簿[礼房库吏、斋夫、门斗、工食附后]
支领坛庙祀银簿[礼房库吏]
上司礼节簿[礼房、送礼内记不填发]　　保甲烟户册[兵房册式见保甲部]
保甲壮丁册[兵房册式□保甲部]　　保甲乡保等花名册[兵房]
本县四境地界册[兵房]　　守门军花名册[兵房]
拿获私盐人犯册[兵房]　　私盐驴变价册[兵房]
皂快民壮等花名册[兵房]　　上司赃罚簿[各房]
自理赃罚簿[各房]

以上罗列的各类账簿，由相关的吏、户、礼、兵、刑、工六部门存一式二份。黄六鸿特别指出，还有一些临时需要设立的账簿没有记入。当然，这些工作在中国其他州县也是类似的。

在朝廷或省级官员看来，县令下车伊始，要避免铺张，崇简持约，重视官风操守，①并且务当提纲挈领，择要施政。像江南的震泽县，正经界、清词讼、缉盗匪、禁枪船、兴水利等，是知县行政工作过程中必不可缓之事。② 曾任平湖知县的王凤生说，“凡措施所肇，防范于微，亦最莫难于此时”，莅任之

① 雍正《钦颁州县事宜》，“到任”条，同治七年江苏书局刊本。

② ［清］丁日昌：《抚吴公牍》卷四《署震泽县禀到任后筹办地方大略情形由》。

初的工作是十分关键的。[①]

不少行政长官,都希望能够成就良好的吏治。甚至是地方公共空间处所的管理,在有的官员看来,也应该仿效社会贤达,义捐钱粮进行维护。如明人所言:"陆而除道,民不病行;水而成梁,民不病涉,皆为政者之责,非有责于民也。"[②]

州县官的从政业绩,最终都会由朝廷来进行考核。例如在清代,每三年要对官员进行一次"大计"。每一名州县官的评估报告,均由其直接上司知府、直隶厅州同知或分巡道写出,然后呈交给布政使和刑按使;藩臬二司再附上他们的评语("考语")呈交给总督或巡抚。督抚复审报告、批准或修正评估意见,然后上交吏部。其政绩显著者列为第一类,评为突出而特殊("卓异")者向吏部推荐,甚至被皇帝召见("引见")。[③]

以康熙十四年任嘉定知县的平湖人陆陇其为例,他曾撰《"有仪轩"歌》,说道"恭宽信敏惠,斯须不可离"。[④] 这句话也颇能反映出像陆陇其这样吏治勤敏的地方官员的一些想法。而官声较好、得到江南士民称颂的慕天颜,据说因为在其做寿时陆氏未曾送厚礼,所以"独劾嘉定知县陆陇其不协于舆论",尽管称其"操守绝一尘,德有余而才不足"。但左都御史魏象枢却认为,"今之有司,惟操守为难",既然陆陇其操守一流,"何不留以长养百姓",不可使廉吏灰心而贪风日长。[⑤] 陆氏任知县时,"锄强剔弊,大得民心",[⑥]断狱之际,注重平衡情理,为百姓调停家事则"如家人父子"一般,努力使地方社会"渐成无讼之风"。[⑦] 在其离任之际,据说"士民攀辕哭送者倾城,而各乡扶老携幼者不下万计"。此后嘉定地方百姓捐赀为其建立生祠,到雍正年间朝廷特旨入祀孔庙。[⑧]

知县职任的重要性,为时人所深识。清人曹尔堪的短论,可以代表很多人的心声。[⑨] 他说:

---

① [清] 王凤生:《学治体行录》卷上《莅任》,道光四年刻本。

② [明] 浦杲:《义衢记》,收入万历《嘉定县志》卷十九《文苑考上 · 文编一》。

③ 瞿同祖:《清代地方政府》,第 60 页。

④ 详参光绪《嘉定县志》卷二《营建志 · 官署》。有仪轩,康熙十二年嘉定知县赵昕在县衙中始建。

⑤ 《清史稿》卷二百七十八《慕天颜传》。

⑥ [清] 董含:《三冈识略》卷十,"陆公为神"条,辽宁教育出版社 2000 年版,第 219 页。

⑦ [清] 顾公燮:《消夏闲记摘抄》卷中,"陆平湖治绩"条,旧抄本,收入孙毓修编:《涵芬楼秘笈》第二集,北京图书馆出版社 2000 年影印版,第 740 页。

⑧ [清] 沈炳巽:《权斋老人笔记》卷一,民国五年吴兴刘氏嘉业堂刊本。

⑨ [清] 曹尔堪:《魏塘政略序》,载嘉庆《嘉善县志》卷二十《艺文志下 · 杂文》,嘉庆五年刻本。

吏道难兼，清刚者未必仁惠，勤慎者未必果决，经猷恢扩者未有文章。文章末矣，功名不尽从帖括也。往时重循吏，士当释褐，后乐为县令。三年报最，入登言路，与天子相可否，循级而升政府枢机，身握天下之本，盖劳勋久而能任大事，剔历深则能断大议，国计民情，物力练习……皆得力于县令也。

根据康熙的看法，“所谓廉吏者，亦非一文不取之谓。若纤毫无所资给，则居常日用，及家人胥役，何以为生？如州县官止取一分火耗，此外不取，便称好官”。① 廉吏好官，其实就是向民间需索相对较少的官吏。所谓“欲得民心，全在听讼”，要随到随结、可结便结，“毋令拖累日久，以致荡产倾家”。这也符合“养民”、“教民”之本意。② 唐甄有着更为明确的表达：“听讼之道，必先负担；巨室多财次之。夺之十束薪，立绝其食；负千金于万金之家，曾不少损其启处。有司常置小而论大，是重余财之得失而轻夫妇之生死也。”③

图一　《清俗纪闻》中所绘的清代“衙门听讼”场景

王有光据其地方生活经验，曾比较了青浦、嘉定两县应对词讼问题的差异及其间存在的弊端：④

① ［清］王庆云：《石渠余纪》卷三《纪耗羡归公》，北京古籍出版社 1985 年版，第 140—141 页。

② ［清］方大湜：《平平言》卷二，“得民在听讼”条，光绪十八年刊本。

③ ［清］唐甄：《潜书》上篇下《善施》，中华书局 2009 年版，第 83 页。

④ ［清］王有光：《吴下谚联》卷四，“图准不准审”条，中华书局 1982 年版，第 113—114 页。

余家青浦、嘉定接壤。尝入青县，邑尊悬示通属词讼事件，岁以百计。嘉邑悬示者，岁以千计。何繁简相悬至此？大凡词讼俗名官私。官者，情理之曲直；私者，经差之使费也。青邑原、被两给，事可从缓。嘉邑经差止归被告一面，即倾家而不顾。青民一时之忿，缓则渐销，或经居间劝处，遂不至于成讼。嘉邑呈状者争先而进，亲友解纷不及，亦不便于解纷，恐后控者之为被告也。是必装点情词，以图一准，已足泄忿，后来质审之虚实，不及计也。此嘉邑事件之所由多也。愿慈父母力除此弊，其种德靡涯矣。

知县在面对民众遭受侵扰甚至破家的危难时，本应该怀有慈念之心，让他们少受官衙诉讼之累，即使已经累及词讼，也该及早结案，使之不伤元气，而无愧于"父母官"之称：①

谚有之："破家县令。"非谓令之权若是其可畏也，谓民之家县于令，不可不念也。令虽不才，必无忍于破民家者。然民间千金之家，一受讼累，鲜不破败。盖千金之产，岁息不过百有余金，婚丧衣食，仅取足焉。以五六金为讼费，即不免称贷以生，况所费不止五六金乎？况其家不皆千金乎？受牒之时，能恳恳恻恻，剀切化诲，止一人讼即保一人家，其不能不讼者，速为谳结，使无大伤元气，犹可竭力补苴，亦庶几无忝父母之称欤。

这个"破家县令"与"灭门刺史"一样，是民间久已流行的俗谚，②提示州县官应该时刻警醒。道光年间，曾先后任元和县知县、川沙厅知事的山阴人何士祁（道光二年进士），讲述了其在衙门日常办公的一般情形：③

冬春辰初、夏秋卯初，必发二梆，然后至签押房，阅视上日所送片稿及批词、公文、禀信、稿件。饭后看审案卷籍。未刻发二梆，审理堂事。晚则查核帐簿，标记刑名、钱谷簿，查看门簿。或无堂事，则与幕友酌商地方事宜，或考订律例，或检阅史传，或赴市廛村野以察民风。至朔望拈香，必宜早起，期会出入，必有定时。与民约者，尤在必信。习以为

---

① ［清］汪辉祖：《学治续说》，"宜勿致民破家"条，辽宁教育出版社 1998 年版，第 95 页。

② 杨联陞：《明代地方政府》，收入氏著《国史探微》，新星出版社 2005 年版，第 105 页。

③ ［清］何士祁：《补缺》，收入［清］徐栋辑：《牧令书辑要》卷一《政略》，同治七年江苏书局刻本。

常,历久不怠,则内外人等皆知官之所专心者在于公事,而诸务就理矣。刻刻振作,犹恐有失。

从何氏的讲述中,也可看出其为官的理念与从政的目的,以及希望通过这样持之以恒的工作,与民以"信"。

同样在道光年间,苏州知府李璋煜曾制有《劝民歌》二十则,希望通过州县的努力,传谕至城乡各地,使妇孺皆知。这二十则是:孝双亲、和兄弟、和姊妹、要尽慈、敦宗族、保贞节、睦邻里、劝种田、息讼端、莫抗粮、莫轻生、莫赌钱、莫窝娼、莫买赃、莫停棺、莫选轿、莫信巫、莫吸烟、莫贩私、莫懒做。他认为只要"识字人务念与不识字人听之",而且真正能"信从劝言","就是好百姓",能收到预期的治效。① 很显然,其劝民理念主要源于《圣谕广训》。

在世俗民众的心目中,州县官本是老百姓的依靠,是"父母",②是亲民之官,"为一州则一州之民生所属,为一县则一县之民生所属",应该"事事裁决精当,而后上之道府,达于院司"。③ 这也是王朝统治者对他们的期望:④

一个衙门一个官,在朝廷本意,原是叫他们替百姓判断曲直,调处是非。有了事情,别人所不能了的,找到他就可以了;有了冤枉,别人所不能伸的,找到他就可以伸。据此说来,这个官竟是世界上一件济世利民的好东西,怎么会有苦头给百姓吃呢?

尽管官吏群体的薪俸比较低微,但许多官吏仍希望励行节简,是谓"衙内多一日宴乐,外间即多一日愁苦"。⑤ 或者就像晚明时沈鲤(1531—1615)的家书中所云:"家下凡百俭素恬淡,不要做出富贵的气象……不宜多积财货、广置田宅……衣服勿大华美,器用宁可欠缺,留些福量,遗与后人,此至理也。"⑥但是,不良州县行政的事例实在不少,原因多在"知县不能约束书吏,致酿重案"。⑦ 所以州县官的操守,在地方政治生活中显得意义重大。

而高级官员对于吏役的放纵,给民间造成的负面影响可能更大。万历

---

① [清]顾震涛:《吴门表隐》附集,江苏古籍出版社1999年版,第358—359页。

② [明]伍袁萃:《林居漫录》畸集卷二,明万历间刻本,收入《续修四库全书》子部杂家类第1172册,上海古籍出版社2002年影印版,第216—217页。

③ [清]方大湜:《平平言》,卞宝第《序》(光绪十三年),光绪十八年刊本。

④ [清]李伯元:《活地狱》,《楔子》,上海古籍出版社1997年版,第1页。

⑤ [清]叶镇:《作吏要言》,道光许乔年刻本。

⑥ [清]宋荦:《筠廊二笔》卷上,上海古籍出版社2012年版,第54页。

⑦ 《清文宗实录》卷一百四十三,"咸丰四年八月甲子"条。

时期曾任浙江提学佥事的伍袁萃提供了嘉兴府的一个实例，在府级高官的纵容下，知府吏役竟然出现了殴逐县官的违法行径：①

> 嘉兴府同知陈文焯署篆，遣役往崇德催兵饷。至则已先解矣。役索承行吏钱不得，殴之于县堂，知县薛近兖怒杖之。役归，纠阖府皂快，泣诉于文焯，文焯第冷笑而已。近兖送考案入府，而各役群殴之，毁其轿伞，裂其袍带。近兖白其状，文焯不理，而推官徐大绅反咎近兖。近兖投劾诸上官径行。予试浙东毕，回省，闻之，言于两院，当参文焯，而左辖曾景默，文焯乡亲也，力阻之曰“此事只须调停”。予作色曰：“古今世事败坏，皆由调停之说误之尔。府官纵衙役殴逐县官而不问，纪纲法度不澌灭尽耶？”直指曰：“贵道勿动气。”予曰：“邪气不可动，正气不可不动。”直指不怿，予且参文投两院，指摘峻厉，而文焯凭依城社，治事如故。予移檄切责之，且书之高脚木牌，以暴其罪，而严提首恶，文焯乃去。

“民间事少”可能是许多官员的“至愿”，但猾吏奸书们则“利在多事”。② 除了对上司经常而必要的“馈赠”外，更沉重的负担在于应付迎来送往各种过境的钦差、巡抚、监察、仕宦等，倘是手段高明的州县官，就会向民间借端多敛，一如清人陆耀所言：“地方贪官蠹役，专事生事扰民，既有值过上司名色，更复何所顾忌，因而指称使费，攒敛细民，扰万家之鸡犬，填贪浊之溪壑。”③

吏治清浊，关系民生休戚，可以说“属员之贤否，尤视大吏之贪廉”。④ 所以，吏胥的作奸犯科，其实“全视乎官之性情，所贵喜怒不形，使彼无所揣摩”。⑤ 所以历代的制度设计与官员的从政体会中，都会不厌其烦地讲到如何防范这一群体的作奸犯科。明人说过，除州县正印官员，“佐贰常有擅受民词，差人下乡者；或衙门积弊，相沿已久；或士夫所托，无可如何，亦未可尽

---

① ［明］伍袁萃：《林居漫录》多集卷六，明万历间刻本，收入《续修四库全书》子部杂家类第1172册，上海古籍出版社2002年影印版，第272页。

② ［明］刘时俊：《居官水镜》卷一《理县事宜》，“驭役之法”条，万历间刊本。

③ 黄克武：《从乾隆末年经世思想看清初官僚行政：〈切问斋文钞〉服官、选举部分之分析》，收入中研院近代史研究所编：《近代中国初期历史研讨会论文集》，1989年4月，第585页。

④ ［清］赵申乔：《赵恭毅公剩稿》卷六《告示 · 严饬官方以肃功令示》，乾隆二年赵侗敩刻本。

⑤ 雍正《钦定州县事宜》，“防胥吏”条，同治七年江苏书局重刊本。

责之佐贰也”。[①] 将一切的责任都推到正印官员的身上，而轻视佐贰官吏的律己与律人之责，可能也是有失偏颇的。归有光认为，要堵截胥吏们在地方上的谋利之途，主要就在人命、强盗、粮长、徭役四个方面，州县官员们应有相应的防范意识。[②]

朝廷对官员的要求中就说过，“州县为民父母，上之宣朝廷之德化以移风易俗，次之奉朝廷之法令以劝善惩恶”，在地方上本应具有很高的权威，[③]不可轻易让不良下属败坏地方风气。民情的上通下达，是作为“亲民之官”的州县官员的基本责任，其一言一动都能让百姓共见共闻，才堪称“亲”。[④]官员在下乡时，男妇老幼环而相视，县官应该召集耆老来询问，“以孝悌、力田、早完国课、莫打官司等语，辗转传述”，而不是任由差役耀武扬威，执鞭驱逐百姓，这就是一种“亲民工夫”。[⑤] 据说，同治年间的一位昆山知县在上任后，即行清厘案牍，遍历四邻，察访情形，询问疾苦，可能暂时达到了“民情通则上下不致隔膜，书差亦不能从中把持”的良愿，而深获上级官府的赞赏。[⑥]但要使明清时代的州县官都像海瑞那样，能恪尽职守，作为一名有教养的读书人服务于公众而具自我的牺牲精神，是不可能的。实际上这种精神的作用也至为微薄。[⑦]

三、州县的责任

州县正印官既是朝廷命官，又是地方的政治领袖。其为官责任与从政理念，对地方社会影响很大。明清时期州县官在上任后，立下的近乎理想化的从政志向与自我律求，[⑧]在现实中当然不可能全部付诸实践。

为了加强地方社会控制，有效落实官府的行政要求，明人况钟要求对其所管辖的苏州府属各县地方，建立一套类似于乡约活动中的善恶纪录体系。

---

① ［明］佘自强：《治谱》卷九《待人门·待佐贰五段》，崇祯十二年胡璇刻本。

② ［明］归有光：《震川先生集》别集卷九《公移·乞休申文》，上海古籍出版社 1981 年版，第932—933 页。

③ 雍正《钦定州县事宜》，“听断”条，同治七年江苏书局重刊本。

④ ［清］丁日昌：《抚吴公牍》卷五《札饬查明开征不贴简明告示各州县详记大过一次》。

⑤ ［清］方大湜：《平平言》卷一，“亲民工夫”条，光绪十八年刊本。

⑥ ［清］丁日昌：《抚吴公牍》卷十三《昆山县禀到任后清厘案牍下乡察访情形》。

⑦ （美）黄仁宇：《万历十五年》，中华书局 1982 年版，第 134 页。

⑧ 参顾慕晴：《明、清州县官之自我律求》，载《中国行政评论》1992 年第 1 卷第 3 期，第 36—38 页。

他让各地粮里、老人负责准备两份"善恶文簿",用印钤记。一份留县衙收照,一份交府衙。倘遇民间告状情事,以此作为稽考依据,以便"推情问理发落",目的是使"为善者得以安业,作恶者省悟改过"。此善恶文簿的格式如下:①

计开　　县　　都　　粮长　　人区

第一图　　为善之人　　务要开明籍名、学名,或官吏、隶兵、粮里、军匠、老人等项,举其尤者。

第二图　　为恶之人　　开明等项同前。

一、施刁告状打诨诈人;

一、绑缚图赖诈人;

一、教唆词讼,起灭包兜;

一、生文写状,把持公事害民;

一、递年拖赖官粮不纳及包揽税粮等项;

一、包揽收解侵蚀军需;

一、贩卖私盐;

一、各色人匠在乡强横诈人;

一、害民粮长里老;

一、各年隶兵;

一、酗酒撒泼赌博;

一、为盗窝盗;

一、淫恶妇女。

成化五年,长洲知县余金到任后,"群吏以其儒者,颇易之,作奸如故。公以理教戒,率者居半,因稍加惩艾,即皆改行焉"。② 其实,大多数衙门的工作人员都存在这样的认识,即所谓"官看三日吏,吏看三日官"。③ 如果官不久任,一切的因循苟且就会导致太多的弊端。④

嘉靖时海盐知县樊维城,曾为其官衙设十条箴言,论述颇为抽象,基本

---

① [明]况钟:《况太守集》卷十三《条谕·填注善恶簿榜示(宣德七年五月)》,吴奈夫等校点,江苏人民出版社 1983 年版,第 140—141 页。

② [明]王锜:《寓圃杂记》卷三《记守令》,中华书局 1984 年版,第 23 页。

③ [明]陆人龙:《型世言》第三十回《张继良巧窃篆、曾司训计完璧》,江苏古籍出版社 1994 年版,第 504 页。

④ [明]叶权:《贤博编》,中华书局 1987 年版,第 18 页。

总结了为官的原则或要旨,即俭、默、恕、忍、密、严、果、思、乐、戒。① 何良俊据其经验,认为"慈仁之人,子惠黎庶,百姓家家蒙泽,此正牧民者之第一善政也。但一切姑息,则吏缘为奸,不无冤抑,而强暴恣肆,侵侮小民,亦有衔怨切骨而不得伸理者,则保奸养蠹,所害不小";如果是"刚明之政",那么"奸宄畏威,豪右敛迹,野无冤鬼,狱无滞囚。其施设岂不截然可观?然方其震怒之下,一撄其锋,鲜不摧折。然亦有误及善类者,则使人亦自难当"。所以,慈仁之心应该与刚明之政相融汇,然后才能成就"纯全之治",以免两者的固有缺陷带来不良后果。②

海盐人郑晓(1499—1566)认为,明代自嘉靖朝以后,"其贪墨奸佞依阿卑谄者,安享荣禄。即有论劾,行贿得解,职任如故,旋复升转。以故今之大臣,实难展布。上为内阁劫持,下为言官巧诋,相率低头下气者以为循谨。千金双璧络绎道路,即以雄才大器著声矣"。③ 何良俊则说,就是当世的"宰相","不由中人援引,则是营求而得"。④ 他们讲的都是京官,风气既已如此不堪,地方官场就更形糟糕了。

吏部尚书赵南星在天启三年的上疏中,无奈地指出这种"贪黩成风"似已无术可禁。下官参谒上官,"辄令行户随之置办下程,饼师、酒保皆受其累。而又有喜于作威者,不问事之大小,一怒辄折人之肢体,伤人之性命"。偏偏这些人却常得举荐,"以致豺狼满地,小民愁苦无聊,起而为盗"。故赵南星认为,"今日之忧"是在郡县之内。⑤ 官吏之贪是"天下之大害",对民间的为害要远高于"重赋"。⑥

尽管读书人"仕而求富贵",符合古谚所谓"人不衣食,君臣道息"的言说,无可厚非,但作为朝廷命官,必须有刚正之气。那些府、卫、州、县佐贰首领视通判以上者,都呼为"老爷",但并非真地甘心视己为奴仆,民间倘要"以士君子之行望之",那是不可能的。所以,要鼓舞士气、维护世道、保障民生,就要从正士风开始,廉干称职的地方官员应该得到奖荐优擢。⑦ 像明末领率松江府

① ［明］樊维城:《海盐官署十箴》,载光绪《嘉兴府志》卷八十三《艺文二》,光绪五年鸳湖书院刻本。

② ［明］何良俊:《四友斋丛说》卷十三《史九》,中华书局1959年版,第107页。

③ ［明］郑晓:《今言》卷四,中华书局1984年版,第171页。

④ ［明］何良俊:《四友斋丛说》卷八《史四》,中华书局1959年版,第70页。

⑤ ［明］赵南星:《赵忠毅公诗文集》卷十九《总宪疏·申明宪职疏》,崇祯十一年范景文等刻本。

⑥ ［清］唐甄:《潜书》下篇上《富民》,中华书局2009年版,第106页。

⑦ ［明］赵南星:《赵忠毅公诗文集》卷二十《典铨疏·鼓舞士气安民生疏》,崇祯十一年范景文等刻本。

地方县政的知府方岳贡，堪称代表。其任期达十四年之久，“清操始终如一”，在地方行政中，有“培养士子、禁戢衙蠹、锄击豪强、清理义米、兴修水利”等方面的杰出表现。①

在清代，地方州县官员的情况，可以常熟、昭文地方人士所论为例：“盖常邑夙号繁难，令大率岁一易，坐席未暖即捧檄欲行，不暇为经久计。昭邑虽或久任，以同城故，遂亦因循，而丞、尉无论矣。”②这表明，很多州县官深知在一个地方履职不会太久，在有限的任期内要进行所谓的改革调整，既不可能，也无必要。他们的心思全在将来如何升迁、仕途如何发展，因此在地方工作中缺乏责任心，多因循旧习而已。这种风气其实更有必要予以修正。

而在州县官衙服役的家人，往往“丰衣美食，华车肥马，顾盼自雄”，以为是为主人装扮体面，殊不知“这便是主人做贪官的幌子，其家人可知，主人之居官更可知矣”，③需要引起官员们的警惕，应尽量要求家人“不可穿好衣”，更不可“竞尚华丽”。④ 想做“好人好官”，确实每多掣肘，所谓“家奴子弟跋扈飞扬，亲戚友朋依附希望，禁之拒之，则怨谤四起，顺之纵之，则身后名易败”。州县官员很需要有“执持力”，而不可行“调停法”敷衍。⑤

至于那种“吏安其职，民乐其业，刁讼不兴，苛政不作”，被时人视作理想的小康之世，因为这在实际生活中是根本不可能存在的。清初时上海人叶梦珠即指出：⑥

> 本朝初定江南，设官委吏，习闻弘光之风，不复寻先朝之度，当事者往往纵情任意，甚而惟贿是求，讼师衙蠹，表里作奸，赋役繁兴，狱讼滋扰。郡县胥吏，得以狎侮士林，旧日朱门无不破家，从事数十年之间，士风靡弊极矣。

身历明清更替的叶梦珠，对于州县行政的变化有着深刻的体悟，“惟贿是求”一句就揭示出了地方政治秽败的关键。在州县衙门中，佐杂官吏经常插手钱债等词讼，蠹书玩差，从中勾串渔利，扰害乡民。⑦ 州县正印官对此

---

① ［清］曹家驹：《说梦》，道光八年醉沤居士抄本，页二十六。

② 光绪《重修常昭合志稿》卷十四《公廨志》。

③ ［清］叶镇：《作吏要言》，上海图书馆藏道光许乔年刻本。

④ ［清］方大湜：《平平言》卷一，“勿令家丁穿华美衣服”条，光绪十八年刊本。

⑤ ［清］陆文衡：《啬庵随笔》卷一《格言》，光绪二十三年吴江陆同寿刻本，台湾广文书局1969年影印版。

⑥ ［清］叶梦珠：《阅世编》卷四《士风》，上海古籍出版社1981年版，第84—85页。

⑦ ［清］丁日昌：《丁禹生政书·藩吴公牍》卷一《饬禁佐贰杂职衙门擅受民词由（三月十四日行）》，志濠公司1987年版，第1页。

自然负有一定的监管责任,对其下属应予有效的管理和约束,让他们职有专司,“每日黎明俱要齐集办公,不得托故不到,夜则轮流值宿,以便本县办理事件”,随时传唤,随叫随到。① 衙署门子之选也要谨慎,衙门中传话、窥伺人皆由门子,门子就被视为“众奸之线索”;而江南地方门子“多以慧巧充之”,应该责革,“留忠贤者听用”。② 也决不可令小幕客渔利、家人藉端勒索乡民,以致民力不堪,激而上控。③ 清初在于成龙管辖江南的时期,上海县史知县的吏治工作堪称代表:将衙门中的跟班皂隶全部换成了乡野之人,“每早投文毕即退堂,不敢轻易出入,书吏不许进内衙,县前烟台糖担俱不许停留,出门不用执事,不敢轻易赴宴”。④

当然新履任的州县官员一旦沾上贪弊,就如衙门中的老隶所言,官员初到,“如一新洁白袍,有一沾污,如白袍点墨,终不可湔也”。⑤ 在此际特别要注意禁绝书役等人的陋规,因为那些经管钱粮的书吏“往往按照旧章”,向新任官员呈缴陋规,其他的差役、保正等人也会间或送呈陋规,收受之后,这些人很容易“玩官于股掌之上”。⑥ 所以“筮仕者”切不可贪,⑦如果成了贪官,必然坏心术、败风俗、损声名、干国法、辱祖宗、毒子孙。⑧

在地方赋役的征发过程中,更要坚决杜绝吏胥的私派加添之弊。⑨ 如:顺治十二年间,为了加强海防,江南需要供应“征闽大兵”。嘉善县据嘉兴府的要求征发县兵,“夫二十,米百石,马草万束,铁锅、木槽、泥弹、油竹各千计,妓女数十计,饲马、扫粪夫数百计”,署印经历刘奇瑜乘机苛敛,引起居民罢市。⑩ 又如,江苏方面钱粮数额较多,号称甲于他省,征解过程中书差的职权过大,以致官民不能贯通一气,催科就显得十分费力。⑪

而在高级官僚们看来,催科一事恰恰是州县最最紧要的工作之一。“州县职在钱粮”,对于州县官的考察“首严亏空”。根据赵申乔在浙江任职的

---

① [清] 佚名:《州县须知》卷三,“堂规二十则”,乾隆五十九年刻本。

② [明] 佘自强:《治谱》卷十《杂事门 · 访事法》,崇祯十二年胡璇刻本。

③ [清] 汪辉祖:《学治续说》,“官价宜有检制”条,辽宁教育出版社 1998 年版,第 86 页。

④ [清] 姚廷遴:《历年记》,“记事拾遗”,稿本,收入上海人民出版社编:《清代日记汇抄》,上海人民出版社 1982 年版,第 168 页。

⑤ [明] 何良俊:《四友斋丛说》卷三十八《续史》,第 346—347 页。

⑥ [清] 方大湜:《平平言》卷二,“勿受书役陋规”条,光绪十八年刊本。

⑦ [清] 陆文衡:《啬庵随笔》卷一《格言》,光绪二十三年吴江陆同寿刻本,台湾广文书局 1969 年影印版。

⑧ [清] 方大湜:《平平言》卷一,“官不可贪”条,光绪十八年刊本。

⑨ [清] 叶梦珠:《阅世编》卷六《赋税》,第 145 页。

⑩ [清] 佚名:《武塘野史》,不分卷,“顺治十二年乙未”条,清抄本。

⑪ [清] 丁日昌:《丁禹生政书 · 藩吴公牍》卷九《详明通饬吴县唐令匿报押犯过一案(七月二十九日行)》,第 105 页。

观察,“浙省今日州县多不可问,挪彼应此,移新掩旧,积月累年,盈千巨万”,问题较大。① 洪业指出:“知县最主要的责任是收税,看这一块地方有多少人,应有多少钱粮,由他负责榨出来,送到省城去,末了到朝廷。”②

不过,钱粮的征解是一个相当复杂的工程。在清初若干年的清查中发现,江南税收存在着颇为混乱的状态。民间的积欠、官吏的侵蚀、大户的包揽等问题都很严重。下表1是江南五个府州的积欠情况,堪资证明。

表1 康熙五十一年至雍正四年苏州等府州积欠情况统计 (单位:两)

府州	最初积欠	最初粮户自认积欠	清查出的所有积欠	清查确认责任			实际民欠
				官侵	吏蚀	包揽	
苏州府	2 579 594	125 536	2 454 058	3 740	978 287	3 967	1 593 600
松江府	2 309 457	65 470	2 243 987	17 679	877 873	263 997	1 149 980
常州府	1 967 198	15 086	1 952 112	7 226	745 426	55 849	1 158 697
太仓州	1 844 148	64 700	1 779 448	—	1 026 719	—	817 429
镇江府	680 259	15 594	664 665	—	114 987	53 253	512 019

资料来源:曾小萍:《州县官的银两:18世纪中国财政的合理化改革》,中国人民大学出版社2005年版,第237页。

除了国家要求征解的正项钱粮之外,地方上还有很多杂项,各处名色不一。像芦课、渔课、盐课、当税、牙税、契税、私盐、变价、河泊杂课、田房税契、典当税、牙税等等杂税名目,多被归入正式的“钱粮”一项,而称“杂项钱粮”,得到官方层面的正式确认。清代常熟、昭文地区的杂税不少,可为例证(详参表2)。

表2 清代常熟、昭文地区的主要杂税

<table>
<tr><td rowspan="2">县别
项目</td><td colspan="2">常熟</td><td colspan="2">昭文</td><td>说明</td></tr>
<tr><td>税银指标</td><td>耗羡银(两)</td><td>税银指标</td><td>耗羡银(两)</td><td>耗羡银的标准是随正0.05两</td></tr>
<tr><td>田房契税</td><td colspan="4">0.03/价银1两</td><td>税发给司,颁契尾,所收税银尽收尽解</td></tr>
<tr><td>牙行帖税</td><td colspan="4">上则0.3两、中则0.2两、下则0.1两/1帖</td><td>民间牙户税银不等,此乃以往定例;牙帖向来并无定额</td></tr>
</table>

① [清]赵申乔:《赵恭毅公剩稿》卷六《牌檄·欲除州县之亏空先革藩司之陋规特申条约共质官民事檄》,乾隆二年赵侗斅刻本。

② (美)陈毓贤:《洪业传》,商务印书馆2013年版,第41页。

续 表

县别 项目	常熟		昭文		说明
	税银指标	耗羡银（两）	税银指标	耗羡银（两）	耗羡银的标准是随正0.05两
牙行帖税	80/384户		84.4/630户		乾隆元年开始才有定额报部
	87.9/384户	4.395	91.2/632户	4.56	道光年间
	2两/上等	0.1	2两/上等	0.1	同治二年，根据新的章程，牙户需赴牙厘局报捐领帖，每帖上等202两、二等150两、三等100两、下等50两。凡报开歇闭随时增除，并无定额
	1.5两/二等	0.075	1.5两/二等	0.075	
	1两/三等	0.05	1两/三等	0.05	
	0.5两/下等	0.025	0.5两/下等	0.025	
典当税	5两/1户每年				增歇不一，尽收尽解
	175两/35户		220两/44户		乾隆年间
	95两/19户	4.75	95两/19户	4.75	道光年间
	30两/6户	1.5	35两/7户	1.75	同治十二、十三年
	500两/10户	25	550两/11户	27.5	光绪二十三年起每典正税改为50两；户数为光绪二十九年开始的新额
牛羊猪税	5.42两	0.271	5.73两	0.286	道光年间。羊只销数无多，向无承充牙户
	16两	0.8	9两	0.45	同治十二、十三年间
	17.5两	0.875	15.5两	0.525	光绪二十九年

资料来源：光绪《重修常昭合志稿》卷十二《钱粮志》。

在清朝，如其他州县一般，嘉定县也在革除了明朝的土特产贡品、商税钞、门摊钞、竹木炭钞、契本工墨钞、茶引面钞、酒钞、花果树木钞、增羡商税钞、房屋赁钞、渔课等杂税名目后，仍保留了如下五大类：①

牙行税：雍正十一年额定税银82两3钱；牙行535户，同治元年奉文换领部帖，现存83户，额征银83两5钱，每两加耗5分；

典税：每户税银5两，每两加耗5分。康熙初两次加至15两，十六年仍

① 光绪《嘉定县志》卷四《赋役志中·杂税》。

照原额征收，现征五户；

盐课：原额 13 440 引，嘉庆初减存 12 845 引，同治八年减存 800 引，内十成之四向归宝山分销，每引正课银 2 钱 5 分 9 毫 5 丝 6 忽，公项 2 钱 5 分，并解浙江盐运司；

牛驴猪羊税：原额每户 3 钱，共 29 两 7 钱，除分编宝山县外，额存 15 两 9 钱，现存牛牙、羊牙各一户，每户正银 5 钱，耗银 2 分 5 厘。

再如在嘉善县，到光绪年间统计被列入杂税的，主要有下面这些：①

学租银 93.392 3 两，每年解司转解学院，赈给贫生膏火；

当税银 60 两，当铺 12 名，每名征银 5 两；另款解司充饷，仍于每年春季查明增除，造册报部输税，光绪初期只存 9 名；

牙税银 60 两，下则牙户 150，每名征银 4 钱，另款解司充饷，光绪初期据府制，上则牙户每户征银 8 钱、中则 6 钱、下则 4 钱，解司充饷。同治二年部议加增，经巡抚左宗棠改定，繁盛上则每户征银 3 两，偏僻上则、繁盛中则各 1.5 两，偏僻中则、繁盛下则各 7.5 钱，偏僻下则 4.5 钱；

季钞银 54.6 两，每户征正耗银 0.176；

契税，每买产银 1 两，征税银 3 分；

牛税，每两征税银 3 分。

其中契税与牛税每年并无定额，只是例行“尽收尽解，造报题销”而已。要想在这样繁杂的赋税征解工作中，完全摒除胥吏们的侵渔，显然是不可能的。曾任浙江巡抚的赵申乔（1644—1720）就说过，州县地方“无事不私派民间，无项不苛敛里甲。而且用一派十，用百派千，以饱赃官婪蠹之贪腹”。② 顺治四年间，嘉善县地方因暴力横征漕粮，出现了粮长被逼自缢的惨象。③

同治时期巡抚江苏的丁日昌，在其公文中指出，苏省地方田地科则繁多，每至征收钱漕，丁书、差保就据为利薮，“高抬银价、低作洋价者有之，以下则指为上则有之，正供之外勒索串票、脚费者有之”，小民有限的膏脂永远填不满书差无穷的欲壑。④ 州县官就要十分注意其间吏胥们营私图利的可能，并建立对应措施：⑤

① 光绪《嘉善县志》卷十一《食货志三·赋税》，光绪十八年刊、民国七年重印本。
② ［清］赵申乔：《赵恭毅公剩稿》卷六《告示·再行禁绝火耗私派以苏民困示》，乾隆二年赵侗斆刻本。
③ ［清］佚名：《武塘野史》，不分卷，“顺治四年丁亥”条，清抄本。
④ ［清］丁日昌：《抚吴公牍》卷五《札饬查明开征不贴简明告示各州县详记大过一次》。
⑤ ［清］王又槐：《刑钱必览》卷六《解给》，嘉庆十九年刻本。

> 盖杂项钱粮,久为吏胥鱼肉。如芦课、渔课、盐课、当税、牙税、契税、私盐、变价等项起解甚难,应将解费随正收贮,不可耗存于吏。学租照地丁钱粮例,一并征解,由司详学院,除作养廉外,余则散给贫生,不可听学书中饱。河泊杂课由该员呈报起解,不可听员役借名需索。官田租价,除应完钱粮扣解,余租报部,若遇灾年,必令报明减收空闲官地,必清查佃户起租实数,照例征收,不得假手书役。再因公置买基地,必勘坐落处所、地土肥瘠,并仿照鳞田时值估价,其银库平纹银九折,并详免应纳钱粮。至田房税契,按契查收。典当牙杂,照例给帖;倘无贴私充,及朋充影射,并衙门书役衿监私充,查明革究。牛羊落地等税裁革居多。门摊铺钞消长不一,务令均平,随各处旧例而行。耗羡无异正项,尽数解司,然后请领支给。

另外,在管理公共仓库时,官方要小心火烛,毋许闲人住宿;早晚还须检验封条,如有破烂,就要开仓查看,然后再加封条。①

新官到任时所用的铺陈银器等,三日后选合用的留下,但要“即时补价”。倘要全部退出铺陈银器,需要出告示说明:“本州县到任后,里长备办铺陈等项,俱一一退出。若收头不散小民,许指名告治。”以防里长在其间科敛小民。② 可是按照何良俊在南京从政的亲身体会,则很不相同。他说:③

> 余致仕后,住南都又五年。浮沉里巷中,与乡人游处甚久,故知南京之事最详。大率两京官各有职掌,与百姓原不干涉。所用货物,皆是令家人和买。余初至时尚然,至戊午、己未以后,时事渐不佳。各衙门官虽无事权者,亦皆出票令皂隶买物。其价但半给,如扇子值二钱者只给一钱,他物类是。铺户甚苦之。至于道中诸公,气焰熏灼,尤为可畏。有一道长买橙丁一斤,其价和买只五六分耳,皂隶因诈银五六两。南京皂隶,俱是积年。其票上标出至本衙交纳,其头次来纳者言其不好,责十板发出,此皂隶持票沿门需索。其家计算,若往交纳,差人要钱;至衙门中,门上皂隶要钱,书办要钱。稍有不到,又受责罚,不如买免为幸,遂出二三钱银与之。一家得银,复至一家。京城中糖食铺户约有三十余家,遍历各家,而其人遂厌所欲矣。

---

① 蔡申之:《清代州县故事》,《近代中国史料丛刊》本1970年版,第207页。

② [明]佘自强:《治谱》卷二《到任门·收发什物》,崇祯十二年胡璇刻本。

③ [明]何良俊:《四友斋丛说》卷十二《史八》,第98—99页。

何良俊所言“时事渐不佳”的时期，是在嘉靖三十七、三十八年之后，衙门日用货物原由家人“和买”的情形就变了，皂隶借为衙署添办货物之机，对商铺人户大肆敲剥。由于嘉靖帝的崇道，彼时的道士也颇威风，需索要钱之风十分盛行。衙门厨子同样“亦索重赂，若不与，或以不洁之物置汤中，则管办之人立遭谴责。且先吃午饭，方才坐席，及至登山，又要攒盒添换等项”。这些都是何氏的“亲见”。

即便衙门中的厨房风气较好，其工作一般仍被视为烦难之极，日常调度、下乡工作时的伙食安排、厨房中的同事关系等都需谨慎，“署中闲住朋友，切莫心焦生怨”，也颇为要紧。而肉米油炭等物，都有官价，各州县自有定规。① 况且“厨房伙食系属私事”，可以由“家丁”代管，也可以由官员亲理。② 官员要倡导衙门生活的节俭之风，“服食不事华美，过客寓公待之无盛筵厚馈，惟达礼意而已”。③ 在这方面，况钟在苏州府衙中的生活表现堪称楷模：“公内署萧然，无铺设华靡物。每食一肉一蔬，非公燕别无兼味。家人及亲旧相对，尊酒数行，青灯夜话而已。”④

但衙门中人在市场买东西，“皆与半值，名曰官价”，有的甚至分毫不给，⑤都成了常态。所有日用食物布帛等项，在吏胥手中，往往不依照时价，只付市价的十分之四五，也有勒派取用，并不发给一钱者。“短给而称为官价，白用而号曰当官”，以致行户赔垫，贾贩吞声，官既喜其省钱，役亦乐夫中饱。⑥ 这是很需要州县官反省且时刻注意的。归有光任长兴知县时，衙门所用比较节俭。他说：“衙内日取百钱，令卒出市，日不过斤肉蔬菜。去家三四百里，二子守庐舍读书，间岁来省，绝不与外交接。居二三日，便去。去自买小舟，肉不过二三斤，米不过一斗，衙前人共知之也。日常纸赎，多听告免。”⑦于公于私，归有光的操行都堪称地方官的代表。

按照制度规定，县衙中一应的薪米蔬菜等物，都要按日发价平买，不能赊取一物，否则假如有买办指称衙门赊取，以及亏短克扣、转换潮银的，查出

① 蔡申之：《清代州县故事》，第 210 页。

② ［清］方大湜：《平平言》卷二，“应用之人不必多用”条，光绪十八年刊本。

③ ［明］顾潜：《静观堂集》卷八《碑·嘉定尹王侯去思碑》，清玉峰雍里顾氏六世诗文集本。

④ ［明］况钟：《况太守集》卷三《遗事》，吴奈夫等校点，江苏人民出版社 1983 年版，第47 页。

⑤ ［明］赵南星：《赵忠毅公诗文集》卷十九《总宪疏·申明宪职疏》，崇祯十一年范景文等刻本。

⑥ 雍正《钦定州县事宜》，“免行户”条，同治七年江苏书局重刊本。

⑦ ［明］归有光：《震川先生集》别集卷九《公移·乞休申文》，上海古籍出版社 1981 年版，第932—933 页。

后就要枷号重责,不能轻贷。① 在康熙、同治等时期,衙门公馆中的床桌、棕垫、竹椅,往往都是借用的,曾特别规定:“着各色铺户开单交付,工房事毕,工房照单交还,本户不涉地方”;向民间“借用”的县衙办公用具,到该地方官卸任时,仍要按约归还。② 朝廷甚至要地方州县官员做到“地方之一丝、一粟、一物、一器,不但不取,亦不借”。③

四、州县官的负担

早在明初,江南地区以不到帝国6%的田地,提供了整个帝国23%的税粮。④ 虽然,根据土地肥瘠情况而制定的税率是相对固定的,各地区的“亩”制也并不一致,但税负最重的就是江苏与浙江两省的这些地区。⑤ 这对江南地方官员的施政自然有着较大的压力。在弘治十六年时,朝廷以法律的形式重申:“凡天下官员,三六年考满,务要司考府,府考州,州考县,但有钱粮未完者,不许给由。”到万历元年,朝廷又规定:“今后外官考满到部,行户部查勘钱粮,完过八分以上者,方准考满,不及分数者不准。”⑥这些要求,无疑都加重了州县官员的负担。

万历年间吴江知县刘时俊就说:“吴中财赋,每完在八九分间,即称足额以为常”,居然仍有人虚称“十分”,向民间起征,弊窦百出;他上任时发出的征收单上要求的完成数只是8.5分,但须在限期内完解。⑦

陈龙正比较过嘉兴地区与苏松一带的输税问题,觉得积弊虽然不同,但是都亟需整顿:⑧

> 苏、松贵家多懒完官物,粮则有军储,折色则倚势不纳。嘉禾不然,士夫顾乐输将,而细民之刁者与奸胥通,积岁不完,每赦下,必赦旧逋,

① [清]佚名:《州县须知》卷三,“堂规二十则”,乾隆五十九年刻本。

② 光绪《重修华亭县志》卷八《田赋下·役法》,光绪四年刊本。

③ 雍正《钦颁州县事宜》,“到任”条,同治七年江苏书局刊本。

④ 范金民:《明清江南重赋问题》,收入氏编:《江南社会经济研究(明清卷)》,中国农业出版社2006年版,第875页。

⑤ 萧公权 Hsiao Kung-chuan, *Rural China: Imperial Control in the Nineteenth Century*, Seattle: University of Washington Press, 1960, p.85.

⑥ 万历《大明会典》卷十二《吏部十一·考核一·官员》,万历朝重修本。

⑦ [明]刘时俊:《居官水镜》卷一《理县事宜》,“征收之法”条,万历间刊本。

⑧ [明]陈龙正:《几亭外书》卷四《乡邦利弊考·吴俗输税之弊》。

则奸民欣然相庆，而善良如期输办，毫不沾恩。二方之弊，各不可不整顿。

大概在成化、弘治以前，地方里甲催征粮户，都是上纳粮长，再统一收解至州县，粮长不敢多收斛面，粮户更不敢掺杂水谷糠秕，兑粮官军亦不敢阻难多索。可是后来的情况就变了。① 明代小说《石点头》中有一段精彩的描述，很能反映这种社会变化的大问题：②

要知里甲一役，立法之初，原要推择老成富厚人户充当，以为一乡表率，替国家催办钱粮。乡里敬重，遵依输纳，不敢后期。官府也优目委任，并不用差役下乡骚扰。或有事到于公庭，必降颜倾听。即有差误处，亦不过正言戒谕。为此百姓不苦于里役，官府不难于催科。那知相沿到后，日久弊生，将其祖宗良法美意，尽皆变坏。兼之吏胥为奸，生事科扰。一役未完，一役又兴，差人叠至，索诈无穷。官府之视里役，已如奴隶，动转便加杖责。细户也日渐顽梗，输纳不肯向前。里甲之视当役，亦如坑穽，巴不能解脱。

在嘉靖十六年，常州府知府应槚曾推行“并征均则法”，希望达到“原额不失，均摊有定，无独累之苦、欺蔽之私”的目的。其中有“立柜头”一条讲道：③

先年收头，将银两径收私家，任意侵费。今令各县置柜，窍其上方，纳户于包封上自填姓名银数，当官秤收，给票付照。不到者，不许隶卒下乡催扰，止令排年各催其甲，凡勾摄公事，专属见年里长。

应槚推行的新办法，明显是针对州县地方一直存在的钱粮欺蔽问题。这类问题暂时在某些官员的努力下会得到缓解，但无法保证其长久的效力。

后来昆山人、翰林院学士顾鼎臣（1473—1540）在向朝廷的奏疏中，再次指出官府催征岁办钱粮的弊病，便是一个明证：④

① 万历《常州府志》卷六《钱谷志三 · 征输》，万历四十六年刻本。

② ［明］天然痴叟：《石点头》第三卷《王本立天涯求父》，上海古籍出版社 1985 年版，第 59 页。

③ 万历《常州府志》卷六《钱谷志三 · 征输》，万历四十六年刻本。

④ 《明史》卷七十八《食货志二》。

近者有司不复比较经催、里甲负粮人户,但立限敲扑粮长,令下乡追征。豪强者则大斛倍收,多方索取,所至鸡犬为空。孱弱者为势豪所凌,耽延欺赖,不免变产补纳。至或旧役侵欠,责偿新佥,一人逋负,株连亲属,无辜之民死于箠楚囹圄者几数百人。且往时每区粮长不过正副二名,近多至十人以上。其实收掌管粮之数少,而科敛打点使用年例之数多。州县一年之间,辄破中人百家之产,害莫大焉。

顾鼎臣建议朝廷在征收钱粮、审编粮长时,各地必须遵守旧规,痛革弊端。假如州县官多佥粮长、纵容下乡收粮害民的,都要问拟应得重罪;官吏人等有科敛打点使用、索要年例的,就要以"枉法"之罪从重论处。这是顾氏自嘉靖元年回家乡后,"目击东南利弊,慨然欲振之",于嘉靖六年上呈的奏疏内容大要之一。①

隆庆二年进士、吏科给事中贾三近在隆庆四年的上疏中也指出,"今庙堂之令不信于郡县,郡县之令不信于小民。蠲租矣而催科愈急,振济矣而追逋自如,恤刑矣而冤死相望。正额之输,上供之需,边疆之费,虽欲损毫厘不可得",在这样地方对官府缺乏信任感的处境下,地方官再贤能,"安养之心渐移于苛察,抚字之念日夺于征输",最终受困的仍是普通百姓。②

当然,"以故事虚文应之"的地方官员也并不是少数。尽管明代对于仕宦阶层的法网很密,但依旧出现这种状况的原因,就在于地方官缺乏责任感,"不留意政事,一切付之胥曹",而胥吏们奉行的"不过已往之旧牍,历年之成规",最终形成了吏治不振的局面。③ 晚明"吏治日靡,其病在法不行",州县官倘若"不能为国家持三尺,而乃以私心上下其手",那么更使"城社之奸横行,闾阎之苦莫控"。④

但倘要州县官事事亲力亲为,那他所感受的压力与困苦也是可想而知的,当然这也是不现实的。很多"懒惰"的官员将政务委诸佐贰官,而佐贰官"往往奉承堂官,狐媚厚馈,堂官暱之,因而滥批词讼",甚至委托征比钱粮,佐贰官更得以需索"见面钱"、"松刑钱",最后官府之恶名都会落在州县官

① [明]顾鼎臣:《顾文康公文草》卷一《陈愚见划积弊以裨新政疏》,中国科学院图书馆藏万历至顺治顾氏家刻本,收入《四库全书存目丛书》集部第55册,齐鲁书社1997年影印版,第265—270页。

② 《明史》卷二百二十七《贾三近传》。

③ [明]谢肇淛:《五杂俎》卷十四《事部二》,中华书局1959年版,第397页。

④ [明]伍袁萃:《林居漫录》畸集卷三,明万历间刻本,收入《续修四库全书》子部杂家类第1172册,上海古籍出版社2002年影印版,第225页。

头上。①

所以,经历嘉靖、隆庆、万历三朝的桐乡人李乐认为,“天下极冤最枉之事”,就是带征钱粮一节:“凡知县、知州在任,止该清理任内钱粮,任以前自有官在,这官既不清得,如何一并责备后官? 行取文书一到,合于上司,俱另具一眼相待,惟恐得罪何人。行取因钱粮不完,上司留着他在”。在万历年间,朝廷对地方官的要求是对前任各届官员拖欠的钱粮,都带征完纳。李乐感叹道:“天下只是这几个百姓,百姓只有这些皮肤,前面太宽,后面太紧,直是赶到大坏极乱、不可救药便了。”②

如何处置好州县官府向民间催征钱粮的问题,是地方行政工作的一大重点,也常被州县官员视作一种负担。

在嘉善县,乡宦丁宾曾给林先春(天启五年至崇祯二年任嘉善知县)③去了两信,既称颂了这位知县的政绩:“追惟老父母临莅敝县,秉心仁厚、持己精严,催征缓急得宜,听讼原、被输服”,同时,也讲述了民间追比赋税过程中,如何利用基层里役,像粮长、经催、仓甲、里递等人,较好地完成官府催征任务的建议。在丁宾看来,各区仓甲因与里递熟识,下乡征比较民壮、快手更少扰害,而且欠户也易于“听信乐从”,从中显现了仓甲的特殊效用:④

> 前鄙人将存廒与征银不比经催而比欠户两款奉告,俱蒙老父母过于相信,着实举行,万民称快。其存廒一节,自有旧规,不必多喋。若比较银两,与现年粮长无干,应该饶比,而竟责成于经催,且各区还有仓甲。所谓仓甲者,素与里递相熟。仓甲下乡,比民壮、快手不同。盖民壮、快手下乡,未免骚扰。仓甲到于各里长之家,如同一家,不至扰民,且钱粮分数,仓甲一去,欠户听信乐从。即今上恳老父母,将各区仓甲姓名附于各经催名下,其下乡催银,经催、仓甲一同下乡。临比之日,经催、仓甲一同到县,如有不到,欠户还须责备仓甲,而经催自是脱不得干纪。至于粮长,断然不必叫起,则粮长相安,而每限应纳,粮长又无推委。

需要说明的是,丁宾信中所云的“各区”,指的是嘉善县地方的圩田区

---

① ［明］佘自强:《治谱》卷五《钱粮门 · 戒佐贰比粮》,崇祯十二年胡璇刻本。

② ［明］李乐:《见闻杂记》卷二,第207—208页。

③ 光绪《重修嘉善县志》卷十四《官师志上 · 职官》,光绪十八年重修、民国七年重印本。

④ ［明］丁宾:《丁清惠公遗集》卷八《书牍 · 与林狷庵父母》。丁宾给林先春的信有三通,这里引了前后两通。

划，虽然这与嘉兴、秀水两县称圩田区划为“都”的情形不同，①但都属地方基层的管理体系。而在基层体系中行政工作的推行及政策之贯彻，州县官员依靠的社区领袖或基层领导，名目各有不同。对一个外来从政者而言，这些不同功用的人员背景如何予以充分掌握，在施政中如何有效利用，显然又是一个大问题。

在明代的松江府，下辖仅华亭、上海、青浦三县。到顺治十三年(1656)，知府李正华认为“华亭钱粮额大难比，每每累县官参罚”，要求分华亭一半置娄县。尽管如此，这四县每年除漕粮负担，额征地丁银也有百万。在时人看来：“倘遇凶年，为民上者难矣，地方安得不穷？官府定必参罚，安得不坏？”②

甲长经催单

某州县为落甲经催事，照得钱粮关系
国赋，各花户自应遵限完纳，但良、顽不等，拟即差催，诚恐
需索滋扰，合给单甲长，按户传催，作速遵限完纳，如有抗
违，差拿重究。甲长停单不催，许现年具禀拘责，并究不贷。
右单给某里某甲长某执催
内实搭征钱若干
本甲通共通征地丁银 若干
一户
式同限簿

图二 “落甲经催长单”样式

(据[清] 黄六鸿:《福惠全书》卷六《钱谷部·催征》)

黄六鸿后来设计的经催办法，是在革去里排的情况下，即起用户首来总催一甲之花户，而经催的长单，每甲仍然要照官方颁定的形式制定，作为确

① 万历《嘉善县志》卷首《分区图说》，万历二十四年刻本。

② [清] 姚廷遴:《历年记》，“记事拾遗”，稿本，收入上海人民出版社编:《清代日记汇抄》，上海人民出版社1982年版，第166页。

认花户钱粮完欠与否的一个依据。① 黄氏的做法,在地方州县工作中,应该具有参考意义。因为他的这些行政实践与体会都写入了《福惠全书》,并于康熙三十八年(1699)由种书堂印行,成了清代州县官员普遍欢迎的官箴书。②

五、蠹吏的危害

伍袁萃认为,"今之为民害者有三,曰窝访,曰悬总,曰应捕弓兵。虽积蠹犹多,而三奸为最,虽各处皆然,而此地为尤,乃长人者多知之而不敢除也"。伍氏所指奸蠹为害最剧的地区就是苏州,他觉得地方官员要"勤恤民隐",必先除这些民害。③ 实际上,对于明清州县官员而言,日常行政工作中较为烦难的问题之一,还在于如何排除那些由胥吏群体营造的种种行政弊端与贪虐行径,及其影响下地方社会生活中的不良风气,以及"赏之不劝,杀之不畏"而渐成贪风的危局。④

弘治年间,一位嘉兴知县如何振肃县政的故事,说明了"锄强扶弱,廉静寡欲"的官员在地方行政中的智慧:⑤

> 洪范,金溪人,字邦正,进士。弘治末,为嘉兴令。初至不事事,吏卒皆侮易之。及编差粮长,太守忧其不任,讽谕之。洪归,集里书庭中,焚香与约。吏卒笑狎如初,洪大怒,杖而悬诸树,申令曰:"多用人,废时日,且牟利。每区只里老二人,敢妄举者即代役。毋贷。"庭中肃然,皆以实举,尽日而毕。上诸府。府惊曰:"此重事,须几更日月乃办,何草草乃尔?"范曰:"姑覆之。"即辞还。府召应役者问,人人称允。守叹曰:"神哉令乎!吾眼几瞎。"

弘治六年(1493)以进士身份出任昆山知县的慈溪县人杨子器,面对前任留下的政治废弛、"群小有出入衙门坏事者"的局面,厉行整顿,清查出各

① [清]黄六鸿:《福惠全书》卷六《钱谷部·催征》,"长单式"条,光绪十九年文昌会馆刻本。
② 柏桦:《清代州县司法与行政——黄六鸿与〈福惠全书〉》,《北方法学》2007年第3期,第99—109页。
③ [明]伍袁萃:《林居漫录》畸集卷一,明万历间刻本,收入《续修四库全书》子部杂家类第1172册,上海古籍出版社2002年影印版,第207页。
④ [清]唐甄:《潜书》下篇上《富民》,中华书局2009年版,第107页。
⑤ [明]朱国祯:《涌幢小品》卷十三,"编差"条,中华书局1959年版,第289—290页。

区长的“侵官财物”，与城乡父老讲求民事，毁“淫祠”百余所。弘治九年调任常熟知县，莅任之初就展开政治整顿工作，使地方有所约束。有意思的是，他使用木制的皂隶模样，放于民户家中或置于衙署门壁，以为勾摄公事之用，以省呼扰，征税有方，社会稳定，声名因而大显。①

弘治十六年春天，监察院御史冯祇巡按苏、松、常、镇四府，所至之地，“振举宪度，纲纪一新，吏民奉法”。②

从正德至嘉靖时期，曾任松江同知、巡抚都御史的王献臣，虽长相较差，所谓“躯干短小，黑瘦骨立”，而且“举动轻率，俨然一山猴”，但从政期间，在地方上“政体清严，人莫敢犯”，③有着很好的控御衙门吏役的才干。

嘉靖朝初期，江南的钱粮积弊等问题已相当严重，朝廷的整顿要求，在地方上多不能得以有效贯彻。真正能够“不畏强御，尽心竭力，督率州县正佐官员”，按照朝廷要求排摸乡村坍荒虚实、清查税粮欺隐，不怕官户、大户、奸猾里书扶同作弊、百般讪谤阻挠的，首推苏州知府王仪，其政治举措颇有成效，使“闾阎田野，闻之欣欣若更生”，而且“流散四方穷民，亦有相率复业者矣”。④ 在太湖周边各府州县中，王仪的表现最为杰出。⑤

崇祯十六年(1643)，53 岁的侯峒曾以浙江参政的身份出守嘉兴府，未入府境，就已听闻当地有“漕卒之变”，秀水知县李向中被漕卒所劫，“重伤几死”。峒曾临危处变，及时平灭乱首，“千军肃然”。再如，“嘉兴有猾吏二人，倚郡守长厚以为奸”，峒曾依法予以严惩，并且“檄下郡邑，按诸庶人在官之籍，汰冗剔蠹”，使“狐鼠敛迹，吏廨一清”。具体而言，嘉兴府的附郭县嘉兴，一天当中被汰除的胥吏为 150 人，受惩治的蠹吏有 8 人。⑥

康熙二年九月至次年十一月任长洲知县的辽阳旗人董定国，⑦为完成朝廷要求的追讨士绅逋欠钱粮的任务，奇思妙想，竟利用养济院的乞丐来

---

① [明] 杨循吉：《苏州府纂修识略》卷三《人物上 · 知县六员》，北京图书馆藏明万历三十七年徐景凤刻《合刻杨南峰先生全集十种》本，收入《四库全书存目丛书》史部第 46 册，齐鲁书社 1996 年影印版，第 369—370 页。

② [明] 杨循吉：《松筹堂集》卷三《记 · 昆山县重修察院记》，北京图书馆藏清金氏文瑞楼抄本，收入《四库全书存目丛书》集部第 43 册，齐鲁书社 1997 年影印版，第 206 页。

③ [明] 何良俊：《四友斋丛说》卷九《史五》，第 77 页。

④ [明] 顾鼎臣：《顾文康公文草》卷二《恳乞天恩饬典宪拯民命以振举军国大计疏》，中国科学院图书馆藏万历至顺治顾氏家刻本，收入《四库全书存目丛书》集部第 55 册，齐鲁书社 1997 年影印版，第 292—293 页。

⑤ [明] 顾鼎臣：《顾文康公文草》卷十《书牍 · 寄欧阳石冈巡抚》，中国科学院图书馆藏万历至顺治顾氏家刻本，收入《四库全书存目丛书》集部第 55 册，齐鲁书社 1997 年影印版，第 445—446 页。

⑥ [明] 侯峒曾著、[清] 侯玄瀞编：《侯忠节公全集》卷三《年谱下》，民国二十二年铅印本。

⑦ 乾隆《长洲县志》卷八《职官》，乾隆十八年刻本。

达成：①

> 公奉行，设法追呼，一时无应者，即召集养济院乞丐，给票往绅衿家严催。百十成群，登堂不已，继以排闼哗噪，大肆蹂践，绅衿不胜其扰，争先完纳。越五日，丐即受贿，不甚用命。摘丐几人，发衙比责。丐拥衙大呼曰："我何曾惯受刑者？但可效劳耳。"一哄而散。令闻之，亦撤票，而宿逋已完七八矣。

康熙初期的上海知县朱光辉，因其父是正黄旗都统，颇敢于与巡海的"满洲人人"相抗，更敢于削平上级官衙差役的官气，但对地方百姓甚好，在比较钱粮时："必深黄昏，堂上不许点烛，坐在暗处，看各棋完纳，惟皂隶棚内，挂灯两盏"；凡有人出入县衙仪门，"不许咳嗽声响，直见完纳稀少，然后呼粮房来。粮书走上堂，又不敢则声，静候官曰比某项，然后唱比"。如有百姓欠多的，比过一次，即几月不比，"恐其腿坏也"，也有经年比不着者；如粮船开后，竟把漕粮比簿收起，不再比了。在他任上三年，代兑漕粮达二万八千。②

康熙二十一年(1682)，总督于成龙到任，"公正严明，清察利害"，使江南各府县官十分害怕，"贪吏皆望风敛迹，民气一新"。据说，于成龙在江南、江西都有"细作"，对州县情况了如指掌。据时年五十五岁的姚廷遴的亲见，于氏整顿吏治的动作是很大的："每府必有百人，所以缉访确实，再无差误，拿问两省县官二十余员，青浦知县亦与焉。至于衙蠹、土豪，拿去千人，到必三十板，枷号三月，死者居多。"而他本人十分节俭，处事精于决断，姚氏认为比海瑞好十倍。③

道光二十九年返乡的秀水知县江忠烈，曾向湘潭人、举人欧阳兆熊谈及在秀水县办理赈灾工作、整肃吏治的感受，堪为后人治谱。欧阳兆熊这样记载道：④

---

① ［清］陆文衡：《啬庵随笔》卷三《时事》，光绪二十三年吴江陆同寿刻本，台湾广文书局1969年影印版。

② ［清］姚廷遴：《历年记》，"历年记中"，稿本。收入上海人民出版社编：《清代日记汇抄》，上海人民出版社1982年版，第102—103页。

③ ［清］姚廷遴：《历年记》，"历年记下"，稿本。收入上海人民出版社编：《清代日记汇抄》，上海人民出版社1982年版，第115页；［清］董含：《三冈识略》卷八《补遗》，"于公清节"条，辽宁教育出版社2000年版，第183页。

④ ［清］欧阳兆熊、金安清：《水窗春呓》卷上，"江忠烈逸事"条，中华书局1984年版，第8—9页。

维时米价腾贵，饥民乘风抢掠，公甫履任，即有控抢二十余案，弋犯不下百余名。访有某甲者，平日著名凶恶，为地方害，以站笼暴烈日中毙之，余悉置之囹圄不问。随至赈局，邀同司事众绅往谒城隍神，袖中出誓神文，问："诸君肯自署名否？"众唯唯。因爇香鸣钟鼓，同跪神前，公朗声诵誓文一遍，令绅董各诵一遍，词意森严，闻者无不懔栗。制两匾书：捐有成数即赍花红鼓吹，以"乐善好施"四字褒之；否则，大书"为富不仁某某"额于门首，责令地保巡视，毋使藏匿。一时欢声雷动，人心已翕然矣。又，多捐者给予禁抢告示一纸，犯者照某甲一律处死，数日之间捐银十余万两，盖皆欲得此告示作护符耳。乃乘船亲查饥民户口人数，分段汇册，交出捐之人自行按给，五日一报县查核，并不缴官缴局。内而丁役，外而绅董，无干没之弊，匪惟意美，法亦良矣。

但如果地方上缺少上述这样的干才，情形就很不同了。

众所周知，州县衙门中数量最多的胥吏群体，直接面向的是基层民众，可以说，他们在州县社会生活中所起的重要作用，与其腐败堕落是同时并存的。正如梁章钜所言：官府衙门是不能不用吏役，外官衙门不能不兼用幕僚，"得其人可收臂指之功"，但如果所用非人，"遂成切身之害"。①

为衙门服务的民壮、库丁、斗级、铺兵，尚具有普通百姓的地位身份，皂隶、马快、步快、捕役、仵作、禁卒、门子与弓兵等，在法律上则被列作"贱民"，相当于妓女、戏子或奴婢。尽管衙役的卑贱职业及其低下的法律地位，常受士绅及百姓的歧视，有的家族甚至规定其成员有充任衙役者将被革除族籍，②但是，吏役自始就多从市民中择取，其出身市井，见多识广，远较乡民"智巧"，依恃衙门，为恶亦甚。③ 而且任职时间往往很长，例如书吏，其服务期限仅为五年，实际上他们中的许多人在期限届满之后，仍常以改名换姓的手段保留其职位。④

胥吏阶层对社会可能产生的危害程度，⑤全视乎民间社会的反映，并通过官绅人等的笔端，呈现出一个笼统的概貌。

在况钟向治下的苏州府城乡地方发布的榜谕中，明确提到当地存在的

---

① ［清］梁章钜：《退庵随笔》卷五《官常二》，道光间刻、光绪元年浙江书局校刊本。

② 瞿同祖：《清代地方政府》，第104—105页。

③ 缪全吉：《明代胥吏》，台北嘉新水泥公司文化基金会1969年版，第34页。

④ 瞿同祖：《清代地方政府》，第65页。

⑤ 重要的个案研究，可参任道斌：《清代嘉兴地区胥吏衙蠹在经济方面的罪恶活动》，载《清史论丛》第六辑，中华书局1985年版。

不法人群，就包括了积年隶兵、罢闲吏典、主文刁民、势豪人等，专门教唆词讼，捏写情由，出入官府，结交吏胥，蠹政害民，恣肆不法。而那些“倚法为奸”的豪横粮里，以及革役粮长、圩长、老人等，以催征税粮、买办军需颜料等项为名，“科敛小民财物，以一科十，无措者至准折子女，或作佣工，逼民逃窜。强种田地，不纳税粮，贻累里甲亲邻赔纳者”。①

一般而言，当官者“谁不欲革弊”，但衙门之弊常常牢不可破，在于不能革弊穷源，那些积年光棍、士夫子弟、家人亲戚、卫所刁军、屡犯刁徒，“不论本州外县，盘据衙门，瞒官作弊”，即使是老成有经验的官员“未必即知”；倘真要被革去，“又私住衙门，彼老奸巨猾，合众人之奸慧，以愚一人，亦何所不至”，所谓坏事殃民都由于此。官员在任时对此就应该清查，甚至发出布告公示：②

> 一、积年书手皂快，不许久恋衙门；
>
> 一、士夫家人亲族，卫所军余，不许入衙门；
>
> 一、曾问徒罪以上，或未犯罪曾经革退，有曾经犯罪未曾革退者，俱不许复入衙门；
>
> 一、身家有过及重刑子弟，俱不许混入衙门；
>
> 一、惯讼恃刁有历年卷案者，不许混入衙门；
>
> 一、别州县棍徒有曾经彼处犯事问革者，不许混入衙门。

告示中所列的这些人员，确实均不宜在衙门中当差任职，否则弊端无穷。而衙门中最诱人的位置，是在户房（粮房），那些“市井奸民”凡是长于书算、巧于侵剋、工于蒙蔽的，“必谋入粮房，赤手而入，不数年间，必满橐而出”。③ 即便不是户房，地方百姓如能进其他房科，“一可识熟衙门人面，二可习熟文移律例”，对有文化的人而言，以后还可以去“作幕”，“每年可得百金”，④都是很好的谋生之道。

朱国祯（1558—1632）认为，在衙门各房中，“惟书算一涂，最为弊薮”：“各县户房窟穴不可问，或增派，或侵匿，或挪移，国课民膏，暗损靡有纪极。

---

① ［明］况钟：《况太守集》卷十二《条谕·通禁苏民积弊榜示（宣德五年九月二十日）》，吴奈夫等校点，江苏人民出版社1983年版，第126—127页。

② ［明］佘自强：《治谱》卷二《到任门·查革积棍》，崇祯十二年胡璇刻本。

③ ［明］陈龙正：《几亭外书》卷四《乡邦利弊考·户例十二条·粮书纳官十二》。

④ ［清］姚廷遴：《历年记》，“历年记中”，稿本，收入上海人民出版社编：《清代日记汇抄》，上海人民出版社1982年版，第75页。

甚者，把持官长，代送苞苴，吏不过拱手听其指挥，饮余滴即万幸，顿首期满出门。而此辈积数十年，互相首尾，互相授受，根株牵连，吏、礼、兵三部尤甚”。朱国祯特别指出，在他的生活时代，户房书算之弊礼部已少，而户、工两部特甚。① 所以官方整顿最多的在户房，原因就在户房“钱谷丛焉，则雀鼠托焉”。②

在长洲县，官府钱粮工作中存在很多“奸胥”，盘拨其间，这类“积蠹”堪称牢不可破。在伍袁萃的记忆中，号称最为精察的官员陈毓台、李雍野、刘心用、邓虚舟，也仅清理掉十分之四五的积蠹，最终仍未拔其根。而在民间又有所谓“豪猾”者，有诡寄、飞洒埋没之弊，致使地方赋役不均，小民苦之。③ 根据民国时期刘世仁的分析，所谓“飞”，是以已收应完粮户的银额，移报于准豁免钱粮不再征收的户名项下，所收银两因而可以中饱私囊；所谓“洒”，是将已收的钱粮侵蚀入己，而以其数分摊到其他各户名下，以补其不足；所谓“诡”，是以熟田报作垦田、以偏灾报成普灾、以重灾报成轻灾、以轻灾报为重灾等，都有乘机肥己之处；所谓“寄”，则是将已征钱粮吞没而报作未征，如乙区已完纳之户，不作销号，寄于甲区未完之田产项下，辗转寄顿，使人无根可寻。④

李乐据其在家乡嘉兴与湖州二府交界的青镇地方的亲历，认为民间大三害中，除了僧、尼、道士之害，另两害都与州县行政直接相关。他说：⑤

> 衙门吏胥原有定额，今郡邑吏想如故，胥较前增十倍不止。朝穿青衣而入，暮各持金而回。胥之外又有白役、防夫、快手人等，亦增十倍。居官者利其白役无工食，宴然差遣之，竟不知食民膏髓，为可痛惜，一大害也。
>
> 十年一造黄册，一推一收，一县细算不知费银若干，不过将旧册略略增损□过一番，缠勒里长各名出银若干，其佥光书手者，甚至破家目下，而上所费已不赀矣。慎天下一度黄册之费，可以富国强兵，而有司全不知惜，播利损民，二大害也。

---

① ［明］朱国祯：《涌幢小品》卷十一，“禁入试”条，中华书局1959年版，第251—252页。

② ［明］陈龙正：《几亭外书》卷四《乡邦利弊考·补议未送三条》。

③ ［明］伍袁萃：《林居漫录》别集卷五，明万历间刻本，收入《续修四库全书》子部杂家类第1172册，上海古籍出版社2002年影印版，第173—174页。

④ 萧公权 Hsiao Kung-chuan, *Rural China: Imperial Control in the Nineteenth Century*, Seattle: University of Washington Press, 1960, pp. 106 - 107.

⑤ ［明］李乐：《见闻杂记》卷五，上海古籍出版社1986年版，第445—447页。

众多的吏胥对民间日常的各种侵害，以及利用国家攒造黄册的机会，对民间进行新一轮的盘剥，都是一般州县行政工作中难以祛除的大问题。

需要补充说明的是，按照《明史》的说法，明代职役编派分作里甲正役（以户计）、均徭（以丁计）、杂泛或杂役（不定期的佥派）三大类，可以力役或以银雇役的方式解决。在役民方面，除里甲正办外，还有粮长、解户、马船头、馆夫、祗候、弓兵、皂隶、门禁、厨斗等常役，以及斫薪、抬柴、修河、修仓、运料、接递、站铺、插浅夫之类因事编佥、岁有增益的名目。①

在江南地区，况钟将差徭编派计划也设为每十年轮转一回：凡坊厢里长应当巡拦收办商税、门摊等项；乡村里长应当库子、斗级、馆膳、防夫等役使；小户甲首应当夫差，而役始无偏枯之弊，解决民苦丁差役不均的困境。至于其他的官田改民田、盗卖粮悬不割、父子伪为别籍巧避差徭、牙侩隐税、嚼商粮里洒派、老人作奸等问题，况钟也能予以认真解决。②

然而到晚明，因社会动荡、兵革时兴的危局，“公家之赋税日繁，闾阎之困苦已极”。根据浙江巡按庞尚鹏在嘉靖末年的观察，地方政治中的积弊之最首推里甲：“如供给买办，祗应私衙，馈送使客，礼仪拨给，乡官、夫皂与夫公私燕会酒席下程，无一不取给焉。”里甲的这类负担变得相当沉重，“有一日用银三二十两，甚有贪鄙官员计其日费不足常数，即令折乾入已，因而吏胥等役亦各乘机诓索，诛求万状”。这些在庞氏看来，都亟须以法令的方式予以减除，以纾缓里甲役的压力。③

不过，新“法令”的推行，往往会催生新的弊端。在吴江县，有所谓“歌家”，崇祯十六、十七年间，知县叶翼云将他们改称“保户”，负责钱粮征收工作，原因是里甲散处各乡，而“保户”居于县城，“取其呼应捷而征输便也”。“保户”就以都图之大小、钱粮之多寡，私定钱粮征收的等差，从中获取利益，其结果是“指乡民为外府，而派索万端，侵渔无厌”。而他们在县城中“高堂华厦，鲜衣美食，选胜征歌”，人们“望而知为保户矣”。当然“保户”们听命于知县指派，不良知县的“无名之征”，到“保户”这一层，“又倍取于乡民”，对民间的需索盘剥更为加重了。④

尽管衙门中公差的需索“天下皆然”，但吴江知县刘时俊认为此弊以

---

① 《明史》卷七十八《食货志二》。

② ［明］况钟：《况太守集》卷二《列传》，吴奈夫等校点，江苏人民出版社 1983 年版，第39 页。

③ ［明］庞尚鹏：《百可亭摘稿》卷一《奏议 · 节冗费定法守以苏里甲疏》，万历二十七年庞英山刻本，收入《四库全书存目丛书》集部第 129 册，齐鲁书社 1997 年影印版，第 111 页。

④ ［清］陆文衡：《啬庵随笔》卷四《风俗》，光绪二十三年吴江陆同寿刻本，台湾广文书局 1969 年影印版。

"吴中为最"。[①] 所谓"苏吏胥之奸猾,盘固根深,尤不易革除;民气素弱,而亦多沿积习,浮靡偷薄,不可以笔舌喻"。[②] 苏州人黄省曾(1490—1546)曾讲过,苏州"为吏胥门隶者,酷以剥剋讼人为事,而隶人之害为尤甚。一人之正,十人之副,与吏胥夤缘为奸。买票出则横行,动(辍)[辄]索数十金,其富而讼者,粮长之欲脱稽其逋者,所赠尤多"。[③] 这样的情形是十分可怕的。万历四十六年举人、嘉兴人沈德符(1578—1642)举了一位高级"吏员"的事例,来说明这个群体的可怕。他说有一个嘉兴府同知,虽长相较丑,但"才智四出","能持人短长,郡长邑令,稍不加礼,即暴其阴事相讦,人畏之如蛇蝎"。[④]

顾炎武进一步指出:"天子之所恃以平治天下者,百官也。……今夺百官之权而一切归之吏胥,是所谓百官者虚名,而柄国者吏胥而已。"在一个州县中,吏胥依赖官府为生的数量惊人,所谓"恃讼烦刑苛,则得以吓射人钱",常常是"一役而恒六七人共之",总要造出些事端,否则他们如何赖以谋生。[⑤]

自明末以来,衙门蠹吏开始也是"仰乡绅之鼻息,伺官长之喜怒",不敢肆意妄为;可是后来无论城乡、无论贵贱,乡绅们倒要仰衙役之鼻息,"官府因之为喜怒",就令人震惊了。[⑥] 在常熟地方,衙役被视为"衙蠹",而"衙蠹之横"令人惊叹,他们盘踞衙门之中,横行乡里,总计皂隶、快手、健步、民壮、马快五类,即有200名。每名4人朋充,号称"正身",每正身有一个副手,号称"帮手",每个帮手两名置白役六七名,叫"伙计",这样总计,居然有万余人。[⑦] 江南很多地方出现的"打降"(即打行)恶俗,在城镇乡村随处可见,[⑧]"藉拳棍为生涯,视良善如几肉",康熙年间巡抚江宁等地的余国柱就说,"打降"之所以如此横行无忌的原因,恐怕与"连衙蠹为腹心"以为"护身之

---

① [明] 刘时俊:《居官水镜》卷一《理县事宜》,"驭役之法"条。

② [明] 况钟:《况太守集》卷首《序》,道光戊申桂超万序,吴奈夫等校点,江苏人民出版社1983年版,第9页。

③ [明] 黄省曾:《吴风录》(一卷),民国二十七年商务印书馆影印明隆庆刻万历增修百陵学山本。

④ [明] 沈德符:《万历野获编》卷十一《吏部》,"异途任用"条,中华书局1959年版,第295页。

⑤ [清] 顾炎武撰、黄汝成集释:《日知录集释》卷八,"吏胥"条,岳麓书社1994年版,第292—293页。

⑥ [清] 尚湖渔夫:《虞谐志》,"访行传",收入[清] 丁祖荫辑:《虞阳说苑》乙集,民国六年铅印本。

⑦ [清] 尚湖渔夫:《虞谐志》,"衙役传",收入[清] 丁祖荫辑:《虞阳说苑》乙集,民国六年铅印本。

⑧ 即如浦东的周浦镇,地方虽小,"打降极多"。参[清] 姚廷遴:《历年记》,"历年记上",稿本,收入上海人民出版社编:《清代日记汇抄》,上海人民出版社1982年版,第58页。

符”有莫大关系。①

而民间俗谚所谓的“衙门六扇开，有理无钱莫进来”，原非直指衙门中的州县官，也并非一定是说吏役的贪酷，而是说一旦涉及词讼，城乡民众被衙门传唤，一切的关节、消息打探、案件审理等过程都如吸血一般，如代书盖戳的戳记费、告期挂号的挂号费、传呈费、取保费、纸笔费、差役承票的鞋袜费，到单费、夫马费、坐堂的铺班费、结案时的出结费、和息费等，“事事索费，人人索费”，②耗尽事主家财，将普通百姓推向倾家荡产的深渊。汪辉祖对此有深切的体认：③

> 非谓官之必贪，吏之必墨也。一词准理，差役到家，则有馔赠之资；探信入城，则有舟车之费；及示审有期，而讼师词证，以及关切之亲朋，相率而前，无不取给于具呈之人。或审期更换，则费将重出。其他差房陋规，名目不一。谚云：“在山靠山，在水靠水。”有官法之所不能禁者，索诈之赃，又无论已。……其累人造孽，多在词讼。如乡民有田十亩，夫耕妇织，可给数口。一讼之累，费钱三千文，便须假子钱以济，不二年必至鬻田，鬻一亩则少一亩之入，辗转借售，不七八年，而无以为生。其贫在七八年之后，而致贫之故，实在准词之初。故事非急切，宜批示开导，不宜传讯差提。人非紧要，宜随时省释，不宜信手牵连。被告多人，何妨摘唤，干证分列，自可摘芟。少唤一人，即少累一人。

不过，汪氏所举的他在嘉兴、湖州一带衙门作幕僚的见闻，则深刻说明了蠹吏的可怕：④

> 寻常讼案，亦不易理也。凡民间粘呈契约议据等项，入手便须过目，一发经承，间或舞弊剜补，初之不慎，后且难辨。向馆嘉、湖，吏多宿蠹，闻有绝产告赎者，业主呈契请验，蠹吏剜去“绝”字，仍以“绝”字补之，问官照见“绝”字补痕，以为业主剜改，竟作活产断赎，致业主负冤莫白。余佐幕时，凡遇呈粘契据借约之辞，俱于紧要处纸背盖用图记，并于辞内批明，以杜讼源。至楚省，则人情虽诈，只知挖改绝卖为暂典而已。欲以笔迹断讼者，不可不留意。

---

① 康熙《江南通志》卷六十五《艺文·余国柱〈严禁打降移文〉》，康熙二十三年刻本。

② ［清］方大湜：《平平言》卷二，“为百姓省钱”条，光绪十八年刊本。

③ ［清］汪辉祖：《佐治药言》，“省事”条，辽宁教育出版社 1998 年版，第 5 页。

④ ［清］汪辉祖：《学治臆说》卷上，“据笔迹断讼者宜加意”条，同治元年吴氏望三益斋刻本。

民间的讼词案件，确实关系百姓身家性命，而衙门的书差、讼棍却藉以自肥。在期呈之外，还有传呈、喊词，书差、门丁就在其间均分陋规。陋规是"地方历来之成例"，各地名目不一。州县官员给上司衙门的"常规旧例"，就属很重要的一个部分，即使在能干的地方官员看来，也是"必不可省"，只是尽量不要格外加多罢了。官府中公事复杂多样，所要用度款项更是繁杂，又不能处处减省，只能"因俗制宜"，取之于百姓。例如牵涉讼案者，像命案，就要由百姓承担夫马钱、两造出结钱、代书戳记钱以及坐堂礼之类。① 丁日昌强调过江苏方面的普遍问题，并特别揭示苏州府三个附郭县长洲、元和与吴县陋规的严重性：②

> 各衙门书差，无不索费，而苏属之三首县为尤甚。凡被控者，差役持票到门，往往四五人乘轿而来，谓之行公事。踞吵不堪，凶恶无状，即须讲定书差费若干。每出十洋，暗号谓之"一个钱"，一百洋谓之"十个钱"，再有"大一个"、"大十个"之说。被告之人将此项了结，公事搁起不提。并有原告即央书差向被告关税和息，此即图准不图审之谓也。设有被告不愿出费，立时禁押班房，并不准投呈申诉。

官场中吏役陋规的普遍存在，难以根本革除。明末清初戏剧家李渔在一篇小说中，曾借明朝成化年间福建汀州府理刑厅皂隶的故事，对这种陋规作过写实性的描述。他讲到胥吏们利用私购衙门传票，不仅可以贴补生活，甚至可以致富。故事的主角蒋成，即曾以十两银子的价格从承行处购得拘票；后来刑厅长官对他不错，"有好票就赏他"，以这份好处帮助蒋成增加收入。但蒋成在发迹前，家道的破落与生活的窘困，曾对他产生了相当大的压力：③

> 蒋名成，原是旧家子弟。乃祖在日，田连阡陌，家满仓箱，居然是个大富长者。到父亲手里，虽然比前消乏，也还是个瘦瘦骆驼。及至父死，蒋成才得三岁。两兄好嫖好赌，不上十年，家赀荡尽。……蒋成思量道："我闻得衙门里，钱来得泼绰，不如自己去当，若挣得来，也好娶房家小，买间住房，省得在兄嫂喉咙下取气。又闻得人说，衙门里面好修

① ［清］方大湜：《平平言》卷一"陋规"条、卷二"上司衙门旧例不可省"条，光绪十八年刊本。

② ［清］丁日昌：《丁禹生政书·藩吴公牍》卷七《通饬清理词讼严禁传呈等弊（六月初一日发行）》，第70—72页。

③ ［清］李渔：《无声戏》第三回《改八字苦尽甘来》，人民文学出版社1989年版，第47—55页。

行。若遇着好行方便处,念几声不开口的阿弥,舍几文不出手的布施,半积阴功半养身,何等不妙。”……在衙门立了二十余年,看见多少人白手成家,自己只是衣不遮身,食不充口,衙门内外就起他一个混名,叫做“蒋晦气”。吏书门子,清晨撞着他,定要叫几声大吉利市。

胥吏对官府利益的经年“侵蚀”,有时会严重到令新任的地方官无辜代赔甚至被参罚的地步。明末清初太仓人陆世仪(1611—1672)指出:“迩年以来,更因钱粮紧急,有新官到任未几月而去者,有旧任钱粮在六七年以前而新官代赔辄被参罚者。若经承吏书,则神出鬼没,左支右吾,恣意侵欺挪撮,毫无畏忌。上之督责,重则委罪于官而已,不与上之督责,轻则卸担于民,民与赔补,而吏又扬扬得意矣。”①本来一个州县地方的钱粮有其定额,并被适当地派征至基层社区,但奸胥们“故意不分明白,任情作弊,上下其手,致使源额不真而完欠不可考”。②

衙门中差人下乡办事时,就以差票为依凭,“势如狼虎,恣意索诈,不满其壑不止”。民间百姓大多胆小怕事,陆陇其认为虽经官方屡次严禁差人扰民,但是“日久法弛”,无甚效果。他概括出两个方面的大问题:一是催粮,“不计拖欠多寡,惟计酒赀轻重,重则虽多放松,轻则虽少带比”;二是拘审,“原、被、证佐任其播弄,遂其心者多方帮衬,拂其意者每事刁难,至若多受人贿赂,即害人性命,亦所不惜”。他要求城乡地方在催粮、拘审两个方面加强对衙门差人的监控,“催粮责之现年,拘审即原告带审”,如有人私自下乡扰民,必将严惩。③

类似的意见,在同时期黄六鸿的从政体会中也有讲到,如佥派粮里一项:④

催征花户钱粮,惟凭里长,而里甲之总催,又有轮充排年。其里排,往往地方滑棍熟惯衙门者钻充,或在城之豪蠹包揽,非图侵蚀钱粮,即借端科派花户。故催粮排里,必老成殷实、小心畏法者,方可当之。于开报点佥时,须验其人之相貌奸良、家道厚薄,并令该粮房及里甲等保结,方许投递认状。如日后侵粮扰户,保结均赔同罪。至于总书攒造限

① [清] 陆世仪:《陆桴亭先生文集》卷五《姑苏钱粮三大困四大弊私言(代友人上当事)》,光绪二十五年唐受祺刻“陆桴亭先生遗书”本。

② [清] 王又槐:《刑钱必览》卷五《钱谷要则》,嘉庆十九年刻本。

③ [清] 陆陇其:《三鱼堂集》外集卷五《申请公移·申禁差人示》,康熙间刻本。

④ [清] 黄六鸿:《福惠全书》卷六《钱谷部·催征》,“佥粮里”条,光绪十九年文昌会馆刻本。

单及查算每限完欠，皆其经手，亦须熟谙、诚实、有身家、畏法之人具保投认，庶免花户排里遇限贿买、以少开多、以欠作完之弊。

然而这样的预防整顿对地方社会而言，并无太过明显的效果，更不可能撼动豪蠹巨头。常熟城北有个衙役叫戈树仲，人称“二伯伯”，年老退休后还被尊为“先辈”，“缙绅士庶辐辏于门，四方之逃命者多所招纳。各宪司承差奉命到县，必禀白树仲，然后作事。里有争讼，视馈金之多寡而曲直之”。在戈树仲那里打点过的犯人，在行刑时只要说出戈某的名号，官吏都不敢动手。所以民间有谣语称“宁见阎罗王，勿犯二伯伯”。①

康熙时期，朝廷正处平定“三藩之乱”之际，各地官府借机私征加派，屡见不鲜。康熙十五年间，朝廷特地下了“禁兴兵之际不得借端加派”的恩诏，州县地方仍不会认真执行。在嘉善县，该年八月编派炮夫（解至浙江衢州炮台），每名制钱为三十千，约银二十四两。经承与里书就乘机科敛，每亩索钱三十文、银二三分不等；典史王应举押解炮夫时，还索钱一百六十千。② 典史只是流外之官，古称“吏攒”，却常常“擅作威福”。清代流传的“十字令”，对这个群体作了有力的嘲讽：“一命之荣称得，两片竹板拖得，三十俸银领得，四乡地保传得，五下嘴巴打得，六角文书发得，七品堂官靠得，八字衙门开得，九品补服借得，十分高兴不得。”③

常州府阳湖县人洪亮吉（1746—1809），十分痛恨这类扰害民间的衙门吏胥，一针见血地指出：④

今日之势，官之累民者尚少，吏胥之累民者甚多。何则？今之吏胥非古之吏胥也。……由吏胥而为官者，百不得一焉。登进之途既绝，则营利之念益专。

是其权，上足以把持官府，中足以凌胁士大夫，下足以鱼肉里闾，子以传子，孙以传孙，其营私舞弊之术益工，则守令闾里之受其累者益不浅。……今州县之大者，胥吏至千人，次至七八百人，至少亦一二百人。此千人至一二百人者，男不耕，女不织，其仰食于民也无疑矣，大率十家

① ［清］尚湖渔夫：《虞谐志》，“访行传”，收入［清］丁祖荫辑：《虞阳说苑》乙集，民国六年铅印本。

② ［清］佚名：《武塘野史》，不分卷，“康熙十五年丙辰”条，清抄本。

③ ［清］梁章钜：《归田琐记》卷七，“典史”条，中华书局1981年版，第137页。

④ ［清］洪亮吉：《卷施阁文集》卷一《吏胥篇》，收入氏著《洪亮吉集》第一册，中华书局2001年版，第25—26页。

之民不足以供一吏，至有千吏，则万家之邑亦嚣然矣。夫朝廷之正供有常，即官府之营求亦尚有数，而胥吏则所谓无厌者也。

根据洪亮吉的说法，胥吏的人数，在大县多达1 000人，次县也近800人，最少也100—200人，数量着实不小。他对于当时吏胥之害的刻画到了极为深重的地步，从中也反映出在他的生活时代，州县衙门行政工作的烦难程度，以及吏胥之害难以清除而长期存在的原因。与洪氏相类似的描述，在历史文献中实在太多。曾任刑部侍郎的阮葵生（1727—1789），从比较宏观的视野论述了这个群体的角色与影响：①

宋、元、明以来治天下者，官治之实皆吏治之耳。……自儒吏分为两途，而文无害者遂与铃驺儓隶之徒同为衣冠所不齿，为吏者亦遂甘心于顽钝无耻，惟日以舞文黩货为事。在一邑则蠹一邑，在一省则蠹一省，在一部则蠹天下。而且子孙盘固，世代相承，虽有精明刻核之官，其如此老奸巨猾之吏何哉？

像绍兴人王立人，长期为刑名、钱谷师爷，当然属于“吏”一类，但据清人的描述，其地位、权势远比很多官员为高，他佐幕时裁定的事，“当局者不敢参一词”。② 常州阳湖人恽世临（1817—1871）曾亲闻胥吏的一段话，也颇令人吃惊：“凡属事者如客，部署如车，我辈如御，司堂官如骡，鞭之左右而已。”③这类衙门行政被胥吏们垄断的极端状态，在现实生活中应当是存在的。木渎镇人冯桂芬（1809—1874）就认为：“后世流品莫贱于吏，至今日而等于奴隶矣。……今日州县曰可，吏曰不可，斯不可也。”④吏胥的话比州县正印官员的更具有权威性。李伯元所描述的吏胥生活，则是从另一个层面说明吏胥群体如何得益于衙门这个“利薮”，开发生财的捷径：⑤

衙门里的人，一个个是饿虎饥鹰，不叫他们敲诈百姓，敲诈那个呢？俗语说的好：“大鱼吃小鱼，小鱼吃虾子。”原是一肩到一肩的。又说是：“千里为官只为财。”官不为财，谁肯拿成万银子，捐那大八成的花样呢？

---

① ［清］阮葵生：《茶余客话》卷七，“吏之重要”条，中华书局1959年版，第181—182页。
② ［清］许仲元：《三异笔谈》卷二，“王二先生”条，重庆出版社1996年版，第41页。
③ ［清］朱克敬：《暝庵杂谈》卷一，岳麓书社1983年版，第5页。
④ ［清］冯桂芬：《校邠庐抗议》卷上《易吏胥议》，光绪十年刊本。
⑤ ［清］李伯元：《活地狱》，“楔子”，上海古籍出版社1997年版，第1页。

然而做官的还有钱粮好收，漕米好收，一年到头，也赚得够了。稍些知足的人，还不肯要那桌子底下的肮脏钱。至于这些书办衙役，他们有个口号，叫做："靠山吃山，靠水吃水。"经了他们的手，没有一个放过的。唉，朝廷为着百姓，立了座衙门，谁知倒开了他们生财的捷径。你道可恨不可恨呢？

衙门中既然仿照朝廷六部格局，设有吏、户、礼、兵、刑、工六房，就必然有六房书吏的配置，"刑名掌在刑书，钱谷掌在户书"，统领他们工作的是州县官，结果却如俗谚所云"清官难逃猾吏手"，被群吏所利用甚至左右，①这就很值得各级官员们反思，并多方研求其应对之策了。而接受一些非正式来源的经费或从事陋规活动（收受属下的银钱礼物，或者呈递给上司的定期性礼仪），可能在州县官府而言有时也是必须的，但都要依靠书吏及衙役的支持，这无疑会弱化州县官员对于属下的控制。② 可以说，地方衙门中充斥着的这些书吏、差役、长随等吏胥，无视规范或礼仪，因此也比那些最腐败的州县官员还要无耻和贪酷。③ 从这个角度而论，"天下难治"的根本并不在地方民众，而在官吏本身。④

六、民生的救护

应该看到，在江南地区，曾有不少表现出众的知县，为世人所敬重，其事迹更被地方文人所记录而流传后世。

比如，浙江东阳人王鈇在嘉靖三十一年（1552）任常熟知县时，"甫至即问民疾苦，新约刺剔蠹弊，吏民畏怀，咸趋事恐后"，而且亲率士民百姓积极抗倭。再如，嘉靖三十八年担任知县的黄嘉宾，其政绩也很不错，当地人管一德有这样的记述：⑤

始至，虑禁令未严，吏胥难托，每微服宵行，从隘巷哄市中，侦其酗

① ［清］汪辉祖：《佐治药言》，"检点书吏"条，辽宁教育出版社1998年版，第4—5页。

② （美）曾小萍：《州县官的银两：18世纪中国财政的合理化改革》，董建中译，中国人民大学出版社2005年版，第50—52页。

③ 萧公权 Hsiao Kung-chuan, *Rural China: Imperial Control in the Nineteenth Century*, Seattle: University of Washington Press, 1960, p. 415.

④ ［清］唐甄：《潜书》下篇上《柅政》，中华书局2009年版，第154页。

⑤ ［明］管一德编：《皇明常熟文献志》卷二《县令》，万历三十三年刻本。

酒叫嚣者、赌博争斗者、诵读纺织者，诘朝据行赏罚。自是邑人相戒，毋捍文罔。邑当倭夷抢攘、兵食消耗之后，而辛酉又大水，斗米半千，饿殍载道，而督促诛求者甚迫，欲并前后逋赋，悉力征之。公为蹙额掩袂，命掌赋者丝枲、六畜悉收入之，令易金入库，诸平籴、煮粥、荒政不可殚述，民得免于流亡已。又丈量四十九区田，得欺隐余田若干，应追赋粮米若干，从中进退推移之，裒多益寡，徙有于无，万民称便。

以归有光而言，其于嘉靖四十四年考中进士，被授职长兴知县。长兴县可能与归家有缘，归有光的父亲归正，赠文林郎，亦曾任长兴知县。归有光的曾孙归尔复于崇祯十七年(1644)冬任长兴县学教谕。归尔复的弟弟归庄感叹说："长兴盖与吾家有故。先太仆（指归有光）尝分符于此，有遗泽焉。"①在归有光履任前，长兴知县空缺已久，政事都由胥吏把持，胥吏们勾结地方豪强，将地方赋役负担都转到贫民身上。履职不久的归有光即感到了多方面的压力，其"用古教化为治"的行动受到阻碍。对归有光的"直行己意"，"大吏多恶之"。② 归有光因此多被官场中其他同僚与上级所排挤、诬谤。他在一份《乞休申文》中这样讲道：③

职近者被命改除，即日当归田里，不复有仕进之念矣。然有不能无言者。……坚志一意，惟拊循小民。而山僻夷鬼之区，与龙蛇虎豹杂处，且怡怡然日妪而孩之，而遇事发愤，欲有所建立，不能骫骳，不顾利害，多有触忤。今兹之调，实由谗邪之中伤，中朝士大夫，盖犹不忍遂弃之，而置之于此也。……今世为令，大率以尊严高贵自处，而与小民邈绝。职一切弛解，召妇人幼童，与之吴语，务得其情。凡有讼狱，吏抱牍以至，方阅其词，就问即决。虽神不预知，吏无由得知而容其奸也。凡小民至前，虽甚倥偬，即先呼发遣，恐乡里往来伺候之难，亦不数数具狱，但诲谕令输服，皆叩头以去。民间里长，最为繁苦，以为十年之灾。职三岁在县，不曾役一里长，小民宴然不知有官府。往时均徭，悉吏胥与其间。职闭阁阅册，随田轻重品搭，老吏束手。乡老亦叹曰："今年倒一抖矣。"乡民谓田连顷者谓之抖，犹苏州之谓圩。乡老岁以均徭为奸

① ［清］归庄：《归庄集》卷三《序·送兄尔复司教长兴序》、卷八《墓志·先王考太学府君权厝志》，上海古籍出版社 1984 年版，第 231、460 页。

② 《明史》卷二百八十七《归有光传》。

③ ［明］归有光：《震川先生集》别集卷九《公移·乞休申文》，上海古籍出版社 1981 年版，第 928—929 页。

利，今无所获，故云倒一斗。

年已六十的归有光，尽心从事行政工作，却得罪了下属老吏、官场同僚及上司，最终被迫乞休。归有光应该不属海瑞指斥的那些“宁可刻民，不可取怒于上；宁可薄下，不可不厚给过往”的官吏之列，也不能“剥民以媚人”，①在官场中落得如此下场，似也正常。

而年轻的袁宏道在吴县任上，面对的都是多如牛毛的钱谷问题、茫如风影的人情问题，“过客积如蚊虫，官长尊如阎老”，让他“几不知有昏朝寒暑”，感觉自己不成人形。② 万历八年进士、吴县人伍袁萃就感叹过：“吴郡繁剧，最号难治。”③尽管吴县治于苏州城，这里的繁华生活，画船箫鼓、歌童舞女、奇花异草、危石孤岑、酒坛诗社、朱门紫陌以及振衣莫厘之峰、濯足虎丘之石，都与袁宏道这个知县无关，他必须时时面对那些所谓“鹑衣百结之粮长，簧口利舌之刁民，及虮虱满身之囚徒”。④ 工作之繁忙，让他深感自己不过是一个“奔走之令”，生活“最苦最下”。⑤ 可见袁宏道已经摒除了文人的许多雅好之事，比较努力地承担起作为一名知县的责任。

嘉定人娄坚（1567—1631）曾为三位前后相继的嘉定县官员呈请列入名宦祠崇祀，并将他们的杰出政绩与德风作了扼要的概括：⑥

前知嘉定县事、历官南京礼部、吏部郎、江西按察司提学佥事、南京大理寺丞、通政司参议、嘉兴朱公讳廷益，其自闽移吴之日，当政猛民残之余，吏以急敛干和，民以屡侵多疫。公仁且洁，又简而宽，绝不自润以脂膏，惟有人沐以渗漉。邑之岁困漕粮，以土瘠不宜稻也，则为请于主者，仍得改输以银。邑之额设官布，以赋缓可纾民也，则为言于监司，因得渐弛其课。至于征敛有法，则创为板册连票，虽愚民不至于倍输。又虑风俗渐奢，则倡以节食贬衣，虽富室亦遵于雅化。与韦布通宾主之礼

① ［明］海瑞：《海瑞集》上编《淳安县政事序》，中华书局 1962 年版，第 38 页。

② ［明］袁宏道著，钱伯城笺校：《袁宏道集笺校》卷五《锦帆集之三·尺牍》，“沈博士”条，上海古籍出版社 2008 年版，第 219—220 页。

③ ［明］伍袁萃：《林居漫录》别集卷四，明万历间刻本，收入《续修四库全书》子部杂家类第 1172 册，上海古籍出版社 2002 年影印版，第 172 页。

④ ［明］袁宏道著，钱伯城校笺：《袁宏道集笺校》卷五《锦帆集之三·尺牍》，“兰泽、云泽叔”条，第 211 页。

⑤ ［明］袁宏道著，钱伯城校笺：《袁宏道集笺校》卷五《锦帆集之三·尺牍》，“汤义仍”条，第 224 页。

⑥ ［明］娄坚：《学古绪言》卷二十《乞祀朱、熊、王三公于名宦呈词》，文渊阁《四库全书》本。

际，而人知老老贤贤；与章逢申名教之防闲，而士用逡逡凛凛。总之以远赂而瘠己，以瘠己而肥民。万姓颂之同一辞，三年纪之如一日也。

广安熊公讳密，擢官户部郎，早卒，承宽仁之绪，抚苏息之民以为政……在任久，历七年，连岁曾无一稔，方流离之乍复，咸寄命于缓征，乃殿最之攸关，似考成于通赋。公恤民之瘼，惟己之辜，虽夺其俸者屡加，然不为动者自若。既申折漕之请，特严投柜之防，务令纳者绝无丝毫加增，而收者不至万一赔偿。又以恶草不除，则嘉禾不殖，始剪打降之凶横，继绝访行之中伤。大约虚怀待人，时或寄之以耳目。然实心求可，人亦效之以肺肝。廉不为名，宽不废猛，人士颂其质行，黎庶戴其深仁。

故本学教谕、累迁国子监助教、博士、监丞、南京户部员外郎、致仕婺源王公讳廷举，端方其行，笃实其衷，谓行本而文华，当分急缓，若华繁而本拨，倍切甄陶。贫乏者数赈其寒饥；僝弱者尤力为拥护……改官胄监祭酒，亟称其贤，已而进秩户曹，同官咸重其守。至于移病恳求致仕，盖由考满不能治装，行李萧然，遗赀窘极。实乃昔贤之清操，岂止叔世之人师。

朱廷益与熊密都曾任嘉定知县，王廷举曾任县学教谕，在县政表现上各有不同，大多都符合为民请命、洁己爱民、赈济饥寒、征敛有法、宽仁为政、剪除凶暴等基本的为政之旨，且又“廉不为名”，深获地方士人的敬重和追思。

万历二十七年(1599)，进士出身、淄川(淄博)人韩浚接替王福征，出任嘉定县知县。在任期间，因为政深得民心，获朝廷表彰。同时，他还主持编纂了《嘉定县志》(万历三十年刊)。地方士人觉得应该颂其为政之美德，就由当地人娄坚写了一篇《考绩序》，送给韩浚。其开篇写道：“淄川韩侯，为予邑之期月，政令肃然，慢者知戢，邑无逋赋。又二年，则废坠毕举，俗用丕变，虽小人罔不革面矣。报政于朝廷，得受训辞，以其官封其父母。于是邑之搢绅先生思所以颂厥盛美，而属予为之叙。”①而根据韩浚主编的地方志记载，万历年间嘉定县田赋折漕的前后努力中，朱廷益、熊密、王福征到韩浚等知县，都颇有贡献，也可以说都是有恩于地方百姓的。②

对地方民生的救护，本属州县官乃至朝廷的重要职责，如朱元璋所言：“善政在于养民，养民在于宽赋。”③所谓“天下之官皆养民之官，天下之事皆养民之事”。④ 侯峒曾认为，那种“上不能吁免于朝廷，下不能尽谕于百姓”

① [明]娄坚：《学古绪言》卷三《赠邑侯韩使君考绩序》，文渊阁《四库全书》本。

② 万历《嘉定县志》卷七《田赋考下·漕折始末》。

③ 《明太祖实录》卷二十九，“洪武元年正月甲申”条。

④ [清]唐甄：《潜书》下篇上《考功》，中华书局2009年版，第111页。

的，就是官府的“催科”问题，在明末变得特别严重。像嘉定县，地不宜稻，需仰籴于外地，“城闭三日，鲜不大哗”。① 从万历二十一年始至清代，朝廷即允许“全邑折漕”。这些都是在地方绅民与官员的共同努力下达成的。侯尧封描述过折漕前嘉定民困的景象：②

> 吾邑属郡之东徼，地独瘠卤，不宜稻，而县官岁征漕米数万石有羡，与他邑埒。民间无所得粟，则转籴旁郡邑以给。旁郡邑遂乘时牟利，物涌腾粜，而又重以灌输之难，挽漕卒率皆武弁，悍欲何厌之有？以故，长赋者不胜其苦，中民破产，大者丽辟，一不幸而役此，惟有转徙捐沟壑耳！嗟吁伤哉！

除在赋役方面尽力为民苏困外，州县官的主要表现就在救荒时期。

例如，嘉靖元年出现的饥荒，曾迫使朝廷至地方发起了许多救护工作。像这样大规模的救济活动，需要国家的动力支配，方能于更广的地域范围内展开。该年赈济工作有杰出表现者，是时任南京兵部右侍郎的席书（1461—1527）。他向朝廷提供的救荒对策是赈粥法。他在上疏中说：“今岁南畿旱涝相仍，民饥殊甚，已经有司疏闻，下廷议赈恤。第饥民甚多，钱谷绝少，恐难给济，须别等第、酌缓急乃可。以地言之，江北庐、凤、淮、扬、滁、和诸州府，灾为甚，江南应天、太平、镇江次之，徽、宁、池、安、苏、常又次之。”他的意思，就是要区别灾等、灾户后，进行相应的救济，“臣日夜筹划，今有司仓廪既虚，户部钱粮又难遍给”，最合适的就是赈粥法，在南直隶等地，按大县设粥十六所、中县减三之一、小县减十之五的规模展开：“诸所设粥处，约并日举，凡饥民来者，无论本县邻境军民男女老幼口多寡，均粥给济，起今十一月半，抵麦熟止，计用米十六万石，用银十六万两，可活人二十余万。”赈粥法不但不浪费，而且见效快，不仅适用江南，更可以推广至全国。③ 不过需要指出的是，席书上书之时，已被派往江北赈济。但朝廷采纳了他的建议，要求江南地区一体施行；户部官员也很认可席书的方案，赞成通行。④ 在苏州，常年施粥济民的粥厂就有三个，分别设于吴县的北寺、长洲的北禅寺以及元和

---

① ［明］侯峒曾：《仍贻堂集》卷二《与万明府书（崇祯乙亥）》，收入［清］潘锡恩辑：《乾坤正气集》卷四百四十，道光二十八年袁江节署求是斋刊、同治五年印行本。

② ［明］侯尧封：《岁漕永改编序》，收入［清］汪永安原纂、侯承庆续纂、沈葵增补：《紫隄村志》卷一《田赋》，康熙五十七年修、咸丰六年增修，上海图书馆藏传抄本。

③ ［明］席书：《席文襄公奏疏·南畿赈济疏赈粥》，收入［明］陈子龙等选辑：《明经世文编》卷一百八十三。

④ 《明世宗实录》卷三十四，“嘉靖二年十二月甲辰”条。

县的青松庵。① 按清朝的"定制",地方上凡遇水旱灾害,可以"视成灾分数轻重,蠲免本年正赋",或者未奉旨蠲赈之前,百姓已经输纳的,可以抵作来年之额赋,以纾民困。这一点,也与明朝"不准抵算"而虚受蠲免之恩不同。另外常规的民生救护制度,就是在每年冬月,各地有被灾应对赈济的要进行预报,等到次年伊始即降旨蠲缓。②

可以看到自晚明以来,州县官员的救荒工作中大都推行赈粥的方法。明代中后期流行的"煮粥诗"云:"一升可作三升用,两日堪为六日粮。"③说明了它的可行性。但煮粥法十分忌讳大量人口聚食一处,"须逐乡而煮,分图而食"。④ 在崇祯十四年(1641)的一次大旱灾后,湖州府地方采取的一大措施是"厂籴"。但是立粥厂(即粥场)似乎更为当时所推重,府州县官府大张告示,下令每区立二座或三座粥厂,"随地各济饥民"。在救荒期间,政府还迫令大族及豪富之家分担赈灾的部分责任,体现了国家权力的强制性。如涟川沈氏家族就独立承担了一个粥厂的赈济任务,除领取赈银维持粥厂外,所需费用"皆出自囊物",最终"勉力竣事"。⑤ 这一事例也表明了当时像沈氏这样的乡间地主所具的财力。在上海县,由知县筹划全部赈济工作,而其中可以贱买的"官米",则全是依赖大户乡绅们的捐助:⑥

> 男子在城外演武场、山川坛等处,搭盖草厂,煮粥给食;女子在广福寺、积善寺给食。有等不屑去关粥者,赴县领票往各铺贱买官米。

但传统的施粥赈济法,流弊也不少,所谓"远近不定,强弱不均",聚众施粥,"易染疾疫"。⑦ 而且在朝廷"勘荒官"到来前,地方上其实就已做好了准备工作,连夜在"勘荒官"会经过的地方,置地设粥厂,并立旗书写"奉宪赈粥"四个大字,集合饥民等候这位"勘荒官"来"鸣钟散粥"。官未到时,只好

---

① ［清］顾震涛:《吴门表隐》附集,江苏古籍出版社 1999 年版,第 357 页。

② ［清］赵慎畛:《榆巢杂识》下卷,"冬月奏赈"、"额赋抵算"条,中华书局 2001 年版,第 218、234 页。

③ ［明］李诩:《戒庵老人漫笔》卷七,"煮粥诗"条,中华书局 1982 年版,第 305 页。

④ ［明］佘自强:《治谱》卷十《杂事门 · 煮粥》,崇祯十二年胡璇刻本。

⑤ ［明］沈氏:《奇荒纪事》,收入［清］蔡蓉升原纂、蔡蒙续纂:《双林镇志》卷三十一《文存》附"条议",上海商务印书馆民国六年铅印本;又载蔡松纂:《双林镇志新补》(不分卷),"艺文",嘉兴图书馆藏民国四年稿本。

⑥ ［清］姚廷遴:《历年记》,"历年记上",稿本,收入上海人民出版社编:《清代日记汇抄》,上海人民出版社 1982 年版,第 50 页。

⑦ ［清］汪永安原纂、侯承庆续纂、沈葵增补:《紫隄村志》卷二《灾异》,康熙五十七年修、咸丰六年增修,上海图书馆藏传抄本。

"枵腹待至下午";官一离去,煮粥活动当即结束。① 所以嘉善乡宦陈龙正认为,有时散粮的办法胜于煮粥。但按照时势差异,很难制定成法,大致上只有四条规则可循,即"小荒先散粮于乡,大荒兼煮粥于城市,当道会期而煮粥,乡人画地而散粮"。② 同时他提出了对赈粥法的改进方案是担粥救赈法,其优点是"无定额,无定期,亦无定所",所要做的只是在每天早晨,用白米数斗煮成稀粥,然后派人分挑至通衢要路及郊外地方,施行救济,可以"时行时止",具有极大的灵活性。这种方法可以避免粥厂救赈中的弊端。他举例说,苏州府等地在施行煮粥的过程中,因没有充分考虑到其中的弊病,出现了哄斗杀人的情况。不过,"粥担法"针对的主要是流移贫民。③

饥荒时期最易酿生变乱,何况此时王朝阽危,更需要由州县官府联合地方领袖,加强社会稳定的工作,赈济饥民似乎显得尤为重要。就在崇祯十七年崇祯帝死讯南传、弘光帝在南京建立临时朝廷时,嘉善地方以乡宦陈龙正为代表,积极进行社会救济工作,陈本人就捐出了五百石米和千两白银。④

七、粮长与赋税的征解

从基层社会管理的角度着眼,明初以来的江南地方"领袖",曾具有重要的行政功能:里长、老人主一里之事,粮长督一区赋税,塘长负责修理田围、疏决河道。⑤ 在这种州县管理乡村事务的体系中,粮长的设置与作用是不容忽视的,特别是在明代。⑥

自洪武年间以降,粮长之设形成定制,《大诰》、《诸司职掌》、《圣谕》中也有相关的要求。因江南财赋独重于天下,所以粮长之设十分普遍,形成了"粮长督里长,里长督甲首,甲首督人户"的基层管理体系。⑦ 赋税在万石以上的还要增设副粮长一名,这是因洪武十年户部上奏称苏、松、嘉、湖等地的府州县粮长,所辖民租有万石以上者,"非一人能办,宜增副粮长一人",而获

① 邓云特:《中国救荒史》,商务印书馆 1937 年版,第 344 页引《康济录》。
② [明] 陈龙正:《救荒策会》卷七《煮粥散粮辨》,上海图书馆藏崇祯十五年洁梁堂刻本。
③ [明] 陈龙正:《救荒策会》卷七《粥担述》。
④ [清] 佚名:《武塘野史》,不分卷,"崇祯十七年甲申"条,清抄本。
⑤ 乾隆《金山县志》六《田赋二·历代役法备考》,乾隆十六年刊、民国十八年重印本。
⑥ 参梁方仲:《明代粮长制度》,上海人民出版社 2001 年版。
⑦ [明] 归有光:《震川先生集》别集卷九《公移·乞休申文》,上海古籍出版社 1981 年版,第 931—932 页。

朝廷的批准。① 因此，粮长所在地必然是"赋多之地"，管辖的地域较大，而年限又长。明人有这样的解释：②

今定户籍之制，必画十甲为一图，图置一里长，差科出焉。其法循编排之格，以周年为限。又合数图为一都，都大者则分上下区，区置一粮长，租税责焉。其法简富殷之家而不限以年。里长者，凡有司无远近设之。惟粮长则置于赋多之地。

而在永乐年间秋粮需要转输北京后，饷道变得辽远，粮长以一征三，苏州府的正粮由二百七十万石加征到八百一十万石。除正供及僦车船之费外，羡余都入粮长之家。况钟的解决办法，是议立粮头，以分粮长之势。③

需要注意的是，在基层体系中，为了粮税等管理的方便，还特别建立粮长的管辖区名"扇"，有的还细分作上、下扇或正、副扇。在长兴县，编设了240名里长，分为四十八扇，每扇由粮长统领。④ 再如嘉定城区，共划9图，下领9个圩。而乡村就更形复杂，明人称："每区复分正、副扇，其谓之扇者，正、副粮长割地管辖，各立簿籍，一扇故也。图即里也，不曰里而曰图者，以每里册籍首列一图，故名曰图。"譬如守信乡，下领六都，其东一都一区分正、副二扇，计有14里，下辖30个圩。⑤

表3 嘉定县守信乡东一都一区之扇图圩规划

扇别	领里数	图号	辖圩编号
正扇	7	十八图	东阳、露、腾
		十九图	致、玉、西阳
		二十一图	致、丽
		三十六图	珍、咸
		三十七图	珍、夜
		三十八图	暑、人

① 《明太祖实录》卷一百十二，"洪武十年五月戊寅"条。

② 嘉靖《太仓州志》卷五《乡都》，崇祯二年重刻本。

③ ［明］况钟：《况太守集》卷四《张太史赠太守况公前传（宣德九年）》，吴奈夫等校点，江苏人民出版社1983年版，第58页。

④ ［明］丁元荐：《西山日记》卷下《日课》，康熙二十八年先醒斋刻本，收入《续修四库全书》子部杂家类第1172册，上海古籍出版社2002年影印版，第370—371页。

⑤ 万历《嘉定县志》卷一《疆域考上·乡都》，万历三十三年刊本。

续　表

扇　　别	领里数	图　　号	辖圩编号
副扇	7	二十二图	丽、吕、中
		二十三图	余、水
		二十四图	结
		二十五图	字、西翔、珠
		二十六图	字
		二十七图	生
		三十一图	翔、霜

资料来源：万历《嘉定县志》卷一《疆域考上・乡都》，万历三十三年刊本。

就最基本的赋税征收内容而言，明代主要在“夏税”、“秋粮”两项，征收之期为“夏税无过八月，秋粮无过明年二月”。① 而赋税的催纳征缴，基本依赖粮长及里长。在成化、弘治以前，赋税催纳的状况总体尚佳，据昆山人顾鼎臣对江南的了解，基本上是“里甲催征钱粮，粮户上仓交纳，粮长专管收解，州县官坐仓监收，粮长不敢多收斛面，粮户不敢插和水谷糠秕，兑粮官军不敢刁难、多要加赠”，堪称公私两便。②

万历三十四年（1606），常熟知县耿橘的开荒申文还讲道：③

> 公正者，粮长之别名，一区之领户也。前官查理坍荒，及催征钱粮，率用此辈。此辈亦稔熟土性民情，况且保惜身家，每规画调度，小民视以为从违，故开荒之事，非责成此辈不可。合无将各区荒田，以十分为率，分别难易，着该管公正分投督开，或以身先，或借工本，或多方招徕，每年限田若干，务在开完，三年之后，必于无荒。凡告认、告垦、告讨牛种之真赝，与夫开垦之虚实，及秋后还仓等事，一一委之。

耿橘从开荒的角度出发，强调了“公正”粮长的重要意义。就像万历十四年进士、长兴人丁元荐所论的：“完纳钱粮时，衙门各役之使用、银匠之倾

① 《明史》卷七十八《食货志二》。

② ［明］顾鼎臣：《顾文康公文草》卷一《陈愚见划积弊以裨新政疏》，中国科学院图书馆藏万历至顺治顾氏家刻本，收入《四库全书存目丛书》集部第55册，齐鲁书社1997年影印版，第265、266、267、268、270页。

③ ［明］徐光启著、石声汉校注：《农政全书校注》卷八《农事・开垦上》，上海古籍出版社1979年版，第195—196页。

销,一切粮长任之,小民不知也。地方有水旱不测之灾,上司有不时之需,粮长力可卒办。粮长既已委身公庭,可以弹压地方刁顽,一切外侮自少。其下乡征收加倍者有之,然荒岁流离,粮长代小户赔偿,或布缕,或衣饰,或牲畜,量物准价,变银输官,通融乘除"。① 而那些不属此列的粮长们要作弊谋利,还得依赖衙门中的胥吏。地方上承办的"南粮"兑米工作,都安排有解户来负责。但乡间本分的百姓每每不乐为之,富厚人家又多设计买免,出头承担此役的就多是那些积棍无赖之徒了。其间的弊端,如大斗倍收,解运过程任意花费,串通船户嫖饮,甚至任米船漂没而须重派里甲等等,都要由官府予以认真解决。②

很多情况下,晚明江南地方仍会用里长(里递)来替代粮长执行职务。嘉靖年间,归有光曾有反对"裁粮归里"的言说:③

惟独江南财赋最重,故以粮长督里长,里长督甲首,甲首督人户。百年以来,未有变更。今者新行里递,意或便于浙东。若嘉、湖与苏州土俗财赋相同。职生长苏州,亦知粮长之重难而不可废也。夫以里递收粮,似散钱不能成缗,又以小户督大户,乃如以羊将狼也。即如长兴之里甲彫敝,其逃绝仅存者十二三,皆贫难下户,有无田为佣者,有田止五亩者,其多至二十亩者,即为上等之里长。而大户乃不为里长,而为人户,其花分田至千亩。今姑以里递法行之,则为里递者,亦不当舍大户而他求矣。

但在实际工作中这是行不通的,因为州县地方根本不可能都让真正的大户来充当粮长,大多仍是以中小户来充数。④ 晚明基层社会的这种变化,在明代小说家眼中窥察得也很细致:⑤

自此富贵大家,尽思规避,百计脱免。那下中户无能营为的,却佥报充当,若一人力量不及,就令两人朋充。至于穷乡下里,尝有十人朋

① [明] 丁元荐:《西山日记》卷下《日课》,康熙二十八年先醒斋刻本,收入《续修四库全书》子部杂家类第 1172 册,上海古籍出版社 2002 年影印版,第 370—371 页。

② [明] 佘自强:《治谱》卷十《杂事门 · 解户》,崇祯十二年胡璇刻本。

③ [明] 归有光:《震川先生集》别集卷九《公移 · 乞休申文》,上海古籍出版社 1981 年版,第 931—932 页。

④ 梁方仲:《明代粮长制度》,上海人民出版社 2001 年版,第 81—83、89—90 页。

⑤ [明] 天然痴叟:《石点头》第三卷《王本立天涯求父》,上海古籍出版社 1985 年版,第 59—60 页。

> 合,愿充者既少,奸徒遂得挨身就役。以致欺瞒良善、吞嚼乡愚、串通吏胥侵渔、隐匿、拖欠,无所不至。为此百姓日渐贫穷,钱粮日渐逋欠。良善若被报充里役,分明犯了不赦之罪。上受官府责扑,下受差役骚扰,苦楚受累,千千万万,也说不尽。

明代前期粮长的设置一般是每区不过正副二名,到嘉靖初期竟然多至十名以上。在"欺绐上司"的州县官员口中,这种情况可以得到"众轻易举"的解释,但实际上是收掌官粮之数少,而赔贼科敛、打点使用年例之数多。这样的情形,导致州县地方一年之间,中人百家之产很快败落。① 而嘉靖末年的粮长,已堪称赔累之极。浙江巡按庞尚鹏(1524—1580)为此厘革其弊,建立均徭之法,其一大关键就是均粮役,要解决"富家大户欲避重就轻,诡寄花分,奸弊丛出,更相影射,真莫测其端倪,而贪墨有司或公行贿赂,或甘受请托,遂不免参以已私"而出现"富者未必编,编者未必富,中人之家每遭此役"的问题,②粮长之法在形式上因而废止。丁元荐认为,这实际上给地方造成了五大害:

> 粮长废,则官府缓急难以措手,势不得不挪借各柜头,害一。
>
> 小民称贷纳官,一至县,自头门至堂上,里胥至皂隶、书手、门子,各有使费,各处刁勒,害二。
>
> 银色不等,必须倾销,一倾则银匠作弊,一至收头处,等有轻重,刁勒多端,即官府严为隄防禁约,小民情无从伸,害三。
>
> 一遇荒年,小民逃窜,何处征收?鞭朴日烦,图圄累累,何由清楚?害四。
>
> 粮长退而棍徒为政,全无体面。小民日逐到县输纳,耳目日狎,则视官长轻,视大家巨室亦轻。乡棍与市棍合,而词讼繁、风俗薄。倘有假人命、假盗情,纠合株连,便至破家荡产,害五。

丁氏还讲道,在废与不废之间,权其利害轻重,粮长之法仍应保留。在湖州地方的"诸大家",大半出身粮长,都是"昔之富翁挺身于户役中,千磨百炼

① [明]顾鼎臣:《顾文康公文草》卷一《陈愚见划积弊以裨新政疏》,中国科学院图书馆藏万历至顺治顾氏家刻本,收入《四库全书存目丛书》集部第55册,齐鲁书社1997年影印版,第265、266、267、268、270页。

② [明]庞尚鹏:《百可亭摘稿》卷一《奏议·均徭役以杜偏累以纾民困疏》,万历二十七年庞英山刻本,收入《四库全书存目丛书》集部第129册,齐鲁书社1997年影印版,第128页。

出来,成一大家”,而废去粮长后的地方富翁,都是“巧为规避躲闪”,体面气魄较往前十不及一。①

在松江府,粮长同样是选择丁粮相应、有行止者充任,专管本区银米的催征。嘉靖年间叫“公务粮长”,到隆庆初年改称“总催”,则是因改以里长为粮长,粮长之名遂被革止。在成化、弘治以前,松江府地区是计里编役。由华亭县承担的“大役”有布解(上上役)、北运(上上役)、收兑(上等役)、收银(中等役)、南运(中等役)等五项,其他还有风汛解户(中等役)、蜜糖解户(下等役)、凤阳麦折解户(中等役,赴凤阳)、柴薪解户(下等役,赴南京)、各部柴薪解户(中等役,赴南京)、五城弓兵解户(下等役,赴南京)、直堂解户(下等役,赴南京)、国子监膳夫解户(下等役,赴南京)、两浙运司船盐解户(中等役,赴杭州)、织造府解户(下等役,赴杭州)等十项。至于里长、粮长、老人、塘长之类被视为“小役”。这些制度都肇始于明初,而坏极于明末。就里长而论,是所谓一里之中被挑选出来的十首户之一,当年轮值的称“现役”,其余等候的九人称“排年”,十年中各轮一次。但实际上,既可以一户独充,也可以二三户“朋充”。在隆庆初年,粮长由里长替代后,里长承担的职任更多,乡村赋税的征解都需要由里长出面完成,工作期限一般是从当年的十月开始,至次年的十月为止,为期一年。其苦痛之状,时人有这样的描述:②

> 匝岁奔驰,无有宁晷。而图顽拖欠,甚有四五年尚未清楚者。沿乡催办,有跋涉之苦。入城比限,有盘缠之苦。完不如数,有血杖之苦。而田地抛荒、水旱逃亡,又有拖欠代赔之苦。一充此役,未有不立毙者也。

松江华亭人何良俊说:“余农家子也,世居东海上,乃僻远斥卤之处。自祖父以来,世代为粮长垂五十年,后见时事渐不佳,遂告脱此役。此髫龀时也。”③如果粮长所佥人员非富民,“中人之产辄为之倾”,④而即使是富户也会倾家荡产。⑤ 直到明末,官府仍例用江南富民充当粮长,承担运送白粮到京师的任务,很多富民往往因之破产。而且五年一编审,压力巨大,富民最

---

① [明] 丁元荐:《西山日记》卷下《日课》,康熙二十八年先醒斋刻本,收入《续修四库全书》子部杂家类第1172册,上海古籍出版社2002年影印版,第370—371页。

② 乾隆《金山县志》六《田赋二 · 历代役法备考》,乾隆十六年刊、民国十八年重印本。

③ [明] 何良俊:《四友斋丛说》卷十三《史九》,中华书局1959年版,第109—110页。

④ 《明史》卷七十八《食货志二》。

⑤ [清] 赵翼:《廿二史劄记》卷三十四《明史》,“明乡官虐民之害”条,北京:商务印书馆1958年重印本,第720—722页。

终“争衣褴褛衣，为穷人状，哀号求脱”。①

前面述及的布解、北运、南运、收兑、收银等“大役”，也是要在合适的解户内点充，每区五年一编。其五年编审粮役之数，仍以松江府（明代时所辖仅华亭、上海、青浦三县）为例说明之：②

布解：每年8名——华亭4名，上海2名，青浦1名；

北运：每年56名——华亭28名，上海18名，青浦10名；

收兑：每年141名——华亭60名，上海38名，青浦43名；

收银：总催每年175名——华亭90名，上海48名，青浦38名；

南运：每年7名——华亭4名，上海2名，青浦1名。

根据明末清初松江人曹家驹的说法，松江地方最有名的“四大役”，是布解、北运、收兑与收银，历来只编户而不及官甲。这种状况的结局就是“奸民竞为诡寄，以致官甲之田日增、民户之田日减，巧者倖脱，拙者偏累”。均田均役的兴起，应该是要解决这些问题。松江府曾定出官户优免的则例是：文官一品免田一万亩，台省、词林、铨部各免田四千亩；其免外之田，就要与民田一同编役。③

就总体而言，江南徭役，确实如伍袁萃所言，以白粮、物料解户最令民众困苦不堪。④ 在嘉善县，地方粮役即以“北运”为繁重。崇祯年间的嘉善乡宦陈龙正曾指出：“三十年前，粮长愿佥此役，近甚苦之，盖因埠头横索牙用，每船扣银四十两，多者五十两，船户既受埠头之勒索，势不得不从粮长取偿，用是雇船之价，数倍于前，沿途需诈，复难限计。”⑤加上地方科差吏胥舞文、里老受托，“以上而为下，以下而为上”，以至出现“田连阡陌者诸科不兴，室如悬磬者无差不至”的奇怪现象。⑥ 社会矛盾由此渐趋激化。张履祥曾对制度方面的败坏作了一个极好的解释：本来鱼鳞册与黄册二制并行，鱼鳞册详载田地山荡，而黄册重在记录丁田之数；后来重黄册而废鱼鳞，“赋役所以不得均也”。⑦

---

① ［清］顾公燮：《消夏闲记摘抄》卷中，“籍富民为粮长”条，旧抄本，收入孙毓修编：《涵芬楼秘笈》第二集，北京图书馆出版社2000年影印版，第725页。

② 崇祯《松江府志》卷十一《役法一》，崇祯四年刻本。

③ ［清］曹家驹：《说梦》，道光八年醉沤居士抄本，页五。

④ ［明］伍袁萃：《林居漫录》畸集卷一，明万历间刻本，收入《续修四库全书》子部杂家类第1172册，上海古籍出版社2002年影印版，第206—207页。

⑤ ［明］陈龙正：《几亭外书》卷四《乡邦利弊考》，北京大学图书馆藏明崇祯刻本。

⑥ ［明］陈继儒：《眉公杂著》第一帙《见闻录》，尚白斋刻本。

⑦ ［清］张履祥：《杨园先生全集》卷三十九《备忘一》，同治十年江苏书局刻重订“杨园先生全集”本。

在嘉靖、隆庆以后因推行一条鞭法，使均徭、里甲与两税合并，"小民得无扰，而事亦易集"，但粮长、里长"名罢实存，诸役卒至，复佥农氓"，并不彻底，仍如崇祯三年（1630）河南巡抚范景文所言民间最大的苦患在差役。①

梁方仲认为，在一条鞭法施行后，银、力两差均按各户内丁、田两项摊派，所以粮长必须参加编造徭役册（捋尖册）的工作。审编徭役的标准，本是根据"户产"与"家道"（以田为主，结合全家人口数目），斟酌全县情形，再订各户等则之上下。而粮长串通书手，舞弊多端。② 丁元荐曾指出，粮长之弊主要有二：一是"大户兼并，侵渔小民"，二是"官府凌轹粮长，供应难支"。③

因而，地方官府要在起总钱粮时，第一要务就是"禁粮里侵收"，但有侵收之人，"籍没其家产，从重问遣，则钱粮逐年起总矣"。其理由在于，官府依照里甲编排征收钱粮时，"譬如本户该征白银十两，但纳串二三两与粮里，收去银三四两，则粮里绝不敢至其家催办矣。其间刁猾之徒又皆观望，以此挟持粮里。粮里复不敢至其家催办，则钱粮何日得清？"这些粮里大肆侵食百姓膏血，侵害国计，"买田造房，家至殷富"，地方官府却"逋负日积，每岁以十数万计"。既然粮里一途如此腐败，闾阎无赖之徒就可以用银二三十两买充公务粮长，以致"上亏国课，下残民命"。这些被视为"天地间一大蠹"的粮里，长期没有被地方官府清理整顿，自然更不能保证民间钱粮被有效地起总。④

例如在苏州，由于官府一度太过信任所谓"巨富"，粮长们就得以"纳其赃贿千万"，以致粮长向普通民户倍收，"乡民莫之控诉，而粮长自用官银买田、造宅、置妾"，将各种杂费"开坐于小户"，并谬言他们逋欠。这种粮长"虎噬百姓"的状况维持了较长时间。⑤

嘉靖十三年至十六年（1534—1537）任嘉定县知县的李资坤撰写的《申议六事》，其第二事即为"公审编以均徭役"：⑥

> 照得本县每年坐派银差……力差……应审里甲户内人丁并官民田荡为捋尖册，第其上下而审编之。其法颇善。节年审编之弊，本县全凭

① 《明史》卷七十八《食货志二》。

② 梁方仲：《明代粮长制度》，上海人民出版社 2001 年版，第 45 页。

③ ［明］丁元荐：《西山日记》卷下《日课》，康熙二十八年先醒斋刻本，收入《续修四库全书》子部杂家类第 1172 册，上海古籍出版社 2002 年影印版，第 370—371 页。

④ ［明］何良俊：《四友斋丛说》卷十三《史九》，第 111 页。

⑤ ［明］黄省曾：《吴风录》（一卷），民国二十七年商务印书馆影印明隆庆刻万历增修百陵学山本。

⑥ 万历《嘉定县志》卷七《田赋考下》。

粮长捋尖，粮长串书手作弊，其弊有四：曰受贿，曰畏势，曰于亲，曰有仇。或以户产大而家道殷实者捋之于后，或以户产小而家道贫难者捋之于前；或以户产虽小而家道殷实者捋之于后；或丁本见在而报为逃亡，或丁本逃亡而报为见在；或田本见熟而报为坍荒，或田本坍荒而报为见熟。此粮长、书手之同弊也。

归有光则认为，既然地方历年的差、粮编审要依赖粮长，而粮长串通书手的作弊有四大要因，即受贿、畏势、于亲与有仇，那么这些问题就得首先从粮长身上纠正，否则地方粮役的舞弊行为将会一直蔓延下去。粮长的侵欺不能不问，但首先在于如何核实侵欺，况且自粮长以下，所开小户逋欠之数极多，欲人人到官问责，困难自多。[①] 既不能扰民，又要很好地解决粮长问题，需要州县官的智慧。

到清朝，统治者取消了粮长制度，以州县官员为唯一的官方征税者，同时保留了里甲制度，使其功能从催征赋税转至户口登记方面。清代初期的这一变革，最终又作了调整，许多地方官仍然认为里甲是帮助征税的“良方”，因而清廷规定里甲组织是乡村的税收代理人，仍然获得“催征”的官方授权。[②]

八、行政的烦难

就苏州地区而言，是所谓“襟带湖海，控引吴越”，苏州城当然是东南一大都会。但因商贾错杂、奸宄丛集，且时有夷警，明人认为此地“非朝廷重臣镇抚之不可”，[③]政治、经济、治安等工作可谓烦难之极。在清代早期，苏州府下辖的九县，要承担四个方面的重要工作，各有侧重：[④]

苏属九县，旧议分主剧务：长、元、吴承应抚藩臬，江、震管闽浙驿递，昆、新值学院考试，而常、昭专供粮道。

---

① ［明］归有光：《震川先生集》别集卷九《公移·乞休申文》，上海古籍出版社1981年版，第931页。

② 萧公权 Hsiao Kung-chuan, *Rural China: Imperial Control in the Nineteenth Century*, Seattle: University of Washington Press, 1960, p.99.

③ ［明］伍袁萃：《林居漫录》别集卷二，明万历间刻本，收入《续修四库全书》子部杂家类第1172册，上海古籍出版社2002年影印版，第160页。

④ 光绪《重修常昭合志稿》卷十四《公廨志》。

这样的职责分划,使州县工作相对明晰。但随着日后的发展,变得错综复杂。

江南赋役"百倍他省",①苏州等地赋税之重使民不堪命,②都为时人所深识。明代人早已作了这样的评论:"苏、松、常均称烦剧,苏为最,松次之,常又次之。"③赋役的编派是涉及地方民生的大事。宣德年间苏州知府况钟采取了这样的措施:各县编定十年里役,大户居城市者轮当巡拦,居乡村者轮当库子、馆夫等役,甲首小户应当夫差。由此可望达到"周而复始,赋役均平,民无嗟怨"的理想状态。④

可是,明初所定的黄册和鱼鳞册制,本是赋税徭役编派的重要依据,在明代中期以后逐渐崩坏。豪室官僚要加强对土地的占有或掠夺,地主富户要设法将本应自己承担的赋役推洒给别人,部分乡村基层胥吏等要减轻或脱免赋役,往往都需从变更黄册或鱼鳞册的登载入手。当时田赋之弊,以江南为甚,张瀚这样描述道:"里胥飞走,繁琐难革。其间有重租官田,或因前代旧额,或系国初籍没,小民肆力耕种,不足办粮。事穷势迫,多作民田出卖。遗粮在户,倍纳不敷,多致逃窜。摊税之苦,负累里甲。"⑤

在嘉靖六年(1527)世宗皇帝的一份诏书中,明确指出了这一弊陋:民间差徭的不均大多由"飞诡税粮"而起,奸豪、富民与大户本来有很多土地,但通过"贿嘱"官吏、里书,"虚捏名字、花分诡寄",将一人之田分作数户,"规避"重差;又有将田地隐寄于"乡宦、势要之家",假称典卖,虚立文券,多方作弊,使"小民"困苦不堪。⑥ 官府对于造册以及户科、户部的稽查,又往往视作"儿戏"。⑦

根据《后湖志》的黄册说明,⑧洪武年间登载的全国土田总额为 884 623 顷 68 亩,税粮 24 729 250 石;至弘治十五年时,土田统计已减至 4 292 310 顷 75 亩,税粮则变化不大,约为 24 488 223 石。官方统计的户数从明初的

① [清] 董含:《三冈识略》卷四,"江南奏销之祸"条,辽宁教育出版社 2000 年版,第 81 页。
② [清] 孙嘉淦:《南游记》(一卷),收入山西省文献委员会编:《山右丛书初编》第九册,山西人民出版社 1986 年据民国年间刊本影印版,页 6a—b。
③ [明] 杨博:《总论天下郡县》,载[明] 陈其愫辑:《皇明经济文辑》卷九《地理一》,天启七年自刻本。
④ [明] 况钟:《况太守集》卷十六《民情部案录 · 经进优异政绩显看一宗(宣德十年)》,吴奈夫等校点,江苏人民出版社 1983 年版,第 169 页。
⑤ [明] 张瀚:《松窗梦语》卷四《三农纪》,中华书局 1985 年版,第 75 页。
⑥ [明] 傅凤翔编纂:《皇明诏令》卷二十,嘉靖六年二月十三日"宽恤诏",嘉靖二十七年补刻本。
⑦ [明] 王世贞:《弇山堂别集》卷十八,"户口登耗之异"条,中华书局 1985 年版,第 327 页。
⑧ 黄册的详细研究,可参韦庆远:《明代黄册制度》,中华书局 1961 年版。

10 652 789 户，到弘治十五年减少至 9 691 548 户。① 对于这样的变化情况，弘治九年进士、长洲人皇甫录评论道："如此则户日衰，而田愈少，有司不察漏开、冒报之弊，徒为重役加派之征，无怪乎民之日困，而伪之日滋也。"②从中可见的社会问题，已然十分严重。

到嘉靖、隆庆时期，国家"虚耗"日显，所谓"公私贮蓄，殊可寒心"。③ 田地的"投献"、"诡寄"④与税粮的"包揽"，都成了国家税粮征收的最大阻碍，⑤明人甚至认为投献田地人口是"今世最害人之事"。⑥ 到万历年间，江南的苏、松、嘉、湖等地，往往出现"有力之家买田，不收其税粮"，而中下之户"投靠仕宦以规避"的情况。很多富户虽被迫充当粮长、解头，但由于上述种种社会弊端的存在，"即赔赇衰落矣"。⑦ 桐乡人张履祥认为江南通行的"风俗"，就是"富民避役，率多诡寄官户。若绅士已田不足，则入其赇，为之优免"。像嘉善人魏大中（1575—1625）考中科举进入仕途，家中田产一直是 25 亩，每年冬天在嘉善开仓揭示于门道"本宦田止二十五亩，自兑米若干，并无寄户假托情弊"的行为，堪称"清白"，⑧较属罕见。

江南特别值得关注的苏、松地区，田赋大多不均，也很难均派，更使地方"供亿日困"。⑨

松江号称"天下大府"，附郭华亭自然属于"剧县"，"其讼狱之繁多，钱粮之浩大，上司文移之庞杂，山积波委，日勤职业，犹惧不逮"；而且到嘉靖、隆庆之际，乡官（乡绅）"已十倍于前"，府县官疲于迎送，地方公事也颇受影响。⑩ 仅就田赋而论，据董含的曾叔祖董申江所撰《杂识》所载，松江地方为

---

① ［明］赵官等编、万文彩等重修：《后湖志》卷二《黄册户口》、《黄册事产》，收入《金陵全书》甲编"方志类"，南京出版社 2013 年影印版。

② ［明］皇甫录：《皇明纪略》，民国二十九年商务印书馆景印元明善本丛书十种《历代小史》本，收入《续修四库全书》子部杂家类第 1167 册，上海古籍出版社 2002 年影印版，第 657 页。

③ ［明］李诩：《戒庵老人漫笔》卷七，"江陵论财赋揭帖"条，中华书局 1982 年版，第 293—294 页。

④ ［明］范濂：《云间据目抄》卷四《记赋役》，民国年间上海进步书局印行本。

⑤ 有关晚明社会诸如在"加派"、"优免"、"包揽"、"诡寄"、"分洒"等方面弊病的诠解，详细可参李文治编：《晚明民变》，上海书店、中华书局 1989 年版，第 6—7 页。

⑥ ［明］陆师贽：《过庭随笔》卷二，传抄本。

⑦ ［明］叶权：《贤博编》，中华书局 1987 年版，第 26 页。

⑧ ［清］张履祥：《杨园先生全集》卷三十二《言行见闻录二》，同治十年江苏书局刻重订"杨园先生全集"本。

⑨ ［明］桂萼：《文襄公奏议》卷七《进舆地图疏·南直隶图序》，嘉靖二十三年桂载刻本。

⑩ ［明］何良俊：《四友斋丛说》卷三十四《正俗一》，第 316 页。另，据酒井忠夫的考述，乡官与乡绅是同义词。参氏著《中国善书研究》（增补版），江苏人民出版社 2010 年版，第 95 页。

"均赋"曾有三等划分的编派,即上等为西乡,"有一亩仅租五六斗或七八斗者";中等为东、北乡,"有仅种花豆青秧,亢旱无收者";下等为南乡,有十一、十二保地区"一亩收租二三石,水旱无虞者",都是不切近实情的不当分划。董申江认为,上、中、下等乡区,应该各自再定出三等,即以九等定赋税,方才契合乡区不同环境的实际,否则环境较差之区的民生将更形艰难。①

再如苏州府的吴江县,号称"吴郡壮邑",由于当地民众"嚣浮好讼",在时人看来"比于他邑为难治"。② 况钟曾感叹:"苏俗好讼,辄赴京讦告,苟涉官员",而且"苏民田赋重,贫者输官及耕作,多举债于豪家,倍纳其息,至以子女折偿"。③ 也像后来唐甄概括的"吴人善讼"的极致境地:"凡所以求胜者,无不为也,无不忍也。"④对地方官来说,"事之最扤者"本来就是"讼",对百姓而言,万不得已进行告讼的,须"有势、有财、有谋智、有党羽,肯耐烦忍气,能奔走,多闲功夫守候乃可"。⑤

在上述这样的府州县地方,其间的吏治之难,吏治中存在的众多弊漏,都让人记忆深刻。昆山人归有光就说过,江南因是财赋乐土,衙门中的胥吏多"以期会鞭笞,集赋税",所谓庶政严切;也因吏治烦剧,衙门中各部门的杂务,"一切以意穿凿",专求声名政绩,所谓"庶务号为振举"。⑥

当然,官方的禁约首先指向的是州县正印官,所谓参谒有禁、馈送有禁、关节有禁、私讦有禁、常例有禁、迎送有禁、华靡有禁、左右人役需索有禁等等,但官府里面出现的困局是"胥曹剿袭旧套以欺官,而官假意振刷,以欺百姓",所以自然又会有"自禁之而自犯之,朝令之而夕更之"的现象,瞒上欺下。⑦

州县官行政的烦难程度,是当时很多人的共同体认。其具体的为难之状,谢肇淛概括为八条:⑧

勤瘁尽职,上不及知,而礼节一疏,动取罪戾,一也;百姓见德,上未

① [清]董含:《三冈识略》卷四《补遗》,"申江杂识"条,辽宁教育出版社2000年版,第95页。

② [明]沈德符:《万历野获编》卷二十六《谐谑》,"吴江艺人"条,中华书局1959年版,第688页。

③ [明]况钟:《况太守集》卷二《列传》,吴奈夫等校点,江苏人民出版社1983年版,第38页。

④ [清]唐甄:《潜书》下篇下《吴弊》,中华书局2009年版,第172页。

⑤ [清]陆文衡:《啬庵随笔》卷一《格言》,光绪二十三年吴江陆同寿刻本,台湾广文书局1969年影印版。

⑥ [明]归有光:《震川先生集》卷九《送太仓守熊侯之任光州序》、卷十《送许子云之任分宜序》,上海古籍出版社1981年版,第202、236页。

⑦ [明]谢肇淛:《五杂俎》卷十四《事部二》,中华书局1959年版,第397页。

⑧ [明]谢肇淛:《五杂俎》卷十四《事部二》,第400页。

必闻，而当道一怒，势难挽回，二也；醇醇闷闷，见为无奇，而奸驵蜚语，据以为实，三也；凋剧之地，以政拙招尤，荒僻之乡，以疏逖见弃，四也；上多所喜，多见忌于朋侪，小民所天，每见仇于蠹役，五也；茧丝不前，则责成捆至，苞苴不入，则萋菲傍来，六也；宦成易怠，百里半于九十，课最易盈，衔橛伏于康庄，七也；剔奸厘弊，难调驵侩之口，杜门绝谒，不厌巨室之心，八也。

类似地，顾炎武有“守令之难”四条，也作了一番概括：①

坐堂皇抚一邑，专精课治，何业不就，而时日耗于趋迎，精神殚于馈遗，帣鞲鞠跽，东西奔驰，其难一；工于弥缝，善事上官者，躐荐台省，不者辄以他事中之，畏简书不若其畏上台，其难二；首尾牵制，文移把持，尺寸以上，不得轻有所举，长材无以自见，掣肘之患，其难三；官如行马，仅一过耳，书役为主人，官者为客，则其弊不可得知，知不可得竟，其难四。

明清时期的州县官员中，能很好地处理上述各种困境的“全才”，是极其罕见的。何良俊分析说：“其严于律己者，每伤于刻；其宽以应物者，常失之通。聪明者，见事速而短于持循；敦笃者，守法坚而缺于裁变。迟钝之士，可以固而有常；佻狡之徒，亦能权以济事。苟当其材，则尺寸之木皆适于用；若违其任，则虽合抱亦无所施。”②可谓确论。归庄认为：“临政长民而能易其所难者，不多见也。当今长吏所短，事积狱滞，教百姓无素，赏罚无章，狃于晏安，不知儆备。”在他的视野中，崇祯十四年始任昆山知县的黄冈人万曰吉，是自万历末到归氏生活时代的三十多年间唯一的“良吏”。未至昆山前，万氏“即抗疏言吏治数事，皆中要领”，到任后，“人固已惮之矣”。两年之后，“政大修，官无废事，狱无滞囚”。③ 万氏既敢于痛惩豪右奸胥，又积极推表先贤、乐善之士。时人称：“万公有二反：见上官则骨傲，见穷儒则色温；对贵绅则言峻，对小民则气平。”④

至于州县官与地方有力阶层的关系，时常显得很微妙甚至紧张。发生

---

① ［清］顾炎武：《菰中随笔》，光绪十一年扫叶山房刊本。

② ［明］何良俊：《四友斋丛说》卷十三《史九》，中华书局1959年版，第105页。

③ ［清］归庄：《归庄集》卷三《序·送昆山令黄冈万侯序》，上海古籍出版社1984年版，第224—225页。

④ 光绪《昆新两县续修合志》卷二十一《名宦》，光绪六年刊本。

于正德年间苏州的一则故事，说明了知县与乡绅间存在的矛盾：①

> 长洲知县郭波，福建人。与致仕尚书刘缨有小隙，编其家粮长七名，复以谢罪为辞，造其庐，连拜二十余拜。既出门，号于众曰："我欲拜死老贼耳。"刘年八十余，不胜惫，愤而卒。其孙不能承役，逃移四方，家立破矣。

这里讲的刘缨(1442—1523)，也是苏州人，成化十四年的进士，历任滕县知县、监察御史、太仆少卿、右佥都御史、四川巡抚、湖广巡抚、大理寺卿、兵部右侍郎、南京刑部尚书等职，于正德八年底致仕，嘉靖二年(1523)卒。像这样有地位的致仕官宦，居然被长洲知县如此播弄，郭知县竟因小隙将刘家编役7名粮长，目的就是要刘家破产，而刘缨却无反击之力，也令人感到奇怪。

实际上，嘉、隆之际苏州的乡官们已十分威风，进出县衙，"黄伞亦有六七顶"。他们在乡居期间，都向府县讨要皂隶侍候，每人配皂隶二名、轿夫四名、直伞一名，总计七名；如果府县不肯，就"谤议纷然"，颇有"蔑弃朝廷纪纲"之态。② 这些人的存在，无疑给府县官员们造成了巨大的压力。而且从明代中期以后的社会变化来看，在土地占有问题上，乡官的"社会性作用"在加强，并通过诡奇、寄庄等手段使土地兼并变得更为激烈。③

隆庆三年以右佥都御史身份巡抚应天等十府的海瑞，从贤良的乡官那里了解到："二十年以来府县官偏听乡官举监嘱事，民产渐消，乡官渐富，再后状不准理，民亦畏不告诉，日积月累，致有今日，事可恨叹！先年士风不如是也。"为富不仁，人心同愤。④ 为此，他要大力清退江南豪强兼并百姓的土地，甚至对致仕的松江名宦徐阶完全不予优待，为政刚猛，但仅半年就受到弹劾而罢职。⑤ 海瑞为政失败的主要原因，就在于他在江南时，"一意澄清，而不识时务"，这在大多数官绅们看来是"好为不近人情之事"，⑥而遭致普遍的反对。当然像何良俊所论的，因海瑞过于偏袒百姓，在审案中一味断小民获胜，结果滋生出小民中的"刁恶之人"，盛行攻讦，以致"士大夫家，不肯

① ［明］朱国桢：《涌幢小品》卷十三，"编役连拜"条，中华书局1959年版，第290页。

② ［明］何良俊：《四友斋丛说》卷三十五《正俗二》，第318页。

③ (日)酒井忠夫：《中国善书研究》(增补版)，江苏人民出版社2010年版，第105—109页。

④ ［明］海瑞：《海瑞集》上编《被论自陈不职疏》，中华书局1962年版，第238页。

⑤ 《明史》卷二二六《海瑞传》。

⑥ ［明］沈德符：《万历野获编》卷二十二《督抚》，"海忠介抚江南"条，中华书局1959年版，第556页。

买田,不肯放债,善良之民,坐而待毙,则是爱之而实陷之死也”的情形,①也是海瑞在江南从政时造成的负面影响。

万历二年(1574)进士、曾任户部主事、吏部考功、文选员外郎的赵南星,曾在万历十七年十一月上疏直言当时官员政治生活中的四大害,②而触犯了很多人的忌讳。他认为当时社会已是“世道日颓,人皆趋时以苟富贵,以奔竞为常事,以狥私为无伤,以巽愞为老成,以模棱为妙用,彼此相欺,无所愧畏”,就是有心忠于朝廷而“孤力难施”,当下的救时要务就是除四害:一是大臣的“干进之害”,二是官员间大肆诬诋的“倾危之害”,三是地方官选任的“守令之害”,四是“乡官之害”。四害一除,“仕路庶几可清,民生庶几可瘳”。当中的“守令之害”直指地方官员的问题,主要内容如下:③

> 夫守令,职在亲民,权亦得为,惟贤者为能,乘权以利物,不肖者鲜不缘以自恣。今知县选授太轻,部寺之官,计日而升,知府曾不问其才行。科道出守,即为劣处,阘茸之徒,每见优容。……士人励行如女子守身,淫即败俗,岂必久且甚哉。以故贪官充塞,无所顾忌,民安得不饥毙冗散也。

与地方密切相关的“乡官之害”,海瑞感受深切,曾向朝廷指出:松江地方“告乡官夺产者几万人”,其中“华亭乡官田宅之多,奴仆之众,小民詈怨而恨,两京十二省无有也”。④

曾有“白面包公”之誉的武进知县岳凌霄,在任时颇有作为。地方志中对其政绩有简明的记述:“武邑积弊,大姓拥不税之田,细民供无田之赋。凌霄为均苦乐、平隐占,武民得之。巨商吴姓鸩妾,陷其邻丁某,凌霄审得其情,冤遂伸。恶少辈以强奸逼死董氏女,脱网。凌霄执法抵之,立祠旌董,两邑有‘白面包公’之谣。”⑤然而就在岳知县当政时,得罪了地方巨室,受到了各方面的压力。但岳氏是姚希孟的门生,姚氏自然要为其辩诬,他向常镇道带管苏松的吴讷如去信说:⑥

---

① [明]何良俊:《四友斋丛说》卷十三《史九》,第109页。
② [明]吴亮:《万历疏钞》卷六《国是类》,万历三十七年刻本。
③ [明]赵南星:《赵忠毅公诗文集》卷十九《总宪疏·敬循职掌剖露良心疏》,崇祯十一年范景文等刻本。
④ [明]海瑞:《海瑞集》上编《被论自陈不职疏》,中华书局1962年版,第237页。
⑤ 民国《获嘉县志》卷十二《人物》,民国二十四年铅印本。
⑥ [明]姚希孟:《文远集》卷十六《书牍·常镇道带管苏松吴讷如》,收入《四库禁毁书丛刊》集部第179册,据国家图书馆藏崇祯张叔籁等刻清阁全集本影印,第474页。

迩来县令之雌黄，不出于上台，而出于爱憎恩怨之口，越俎旁操，肆其辣手，将置上台于何地！……敝门生岳武进性本强项，专以锄强剪横、兴利除害为念，而人情土俗一切勿问。其严峻之过，诚不容为之讳，而未至草菅人命，如暴公子之流也。乡绅之不快者，因丈田一事，迫欲去之，猝有廷评之推己，而知其流传失真，捃摭无据。旁观者搤腕称冤，即下石者咋舌诿过，然已无及于事矣。夫溺冷灰，蹂破甑，此常情也。闻毗陵乡绅宿憾未已，恐罗织辜状，展转相闻，惟老公祖力为护持，以全其末路。

由于姚希孟的帮衬，岳凌霄终于摆脱了乡绅豪室的诬陷，得以顺利完成在武进的县政。

万历二十三年，27 岁的袁宏道（1568—1610）出任堪称江南剧邑的吴县知县。袁氏毕竟是个文人，行政伊始对工作充满了信心，他曾写信给汤显祖（时任遂昌知县）：“作令无甚难事，但捐得一分，便是一分才。彼多事者，非生事即是不及事耳。吴地宿称难治，弟一简持之，颇觉就绪，但无奈奔走何！兄老吏也，有可以请益者，不妨教我。”①在他眼中，“作令无甚难事”，即便是号称难治的苏州，也可以轻松而有序地施政的。

可是，同年再写给其他友人的信中，袁宏道已不是这样的口气了。如给杨廷筠的信中道：“吴令甚苦我：苦瘦，苦忙，苦膝欲穿，腰欲断，项欲落。嗟乎，中郎一行作令，文雅都尽。人苦令邪，抑令苦人耶？”②又如给丘坦的信中说：“弟作令备极丑态，不可名状。大约遇上官则奴，候过客则妓，治钱谷则仓老人，谕百姓则保山婆。一日之间，百暖百寒，乍阴乍阳，人间恶趣，令一身尝尽矣。苦哉！毒哉！”③到万历二十四年，他给好友、丹阳人沈凤翔（时任萧山知县）的信中，也直抒县政的烦难、知县的苦况以及他已经无法忍受的心境：④

人生作吏甚苦，而作令为尤苦；若作吴令则其苦万万倍，直牛马不若矣。何也？上官如云，过客如雨，簿书如山，钱谷如海，朝夕趋承检点，尚恐不及，苦哉！苦哉！然上官直消一副贱皮骨，过客直消一副笑嘴脸，簿书直消一副强精神，钱谷直消一副狠心肠，苦则苦也，而不难。

---

① ［明］袁宏道著，钱伯城笺校：《袁宏道集笺校》卷五《锦帆集之三 · 尺牍》，“沈广乘”条，第 242 页。

② ［明］袁宏道：《袁宏道集笺校》卷五《锦帆集之三 · 尺牍》，“杨安福”条，第 213 页。

③ ［明］袁宏道：《袁宏道集笺校》卷五《锦帆集之三 · 尺牍》，“丘长孺”条，第 208 页。

④ ［明］袁宏道：《袁宏道集笺校》卷五《锦帆集之三 · 尺牍》，“沈广乘”条，第 242 页。

> 惟有一段没证见的是非，无形影的风波，青岑可浪，碧海可尘，往往令人趋避不及，逃遁无地，难矣！难矣！

不过在后人的眼中，袁宏道在吴县任上还是有些作为的，据说“县前酒肆十减其六七”。①

就江南而言，苏、松、常、镇等府，地当冲要，赋税甲天下，而以苏州为最。宣德年间的乡宦方献忱就说：“凡官斯土者，轺车过传于斯者，京僚采办来斯者，日接踵费绝，人人思饱其囊橐而去。”而其间又有里老、吏胥辈倚为利薮，不尽吸小民之膏髓而不罢休，真是苏人的不幸。② 因此，倘若府县官每日也以迎送过客为事，小民冤抑就根本得不到处理；而事涉乡官、举、监时，州县官又惮于势豪，常常寝阁不行。③ 所谓“胥隶日肥而民生日瘠”，说的正是吴地难治的景况。④ 吴县是苏州府的首县，苏州是太湖平原最为繁华的城市。要在这里当好官，真的需要些本事。

江南各省府首县行政的繁难，远较其他地方很多首县为剧。明末就很流行的俗谚“前生不善，今生知县；前生作恶，知县附郭；恶贯满盈，附郭省城”，是对首县工作之难的概括，也可以视为“官箴”。⑤ 到清代中期，这个话在官场中仍然“熟在人口”。在官场中有丰富经验的梁章钜（1775—1849），还说有一个“首县十字令”，语句传神，堪为补充：

> 一曰红，二曰圆融，三曰路路通，四曰认识古董，五曰不怕大亏空，六曰围棋马钓中中，七曰梨园子弟殷勤奉，八曰衣服齐整，言语从容，九曰主恩宪德，满口常称颂，十曰坐上客常满，樽中酒不空。

梁氏特别提及“认识古董”四字较形空泛，是不清楚南方各大省州县官员在办理交接工作时，“全凭首县核算，有不能不以重物交抵者”。他在江南，曾于万承纪知府（应该是在镇江）那里看到英德石山一座，备皱、瘦、透之美，上面还有赵翼的镌题，堪称精品。万知府言这是丹徒县任内交接时抵了四百

---

① ［明］姚希孟：《文远集》卷五《书牍·万吴县拙庵》，收入《四库禁毁书丛刊》集部第179册，据国家图书馆藏崇祯张叔籁等刻清阁全集本影印，第334页。

② ［明］况钟：《况太守集》卷十四《听纳·致仕乡宦方献忱上太守书》，吴奈夫等校点，江苏人民出版社1983年版，第149页。

③ ［明］海瑞：《海瑞集》上编《被论自陈不职疏》，中华书局1962年版，第237页。

④ ［明］姚希孟：《文远集》卷五《书牍·万吴县拙庵》，收入《四库禁毁书丛刊》集部第179册，据国家图书馆藏崇祯张叔籁等刻清阁全集本影印，第334页。

⑤ ［清］宋荦：《筠廊二笔》卷上，上海古籍出版社2012年版，第42页。

两银子。类似地,梁氏在知府袁培那里见过北宋范宽作的大幅山水画,也称是交接工作时抵了五百两。梁氏很感慨:“使非认识古董,设遇此等物,何从判断乎?”至于第十字令所说“坐上客常满,樽中酒不空”,则属江南各州县缺分为“冲”(地当孔道者)的才有,偏远苦瘠之区的首县,是攀跻不上的。①

其实首县工作之难,还有前述之外难以尽详的困苦内容。有一个令人深思的事例,发生于康熙二年(1663)。时任吴县知县的孙启元,在任期不到一月时就上吊自杀了。这在地方上算是一桩大案。据省部的核查和家属的口供,认为孙氏“质本怯弱、才乏理繁,兼之夙患痰疾,不耐劳苦,一旦任此剧地,钱粮紧急难支,县务纠纷莫应,是以寝食靡宁,遂乃轻生短见”。②

这个事例,使我们可以从另一种层面推测,这位体弱多病的县令可能困于迎送上官、与地方社会中的权势人物很难搞好关系,否则也不会简单地因政务难支而自缢。这倒有些像俗语所云:“州县官如琉璃屏,触手便碎。”③

康熙时期被时人视为贪官的嘉善知县沈虬,在迎送督粮道蒋寅时,为满足蒋氏的“索贿”要求,派卢瑞、陆荣登按里甲摊征兑费,每里五十两,二百里约得万两白银。后来沈虬本人也被下狱清查。新任知县崔维华莅任,适逢天降大雨,冲毁了乡间圩岸。崔知县即准备下乡踏勘,圩长“惧圩况苛敛,贿通经承”,大概通过经承的努力,崔知县没有踏勘成功,④也使乡村地方得以脱免因修圩而可能引起的“苛敛”。

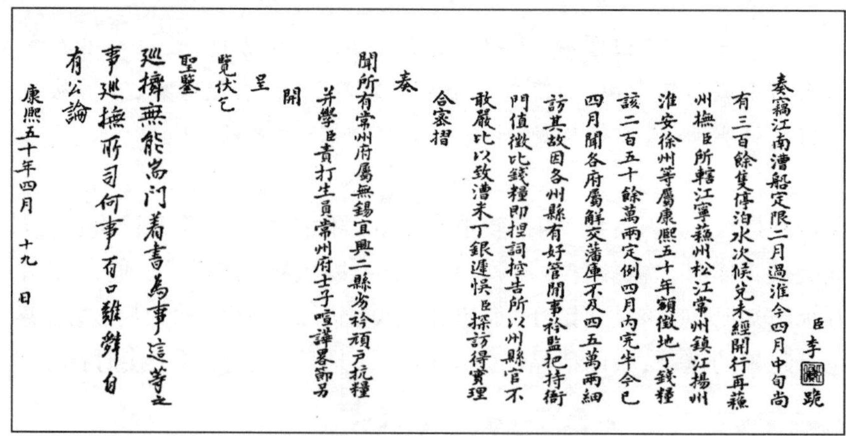
臣李煦跪
奏竊江南漕船定限二月過淮今四月中旬尚
有三百餘隻停泊水次候兑未經開行再蘇
州撫臣所轄江寧蘇州松江常州鎮江揚州
淮安徐州等屬康熙五十年額徵地丁錢糧
該二百五十餘萬兩定例四月內完半今已
四月聞各府屬觧交藩庫不及四五萬兩細
訪其故因各州縣有好管閒事衿監把持衙
門值徵比錢糧即捏詞控告所以州縣官不
敢嚴比以致漕米丁銀遲悮臣探訪得實理
合密摺
奏
聞所有常州府屬無錫宜興二縣劣衿頑戶抗糧
并學臣責打生員常州府士子喧譁[illegible]節另
開
呈
覽伏乞
聖鑒
巡撫無能當门着書為事這等之
事巡撫所司何事百口難辯自
有公論
康熙五十年四月 十九 日

图三　康熙五十年四月李煦密折

① ［清］梁章钜:《归田琐记》卷七,“首县”条,中华书局1981年版,第137页。
② ［清］韩世琦:《抚吴疏草》卷二十五《覆吴县令孙启元自缢疏》,康熙五年刻本。
③ ［清］汪辉祖:《学治臆说》卷下,“公过不可避”条,同治元年吴氏望三益斋刻本。
④ ［清］佚名:《武塘野史》,不分卷,“康熙二十一年壬戌”、“康熙二十二年癸亥”条。

作为康熙的密探，李煦(1655—1729)于康熙三十二年(1693)出任苏州织造后，常向康熙密报江南地方的各类情况。在康熙五十年的一份密报中，他言及地方官府正处征钱粮时节，“因各州县有好管闲事衿监把持衙门”，使各府属解交藩库不到四五万两；甚至“捏词控告”，使各州县官都不敢严比，以致国家应征的漕米丁银迟误。① 在明末清初人陆文衡看来，“不管家事管闲事”是与“不教儿子教戏子”、“不置田园置花园”并称的“缙绅三病”，②而尤以“管闲事”为严重，会影响地方政事。

因此，从以上事例的胪陈中可以发现，即使是怀有良好愿望的地方官员，在莅任州县行政时，不可避免地受到各种势力的影响或阻挠。“官是苦人，做官是苦事”。③ 侯峒曾在给仅任两年的嘉定知县的送别序文中，概述了地方官为政的烦难：“夫仕者之莅官，每递处其所，不习四遐之地，相易而往，其宫庐、器械、被服、食饮之具，士风气候之宜，与民人谣俗、语言、习尚之务，其变难遵，其情难得也。”④在有限的任期内，即使一心为政，努力肃清弊政的地方官，其所言所行多半是“上恶其疏，下恶其严，同列恶其异”，⑤很难在官场中立足。况且，真正能“饬己爱民，守法勤事”的州县官员，本来就少。⑥ 若不幸又与地方有力阶层形成了对抗而难以调和，其政治生命多不会长久，使地方行政更显烦难。

---

① [清] 李煦：《衿监把持衙门以致漕米丁银迟悮折》(康熙五十年四月十九日)，收入故宫博物院明清档案部编：《李煦奏折》，中华书局 1976 年版，第 93—94 页。

② [清] 陆文衡：《啬庵随笔》卷四《风俗》，光绪二十三年吴江陆同寿刻本，台湾广文书局 1969 年影印版。

③ [清] 方大湜：《平平言》卷一，“官不易做”条，光绪十八年刊本。

④ [明] 侯峒曾著、[清] 侯玄瀞编：《侯忠节公全集》卷十一《文 七 · 送胡明府序》，民国二十二年铅印本。

⑤ [清] 毛祥麟：《墨余录》卷十二，“醒睡先生”条，上海古籍出版社 1985 年版，第 191 页。

⑥ [明] 顾潜：《静观堂集》卷八《碑 · 嘉定尹王侯去思碑》，清玉峰雍里顾氏六世诗文集本。

第三章　疆界管理与利益分割

一、苏南与浙西

以太湖为中心的江南,作为整个帝国最为重要的经济和文化中心,一般被分成浙西、苏南两大地域。这两个联系紧密的区域,在历史上的分化整合,对后世州县行政造成了长久的影响,因此对它们各自概念的考订,也颇值得寻味。而地方政府之间和村落之间的种种利益纠葛,既反映了民间的利益倾向和各种形式的地方保护,也从各种层面反映了地方政府与国家在赋税征派、徭役分割等方面存在的矛盾和冲突,直接关系地方民众和政府的切身利益,并深刻影响着地方传统经济、自然地理以及风俗文化方面的合理区划。所有这些问题,在清末以地方自治为张目的运动中,大多得以改正。

就苏南与浙西而言,苏南是一个颇具现代意味的概念。

在《四库全书》,及从《史记》到《清史稿》的所有正史中,还没有出现与现代意义接近的"苏南"一词。最早出现这个词,是在民国年间。在《中华民国史事日志》中,曾多次运用了苏南这个概念,并与海南、广东、浙江、皖南、皖中、湖北、湖南、豫南等一些具有确定地域范围的词汇并用。① 这表明,苏南这个词至晚在民国时期,已经开始广泛运用。

从地域上看,江苏省长江以南部分通称"苏南",与"苏北"概念相对。②这样,南京、镇江、常州和苏州地区,就归入了今天习用的"苏南"地区。但这个概念仅仅是用长江为界的划分,明显存在自然区与行政区的矛盾。为此,

---

① 郭廷以编著:《中华民国史事日志》,台北中研院近代史研究所 1985 年印行本,民国三十四年乙酉(1945)9 月、10 月条。

② 单树模主编:《中华人民共和国地名词典 · 江苏省》,商务印书馆 1987 年版,第 548 页:"苏南"条。

费孝通在1984年提出了不同的看法：长江以北除了徐州、连云港、盐城、淮阴、扬州五市以外，还有南通市，南京市辖的六合、江浦两县及市区的一部分；当时通用的"苏北"概念仅指上述五市地区；从经济发展上的共同性来说，"苏南"包括苏州、无锡、常州和长江以北的通州四市地区；但这两个概念也明显有不合理的地方，还应该在苏南与苏北之间，另划一个苏中区，从而把扬州市的沿江一部分、镇江与南京合成一块，甚至包括南通市的西部及北部。① 费孝通的分析，是基于经济区整体发展特性的考虑，有其合理的成分。

今天的上海地区（以明清时期的松江府为主，包括后来从苏州府析置的太仓直隶州属下的嘉定、崇明、宝山三县），历史上最初与浙西、苏南同属一个高层政区，比如在唐代属于江南东道，但在宋代被一分为三，大部分属于秀州（嘉兴），小部分（嘉定等地）属于苏州，崇明地区则属于淮南东路；南宋只是在名称上作了变更，秀州改称嘉兴府，苏州改称平江府。但在元代，松江府地区开始独立出来，与嘉兴路、平江路并立，而崇明则改属河南江北行省。从此，松江地区一直是一个独立单元，到明清时期，与苏州、常州二府一起，同属于南直隶、江南省或江苏布政使司。崇明一度归属于苏州，到清代与嘉定县、宝山县一起，隶于太仓直隶州，所属的高层政区，与苏州、松江、常州相一致。所以从本质上，我们还是将苏州、松江、常州与太仓直隶州一起作为一个苏南的整体加以考察。地域上，则是在长江以南、镇江以东。本文作这样的考虑，显然与今天地理学界的分划是有区别的。但既然考察的是历史时期的情况，讨论苏南和浙西问题，还是要从历史出发。

较之苏南，浙西是一个很清楚的具有历史意味的概念。

今天所云的浙西，基本是指钱塘江（古称浙江）西北地区，包括杭州市、湖州市西部辖境，显然小于历史上使用的"浙西"；本来属于浙西的嘉兴地区、杭州市与湖州市的东境，则概称浙北。②

这个概念与历史上的界定有很大分歧。东汉顺帝永建四年（129），分会稽郡钱塘江以西为吴郡，以东为会稽郡。这是浙西、浙东地域概念之始。唐代"浙江西道"、宋代"两浙西路"的简称为"浙西"，与"浙东"的概念并立，亦源于此。从地域上看，在宋代以后人们的使用中，"浙西"出现了收缩，最后到明清两代，已局限于杭州、嘉兴、湖州三府地区。明代著名人文地理学

---

① 费孝通：《小城镇——苏北初探》，载氏著《费孝通论小城镇建设》，群言出版社2000年版，第177—178页。

② 陈桥驿主编：《中华人民共和国地名词典·浙江省》，商务印书馆1988年版，第479页："浙西"、"浙北"条。

家王士性就说:“两浙东西以江为界,而风俗因之。浙西俗繁华……浙东俗敦朴。”在他眼里,浙西的杭、嘉、湖三府是一个统一的文化整体,不可分割,民生其间者,也统称“泽国之民”。①

清代的浙西,从文献材料来看,也有广狭之分。一是明确指杭嘉湖三府为浙西,②特别是在水利专家们的言论中;③二是指今天的钱塘江以北地区为浙西,还包括富春江、桐江、衢江以北的严州、衢州地区,与江西相接壤。④

浙西中的湖州与嘉兴,历史上与苏南同属一区,在文化上、经济上有着许多共通之处,但杭相对嘉、湖来说,至少在文化上,实际存在着许多不同。不过,在明清人的笔下,这三个府还是被作为一个共同体加以论述。

从自然条件上看,苏南与浙西同属于太湖水系流域,有着极大的统一性和共同特征。而且在历史上长期属于一个高层政区。秦朝统一以后,这一地区属于会稽郡;以后,分别主要属于西汉扬州刺史部的会稽郡,东汉扬州刺史部的吴郡,三国时吴国扬州的吴郡,毗陵典农校尉,东晋的扬州,唐代贞观年间的江南道以及后来析出的江南东道,五代的吴、南唐与吴越政权,宋代的两浙路或两浙西路,元代的江浙行省,以及明代洪武初期的江南行省。

所以,清代人经常将苏、松归入“浙西”这个历史性概念加以表述,⑤就不值得奇怪了,因为它本身就体现了苏南与浙西在民众心目中的历史统一性。而且在许多社会问题上,地方官与士绅们,是将整个太湖周边的苏南与浙西作为一个完整的系统或有机体来进行讨论的。比如,在水利的修治与维护上,就表现得十分明显。他们认为,太湖西受宣、歙,南受杭州、湖州、广德诸府的山水,东经“三江”入海,因此苏、松、嘉三府可视作太湖下游,下泄主河道有吴淞江、娄江与东江。⑥ 太湖水利系统的维护自然要求苏南、浙西的协调统一,许多人为此大力倡导,不能仅关注太湖下泄河道的整治,也要关注太湖上游湖州府等地水利的治理,从而分杀浙江境内的水流,减却太湖

---

① [明] 王士性:《广志绎》卷四《江南诸省》,中华书局1981年版,第67—68页。

② [清] 刘汝璆:《浚湖州溇港议》,载[清] 葛士浚编:《皇朝经世文续编》卷九十八《工政十一·各省水利上》,光绪十七年上海广百宋斋校印本。

③ [清] 王凤生修、梁恭辰重校:《浙西水利备考》卷首,道光四年修、光绪四年重刻本。

④ [清] 杨士达:《上裕抚军论防御事宜书》,载[清] 葛士浚编:《皇朝经世文续编》卷六十八《兵政七·保甲》。

⑤ [清] 王国宝:《筹浚三江水利疏》,载[清] 贺长龄、魏源等编:《清经世文编》卷一百十三《工政十九·江苏水利下》,中华书局1992年影印本。

⑥ [明] 陈子龙等选辑:《明经世文编》卷一八二《桂文襄公奏议四·浙江图序》,中华书局1962年影印本;[明] 姚希孟:《公槐集》卷三《代当事条奏地方利弊》,收入《四库禁毁书丛刊》集部第178册,据国家图书馆藏崇祯张叔籁等刻清阁全集本影印。

容蓄水量的压力,由此减少“专治三江之难”。① 再如江南城防的葺治,特别是在兴建的高潮期嘉靖年间,更突出地体现了这两大地域之间的联合和利益上的一致性。②

二、政区的分割

但是,就在明初,这两个地区被人为地分割开来,并且产生了极为重要的影响。

元代后期,至元二十六年(1366),朱元璋在自己的势力范围内置浙江行省,仅九府之地。洪武十四年(1381),认为浙江太小,遂决定将江南行省的嘉兴、湖州二府划入浙江。到正统二年(1437),江南行省改称南京,苏州、常州、松江、镇江仍隶之。③ 从此,这个苏南浙西的统一体,不再同属于一个高层政区,而被人为地分隶于两个大政区管辖。到清代,苏南属于江南省及康熙六年后的江苏省,④浙西则一直属于浙江省。

朱元璋的政区变革,导致了太湖水系流域(平原)这个完整的自然生态系统单元,被长期地分属于两个高层政区;1949 年以后,又分属于三个,即原来的松江府与清代太仓直隶州的大部分(嘉定、崇明两县)被析出一个上海直辖市,与江苏、浙江两省共同瓜分了整个太湖平原地区。虽然太湖湖区和滨湖地域仅归江苏、浙江两省共管,但仍然造成了这个地区行政、经济、社会、自然地理规划等方面永久的矛盾。

除了高层政区之外,府与府之间,县与县之间,乡与乡之间,存在各种各样的田土嵌错和疆界纠葛,也造成了地方政府管理上的许多麻烦。特别是在明清两代,发生于宣德、弘治和雍正年间的几次分县改革,加剧了这种疆界错乱问题,并使这种状况保持了数百年的合法化。但在当时,却被政府赞为“因地制宜之法”,有利于地方政府在太湖平原这个财赋重地处理名目繁

---

① [明]章潢:《图书编》卷三八《两浙水利》,文渊阁《四库全书》本。

② 参冯贤亮:《城市重建及其防护体系的构成——十六世纪倭乱在江南的影响》,载《中国历史地理论丛》2002 年第一辑,第 11—29 页。

③ 《明太祖实录》卷一百四十,“洪武十四年十一月丁亥”条;[明]李贤等撰,(日)山根幸夫、长泽规矩也编:《大明一统志》卷十一《镇江府》,汲古书院昭和五十三年(1978)刊本;《明史》卷四十《地理志一》、卷四十四《地理志五》。

④ 江南分省时间有几种不同的看法。兹据林涓在《清代行政区划变迁研究》(复旦大学博士学位论文 2004 年 4 月,未刊本)中的详细考订,采用康熙六年说。

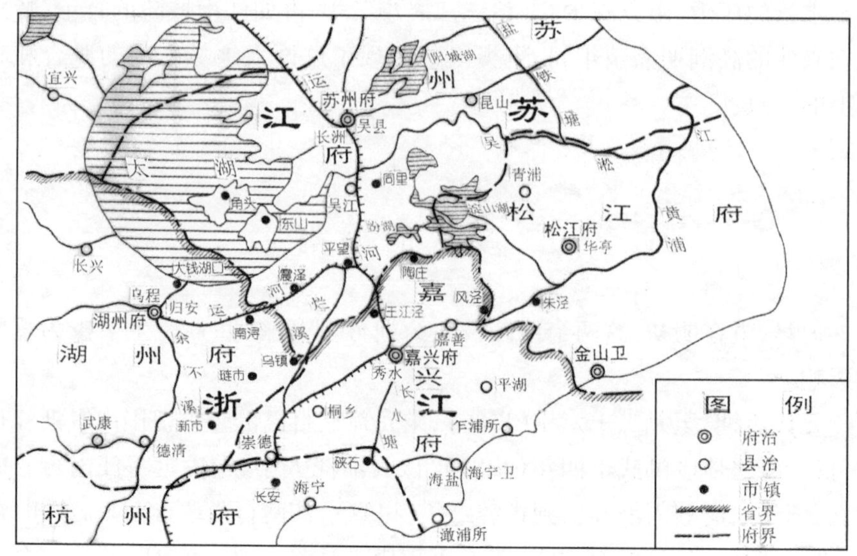

图一 明代苏南、浙西对太湖地区的分割

多的赋税、狱讼刑名案牍以及加强地方控制。①

府与府之间的矛盾,往往通过下级县级政区表现出来。县是地方行政区划的基本单位,往往与时俱增,且置后少有罢并,较为稳定。② 在明清时期,江南县级政区的发展是空前的。就明代而言,县的设置大为增加,基本上形成了今天江南地区政区的格局。③

例如,浙江省嘉兴府的增县就颇具典型性。在明初,嘉兴府所辖仅有嘉兴、海盐、崇德(后改名石门)三县。宣德四年(1429),根据大理寺卿胡槩以当地"齿众、赋繁、地广"为由要求增县的奏请,朝廷在宣德五年正式下令嘉兴府嘉兴县分置秀水、嘉善二县,治所分别在附郭和魏塘镇。同时期,从海盐县分设了平湖县,治所在当湖镇;崇德县分置桐乡县,治于凤鸣乡。④

在江南的其他地区,湖州府于弘治元年(1488)增置了孝丰县。关于分县缘由,在当时湖州府知府王珦向朝廷的奏疏中说得十分明白:湖州府的孝丰、天目、鱼池、灵奕、广苕、浮玉、太平、移风、金石九个乡的粮耆里老等

① 《清世宗实录》卷二十四,"雍正二年九月甲辰"条。

② 谭其骧:《浙江省历代行政区划——兼论浙江各地区的开发过程》,收入氏著《长水集》,人民出版社 1987 年版,第 398—416 页。

③ 关于明清苏南、浙西地区县级政区的变更情况,详参冯贤亮:《明清江南地区的环境变动与社会控制》第二章"江南行政区划的变迁",上海人民出版社 2002 年版,第 56—75 页。

④ 《明宣宗实录》卷六十四,"宣德五年三月戊辰"条。

人,都提出这些乡僻居深山,且道路险阻、不通舟楫,离县城较远,甚至有“老死山林不见官府者”;又往往不服政府催科,钱粮逋欠数很多。遇到荒年,地方上就变得很乱,抢掠乡村的事情时有发生。因此,在这九个乡地方应当增设一县。在十六都九十五里地方,因太过广阔,加上山路崎岖,从永乐以来治安就很混乱。而长兴县的十五乡二百六十四里地区,顺零、晏子、荆溪三个乡十七里地方,也处于深山,离长兴县城很远,但距安吉较近,因此地方上认为应当在安吉县的这九个乡地方专门添设一县,选官治理;长兴县的顺零、晏子与荆溪三乡,则应割附安吉,以便“就近管辖”。经过这样的调整,可使“钱粮易办、地方无虞”。① 安吉后来在正德二年(1507)升县为州,新建的孝丰县就隶于安吉州。从设立孝丰县的情况,可以了解当时分县的普遍理由,主要在于行政管理与赋税征取的方便。

洪武二年(1369),由于“地坍人减”,处长江入海冲要的崇明被降州为县,隶属于苏州府。成化年间,巡抚都御史王恕奏请建立太仓州治,没有成功。弘治十年(1497),苏州府增置了太仓州。朝廷根据都御史朱瑄、御史刘廷瓒及浙江布政使司右参政陆容的共同疏请,下令分昆山县新安、惠安、湖川三乡,常熟县双凤乡,嘉定县乐智、循义二乡,建立太仓州,领辖崇明县,共管辖三百一十二里,仍隶于苏州府。据说这样的行政编划,有六大利:②

> 一,三县区分割,附于州,则道里适均;
> 二,立州则二卫仓粮自足,官军不往别县关支俸粮油;
> 三,城内军民词讼,州卫可以旦夕具狱,免致勘问,经年不得归结;
> 四,近县人民将货物入城变卖,无强军搀夺之患;
> 五,统领崇明一县,则远近相制;
> 六,学校生徒得沾廪贡。

松江府在嘉靖二十一年(1542)按照巡按御史舒汀的奏请,割华亭西北二乡与上海西三乡设立了青浦县,治于青龙镇。③ 但在三十二年就因科臣议废,直到万历元年(1573)重新设立,治于唐行镇;在万历六年又割华亭集贤乡、上海新江乡增益其疆土。

---

① 成化《湖州府志》卷一《沿革·王珣〈奏词〉》,成化十一年刊本、弘治补刊本。

② [明]杨循吉:《苏州府纂修识略》卷一《政事上·立太仓州》,北京图书馆藏明万历三十七年徐景凤刻“合刻杨南峰先生全集十种”本,收入《四库全书存目丛书》史部第46册,齐鲁书社1996年影印版,第346—347页。

③ 万历《青浦县志》卷一《沿革》,万历二十五年刊本。

常州府在区划方面也作了微小的变更。成化十年(1474),经过巡抚都御史滕昭的题请,正式割江阴县地方的马驮沙设立靖江县。

清初制度大多沿袭明代,政区也不例外。嘉兴府在明代已经领有七县,入清后除了将崇德县改名作石门县外,一直没有变化。所以,它的政区相对来说最为稳定。湖州府的变化类似于嘉兴府,也只在一个县名上作了更改,即在乾隆三十八年(1773)八月将安吉州改成安吉县。所以直到清末,湖州府仍领有七县。

在很多情况下,政区的置废与调整,都与地区经济的发展程度密不可分。分疆划界"必以赋税之数为衡",而不一定是"以地之大小为准"。[①] 这一点,在苏、松、常三府地区体现得最为明显。在清初,总督查弼纳向朝廷提出要在这些地方"升州增县,以分其任"。雍正二年(1724)九月,即析太仓州地分置镇洋县,分长洲县地置立元和县,析吴江县置震泽县,分常熟县地设昭文县,割昆山县地置新阳县,又析嘉定县地设立宝山县,俱属苏州府。与此同时,升太仓为直隶州,领有镇洋、嘉定、宝山、崇明四县。乾隆元年置立太湖厅,隶于苏州府。晚至光绪三十年(1904)十二月,又设立了靖湖厅。

松江府的县级政区变化也很大。顺治十三年(1656)以后,析华亭县地置立娄县。[②] 这是在知府李正华的努力下,才逐步得以达成的结果。其目的,是要解决复杂沉重的田赋等问题,以为分县之后,可以减轻华亭方面的负担。但是,随着新县的建立,因两县同为附郭县,同城而治,举凡学宫衙署、官吏廪饩不得不因而增加,许多游手无赖投充衙门胥役,反而使弊端愈繁、民生愈困。[③] 这是李正华没有深刻注意的结果,也是江南地方所有增县都会遇到的难局。到雍正二年九月,再割华亭县地置立奉贤县,并析娄县地设金山县,分上海县地设立南汇县,析青浦县置立福泉县(到乾隆八年仍被裁入青浦县),俱属松江府。另外,在嘉庆十七年(1812)四月,分上海、南汇两县设立了川沙厅,隶于松江府。

常州府根据朝廷的要求,也在雍正二年九月进行了增县:割武进县地设立阳湖县;析无锡县地置立金匮县;分宜兴县地设荆溪县。到清末,常州府一直领有八个县。

---

① [清]福格:《听雨丛谈》卷十一,"繁简"条,中华书局 1984 年版,第 227—228 页。

② 《清世祖实录》卷九十八,"顺治十三年二月己未"条。

③ [清]董含:《三冈识略》卷二《再补遗》,"分县"条,辽宁教育出版社 2000 年版,第 42 页。

表1　明清江南府州县政区之变化

<table>
<tr><th></th><th>明</th><th>清</th><th></th><th>明</th><th>清</th><th></th><th>明</th><th>清</th></tr>
<tr><td rowspan="14">苏州府</td><td>吴　县</td><td>吴　县</td><td rowspan="14">松江府</td><td rowspan="4">华亭县</td><td>华亭县</td><td rowspan="11">常州府</td><td rowspan="2">武进县</td><td>武进县</td></tr>
<tr><td rowspan="2">长洲县</td><td>长洲县</td><td>娄　县</td><td>阳湖县</td></tr>
<tr><td>元和县</td><td>奉贤县</td><td rowspan="2">无锡县</td><td>无锡县</td></tr>
<tr><td rowspan="2">昆山县</td><td>昆山县</td><td>金山县</td><td>金匮县</td></tr>
<tr><td>新阳县</td><td rowspan="3">上海县</td><td>上海县</td><td rowspan="2">宜兴县</td><td>宜兴县</td></tr>
<tr><td rowspan="2">常熟县</td><td>常熟县</td><td>南汇县</td><td>荆溪县</td></tr>
<tr><td>昭文县</td><td>川沙厅</td><td>江阴县</td><td>江阴县</td></tr>
<tr><td rowspan="2">吴江县</td><td>吴江县</td><td rowspan="7">青浦县</td><td>青浦县</td><td rowspan="4">靖江县</td><td>靖江县</td></tr>
<tr><td>震泽县</td><td rowspan="6">福泉县</td><td rowspan="3"></td></tr>
<tr><td></td><td>太湖厅</td></tr>
<tr><td></td><td>靖湖厅</td></tr>
<tr><td>太仓州</td><td></td><td rowspan="10">太　仓
直隶州</td><td>太仓州</td><td>镇洋县</td></tr>
<tr><td>嘉定县</td><td rowspan="2"></td><td rowspan="2">嘉定县</td><td>嘉定县</td></tr>
<tr><td>崇明县</td><td>宝山县</td></tr>
<tr><td rowspan="7">嘉兴府</td><td>嘉兴县</td><td>嘉兴县</td><td rowspan="7">湖州府</td><td>乌程县</td><td>乌程县</td><td rowspan="7">崇明县</td><td rowspan="7">崇明县</td></tr>
<tr><td>秀水县</td><td>秀水县</td><td>归安县</td><td>归安县</td></tr>
<tr><td>嘉善县</td><td>嘉善县</td><td>长兴县</td><td>长兴县</td></tr>
<tr><td>海盐县</td><td>海盐县</td><td>武康县</td><td>武康县</td></tr>
<tr><td>平湖县</td><td>平湖县</td><td>德清县</td><td>德清县</td></tr>
<tr><td>崇德县</td><td>石门县</td><td>孝丰县</td><td>孝丰县</td></tr>
<tr><td>桐乡县</td><td>桐乡县</td><td>安吉州</td><td>安吉县</td></tr>
</table>

资料来源：冯贤亮：《明清江南地区的环境变动与社会控制》，上海人民出版社2002年版，第64页。

对政府而言，县级政区的调整尽管要考虑政治管理上的便利，但更重要的，是要力求政府能够从中取得最大的经济利益。对江南地方的任何县级长官来说，这应该是再也明白不过的事实。但是许多问题随之迅速形成，并因时间的推移和政策的变化，各级政府之间、乡村与乡村之间产生了许多矛盾和冲突，首先就体现在行政边界的管理和治安防范方面。① 地方官府做了许多努力，让府州县的佐杂官分防到这些政区边界的市镇中去。

① 冯贤亮：《明末清初江南的地方防护》，载《云南社会科学》2001年第3期，第49—60页。

例如，嘉善县的县丞与主簿都不驻县治，分别驻防于县境北面的西塘镇（亦称斜塘镇）和东南毗接松江府境的风泾镇（即枫泾镇），[①]以加强对县境边区的控制与管理。苏州府吴江县的盛泽镇，由于经济上的繁荣，政治地位也显得日渐重要。到乾隆五年（1740），吴江县丞就移驻于此，"遂称巨镇"。[②] 甪直镇，在乾隆二十七年以"人庶地冲，庞杂难理，巡检征员不足以资弹压"为由，将县丞分防驻于镇上，兼辖昆山、新阳附近村庄。[③] 这个县丞还是元和、昆山、新阳三县联合分防的。[④]

以下是湖州、嘉兴、常州三个府的佐杂分防情况，时间上大多是从清初开始，原本驻于乡镇或从县城移驻乡镇村落（括号内标注的是开始时期）：[⑤]

乌程县丞（同治十一年），大钱镇；

乌程大钱巡检（清初），大钱湖口—新浦宝林镇—（乾隆初）陈溇；

乌程南浔巡检（清初），后潘村—（乾隆四年）南浔镇；

归安县丞（道光元年），射村；

归安主簿（乾隆初），菱湖镇；

归安琏市巡检（清初），双林镇；

归安埭溪巡检（清初），埭头镇；

长兴县丞（乾隆三十九年），夹浦镇；

长兴四安巡检（清初），四安镇；

德清新市巡检（清初），新市镇；

德清下塘巡检（清初），五林港；

安吉县丞，梅溪镇；

孝丰天目巡检（清初），广苕乡；

嘉兴县丞（太平天国以降），王店镇；

秀水县丞（光绪十一年），新塍镇；

秀水主簿（道光二十二年），新塍镇；

嘉善县丞（乾隆三十八年），西塘镇；

---

① 嘉庆《重修一统志》卷二百八十一《浙江统部一·文职官》，上海涵芬楼影印清史馆藏进呈写本。

② ［清］仲沈洙纂、仲枢增纂、仲再霈再增纂：《盛湖志》卷下《建置志》，乾隆三十五年刻本；［清］仲廷机纂、仲虎腾续纂：《盛湖志》卷一《沿革》，民国十四年乌程周庆云覆刻吴江仲氏本。

③ ［清］彭方周纂：《吴郡甫里志》卷四《官署》，乾隆三十年刻本。

④ 同治《苏州府志》卷三十《乡都图圩村镇二》，同治间修、光绪九年刊本。

⑤ 参（日）太田出：《清代江南地区的"佐杂"分防初探》，载《中国社会历史评论》第二卷，天津古籍出版社 2000 年版，第 108 页。

嘉善主簿(乾隆六年),枫泾镇;

平湖县丞(同治三年),新埭镇;

平湖乍浦巡检(清初),乍浦镇;

平湖白沙巡检(清初),新仓镇;

桐乡县丞(乾隆五十一年),青镇;

桐乡巡检(清初),皂林镇—(康熙三十六年)青镇;

武进奔牛巡检(清初),奔牛镇;

武进小河巡检(清初),孟河镇;

阳湖马迹巡检(清初),马迹山;

无锡高桥巡检(清初),五泻河口;

金匮望亭巡检(清初),望亭镇—(乾隆三年)荡口镇;

宜兴县丞(乾隆三十年),杨巷镇;

宜兴锺溪巡检(清初),和桥镇;

宜兴下邾巡检(清初),周桥镇;

荆溪张渚巡检(清初),张渚镇;

荆溪湖汊巡检(清初),蜀山镇。

佐杂官吏的分防,当然会有一定的辖区空间,而且会出现辖区跨越几个州县的情况。然而,佐杂官的改换驻地,有时会使个别市镇趋于衰落。如桐乡县的皂林镇(在今桐乡西北九里地方),元、明都在当地设有驿站,也曾设过巡检,一度较为繁华。在清代康熙年间政府将巡检移于青镇后,皂林很快就衰落为一个普通村落。①

至于那些超级大镇,虽处政区边界,却长期十分繁荣。如湖州府邻界嘉兴府桐乡县的乌青镇,号称江南第一大镇,原本是乌镇与青镇的并称,中有溪水相隔;溪东为青镇,属嘉兴府桐乡县;溪西为乌镇,属湖州府乌程县。清时将乌、青二镇已经概称作乌镇,是苏州府的吴江、震泽,嘉兴府的桐乡、秀水和湖州府的乌程、归安几县交汇的地方。② 其疆域范围已超过了湖州、嘉兴二府的府城,自然要比桐乡县城来得庞大,乾隆年间的人们称其颇具"府城气象"。其行政管理上曾经设有高于县官的通判和同知,建立衙署,创设库狱,置造哨船,召募兵勇,"分布哨守信地",还要求附近府县地方官要听从其约束。③

---

① 光绪《桐乡县志》卷一《疆域志上 · 市镇》,光绪十三年刊本。

② [清] 陆以湉:《冷庐杂识》卷一《乌镇》,中华书局 1984 年版,第 5 页。

③ [清] 董世宁纂:《乌青镇志》卷三《建置》,民国七年铅印本。

再如枫泾镇,处江苏、浙江两省的分界处,镇区与镇郊乡村都被两个初级政区兼摄,在嘉兴府嘉善县东北境的属于奉贤乡,设有嘉善主簿管理;在松江府娄县西南境的,属枫泾乡,由松江的巡检管辖。① 这样的佐杂分防事例,在苏南、浙西地区不胜枚举。

县级以下的区划,由于行政措施与乡村传统的双重作用,即使是同属于一个县级政区,也会产生分割紊乱的情况,虽然这并不会妨碍到地方政府大的施政,但对乡村民众生活,却有着长远的影响,特别是明清两代从大县中再次分割出一至若干个县的地方。比如宣德五年从嘉兴府嘉兴县分设的嘉善县,乡村区划的状况一直维持到了清代。据雍正《续修嘉善县志》中的记载,嘉善县每区大多细划成为东、西,或南、中、北不等。如永八区共三十二图,一分为南、中、北三小区:其南区领一、二、四、五、六、七、八、十、十一、十二、十三、三十一图;中区领十七、十八、十九、二十、二十六、二十七、二十八、三十二图;北区则领三、九、十四、十五、十六、二十一、二十二、二十三、二十四、二十五、二十九、三十图。也有少数不分的,如思四区的一至十图便十分完整,没有再作细分。另外,一个图还有被两区分领的情况,如下保区的十六图,被下保东、西两小区分领。事实上,这种图仍可被进一步细分。如下保东区的七图,被分为南、北两小图;奉九南区的四图也一分为南、北。当然,存在较多的一种情况是,两个或两个以上区的图合在一起者能构成一个完整的序列,如麟五区所辖为四、五、六、七、八、九、十、十一、十二图,而一、二、三、十三图则辖于迁南区之下。至于图以下管辖的各个圩,广幅相差悬殊,大至5 916.6亩(思四区八图生字圩),小至0.9亩(奉四北区二十一图吕字东北圩)。同属一图之内,所辖之圩差别是很大的,如永八北区,最小的为二十四图费家垛圩(4.5亩),最大的为永八北区十一图的大出圩(2 181.8亩)。②

一般来说,县以下的乡、都皆有定额,宋、元两代一直没有变化。然而在明代初年,开始实行的"就乡辖都"措施,使许多都被两乡分管。如嘉兴县的六都半归胥山乡,半属感化乡;其他如九都、十八都、二十都、三十都、三十四都、三十五都、三十七都,也各半分两乡。明人称之为"就民便也"。③ 清代

① [清]曹相骏纂、徐光墉增纂:《重辑枫泾小志》卷一《沿革》,光绪十七年铅印本。

② 雍正《嘉善县志》卷四《土田》,雍正十二年刊本。关于圩全面的考察,可参(日)滨岛敦俊:《关于江南"圩"的若干考察》,载《历史地理》第七辑,上海人民出版社1990年版,第188—200页。

③ 崇祯《嘉兴县志》卷一《疆域》,崇祯十年刻本。

仍然存在这种情况。①

类似上述这样的乡村区划,在苏南浙西地区,也具有普遍性的意义。

三、疆界的问题

从明到清江南府州县级政区经历了多次调整,特别是在雍正二年(1724),工作集中,调整的幅度很大,②但是仍然没能很好地解决疆界方面的错乱问题。下面以若干个县级疆界的分划为例,说明当时疆界的错乱程度及影响。

在疆界错壤方面,可资我们考察利用的现存历史文献材料,其实并不少。在苏南浙西地区,历史上最著名、资料最为系统丰富的,主要是崇祯《嘉兴县志》、万历《秀水县志》、万历《嘉善县志》、康熙《嘉兴府志》等地方史料,集中反映了明代中期以来延续到清代的嘉兴府属嘉兴、秀水、嘉善三县的疆界错壤引发的争田事件。③

在明初,嘉兴府仅有嘉兴、海盐、崇德三县。其中,嘉兴县领有 26 个乡,辖 40 个都,计 819 里。由于嘉兴县地方辽旷,户口繁多,百姓就"随便置产"。④ 宣德四年(1429)三月,大理寺卿胡概巡抚嘉兴府,以当地"齿众、赋繁、地广"为由奏请划增县。宣德五年,敕分嘉兴府城西伍福等乡为秀水县,县治附于府郭,领有象贤、灵宿、云泉、柿林、复礼、永乐、思贤、鳞瑞 8 个乡,辖 17 个都,计 232 里;万历二十七年(1599)时已增设白苎一乡,统计为九个乡,仍辖有 17 个都,计 233 里(另在县城分作二区:西南区统辖 6 里、西北区辖有 4 里)。因当地有河为秀水,故县以水名。另外,析嘉兴县东北境的迁

① 参冯贤亮:《明清江南地区的环境变动与社会控制》,第 76—118 页。

② 详参林涓:《清代行政区划变迁研究》,复旦大学博士学位论文 2004 年 4 月,未刊本。

③ 有关这方面的研究,代表性的有日本学者川胜守的《浙江嘉兴府的嵌田问题》(《浙江嘉興府の嵌田問題——明末郷紳支配の成立に関する一考察》,载《史學雜誌》第 82 编第 4 号,1973 年,第 1—46 页。后收入氏著《中国封建国家の支配構造——明清赋役制度史の研究》第九章,東京大学出版会 1980 年版),川胜守从嵌田事件中深入地剖析了乡绅在地方上的地位和作用,详细阐明了"乡绅土地所有"这一概念。后来廖心一也撰文对争田的过程、起因和乡绅活动做了考察,参廖心一:《略论明朝后期嘉兴府争田》,载《明史研究论丛》第五辑,江苏古籍出版社 1991 年版,第 125—145 页;笔者后来在这些工作基础上,对整个争田事件之缘起及其历史发展等的解释,以及关于嘉、秀、善三县的"寄庄"与土地、税粮的归属牵涉在一起等问题,作了进一步的研究和讨论。详参冯贤亮:《明清江南地区的环境变动与社会控制》第四章"明代江南地区的疆界错壤问题及其影响",第 119—166 页。

④ [明] 王儒:《嘉、秀、善三县关会田粮七辩》,载崇祯《嘉兴县志》卷九《土田》;另参康熙《秀水县志》卷三《田赋》所录部分内容,康熙二十四年刻本。

善、永安、奉贤、胥山、思贤、麟瑞 6 乡的部分都、里设立嘉善县，县治设在当时已属永安乡七区的魏塘镇，隶于嘉兴府。嘉靖时所领 6 乡仍与前同，辖 11 个都，里数则从原来的 186 增至 204。据康熙《嘉善县志》的说法，因“迁善六乡，俗尚敦庞，少犯宪辟”，故名嘉善。在析县后，嘉兴县存乡比之明初不到一半，为 12 个，辖 28 个都，计 381 里。其 12 个乡为：劝善、德化、胥山、感化、移风、里仁、新丰、永丰、白苎、大彭、嘉会、长水。这一建置至万历时仍没有什么变化。①

由上可知，嘉、秀、善三县所领乡都中，有几个乡被同时辖于两县以下，乡、都、图（里）存在着嵌错的状态。这给当时的社会管理带来了许多负面影响。实际上，嘉兴分县是“按籍分民，随民分土”，与其他地区以“分土分民”来的分县做法颇有不同。在未分县以前，嘉兴县士民置买田宅“坐落各圩”，总不出一县界限之外；但分作三县后，其田遂有“互嵌”，存在着“田嵌嘉善而粮完嘉秀”或“田嵌嘉秀而粮完嘉善”的普遍情况，而这些在当时都有“完粮册籍”登录。分县举措最终使三县田地“混而难一”，到万历年间，即使资历较深的地方官员也由于田粮传世久远而“无所稽查”，而田地的辗转变更使后来的业主莫知来历。事实上，类似的情况在未分县以前就已存在，嘉靖年间丈量时政府曾两次“扒平”田则，就是出于这一缘故。②

此外，在宣德五年同时增设的平湖、桐乡等县也存在着类似的情况。如平湖是从海盐分出，在平湖界内就有“粮收海盐者”，而海盐北乡也有平湖之田；桐乡系从崇德县析出，桐乡界内有“粮收崇德者”，而崇德之东也有桐乡之田。由于地域嵌错，若坚执行政地域不作变通，那么在秀水县的嘉兴县学仓必须“迁出东门外而后可”；秀水养济院在嘉兴县，也须“迁入郡城中而后可”，这显然是不太适宜的。嘉兴府属七县都存在“犬牙绣错”的情况，而且由于历时久远而变得相当自然。③

但是，如果仅仅是单纯的疆界错乱，还不致引起其他连锁反应，关键在

① 以上详参嘉靖《嘉兴府图记》卷二《邦制》，嘉靖二十八年刻本；万历《秀水县志》卷一《方域》，万历二十四年修、民国十四年铅字重刊本；［明］岳元声《宣德嘉禾郡邑经界错壤指掌图说》，载康熙《秀水县志》卷三《田赋》，康熙二十四年刻本；万历二十七年《秀水县志》卷一《乡都》载有“白苎”，但嘉靖二十八年《嘉兴府图记》卷二《邦制》与万历二十八年《嘉兴府志》卷一《疆域》所载俱无，现据万历《秀水县志》补入万历时秀水县所领乡数。又据万历二十四年所刻《嘉善县志》卷首《分区图说》，嘉兴、秀水两县之圩田区划称“都”，嘉善则称“区”。

② 万历《秀水县志》卷三《食货》，万历二十四年修、民国十四年铅字重刊本。

③ “万历二十六年嘉善告争田地、知府张似良不行查勘竟申本道转申两院批行本县知县郑振先申文”，载崇祯《嘉兴县志》卷九《土田》。

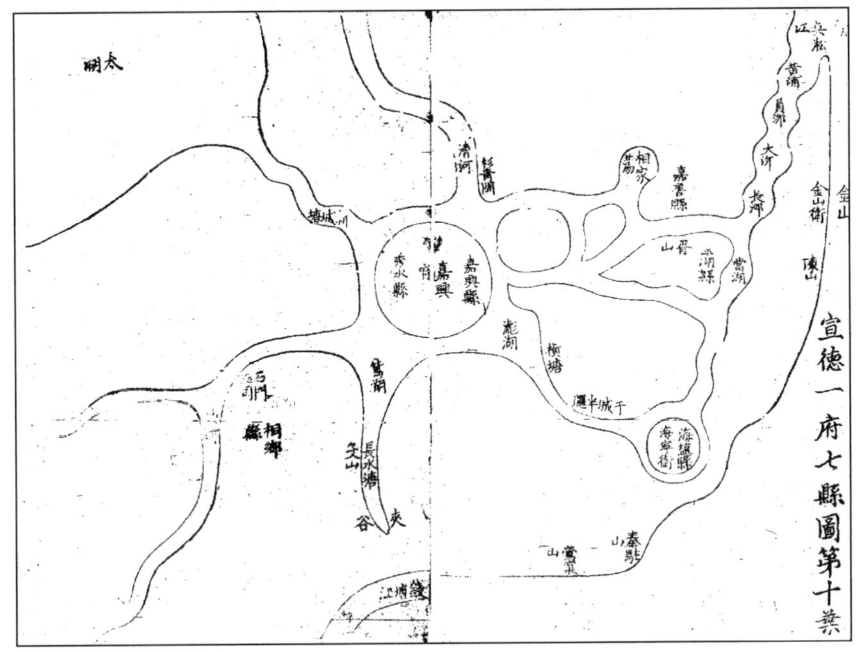

图二　宣德年间嘉兴府分疆划县后之形势

（据万历二十八年刊《嘉兴府志》）

于政区划分的一些原则性问题，涉及到了民众与地方政府利益上的分配不均和相关矛盾。

秀水人王庭曾以问答的方式，说明了个中的部分原因：①

问：嵌田在嘉善地圩之内，同为腴田，何以照嘉、秀轻额完粮？曰：此因扒平之故也。当未扒平之先，嘉、秀嵌嘉善之田，与善田之粮额同，原比嘉、秀田粮为重。至嘉靖年间，各县扒平，则嘉、秀嵌善之田，仍于嘉、秀通县田粮内扒平定额，所以从嘉、秀而稍轻也。各县嵌田，俱从本县粮额完粮，其例明矣。

问：嵌田有多寡不同，何耶？曰：嘉、秀二县附郭，嘉善旧是魏塘乡镇，乡镇中乡绅富户少，故买近城之田，而收粮于乡户者少；近城乡绅富户多，故买远乡之田，而收粮于近城者多。此嵌田多寡不等，事理易明也。

问：何为有隔县推收之说？曰：万历九年丈量，凡各县圩田通量入

① ［明］王庭：《从前三县嵌田聚讼之由》，载光绪《嘉兴县志》卷十一《田赋下》，光绪三十四年刻本。

本县数内，后有错壤，应归额者，此县据旧额关文收回，彼县即照额推出。嘉、秀关文嘉善，收嵌田三万三千五百余亩之多，其原额多也。嘉善移关嘉、秀，收嵌田三千三百三十九亩之少，其原额少也。既系公关，决非私弊，若非旧额，何据关文，此可破来往多少之疑矣。

所以在嘉、秀、善三县许多“接壤”地区，存在一种“寄庄”现象，这是户在嘉、秀而田在嘉善或户在嘉善而田在嘉、秀的主要原因。而吴江、青浦、华亭及苏州千户所等田也有嵌入嘉、秀、善的。因国家编定的粮额等则轻重各别，三县地区的寄庄人户便以“纳粮不便”为理由，要求“兑换”，同时由于等则不同提出了“贴银”的要求，由此在政府每次丈量田地时，“影射”自多、弊窦丛生，民间纷争不断。① 后来还有三县“均粮之议”，也是出于“公道难执，是非难凭，人情难调，积案难结”的原因，不如一概平粮。②

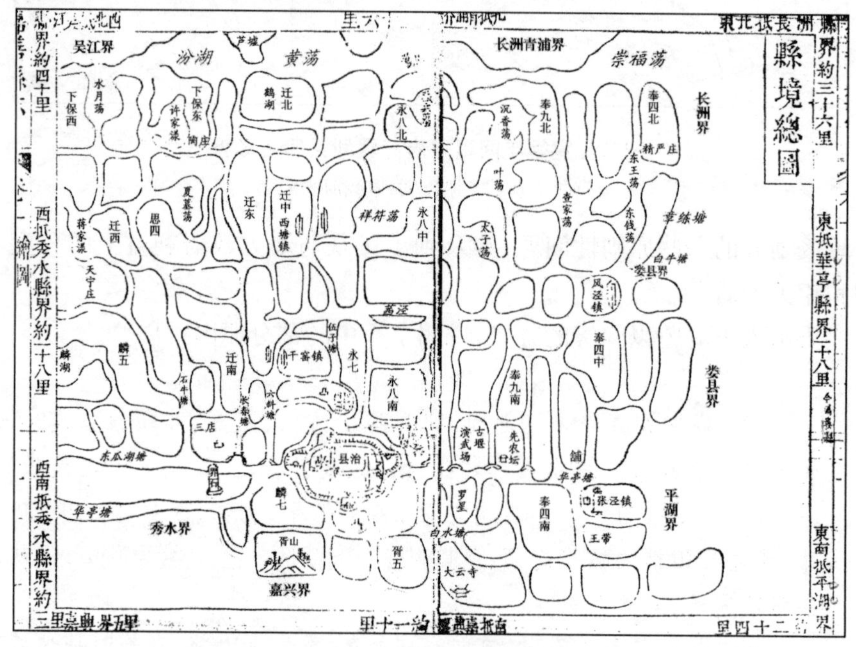

图三 雍正年间嘉善县境示意

（据雍正《嘉善县志》卷一《区域志上·县境总图》）

---

① 《三院两司各道并府县公同酌议嘉秀善三县田地奉批详允立石永为遵守明示万历二十八年海平崇桐四县会勘揭帖》。[明] 郑振先：《嘉禾事纪》，俱载崇祯《嘉兴县志》卷九《土田》。

② [明] 陈龙正：《几亭外书》卷四《乡邦利弊考·均粮辨》。

这种错壤嵌田及其带来的社会问题一直延续到了清代。① 康熙十二年(1673)间,知县莫大勳、经承怡卿还前往嘉兴府,讨论嘉善县“并无隐漏”的问题,并且“具文申宪,复田七次”。②

根据雍正年间地方政府的统计,嘉善县区内共计七百数十圩田地,丈实田地总数照康熙四十八年后各“乡正”所造的细号额册,有田在嘉善、粮税归嘉兴与秀水两县的,共计丈实27 110多亩;嘉善县又重复按亩摊派,以包补《赋役全书》的亏额,其田在嘉兴、秀水而粮税在嘉善征纳的,仅有970多亩。③

可以说,错壤问题及其引起的诸多民间纠纷,在苏南、浙西地区乡村中较为普遍,田地与户籍交错于两个行政区划的情况,在这些地区已属习见。明清时代的人们已经认识到,疆界错乱的起因,在于政区分割原则的不合理。

以嘉兴府的嘉善县而言,其辖境与邻县交结错杂,明代有人指出:“嘉、秀界中错有嘉善田地,是错壤原在未分县之前,而疆界岂得正于既分县以后也?”④还有人撰文道:“今嘉兴界内有海盐、平湖、桐乡之嵌田,嘉善尚有平湖、青浦、吴江嵌田,皆相沿错壤也。至如石门分出桐乡而嵌,海盐分出平湖而嵌,错壤尤多矣。”⑤再如嘉善县的枫泾镇,地接松江府的华亭,而松江府五保、六保又错杂于平湖县。⑥

这种疆界错壤所营造的特殊环境,导致了政治管理的诸多不便和制度上的许多漏洞,更有层出不穷的盗匪。许多制度、措施的推行,也往往徒存虚名,大多不能取得良好的效果。原因在于“有司动至倚法扰民,无赖亡命遂攘臂奋舌,以挠败其间”,所以“有事力之家”缩首避祸,不敢任事,致使“虽有保甲,徒为厉阶,而盗势日昌,土田日芜,里俗日败”。⑦

自古以来,划疆分县必相比附,但明代州县所属乡村则有“去治三四百里者”,也有“城门之外即为邻属者”。⑧ 这种情况在嘉兴府地区表现相当

---

① 康熙《秀水县志》卷三《田赋》,康熙二十四年刻本。

② ［清］佚名:《武塘野史》,不分卷,“康熙十二年癸丑”,清抄本。

③ 雍正《嘉善县志》卷四《土田》,雍正十二年刊本。

④ ［明］徐必达:《勘结以靖地方疏》,载康熙《嘉兴府志》卷十八《奏疏》,康熙二十一年刻本。

⑤ ［清］王庭:《三县田粮问答》,载康熙《秀水县志》卷三《错壤》,康熙二十四年刻本。

⑥ ［明］文德翼:《弭盗贼议》,载光绪《嘉兴府志》卷八十三《艺文二》,光绪五年鸳湖书院刻本。

⑦ ［清］张履祥:《杨园先生全集》卷二十《书后·书徐子〈保甲论〉后》,同治十年江苏书局刻重订“杨园先生全集”本。

⑧ ［清］顾炎武撰、黄汝成集释:《日知录集释》卷十,“州县界域”条,岳麓书社1994年版,第356—357页。

典型。

嘉善县从嘉兴县分出,并不像其他县一样一律分土分民,所以不但在户口方面存在着许多纠纷,而且田赋上的矛盾更为严重。当时的情形相当复杂,有田地在嘉善界内,户籍却在嘉兴,粮差亦在嘉兴办理;也有田地在嘉兴境内,户籍在嘉善县,粮差也在嘉善的。嘉兴地区的豪门望族大多通过在一县占田而在另一县落籍的办法来偷田漏税。明末桐乡人张履祥指出,农业生产正常进行之本在正疆界,因为赋税、徭役毕竟还是根据田地的数量来计算的。他甚至还提出在田界方面应该本着"让"的精神,"与其以我侵人,毋宁使人侵我"。① 这在争田剧烈的嘉、秀、善三县地区,显然是行不通的。

疆界错壤问题一旦被掀起,其利害牵涉面极为广泛,从乡村下层民众、士绅,直到地方行政长官皆受牵连,这也影响到地方社会与国家的利益分配问题。如,万历十四年成进士、历任宝坻知县、兵部职方司郎中等职的袁黄,据说原属于吴江赵田地方人,由于其田地与嘉善接壤,就入籍嘉善县。在他免官归里后,从游者甚众。在万历九年后爆发的江南争田事件中,曾发挥过相当的影响力。② 像袁黄这样因错壤而获利的,非常不愿更正疆界,对政府勘结田地工作多有阻挠。另一方面,县与县之间的地方保护也很严重。本来县有额田、"田不过县"都属国家法律规制,民间私兑当属非法行为。然而在几十年的嘉善等县争田事件中,可以发现的另一种情形,就是非法的东西传承日久,便逐渐得到官方的暗许。故在每次争田会勘过程中,也就从无用专刑定律来锁定这种行为。明代成化以后,吴江县等地因豪民众多,赋役繁剧,地方赋税版籍十分复杂,其争夺错乱,造成了行政管理的长期失效,就连擅长区定赋税的官员,也将这种版籍视作"鬼录"。③

明代中后期,一些地方官员为改变这一状况作出了许多努力,如嘉靖年间欧阳铎巡抚应天十府时,对"推收"要求"田从圩、不从户"。④ 万历二十年(1592)进士、曾官太仆寺少卿的嘉兴人李日华,在万历三十八年至四十四年间多次参与了嘉兴府田亩会勘与"均田均里"的工作。三十八年七月二十七日,他与诸乡绅集会于天宁禅寺,评议均田均里;八月二日,与诸大夫、孝廉、文学会于仁文书院,论讲均甲事宜。他论及田赋上一些普遍存在的问题就

---

① [明]何良俊:《四友斋丛说》卷十四《史十》,中华书局1959年版,第113页;[清]张履祥辑补,陈恒力校释,王达参校、增订:《补农书校释》,农业出版社1983年版,第145页。

② [清]潘柽章:《松陵文献》卷六《人物六》,"袁黄"条,康熙三十二年潘耒刻本。

③ [明]徐象梅:《两浙名贤录》卷二十九《吏治》,"吴江县知县金惟深洪"条,明天启徐氏光碧堂刻本。

④ 《明史》卷二百三《欧阳铎传》。

是“诡避”。在四十二年七月，他又与乡绅们齐会城隍庙，参与判议嘉兴、秀水、嘉善“三县田粮事”。①

万历四十二年，嘉兴知府吴国仕曾集合了嘉、秀、善三县相关人员，会查田粮时，嘉善里老俞汝猷等人，却将嘉善赋役黄册直接投解给了南京户科主管后湖黄册的给事中黄建中，进行呈控。黄建中在次年下发的批文中，要求将嘉兴、秀水两县“诡田尽数改正”，②对嘉善似有偏袒之意。这一要求自然遭致嘉兴、秀水两县的强烈抵制。

由于地方利益关乎所有的嘉善籍人士，以南京工部尚书丁宾为首，联合了翰林院修撰钱士升、兵科给事中李奇珍、原任河南道御史顾际明、拟授四川道御史魏廷相、都察院经历毛尚忠、刑部福建司主事钱士晋、南京吏部验封司主事计元勋、兵部车驾司郎中庄则孝、刑部山西司主事陈国是、长芦盐运司运使冯盛典、原任宁州知州钱吾德、礼部办事进士钱继登、工部办事进士周宗文、都察院办事进士潘永澄、大理寺办事进士魏大中、原任镇江府通判王应龙、原任开封府通判徐一骥、原任崇明县知县沈一德、郧县知县薛如玉、漳浦知县蒋英、香河县知县沈万钶、开封府儒学教授陈甲、乌程县儒学教谕吴志远、文华殿中书舍人盛懋时、光禄寺署丞丁铉等人，同呈公揭，要求有关部门长官主持公道：③

> 谨揭为敝邑小民以疆界未正、册额未复，奔驰号吁者三十余年。去秋，蒙后湖督册黄掌科具疏题请，业蒙俞旨下部移咨抚按矣。自秋及今，荏苒又将一载，而县缺印官尚稽此事，敝邑生灵，脂枯髓竭，不啻望云霓而求解悬也。窃念天下有是非，朝廷有法纪，是非未明，要在核实以伸法；是非既析，岂容蔑法以狥情。今尽知疆界之为是，而悬空飞嵌者非；黄册之为是，而诡匿私窜者非。又尽知正疆界、遵黄册为是，而挠法抗令者非。则亦决是之、决非之，各守其土，各服其税，不过片纸风行而已矣。……总之此事在今日，不患辨之不明，而患为之不勇，其所以掣当事之肘，而挠其成者，殆有三端，请得而破之。
>
> 一曰田归嘉善，则嘉善之赋减，而嘉、秀必增。同为守土，谁任受怨？不知此三万三千五百余亩原嘉、秀册外匿隐之田，而非册内入额之田，其累年籽粒，原奸人中饱之利，而非合县均摊之利。去岁吴太府搜

① ［明］李日华：《味水轩日记》卷二—卷六，上海远东出版社1996年版，第98—429页。
② 光绪《嘉善县志》卷十《食货志二·土田·嵌田》附《万历四十三年户科黄建中疏》。
③ 光绪《嘉善县志》卷十《食货志二·土田·嵌田》附《万历年间嘉善县乡官公揭》。

出二邑隐田册八本,可覆按也。今在嘉善,复汶阳之额,不过物极则反之常,在嘉、秀厘隐匿之奸,正见蠹绝风清之政。本属相成,何分德怨,而为此掯持乎?

一曰事属三十余年之久则积蠹难除,人属负郭二邑之民则群嚣易起,是又不然。二邑之罔利作奸者不过一二豪僧猾胥耳,其攘臂摇唇,迫胁上官者,何一不从雇倩来。良心不死,直道自存。如曾元忠等,俱嘉、秀人民而赴县首明,愿行改正,则还田正以从众,而非以咈民,彰彰明矣。

一曰豪僧以累年厌讼,嫁祸乡绅,其势必不吐出。不知郡城诸老先生忠厚正直者甚多,虽判邻封,香火不远,岂其怙一人之私,造无穷之孽?其必不然。昨年黄葵老率先改正,两台称守法循理者,伊谁人也,敢谓葵老之后无葵老乎?

三说既破,则司土者可以尽剖私心而还册额之分疆,荷担者无难独持公道而结累年之争局,是非明而法纪肃,岂不称荡平世界?傥日复一日,年复一年,则不直藐抚按而抗部科,甚且抗明旨。敝邑小民,赔累不足惜,谓朝廷纲纪何?宾等痌关桑梓,谊难缄默,敢披肝胆,乞当事诸老先生力持公论,清久捺之积案,符后湖之黄册,正三邑之疆界,存国家之体统,通邑幸甚,宾等幸甚!

最终,在万历四十五年(1617)酿成了影响极大的所谓"割册"和"鼓噪"之乱。① 嘉兴、秀水两县方面认为变乱的祸首就是丁宾。②

秀水官方认为"割册"案就发生在丁宾的嘉善县城家中:"丁司空将彼县鱼鳞册抬至家中,逐圩割去,逼令县官补印。割全备之册以为亏册,匿总结之数,使无稽考,私造版图,朦胧暗详。"③嘉兴方面认定,嘉善里老俞汝猷等人呈控官府的主使也是丁宾。这在钦差分巡嘉湖道佥事王钟岱的被迫"乞休"呈文中,讲得十分明白:④

夫嘉善争田一事,虽云垂三十年,而中间结局者屡矣。一结于万历十三年,而温抚台之允详可据;再结于万历二十七年,而三院之改批可

① 参冯贤亮:《明清江南地区的环境变动与社会控制》,上海人民出版社 2002 年版,第 143—146 页。

② 有关丁宾的研究,可参杨茜、冯贤亮:《官绅互动与万历年间的南京社会:以丁宾的活动为中心》,《江苏社会科学》2012 年第 1 期,第 225—232 页;杨茜:《从地方到国家:晚明江南士绅丁宾的行政实践与社会活动》,复旦大学硕士学位论文,2012 年 4 月,未刊本。

③ 康熙《秀水县志》卷三《土田》附《三县错壤》。

④ 崇祯《嘉兴县志》卷九《食货志·土田》。

据；三结于万历三十一年，而吴按台之注销可据。何至四十二年而俞汝猷复以正疆界为控也，则以执牛耳而鼓众者有丁司空耳。司空自恃官至九列，则人人莫敢谁何，故效改志之故智以毁册，踵折田之余谋以隐田，唾手欲取三万三千亩以自丰，而直厮隶从地方之官，嘉、秀两县一百三十亩额征田粮，无端首之嘉善，而独使免派于秀水，诳渎三院，溷呈总漕。贻两司书中，则拟一批语，复作一赞语。贻职书中，则使“严加”字眼，勒令该县遵行，事难奉命，衔职已深。及职风闻嘉善粮册中多奸弊，吊取存道，以备发查，不谓正触其忌也。遂尔手忙脚乱，便欲含血喷人，吓职挟职，思剚刃于职者，益不可解矣。南中有言丁司空深怒庄知府，而于职尤甚，曰深曰甚，曰尤其狠毒，亦可畏哉！后来割册弊露，鼓噪乱成，此亦天地间不常有之事，而极力芘护，抵死遮拦，一则曰整顿，一则曰哀号，不知以抽册为整顿乎？以增册为整顿乎？以毁印补印为整顿乎？又不知以骂知府为哀号乎？以打道役为哀号乎？以打毁乡宦之家为哀号乎？借司空之势者，敢为无天无日之行，幸倡乱之举者，更逞翻云覆雨之手，割册鼓噪，孰是主盟？此等情形，不自满盘托出耶！缙绅士民互为叫应，同心并力，相挟相抗，而职乃不自忖量，奋一螳臂之力，直当车辙，其有幸乎？遂因人事之患，构成阴阳之患，愤惋悒快，转深转甚，所不即填沟壑者，适有天幸耳！

对于上述这些指斥，丁宾当然会要作一番剖白，向朝廷的上疏中他这样讲道：①

臣系浙江嘉兴府嘉善县人。嘉善县与嘉兴县、秀水县实系邻壤，先是，朝廷授分嘉善县田土，自有定额，载在后湖黄册。万历九年奉旨通行丈量，正恐民间田上少有不明，当其丈量之时，嘉、秀、善三县各有知会文书，内文方当丈量之际请各守疆界、毋相紊乱等语，乃三县一时行丈，疆界不得搀越毫厘，何其分明也。自丈量之后，嘉善县额田却被嘉、秀二县奸僧陈元灯等、豪民朱灼等设谋作倡，贿用嘉善书手李畴等，影射嘉善疆界腹心内田三万三千五百余亩，竟不完粮，以致摊派嘉善通邑代赔，而粮额更重。万历二十六年，本府知府张似良查、申巡抚刘元霖、巡按李楠详允，四十二年知府吴国仕覆查、嘉善知县徐仪世覆申，又南

① 光绪《嘉善县志》卷十《食货志二·土田·嵌田》附《万历年间丁清惠宾辨疏》，光绪十八年刊、民国七年重印本。

京户科给事中黄建中题之于前，浙江巡抚刘一焜题之于后，俱遵明旨严查，仍据部覆科参，奉行间三县人民当各守礼法，听候处分。奈隐田僧民意在遮饰隐弊，独恨于臣，而多方造谤，竟不知田系嘉善通县之田，赔粮系嘉善通县公愤之事。臣以年岁颇长，书揭安得无名，列名安得不前，乃因此触犯欺隐者之忌，而欲陷臣以箝口，箝臣以罗织通邑之士民，真可哀也。五年来任其议论，臣心昼夜不安，用是既以三邑隐田始末具存，并再以微臣受谤事端控诉，惟我皇上试垂听焉。夫隐田僧民之诬臣不曰割册则曰匿册，不曰鼓噪则曰赶逐道府，殊不知检册专为复田，如册全则田在而可复，册不全则田亏而不可复，人所易晓也。况知县徐仪世亲至慈云寺，万姓在旁，共见共闻，虽至巧者，能于此时作奸乎？黄册、鱼鳞册各县所同，前任布政司何如申批词云，万历十年嘉善县解鱼鳞册二部到司请印，一发嘉兴府，一发嘉善县。发府者不必言，发县者现解司厅查，乃别捏有总鱼鳞册之名，诬之以藏匿之，其何所解也？若嘉善有此册，海内何得尽无？海内各县俱无此册，嘉善何得独有？岂待智者而后辩乎？小民哀号，事起仓猝，此时臣在南都，千里之外，而顾以指使鼓噪坐之，有是理否？甚至诬臣赶逐道府。夫赶逐二字，即平等人尚不可妄加，况道府公祖之尊，而分列编氓者耶？又况臣在南都耶！臣此时窃闻道府欲去，抚按诸臣竭力恳留，臣亦具柬差役苦留，中间一段深情，尚有欲言而不尽言者。其后兵道王锺岱、知府庄祖诲答书，情意宛然。由此观之，道府之行，殊不为臣而又安得加臣以赶逐极大罪名也？此等冤枉，俱霹空捏造。臣以御史家居二十年，近蒙皇上优容，起升大理寺丞，出处进退，一生名节攸关。若臣于此时终无一言以告，四方观听者得毋谓臣果系情亏，故蒙谤而不敢辩乎？臣又念诬臣诸款，实起于隐田，若果得地方官长仰遵明旨，查据部覆科参，躬到田所，督率各业户、各圩长临田履亩踏勘，而疆界粲若列眉，按籍输粮，而田赋易于反掌。此时若嘉、秀无影射，而嘉善无赔粮，即责臣以谢多言何辞；若舍田亩而妄生枝节，非惟一臣之身因公而受谤，通邑之民因臣而加冤。为此具奏。

由上可知，争田事件不但影响极大，牵涉面也很广，而会勘更显困难。万历四十五年会勘的结局是“抚按题参、道府引去、胥史以割册犯科、士庶以鼓噪罹法”。① 从地方官员层的变化就可探知其大概。新任的嘉兴知府庄祖诲在复杂的争田事件中，最终与王钟岱一样也被迫提出“休致”。他说，本

① 崇祯《嘉兴县志》卷九《土田》，崇祯十年刻本。

以为嘉善田粮之议只要认真奉旨勘议便可成功，不料当时情形很难应付，士民数百成群集于道府前表示“田不可丈，册不可查”，四十五年五月初六日就横遭“豪横者”之扰，觉得“无腼颜就列之理”，具文“乞休”。[①] 嘉兴知县刘余佑也在当年向浙江巡抚刘一焜申文，称奉命查册十多日以来，知府庄祖诲“养疴未出”，虽秉上官之命行事，但“无敢径任之”，最后在说明会查案情后提出了“休致”的要求。[②] 当时道府县官到任视事多的不到三月，少的还不到一月，而秀水知县林闻诏任职还不到十天，都在此争田事件中被迫上文请求辞职。在这样的情势下，浙江巡抚刘一焜只好上奏朝廷，指出由于紧要道臣患病难于供职，可以答应他们的“休致”要求，并请吏部赶快派官“推补”。[③] 万历年间的争田会勘至此便暂告一个段落。

在江南地区，乡农视田土为性命，因此一直有所谓“寸田尺土，动必相争，狱讼之兴，大半由此”的情形。[④] 而对于疆土嵌错，其实也终无完善的解决。像嘉善乡宦陈龙正[⑤]认为的“正疆界”要回推至万历九年丈量鱼鳞册上的记载，以及早期的几部嘉善县地方志上的记录，方能服人，而不是靠无休止的清丈来解决问题的观点，[⑥]恐怕也不能让嘉兴、秀兴两县士民心服。晚明江南的地方政府只是采取了对田、粮进行推收包补的措施；对因田地高下不等而产生的田则差异，没有很好地予以处理，使地方上产生“避重就轻”的种种田赋弊漏，错壤方面的隐寄、飞诡等问题，官府也总是无法从根本上予以清除。所以明末有人上奏朝廷指出的地方四大弊端中，就以“田粮之隐冒”为首。[⑦]

至于疆界错壤对民众经济生活的重大影响，可以康熙年间两份普通百姓向康熙题请的“民本”以作说明。康熙三十八年，乘康熙南巡之机，张履绥等人上奏的“民本”，主要内容如下：

浙江嘉兴府嘉善县草莽臣张履绥、盛王求、吕万协、沈之溶等奏，为澄清三县田赋、归正万世版图、裕国苏民、圣恩永垂事。……按嘉善县

---

① ［明］庄祖诲：《引去揭》，载崇祯《嘉兴县志》卷九《土田》；另参康熙《秀水县志》卷三《田赋》。

② 崇祯《嘉兴县志》卷九《土田》附《万历四十五年嘉兴县知县刘余佑上刘抚台禀帖》。

③ 崇祯《嘉兴县志》卷九《土田》，崇祯十年刻本。

④ ［清］秦立纂：《淞南志》卷二《风俗》，上海图书馆藏嘉庆十年秦鉴刻本，收入上海市地方志办公室编：《上海乡镇旧志丛志》第13册，上海社会科学院出版社2006年版，第15页。

⑤ 参冯贤亮：《陈龙正：晚明士绅社会生活的一个侧面》，载《浙江学刊》2001年第6期，第133—139页。

⑥ ［明］陈龙正：《几亭外书》卷四《乡邦利弊考·复田四肯綮》。

⑦ ［明］谈迁：《国榷》卷八十九，“思宗崇祯元年五月辛未”条，古籍出版社1958年版，第5436页。

额编田地六十万亩有奇,因被嘉兴、秀水二县欺占二万七千余亩,借名嵌田,影射漏赋,致善邑缺额,害民包赔。彼享无赋之田,此办无田之赋。通邑苦累,历有年所。幸康熙三十年分,荷蒙皇恩轸念民瘼,颁行直陈东省事例,凡绅衿隐蔽田粮,一应州县官员所隐田地不行查出,照例从重治罪。嘉善县原任知县徐现麟目击赔累,为民通详,由原任知府阎若琛查册、升任布政司马如龙核看,此番剔对,已据报有不符田地一万四千余亩,则从前影射何疑!仍议清查,保毋奸民贿隐,仍前漏粮,通丈三县田地,溢则报升裕课,详蒙升任抚臣张鹏翮批该司委员协同该府秉公持正,勿畏强御,勿徇情面,清查明白。……切念欺占善田,查册已经对出兴、秀二县漏粮一万四千余亩,迄今九载,中饱如故,皆因兴、秀反复朦混,议丈议查,经久不决,督抚无从会题,民累尚未得豁。

此后至康熙四十六年,地方百姓乘康熙南巡,再次上呈"民本",也是出于同一原因,要求归正万世版图,永豁嘉善田粮赔累之苦。①

四、乡村的错壤

在苏南浙西地区,两县(如嘉兴府城的嘉兴、秀水)或三县(如苏州府城的长洲、元和、吴县)同城而治的现象较为普遍,其分界要么以城墙或街道为限,要么以河道为隔,大致上是比较清楚的。

比如,在雍正四年,分吴江县西偏地置震泽县,东偏地为吴江县,中间以水为界。县城的具体划为:从小东水门西行过太平桥,稍北过重庆桥,又西行稍北过城隍庙,出治安桥,折而南过永定桥,又南行过三多桥,稍折而西,到达西水门;凡是水之西北的属于震泽,在水之东南的属于吴江。本来,吴江县的界域因是以河为界,还是比较完整清晰,它东至松江府青浦县章练塘界,南至嘉兴府秀水县王江泾界,东南至分湖中嘉兴府嘉善县界,西南到烂溪钱马头北首斜港秀水县界。② 但在分县后,县以下的乡村区划就很残乱,如果不是生活于当地的人,大概很难明确指出哪里是吴江,哪里是震泽的分界。分县以后,吴江县的乡,完整的只有久咏乡,还有三个不全的乡,即范隅上乡、范隅下乡和澄源上乡;其下领的都、图、圩也各有全与不全之别。如范隅上

① 光绪《嘉善县志》卷十《食货志二·土田·嵌田》。
② 乾隆《吴江县志》卷一《界域》,乾隆十二年修、石印重印本。

乡，原领都五，乾隆时所存已不全，领四都；其一都领有全图十七，不全图一。[①]这样的基层系统，在以后的很长时期内，经常产生意想不到的各种问题，使地方官深感棘手。

实际上，明清时期存在于乡村地方的疆界错壤的严重性，从上文的论述中已可见一斑。这种错壤问题的存在，必然会导致基层管理在赋役分割等方面的许多不便。换言之，县级政区疆界混乱及其影响，具体是从乡村之间的田土嵌错表现出来。如果能够详细解明乡村中的错壤问题，疆界管理上的症结痼弊及其他社会问题，就会很清楚了。

根据费孝通在民国年间的调查，吴江县庙港乡开弦弓村等地的田地错壤是广泛存在的。开弦弓村的人们共有土地为 11 圩，由于圩是被水围绕的土地单位，其大小就取决于水流的分布，其中就有两个圩分属于其他的村子，但无明确的界限，从而影响了对开弦弓村土地面积的精确计算。[②] 错乱的明晰度，在乡村民众的心目中，因历时长远，已不甚了然。

许多乡镇本来已处于疆界交错地带，政区的变革，更增加了各级管理上的麻烦。

苏州府城以东五十里的角直（时称“甫里”或“六直”），是个很小的地方，其“岁区”三十八图本身仅辖横江、竖头港两个地方，却兼管了新阳县朱塘乡第四保，共计三图。[③] 朱泾镇曾在乾隆二十五年成为江苏松江府金山县的县治所在地，其西北边区，为泖水流域，半邻浙江辖境，边界上的不清楚经常导致两省人民的争水之端，“拘大狱者累年”。[④] 再如张堰镇，东到九间楼，其间东街以南属于金山县，以北地区则属华亭县，为了加强管理，政府曾在镇上设有巡检司，管辖范围还包括了松隐、干巷、廊下等乡镇地方。[⑤] 这样的市镇，虽然管理上还有许多回旋的余地，但因多处于两县及两县以上交界的市镇，麻烦一直很多。

嘉兴、湖州二府接壤的乌青镇（乌镇属湖州府乌程县，青镇属嘉兴府桐乡县；清代以后统称乌镇），早在明代已是人口稠密、商贾四集的繁华之区，属于乌程、归安、桐乡、秀水、崇德、吴江六县之辐辏，但治安极为困难，当地人、原广东按察司副使施儒在嘉靖十七年十一月向朝廷上《请立县治疏》，要

---

① 乾隆《吴江县志》卷三《乡都图圩》。

② 费孝通：《江村经济——中国农民的生活》，商务印书馆 2001 年版，第 33 页。

③ ［清］彭方周纂：《吴郡甫里志》卷三《都图》，乾隆三十年刻本。

④ ［清］夏益万：《送王署侯回任序》，载［清］朱栋纂：《朱泾志》卷十《遗文》，民国五年铅印本。

⑤ 姚裕廉、范炳垣纂修重辑：《重辑张堰志》“凡例”，民国九年金山姚氏松韵草堂铅印本。

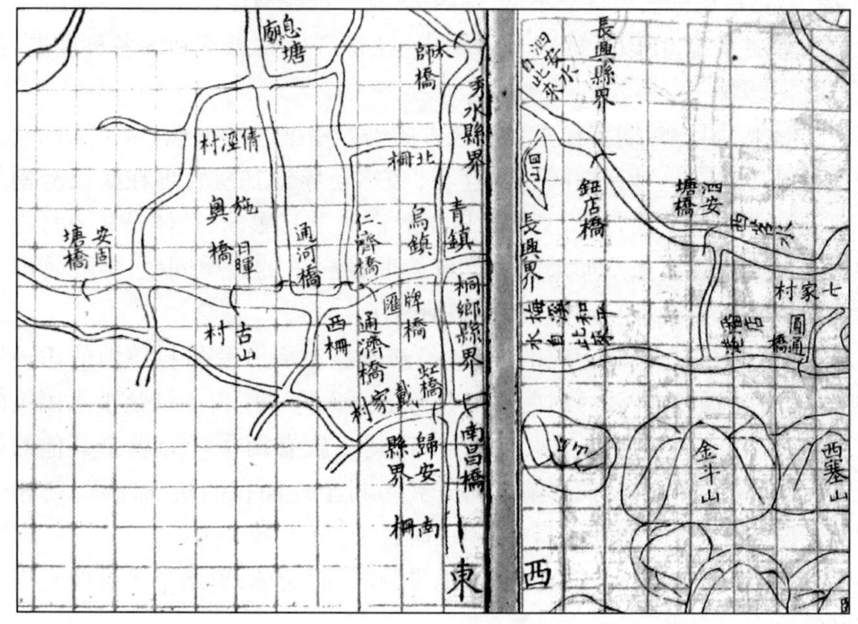

图四　光绪《乌程县志》所绘乌镇与青镇之分界情况

求在这个地方专门设立一县,“以弭盐盗,以安地方”,最终没有成功。① 但康熙元年地方官提出的湖州府捕盗同知移驻乌镇,以加强对桐乡、秀水、吴江、乌程等县边界地区管理的请求,却被顺利批准。② 可是,到民国十九年间,仍然有许多人提议,要将乌青镇改设乌青县,或者将桐乡县治移至青镇,皆因牵涉乌程、桐乡两县疆界,经费开支过重,以及桐乡县治应在县区中心等原因,没能实行。③

嘉定县方泰镇地方属于服礼乡十六都、十七都,南面是二十一都,东面是守信乡的二都,尽呈“犬牙相错之势”。清代人指出,如果按都定界,“必致远近参差”,徒增麻烦。④ 嘉定县西南的安亭镇,属于嘉定、昆山、青浦三县错壤地区,“最易藏奸”:⑤

> 诸不逞之徒往往招集无赖,椎牛赌博,以鱼肉良民为事,即经发觉,不必远飏,而已追捕无从矣,故又最为难治。

① ［明］李乐纂:《重修乌青镇志》卷四《艺文志》,万历二十九年刻本。
② ［清］董世宁纂:《乌青镇志》卷三《建置》,民国七年铅印本。
③ 卢学溥修,朱辛彝、张惟骧等纂:《乌青镇志》卷八《建置》,民国二十五年刻蓝印本。
④ ［清］王初桐纂:《方泰志》卷一《疆界》,嘉庆十二年刻、民国四年排印本。
⑤ ［清］陈树德、孙岱纂:《安亭志》卷三《风俗》,民国二十六年安亭吴廷铨铅印本。

今天位于上海市郊的七宝古镇，过去属于松江府华亭县管辖，清初华亭分县后，镇中的干道蒲汇塘成了重要分界线：塘南为娄县，塘北为青浦；东面约二里的塘北号桥东部则属于上海县境。① 青浦县的朱家角镇，北接苏州府昆山，南连松江府娄县，是个交通要地，虽壤地幅员不广，“犬牙相错”之势十分明显。② 这样的区划分割，对于市镇的经济控制、治安管理等无疑都很不便利。类似这样的市镇，江南地区并不少。

再以崇明县的疆界为例。这里本是孤悬于海上的小岛，朝廷曾同意以“流水为界”，有独分水面之制，“大则波涛遥隔，小则流水中分”，按水分疆：凡在狼山以南、宝山以北，所涨之沙悉属崇明。“按水分疆”尽管无内陆地区犬牙交错的弊害，但海滩涨沙在分水地域的盈缩，仍然会导致新的纷争。朝廷规定，内地十年一丈，崇明地方改为五年一编审，但因四面环海，所谓倏忽沧桑，故又定制以三年为审，希望达到坍者不致积岁赔粮、涨者即可丈拨补缺的良愿。可是制度推行没有多长时间，仍然弊窦丛生，有“增苗”、“补折”、“告佃”、“复熟”、“跨洪”、“移坵”等名目，紊乱田制。到明嘉靖四十年，水中新涨一个高明沙，与常熟县相近，两县就产生了利益之争，但依流水分界之制，被判归崇明。万历初年，嘉定地方豪强想取得管排沙，该沙洲靠近嘉定县，在勘诘过程中，崇明县官府有左袒之意，让崇明百姓表态说沙近嘉定，宜归嘉。但崇明地方父老提出强烈抗议，其意见大概是：崇明所辖不过五六沙，如果因排沙近嘉定而归嘉，那么长沙近太仓应归太，平安、平洋沙近常熟应归常，营前、北浦沙近通州、海门应归通、海，这样崇明将无寸土可言，县治也就没有设立的必要。据说嘉定地方官为之语塞，结果排沙仍然断给了崇明。明清两代类似这样的流水分界纠纷很多，但涨沙在疆界地带的反复盈缩，始终会构成新的矛盾，且历时颇长。③ 这也是崇明县所在地理环境的特殊性造成的。

五、疆界的厘正

直到清末，许多有识之士仍对疆界管理深感头痛。光绪三十四年底，朝廷颁布了《城镇乡地方自治章程》，其中规定：“城镇乡之区域，各以本地方固有之境界为准。”但又指出，“若境界不明，或必须另行析并者，由该管地方

① ［清］顾传金纂：《蒲溪小志》卷一《郡县建置沿革》，传抄本，收入上海市文物保管委员会编“上海史料丛编”，1961年印行本，第4页。

② ［清］周郁滨纂：《珠里小志》卷一《界域》，嘉庆二十年刻本。

③ 康熙《重修崇明县志》卷四《赋役志·田制》，康熙二十年刻本。

官详确分析，申请本省督抚核定。嗣后城镇乡区域如有应行变更或彼此争议之处，由各该城镇乡议事会拟具草案，移交府厅州县议事会议决之。”①

由于清末新政的推行，特别是宣统元年颁布的《府厅州县自治章程》中有“改正插花”之令，许多地方乘机迅速行动起来，为纠正疆界错壤问题尽了最大的努力。

比如，由华亭、上海两县析置的青浦县地方，长期存在插花错壤的问题，一直不能得到正常解决。当地人想乘这次改正的机会，将错壤彻底清理一遍。青浦县错壤的矛盾焦点在章练塘镇，这个镇属于苏州府元和、吴江两县共管，但镇的周边土地却属于松江府青浦县。镇离苏州府城百里而远，去吴江县城也有几百里，中间又有大湖阻隔，水陆交通都很不便，元和、吴江两县的政教法令根本不能很好实施，所谓“风气锢塞，见闻寡陋”，比珠街阁（朱家角）镇与枫泾镇要严重得多。但该镇却离青浦县城很近，不过30里，离松江府城也不过40里，就近施政显然要便利得多；而且风俗习惯也与青浦相近，镇中户口属于青浦的就占了十分之七。②

因此，当地人以邹铨为代表，向江苏省地方自治筹备处条陈《请将章练塘镇之元、江二邑地归并青浦事》，要求按照《自治章程》第三条有关合并数县、十三条以小并于大的条文，将章练塘地方划入青浦。③ 这个提案最后被通过，到宣统二年，章练塘镇并入青浦。于是，青浦县西南边界也产生了变化；西面与嘉兴府嘉善县接壤的地方仍以野猫洞港为界。④

表2　清末青浦县插花斗入地统计

错壤类型	本县区名	所在地	县名	受插地	面积
插入他县者	金泽	42保1区29图西罪圩1至11号地名东南汇，又同保同区26并30图小伐圩26至30号地名西南汇	嘉善	北月圩	东南汇、西罪圩共田52亩4分7厘6毫，又西南汇小伐圩共田15亩7分1厘
	白鹤青村	45保1区8图之桂家村、夏家村、孟泾、长泾；2区11图之张家角、李浦	嘉定		

① 徐秀丽编：《中国近代乡村自治法规选编》，中华书局2004年版，第3页。
② 民国《青浦县续志》卷一《疆域上·沿革》，民国二十三年刻本。
③ ［清］高如圭原纂、万以增修纂《章练小志》卷一《区域沿革》，民国七年铅印本。
④ 民国《青浦县续志》卷一《疆域上·界至》。

续　表

错壤类型	本县区名	所　在　地	县　名	受　插　地	面　　积
插　入他县者	白鹤青村	49 保 1 区东 6 图之荷花池、西虬江;2 区 1、4 图之盐店桥、新开河等村	昆山		
	观音堂	33 保 2 区 1 图逾虬江之东	嘉定	诸翟乡珠字圩	约 10 亩
	黄渡	31 保 2 区 1 图、2 图;1 区 4 图、正 3 图	嘉定	南起砖窑,北讫陈头村,东尽伐仁,西至盐铁塘	
他　县插入者	县　名	所　在　地	本县区名	受　插　地	面　积
	嘉善		金泽	42 保 4 区 31 图南虞圩之西南汇	约 10 亩
	嘉定	西胜塘仁字号 1、2、3、4 四图	白鹤青村	46 保 4 区 2 图	约 30 余亩
	嘉定		观音堂	33 保 2 区 1 图天字圩 33、34 两号内	约 10 亩
	娄县	35 保 1 区 33 图珍、南果、北果、夜、东光、西光 6 圩	七宝	35 保 2 区 26、27、32、34 图	约 1 464 亩

资料来源：民国《青浦县续志》卷一《疆域上 · 界至》。

通过清末的勘察,我们发现青浦县的插花、斗入地并非只有章练塘一个地方,有青浦县插入他县者,也有他县插入青浦县者。除章练塘插花地被归并青浦外,其他有待厘正的仍然很多(详参表 2 “清末青浦县插花斗入地统计”)。

宣统元年朝廷颁布的“改正插花”之令,在地方行政实践中,显然并非具文,其实效在苏南地区大多能够看到。宣统二年江苏地方的“自治筹办处”屡次要求各州县将插花斗入等地绘图列表,经核准后实行清理。这一举措到民国初年仍然得到了维续,当时是由“清丈局”接手实行。至于尚未来得及改正的,各县与邻县一起再行清丈,共同商定改正方案。当时宝山县向省政府呈送的疆界厘正公文是这样的：①

① 民国《宝山县续志》卷一《舆地志 · 沿革》,民国十年铅印本。

案据清丈局委员陶庆丰呈称，案查前清宣统二年间叠奉苏属自治筹办处催令划清区域，以插花斗入之地亟应厘订改隶。当时以刘行、广福二乡早经丈竣，所发现之插花悉行改正。方拟继续厘正，适逢光复，以致其余各乡均未援照办理。查民国成立后，凡未经法令废止变更者，前清例案一律继续有效。兹查得吴淞乡之推二十二图南姜圩与本乡不相联属，应归入殷行乡，而殷行乡之推七、推八两图，称、咸二圩及衣四图之盈圩三小坵，均插花在江湾区域之内，应行归并于江湾；又杨行乡之号四十四图服圩，远隔本图，跨蕴藻浜而入大场界内，据形势，应归大场乡内；又江湾乡之殷五、殷六两图所属二小坵及殷行乡之南界数小坵，均插花在上海界内。现将发印总图，拟定以上各乡插花，援照刘行、广福前案办理。至插花在上海界内者，拟俟上邑清丈时会同划清等情到县。据此查厘正插花区域，系为便利行政起见，迭经前清民政部通饬遵行。宝邑当光复之初，刘行、广福两乡之插花业已酌量改正，其关于县界之错综，如嘉定县姜一图插入宝邑真如乡之田五亩五分六毫及涨滩七亩九分六厘五毫，亦经呈奉都督四千七百六十六号指令，照准划归宝邑。此次查明之江湾、殷行两乡间有插入上海界内之地，情势较为复杂，应俟上邑清丈时会同履丈，再行划清。惟江湾、吴淞、殷行、杨行四乡之插花，纯属本县乡区范围，不难及早规划，以免竣粮册后更改之繁，业由知事指令清丈局将方单图册等项，详细划清，并令行各乡查照办理外，为特将援前案厘正插花缘由，备文呈祈民政长鉴核示遵，实为公便。谨呈。

这篇公文十分清楚地说明了宝山县内部之间、与外县之间的插花地及其改正情况，也略述晚清至民国初期这种改正工作的沿革，显然在江南地区具有普遍意义。

当时绘制的宝山县插花斗入地表，则更为详细直观地显示出整个插花地的情形与改正办法（详参表3）。

表3　清末民初宝山县的插花斗入地与改正方案

原　隶　属	面积（亩）	已改隶属	拟改隶属	备　　注
嘉定县姜一图露圩	13.471	本县真如乡姜一图露圩		宝、嘉界限以界河为准，此段在界河之南，应划归本县管辖

续　表

<table>
<tr><th>原　隶　属</th><th>面积(亩)</th><th>已改隶属</th><th>拟改隶属</th><th>备　　注</th></tr>
<tr><td>杨行乡号四十四图服圩</td><td>396.044</td><td>大场乡</td><td></td><td>此圩南、西、北三面与大场乡毗连</td></tr>
<tr><td>刘行乡宙二十七图西秋圩</td><td>962.312</td><td>广福乡</td><td></td><td>广福乡之东为刘行乡,此圩在广福乡之西,应划归广福</td></tr>
<tr><td>殷行乡衣四图盈圩</td><td>196.664</td><td rowspan="4">江湾乡</td><td></td><td rowspan="4">此圩与殷行乡区域不相联属</td></tr>
<tr><td>殷行乡推七图南咸圩</td><td>120.458</td><td></td></tr>
<tr><td>殷行乡推七图[发]圩</td><td>520.859</td><td></td></tr>
<tr><td>殷行乡推八图闲圩、称圩</td><td>1 381.372</td><td></td></tr>
<tr><td>吴淞乡推二十二图南姜圩</td><td>811.650</td><td>殷行乡</td><td></td><td>此圩与吴淞乡区域不相联属</td></tr>
<tr><td rowspan="2">上海县</td><td>7.848</td><td></td><td>本县江湾乡殷六图玉圩第六号</td><td>按照形势应归本县</td></tr>
<tr><td>约8</td><td></td><td>本县彭浦乡金二图东剑圩第五十三号</td><td rowspan="3">按照天然界限应归本县</td></tr>
<tr><td>太仓县</td><td>约1</td><td></td><td>本县罗店市钱二十三图□圩第七十九号</td></tr>
<tr><td>嘉定县</td><td>2.015</td><td></td><td>本县广福乡天四图月圩第八十五号</td></tr>
<tr><td>本县江湾乡殷四图东为圩第附号</td><td>16.844</td><td></td><td rowspan="4">上海县</td><td rowspan="2">此段与本县不联属</td></tr>
<tr><td>本县江湾乡殷六图玉圩第三号第一、第二坵</td><td>12.705</td><td></td></tr>
<tr><td>本县江湾乡殷六图玉圩第三号第三、第四坵</td><td>1.186</td><td></td><td rowspan="2">按照天然界限应归上海</td></tr>
<tr><td>本县高桥乡盈三十五图东陶圩第三、第四号</td><td>25.594</td><td></td></tr>
</table>

续 表

<table>
<tr><th>原 隶 属</th><th>面积(亩)</th><th>已改隶属</th><th>拟改隶属</th><th>备 注</th></tr>
<tr><td rowspan="6">上海县</td><td>约 9</td><td></td><td>本县江湾乡结九一图荒圩第二十五号</td><td rowspan="3">按照天然界限应归本县</td></tr>
<tr><td>约 10</td><td></td><td>本县江湾乡结九一图荒圩第三十号</td></tr>
<tr><td>约 40</td><td></td><td>本县江湾乡结九一图荒圩第四十一号</td></tr>
<tr><td>约 30</td><td></td><td>本县江湾乡阙九三图洪圩第十九号</td><td rowspan="3">按照形势应归本县</td></tr>
<tr><td>约 4</td><td></td><td>本县江湾乡阙九三图洪圩第二十号</td></tr>
<tr><td>约 28</td><td></td><td>本县江湾乡阙九三图洪圩第二十一图</td></tr>
<tr><td>本县江湾乡结九一图荒圩第五号第一、第二、第三坵</td><td>3.605</td><td></td><td rowspan="6">上海县</td><td rowspan="2">按照形势应归上海</td></tr>
<tr><td>本县江湾乡阙九三图洪圩第附一二号</td><td>24.937</td><td></td></tr>
<tr><td>本县殷行乡周三图天圩第四十六号第一、第二、第三、第三十坵</td><td>4.026</td><td></td><td rowspan="4">此段在虬江之南，按照天然界限应归上海</td></tr>
<tr><td>本县殷行乡周三图天圩第六十八号</td><td>18.833</td><td></td></tr>
<tr><td>本县殷行乡周三图天圩第六十九号</td><td>10.246</td><td></td></tr>
<tr><td>本县殷行乡周三图天圩第七十一号</td><td>28.651</td><td></td></tr>
<tr><td>太仓县</td><td>约 4 000</td><td></td><td>本县罗店、盛桥</td><td>此段与太仓不相连属，应划归本县</td></tr>
</table>

资料来源：民国《宝山县续志》卷一《舆地志·沿革》。

表中显示的太仓插花地，面积约有 4 000 多亩，较为瞩目。其地南接盛桥乡之小川沙，北接罗店市之楚城泾，东到大海，西至罗店市之界河，大体上为楚城泾海塘所隔绝，与北首太仓境不相联属，其中有陈家巷村集者，人烟颇稠，太仓警务不能兼顾，视同瓯脱，烟赌蚁媒，倚为丛窟。宝山县警务又以地非属境，未便越境代谋，揆诸形势，证以事实，应改归宝山县，分隶于罗店、盛桥两市乡行政，一方庶较便利。

总的来说，上表将乡村错壤的主要症结，表达得已很清楚，但也说明在明清时期长期维持的错壤插花状态是很复杂的。具体以宝山县的真如镇为例，该镇处于嘉定与上海之间往来的孔道，当时进行了细致的清丈工作，其错壤地也被一一改正（详参表4“清末民初宝山县真如镇改正错壤插花统计”）。

表4　清末民初宝山县真如镇改正错壤插花统计

图　号	地　　域	原　　因	改正方法
生号一图	旧辖民、器二圩	与生号七图界限模糊	并入生七图
生号二图	旧辖宇、代、道、万、恭、短六圩	恭圩插花于夜号东五图之南	并入夜东五图，改称南恭圩
		插花于夜号南六图数十亩	并入夜南六图
		插花于生八图九十多亩	并入生八图养圩
		插花于生九图数十亩	并入生九图制圩
		其余各圩，与并入之生一图界限混淆	合并为万字一圩
生号八图	旧辖问、盖、养、难四圩	各圩与生七图插花于本图的九十多亩界限混淆	并为养字一圩；另外，洪字一圩由夜东五图并入
生号九图	旧辖制、有、岂、毁四圩	制、岂、毁三圩与生七图插花于本图之数十亩界限不清	并为制字一圩
生号十图	旧辖称、河、翔、始、唐、伤六圩	始圩与唐圩界限不清	始圩并入唐圩
生号十九图	旧辖寒、阙、鸣、白四圩	各圩界限模糊	并为鸣字一圩
生号二十图	旧辖字、服、过3圩	各圩界限模糊	并为服字一圩
生号二十一图	旧辖人、重、称、伤四圩	各圩界限模糊	并为人字一圩
珠号十三图	旧辖调字一圩	亩数无几	并入霜十二图，改称西调圩

续　表

图　号	地　域	原　因	改正方法
夜号西二图	旧辖洪、月、辰、伤四圩	各圩界限不清	并立为成圩
夜号西三图	旧辖外能、内能二圩		从乡间俗称，改外能圩为能圩
夜号西四图	旧辖黄、能二圩	各圩界限不清	以金港为界，分立两圩，南为能圩，北为黄圩
夜号东五图	旧辖洪、恭二圩	洪、港二圩中隔夜南二图元圩	将接近生八图的洪圩并入生八图，以生七图并入本图之恭圩，改名南恭圩
夜号南六图	旧辖荒字一圩	内有生七图并入之插花地数十亩	以新浜为界，分为二圩，南为荒圩，北为雨圩
夜号北六图	旧辖往、秋、藏、闰、岁、丽六圩	各圩及夜十一图插花于本图百余亩，界限均已模糊	以沪宁铁路为界，并为二圩，南为秋字圩，北为往字圩
夜号十一图	旧辖北月、来、龙股、内传、外传五圩	各圩界限均已模糊	除插花于夜北六图之二部并入该图外，今并成外传一圩
夜号十二图	旧辖宿、张、龙、拱、敢、肆、建七圩	各圩界限不清	合夜九图及夜十三图插入之百余亩，以沪宁铁路为界，并为敢、作二圩
夜号十三图	旧辖垂、散作二圩	与夜十二图界限不清	并入夜十二图
芥号十四图	旧辖冬、成、律、为、生、水、剑、可八圩	各圩界限不清	以张泾为界，分为二圩，东为冬圩，西为生圩
芥号十五图	旧辖调、露、金 3 圩	各圩界限不清	并为调字一圩
芥号十六图	旧辖誊、问、羔、问祸、东祸、西祸六圩	各圩界限均已模糊	并为羔字一圩
芥号十八图	旧辖效字一圩		将侯江桥东之一部并入官十七图；侯江桥西之一部并入官二十图
姜号一图	旧辖东露、西露二圩	圩界不清	并为露字一圩。内有 13 亩 5 分 2 厘 6 毫属于嘉定县姜一图插花地，今遵省令，划归本图

续　表

图　号	地　域	原　因	改正方法
官号十七图	旧辖结、夜、果、被、习、缘六圩	各圩界限模糊	并为果字一圩；以芥十八图并入之一部名为芥圩，故共存芥、果2圩
官号二十图	旧辖朝、爱、效、景、表五圩	各圩及芥十八图并之一部，界限均已模糊	合并为表字一圩

资料来源：洪复章纂：《真如里志》“舆地志”，民国七年后辑、上海图书馆藏稿本。

这个小镇错壤插花的改正事例，仍然可以旁证性地说明江南乡村地区错壤问题的复杂性和行政管理上的麻烦。

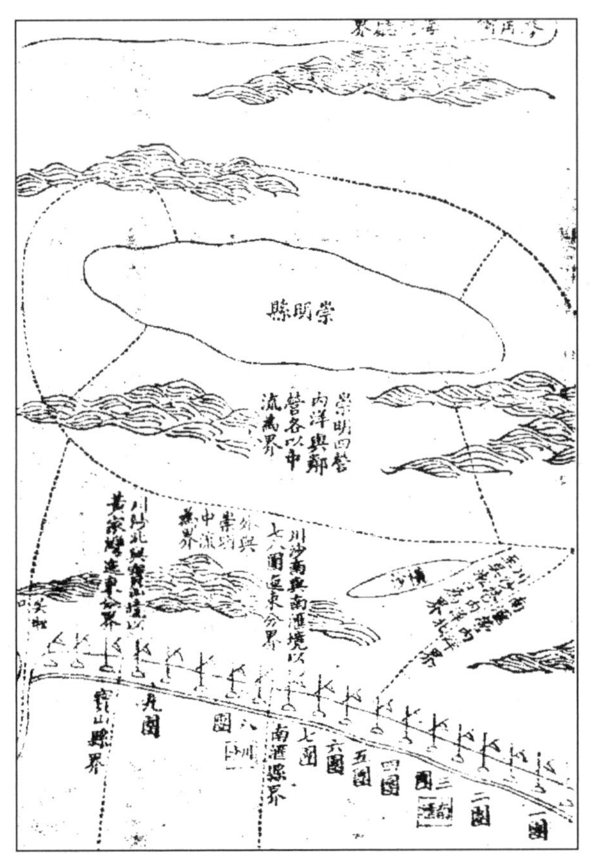

图五　光绪五年刊《川沙厅志》所绘川沙、南汇、宝山与崇明县的分界情况

另外，黄浦江东面的川沙厅，也在宣统三年根据江苏省地方自治筹备处的要求，对辖境内的壤地插花斗入情况，作了详细的清理和划并，并绘图列

表。其中,由政府勘定的川沙、南汇、上海、华亭等属插花地共有 8 处,斗入地为 1 处。此项纠正插花工作,是由川沙厅同知与上海、南汇两县共同协商完成的①(详参表 5)。

表 5 清末川沙厅的插花斗入地

<table>
<tr><th rowspan="2">分类</th><th rowspan="2" colspan="2">地 名</th><th rowspan="2">坐落</th><th rowspan="2">四 至</th><th rowspan="2">面积(亩)</th><th colspan="2">忙 漕</th></tr>
<tr><th>有闰</th><th>无闰</th></tr>
<tr><td rowspan="10">地在川沙、管辖权在他县者</td><td rowspan="10">二十六保</td><td>6 图</td><td rowspan="10">南汇</td><td>东南北俱川境八团南一甲、西霍公塘</td><td>289.133</td><td>24.361 两
17.233 石</td><td>24.176 两
17.241 石</td></tr>
<tr><td>8 图</td><td>东南北俱川境八团北四甲、西霍公塘</td><td>495.923</td><td>41.784 两
29.555 石</td><td>41.467 两
29.572 石</td></tr>
<tr><td>10 图</td><td rowspan="2">东南北俱川境八团北六甲、西霍公塘</td><td>424.861</td><td rowspan="2">35.796 两
25.323 石</td><td>35.525 两
25.334 石</td></tr>
<tr><td>11 图</td><td>365.003</td><td>30.520 两
21.765 石</td></tr>
<tr><td>20 图</td><td rowspan="6">东南北俱川境九团一甲、西霍公塘</td><td>203.846</td><td>17.175 两
12.150 石</td><td>17.450 两
12.155 石</td></tr>
<tr><td>23 图</td><td>135.330</td><td>11.420 两
8.063 石</td><td>11.314 两
8.070 石</td></tr>
<tr><td>27 图</td><td>152.647</td><td>12.61 两
9.098 石</td><td>12.764 两
9.102 石</td></tr>
<tr><td>28 图</td><td>178.560</td><td>15.045 两
10.643 石</td><td>14.930 两
10.647 石</td></tr>
<tr><td>30 图</td><td>189.600</td><td>15.975 两
11.301 石</td><td>15.853 两
11.306 石</td></tr>
<tr><td>21 图</td><td>148.739</td><td>12.532 两
8.865 石</td><td>12.433 两
8.869 石</td></tr>
<tr><td>地在他县、归川沙管辖者</td><td>二十二保</td><td>18 图</td><td>上海</td><td>东上海 11 图,西上海 8 图,南上海 11 图,北上海 3 图、17 图</td><td>1 491.319</td><td>141.975 两
126.655 石</td><td>140.945 两
126.750 石</td></tr>
</table>

资料来源:民国《川沙县志》卷八《财赋志 · 田亩》,民国二十五年铅印本。

① 民国《川沙县志》卷八《财赋志 · 田亩》,民国二十五年铅印本。

清末民初的改正工作较为全面，基本上清除了历史上长期维续的错壤插花问题。也正是因为这些改正工作，使我们得以清楚而具体地看到传统乡村的错壤实态。

六、合理的分区

历史上地方政府的疆界管理问题，由于史料的局限，学界讨论甚少。明清时期，以府州县乡镇地方志为代表的地方乡土文献大量勃兴，为我们在这方面的考察，提供了许多依据。疆界问题与政区分划有着密切的关联，历史上，政区规划有两个基本原则，一是“山川形便”，二是“犬牙相错”，特别是后者，对中国社会历史的发展影响较大，许多政区规划上的不合理，一直保留到了今天，如河南、陕西、安徽、江苏等省。但如果是府州县层面，不合理的现象就更多了，集中体现在疆界错壤上。

一般认为，政区分划中出现的嵌田错壤，与插花地并无二致，在清代官方的档案与奏折中，确实也有这样互称的情况。但是，明清时期影响中国地方社会的疆界错壤或插花错壤，与现代以来通称的“插花地”、西方的“飞地”，尽管有形式上的许多共同之处，在性质上还存在一些差异。主要区别在于，后二者的人口与赋税都多与插入地无关，仍然由所属府、州、县或省直接管理；而前者则不同，人口与赋税管理基本上是由两个或两个以上地方政府兼摄，或者人口归所属政区管理，但赋税由嵌入地负责，或者赋税由所属政区管理，而人口由嵌入地负责。这是一种十分复杂而又很有趣的现象。

另一方面，地方上民众的冲突与纠纷、不同区域的行政官员之间的矛盾，常能构成大的暴力事件，长期影响到地方社会的稳定；而附生于其间的许多不法行为和盗匪事件，却因疆界错壤引起的地方官之责任推诿，而得以大肆漫行。为了维护各自的地方利益，除了正常的对簿公堂、向高级政府申控外，各个地方政府还十分喜欢在编修地方史志时，大书特书，以示其在处理这些问题上的所谓正确性。

因此，从地方社会的角度出发，疆界的区划当以自然区为根本，行政区与经济区倒在其次，相应地，文化区的规划也不会相差太远。就历史时期的中国行政地理规划而言，政治因素始终占据主导地位，体现于三个大的方面：一是政区层级在三层到两层之间反复；二是政区边界划分有“山川形便”与“犬牙相错”两大原则；三是政区幅员经过由大到小、又由小到大的波动。①

然而，疆界管理上出现的"插花"、"错壤"皆不适宜于施政，更不宜于地方与政府之间的利益分割，从而影响到地方社会与国家的利益分配，特别是对小的区域社会来说，弊端更多。在太湖平原这个独特的地域社会，明清时期分属于两个省级政区（今天是三个，即浙江、上海与江苏），本已很不合理，加上县级政区之间的疆界错壤，无疑会酿成民间和政府之间更多的矛盾与社会变乱因子。

当然，合理的分区，历来就存在太多的困难，多数情况下可以说是不可能的。错壤从高层政区来说，有利于政府的管理和控制，但对县级政区而言，反而会增添许多麻烦，首先就表现在治安方面。如在太平天国战乱后，湖州府的孝丰、安吉、长兴等县与安徽交界处，潜匿了许多"散勇降众"，时有盗匪之乱，不仅土著，就是外来客民也常感不安。像这样的疆界错杂地区，本来就是治安上的难点，客民问题的导入更加重了地方政府对治安的忧虑。②

可见，行政边界的存在无形中造成了地方消弭盗匪的一大障碍，没有其他周边地方政府的配合，问题很难真正解决。但如果能做到跨政区的联合，许多问题自然迎刃而解。康熙十三年（1674）四月，江南大盗朱胡子与山贼李成龙、海宁地方大盗羊子佳等一起，聚抢桐乡、乌程两县边境的乌镇、青墩两镇，气焰嚣张，最后，嘉、湖、杭三府政府被迫联合，将这股盗匪剿灭。③

在嘉善县西北境与吴江县共邻的分湖，专门设有一个巡检司，衙署却在吴江县的芦墟镇，乾隆初年移驻至西南的黎里镇，也与嘉善县境毗邻。后来衙署移驻作字圩的民居，光绪时转至染字圩内众善堂旁。该巡检主缉所辖黎里、芦墟、北厍、莘塔、黄溪、平望、新杭里诸市镇共860圩的盗贼问题，"盘诘奸伪，率徭役弓兵，警备不虞"。④ 巡检衙署从市镇移驻村落，不但加强了乡村的防卫力量，也巩固了县境周边地区的治安。可惜的是，这样的事例在文献记载中并不多。

民间的抗争也会在丈量田亩、清查赋税过程中不断发生。当然，这与利益的分割是有很大关系的。传统时代的苏南、浙西，最难管理的是赋役，而民间规避赋役，已成了一种风尚，所谓"居东乡而藏于西乡者有焉，在彼县而

---

① 详参周振鹤的《体国经野之道——新角度下的中国行政区划沿革史》（香港：中华书局，1990年版）与《中国历史上两种基本政治地理格局的分析》（载《历史地理》第二十辑，上海人民出版社2004年版，第1—19页）

② 冯贤亮：《清代浙江湖州府的客民与地方社会》，载《史林》2004年第2期，第47—56、82页。

③ 光绪《桐乡县志》卷二十《兵事》，光绪十三年刊本。

④ ［清］蔡丙圻纂：《黎里续志》卷二《官舍》，光绪二十五年禊湖书院刻本。

匿于此县者有焉；畏粮重者，必就无粮之乡；畏差勤者，必投无差之处；舍瘠土而就膏腴者有之，营新居而弃旧业者有之。倏往倏来，无有定志”。官府的勾摄，每每因疆界而受到阻碍。[①] 康熙十年田赋大造时，嘉善县地方胥吏册书凭借额田不清，与地方豪强匿田隐赋，贻害百姓。[②] 疆界错壤，为这些弊漏的存在创造了更多条件。

要处置好上述种种矛盾，高层的省界调整显然是必需的。传统分界的两条基本原则“山川形便”与“犬牙相错”，历代政府对其交互使用，逐渐形成了种种不同的政区边界。但其间存在的不合理性，长期影响着从各个低层政区的县到各个高层政区的省之间的关系，矛盾与冲突很难得到真正解决。如湖南与湖北之间的洞庭湖流域，山东与江苏之间的南四湖流域，江苏与浙江之间的太湖流域，就是其中最典型的地域。[③] 虽然，地方行政全在州县官手中，没有他们，地方行政就会停滞，其地位与角色在地方上不能因其品秩之低而受到任何忽视，[④]但是在明清两代，州县官的作用发挥到什么程度，我们不能有太高的估计，对此也可从本章关于苏南、浙西的疆界错壤讨论中有一个大概的认识。

同时我们也注意到，政区边界存在的不合理性，如果不是因为地方县级政府之间利益分配不均而纠纷不断，生活、工作在边界地带的乡村民众并没有感到太大的不妥。他们对边界的概念要比许多政府官员和文人们要清晰得多，口耳相传，世代都记得哪些地方属于哪个辖区，哪些人属于哪个辖区，以及各区风俗习惯等方面的种种差异。如七宝镇，属娄县、上海、青浦三县接壤地区，即以镇中的蒲汇塘为界，塘南为娄县、塘北为青浦，塘东二里许则属上海，语言上亦有类似的区分，当地人感觉十分清晰，总不相混。[⑤] 同样也是三县联壤的紫隄（诸翟），分属嘉定、上海、青浦，语音居然也有“微分”，“属苏、属松，仍不相混”，有人说是“地气使然”。[⑥] 明代后期的桐乡人李乐曾十分清楚地指出，江南巨镇乌青镇，由属于乌程县的乌镇与桐乡县的青镇

---

① ［明］周忱：《与行在户部诸公书》，载［明］程敏政编：《皇明文衡》卷二十七，商务印书馆《四部丛刊》初编影印明刊本。

② 光绪《嘉善县志》卷十《食货志二·土田》附《康熙十年大造莫大勳条议八款》。

③ 周振鹤：《地方行政制度志》（《中华文化通志·制度文化典》第4典），第416—417页。

④ 瞿同祖，*Local Government in China Under the Ch'ing*, Harvard University Press, 1962, pp. 14-15.

⑤ ［清］顾传金纂：《蒲溪小志》卷一《郡县建置沿革》、《风俗》，传抄本，收入上海市文物保管委员会编“上海史料丛编”，1961年印行本，第4、14页。

⑥ ［清］汪永安：《紫隄小志》卷上《风俗》，上海博物馆藏康熙五十七年稿本，收入上海市地方志办公室编：《上海乡镇旧志丛书》第13册，上海社会科学院出版社2006年版，第29页。

共同构成,自南栅以至北栅都是以河界;青镇地方风俗尚奢,乌镇则以俭朴居多,颇有差别。① 北临至和塘,为苏州、昆山两地往来孔道的信义乡,清代人居然能够分析出当地风俗十分之七类昆山、十分之三似苏州。②

就县级政区来说,语言风俗也不可能完全与行政区相一致。如嘉定县境内、吴淞江以南的纪王庙镇,规模不大,市廛也仅一里,但地界上海、青浦两县,方言多近青浦,"视它处较劲"。③ 再以青浦方言为例,当地人清楚地知道四乡的差异:七宝以东类上海,泗泾以南类华、娄,双塔以西类元和,泖湖以西类吴江,小蒸西南类嘉善,赵屯西北类昆山,吴淞以北类嘉定,视上海为轻,视苏州为重。④ 吴江县盛泽镇东南的新杭市与秀水县王江泾镇相接壤,仅一水之隔,两地居民混杂居住,外人很难区分清楚,在户籍上,自明清以来,许多盛泽人就喜入秀水或嘉兴籍,如明末的卜舜年、清初的计东以及同治间的王永义等,⑤并没有因疆界的阻挡而产生任何隔膜。但分隶江、浙两省的枫泾镇,习尚、声音、方言、称谓虽然存在差异,在感觉上却已不清晰了。⑥ 再如东接松江府华亭县、西界嘉兴府平湖县、又隶于松江府金山县的张堰镇,方言、风俗有的与松江府一致,有的则与浙江地方相似,也很难辨清。⑦ 类似的情况还存在于其他一些乡镇地区。

作为一个有机的生态地理单元,太湖平原十分需要在规划管理上有统一性。明清两代将太湖流域分割管理后,其所属河流上下游的分划(包括湖泊群),竟关涉到多个政区共同的政治、经济利益问题,如果在水利修治、盗匪缉捕、赋役圈派等方面无法协调,其遗患将永远不能得到真正解决。到民国年间,因太湖水利修治的共同需要,江浙两省曾联合进行了实地调查,为太湖水利工程的展开作了许多努力。⑧ 所以,在疆界管理上,除了生态的统一,更需要行政的统一。

---

① [明]李乐:《见闻杂记》(续)卷十一,上海古籍出版社1986年影印万历间刻本。

② [清]赵诒翼纂:《信义志稿》卷二十《志事·物产》,宣统三年纂修,抄本。

③ [清]秦立纂:《淞南志》卷一《疆域》、卷二《风俗》,上海图书馆藏嘉庆十年秦鉴刻本,收入上海市地方志办公室编:《上海乡镇旧志丛志》第13册,上海社会科学院出版社2006年版,第1、15页。

④ 光绪《青浦县志》卷二《疆域·方言》,光绪五年尊经阁刻本。

⑤ 盛泽镇地方志办公室编纂:《盛泽镇志》,江苏古籍出版社1991年版,第450页。

⑥ [清]曹相骏纂、徐光墉增纂:《重辑枫泾小志》卷一《区域志·风俗》。

⑦ 姚裕廉、范炳垣纂修重辑:《重辑张堰志》卷一《风俗》。

⑧ 详参胡人雨编撰:《江浙水利联合会审查员对于太湖水利局水利工程计划大纲实地调查报告书函》,民国间铅印本。

第四章　治安与秩序

一、乡约教化史

社会秩序的稳定，是确立王朝正统的基础。但反过来，王朝的更替或重建，也会影响社会秩序与地方统治。明清两代五百余年间，社会变革与政治变化显得十分复杂。倘就地方行政的角度出发，制度上的安排与行政实践的重点，其实仍在治安与赋税两端，为保证这些工作的顺利进行，绥靖地方，安抚民心，思想教化有时就显得十分重要。

在传统时代，乡村地方的居民都习惯集中聚于一定的地域，比屋而居，烟火相接，形成一个个大而密集的村落。对于乡村的管理，历代都有较为严格的组织和细密的管理，但在多数情形下，乡村基层的领导人一般都是从民众中挑选产生，充当普通民众与官方交往联系的纽带。他们的责任，主要包括勾摄公务、催征赋税、圈派徭役和维护治安、循禁盗贼等。由于乡村的稳定与否，会与基层行政官吏（县一级）的吏治挂钩，因此，这些乡村基层领导的挑选就得到民众与官方的共同关注。到宋代以后，乡村管理的理论与实践已经渐趋成熟，特别是在明代。

明代乡村组织的基本形式为里甲制。从明代后期直至清代，这种行政组织中的主要功能渐为保甲所替代，里甲成了专管赋役征发的基层组织，保甲组织的职责则在乡里社会秩序和治安的管理。

因此，对于治安工作中十分重要的盗匪问题，基层组织及其领导人必须作出应对。嘉靖二十七年（1548），乡村地方开始大力推行保甲法，城、乡地区每十家编为一甲，即为一牌，不立牌头；每家值勤十天；在每家门上悬牌，上书这家成员的基本情况，以便互相稽查。甲内如果发现不法分子，在劝告改正无效后，就要送往官府究治。如果互不举报，这十家就要负连带责任。另外，为了防范危难事件的发生，每家每户都备有锐利的器械，平时无事时要鸣金巡夜，有警时则急鸣为号，使邻保响应，合力擒拿盗贼。当时，海盐人樊维城还刊刻了《约保全书》，措施更详，要“以约统保，以保统党，以党统甲，以甲统户”，并置立保甲牌面，凡有“不公不法之事”，可以互相察举。① 在当时人看来，乡约的推行与保甲的结合，可达到这样理想的目的：良民分理于下，有司总理于上，提纲挈领，政教易行，日考月稽，奸弊自革。但当时已经有人注意到这种制度可能出现的反面情况：“若掌印官视为虚文，如醉如梦，则约正、副以为奇货；通贿通情，是良法反为弊政。”②

有人认为，保甲与乡约可以成为地方社会制度的一部分，而基层社会势力也有与保甲、乡约相结合的可能。③ 值得的注意的是，作为国家对乡村控制的传统方式，保甲与里甲在发展过程中出现与最初推行时不同的表现或作用时，乡约也显示了相似的倾向，而且地区间又互有差异。④

到清初，保甲法得以在全国着力推行。其编排原则与明代相仿，基本能够体现“出入相友，守望相助”的功用。顺治六年(1649)间，由于地方上“土贼”肆虐，政府作了严格规定：“其窝藏之家处斩，左右邻知情不举及十家长不行举察者，概不姑宥。”⑤康熙九年(1670)又颁布了《上谕十六条》，作为民间训戒的规范。其中第十五条就是“联保甲以弭盗贼”，内中讲道：⑥

> 今日保甲之设，多属虚文，所以圣谕谆谆，要你们联将起来。如何叫做联保甲呢？譬如，同在保甲之人，其中富厚殷实的，须念盗贼之来原因，富家平日遇保甲中人饥寒的，就周济他，患难的就扶助他，使他感恩图报，此所以联其心也；凡梆锣物件、枪刀器械有所不足，便急为整备，使他救护有具，此所以联其声势也；邻比接遇之际，分外谦和，分外亲近，使人人道好，意气相投，此所以联其情谊也。如此，则一家有盗，九家齐心救援；一甲有盗，九甲协力擒拿。保甲里边，或有面生可疑之人，大家详察，不许容留。就是甲内的人去做歹事，九家一齐首告，逐出地方，使一甲十家、一保十甲的人，灾祸相同，患难相共，意气相通，约束

① ［明］樊维城：《讲乡约条约》，康熙《嘉兴府志》卷十八《诗文 · 公移条议》，康熙二十一年刻本。

② ［明］吕坤：《实政录》卷五《乡甲约二》，万历二十六年赵文炳刻本。

③ 黄志繁：《乡约与保甲：以明代赣南为中心的分析》，载《中国社会经济史研究》2002 年第 2 期，第 3—8 页。

④ 萧公权 Hsiao Kung-chuan, *Rural China: Imperial Control in the Nineteenth Century*, University of Washington Press, 1960, p. 201.

⑤ 《清世祖实录》卷四十五，“顺治六年七月癸未”条。

⑥ 康熙《上谕十六条》卷二，康熙二十六年范正辂刊本。

相信，这方叫做联保甲。

嘉定知县陆陇其（1630—1692）在康熙前期曾十分重视保甲弭盗工作，也认为保甲应与乡约并举，只有力行此二法，地方治安才可能有成效。他向城乡百姓的通告中说：①

今与尔百姓屏除烦文，讲求实政，为此示仰阖境民人知悉。除乡甲条约渐次申明外，择于几月某日，先于在城举行乡约，随即查点保甲，以次单骑亲往各村庄，悉照在城例。凡本县所到之处，严禁骚扰，丝毫不累我民。如有借端生事者，立拿重处。其乡约保长等，务须实心任职，倡导乡民稽查匪类，如有仍前视为故套，苟且塞责者，革除不用外，仍治其怠惰溺职之罪，各宜自奋，互相劝勉，以副本县期望尔民之意，毋忽。

保甲制度成了"弭盗逃"、"严奸宄"的最佳办法。在雍正时期，又将《上谕十六条》作了一番发挥，称《圣谕广训衍》，论及保甲时也是要求城乡民众对此项制度不能"虚应故事"。当时有人作了这样的"衍说"：②

若是虚应故事，至于被盗之家失了财物，一家有事，便九家子都要连累，不但辜负了世宗宪皇帝的盛心，也不是你们保全身家的良策，你们兵民都要晓得哟。

雍正、乾隆时期的吴江人沈彤，认为保甲之法的有效与否，主要就看保甲长人选："使處士之贤者、能者，为今之保长、甲长而有所不屑，则惟为州县者重其事、慎其人，求之以诚，聘之以礼币，告之以欲分治之故与任分治之义，而使之整其所属，纠其邪僻凶恶，达之州县，亦得展其心思才力，自无不屑之患。"从而真正解决因州县地广使吏之耳目有所不逮的困难。③

与上述制度相伴而行的，就是乡约，这是规范地方社会的一种重要形式。其历史及其相关文献，一直颇受关注。④

就乡约的理论和社会实践而言，乡约应当是在乡村中为了一个共同目

① ［清］陆陇其：《三鱼堂集》外集卷五《申请公移·乡约保甲示》，康熙间刻本。

② ［清］佚名：《圣谕广训衍说》第十五条《联保甲以弭盗贼》，光绪三十四年重刻本。

③ ［清］吴德旋：《初月楼续闻见录》卷一，台湾商务印书馆 1976 年版影印本，页 2—3。

④ 牛铭实：《中国历代乡约》，中国社会出版社 2005 年版。

的(如御敌保乡、扬善惩恶、广教化、厚风俗等),依据地缘或血缘关系联合起来的民众组织,①在一定范围内对其组织成员在伦理上相互督促、生活上相互扶助等义务。② 有人还把它看作是乡村、城坊的民众以美风俗、安里弭盗为宗旨自发订立的“乡规民约”。③ 它作为民间的规范性活动起源甚早,宋代由于理学的昌盛,其实施已经十分风行。最为著名的便是陕西蓝田的“吕氏乡约”,于神宗熙宁九年(1076)撰就,成了后世地方乡绅行使乡约的典范。④ 元代人在整理乡约理论时,特别强调了仅有一卷的《吕氏乡约仪》。⑤ 其实,吕氏本身在宋代就极具威望,几乎能与峨眉苏氏并提。⑥ “吕氏乡约”是吕大钧受了《周礼》的影响而创立的,要求村落民众能够在道德、教育、社会交往和经济支持上达成共识并自发自主地为此努力。⑦ 可以说,“乡约”在宋代已经成了一种地方性社团组织,人们在其间通过适当的精神教育和物质帮助来达到某种和谐。和田清曾指出,南宋时人将“乡约”设想成一种人们得以组织起来救火、防盗御寇、救助病残贫弱的单位。⑧ 当然,更多的学者将其归为中国古代乡治理论与实践中的一项重要内容。⑨ 总体而言,自宋代以来历代政府推行乡约的目的,是要教化民众、宣讲“圣谕”和国家的重要措施,重视对于地方盗匪的劝化和惩戒。

至元末明初,因社会秩序的混乱,朱元璋面临着革元旧习和稳定民心的双重任务,由此将乡村教化作为重点,颁布“圣谕”六言,明礼导律,移风易俗,使乡村社会井然有序。但是,这种自上而下的强制性的政治伦理措施,在某种程度上会限制和束缚人们的自由。⑩

而且这种乡村教化一般都比较注重形式。像基层的里社乡饮酒礼活动中,在明初还有进行“读律仪式”。在洪武五年五月间,朝廷就颁定了乡饮酒读律有仪式,命地方官员会同儒学官,率同士大夫之老者来进行,“使民知礼知

① 陈柯云:《略论明清徽州的乡约》,载《中国史研究》1990 年第 4 期,第 44—55 页。

② (日)寺田浩明:《明清时期法秩序中“约”的性质》,收入(日)滋贺秀三、寺田浩明等著:《明清时期的民事审判与民间契约》,王亚新、梁治平编,法律出版社 1998 年版,第 153 页。

③ 谢长法:《乡约及其社会教化》,载《史学集刊》1996 年第 3 期。

④ 陈宝良:《中国的社与会》,浙江人民出版社 1996 年版,第 156—157 页;谢长法:《乡约及其社会教化》,载《史学集刊》1996 年第 3 期。

⑤ 《宋史》卷二百五《艺文志》。

⑥ 秦草:《蓝田“吕氏四贤”——吕大忠、吕大防、吕大钧、吕大临》,载《西安教育学院学报》2001 年第 3 期。

⑦ 萧公权 Hsiao Kung-chuan, *Rural China: Imperial Control in the Nineteenth Century*, University of Washington Press, 1960, p. 201.

⑧ (日)和田清:《中国区域自治发达史》,汲古书院 1939 年版,第 51—52 页。

⑨ 曹国庆:《明代乡约推行的特点》,载《中国文化》1997 年春之卷,总第 15 期,第 17—23 页。

⑩ 秦海滢:《明初乡村教化初探》,载《东北师大学报(哲学社会科学版)》2001 年第 1 期。

律”。每年的孟春正月、孟冬十月,以百家为一会,有粮长的以粮长为主席,在无粮长的则以里长为主席。在昆山县,洪武八年在知县的领率下,每都以大户率领士民在申明亭上读律戒谕,“饮酒致礼”,据说风俗“翕然而变”。①

在洪武二十一年,朱元璋要求地方建立乡约,作为教育机构的一类。后来,由王阳明、吕坤等高级官员在地方上倡导的乡约,有学者认为这是地域社会村落的自治或地方精英控制乡村的机构,并与保甲有着极密切的关联。② 大概从嘉靖初年开始,一些地方官为了移风易俗和加强基层社会控制的需要,强化了乡约制度,并为此奠定了社会舆论与社会实践的基础。③

但另一方面,正如细野浩二所指出的,明初开始的乡村“耆宿制”与官界的腐败有着一定的关系,而在里甲制中,这种以“老人”为中心的管理措施(包括“乡老人制”与“里老人制”),还担负着较多的教化工作。朱元璋从许多人的奏请中,深深地感到“近世教化不明,风俗颓敝,乡邻亲戚不相周恤,甚至强凌弱、众暴寡、富吞贫,大失忠厚之道”的事实,体味到了国家对于社会控制的弱化程度。④ 在洪武二十七年间,即命有司选择民间高年老人、公正可任事者,处理乡间词讼等问题。⑤ 到后来,这样的人选已多非其人,“或出自隶仆,规避差科,县官不究年德如何,辄令充应,使得凭借官府,妄张威福,肆虐闾阎;或因民讼,大肆贪饕……或遇上司官按临,巧进谗言,……变乱黑白,挟制官府”,弊端百出。⑥ 宣德年间,况钟以其苏州府的工作体会,也指出这种为民间“寝息词讼”而设的老人,已然“不能戒约,或将本户税粮拖欠不纳,甚至助人为非,以致税粮不完,词讼不息”,结果出现了“小户之善良者,往往加倍输纳;顽民之好词讼者,连年拖赖得计”的不良局面。⑦ 尤其是到了明代中期,这种情况充斥于时人的大量记述中,知识阶层对此普遍抱着批判的态度。

十分值得一提的是,明代中期由王阳明极力倡行的“十家牌”法,直到清代仍被许多乡村控制的理论家们所褒扬和提倡。而王阳明在江西地区推行的

---

① [明]叶盛:《水东日记》卷二十一,“乡饮酒礼”条,中华书局1980年版,第208—209页。

② (日)清水盛光:《中國鄉村社會論》,岩波书店昭和二十六年(1951)版,第338—360页;(日)松本善海:《中国村落制度の史的研究》,岩波书店1977年版,第131—138页。

③ 常建华:《乡约的推行与明朝对基层社会的治理》,《明清论丛》第四辑,紫禁城出版社2003年版,第1—36页。

④ (日)细野浩二:《里甲制太祖の政治的工作——“方巾御史”の創出をめぐって》,载唐代史研究会编:《中国聚落史の研究》第Ⅲ集,1980年3月,第99—117页。

⑤ 《明太祖实录》卷二百三十二,“洪武二十七年四月壬午”条。

⑥ 《明仁宗实录》卷四,“洪熙元年七月丙申”条。

⑦ [明]况钟:《况太守集》卷十三《条谕·手榜付里老催粮示(宣德七年正月二十六日)》,吴奈夫等校点,江苏人民出版社1983年版,第137页。

“乡约”,也得到了当时和后世人们的重视。在里甲制度已经松弛,通过里老建立秩序比较困难的地区,乡约被广泛接受。①而且,王阳明在南赣巡抚任上极力推行的乡约法,与其倡导的“十家牌法”,具有相辅相成的作用。② 因此可以说,明代乡约的推行特点,是大行于里甲毁坏、社学失修、统治出现危机的中后期,总体而言,具有民办与官办并存,综合性和专门性并举,与社学保甲融合从而建构以乡约为中心的乡治体系,推动宗约、士约、乡兵约、会约的兴盛与发展等特点;对于当时人而言,乡约“实行则事理民安,虚行则事繁民忧”,既有其积极性,也存在明显的弊端。③ 从明初政府对乡约的重视,直到嘉靖年间广泛展开的乡约编设和实践,某种程度上就是上述种种状况的反映。当然,明代后期乡约的大量出现,与隆庆、万历两朝的推动有着重要关联。④

从功能的角度看,乡约除了具有一定的行政职能外,还具有司法职能,承担着调节民间纠纷、调查取证和勾摄人犯等任务,原因在于明清时期民间的争讼纷繁、里老制渐衰和吏役、讼师把持词讼。⑤ 从小说《醒世姻缘传》的构拟中,也可以看出随着明代中后期的社会变化,乡约逐渐变成州县官府治理乡村的重要工具,承担着“行政功能”,也就是说,由乡约提倡者最初设定的辅助教化手段,迅速扩变为县令延伸至乡村社会的耳目,并在某种程度上成为了官府在乡村的“总代理人”;同时,也普遍存在着乡约利用其身份,在乡间敲诈勒索、接受贿赂、公报私仇或勾结地方豪强等各种势力以谋取个人利益的情形。⑥ 周绍泉通过对元明时代徽州文书的研究,充分肯定了退契背后严重的土地纷争中,元代的社长与明代的里长、老人在其间都发挥着极大的作用,而两者又是惊人的相似。⑦ 明代徽州虽然经历了商品经济和兵燹战乱的冲击,但徽州官吏忠介、市民孝友、妇女贞节、商人重义等思想观念却一直延续到清代。明朝统治者不断用程朱理学加上朱元璋的“圣谕六条”作为理论武器,运用宗族学校、乡约等手段,将一些传统的儒家伦理道德观念渗透于人们日常生活的各个环节中,全面地、持续地加强教化。但有学者认为,尽管这样的教化令徽州人遵循着伦理道德规范和行为准则,可是在一

---

① (日)上田信:《明清时代:海与帝国》,广西师范大学出版社 2014 年版,第 226 页。

② 曹国庆:《王守仁与南赣乡约》,《明史研究》1993 年第三辑,第 67—74 页。

③ 曹国庆:《明代乡约推行的特点》,载《中国文化》1997 年春之卷,总第 15 期,第 17—23 页。

④ 常建华:《乡约的推行与明朝对基层社会的治理》,《明清论丛》第四辑,紫禁城出版社年版,第 1—36 页。

⑤ 段自成:《明清乡约的司法职能及其产生原因》,载《史学集刊》1999 年第 2 期。

⑥ 吴晓龙等:《乡约与明代乡村社会治理——以〈醒世姻缘传〉为例》,载《甘肃社会科学》2006 年第 5 期,第 206—210 页。

⑦ 周绍泉:《退契与元明的乡村裁判》,载《中国史研究》2002 年第 2 期。

定程度上会阻碍社会进步。①

在明清两代，乡约可以被视为当时随处可见的一种结社或约会现象，②而明代的乡约对清代有着示范的意义，所以许多学者将明、清两代的乡约实践结合起来一并考察。尹钧科比较了明代的宣谕和清代的讲约，以明代顺天府为例，指出地方官员定期向大兴、宛平二县耆老、并通过这些耆老向广大百姓宣读皇帝"圣谕"，将乡约切实地作为劝导百姓敦务本业、遵纪守法的一种社会教育形式。他还指出，在这些地方，宣谕一般在每年农历二月至十一月的初一早晨举行，其过程大致是：先由紫禁城内文书房当差的太监向皇帝请旨，传"圣谕"一道，然后由顺天府尹率领大兴、宛平二县知县到皇宫会极门接领"圣谕"出宫，转由顺天府官员一名捧旨前行，到承天门（清改天安门）前金水桥南，再由府尹向被召等候在那里的大兴、宛平二县耆老当面宣读"圣谕"，以期将皇帝的谕旨传遍京城，并由京城流布天下。但是，这种宣谕的内容却是因时而易的。③ 汪毅夫分析了明清两代乡约推行较普遍的闽台地区，指出闽台社会所处的特殊历史背景，乡约构成了地方基层政权与乡绅势力联合重建社会秩序的重要表现。④ 他还通过福建（包括台湾）的地方文献取证设论，论述了明清乡约制度与闽台乡土社会之种种关系："老人之役"、耆老之设与乡约的自治性质和自愿原则，乡民受约、自约和互约与乡土社会成员共同生活和共同进步的理想，乡约与地方行政制度、里甲（保甲）制度的关系，约所的设置与乡约的推行，神明的威慑与乡约的社会控制效能，"里老（耆老）听讼"的实体、程序和判例法原则，"国家制礼，达乎庶人"与闽台民间俗例即闽台民间习惯法的礼和非礼的双重取向，以及闽台乡土社会"礼法兼施"的传统。⑤

有关清代乡约在社会实践方面的探讨，周振鹤曾通过《圣谕》、《圣谕广训》及相关的文化现象的深刻分析，肯定了乡约宣讲活动能对治理国家、稳定社会起到一定的积极作用，对于自由活泼的思想却存在着抑制的消极性。⑥

---

① 周致元：《明代徽州的教化措施及其影响》，载《安徽大学学报（哲学社会科学版）》1996年第2期。

② （日）寺田浩明：《明清时期法秩序中"约"的性质》，收入（日）滋贺秀三、寺田浩明等著：《明清时期的民事审判与民间契约》，王亚新、梁治平编，法律出版社1998年版，第153页。

③ 尹钧科：《明代的宣谕和清代的讲约》，载《北京社会科学》1999年第4期。

④ 汪毅夫：《试论明清时期的闽台乡约》，载《中国史研究》2002年第1期。

⑤ 汪毅夫：《明清乡约制度与闽台乡土社会——〈闽台区域社会研究〉之一节》，载《台湾研究集刊》2001年第3期。

⑥ 周振鹤：《〈圣谕〉、〈圣谕广训〉及其相关的文化现象》，载《中华文史论丛》第六十六辑，上海古籍出版社2001年版，第262—335页。

由于清代也是乡约的发达期，学者们作了较多的研究。但他们多将乡约的推行和相关效能，与国家催科的完成与地方社会的行政执行能力并提，部分夸大了乡约的行政职能；强调明朝遗留下来的乡约已具有催办赋役的职能，故在康熙、雍正以后，乡约催科渐成普遍现象。乡约不仅负责征派正项钱粮，而且还负责征派陋规、官租和契税等。① 在清代前期，乡约在全国被普遍建立，并在乡村政治生活中发挥了重要作用。② 可以说，从顺治朝将乡约推行各地，到康熙时颁布“圣谕广训”来取代朱元璋的“圣谕六言”，乡约已成为朝廷典制而告完成。③

与明代相仿，清代的乡约组织有下辖保甲和按保设置两种形式，在这两种情况下，乡约对保甲具有领导作用。有人认为，实行乡约领导保甲体制的目的，主要是为了满足乡绅地主参与乡政的要求，防止保甲组织的弊端，加强对民众的思想统治。但在施行过程中，由于乡约的教化职能逐渐弱化，乡约执事的地位降低，并成为害民之役，致使这一体制后来在许多地方逐渐被乡约与保甲互不统属的体制所取代。④ 同时又说，由于乡约职能的变化，以及里老、里甲、保甲制的先后衰落，乡约逐渐成为清代王朝统治比较重要的社会基层组织。⑤ 这些带有矛盾的论述中所反映的乡约发展趋势与变化现象，在清代的江南地区，都无明显的表现。

另外，与中国内地施行乡约略显不同的是，边疆地区的乡约更接近于现代的“乡长”一职，但事实仍然表明，在地方行政长官无力使乡约达至最佳效果时，具体的乡里事务同样仍需付诸乡村绅士主持。⑥

而在民国年间杨开道的乡约研究中，其主要内容就是从传统农村组织的进展出发，论述明清时期乡约的演变，并企望以之为现代中国乡村建设的有益借鉴，对传统的乡约制度进行改造补充，“从团体为重，从积极下手”，“挽救当前的难关，弥补固有的缺乏”。⑦

---

① 段自成：《清代乡约与催科》，载《平顶山师专学报》2001 年第 1 期。

② 段自成：《清代前期的乡约》，载《南都学坛》1996 年第 5 期。

③ 萧公权 Hsiao Kung-ch'üan, *Rural China, Imperial Control in the Nineteenth Century*, University of Washington Press, 1960, pp. 185 - 187.

④ 段自成：《略论清代乡约领导保甲的体制》，载《郑州大学学报（哲学社会科学版）》1998 年第 4 期。

⑤ 段自成、施铁靖：《试论清代乡约的政治职能》，载《河池师范高等专科学校学报》1998 年第 3 期。

⑥ 郑峰：《杨增新治新时期的南疆乡约》，载《喀什师范学院学报》2001 年第 2 期。

⑦ 杨开道：《中国乡约制度》，山东省乡村服务人员训练处 1937 年印行本。

二、江南乡约

在江南的传统乡村中，都曾有固定的宣讲乡约之所，定期教化乡民，以防微杜渐，救灾恤民。如嘉善与吴江两县交界的泗洲寺地方（在芦墟镇），就是一个传统的宣讲乡约之地。①

根据比较，明代乡约的实施，最突出的表现在正德以后，特别是嘉靖年间。无论是从全国性的分区考察来看，②还是从历时性的分析来说，③嘉靖朝是整个明代乡约活动最昌盛的时期。不但乡约数量增多，而且其形态也比较活跃，④形成了乡约治理基层社会的统治特色。因此可以说，以地方官为主导的乡约活动，在与保甲制度结合后，直到清代，成为了覆盖所有地区的"国家制度"。⑤ 从朝廷到地方，当时都要求乡镇建立乡约所，主要选择在庙宇之中、宽敞适当之地改立。

例如，吴江县甫里（同里）的乡约所设在通明道院，六直（甪直）设在山君堂，都是公举硕行士民为约正、约副，在每月的朔、望两日，学师临镇之时，督率绅衿耆老辈，宣讲"圣谕"，四民百姓则聚集观听。到清代乾隆年间，吴江县丞移驻同里镇上，就有乡约宣讲的活动定期组织进行，并著为常例。⑥

再如，青浦县徐泾镇的乡约所，设于镇庙内，由里人陈维礼定期于每月朔望两日招集乡民宣讲"圣谕"。据说他每次宣讲都是"苦口苦心，竟日不倦"，使听者"多感动泣下"。后在道光五年间才设有"乡约所"匾额。咸、同年间，乡约宣讲活动由陈维礼子承志主持，堪称父子相传了。⑦

---

① ［明］丁宾：《丁清惠公遗集》卷八《书牍 · 与晏玄洲明府》，崇祯间刻本。晏玄洲，吏部郎中，曾任吴江县令。

② 常建华：《乡约的推行与明朝对基层社会的治理》，《明清论丛》第四辑，紫禁城出版社 2003 年版，第 1—36 页。

③ 王崇峻：《维风导俗——明代中晚期的社会变迁与乡约制度》，台北：文史哲出版社 2002 年版，第 126 页。

④ 朱鸿林：《从沙堤乡约谈明代乡约研究问题》，载《中国社会历史评论》2000 年第二卷，第 25—34 页。

⑤ （日）寺田浩明：《明清时期法秩序中"约"的性质》，收入（日）滋贺秀三、寺田浩明等著：《明清时期的民事审判与民间契约》，王亚新、梁治平编，法律出版社 1998 年版，第 154 页。

⑥ ［清］彭方周纂：《吴郡甫里志》卷四《官署》，乾隆三十年刻本。

⑦ ［清］金惟鳌纂：《盘龙镇志》（不分卷），"义局"，光绪元年修，收入上海市文物保管委员会编"上海史料丛编"，1961 年印行本，第 41 页。

嘉靖五年(1526),江南地区曾有过较大规模的推行乡约活动。① 在长洲县知县亲自出面所立的《长洲县九都二十图里社碑》中,规范性地要求乡村地方"遵照洪武礼制",每里建立里社乡约所,从嘉靖五年二月起,每遇春秋二祀,由里长负责祭祀当地的"五土五谷之神"。同时,定期于每月初一举行乡约活动。其基本组织,就是在县级官府的领导下,每里推选高龄有德望的一人为约正、有德行者二人为约副,并置立善、恶二簿,"务在劝善惩恶"。其所有目的,就是所谓"申明乡约以敦风化"。②

长洲知县的这些举动,是奉行了当时巡抚的通告,统一要求各地所辖乡镇都要设立乡约所,而且都是选择庙宇中宽敞适中之地建立。譬如,唯亭镇就设在延福寺,公举硕行士民为约正、副,从而进行相关的组织活动。③

嘉靖八年,嘉兴地方的乡镇村落都已定期展开了乡约活动,每月初一以村社为单位,在社首、社正的领导下举行:"捧读《圣谕》、《教民榜文》,申致警戒,有抗拒者,重则告官,轻则罚米入义仓备赈"。后来要求与保甲制度相配合,对乡村社会进行有效的控制。④ 同样是在嘉靖八年冬天,致仕还乡的钱公良(别号东畲),在海盐县致力于家族建设,建祠堂、置义田,并参照"吕氏乡约",每月九日"聚乡之长者,读《圣谕》以教乡人"。⑤ 这些振兴乡约的活动,应该都与当时的历史大环境相契合。

到嘉靖十九年,监察御史舒迁在向朝廷的疏请中,强调在全国基层州县"申明祖制"、加强思想教化的重要性,除了积谷备荒的问题,重点就是所谓"听民聚会,为之立乡约以厚风俗、严禁令以遏强暴、择良民以司出入,请旌表以诱向义",得到了允准而被推行。⑥

湖州府曾在南浔镇南门与西市两处地方,各建一个乡约所;镇下辖的各乡都曾建有五个乡约所,都是建于嘉靖年间。乡约活动及组织,则由湖州知府与知县定期到这些地方主持展展开。⑦ 清代重建乡约活动时,仍是在庙

① 常建华:《乡约的推行与明朝对基层社会的治理》,《明清论丛》第四辑,紫禁城出版社2003年版,第1—36页。

② 《长洲县九都二十图里社碑》(嘉靖五年二月),收入王国平、唐力行主编:《明清以来苏州社会史碑刻集》,苏州大学出版社1998年版,第674页。

③ [清]沈藻采纂:《元和唯亭志》卷七《乡约》,民国二十三年元和沈三益堂铅印本。

④ [明]樊维城:《讲乡约条约》,载康熙《嘉兴府志》卷十八《诗文·公移条议》,康熙二十一年刊本。

⑤ [明]钱薇:《海石先生文集》卷二十七《墓志·中宪大夫东畲叔状》,万历四十一年至四十二年钱氏刻清增修本,收入《四库全书存目丛书》集部第97册,第414页。

⑥ 《明世宗实录》卷二百三十九,"嘉靖十九年七月戊戌"条。

⑦ [清]汪曰桢纂:《南浔镇志》卷二《公署》,咸丰间修、同治二年刻本;[清]范来庚纂:《南浔镇志》卷五《典礼志·饮射》,民国二十五年铅印《南林丛刊》本。

中进行,并与嘉靖年间始建的五所社学,配合进行思想教化活动。①

至于社学,其兴起当从洪武八年(1375)始,朝廷统一要求“延师儒以教民间子弟”,希望可以“导民善俗”。② 不过地方官府在执行过程中,“以是扰民,遂命停罢”。洪武十六年十月间,朝廷下诏在民间重设社学后,要求地方官府不能干预。③ 大概从正统元年(1436)以后,在地方官员向朝廷的奏疏中,已多次提及社学的“废弛”或者要求加强的情况。④ 据正德年间松江地方士人的记述,政府曾于正统、天顺年间又“申明兴举”,即将府治城隍庙东的愿匀亭作为在城社学,聘请儒钱润为教师;各乡区都要设立一所社学,总计六十所。其中,上海县设于县城东北一百二十步的地方,下辖各乡设立的社学达四十九所。后来在弘治年间,地方官府掀起了“毁淫祠及无额庵院”的活动,在知府刘璟华、附郭华亭知县汪宣的领率下,就在这些被取缔的“淫祠”与庵院的地方,建立若干社学。到正德年间,大概只有祠山兰若一区保留社学较好,其他地方都已“怠弛”了。⑤ 嘉靖年间,乌程知县钱学始建的五处社学,分别设在旧馆、后林、马要、乌镇和南浔。到了董说(1620—1686)的时代,乡约与社学已很不振,能够在乡村保留下来的,都在各处寺观。⑥ 清代顺治九年(1652),曾有定规要求在州县城市设社学,但因乡村地方离城太远,需要按区划设立社学,选择“学优行端”的生员,充任“社师”,教育乡民子弟。后来这种民间教化一直不振,直到雍正元年(1723),经礼部侍郎、常熟人蒋廷锡奏请才予复设。⑦

明代晚期,江南地方的一些官员们在职或卸职还乡后,均有为乡约规范而努力。嘉善县著名乡宦丁宾,早年于句容县任上时,即以朝廷颁定的乡约规范及王阳明所立的保甲法于当地“着实奉行”;在天启元年(1621)告老还乡后,仍以地方休戚为己任,“乡约、保甲在在留心”。明末社会的动荡,为白莲教在江南地区的盛行创造了机缘,加上天灾不断,水灾频发,更是“人情惶惶”。在吴江、嘉善两县交界地方,一直存在一个乡约所,设于泗洲寺。这里盗贼出没频繁,“罪犯互相躲避”,国家法规显得难于施行,讲求乡约就成了一件十分必要的事。泗州寺在寺庙等级上属于“教寺”,是国家的正统寺庙。丁宾就在这里施讲乡约,并会同吴江、嘉善两县县令,“将《圣谕》‘孝顺父

① 周庆云纂:《南浔志》卷三《学校》,民国十一年刻本。

② 《明太祖实录》卷九十六,“洪武八年正月丁亥”条。

③ 《明太祖实录》卷一百五十七,“洪武十六年十月癸巳”条。

④ 《明英宗实录》卷二十一“正统元年八月庚午”条、卷一百五十“正统十二年二月辛酉”条。

⑤ 正德《松江府志》卷十三《学校下》,正德七年刊本。

⑥ [明] 董说:《南浔社学记》,收入周庆云纂:《南浔志》卷十四《寺庙三》,民国十一年刻本。

⑦ [清] 赵慎畛:《榆巢杂识》上卷,“社学”条,中华书局2001年版,第18页。

母'六款高声讲解",希望远近听闻,从而"感发良心,去邪归正";同时申明保甲法,使两县穷民"有所警惕,不敢纵意为非",以加强社会控制。①

天启年间任平湖知县的顾宝国,重视吏治民生,"讲乡约而严赏罚",经他多方努力,地方"贵介"敛戢自爱、"无赖"改过务生业,"衣食有余,子妇相保,而风俗倏变"。②

综观明代中后期官府与绅士都努力施行乡约的行为来看,这实际上是要在乡村社会建立儒家的礼教秩序。③ 明代后期的官绅确实也很注意乡约的实效,就像金坛人王樵在万历时所作的《金坛县保甲乡约记》中指出的那样,明初以来的"致治"就是因践行乡约而成。而用乡约来加强乡民的结合以及推进教化工作,仍然需要借助民间传统组织的资源。④

明代吕坤(1536—1618)记录下的一份"乡甲会"图,可以让后世具体地了解那种理想化的乡约活动。其中有一张"和事牌",是这样安排的:"凡处断本约事情,将和事牌移置'圣谕'前。"然后由约正、副先在牌前焚香誓曰"处事不公,身家被祸",之后将干证、有事人带齐,讲以"王法天理人情",协商纠纷的处置,再与讲史商量处断后,约史就要向牌前誓曰"纪事不公,身家被祸"。处理被指实的善、恶人等时,都要经历这样的程序。⑤ 乡约的这种仪式,是很适合在寺庙中展开的。

明代的"圣谕格叶",也用于乡约的宣讲中,在某种程度上与"功过格"相类似。它的具体内容,主要记载了乡约"共同体"成员的编成及其户籍,对各阶层的人们是否孝顺父母、尊敬长上、和睦乡里及放债是否违禁等情况,完成国家赋税征派任务及家庭产业与副业经营的状况;个人品行的考核包括是否在赌博、宿娼、酗酒、诈财、聚众行凶、参与邪教组织活动(如"白莲随

---

① [明] 丁宾:《丁清惠公遗集》卷八《书牍·与晏玄洲明府》,崇祯间刻本。丁氏的这封信被收入了地方志,参光绪《嘉善县志》卷三十二《杂文·丁宾〈与晏玄洲明府书〉》,光绪十八年刊、民国七年重印本。泗洲寺建于唐景龙二年,宋代开禧年间重建。详参[明] 叶绍袁:《湖隐外史》,"祠祀"条,收入[明] 叶绍袁原编、冀勤辑校《午梦堂集》,中华书局 1998 年版,第 1042 页。又,据[清] 蔡丙圻纂《黎里续志》(光绪二十五年禊湖书院刻本)卷二《汛地》,泗洲寺属吴江县芦墟镇。[清] 柳树芳纂《分湖小识》(道光二十七年胜溪草堂柳氏刻本)卷一《古迹六·寺观》,则表明泗洲寺原为泗洲教寺,坐落于芦墟兵字圩。有关江南教寺等正统寺庙的变化,可参冯贤亮:《明清江南的正统寺庙、民间信仰与政府控制》,载《江苏社会科学》2002 年第 3 期,第 110—115 页。

② 天启《平湖县志》卷四《舆地八·祠亭》,天启间刻本。

③ 何淑宜:《明代士绅与通俗文化——以丧葬礼俗为例的考察》,台湾师范大学历史研究所 2000 年印行本,第 213 页。

④ 常建华:《乡约的推行与明朝对基层社会的治理》,《明清论丛》第四辑,紫禁城出版社 2003 年版,第 1—36 页。

⑤ [明] 吕坤:《实政录》卷五《乡甲约二》,万历二十六年赵文炳刻本。

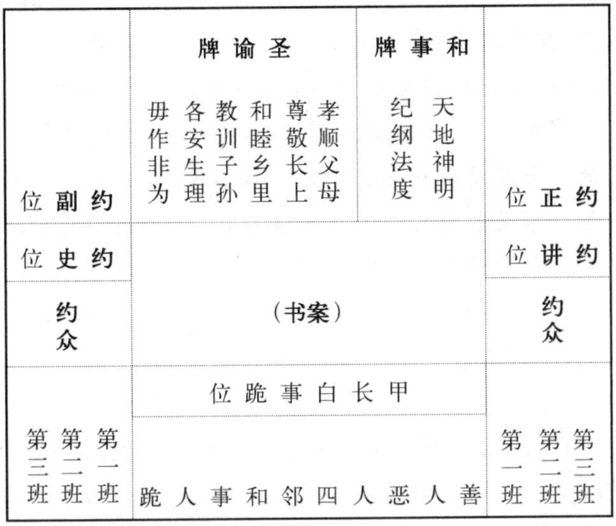

位副约	牌谕圣 孝顺父母 尊敬长上 和睦乡里 教训子孙 各安生理 毋作非为	牌事和 天地神明 纪纲法度	位正约
位史约	（书案）		位讲约
约众			约众
	位跪事白长甲		
第三班 第二班 第一班	跪人事和邻四人恶人善		第一班 第二班 第三班

图一 “乡甲会”示意

会”）等方面有染，在乡村里是否犯有“容留奸盗生人”、“行使大秤小斗”等过错，在“个人纪录”中是否有“被人告”、“刁告人”、“唆证人”及其相关次数。乡约成员在例行的乡约活动中都需经历思想上的反省与洗礼。①

乡约制度的实质，不过是由政府拣选的约正、约副等人，定期（也叫“约期”）向乡村民众讲解“圣谕”中德业相劝、邻里互助等道理。这种制度，在明代的乡村极为普遍，思想教化的主旨，当为明太祖的“六言圣谕”：“孝顺父母，尊敬长上，和睦乡里，教训子孙，各安生理，毋作非为。”②

可以说，申明乡约和保甲制度，在明代以来的地方绅士和官府的视野中，是乡村中“善风俗”、“防奸盗”的最佳方法。吕坤指出：③

守令之政，自以乡约、保甲为先，乡约实行，自无奸凶，犹有奸凶，是乡约之法未行也。

寓教养于乡约、保甲之中，则词讼自息，差粮自完，簿书不期省而自省矣。

高皇帝《教民榜文》及近日应行事例，谓乡约之所约者此民，保甲之所保者亦此民。但约主劝善以化导为先，保主惩恶以究诘为重。议将

① 参冯贤亮：《明清江南地区的环境变动与社会控制》，上海人民出版社 2002 年版，第 344 页。

② ［明］张卤辑：《皇明制书》卷九《教民榜文》，明万历七年张卤刻本。

③ ［明］吕坤：《实政录》卷五《乡甲约一》，万历二十六年赵文炳刻本。

乡约、保甲总一条编，除寄住流民各听房主、地主约束容留者，查其来历、出入者，问其缘由，但有强盗、窃盗生发，即将房主、地主并治外，其余本县及寄庄人民在城在镇，以百家为率，孤庄村落以一里为率，各立约正一人、约副一人，选公道正直者充之，以统一约之人；约讲一人、约史一人，选善书能劝者充之，以办一约之事；十家内选九家所推者一人为甲长；每一家又以前后左右所居者为四邻，一人有过，四邻劝化，不从则告于甲长，转告于约正，书之“纪恶簿”；一人有善，四邻查访的实，则告于甲长，转告于约正，书之“纪善簿”。其轻事小事，许本约和处，以息讼端；大善大恶，仍季终闻官，以凭奖戒。

明代的乡约对清代当然有着示范意义，被清代的城乡绅士们所踵行。明末清初，在江南乡村努力推行乡约的代表人物之一是太仓人陈瑚，崇祯壬午科进士，明亡后即绝意仕进，康熙四十年卒，①其隐居于昆山的蔚村，专事乡村教化的工作。② 陈瑚常于每年元夕前后，在村中的尉迟公庙召集村人，宣讲孔孟思想为主的“孝悌”、“力田”、“为善”等村规乡约，并且指出这是“圣谕”的道理。③ 通过他给太仓“讲院”立碑时所作的“记”，可以看到乡约在当地绅士心目中的地位和重要性：④

今年夏，侍御马公按吾州，日讨国人而申儆之曰：予奉朝廷之威命，来巡尔邦，察吏安民，使者之职也。虽然，教化弗兴，风俗未醇，吾耻之尔，其修乡约、明孝弟、联保甲，以为从善之良民，其毋干大法，以自取戾。于是，州之直塘镇诸生相帅以讲院勒碑请。

再如，同一时期，于明末即隐居在桐乡县西境杨园村的理学名士张履祥，乘地方上“葬社”这种社会救助事业获得良好效果之际，准备约同一二十人推行“吕氏乡约”，“庶几有所遵守，后来不至大段决裂”，并欲与一些乡绅“相为鼓倡”。⑤

---

① ［清］孙静庵：《明遗民录》卷三《陈瑚》，上海新中华图书馆 1912 年版，页四。

② 关于陈瑚的考察，可参王汎森：《清初的下层经世思想》，收入氏著《晚明清初思想十论》，复旦大学出版社 2004 年版，第 331—368 页。

③ ［清］陈瑚：《蔚村三约》，载向燕南等编注：《劝孝——仁者的回报、俗约——教化的基础》，中央民族大学出版社 1996 年版，第 242—244 页。

④ ［清］陈瑚：《确庵先生文钞》卷四《讲院碑记》，同治九年刊本。

⑤ ［清］张履祥：《杨园先生全集》卷三《书二》，“答吴仲永 三”条，陈祖武点校，中华书局 2002 年版，第 45—46 页。

山东曲阜人黄承琏在康熙年间担任海宁知县，其“性刚明，为政务振刷”，主要就在“革伍保，汰门军，始用汛兵；革催粮里长，行滚单法；又令各乡镇置水陆栅，以防盗贼；重修文庙，设立乡约，治化一新”。① 也比较注意利用乡约来振新思想教化工作。

康熙年间的常熟知县杨振藻，曾力奉讲约之政，将乡约实践活动推广到乡村地区：“虑乡隅遥远，小民未及周知，爰择神宫佛宇，凡六十四所，按八卦以实八方，每所各颁锋书，编列某所某号，悬额以垂永久。”近海的双凤地区（后来属太仓州），因而也有了乡约之设，何家市三元堂就是属于当时编列的“艮字号”乡约所。② 这样看来，杨知县的乡约建设活动，应该与其道教思想多有联系。他所建立的 64 处乡约所，都依八卦定名，即西北乾号、正北坎号、东北艮号、正东震号、东南巽号、正南离号、西南坤号、正西兑号各为 8 所，③这在明清基层社会的乡约活动中，是比较独特的。

在民间丧仪中，乡约所作的规范与佛寺主持的丧仪活动形成了两种相辅的路线。乡约之祖“吕氏乡约”早已指出：凡逢庆吊活动，每家由家长一人与同约者一起前去；其书辞问候也是如此；如果家长有故或与所庆吊者不相识，由“其次者当之”。这种规范完全与佛寺中遵行的思想信仰、道德修省的要求相一致，而且斋会、诵经、写经、俗讲援助与共同修养、互助、亲睦，都有着思想上的密切联系。④

可是在后世的推行过程中，乡约组织与仪式因过于程式化，出现了推行不力甚至废弃的情况。无锡人黄印就说过：⑤

> 近岁以来，县奉上台命，所饬行者有三：乡约，十家牌，社仓。乡约之法，每乡举生员一人为约正，举耆老二人为约副，于村镇庙坛宽阔处设台置案。约副宣“圣谕广训”一条毕，约正以俗语演说讲解，举行三四次。后上官不复催督，遂止。然当其升讲时，举止羞缩，语言蹇涩，观听者辄指目姗笑，使数行之，益供戏玩，毫无裨于风教也。

也就是说，至晚到黄印生活的乾隆时代，乡约在无锡地方的推行已流于形

① 乾隆《海宁州志》卷七《名宦》，乾隆四十年修、道光二十八年重刊本。

② ［清］佚名纂：《双凤乡》（不分卷），“乡约所”，抄本。

③ 杨开道：《中国乡约制度》，山东省乡村服务人员训练处 1937 年印行本，第 313—314 页。

④ （日）清水盛光：《中国乡村社会论》，岩波书店昭和二十六年（1951）版，第 341、349 页。

⑤ ［清］黄印：《锡金识小录》卷一《备参上》，“社米”附“乡约”、“十家牌”条，乾隆十七年修、光绪二十二年刊本。

式，而且宣讲者不够庄重、举止羞缩，语言也不够生动，让听讲的民众颇觉滑稽。尽管会有约正用方言细讲“圣谕”，效果依然不佳；莅任的地方官听不懂方言，大概也会觉得寡味，只是重形式而已。这样的话，自然“无裨于风教”了。

昆山县的菉溪地方（即菉葭镇，在今昆山市陆家浜），在官方的督率下，曾经也是厉行乡约法的重点乡镇。但后来人去政废，乡约因而荒弃。有想重新推动乡约的，也只是“委之里老啬夫，言者不谆谆，听者俱藐藐”了。①

尽管如此，清朝统治者仍反复强调乡约的重要性，并努力使之产生真正的教化影响力，直到 1865 年，同治帝对乡约宣讲体系仍很重视。丁日昌在其所管辖的江苏地方厉行乡约，在同治七年指示各地官员每月要向他汇报半月一次的乡约宣讲情况，并以之为标准，对官员们进行考绩。②

同治年间的七宝镇，借太平天国战争平复之机，地方亟需恢复社会秩序，重建乡约活动。但时隔不久，乡约活动就被废弃。乡约所的匾额，曾长期悬于法华寺山门，后来被转藏到育婴堂中。③

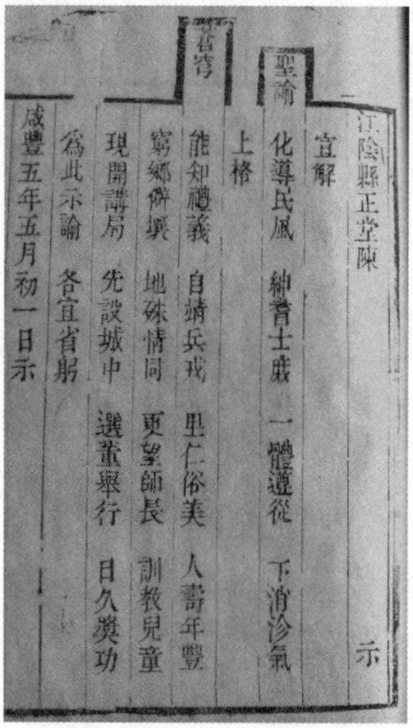
江陰縣正堂陳　示
宣解
聖諭　化導民風　紳耆士庶　一體遵從　下消沴氣
上格
蒼穹
能知禮義　自靖兵戎　里仁俗美　人壽年豐
窮鄉僻壤　地殊情同　更望師長　訓教兒童
現開講房　先設城中　選董舉行　日久奏功
爲此示諭　各宜省躬
咸豐五年五月初一日示

图二　咸丰五年江阴县发出的宣讲圣谕告示

（据［清］郑经编：《江阴现行乡约》，同治六年江阴乡约局刊本）

在常州府江阴县，那里的县政工作，在当时颇具代表性。以知县为首，曾掀起了一场思想改造的运动，当然是直接针对太平天国这样的“邪教”组织的。他们被要求认真学习清代帝王们的“圣谕”，在讲乡约的过程中，需结合太平天国之乱的实际，对城乡绅士百姓进行全面彻底的宣传教育。为此，江阴县还成立了“乡约局”，作为这项重要工作的组织领导。

“乡约局”成员董江北，在同治三年九月，写了一篇《普济江南难民说》的文稿，向县境内的百姓进行宣教。他说：④

为善之难，莫难于今日。完善之地，既迫捐输，岂遑推解；残破之余，不能自顾，何暇谋人？为善之易，莫易于今日。救一二人命，可保子富孙贤；出十百千文，能得状元宰

① ［清］诸世器纂：《菉溪志》卷四，民国二十八年朱启甲、蒋正逵铅印本。

② 萧公权 Hsiao Kung-chuan, *Rural China: Imperial Control in the Nineteenth Century*, Seattle: University of Washington Press, 1960, p. 186、193.

③ 王锺撰、胡人凤续辑：《法华乡志》卷二《风俗》，民国十一年铅印本。

④ ［清］郑经编：《江阴现行乡约》，同治六年江阴乡约局刊本。

相。……江南兵戈虽靖，休养维艰。田之得耕者无多，民之失所者遍是。痛哀鸿之满目，触道殣而伤心！

当时正是盛夏，战乱之后，满目疮痍。官府十分希望人们有钱出钱、有力出力，重振时局。江南不少地方，出现了兴办慈善事业的高潮，当然都是在地方官府的宣传策动之下，或救济贫困，或收养弃婴，或填埋无主尸骸，或发起义冢组织，①等等。这些都十分有利于社会秩序的稳定。

与江阴"乡约局"相类的清代常熟县的"乡约总局"，值得特别注意。在该县宣讲乡约的新定条规中要求："选举公正绅董，捐集经费，专办化导事宜，以作四乡表率。"总局要聘请"公正诚笃"之士2人或4人为约正，负责四乡乡约工作，会同各乡图董，振兴乡约，并按图制区划，轮流会讲；同时，每乡还有乡约长1人，主持本乡乡约活动。这样，乡约之责也就从地方官吏转移到地方绅董手中，并有组织地深入到各乡村。②

同治六年间，嘉定人、秀才王汝润（卒于同治七年）被知县聘请专讲圣谕，每年的薪膳资为十六两。该年六月十一日起，要求每天在县衙前讲。七月初十以后停讲，只逢初一、十五在县城西门外开讲。③

同治十二年(1872)，贵州人李春龢担任桐乡这个"剧县"的知县，为复兴久废的乡约，挑选了一批生员充任各城镇宣讲生，定期于朔、望两日宣讲《圣谕》，并捐廉给以月俸，在此后形成定制。④

之所以大量起用生员充任乡约宣讲工作，原因可能如萧公权所言，绅士和士子（特别是那些取得举人或贡生功名的）经常都有较好的途径以获取声望与财富，自然也不会被乡约宣讲员的微小荣誉和酬劳所吸引。因此，经常性从事乡约宣讲的人，必定多为地位低下者，他们对乡民或市民的社会与道德影响就很有限了。⑤ 宜兴人、雍正十一年进士任启运(1670—1744)很早就对这种类似的问题就有过批评，在其家乡因"风俗极弊"，所以"邑中之宣讲者不一二举也……而乡里所推为约长者，非鄙俗之富民，即年迈之乡老，彼其心岂知有公事哉？无事则酒食以为尊，有事则以道远为辞、年老为解，

① 冯贤亮：《坟茔义冢：明清江南的民众生活与环境保护》，《中国社会历史评论》第七卷，天津古籍出版社2006年版，第161—184页。

② 杨开道：《中国乡约制度》，山东省乡村服务人员训练处1937年印行本，第314页。

③ ［清］王汝润：《馥芬居日记》，旧抄本，收入上海人民出版社编：《清代日记汇抄》，上海人民出版社1982年版，第199页。

④ 光绪《嘉兴府志》卷四十三《名宦二》。

⑤ 萧公权 Hsiao Kung-chuan, *Rural China: Imperial Control in the Nineteenth Century*, Seattle: University of Washington Press, 1960, p. 198.

此人所以视乡约为具文,而莫之举也"。在他看来,这些都是地方官应该注意予以整顿的问题。①

明代以来,江南的乡约实践,也从另一个侧面表明乡村传统、民间惯例或社会资源为乡约所的建立及乡约的推行曾起了重要影响。乡约制度的编设,一般都参照了原存的村社或原本具有里社特征的乡、图、甲,②具有很强的地域性。它与行政性的里甲或保甲编制都是按地缘结合的,这对依照血缘结合的村落组织而言,根本上是一种改造。这种乡约编设与里甲或保甲一样,可以视作"行政的集团",③对于村落习惯有着深刻的影响。至于其在乡间实践的效能,各地区之间是有差异的。有学者指出,乡约的实践实际上也是对传统自然村落的聚族而居"协同"性的提倡,但对其"封锁"性是一种打击。④ 因为在很多情况下,乡约的实行是跨地域或政区的。

乡约推行的实际意义,在社会稳定期表现得并不明显;而在社会动荡期,显然更需要这种乡约实践和政府性意愿表达。嘉靖年间特别强调了以寺庙为中心的乡约实践,这对乡村社会秩序的控制有着多方面的积极作用,具体表现:一、稳定民心,二、助导政策推行,三、规范生活和风俗劝化(防盗等),四、在一定程度上促进了跨政区的村落聚合作用(如嘉善与吴江两县交界的泗洲寺地方)。

三、基 层 体 系

自明初始,江南地方基层管理的层次在表征上复杂多样,基本上是以县统乡、以乡统都、以都统里(图),各地在具体的分划上又详略不等,名称各异。

洪武三年(1370),杭嘉湖地区曾着手编制过小黄册,"每百家为一图,内推丁力田粮近上者十名为里长,余十名为甲首,每岁轮流。里长一名,管甲首十名,甲首一名,管人户九名,催办岁粮,以十年一周"。以此依次轮流。⑤ 同时,政府向民间颁发了户帖。户帖中关于人丁、田地、事产等情况

---

① [清]戴肇辰:《学仕录》卷七《任启运〈与胡邑侯书〉》,同治六年刻本。
② 陈宝良:《中国的社与会》,浙江人民出版社1996年版,第159—160页。
③ (日)福武直:《中國農村社會の構造》,大雅堂昭和二十一年(1946)版,第112页。
④ 有关中国传统自然村的"协同"与"封锁"性的论述,详参(日)清水盛光:《支那社會の研究》,岩波書店昭和十四年(1939)版,第236—259页。
⑤ 《永乐大典》卷二二二七,中华书局1986年影印本。

的登载，完全是按基层体系来编排的。①

洪武十四年诏编赋役黄册，以一百十户为一里，推丁粮多者十户为里长，其余一百户分为十甲，各立甲首（甲长）一人，“岁役里长一人，甲首一人，董一里一甲之事。先后以丁粮多寡为序，凡十年一周，曰排年。在城曰坊，近城曰厢，乡都曰里。里编为册，册首总为一图”。②

当时之“图”，原指黄册首页所列每里户口税粮总数的图，但在以后便逐渐变为里的代称。万历《嘉定县志》就说：“图即里也，不曰里而图者，以每里籍首列一图，故名曰图。”③洪武年间的黄册制度虽在明代中期多有废坏，但是它的影响一直延续到了清代，成为“编审”制度的典范。④

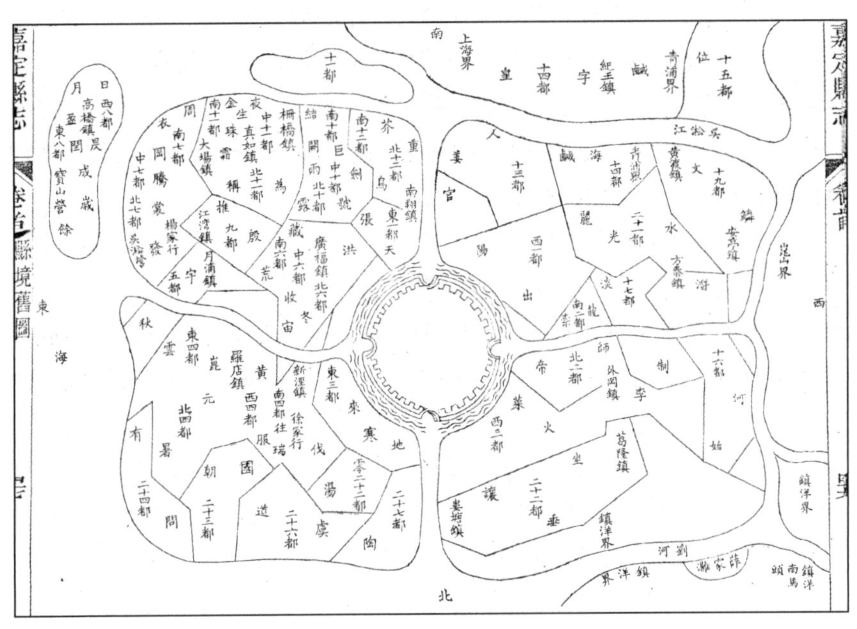

图三　光绪《嘉定县志》所绘的嘉定县城、市镇与乡区

黄册制度显然可以增强人们对国家的依附关系，也使其牢固地被束缚在土地上，⑤而同时推行的鱼鳞册制度，则进一步明确了明代的征赋系统，虽不能保证每人均有田地，但确保了田有税出。这种制度是以土田为基础

① ［明］李诩：《戒庵老人漫笔》卷一，“半印勘合户帖”条，中华书局1982年版，第34—35页。

② 《明史》卷七十七《食货志一》。“先后以丁粮多寡为序”句，万历《大明会典》作“先后以丁多寡为序”。

③ 万历《嘉定县志》卷一《建置》，万历三十三年刊本。

④ ［清］法式善：《陶庐杂录》卷五，中华书局1959年版，第184页。

⑤ 有关黄册的详细研究，可参韦庆远：《明代黄册制度》，中华书局1961年版；栾成显：《明代黄册研究》，中国社会科学出版社1988年版。

的,详录了各地“原坂、坟衍、下湿、沃瘠、沙卤之别”等土地情况。从田制上讲,鱼鳞册为经,“土田之讼质焉”;黄册为纬,“赋役之法定焉”。①

嘉靖年间华亭人何良俊也有经、纬之说,但解释更为深入:经册是户册,即太祖黄册,“以户为主而田从之”;户有定额,而田每年有去来。纬册是田册,“以田为主而户从之”;田有定额,而业主每岁有更革。由此可使田有定额,粮有定数。②

顾炎武曾云:在万历十年(1582),常州府武进县全县进行了田亩丈量,其方法就是以鱼鳞图作为比照的:每县、每乡、每都皆以四境为界,“田地以圻相挨,如鱼鳞之相比”,官田、民田,高田、污田,埂田、瘠田,山地、荡滩,都要逐鄙细注,业主姓名随之载录。鱼鳞图册是以田亩为依据的,而不是户口。鱼鳞册制成后,每户照册上钱粮田段,各给号单一纸收执。由于写明了坐落亩数四址图形,后遇交易推收,便有所凭据了。③ 黄宗羲称:古之赋税“以田为母、以人为子,人有去来,而田无改易”。这样的制度可以实现“履亩而税,追呼不烦”的良好目的。④

由此可知,图在地方基层体系中是相当重要的。崇祯间人王世茂认为黄册十年一造,实关民生利命,但其间弊窦丛生,必须在未造之先,预令里甲将图户丁田地开报至地方政府,先县,次都,次图,并取吊数解黄册旧底和积年书总及现年入役的一起查对。并说,有田土抛荒者,着落该图分佃,顶办粮差。⑤

可见在基层体系中设图的重要性。早在万历年间,昆山县一带存在过“以图束户”、以本图之米给本图之人的“图粜法”,⑥体现了图在基层社会赈济工作管理中的地位及其区划观念。

图的产生虽然很早,但真正作为地方基层系统中一个稳定的级区,则是在明代,一般设置于都以下。如苏州府的吴县,是“乡以统都,都以统图”,顺序不失次第。⑦

都或保也是基层体系中十分重要的区划,为了便于控辖数量庞大的里而加以划设。其作用显然十分有利于王朝对城乡基层社会的控制和管理。

---

① 《明史》卷七十七《食货志一》。

② [明]何良俊:《四友斋丛说》卷十四《史十》,中华书局1959年版,第117页。

③ [清]顾炎武:《天下郡国利病书》原编第七册《常镇备录》,涵芬楼影印昆山图书馆所藏稿本。

④ [明]黄宗羲:《南雷文约》卷三《赋税》,雍正间刻本。

⑤ [明]王世茂:《仕途悬镜》卷一,明崇祯间刻本。

⑥ [明]王志庆:《减价粜米议》,载道光《昆新两县志》卷三十六《艺文志》,道光六年刻本。

⑦ 崇祯《吴县志》卷三《乡都》,崇祯间刻本。

如在灾荒时节，地方的荒政措施之一，就是从基层体系着手“亲审贫民”，具体做法是先令里长报明贫户，正印官亲自逐都逐图验其贫窘状况，给予吃粥小票一张，填写里甲姓名，作为入粥厂的凭证。① 常熟人陈梅曾说：“以县治乡，以乡治保，以保治甲，视所谓不过五人者而加倍焉，亦自详密，亦自易简，此斟酌古今之一端也。”又云：“一乡几保，不妨多少，何也？因民居也，法用圆。十甲千户，不得增损，何也？稽成数也，法用方。”顾炎武曾对此作了解释，认为保也就是都。②

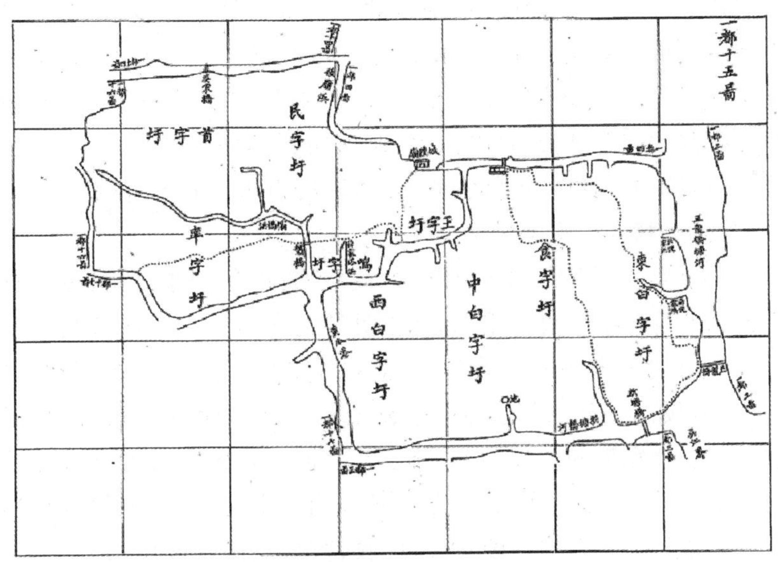

图四　清代吴县基层都图示意

（据清刊《吴县都啚》，东京大学东洋文化研究所藏本）

但实际上各地的情况并非一律，都下也有设保的例子。在乾隆年间，当地基层系统仍是县—乡—都—图的结构。以武进县为例，成化年间其基层结构为县—乡—都—保；在清乾隆时，已是县—乡—都—图的结构了，除坊厢外，计有乡十七、都四十、图二百零二。③ 又如江阴县地区，坊乡建置一仍明制，依然是县—乡—都—保（图）。而在田制系统上，图—圩制也是存着

---

① ［明］张司农：《救荒十二议》，载［清］汪志伊辑：《荒政辑要》卷七，“近代中国史料丛刊三编”第54辑。《荒政辑要叙》作“嘉庆十一年二月朔日皖江汪志伊叙于苏州节署之平政堂”。

② ［清］顾炎武著、黄汝成集释：《日知录集释》卷八，“里甲”条，岳麓书社1994年版，第286—287页。

③ 成化《重修毘陵志》卷三《乡都》，成化二十年刻本；乾隆《武进县志》卷一《乡都》，乾隆间刻本。

的，马家圩是当时最大的一个圩。[①] 当然，与其他地方一样，常州府地区圩的广幅相差极大。就以著名的芙蓉圩而言，它并隶于无锡、武进二县，在无锡境内有二十里（内包小圩 100 个），而在武进境内则有四十一里（内含小圩 200 个）。[②] 不过，这样的圩（如芙蓉圩）在很大程度上属于一种地域甚至是聚落称谓，与基层建制当有不同。

作为田制系统最下级的圩，在基层社会事务中（特别是在田制方面）体现了极为重要的作用。宋以来在江南地区存在的圩长制，在明清田制管理上有着特殊的意义。圩长在江南地区原本是专为圩岸而设，定期负责圩内的浦港浚治和堤防修筑，[③]每一年或二年率领所管的全圩人员修筑浚治高田及低田的堤防。[④] 苏州府所辖各县，曾在钦差、大理寺卿胡概的指示下，各县每区都曾设有总圩长、圩老六名，全府总计达一千六百七十二名，而那些小圩长与粮里共同负责提督农务、催办税粮的基层事务，后来圩长居然发展到"公然接受状词"，影响较坏。[⑤]

从万历至崇祯间江南地区以嘉善等县为首的争田事件中，也可看到圩长对田籍制度管理实质性的意义，[⑥]表明圩制在基层社会的某些方面所发挥的重大作用。另外，在社区赈济方面，圩长要负责"逐一开报"圩内的极贫人户。[⑦] 而在明末清初的基层体系中，圩长负有更为重大的责任，一般由村中推选一二公直勤慎的人独充或朋充，对乡间民户的劳动力，圩长都要"酌量工力难易，分别均派"。[⑧] 对地方财赋等诸项事宜，圩长也都负有相当的管理职责。政府对地方的各种杂役、摊收，往往直接从圩长入手。[⑨] 圩已成为地域内的最终划分单元，无论政府官署、民间杂居，还是官田民地，都纳入了圩制的范围。因此，在田地转让、屋宇建设等方面，政府都能根据明晰的

---

① 道光《江阴县志》卷二《坊乡》，道光二十年刊本；光绪《江阴县志》卷首《马家圩图说》、卷二《坊乡》，光绪四年刊本。

② ［清］黄印辑：《锡金识小录》卷二《备考下 · 芙蓉圩图考》，乾隆十七年修、光绪二十二年刊本。

③ ［宋］郏亶：《上苏州水利书》，光绪《昆新两县续修合志》卷四十三《艺文一》，光绪六年刊本。

④ ［明］吕光洵：《三吴水利图考》卷四《三吴水利书奏论议》，"郏亶治田利害七事"条，明嘉靖四十年刻本。

⑤ ［明］况钟：《况太守集》卷十二《条谕 · 革除圩长示（宣德五年十月二十日）》，吴奈夫等校点，江苏人民出版社 1983 年版，第 131 页。

⑥ 崇祯《嘉兴县志》卷九《土田》，崇祯十年刻本。

⑦ 康熙《秀水县志》卷一《议 · 李见龙〈赈饥申文〉》，康熙二十四年刻本。

⑧ ［清］陈瑚：《筑围说》，载光绪《昆新两县续修合志》卷四十六《艺文四》，光绪六年刊本。

⑨ 乾隆三十三年三月《禁革圩地色目碑记》，原碑在太仓浏河镇。

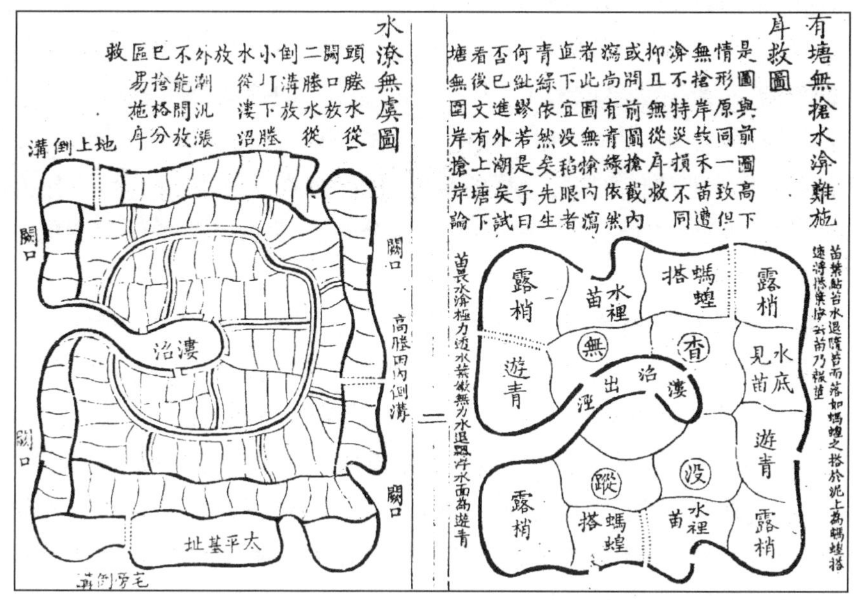

图五 有着良好水利蓄排功能的圩田系统

（据［清］孙峻：《筑圩图说》，清刻本）

田地坐落情况，而确知属于何都何图何圩地界，分毫不爽。①

一般认为，清初的“摊丁入地”是明末“一条鞭法”的继续和深化。明代中叶以前，朝廷的田赋征收是实行两税法（夏税和秋粮），在差役上分为里甲、均徭和杂泛三种。由于各地的田土高下情况很不相同，所以在征收的科则上也不一致，大体是按田地山荡分为三等九则，而据此摊分在各府州县地方的课额仍是不同的，有的还多于或少于九则，且主要以户和丁作为征发对象，分银差和力差两种。这仅以民户及民田而言。明初的这套赋役制度到中期就无法继续下去了。地主富户大量欺隐田粮人丁，连明世宗朱厚熜也不得不承认：民间差徭不均多由飞诡税粮为害而起，更有“将田地隐寄乡宦势要之家”，假称典卖而虚立文券。②

嘉靖时期，有的地方官员开始在江南等地施行一种新的赋役法，即一条鞭法。海瑞在巡抚应天等府期间，曾想彻底清理赋役问题，提出不以黄册作

① 这在崇祯《嘉兴县志》卷九《土田》、顺治十三年六月《长洲县奉宪禁革首名役累碑》（苏州碑刻博物馆藏）、康熙二十七年三月《吴江县永禁豪强侵占湖荡以保障国课碑》（吴江文管会藏）、乾隆三十二年二十月《江苏布政司给帖保护韩贞文祀产碑》（苏州碑刻博物馆藏）等许多资料中皆有反映。

② ［明］傅凤翔编纂：《皇明诏令》卷二十，嘉靖六年二月十三日“宽恤诏”，嘉靖二十七年补刻本。

为均粮的依据，招致了势要权贵们的反对。①

但到万历九年，一条鞭法还是在全国推行起来了。根据《明史·食货志》的记载，一条鞭法已取消了“力差”和“银差”的界线，统以雇银代之，并且出现了赋役合并、役归于地的倾向。在张居正时代，均田方案因“事关国计”，即使遇到地方上像徐阶这样的乡宦，仍能被推行下去。② 但是，作为国家差役的基本征敛对象，“人丁”还没有完全取消，由此产生的细微变化就是“丁银”的出现。③

在江南地区，官府推行一条鞭法的同时，还实行一种均田均役法。无论官民，都要照田编役，并分为上、中、下三则。④ 一条鞭法中的这种赋役合并倾向，在有的州县就发展为“摊丁入地”，当时叫作“随粮派丁”、“田代丁编”或“丁随田办”。⑤ 但明末清初（包括康熙前期），赋役制度是相当混乱的，而户口的消长在其间产生了极大的干扰作用。在清初的户丁编审中，失额情况的严重，影响到了社会秩序的稳定和国家的财政收入，政府由此开始对旧有的户丁编征制度实行改革。

清初太仓人陆世仪指出：“旧制定赋役有两册：一黄册，以人户为母；一鱼鳞图册，以田为母。法久，弊且百出，若欲厘整，莫若废黄册专用鱼鳞图册。”显示了以户丁为主的黄册在当时已无足轻重。⑥ 顺治年间，户科给事中柯耸针对江南地区差役不均的情况，提出了“田尽落甲，役必照田”的主张。⑦ 这种归并田地的做法，可使民户田地不管坐落何处，都须归并于本户之下，并详细注明所坐落的图、圩号段，从而使图—圩制的推行更具有实质性意义。

康熙十年（1671），朝廷即规定各州县一概以三千亩为一里，如有旧额超过此标准数的里，可以照旧不动；如不足此数，则要凑足，不许缺额。这必然要求对图里进行归并。如石门县所属的三都的里数，由原来的十一里减少到八里，共编田地 24 015 亩，每里皆须符合三千亩之数。可见，“各都之里，

---

① ［明］徐阶：《世经堂集》卷二十二《书一·与抚按论均粮》，万历间刻本。

② ［清］曹家驹：《说梦》，道光八年醉沤居士抄本，页一 — 二。

③ 光绪《江都县续志》卷十四《民赋考》，光绪十年刻本。

④ ［明］方岳贡：《均役全书叙略》，收入崇祯《松江府志》卷十二《役议》，崇祯四年刊本。

⑤ 郭松义：《论“摊丁入地”》，载《清史论丛》第三辑，中华书局 1982 年版，第 1—60 页。

⑥ 蒙文通：《中国历代农产量的扩大和赋役制度及学术思想的演变》，收入氏著《蒙文通文集》第五卷《古史甄微》，巴蜀书社 1999 年版，第 357 页。

⑦ ［清］柯耸：《编审厘弊疏》，载［清］贺长龄、魏源等编：《清经世文编》卷三十《户政·赋役二》，中华书局 1992 年影印本。

所辖不同,各里之田赢缩原无甚异也”。[①] “滋生人丁、永不加赋”的诏令就是在康熙五十一年发布的。[②]

雍正四年(1726),户部议准浙省摊丁科则,按同一则例分别均入各州县田赋;六年,江苏各州县分别均摊。[③] 这使田亩进一步趋向统一。理论上讲,官府只要认定田主,就可以保证赋税的收入。地域社会内以人户多寡为基准的田制系统,到这里已显得毫无意义。

就里甲制而言,它是明代乡村统治的重要基础。在明初,这一制度是以户数为基准的,后来逐渐改以亩数为基准,小畑龙雄甚至认为,这种以亩数为基准的制度到康熙十年前后就已固定下来了,而且在江南地区表现得十分显著。[④] 钱穆从讨论历代政治得失的角度,也认为从明迄清,值得提及的还是明代的鱼鳞册(即鱼鳞图)。[⑤] 因为这十分便于政府藉此收取固定的赋税,而不会因户口变动有所增损。不过,康熙中期到雍正年间出现的“顺庄法”,改用自然村落作基础,从某种程度上又回到了以户数为组织原则的基层体制。它将整个农村人口划入每个保甲之中,加强了社会控制。[⑥] 显然这仍是以恢复户数组织为原则的里甲制,在地主制发展中矛盾的扩大,[⑦]而与以往均田均役在性质上颇形不同的“顺庄法”,则从编里上消除了因均推剩余徭役而遗留下来的根据一定田地数额编里的组织方式。[⑧] 就基层设计而言,它可消除粮长之敝、名户之诡立、滚催之阻碍、逋赋之累欠等问题。[⑨] 从地方基层体系的变化过程而论,“顺庄法”无疑有其独特的历史意义。

从总体上看,王朝的行政与军事武装,实际不可能直接到达每一个大小村落,这就需要运用基层管理体系组织,将王朝统治下延至乡村一级。[⑩] 明清时期江南的地方基层体系存在着一个变迁的过程。在这一过程中,国家

---

① 光绪《石门县志》卷三《食货志·田赋》,光绪五年刻本。

② 《清圣祖实录》卷二百四十九,“康熙五十一年二月壬午”条。

③ 郭松义:《论“摊丁入地”》,载《清史论丛》第三辑,中华书局 1982 年版,第 1—60 页。

④ (日)小畑龙雄:《论江南里甲的编制》,载《史林》1956 年第三十九卷第 2 期。

⑤ 参钱穆:《中国历代政治得失》,台湾东大图书公司 1977 年版,第 120—121 页。

⑥ (美)曾小萍:《州县官的银两:18 世纪中国财政的合理化改革》,董建中译,中国人民大学出版社 2005 年版,第 232 页。

⑦ (日)藤田敬一:《关于清初山东的赋役制度》,载《东洋史研究》1965 年第二十四卷第 2 期。

⑧ (日)川勝守:《中国封建国家の支配構造——明清赋役制度史の研究》,东京大学出版会 1980 年版。

⑨ 雍正九年十一月二十二日湖州府《奉行顺庄条议》,收入同治《安吉县志》卷五《赋役》,同治十二年刻本。

⑩ 萧公权 Hsiao Kung-chuan, *Rural China: Imperial Control in the Nineteenth Century*, Seattle: University of Washington Press, 1960, p. 501.

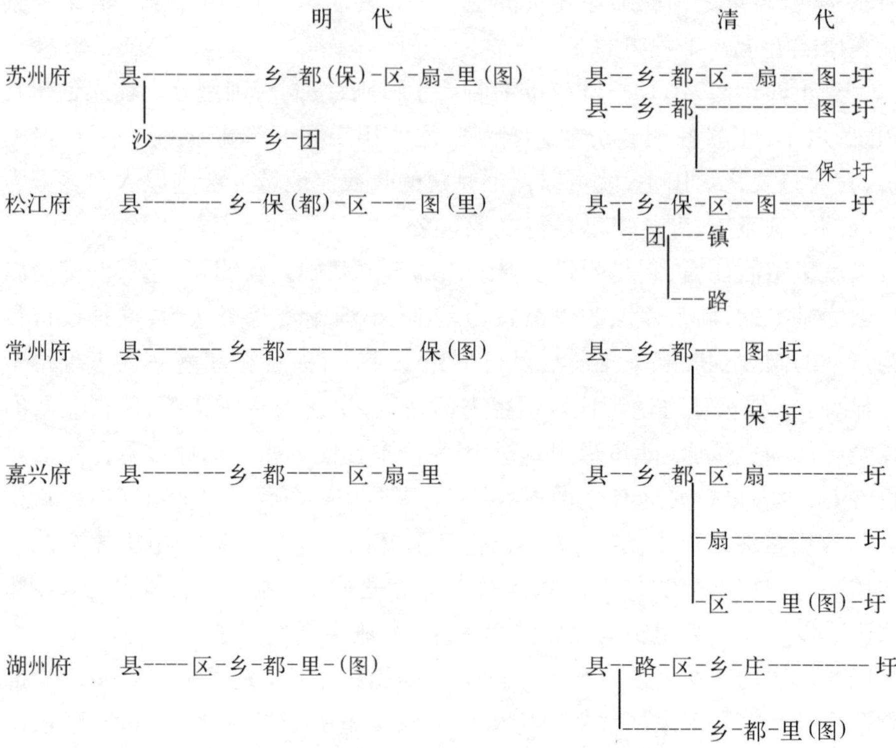

图六　明清两代江南州县基层体系归纳对比

(参冯贤亮:《明清江南地区的环境变动与社会控制》,上海人民出版社 2002 年版,第 115 页)

的控制系统呈现出了难以形容的复杂性,而于地方社会的变迁也会产生较大的影响。国家没有能力在长时间内保持地方社会于田粮方面的公正性。明代推行的鱼鳞图制虽然没有真正获得预期的效果,但是,它能保证田亩数的大体完整而维持稳定的赋税额的功能,给了王朝统治者以极大的启示,使之在有意无意间将田制系统的改革引向了最为根本也最为重要的土地本身,使地方基层系统得以稳固和发展。

四、盗 匪 防 范

在州县的地方行政工作中,另一个重要的内容是治安。治安则重在命、盗两端,①有时命、盗问题被纠缠在一起,不能被简单地区分开。相对人命

① 有关命案问题,在本书第九章中有专门讨论。

大案，各类盗匪事件的发生要频繁得多。也可以说，盗匪是威胁社会稳定、统治秩序的第一大害，一直为官府与民间所关注，所谓“水旱盗贼，危亡祸乱，言之忌也，事之疾也，心之药石也”。① 在当时的政治举措与民众心理上产生了一系列与盗匪有关的内容和防范意识。其基本的要求，是要觉察早、扑捉快，了解盗匪之本源所在，②以彻底消除隐患。

由于江南地区以太湖平原为核心，内部河湖密布，外部江海沟通，因而盗贼出没频繁且迅捷。宣德年间，况钟在苏州府任上时，就向朝廷报告道：③

> （太湖）湖阔惟藏贼船，劫掠人财。……臣访得吴江县，洪武永乐年间，因贼盗不时出没，设立巡检司八处，止是关防本处人民不敢为盗，其各处往来贼船不能禁止。

在城镇地方，况钟比较注意巡警铺的设置，要求各县于在城、市镇人烟辏集之处，加强巡警铺的建设，每铺一百户要设铺长五名，并置立木牌，开写所管人户姓名，每晚轮流安排巡捕贼盗；而在僻静街巷地方，都立围栏门锁，朝开暮闭；沿河的往来客船，傍晚停泊时，倘遭水贼劫掠，应该由两岸地方着力擒拿贼盗；至于境内军民“混迹出入”，也要“互相觉察”。④

正德六年（1511）进士，历任丹徒、武康、成安等县知县，南京刑部主事，翰林院学士，礼部尚书，吏部尚书等的桂萼（？—1531），在向朝廷进呈《舆地图》的上疏中则指出：“崇明、常熟之民间作弗靖，与江洋一带出没波涛，肆行剽劫者不可胜计。故今江防海备，其重一也。”⑤其实，桂萼强调的是沿江滨海地区的情况，与一般内地生发的盗匪问题稍形不同，提醒朝廷注意的是江海防护方面的工作。

南直隶的苏、松、常、镇四府与浙江的嘉、湖、杭三府，属于全国的财赋重地，都是“濒江负海，襟带湖泽”，因而“形势险阻，便于啸聚”；同时，由于税额繁重、民俗浮华，也存在“民易贫而盗易起”的常态。⑥ 嘉靖年间较形普遍

① ［清］周寿昌：《思益堂日札》（十卷本）卷十，“约言”条，中华书局2007年版，第212页。

② ［明］佘自强：《治谱》卷七《贼盗门·访盗》，崇祯十二年胡璇刻本。

③ ［明］况钟：《况太守集》卷三《兴革利弊奏疏·请捕太湖贼奏（宣德六年二月十二日）》，吴奈夫等校点，江苏人民出版社1983年版，第84页。

④ ［明］况钟：《况太守集》卷十二《条谕·严贼盗禁示（宣德七年五月十八日）》，吴奈夫等校点，江苏人民出版社1983年版，第136页。

⑤ ［明］桂萼：《文襄公奏议》卷七《进舆地图疏·南直隶图序》，嘉靖二十三年桂载刻本。

⑥ ［明］顾鼎臣：《顾文康公文草》卷二《处抚臣、振盐法、靖畿辅疏》，中国科学院图书馆藏万历至顺治顾氏家刻本，收入《四库全书存目丛书》集部第55册，齐鲁书社1997年影印版，第309—310页。

的内乱外患，使时人更加关注治安问题，同时因东南沿海倭患的影响，官府又不得不注意城防建设。① 常熟人邵圭洁在向知县王鈇提供筑城策议时，强调了常熟地理位置的独特性：“常熟旧称苏州北门。盖东、西、北三面地濒江海，水寇易以冲突；惟南面与郡城接迩，舳舻不绝，而东西两湖夹于致和塘之旁，分洲散渚，多所窜伏而窃发者。”邵氏策议的目的是为了修筑城墙以加强地方治安、保障民生。② 知县王鈇的表现也未让当地人失望：修城成功，为抗倭营建了重要防线，“竟得全城，为吴屏蔽，故议者论公功为最多”。在后来的抗倭战斗中，还与乡绅钱泮亲为先锋，可惜由于轻敌，遭遇埋伏于尚湖的倭贼偷袭而不幸遇难。③ 后来的清代地方官员仍指出，常熟县境内的“水路抢劫之案，层见叠出”，盗匪问题严重，需要知县会督地方营汛，认真缉捕。④

至于整个苏州府地区，“东连大海，北枕长江，环西南者太湖，中错吴淞、黄浦、刘、孟诸河”。这种所处环境的复杂性，使之也被明代人视为“盗贼之薮”。⑤

确实，江南河湖水体广布，情况复杂，十分易于盗匪窃发或逃匿。万历年间，瞿九思指出：“太湖，故震泽之水，跨苏、常、湖三大郡，廖邈八百里而远。港渎纵横，芦苇蓊翳。湖盗往往窥秋冬之隙，相扇而起”。⑥ 水路要冲之地，向来被视作盗贼渊薮。⑦ 而盗匪的类型又与地理环境有着极为密切的关系。嘉兴、湖州等地近海，水运便利，盗贩私盐之患尤为严重。⑧ 万历五年间，有盗匪三十人侵入松江府上海县所属的下砂场盐课司公署，索诈金银。下砂地方多富室，而甘心于盗贼侵犯官署、杀戮多命的原因，或许与当地“盐徒灶户，报怨所司催征”有关。⑨

万历十八年冬天发生于嘉善境内的抢劫官银案，让人记忆深刻。时人记载道：“嘉善强贼，其姓名不可闻已。庚寅冬，上海以京库银一千二百余两，使仓大使苏剌转运，既行至嘉善，会强贼数十人，从道左出不意，略八百

① 参冯贤亮：《城市重建及其防护体系的构成——十六世纪倭乱在江南的影响》，载《中国历史地理论丛》2002 年第 1 期，第 11—29 页。

② ［明］邵圭洁：《北虞先生遗文》卷五《志铭杂著 · 筑城议》，万历间刻本。

③ ［明］管一德编：《皇明常熟文献志》卷二《县令》，万历三十三年刻本。

④ ［清］丁日昌：《抚吴公牍》卷十三《常熟县禀到任后查办地方事宜由》，宣统元年南洋官书局石印本。

⑤ ［明］瞿九思撰：《万历武功录》卷二《南直隶 · 苏松诸强贼列传》，万历间刻本。

⑥ ［明］瞿九思撰：《万历武功录》卷二《南直隶 · 湖盗殷应采列传》，万历间刻本。

⑦ ［明］陈龙正：《几亭续文录》卷二《复李谦庵父母六》，崇祯间刻本。

⑧ ［明］桂萼：《文襄公奏议》卷七《进舆地图疏 · 浙江图序》。

⑨ ［明］瞿九思撰：《万历武功录》卷二《南直隶 · 苏松诸强贼列传》，万历间刻本。

四十余金而去。”①从上海至嘉善的交通，都是水路，而水路的治安一般又较难得到切实全面的保障。故上述劫案的发生有其不可忽视的自然因素。

处于两县行政边界的嘉兴三店地方，“弃乎秀水、嘉善之间”，被当地人视为盗贼渊薮。这里的盗贼已到了“白昼劫客舟，毫无顾忌”的地步，原因就在于地方行政区划的壁垒。失主们报诉至嘉善县，而盗贼已遁至附近的秀水县，“隔属不能关”；上告之秀水县，则“秀水从无失事，不代理嘉善被劫之民”。三店是嘉善到嘉兴府城的必经之路，秀水人很少去嘉善，因此遭劫的多为嘉善县客商士民。这种状况在崇祯年间持续有十多年，可见盗患的昌炽。②

类似的，在嘉兴、湖州二府接壤之地，湖州若发生盗患，嘉兴仅能震恐，难于援手。因为在水多之处，盗贼逃脱十分容易。例如明末的叶朗生盗警，竟使整个嘉兴府人心惶惶。叶朗生等人为首的变乱，声势十分浩大，“招艘数千”，啸聚于太湖，凭借便利的水网环境，转行嘉兴南湖等地聚众行劫。在天启七年（1627）八月间，叶朗生因被同党出卖才遭捕获。③

湖州府的长兴县山水相间，处江、浙、皖三省交界之区。归有光任知县时，曾颇费心力地从事捕盗工作。他举了一例：④

> 县有大贼，二三十年不能擒治。职择卒中骁健者，召至堂后，与饮食，饵以重赏，以故往往能効力，旋致擒获。如张家浜、钟家浜、下渚、磨盘山贼，昔年皆与县交关，县中人多为囊橐，以故尤恣。往时太湖至湖州，商贾多被剽掠，今舟可以昼夜行，乡间夜不鸣犬矣。磨盘、下渚皆亲至其巢穴。而钟家贼乃至格斗。时日暮风寒，山深水阔，职所从不过数人，竟擒获之。钟家浜一村，钟姓四五十家，皆非良民。是时西北风，若从上风纵火，可尽歼以为功。职宁力攻，取其骑危堕下者，不过数人，余向南奔者，悉不复追。诸如前贼党，大率录其魁而已。职终不敢自言，上官亦但见具狱云强盗某某而已。然以其邑多盗之故，又有诬盗。县有空王寺，在深山中，捕卒尝于此拷掠，使诬人为盗。其诬盗至七人，皆平反之，以坐捕之罪。太湖边十三家，乌程县坐为盗，又为宜兴诬六十

---

① ［明］瞿九思撰：《万历武功录》卷二《浙江·嘉善强贼列传》，万历间刻本。

② ［明］陈龙正：《几亭续文录》卷二《致巡嘉道叶香城公祖》，崇祯间刻本。

③ ［明］李日华：《建郡城各处水口总栅议》，载康熙《嘉兴府志》卷十四《官师下·兵政》，康熙二十一年刻本。滨岛敦俊将明末的叶朗生之乱定性为白莲教案，参氏著《明代江南農村社会の研究》，东京大学出版会1982版，第592—614页。

④ ［明］归有光：《震川先生集》别集卷九《公移·乞休申文》，上海古籍出版社1981年版，第929—930页。

余人为盗，被连逮，皆逃湖山中。一村尽空，麦熟黄落，山鬼昼号。职亲自旁缘湖上，遍入山中，明其所以不然。移文两县，稍稍招集之，地方以宁。

由于归有光的努力工作，不仅使长兴县境内的盗贼问题得以平息，甚至于流行乌程、宜兴与长兴等地的"诬盗"问题，也暂时得以解决。

不过，行政边界区隔的存在，确实在无形中造成了州县地方消弭盗窃的一重障碍。地方官府往往以边界为辞推脱责任，因此在民间，这种行为被视为"庇纵"，可与"盗贼横行"并为里闾之害。如石门县的棉花盗案半年未破，便是一个明证。① 无论是对地方州县来说，还是对朝廷而言，问题的严重性已经不容忽视，因为这种状况在时间上从明末一直延续到了清朝。

在明末长洲人卢泾才向史可法提的一些有关地方治安的策议中，他将盗匪问题视作苏州、嘉兴、湖州等府的"三大害"之一，认为在嘉兴、湖州之间湖荡辽阔错杂，"奸盗"可避匿其中，"每聚至千人，劫掠于吴，而逃庇于浙"，官兵也互相推诿，文移自然"莫可勾摄"，故称此害为"吴盗浙窝"。② 卢泾才深深地意识到，导致地方治安漏洞的关键是政区边界的政府控制存在很大的散漫性，而不全是因为地理环境的特殊性所致。这一点，深为顾炎武所认同。③

崇祯年间的嘉善大盗薛二寿，不但行盗，而且强占民妻，"赌博酷横，诸恶毕臻"，十分嚣张。④ 捕盗缉寇，已成为当时最重要之事。嘉善乡宦陈龙正指出："当今大机宜、大利害，惟在寇横民穷！"⑤将盗寇横行之祸与民众贫困之忧并提，致使其得出了这样的看法："大抵敝邑（嘉善县）未愁外寇，专忧内变。"⑥而邻县的寇盗，"行劫无虚日，至有一日之间劫数家、劫数舟者"，官方不敢收护，百姓又不敢鸣官。皆因这些盗寇与衙门捕役"相为表里，久益鸱张"所致。⑦ 在这样的社会环境下，崇祯年间的嘉善知县李陈玉认为唱戏也是引发奸盗之事："一夕佻达，灯油、酒食之费减粮半年，甚而招引奸盗，

① ［清］钱泳：《履园丛话》丛话二十四《杂记下》，"治贼"条，中华书局 1979 年版，第 643—644 页。石门县原称崇德县，清初改名，在嘉兴府西，地接湖州府。

② ［明］卢泾才：《上史大司马东南权议四策》，收入［明］冯梦龙编撰：《甲申纪事》卷十一，上海古籍出版社 1993 年影印本。

③ ［清］顾炎武：《天下郡国利病书》原编第十一册《浙江上》，民国二十五年涵芬楼影印昆山图书馆藏稿本。

④ ［明］陈龙正：《几亭续文录》卷二《复李谦庵父母六》，崇祯间刻本。

⑤ ［明］陈龙正：《几亭续文录》卷二《复袁槐湄老师》，崇祯间刻本。

⑥ ［明］陈龙正：《几亭续文录》卷二《致李谦庵父母二》，崇祯间刻本。

⑦ ［明］陈龙正：《几亭续文录》卷二《寄塞庵阁老二》，崇祯间刻本。

为祸地方不浅”。[①] 至于应对举措，陈龙正十分提倡保甲法，觉得这是弭盗安民的传统政策。[②] 他给李陈玉的信中，提出防御盗患宜以“固结民心”为要；清查饭店及各寺院，使其不得容留外来杂人；访查核实“屠狗之家”，使“弔狗掏摸一切诸小盗”无法藏身；编定乞丐头目，使强壮的乞丐不得“逞雄攘臂”；除此之外，对穷民要加强安抚，防止他们作乱。[③] 这些策议，都是希图将可能出现的盗匪问题，消弭于萌芽状态。

就整个明末而言，社会早已动荡不安，尤其是在北方，明王朝在着力攘御外夷入侵的同时，还受李自成等为首的农民军的威胁。江南地区虽无大规模战争的困扰，但盗匪的猖獗已影响到社会的稳定。加上天灾不断，更使地方变乱丛生。例如，万历七年出现的水灾，使盗劫更为横行。朝廷要求江南各县加强应对的一些要求，却被许多府县搁置不行。以下是时人的一则记载，堪为证明：[④]

> 姜奈，昆山人也。己卯夏五月，苏、常大水，流杀人民。以故谷价益腾踊，而姜奈以为吾不取诸富，则亦有坐而自毙耳。于是聚姜柔、邹津、邹涣等，公行村落劫人而夺其金。……先是，御史林应训奏水灾，上有诏，诏所司多方赈恤，又谓朝廷惟恤穷民，不宥乱民。唯是道上抢夺，皆请论如大盗，即枭斩以狥。于是大司农张学颜，从台御史议，议减今年租税，以予贫民。……大司马方逢时，以为诚宜申明保甲，训练兵壮。……大冢宰王国光以为人计吏，诚宜毋科小民，毋贷富室。……上皆从之。明年庚辰，郡国吏法，当朝正月，而苏州守李充实、长洲令刘怀恕、吴县令郝国章、昆山令程达、常熟令刘震臣、吴江令王一言、嘉定令徐上达、松江守阎邦宁、上海令敖选、青浦令屠隆、常州守穆炜、江阴令胡士鳌独不行，以郡县岁大祲也。

在崇祯初年，丁宾给浙西兵备分巡道蔡懋德（1586—1644）的信中说：[⑤]

> 不肖伏在编氓，不胜保障地方之感。兹启弊邑稍东，地名澉阙，向无一兵捍御，海寇竟抵城下，其形势较海盐、平湖为更险。盖澉、乍两浦

① ［明］李陈玉：《退思堂集》卷一《文告摘略》，“逐优娼示”条，崇祯十年刻本。

② ［明］陈龙正：《救荒策会》卷六《荒政议总纲》，崇祯十五年洁梁堂刻本。

③ ［明］陈龙正：《几亭续文录》卷二《致李谦庵父母二》。

④ ［明］瞿九思撰：《万历武功录》卷二《南直隶·饥民姜奈、史存列传》，万历间刻本。

⑤ ［明］丁宾：《丁清惠公遗集》卷八《书牍·与蔡云怡巡道》，崇祯间刻本。

犹近腹，而漴阙独当其边境，邻于松而地界于浙、金山。

明末时期松江府沿海的漴阙（或作漴缺），是一个海舶辐辏之所，所谓“阛阓棋联，百货骈集”之地。① 在丁宾看来，这个与嘉善县东部接壤的市集，属于行政边界，没有驻兵抵御寇盗，形势比海盐、平湖两地更为危险，极须加强防御。

在崇祯六、七年间（1633—1634），江南地方已是“流寇纵横”，政府频繁调集兵力进行征剿。面对这样的乱世，地方百姓普兴民间宗教。在上海地区还兴起了“立教”，有所谓“一拜天、二拜地、三拜朱朝灭、四拜我主兴”，以及“蝴蝶满天飞，身穿和尚衣，弥陀清世界，大明归去时”的流行语。② 崇祯八年，侯峒曾在给新任嘉定知县万任的信中，强调了保甲制度对于官府消弭乱萌、稳固治安的重要意义，又说“练乡兵可不费而兵足，况奸宄之防亟藉乎此。”③

由于北方战事紧张和地方的变乱丛生，政府屡调“客兵”，使百姓畏兵“甚于畏寇”，更使盗贼愈多，难于扑灭。在正德以前，地方流民与流贼被区分成两类，“流贼劫焚，民间应者尚寡”。到崇祯时期，则“流民与流贼合矣”。盗贼所至，民众有大半“相率入贼”。而且，一些大盗团伙每到一个地方，常常挑取当地壮勇之人，在其身上刺青，使其欲逃不得，返正无门，只好从贼，如此盗贼日增，更难遽灭。④

明末官员佘自强提供了城乡日常生活中四条治盗的经验，以作时人参考：⑤

一、少年不事家人生业，恣意赌博；又三五成群，好事使气，皆为盗之渐也。禁戒赌博、散少恶之党、严连坐之法，皆所以杜其渐也。

一、父兄不教训子弟，户长不教训族人，乡约不教约众人，皆州县法令之未行也。诚举行乡约，彰明法令，使一一遵守，皆知盗不可为，未必无益于民情风俗也。

一、士夫子弟亦有为盗者，或窥人子女，或杀人报仇，或嫖赌无赖，

---

① ［清］曹家驹：《说梦》，道光八年醉沤居士抄本，页六。

② ［清］曾羽王《乙酉笔记》，旧抄本，收入上海人民出版社编《清代日记汇抄》，上海人民出版社1982年版，第7页。

③ ［明］侯峒曾：《仍贻堂集》卷二《与万明府书（崇祯乙亥）》，收入［清］潘锡恩辑：《乾坤正气集》卷四百四十，道光二十八年袁江节署求是斋刊、同治五年印行本。

④ ［明］陈龙正：《几亭续文录》卷五《奴寇策》，崇祯间刻本。

⑤ ［明］佘自强：《治谱》卷七《贼盗门·治盗四条》，崇祯十二年胡璇刻本。

皆自士夫身后为之，亦有当其身为之者；且所劫者多亲属，其原皆自棍徒引诱始。盖棍徒欲引之入伙，以自为地，其始也多诱之以子女，痴儿无识，偶一为之，一入其术中，便为其所协矣。此须辨之于早，当赌博时，即先治其棍党。若必待其犯，纵之非法，杀之可怜。然或知而未行，又所犯者止亲属，亦可情恕也。

一、乡里豪杰，党与众多，不复为三尺所束缚，若置之不问，养成大乱，是纵之使为盗也。若求之太急，触彼祸机，是激之使为乱也。然此辈羽翼已成，养之亦乱，激之亦乱，但不疾不徐，观衅而动，乃万全也。

经历明清交替的战乱，江南地方虽已是新朝新政，但盗贼之祸患仍存前朝遗影。一则顺治年间的《浙江巡按》残件，就是一个很好的说明：当时盗患大多仍发生在水网密布之地，商民被劫的物品从银子、衣衫、绸缎、皮箱到雕漆银碗、数珠、铜脚炉等等皆有。顺治四年（1647）发生的嘉善县民朱庆之幼女被劫奸宿勒银、陈玄等人的银米菜子遭抢等案，都是盗匪团伙所为。在风声吃紧时，盗匪们还以“投诚”为护身符，这样也更便于勾连其他大盗。如盗匪姜龙，原在嘉兴府做皮匠，看到投诚后的盗贼“大有气焰”，在其母舅王应龙的劝告下，也到杭州去投诚。回家后住在七里店，与当地大盗钱麻皮勾结在一起。因此，在当时“劫非一家，盗非一案”的情况是相当普遍的。①

顺治十八年秋，江宁巡抚认为，“苏、松滨临泖、淀，盗贼不时窃发”，地方官兵展开擒剿工作时须用快艇。至康熙元年（1662），在巡抚韩世琦的上疏中，再次申明了这一要求，认为“搜逻剿捕，非舟楫无以施功”。② 吴江人陆文衡曾记载了韩氏捕获太湖大盗的功绩：③

太湖寇赤脚张三，先曾投诚，后复叛逆，率三十余艘，突劫木渎镇。是镇向称繁富，市廛栉比，一夜抄掠尽空，伤汛兵数人，掳妇女无数。抚台韩发营兵，用计擒剿，唾手而得。……大是快举。

陆氏同时指出，在一般情况下，“江南多湖寇，当事设法弭之，禁民船双橹”，仅能单橹驶船，所以一旦逢到二橹、三橹的盗船，一橹之民船显然逃遁

---

① 《浙江巡按》（残件），收入《明清史料》（己编第二本），台北中研院历史语言研究所1957年刊行本。

② ［清］韩世琦：《抚吴疏草》卷一《题报捐造快船职名工料疏（康熙元年二月二十九日）》。

③ ［清］陆文衡：《啬庵随笔》卷三《时事》，光绪二十三年吴江陆同寿刻本，台湾广文书局1969年影印版。

不及，只有束手被劫而已，①这确实也属官方应对的失误。另一方面，这一限制也严重影响到了州县的催科。江南水乡非船不行，催科都是勒限日期，否则“轻则敲扑，重则解京”，决不容缓。可是，“乡民入城输纳，途次遇盗，盗抢其船；遇兵，兵夺其船，并其所怀之赀搜劫之，何以如期应催科乎?”陆氏认为，倘若民船能用双橹，便于快速往来，或许可以脱避这些劫难，而官府限民船用单橹，等于“系小民手足，以供盗与兵之抢夺”了。②

康熙十三年，李之芳（1622—1694）在以兵部侍郎的身份往杭州“总督浙江军务”不久，便提出了要加强盗贼防范的理由，也与前此各官员们的认识相仿：③

> 太湖巨浸，环绕江浙，其间支港错杂，盗贼易聚。屡经本部院申饬告诫在案备查，浙汛沿湖各港，虽设有官兵，巡防稽诘，但港多兵少，何足分防？如大钱、夹浦、蔡浦港等处，皆湖滨要隘，其余各港，何止数十余处，见在防兵寥寥无几，设有盗贼窃发，作何剿御？合行酌议，相地添防。

其实州县地方应对盗匪的防范举措，无论是制度要求还是民间规约，已然很多。明末乌程人凌濛初在其编的小说《初刻拍案惊奇》中，讲了一位少妇与道士私通，其小儿子发现后，采取了应对盗匪的紧急办法将这个道士吓走，那就是敲响放在大门后警夜的锣，并大喊“有贼”，使四邻听见。凌濛初在这里，假托河南开封府的事例作了解释：“元来开封地方，系是京都旷远，广有偷贼，所以官司立令，每家门内各置一锣，但一家有贼，筛得锣响，十家俱起救护，如有失事，连坐赔偿，最是严紧的。”④凌氏所云的家家置锣以应盗贼生发、示警救助之需，是明清乡村地方确实存在的防范措施。⑤

清代康乾时期的吴敬梓，在其小说《儒林外史》中，还讲了一个知县对付惯偷的故事：⑥

---

① ［清］陆文衡：《啬庵随笔》卷三《时事》，光绪二十三年吴江陆同寿刻本，台湾广文书局1969年影印版。

② ［清］陆文衡：《啬庵随笔》卷四《风俗》。

③ ［清］李之芳：《李文襄公别录》卷四《檄饬太湖营严防要隘（康熙十三年三月）》，康熙间刻本。

④ ［明］凌濛初：《初刻拍案惊奇》卷十七《西山观设箓度亡魂　开封府备棺追活命》，人民文学出版社1991年版，特别是第293页。

⑤ 光绪《长兴志拾遗》卷下《风俗》，光绪二十三年刻本。

⑥ ［清］吴敬梓：《儒林外史》第四回《荐亡斋和尚契官司　打秋风乡绅遭横事》，人民文学出版社1977年版，第60页。

(汤知县)次日早堂,头一起带进来是一个偷鸡的积贼,知县怒道:"你这奴才,在我手里犯过几次,总不改业!打也不怕,今日如何是好?"因取过朱笔来,在他脸上写了"偷鸡贼"三个字,取一面枷枷了,把他偷的鸡,头向后,尾向前,捆在他头上,枷了出去。

故事情节自然令人可笑,但也说明民间这类盗窃事件的频繁发生,也常让官府无可奈何。

早在嘉靖三十四年(1555),朝廷曾下令浙江等地与南直隶官员及其各级下属,凡是遇有盗贼发生,一方面要设法缉捕,另一方面还要悬示赏格,除曾经杀人、放火、奸淫妇女、真正强贼不能宽贷外,其他盗犯均可从轻发落。在万历四年(1576)间朝廷还规定,地方上不论发生打劫官府,还是抢夺民商等较大的盗案,都必须奏知朝廷,一般是一月一报,地方太远则"季终类报",年终都要"类报";地方上仍要严督官兵加紧缉拿。兵备要以"诘戎弭盗"为专职,"今后但系该管地方失事,俱要一体论罚"。①

明代还有一些特殊的法令来针对盗匪,即其被捕获后,在额头上要刺字,并发回原籍"收充警迹"。所谓"警迹",即须戴狗皮帽,每月朔望到所司查点,每天晚上还要由地方伙夫负责看视;这些被刺字的盗贼,居住的门上要立一块"小绰楔",高约三尺,上写"窃盗之家"。② 类似的规定在《大清律例》中仍可以看到:③

盗贼曾经刺字者,俱发原籍收充警迹,该徒者役满充警,该流者于流所充警。若有起除原刺字样者,杖六十,补刺。收充警迹,谓充巡警之役,以踪迹盗贼之徒。警迹之人俱有册籍,故曰收充。若非应起除而私自用药,或火炙去原刺面、膊上字样者,虽不为盗,亦杖六十,补刺原刺字样。

康熙十四年,嘉定知县陆陇其为加强治安、稳定社会秩序,曾对捕盗工作颇费心力。他曾发布一份"悬赏购盗示",告诫城乡地区,凡有盗贼需奋力擒拿,官府将视具体情形予以奖励,并安慰民众不必惧怕盗贼的报复,官府

---

① 万历《大明会典》卷一百三十六《兵部十九·巡捕》,万历朝重修本。

② 更有意思的是,这些盗贼出入家中,都须匍匐经过这块"小绰楔";凡遇儒学行乡饮酒礼时,看视人员就让其长跪阶下,宴会结束才可放回。参[明]徐复祚编次:《花当阁丛谈》卷一,"娼盗"条,借月山房汇抄本。

③ [清]湖北谳局辑:《大清律例汇辑便览》卷二十五《刑律·贼盗下》,"起除刺字"条,同治十一年刊本。

会提供必要的保护措施。告示内容如下：①

为悬赏购盗、以期必获事。照得律文，凡常人捕获强盗一名、窃盗二名者，各赏银二十两。此正重赏之下，必有勇夫之意。今盗案累累，而未闻有常人获盗者，缘小民不知律文，孰肯犯难缉捕，而为此有害无利之事。不第平日不肯捕获，即当救护，苟非孱弱可擒者，不过驱之而已。诚恐血口扳害，拖累无穷，伙贼暗算，后患莫测。所以捕获者寡，而盗不能终无也。合无仰请宪台通饬阖属州县印官，出示晓谕，遍贴乡村，嗣后有能捕获强盗一名、窃盗二名者，无论当场、平日，各赏银二十两，当堂给散，外加花红、鼓吹以鼓舞之。如获盗之后，或本犯指扳，或日后伙贼诬陷，皆不准理。若暗害报复，既严保甲，复不夜行，又何足患。如是则人人贾勇，莫不争先恐后，以阖村之众，奋击一二十之贼徒，奚啻探囊取物。即有兔脱，邻村亦必堵截获之，势难奔逸矣。此本县陈弭盗安民几款之一，蒙抚院宪批通行各属，饬遵在案。除转饬外，合出示晓谕。

雍正三年（1725），李卫担任浙江巡抚。次年七月，他在奏疏中指出："乌程县属之乌镇，近接太湖，易藏奸宄。请将湖州府同知移驻。"②是月，朝廷即将湖州府同知移驻乌镇，以资弹压。③ 李卫又上疏指出：④

浙省私贩出没之所，海宁、海盐、平湖、桐乡为最，而海宁之长安镇乃其适中孔道，请专设千总一、兵百，分巡隘口。再拨抚标兵百、千总一协缉。各场官俱系微员，不能杜弊，请以候选同知、通判、州县等官分发各场，专其责成。

李卫提议再次获得朝廷的认同，雍正皇帝下谕特别指出直隶、江南两省的盗案从来都比他省为多，要求地方官府必须勤于捕剿。⑤

江南是全国的财赋重地，政府十分重视这些地方的社会稳定和经济发

---

① ［清］陆陇其：《三鱼堂集》外集卷五《申请公移·悬赏购盗示》，康熙间刻本。

② ［清］不著纂人、王锺翰点校：《清史列传》卷十三《大臣画一传档正编十》，"李卫"条，中华书局1987年版，第966页。

③ 《清世宗实录》卷四十七，"雍正四年七月丙辰"条。

④ ［清］不著纂人、王锺翰点校：《清史列传》卷十三《大臣画一传档正编十》，"李卫"条，中华书局1987年版，第967页。

⑤ 《清世宗实录》卷四十七，"雍正四年七月戊辰"条。

展。因江南盗匪久弭不治，雍正六年朝廷再次下令，缉盗作为安民的首要工作，必须全力实施，苏、松地方对"积恶渠魁"要认真缉拿惩治。李卫因捕缉甚力，使本来盗患极多的浙江出现了安靖的局面，得到了朝廷的嘉许。之后江苏所属七府五州除钱粮、刑名外，其一切盗案俱移交李卫管理。① 朝廷还反复强调，"为治莫要于安民，安民莫急于弭盗"。雍正特别指出："迩者各省文武大吏，亦知仰体朕怀。严缉盗贼之踪迹，穷治盗贼之根株。如浙江、江南数十年之大盗积贼，悉行拿获。而究问从前，则供出劫财害命之案，不可胜数。"②

乾隆年间，嘉兴县的新丰镇，地连海盐、平湖、嘉善三县之界，当地居民都以花布为业，有专门的收卖布庄。依照旧习，在每年春夏，乡民便于五更赍布去集市交易；秋冬时赶集更早，布庄也提前至半夜开张。这种灯火交易的习惯，使得各地水陆巷栅很难依时启闭。因水陆之便通，乘间穿窬掏摸之事就产生了，以至"夜市之害民莫累鸣"。嘉善县的枫泾镇因"夤夜交易"，使奸良莫辨。后几经严禁，窃盗仍不能息，最终立碑警示以期禁绝。③ 在传统节日活动期间，也需要注意防范盗贼。例如，吴江县的黎里镇地接嘉善县北境，最重中秋节。届时娱乐活动极多，又有各处买卖营生者充塞街道，人员杂沓，良莠不齐，地方官府因此要求当地居民在八月十四至十六日期间的夜晚加意防饬门户。④

契合江南水乡的环境特点，地方官府将城镇的水栅之设当作日常防盗的重要依赖。

万历年间，嘉善知县、吴县籍人章士雅在其撰写的《夜防议》中指出："县当浙、直交壤，一望皆水泽，支河干派，连接芦苇、蒹葭，旷野无际，舟船商贾掳掠之警不息也。"由于水港要地盗贼特多，需于捕盗人员中选择有心计的人，授以计谋方略；再从壮民中挑选二三十个膂力过人、技艺超群者，扮成普通渔民，可以出其不意，擒获盗贼。只要俘获一二艘盗船，余党便会自行溃散。⑤ 据明人的评价，章士雅任嘉善知县时，"有惠政，民思之不能忘。"⑥

---

① 《清世宗实录》卷七十一，"雍正六年七月辛亥"条。

② 《清世宗实录》卷七十一，"雍正六年七月辛未"条。

③ 《奉宪永禁夜市点火交易碑》，乾隆三十一年（1766）十月十六日新丰镇众布庄公立。碑文录于梅元鼎纂：《新丰镇志略初稿》第十五章"六　碑"，浙江图书馆藏民国三十四年油印本。

④ ［清］徐达源纂：《黎里志》卷四《风俗》，嘉庆十年吴江徐氏孚远堂刻本。

⑤ ［明］章士雅：《夜防议》，载万历《嘉善县志》卷二《建置》，万历二十四年刻本。

⑥ ［明］陆应阳：《广舆记》卷十《浙江·嘉兴府》，清康熙刻本。

这篇《夜防议》就收在章士雅主编的《嘉善县志》中,为后世所重视。①

与章士雅的"夜防"之策相类似的,是清初陆陇其提出的"禁止夜行"。陆氏认为,盗案一般多发于夜间,与此相比,白昼行劫若非积年贼寇,"不敢轻发";士民百姓只要"日出而行,未晚而息",盗匪多无从下手。就官府应对层面而言,知县陆陇其堪称努力用心。他曾要求所辖地方"沿途汛兵,日将落,无许人行水路,无许舟行乡地;歇店,日未出,无容客走驰驲";水栅辰开酉闭,如有行人昏夜被截,就要追究开栅之人,"治以通贼之罪",②从而加强治安,保障民众的利益不受侵害。

康熙年间,嘉兴知府袁国梓盛称明代嘉兴人李日华的"水口总栅议",认为此举防患于未然,"实功于今日"。但他又说:"近世有备盗之法,无弭盗之法;能弭则无盗,能备则虽有盗而无患。其法虽殊,其意则一也。"提出了"弭盗莫如德化"的看法。③

倘从乡村市镇的边界设定与治安关系来看,水栅虽说是江南地区常见的水利设施,④明代人还将其与堰壩并列,称"甃石筑土为壩,列木通水为栅",但设置的主要目的,是在防"盐盗"。由于这个原因,水栅往往由巡检司负责。所以,水栅建置之初,大多出于地方乡村"自卫"的需求,或出于地方政府讲求防备的需要,设立的地方都非险要地带。至嘉靖年间,"倭寇"肆虐横行,水栅的设置大大增加。在倭乱平息后,这种水上防护设施已呈现荒废之态,且常被地方豪强擅自占为"江湖之利",但地方上也仍可以借此钳制"逋逃"、勾摄违法逃亡人员,所以保存到后世的水栅还有很多。⑤

由于水域面积的比重在江南地区占据了绝对优势,运河、市河以及其他河流的桥洞地方往往设有水栅;有些城镇在其外围也有此设施。⑥

例如,在万历以前,嘉善县于主要渡口桥梁都设有木栅,由当地塘长协同附近总甲,轮流调拨伙夫,负责早晚启闭之责,其功用自然在"御寇安民"。水栅在魏塘镇共有 4 座,斜塘镇(即西塘镇)有 3 座,风泾镇(即枫泾镇,今属

---

① 光绪《嘉兴府志》卷八十三《艺文二》,光绪五年鸳湖书院刻本。

② [清]陆陇其:《三鱼堂集》外集卷五《申请公移·禁止夜行示》,康熙间刻本。

③ 康熙《嘉兴府志》卷十四《官师下·兵政》,康熙二十一年刻本。

④ 嘉善人袁黄认为,水栅的目的是"排木障水":在河岸较深地方,田在高处,水不能及,就在河中置栅遏水,使之旁出下溉及田,做法较为简单,即在河中竖桩,桩上枕以"伏牛",搟以小木,并用石块垒建;水栅建设由附近藉此可以获利的田家"量力均办"。参[明]袁黄:《了凡杂著》(不分卷),"劝农书",万历三十三年建阳余氏刻本。

⑤ [明]沈啓:《吴江水考》卷二《水栅考》,天津图书馆藏清乾隆五年沈守义刻本。

⑥ 详参冯贤亮:《明清江南地区的环境变动与社会控制》,上海人民出版社 2002 年版,第 345—348 页。

上海市)有2座。若有朽坏的,年年要加以修葺。万历时,县境村落之中有桥梁356座,水栅坍塌废圮,大多已不存在。因此,在没有水栅启闭控制的情况下,水乡舟楫可以“宵行达旦,鹾徒出没,肆无阻遏”。但由于各市镇都设置了常平仓以积贮粮食,出于安全的考虑,重建水栅以防盗窃发生,则势在必行。①

至康熙年间,官府行政仍以“盗案”为首务,嘉善县等地“当湖泖之际,奸宄出没,有非临时所能备者”,因此明后期以水栅防盗的方法及设施,仍被沿袭下来;同时仿效石门县的“结甲之法”,推行各处,②巩固治安工作。

图七　青浦县西岑镇的四栅(1918年)

(据[清]唐宝淦编、葛冲增补:《西岑乡土志》,上海图书馆藏“葛氏丛书”第十二集抄本)

值得注意的是,在江南市镇中,带有方位指向的东、西、南、北等栅,也早已成为了地方民众判别镇区的记忆坐标。

例如,青浦县的西岑镇,在1918年仍保留着东北、西北、西南与东南4栅。③(参图7)盛泽镇在东、西、南、北四栅外,另有东南栅、西北栅,共计6

① ［明］章士雅:《置栅议》,载光绪《嘉兴府志》卷八十三《艺文二》,光绪五年鸳湖书院刻本。

② 康熙《嘉兴府志》卷十四《官师下·兵政》,康熙二十一年刻本。

③ ［清］唐宝淦编、葛冲增补:《西岑乡土志》,附图,上海图书馆藏“葛氏丛书”第十二集抄本。

栅;枫泾镇设有7栅。水栅的管理本由巡检司负责,从明末以来,巡检司的功能有所缩小,水栅的维护和管理便逐渐纳入了市镇自治机能中。①

再如,黎里镇设置的水栅过去较多,曾有9座,多在镇区的外围,由营汛管守。集中于镇区内围的4栅由市镇管守,颇能体现地方“自治”的意味。②这4栅即清末人所言的东栅(在傅家浜)、西栅(在古木桥)、南栅(在通秀桥西堍)、北栅(在王家花园)。③

在甪直镇,过去因处元和、昆山、新阳三县交界之地,镇市范围东西有5里、南北3里,曾设有9座水栅,控制了镇区内外的水上交通,治安管理有所加强。清末的人们就说过:“置水栅,所以备寇盗也。镇之四隅设立之,以司启闭。其于防御之法,实有裨益。里中共有九栅:一在西美桥,一在洋泾桥,一在安桥,一在南通桥,一在寿康桥,一在金鞍浜桥,一在北港,一在正阳桥,一在通浦桥。”这9个水栅在道光年间已经创建,嗣后屡经修葺,一直不废。④

当然,官方更为注意日常生活中对于盗匪的防范。以长于治盗闻名的李卫认为,官府所辖地方“不禁妓,不擒樗蒲,不扰酒坊茶肆”,正是因这些地方都是获取盗贼踪迹的重要线索,禁之则盗难踪迹。⑤

梁章钜的看法则不同,他指出,州县官员一般都以赌博、斗殴、娼妓问题为“小事”,而以盗案为“大事”,但也有人想以大事化小事,相率趋避,显然无法“除莠安良”,所以他认为应当革除这一积习,要像对待捕盗工作一样,重视赌博、斗殴等问题。⑥

江苏巡抚丁日昌(1823—1882)以其从政体会,认为聚众赌博之地,是窃盗生发之源。他在给常州、镇江二府同时发出的公函中说:⑦

> 宜兴、溧阳两处,地僻民漓,俗尤嗜赌……游手好闲之徒,因而群聚杂处,奸盗诈伪,事故丛生……况地方窃盗等案,半由赌博而起,若不从

---

① 川勝守从地方防卫的角度全面梳理了江南地区的水栅与巡检司的关系问题,着眼点就在于市镇发展中水栅的功用。详参(日)川勝守著:《明清江南市鎮社会史研究——空間と社会形成の歴史学》,汲古书院1999年版,第544—571页。

② 樊树志:《江南市镇:传统的变革》,复旦大学出版社2005年版,第156页。

③ [清]蔡丙圻纂:《黎里续志》卷二《里巷》,光绪二十五年禊湖书院刻本。

④ [清]佚名纂:《甫里志稿》(不分卷),“疆里”、“水栅”,约纂于光绪间,抄本。

⑤ [清]吴熊光:《伊江笔录》下编,清广雅书局刻本,页八。

⑥ [清]梁章钜:《退庵随笔》卷五《官常二》,道光间刻、光绪元年浙江书局校刊本。

⑦ [清]丁日昌:《抚吴公牍》卷三十六《访闻宜兴溧阳赛神聚赌饬禁》,宣统元年南洋官书局石印本。

严禁革，其为人心风俗之害何可胜言？

清代中后期，客民大规模地进入浙西山区。为了加强对这类特殊民众的管理，雍正四年（1726）朝廷还曾下令将棚民按照“保甲法”全部进行编查。到乾隆二十二年（1757），又制定了十五条规章制度。其中有一条规定：“凡客民在内地贸易，或置有产业者，与土著一律顺编。”将客籍民众与土著混编在一起。而对于搭棚谋生的棚民，更有详细的规定：各地山居棚民要按户编册；沿海的“渔船网户、水次搭棚趁食之民，均归就近保甲管束”。[①]可以说，保甲是一个使政府能够把自己的控制力扩展到最基层的单位，是填补权力真空的设置。[②]

在赋役制度上，清代最初沿袭明代三年一编审的做法，到后来改成了五年，并对各类城乡居民进行分划，当时已经出现了市民、乡民、富民、佃民、客民之分，[③]客民已成为了居民类型中的固定成员。

所有这些控制手段，在乾隆二十八年进一步得到强化。朝廷规定各省棚民单身到山区赁垦的，要先在原籍领取州县印票，并有亲族作保，才可以在外地租种安插；至于来历不明的，责令保人纠察报究。[④]

与客民问题相关的，仍然是地方上长期存在的盗匪问题。

政府对盗匪的缉捕，其实已经关涉到棚民聚居区。由于外来客民的成分十分复杂，有江苏淮、徐的，有安徽安庆的，更有浙江温、台的，人员丛集之所很容易滋生盗患，各县不得不加强对客民的编查工作，建立棚民册籍，每里还要设棚长1人，进行较为严密的控制。[⑤]

在湖州府，山村的客民租山立厂，很容易让官府相信“游匪丛聚”其间的可能性。道光二年后任闽浙总督的赵慎畛，在缉捕闹事客民方面，曾有不俗的业绩。[⑥] 为了进一步加强地方治安，第二年，湖州知府方士淦下决心剿办棚民、永禁赁种，希望达到“除盗窃之窟”、“清水利水源”的双重目的，结果也未能完成。[⑦] 而前来“寄垦”的温、台等地客民，确有剽劫的劣迹，对地方

① 《清史稿》卷一百二十《食货志一》。

② 瞿同祖：《清代地方政府》，第253页。

③ 《清史稿》卷一百二十一《食货志二》。

④ 《清史稿》卷一百二十《食货志一》。

⑤ ［清］汪元方：《请禁棚民开山阻水以杜后患疏（道光三十年）》，收入［清］盛康辑：《皇朝经世文续编》卷三十九《户政十一·屯垦》，光绪二十三年思补楼刊本。

⑥ 《清史稿》卷三百七十九《赵慎畛传》。

⑦ 同治《湖州府志》卷九十五《杂缀三》。

百姓多有危害，常为官府所不容。[①] 到道光三十年(1850)为止，各地出现了许多棚民的抢劫案。当时一些官员要求浙江巡抚特别督饬杭、湖两府地方，要么责令棚民回籍，要么编入民牌，从而消弭棚民祸乱，减轻政府的压力。[②]

在太平天国战乱后，孝丰、安吉、长兴等县与安徽接界地方，潜匿了许多“散勇降众”，时有盗匪之乱，不仅土著，就是客民也常感不安。[③] 像这样的疆界错杂地区，本来就是治安上的难点，加上客民问题的导入，加重了地方政府对治安的忧虑与“环境退化”的危机感。[④] 同治九年(1870)，有的地方还发布了《永禁外来寄寓告示》碑，[⑤]希望能够限止客民数量上的增长。但事实表明，与客民相缠结的盗匪问题，很难真正解决。一个典型的地区是与安徽、江苏两省接壤的长兴县，那里一直多盗，四安治安官署所在的方、谢二区，战后外来客民占了当地人口的十分之七八，成了地方官府重点治理的范围。到光绪十八年，知县尹丽枢为了加强弭盗工作，考虑到乡村民众的经济能力是无法家家购置用于防盗的警锣，就捐廉俸制作竹梆，挨村分发，使民众遇盗可敲梆示警。但是客民的绵绵而来，使他的努力几乎看不到成效。[⑥]

五、王 朝 更 替

对江南地区的政治秩序和社会生活带来根本性影响的，当然仍是明清王朝的更替。十六、十七世纪的中国，在政治、经济、社会及思想文化诸方面都在产生着巨变。包筠雅认为，正是因着政府的腐败、商业经济的迅猛发展、农村中旧的等级关系的瓦解、对正统理学的普遍怀疑，使明清之际既面临着巨大的机遇，又充满着极大的不安。[⑦]

对于大多数中下层人士来讲，面对社会变乱，如果挺身而出，“未有不受

---

① 《清史稿》卷四百五十二《宗源瀚传》。

② ［清］蔡赓飏：《掌湖广道监察御史以杭湖棚民垦种山场有关水利等奏疏》，载民国《德清县新志》卷十一《艺文》，民国十二年修、二十一年铅印本。

③ 同治《孝丰县志》卷八《祥异志 · 兵戈》，同治十二年修、光绪三年刊、光绪二十九年补刊本。

④ (澳)梁肇庭：《中国历史上的移民与族群性——客家人、棚民及其邻居》，社会科学文献出版社 2013 年版，第 127—133 页；冯贤亮：《清代浙西乡村的土客冲突与生态环境》，收入陕西师范大学西北历史环境与经济社会发展研究中心编：《历史环境与文明的演进——2004 年历史地理国际学术研讨会论文集》，商务印书馆 2005 年版，第 405—424 页。

⑤ 周庆云纂：《南浔志》卷三十九《碑刻四》，民国十一年刻本。

⑥ 光绪《长兴志拾遗》卷下《风俗》，光绪二十三年刻本。

⑦ (美)包筠雅(Cynthia J. Brokaw)：《功过格：明清社会的道德秩序》，浙江人民出版社 1999 年版，“序论”，第 1 页。

其害者”,所以选择的“止有趋避一法”。① 但是也要看到,在明末因整个王朝的变乱,地方上响应李自成等人的反抗活动,仍然十分频繁。这一时期,对江南震动最大的莫过于崇祯帝死讯的南传。

据说在崇祯十七年三月十八日李自成破京时,崇祯帝即自缢于煤山。由于适逢战乱,这一消息通过大运河传递至长江以北的城市如皋时,已是四月十五日了。② 明末清初著名文人冒襄(辟疆)描述了这个消息对南方地区所产生的震动:“甲申三月十九日之变,余邑清和望后,始闻的耗。邑之司命者甚懦,豺虎狰狞踞城内,声言焚劫。郡中又有兴平兵四溃之警。同里绅衿大户,一时鸟兽骇散,咸去江南。”③到江南地区确知北京方面的消息时,已晚至四月底五月初。④

崇祯十五年中举的镇江人葛麟(约1600—1645),于崇祯十七年四月二十二日,在焦山上发出了讨伐李自成的檄文。他说:⑤

> 只以太平日久,文恬武嬉,习俗相仍,官贪吏狡。既驱民而为盗,盗愈起而民愈贫,犹加剥削;既输赂而得官,官益尊而赂益盛,更肆欺朦。九边不守,门户纷纭;四维不张,线索联络;衣冠豺虎,咀嚼生民;诗书禽兽,败坏军国。何怪乎潢池之啸起、铜马之嚣陵也哉!……府县欺抚按,抚按欺部院,部院欺宰相,宰相欺天子,以致群盗啸聚山林,流氛横蹂直省,毒害及于神京,凶残播于宗庙。群臣欺蔽之祸,至是而已极;逆贼横行之势,至是而莫加。凡我臣民,各怀血气,目击庙朝之难,自应不共戴天,共报君父之恩。

在檄文中,葛麟代表地方士人,沉痛地反思了明亡之际士风、吏治的败坏,社会的混乱与生活的不安。对于长久处于安逸生活中的江南士绅而言,“甲申之变”堪称“天崩地裂,悲愤莫喻”;⑥在他们的记述中,多将此“万古

---

① [清] 曾羽王:《乙酉笔记》,旧抄本,收入上海人民出版社编:《清代日记汇抄》,上海人民出版社1982年版,第5页。

② (日) 岸本美绪:《崇祯十七年的江南社会与关于北京的信息》,载《清史研究》1999年第2期,第25—32页。

③ [清] 冒襄:《影梅庵忆语》,收入《美化文学名著丛刊》,上海书店1982年据国学整理社1936年版重印本,第15页。

④ (日) 岸本美绪:《崇祯十七年的江南社会与关于北京的信息》,载《清史研究》1999年第2期,第25—32页。

⑤ [明] 葛麟:《葛中翰集》卷二《焦山募讨李自成檄》,收入[清] 潘锡恩辑:《乾坤正气集》卷四百五十五,道光二十八年袁江节署求是斋刊、同治五年印行本。

⑥ [明] 冯梦龙编撰:《甲申纪事·序》,上海古籍出版社1993年影印本。

痛心事”,喻作日月湮沦,①对一些“漫抛亡国恨”、仍然闲坐画船饮宴、纵观竞渡游戏的士绅,更怀有无比的痛恨。②

明清交替之际的国家权力,似乎处于一种空白期。地方上有一些官吏与乡绅,却一直为维持社会的稳定在付出努力,消弭太湖周边地区猖獗的盗匪之乱是他们的主要工作之一。但是,岸本美绪从信息与社会状况的关系,已明确说明当时江南社会生活中,国家这一机制在其间所发挥的作用还是微乎其微,明王朝崩溃的流言四播所产生的社会秩序混乱景象已经十分严重。③ 许多士绅都绝意仕进,对已入主北京的清政府采取消积对抗的姿态,有的甚至还想联络一些“健儿侠客”之流,作为南明王室的“勤王之备”。④ 因此,这一时期的社会变化已无法得到强有力的控制,加上明末以来的自然灾变,整个江南社会真正陷于一种阽危状态。长期生活于江南优裕环境中的文人们,也感到了末世社会变乱的危险。⑤ 就在1644年间,江南许多地方的士绅都公开表示反对顺从清朝,对已降清的官员士绅进行了严厉的声讨,甚至将这种败坏“忠孝之风”的人斥为“家人小畜”。⑥ 归有光的曾孙归庄(1613—1673)就说:“死为枯骨亦已矣,那堪生而俯首事逆夷。”⑦

忠于明室正统的士大夫们,为大明的覆亡痛泣了三日。当时人称“醉梦不醒人事”的弘光帝在南京登基后,才使变乱中的江南人心稍微稳定。在弘光帝所下的诏书中,据说有一句“与民更始”。地方上于是讹传,凡是奴仆之辈,可以“尽行更易,不得复奉故主”。这为江南地方的“奴变”制造了政治背景。松江地方闹得最凶,奴仆千百成群,“沿家索契”,结果奴杀其主者无

---

① [清]归庄:《归庄集》卷一《诗词·除夕七十韵》,上海古籍出版社1984年版,第35—36页。

② 参明末太仓人陆世仪的诗《五月四日得先帝后惨报确信四海同仇若丧考妣诘朝乡绅有楼船广筵纵观竞渡者愤而刺之》,收入[明]冯梦龙编撰:《甲申纪事》卷十三,上海古籍出版社1993年影印本。

③ (日)岸本美绪:《崇祯十七年的江南社会与关于北京的信息》,载《清史研究》1999年第2期,第25—32页。

④ 参[清]孙静庵:《明遗民录》卷三《张履祥》、《陈瑚》,卷四十《徐孚远》,上海新中华图书馆1912年版。

⑤ 明末清初人吴伟业记录了他对清军南下所有的痛苦感受。参[清]吴伟业:《吴梅村全集》卷一《诗前集一·避乱六首》,上海古籍出版社1990年版,第7—10页。

⑥ 参当时苏州府诸生袁良弼等撰:《公讨降贼伪项煜宋学显钱位坤汤有庆檄》、常熟县士民撰:《常熟县讨叛公檄》、苏州士绅撰:《移讨嵩逆檄》、金坛县诸生撰:《公讨降贼诸臣义莫大于君臣罪莫滔于叛逆》、嘉兴府绅衿:《公讨伪户政府司务檄》等,载[明]冯梦龙编撰:《甲申纪事》卷八,上海古籍出版社1993年影印本。

⑦ [清]归庄:《归庄集》卷一《诗词·悲昆山》,上海古籍出版社1984年版,第38页。

数。清兵南下后,地方上又遍起“乡兵”,公报私仇的情况不一而足,杀人如草。时人曾羽王正从浦东周浦镇赶向新场镇,行至下沙地方,“见行人无不带刀”,颇感惊惧,半途而返。①

本来,弘光朝的建立,给江南官绅带来了新希望,如顾炎武所谓的“诚枕戈待旦之秋、卧薪尝胆之会也”。② 民间的恐慌因此得以暂时平息,上海地方的官绅们准备按照要求哭临戴孝。③ 但弘光帝质性暗弱、荒淫太过,政治昏暗,江南地方买官鬻爵成风,民间有所谓“都督满街走,职方贱如狗”之谣。④ 维时仅一年的弘光朝,因清兵的南侵,在1645年上半年即骤然瓦解,仍使江南士绅百姓措手不及。在苏州,听闻清兵南下,城内居民大为惊惧,“纷纷挈家窜徙”,多数是逃往乡下避难。⑤ 不过,仍有许多人奋起抗清。如吴江县人吴日生(即吴易,崇祯十六年进士)与举人孙兆奎同入太湖,组织义军进行抵抗。⑥ 他们以布帕裹首,号称“白头兵”。其中有一支队伍由沈泮率领,劫掠了净池、陶庄、斜塘、溇门村、祥符荡、芦墟等地。⑦ 吴日生最后在嘉善被抓,执送杭州城,不屈而死。⑧

自此江南完全陷入了动荡不安之中。很多府县城之绅民,听说“清兵厉害”,都是弃城而逃。⑨ 处于这样的乱世,正如归庄所言:“乱世风俗恶,凡事皆逆施,臣则卖其君,主亦受奴欺。”⑩佚名的《崇祯记闻录》记载道,此时“人心大都思乱”,像苏州枫桥地方,无赖们“盟聚众多,远近协应,欲为不轨”,而居民们惶惧不安,“咸恐身家不保”。⑪ 在吴江县,绅士陆文衡家在清兵入侵时,“阖门惊窜,男女仳离”,而且“群盗四起,室中所

---

① ［清］曾羽王:《乙酉笔记》,旧抄本,收入上海人民出版社编:《清代日记汇抄》,上海人民出版社1982年版,第8、16—18页。

② ［清］顾炎武:《圣安本纪》,“自序”,收入《台湾文献史料丛刊》第三辑第53册,台湾大通书局1984年印行本,第31页。

③ ［清］姚廷遴:《历年记》,“历年记上”,稿本,收入上海人民出版社编:《清代日记汇抄》,上海人民出版社1982年版,第54页。

④ ［清］董含:《三冈识略》卷一,“弘光改元”、“江左称号”条,辽宁教育出版社2000年版,第5页。

⑤ ［清］佚名:《吴城日记》卷上,江苏古籍出版社1999年版,第205页。

⑥ 顾诚:《南明史》,中国青年出版社1997年版,第229—233页。

⑦ ［清］佚名:《武塘野史》,不分卷,“弘光元年乙酉”条,清抄本。

⑧ ［清］顾公燮:《消夏闲记摘抄》卷中,“平定姑苏本末”条,旧抄本,收入孙毓修编:《涵芬楼秘笈》第二集,北京图书馆出版社2000年影印版,第785页。

⑨ ［清］姚廷遴:《历年记》,“历年记上”,稿本,收入上海人民出版社编:《清代日记汇抄》,上海人民出版社1982年版,第58页。

⑩ ［清］归庄:《归庄集》卷一《诗词·避乱》,上海古籍出版社1984年版,第45页。

⑪ ［明］佚名:《崇祯记闻录》卷三,收入《台湾文献史料丛刊》第三辑第52册,台湾大通书局1984年印行本,第34页。

有荡尽"。① 在嘉定县,"有无赖贼啸聚乡曲",县城有奸宄之徒呼应,"乘间侮邑丞,将以为变",侯峒曾亲赴公庭,以其威望"解散群众",并说知县已经准备丁勇要缉治奸宄,县城因而暂时得以稳安。② 这些事例都深刻揭示了此时政治与社会的实际情状。

被视为"操宇内文章之柄"的"一代伟人"、常熟人钱谦益,③选择了降清,据说"降表"有千余字,"大半是骂明朝诸帝",其余就是歌颂清朝诸帝。④他在顺治二年(1645)五月二十六日,致书苏州官绅,劝谕投降,信中有所谓"名正言顺,天与人归"等语。苏城官员像巡抚霍达、巡按周元泰、知府陈师泰、同知文王辅、推官万适、长洲知县李实、吴县知县吴梦白等人早已逃走,面对清兵入城,百姓们"皆执香以迎",没有大的冲突。留在城内的"大姓",也有"设香案于外者"。到六月初六日,"城内外百姓,相约每图为一人,手执黄旗一面上写'某图民投顺大清国',余人各执线香,争往大营纳款"。由于"乡绅"们的"归顺","自然鸡犬不惊,各安生业"。而在附近的昆山县,当地大族甚多,"皆输饷愿死守"以抗清,城破后,乡绅士民死难者数以万计。嘉定县的抵抗同样悲壮,在籍左通政侯峒曾、进士黄淳耀等死难。⑤ 城内外死于"嘉定三屠"的,有二万余人。此后,城乡地区都开始剃发,称"大清顺民"。⑥

坐镇苏州的土国宝出榜告谕城乡地方:"官兵到处,无坚不摧。懦弱孱民,力何能济?竹枪木棍,难支强弩利兵;经纪小兵,怎敌关辽健卒?哀哉小民,譬之驱群羊以入虎口,亡在须臾;倘能改图,犹之拔焚溺而登衽席,福从天降。"告示中又说:"流贼横行,天下望风抱影而逃。尔民虽雄,其能强于李自成乎?无如愚民之不从也。"⑦土国宝表达的虽然都是实情,但此际江南各地的反抗依旧不断。

嘉兴府地区是南京顺着大运河通往浙江的交通要道。清军进占南京后,即分兵追击南逃的明军。在嘉善县,南都覆灭的消息于夏五月间传至,知县詹承忠已经解印绶逃走,县学教谕秦世铨也挂印而去,县丞罗连第则将

---

① [清] 陆文衡:《啬庵随笔》卷二《自述》,光绪二十三年吴江陆同寿刻本,台湾广文书局1969年影印版。

② [明] 侯峒曾著、[清] 侯玄瀞编:《侯忠节公全集》卷三《年谱下》,民国二十二年铅印本。

③ [清] 董含:《三冈识略》卷六,"诗讽"条,辽宁教育出版社2000年版,第135页。

④ [明] 徐树丕:《识小录》卷四,"再记钱事"条,稿本,收入孙毓修编:《涵芬楼秘笈》第一集,北京图书馆出版社2000年影印版,第1036页。

⑤ [明] 佚名:《崇祯记闻录》卷五,收入《台湾文献史料丛刊》第三辑第52册,台湾大通书局1984年印行本,第62页;[清] 顾炎武:《圣安本纪》卷六,收入《台湾文献史料丛刊》第三辑第53册,台湾大通书局1984年印行本,第187、194页。

⑥ [清] 朱子素:《嘉定屠城惨史》,宣统三年嘉定旅沪同乡会刊本。

⑦ [清] 顾公燮:《丹午笔记》,"平定姑苏始末",江苏古籍出版社1999年版,第55页。

官府册籍印绶送往嘉兴府。清廷任命的新知县吴佩莅任时，乡绅钱士升等出来郊迎，“皆称治民”，清朝统治者还限令乡宦们去杭州输诚。①

清兵从苏州城到嘉兴城时，嘉兴知府钟鼎臣献城投降，一些居民则争贴“顺民”二字以迎。清军入占杭州后，就派降将前明总兵陈梧驻守嘉兴，宣言清兵已下令不杀、不淫妇女、不掠货、从俗不剃发。但到闰六月初五日却下达了“剃发令”，民情因而激愤，数千人拥到陈梧衙署，提出抗议。陈梧等人开始反叛，斩杀了新任的秀水知县胡之臣，据城起义。嘉兴所属的嘉善、海盐、平湖等县也纷纷起兵响应。②

嘉善县民还杀了吴佩以及典史博士彦（本崇祯时典史，鼎革后升主簿），迎立知县詹承忞于干巷镇，地方领袖钱棅、钱栴、钱继登等紧急招兵自卫，准备抵抗。③

鼎革之际的战乱及其导致的社会动荡，给江南地区造成了深重的灾难。归庄述其家乡昆山之情形道：“昆山城中五万户……飞作灰尘化为土……身居危城爱财力，兵锋未交命已绝。”④松江地方百姓本已降顺，但在乡官沈犹龙的倡议下，仅招募到市井游手之徒起来抗清，因而遭受杀戮。后又有吴志葵、吴胜兆先后领导的反清活动，使松江大受屠戮之苦，伤痍满目。⑤兵燹之后，松江府城东部的察院至秀野桥一带被火焚烧，“昔日繁华，已减十分之七”，⑥很长时间里呈现的是“屋无完栋，瓦砾如山”的惨象。⑦

就政治军事而言，还有所谓“江阴保卫战”、“嘉定三屠”等。清初政府为了隔断内陆地区与沿海的郑成功与其他反清力量之联系，一方面下达了严苛的“迁海令”，强迫浙江、福建等地沿海居民内迁，甚至“片板不容入海洋”；⑧另一方面则将大量军队屯于江南重要的城镇，加强对反抗势力的防范。

清朝建立统治伊始，曾下达了严苛的“剃发令”。这是从衣冠服制的层面对明朝制度所做的一个较大的改革。江南地区士绅百姓的所有对抗行

---

① ［清］佚名：《武塘野史》，不分卷，“弘光元年乙酉”条，清抄本。
② 参陈生玺：《明清易代史独见》，中州古籍出版社1991年版，第179页。
③ ［清］佚名：《武塘野史》，不分卷，“弘光元年乙酉”条，清抄本。
④ ［清］归庄：《归庄集》卷一《诗词·悲昆山》，上海古籍出版社1984年版，第37页。
⑤ ［清］董含：《三冈识略》卷一，“松城屠”、“郡三变”条，辽宁教育出版社2000年版，第11、14页。
⑥ ［清］曾羽王《乙酉笔记》，旧抄本，收入上海人民出版社编：《清代日记汇抄》，上海人民出版社1982年版，第14页。
⑦ ［清］曹家驹：《说梦》，道光八年醉沤居士抄本，页十三。
⑧ ［清］叶梦珠：《阅世编》卷一《田产二》，上海古籍出版社1981年版，第24页。

为,都在“一人不剃发全家斩,一家不剃全村斩”的高压政策下,无一获得幸免。① 在浦东地方,从新场到周浦,清兵驾着一只小船,要求百姓剃发归顺,“里人见之胆落,岸上迎拜数千人”,正如俗语所言“宁作太平犬,莫为乱世民”。② 上海等地的村间,都竖起了降旗,上写“大清顺治二年顺民”,都剃发编头。有趣的是,在听闻抗清明兵要来后,城乡百姓粘于门上的“大清顺民”黄纸被很快扯下,但忽然又传闻清兵复来,黄纸又被粘上,如此反反复复了很久。周浦镇的大户店铺凑出银两,买好猪羊米面等物送到县城,向已降清的总兵李成栋表示“感荷天恩”、“情愿归顺”。③ 不愿剃发的士绅,都难逃官府与亲友邻里的控制与监督。像叶舒璜,原是明末嘉兴府学生,因不肯剃发被官府关押,其伯父叶世彦以50石粟将其赎回,“醉而剃之”。④ 归庄在清兵南下之时,曾鼓动昆山百姓杀掉清政权临时任命的知县阎茂才(原为县丞),可惜占据县城自守不久失败,被迫逃亡,剃发乔装僧人,自称“普明头陀”,隐居僻乡。⑤ 归庄的反清活动,也是从反对剃发开始,但其本人最终仍遭亲友的劝阻而被迫去发。他的一首诗就言及此事:“亲朋姑息(爱)[忧],逼我从胡俗。一旦持剪刀,剪我头半秃。发乃父母生,毁伤贻大辱。弃华而从夷,我罪今莫赎。”⑥

曾想隐居为遗民的海宁名士陈确(1604—1677),最后同样被迫剃发,以“变计从俗”。为父亲所撰的祭文中,他作了这样无奈的告白:⑦

> “身体发肤,受之父母,不敢毁伤”,此言自童时习闻之。故薙发则亏体,亏体则辱亲,亏体辱亲,又何以为人!去秋新令:不剃发者以违制论斩。……近闻不剃发而见执者,法未必死,而大僇辱之,终亦不免于剃发。……故确亦思变计从俗也。

为对抗官府强制剃发的行为,有的地方组织了军事武装。在“剃发令”下达至江南地区后,据说是福山副总鲁之屿首先倡拒,由此头缠白布的“乡

① 参冯尔康、常建华:《清人社会生活》,天津人民出版社1990年版,第170—180页。

② [清]曾羽王《乙酉笔记》,旧抄本,收入上海人民出版社编:《清代日记汇抄》,上海人民出版社1982年版,第21页。

③ [清]姚廷遴:《历年记》,“历年记上”,稿本,收入上海人民出版社编:《清代日记汇抄》,上海人民出版社1982年版,第61—62页。

④ [清]柳树芳纂:《分湖小识》卷二《人物上·隐逸》,道光二十七年胜溪草堂柳氏刻本。

⑤ 道光《昆新两县志》卷二十八《人物·隐逸》,道光六年刻本。

⑥ [清]归庄:《归庄集》卷一《诗词·断发二首》,上海古籍出版社1984年版,第44—45页。

⑦ [清]陈确:《陈确集》文集卷十三《祭文一·告先府君文》,中华书局1979年版,第310页。

兵”四起。[①] 再如在嘉定县,不愿剃发的士绅百姓组成了“义兵”,欲谋举事;举人王霖汝及诸弟楫汝所召集的有七百人之多,号称“王家庄兵”;监纪、知县支益,在石冈地方起兵,约有千人,称“石冈兵”;南翔镇地方的大族招募了二千人起事,号称“南翔兵”。嗣后,娄塘、罗店、外冈也先后起来对抗剃发。[②]

个别地方官员对所辖地区尚未剃发的百姓,居然还采取了保密的态度,当然这样做的目的也可免其因执行“剃发令”不力而获罪。清初昭文县就有这样一个故事:个别村落因未知有剃发之制而长期未剃,被外来贸易者发现,遂至县城上告,县令一方面对其款以酒食,一方面连夜派人到这个村里去剃发;次日再审前案,并到村里当场看验时,这些商贩看到的已非昨日之景象。此事不但保住了县令的乌纱帽,也使这个村的百姓免受戕害。[③] 但在不知剃发令的情形下,很多人仍难逃劫运。据说明末无锡人华凤超以部郎家居,国变后闭门不出有七年之久,后在其侄儿婚宴上现身,依然鬓发宛然,即被人告发,终受惨刑而死。[④]

到顺治三年二月间,剃发“虽非人心之愿”,但不剃者已然大大减少,从二月底至三月初旬,“出城市者皆复剪发,渐及于乡也”。[⑤]

从顺治十二年(1655)开始到康熙元年(1662)发生的奏销案,对江南地区的影响同样是巨大的。本来,江南钱粮累年拖欠是“习为故常”的事,乡绅拖欠之多,连县官也莫可如何。在顺治十六年,江苏巡抚朱国治莅任,适逢苏州大荒,民间即混称其为“朱白地”。朱国治下令,“凡绅衿欠粮者,无论多寡,一概奏请褫革”,名曰“奏销”。次年,朝廷颁定条例:凡绅衿欠八九分者,革去名色,枷两个月,责四十板,仍追未完钱粮;即至三四分以下,亦责二十板,革去名色,但免枷号。江南地方乡绅士夫对此十分不满。次年冬天,政府以嘉定县乡绅生员拖欠国家粮额,令兵备道“擒拿”了数十人作为榜样,锁于县衙的尊经阁中。这件事使地方倍受震惊。十八年,照常规要进行追索欠额,但顺治帝于当年驾崩,地方因而暂得幸免。不料康熙登基后,以康熙元年视为顺治十八年,不到一月时间,即下令仍要催纳顺治十七年奏销钱粮,地方上顿时紧张起来。胆小怕事的,很快就在正月内完清,但大多数人

---

① 参[明] 南园啸客:《平吴事略》,收入中国历史研究社编:《虎口余生记》,上海书店 1982 年印行,第 109—118 页。

② [清] 钱大昕:《潜研堂文集》卷二十二《记侯黄两忠节公事》,上海商务印书馆 1936 年版,第 315—319 页。

③ 参[清] 吴熊光:《伊江笔录》下编,页三十七,清广雅书局刻本。

④ [清] 李介:《天香阁随笔》卷一,页二十二,清伍氏刻粤雅堂丛书本。

⑤ [明] 佚名:《崇祯记闻录》卷六,收入《台湾文献史料丛刊》第三辑第 52 册,台湾大通书局 1984 年印行本,第 86—87 页。

坚持对抗的姿态。这些人的拖欠数占了总数的十分之八。七月间,朝廷再次下达正式文件:在二月份以后输纳钱粮的所有士绅"概行革职"。这次共奏销苏、松、常、镇四府进士、举人、贡监生员达13 500多人,衙役等250余人受到惩办。奏销案的发生,使当时"人皆落胆",对江南地区士绅的打击是很大的。① 在当时吴江人陆文衡的记忆中,是吴县的生员倪用宾等人控告知县任维初(顺天人)私卖漕粮,触怒了朱国治,最后倪用宾、沈玥、顾伟业、王仲儒、薛尔能、姚刚、丁子伟与金圣叹被处斩,妻子家产籍没入官;张韩、来献琪、丁观生、朱世若、朱章培、周江、徐玠、叶琪、唐尧治、冯郢被处斩,妻子家产免籍没,都是"因言获罪"。他感叹道:"江南绅士何多难也。丁酉、戊戌间有发觉科场一案;己亥海艅内犯,有绅上投贼一案;庚子有嘐水逋粮一案;今辛丑又有吴庠诸生攻讦县令一案,前后逮系、黜革、斩戍、籍没、株连,累累不下千人,惨祸不忍见闻!"②

在当时的华亭人董含看来,尽管江南绅衿被斥革者达一万三千余人,"衣冠扫地",但其间的"贪吏蠹胥"们,平时"侵役至千万",却反置不问,则此奏销大案实在是太过了。③

与奏销案发生的同一年内,又发生了"江南第一巨案"。三月份,一个姓朱的南浔镇人,据说家有几万之富,只养一子,少年聪慧,因擅修明史事,全部被牵连处死。此案累及浙江、江苏地区富宦名家约二十户,时任宪司官府都被削籍。在此案中,被处以死刑的达百人,妇女们都被发配满州,从而构成世间罕闻的大狱。④ 这就是史书所云的"庄廷鑨刊刻明史案"。⑤ 它与发生于康熙辛卯(五十年,1711)、壬辰(五十一年,1712)间的戴名世《南山集》案,并称"江浙两大狱"。⑥

---

① 《清圣祖实录》卷三,"顺治十八年七月初三日"条;[清] 顾公燮:《丹午笔记》,"哭庙异闻"条,江苏古籍出版社1999年版,第155页;[清] 曾羽王:《乙酉笔记》,旧抄本,收入上海人民出版社编:《清代日记汇抄》,上海人民出版社1982年版,第11、24—25页;[清] 叶梦珠:《阅世编》卷六《赋税》,上海古籍出版社1981年版,第137页。

② [清] 陆文衡:《啬庵随笔》卷三《时事》,光绪二十三年吴江陆同寿刻本,台湾广文书局1969年影印版。

③ [清] 董含:《三冈识略》卷四,"江南奏销之祸"条,辽宁教育出版社2000年版,第81页。

④ [清] 姚廷遴:《历年记》,"历年记中",稿本,收入上海人民出版社编:《清代日记汇抄》,上海人民出版社1982年版,第84页;另参《清世祖实录》卷八十八"顺治十二年乙未"条、卷一百十七"顺治十五年戊戌"条,《清圣祖实录》卷三"顺治十八年辛丑"条。

⑤ 庄氏史案是有清一代文字大狱,有统计说罹祸者达七十余人,死者还被剖棺戮尸。参民国二十五年七月张元济跋《明史钞略》,载[清] 庄廷鑨:《明史钞略》,上海书店1985年据商务印馆1935年版重印本。

⑥ [清] 戴名世撰、王树民编校:《戴名世集》附录四"传记资料",中华书局1986年版,第475—476页。

不过，就明清两代的文字狱来看，洪武、永乐两朝是控制较为严苛的时代；清初进一步加强了这方面的控制，乾隆时期文字狱的发展已达历史上文字狱的顶峰。仅据邓之诚的不完全统计，清代发生过88起较大的文字狱，顺治朝2起，康熙朝2起，雍正朝4起，其余皆属乾隆朝。① 也有学者统计为96起。② 文字狱的严罗密网，表现出在思想文化层面官府控制行为的充分性。

在康熙三年间，为防备郑成功、郑经的明室遗军而驻于苏州的大军准备撤走。苏州城外以及乡居士民，"虑其经过留连"，早已预想了"周匝之计"；很多都是准备"携家而避"。地方官员则强力要求百姓不要逃避，已逃的要迅速回家安业。③ 清初的这次清军调防，确实给江南地区造成了不少影响，不过留在人们心里短暂的不安很快就过去了。在整个康熙时期，江南社会都不能说十分平静，行业生活方面的波动、太湖周边不同政区间的薄弱环节、频发的盗匪之乱、自然灾害与米粮贸易不稳给人们日常生活的影响等，都时有发生。④

但综观有清一代，康熙元年(1662)至乾隆六十年(1795)当属清代的全盛时期，朝廷对明代给江南造成较大影响的许多例规作了大幅度的调整。

明代江南的"北运白粮"问题害民极矣，⑤亟需得到朝廷的解决。在明末，松江地方曾在夏允彝、曹家驹等人的推动下，启动了白粮官收官解与漕米官收官兑、里甲均田均役的改革。⑥ 在顺治十六年(1659)间，上海县就以官收官兑的方式，起解漕粮十万七千。⑦ 到康熙六年(1667)间，经过朝廷批准，松江府又按嘉兴、湖州等地的做法，将原来的北运白粮改为官收官解，细布改官买官解，漕粮改官收官兑，总催白银改为自封投柜；明代地方役法中的总甲、分催、公正、图书、塘长、排年等项，也一并被革除。所谓"废旧日之区图，革前日之陋习，免诸项之苦役，禁额外之科派，任从民便，归并当差"。⑧ 像自封投柜的缴纳法，使百姓应缴的各项税赋被合并，省去

---

① 邓之诚：《中华二千年史》卷五中(第一分册)，中华书局1983年版，第113—139页："清代文字狱简表"。

② 金性尧：《清代笔祸录》，中华书局(香港)1989年版，第312—323页："简表"。

③ 王庆成编著：《稀见清世史料并考释》，武汉出版社1998年版，第225页。

④ 参冯贤亮：《明清江南地区的环境变动与社会控制》第六章、第九章、第十章，上海人民出版社2002年版。

⑤ [明]伍袁萃：《林居漫录》畸集卷四，明万历间刻本，收入《续修四库全书》子部杂家类第1172册，上海古籍出版社2002年影印版，第230页。

⑥ [清]曹家驹：《说梦》，道光八年醉沤居士抄本，页三。

⑦ [清]姚廷遴：《历年记》，"历年记中"，稿本，收入上海人民出版社编：《清代日记汇抄》，上海人民出版社1982年版，第81页。

⑧ [清]姚廷遴：《历年记》，"记事拾遗"，稿本，收入上海人民出版社编：《清代日记汇抄》，上海人民出版社1982年版，第163—164页。

了当中的很多手续。① “任从民便”的主旨，似乎得到了较好的体现。据说，娄县地方在知县的领导下，采纳舆论，力行均田、均役后，终使百年之弊革除，使城乡殷户、故宦子孙得以各保其产、各安其业。②

而且，“顺庄法”在乡村社会的推行，也是朝廷希望从基层体系的层面永除保甲之弊、里书之弊、吏蠹需索之弊、重耗之弊等社会问题。③ 另外，“摊丁入地”制度的推行，则确定了民间“富民为贫民出身赋，贫民为富民供耕作”的利益平衡关系。清人认为，这在输纳赋税方面可以“两利相资，益昭简便”。④

在社会风习方面，雍正年间对所谓“明之暴政”所作的变革，十分值得重视。例如，在雍正元年（1723），下令浙江的“惰民”除籍为民；雍正八年，又削除了苏州府常熟、昭文二县的丐籍，因其籍业基本与“惰民”相同。⑤ 这些举措对整顿江南的社会风气必然会产生重要的影响。

乾隆帝在位的六十年中，江南地区很少出现大水大旱，朝廷则“日以民事为重”，慎择官吏，地方开始颇有起色，所以有清人所谓的“百姓充实，丁粮鲜逋欠”的繁荣安定景象。⑥ 但另一方面，由于制度上的原因，有些社会问题一直存在，而且相当严重。户部曾讨论过山西巡抚黄徽允的上奏，称：江南赋额较其他地区独重，百姓久受其累，漕、白二粮与岁供绢布尤称其累。⑦ 苏、松、太等地区的浮粮问题，从明代开始直至清中期，一直没有真正解决，积困达数百年。虽然有地方行政要员，如韩世琦、马祜、慕天颜、汤斌等人多次上疏，都没有得到很好处理。晚至同治初期，朝廷特别下令恩减赋额，苏州、松江、太仓减三分之一，常州、镇江、杭州、嘉兴、湖州都减十分之一，却是为了加快解决对太平天国的战争问题。⑧

当然，从清初以来，农民的抗租、抗粮与平仓行为仍时有发生，然而正是由于这些对抗行为，对江南社会经济起到了重大的推进作用。⑨

---

① （日）上田信：《明清时代：海与帝国》，广西师范大学出版社 2014 年版，第 229 页。

② ［清］董含：《三冈识略》卷二，“均田均役”条，辽宁教育出版社 2000 年版，第 31—32 页。

③ 雍正九年十一月二十二日湖州府《奉行顺庄条议》，载同治《安吉县志》卷四《户口》，同治十二年刻本。

④ ［清］张培仁：《静娱亭笔记》卷一，“明代苛敛之重”条，清刻本。

⑤ ［清］王庆云：《石渠余纪》卷三《纪丁额》，“除籍为民”条，北京古籍出版社 1985 年版，第 110 页。

⑥ ［清］欧阳兆熊、金安清：《水窗春呓》卷下，“国初爱民”条，中华书局 1984 年版，第 33 页。

⑦ 《清世祖实录》卷十八“顺治二年闰六月十一日”条。

⑧ ［清］陈其元：《庸闲斋笔记》卷六，“江苏督抚请减苏松太浮粮疏”条，中华书局 1989 年版，第 140—148 页；［清］秦荣光：《上海县竹枝词》二十“浮粮”、二十一“减赋”，上海古籍出版社 1989 年版，第 86—88 页。

⑨ 参傅衣凌：《明清封建土地所有制论纲》，上海人民出版社 1992 年版，第 131—140、169 页。

第五章　政治变动与日常生活

一、紫隄侯氏

在1645年“嘉定三屠”的殉难绅士中，侯峒曾与黄淳耀是其中最具代表性者。①

侯氏是嘉定县紫隄人，现在属于上海市闵行区诸翟镇。据说在崇祯末年，村西多紫薇花，从四月到八月间，沿堤香色不绝，村子因而亦名紫薇江。这里两府三县交界，即塘北属于苏州府嘉定县，塘南以东湾稍西至北衖沿堤一带属松江府上海县，向西过鹤龙桥则属松江府青浦县。整体环境比较荒僻，②向来也被人们认为是“盗贼规避潜藏”的“渊薮”。后来在地方士人的要求下，晚至乾隆三十年，才在这里设立巡司，分防这个嘉定、上海、青浦三县交界的“边地”，附近的盘龙镇（即蟠龙镇）也在其管辖范围之内。③

紫隄村中有一座关帝庙，原本是侯氏的家祠，由侯廷用建，子尧封修葺，塑像华丽，“远近无与为比”。这个家庙上有一副楹联，乃侯峒曾的曾祖尧封所题。其文云：“一代文明承上谷，百年清白自弘农。”侯家本籍上谷郡，峒曾的这支谱系，从宋室南渡始，即已南移了。他们初寓临安，后徙乌泥泾，再移真如镇桃树浦，最后辗转迁居于紫隄村。在明初的时候，杨家的彦升与侯家的守常为中表兄弟，守常无子，而年齿倍于杨氏，故抚之为嗣。这个杨家，则

---

① 谢国桢：《南明史略》，上海人民出版社1957年版，第86—87页；李天佑：《明末江阴、嘉定人民的抗清斗争》，上海人民出版社1955年版；钱海岳：《南明史》卷三十二《侯峒曾传》，中华书局2006年版，第1602—1604页。

② ［清］汪永安：《紫隄小志》卷上《辨紫隄村名义》、《人物》，上海博物馆藏康熙五十七年稿本，收入上海市地方志办公室编：《上海乡镇旧志丛书》第13册，上海社会科学院出版社2006年版，第1—2页。

③ ［清］金惟鳌纂：《盘龙镇志》（不分卷），“官署”，光绪元年修，收入上海市文物保管委员会编“上海史料丛编”，1961年印行本，第35页。

出自天下闻名的“弘农杨氏”。从彦升改姓侯后,生侯朴,侯朴生侯论,侯论生廷用。自明初以降,侯家就开始兴旺起来,家族子弟多数以科举入仕。民间评说江村(即紫隄村)人文,“廷用实开其始”。廷用之子尧封,中的是隆庆五年辛未科进士,其长子孔诏曾游学嘉兴、平湖等地,23 岁时才以浙籍入泮。尧封常告诫子侄:“不愿尔等为第一流官,但愿尔等为第一流人。”其后,孔诏子震旸在万历三十八年中进士,而震旸子峒曾则于天启五年(1625)成了进士。到震旸时代,侯家开始在嘉定县城中建了宅第。①

震旸有三个儿子,峒曾、岷曾与岐曾,同年入泮,都较有文名,被学使褒称“江南三凤”,并奖送匾额以为民间“品望”。由于岷曾过世较早,侯家重要的子嗣辈,就是峒曾与岐曾的六个儿子,即玄演、玄洁、玄瀞与玄洵、玄汸、玄泓(后改名玄涵),都曾随黄淳耀学习。他们一起被誉为“侯氏六俊”,“上谷六龙”或“江左六龙”。② 也有称“疁城六侯”者,见于宜兴人陈维崧(字其年,1625—1682)的“侯掌亭诔词”:“或示一编,词条最优。谁与作者,疁城六侯。黄巾载乱,青盖齐飞。云俱几道,白骨同归。茕茕智含,又弱一个。”玄演字几道,玄洁字云俱,玄瀞字智含,都是峒曾之子;玄泓字研德,玄汸字记原,玄洵字文中,则为岐曾之子。诔词中所谓“茕茕智含,又弱一个”,是指智含在国变后亡命,曾匿扬州僧舍,未几即死。③ 与他们交游密切的归庄,则直呼为“嘉定六侯”。④ 这“六侯”一时为海内所习称。⑤

侯家发展到侯峒曾及其子侄辈,婚姻网络已外扩,倾向于苏州、松江、嘉兴的官僚精英;女子们嫁的不是一般的官宦子弟,而是当时昆山的三大豪族和松江的一个世家大族。⑥ 峒曾母亲龚恭人是方伯龚锡爵之女,本人娶的是少参李先芳之孙女。另外,玄演娶了姚妫俞,玄洁娶了龚氏,玄洵娶了夏允彝之女淑吉(号荆隐),与玄瀞订而未婚的是云间名族之女盛韫贞(或作

---

① [清] 汪永安原纂、侯承庆续纂、沈葵增补:《紫隄村志》卷三《匾额》、卷五《人物》,康熙五十七年修、咸丰六年增修,上海图书馆藏传抄本;[清] 汪永安:《紫隄小志》卷上《神庙》、卷二《人物》,上海博物馆藏康熙五十七年稿本,收入上海市地方志办公室编:《上海乡镇旧志丛书》第 13 册,上海社会科学院出版社 2006 年版,第 10、39—41、44—46 页。

② [清] 汪永安原纂、侯承庆续纂、沈葵增补:《紫隄村志》卷五《人物》,康熙五十七年修、咸丰六年增修,上海图书馆藏传抄本;[清] 汪永安:《紫隄小志》卷二《人物》,上海博物馆藏康熙五十七年稿本,收入上海市地方志办公室编:《上海乡镇旧志丛书》第 13 册,上海社会科学院出版社 2006 年版,第 51、57 页。

③ [清] 王应奎:《柳南随笔》卷四,中华书局 1983 年版,第 73 页。

④ [清] 归庄:《归庄集》卷三《序 · 侯研德文集序》,上海古籍出版社 1984 年版,第 214 页。

⑤ [清] 计东:《改亭文集》卷八《嘉定侯氏宗祠记》,乾隆十三年计瑸刻本。

⑥ (美) 邓尔麟:《嘉定忠臣——17 世纪中国士大夫之统治与社会变迁》,宋华丽译,中央编译出版社 2012 年版,第 122—124 页。

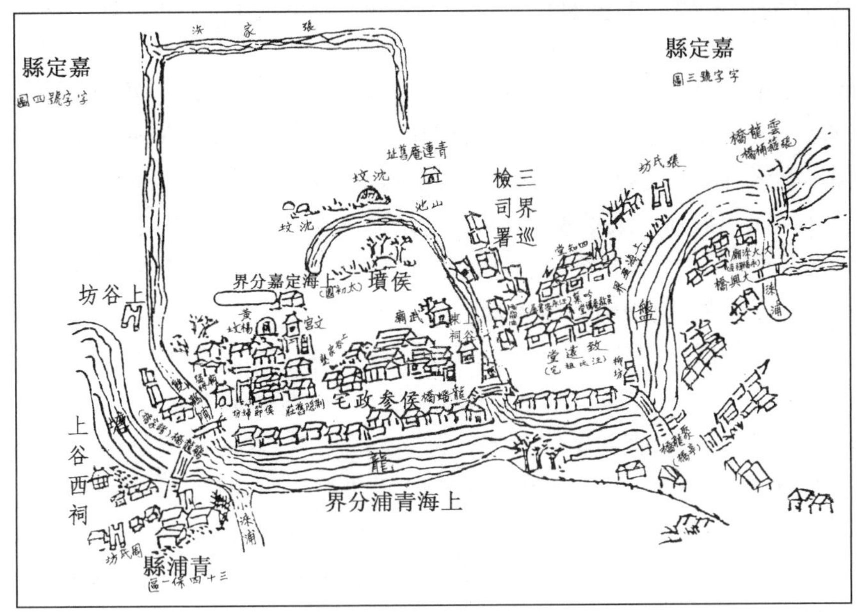

图一 嘉定与上海、青浦三县交界的紫隄村
（据［清］汪永安原纂、侯承庆续纂、沈葵增补：《紫隄村志》，康熙五十七年修、咸丰六年增修本）

盛蕴真，玄瀞死后誓不嫁人，遁入空门后称“寄笠道人”），她们死后到康熙年间都被合葬于紫隄村的节孝阡，合称“侯氏四贞”。① 侯家在嘉定堪称望族。

1644年春天，称病归里的侯峒曾听闻北京的剧变后，流涕道：“臣若在都，当以颈血殉梓宫。今无死所矣！”他曾登舟准备赴国难，却中途遇盗，几溺于水。南明弘光朝建立后，峒曾被召为左通政，仍以病辞不就。有官员经过嘉定，“亟欲致公出见，公拒不出”。②

顺治二年六月，侯峒曾与黄淳耀、王泰际、陈俶等人，一起领导了地方的抗清活动。侯自称“总督”，曾在罗店地方多次获得胜利。其实，在清兵攻打嘉定前夕，峒曾正卧病家中（紫隄村故居），据说在黄淳耀等千余人的敦请

① ［清］汪永安：《紫隄小志》续一《内则》，上海博物馆藏康熙五十七年稿本，收入上海市地方志办公室编：《上海乡镇旧志丛书》第13册，上海社会科学院出版社2006年版，第85—86页；［清］汪永安原纂、侯承庆续纂、沈葵增补：《紫隄村志》卷七《列女》，康熙五十七年修、咸丰六年增修，上海图书馆藏传抄本；［清］董含：《三冈识略》卷二，“春草堂诗”条，辽宁教育出版社2000年版，第27页。

② ［明］夏允彝：《家传》，收入［明］侯峒曾著、［清］侯玄瀞编：《侯忠节公全集》卷首，民国二十二年铅印本；［清］汪永安原纂、侯承庆续纂、沈葵增补：《紫隄村志》卷五《人物》，康熙五十七年修、咸丰六年增修，上海图书馆藏传抄本。

下，回到嘉定县城。他认为："吾家世受国恩，捐躯报主，分也！"他们与士绅百姓一起画地而守，即峒曾负责守东门、淳耀负责守西门。六月廿六日，峒曾还曾写信，要侄儿玄汸、玄泓多方筹款200两，以为军需，并说"二侄知义举，亦快亦危，小心小心！"自闰六月甲午至七月癸丑，已坚守嘉定城22天，但很不幸天降大雨不止，守城者困甚，东门忽然垮坍，清兵攻入城内，峒曾等人被迫往西门撤出。峒曾说："嘉定亡，余何忍独存！"又回到城中，拜完家庙后，峒曾欲投家中后园的"叶池"而死，他的两个儿子玄演、玄洁也一起跳池，但都因水浅未果，终被清兵钩出后乱刀砍死。①

在峒曾的眼中，自六月十五日以后，嘉定的政局、民间的混乱状况，是所谓"事不可问矣"，抗清的"乡兵"其实大多解体，仅赖嘉定城中一二智勇之士以保卫身家为名，奋起坚守孤城，并希冀兴复。② 这应该也是他在无奈之下怀抱的最后希望。在峒曾死前，曾赋诗称"吾头宁可断，吾节不可移"。③峒曾死后，被清兵枭首悬示于西城门，后被挂到城中的侯家"上谷宗祠"的南檐。五天后，峒曾的叔叔鼎旸与门生朱之熙分别偷偷收了他的尸身与尸首，厝于故居丛桂之下。④ 黄淳耀与其弟渊耀则逃至城西僧舍，曾题殉节词于墙上。⑤ 渊耀说："阿兄，此其时矣！"遂同时自缢。当时不愿接受清人统治

---

① ［清］查继佐：《国寿录》卷二，"道臣侯峒曾传"条，中华书局1959年版，第51—52页；［清］汪永安原纂、侯承庆续纂、沈葵增补：《紫隄村志》卷五《人物》，康熙五十七年修、咸丰六年增修，上海图书馆藏传抄本；［清］汪永安：《紫隄小志》卷二《人物》，上海博物馆藏康熙五十七年稿本，收入上海市地方志办公室编：《上海乡镇旧志丛书》第13册，上海社会科学院出版社2006年版，第52页；［清］计六奇：《明季南略》卷四，"嘉定侯峒曾、侯岐曾"条，中华书局1984年版，第263页；［清］朱子素：《嘉定屠城惨史》，宣统三年嘉定旅沪同乡会刊本；［清］吴伟业：《鹿樵纪闻》卷上，"嘉定之屠"条，上海：神州国光社1947年版；［清］温睿临、李瑶：《南疆绎史》卷十五《侯峒曾传》，清傅氏长恩阁抄本；［清］钱大昕：《潜研堂文集》卷二十二《纪事·记侯黄两忠节公事》，上海：商务印书馆1936年版，第315—318页；《明史》卷二百七十七《侯峒曾传》；胡山源：《嘉定义民别传》，上海：世界书局1938年版；［明］侯峒曾：《与侄书》，载上海市嘉定区政协文史资料编辑委员会编：《嘉定抗清史料集》，第40页；［明］夏允彝：《家传》，收入［明］侯峒曾著、［清］侯玄瀞编：《侯忠节公全集》卷首，民国二十二年铅印本。

② ［明］侯峒曾著、［清］侯玄瀞编：《侯忠节公全集》卷九《文 五·与夏瑗公吏部书（乙酉六月）》、《与洁瀞二子书（乙酉又六月）》，民国二十二年铅印本。

③ ［清］秦立纂：《淞南志》卷五《忠义》，上海图书馆藏嘉庆十年秦鉴刻本，收入上海市地方志办公室编：《上海乡镇旧志丛志》第13册，上海社会科学院出版社2006年版，第49页。

④ ［清］汪永安原纂、侯承庆续纂、沈葵增补：《紫隄村志》卷五《人物》，康熙五十七年修、咸丰六年增修，上海图书馆藏传抄本；［清］钱大昕：《潜研堂文集》卷二十二《纪事·记侯黄两忠节公事》，第318页；光绪《嘉定县志》卷三十二《轶事》，光绪六年重修、尊经阁藏版。

⑤ ［清］顾公燮：《消夏闲记摘抄》卷上，"陶庵先生昆仲死节"条，旧抄本，收入孙毓修编：《涵芬楼秘笈》第二集，北京图书馆出版社2000年影印版，第651—652页。

的小知识分子，多如长洲老秀才顾所受一般，采取自杀的方式，[①]以明心迹。顾所受的绝命诗云："身是明朝老布衣，眼看世界不胜悲；从容死向宫墙地，免使忠魂弃浊渠。"[②]与他一样自尽的，还有许琰、徐汧，[③]皆名著一时，都可以作为那个时代江南士人面临王朝覆灭时的一种气节之秉持和精神之映照。

"嘉定三屠"后，侯家多改姓杨或徐，以避劫难，采取不入仕、务农耕或设教卖画等生活方式，没入茫茫人海中了。[④] 侯峒曾与岐曾兄弟的子嗣辈死难者多，渐形凋零，被时人颂为"忠孝节义，萃于一门，百世钦仰"。[⑤] 多年以后，侯家稍形雍容，于城中废宅之上建"侯氏宗祠"祭拜先人，以示不忘侯家的"祖功宗德"。[⑥] 康熙六十年，在嘉定县西城，根据知县刘昆渭的题请，官府于侯家旧宅仍贻堂东面的寿宁堂建了侯氏"三忠祠"，即以家祠为专祠，祭祀侯震旸、峒曾与岐曾父子三人，"例于春秋丁祭后戊日致奠"。[⑦]

在大屠杀后，嘉定城乡地区开始推行剃发，很多士民纷纷俯首称"大清顺民"。[⑧] 在这天崩地裂的过程中，城乡大众的生活与士绅的动向，[⑨]呈现出一幅迷乱与紧张的图像。此后，到丙戌、丁亥、戊子年，江南城乡各地抗清的活动逐渐停息下来，明末的那些士绅不再用激烈的手段去对抗清朝，而是更多地采用退隐的形式，或隐居乡里，远离城市；或遁入空门，寻求寄托，走完他们作为明室遗民的最后历程。

17 世纪中叶的这段悲壮故事，在明清交替史上占有极为重要的一页。以往的学术研究中，特别强调"抗清"的民族革命性，地方社会变迁中的其他许多侧面，在此过程中有意无意间被淡化。而士绅地主阶层在此际的动向

---

① 顾氏是在文庙投泮池而死。参［清］顾禄：《桐桥倚棹录》卷五《冢墓》，上海古籍出版社 1980 年版，第 68 页。

② ［清］顾炎武：《圣安本纪》卷六，收入《台湾文献史料丛刊》第三辑第 53 册，台湾大通书局 1984 年印行本，第 188、195 页。

③ ［明］徐树丕：《识小录》卷二，"乙酉死难诸公"条，稿本，收入孙毓修编：《涵芬楼秘笈》第一集，北京图书馆出版社 2000 年影印版，第 663—664 页。

④ 黄友斌：《百年清白、三世英名——明代嘉定侯氏》，载上海市嘉定区政协文史资料编辑委员会编：《嘉定抗清史料集》，上海古籍出版社 2010 年版，第 231 页。

⑤ ［清］顾公燮：《消夏闲记摘抄》卷下，"一门忠孝节义"条，旧抄本，收入孙毓修编：《涵芬楼秘笈》第二集，北京图书馆出版社 2000 年影印版，第 832 页。

⑥ ［清］计东：《改亭文集》卷八《嘉定侯氏宗祠记》。

⑦ ［清］姚承绪：《吴趋访古录》卷七《嘉定》，江苏古籍出版社 1999 年版，第 157 页；［清］汪永安原纂、侯承庆续纂、沈葵增补：《紫隄村志》卷三《祠宇》，康熙五十七年修、咸丰六年增修，上海图书馆藏传抄本。

⑧ ［清］朱子素：《嘉定屠城惨史》，宣统三年嘉定旅沪同乡会刊本。

⑨ 参范金民的《鼎革与变迁：明清之际江南士人行为方式的转向》（载《清华大学学报》2010 年第二期，第 26—41 页）、冯贤亮的《清初江南的乡村变迁与社会结构》（载《中国社会历史评论》第五辑，商务印书馆 2007 年版，第 82—100 页）。

和生存形态,也未得到充分的揭示。近来的很多研究中,人们开始注意"遗民"们的生活史,在这方面多少有些弥补。[1]

近年来,在新刊布或新发现的史料中,可资我们重新审视这段历史的材料其实颇为丰满,使我们觉得明清中国历史中仍有许多值得重新认识和检讨的东西。特别是嘉定人侯岐曾的生活日记,[2]为探讨朝代更替之际的地方社会与士绅们短暂的地下抗清生活,提供了十分珍贵的史料,但在以往的明清交替史研究中一直未被真正利用,[3]故本章的论述,就以这部只记了一年半的日记为中心。

二、侯岐曾的日记

在幸免于清兵大屠杀的人们中,有一个人十分值得关注,他就是侯峒曾的弟弟岐曾(1595—1647)。[4] 在清兵攻城时,他受兄长峒曾之命携母亲龚

---

① 参萧一山的《清代通史》(上海商务印书馆民国十六年初版)、孟森的《明清史讲义》下册(中华书局1981年版)、谢国桢的《南明史略》(上海人民出版社1957年版)与《明末清初的学风》(载《四川大学学报》1963年第二期,后收入同名论文集《明末清初的学风》,人民出版社1982年版,第1—52页)、魏斐德的《洪业——清朝开国史》(江苏人民出版社1998年版)、岸本美绪的《明清交替と江南社会——十七世紀中国の秩序問題》(东京大学出版会1999年版)、陈生玺的《明清易代史独见》(中州古籍出版社1991年版)、何冠彪的《生与死:明季士大夫的抉择》(台北:联经出版事业公司1997年版)、王汎森的《明末清初思想十论》(复旦大学出版社2004年版)等。

② 收藏在上海图书馆的这部日记名"明侯文节先生丙戌、丁亥日记",白坚很早就作过札记,并特别勾勒了日记中有关夏完淳与陈子龙的内容,参氏著《夏完淳陈子龙研究的珍贵史料——读侯岐曾〈丙戌丁亥日记〉札记》,载《文献》1989年第四期,第124—139页。此后,黄慧珍则作过比较扼要的介绍,参氏著《侯岐曾与〈明侯文节先生日记〉》,载中国历史文献研究会主编:《嘉定文化研究》,三秦出版社1990年版,第467—475页。后来华东师范大学古籍所将这个日记点校出版,点校者为此也写了一篇比较综合的说明,附于正文之前,参《明清上海稀见文献五种》"侯岐曾日记"前言,人民文学出版社2006年版,第478—481页。本文就是利用这个版本,鉴于前述学者的相关研究工作尚未全面充分,故觉得仍有予以全面探讨的必要。

③ 邓尔麟(Jerry *Dennerline*)曾专门研究过嘉定三屠的问题,他的两本著作,即 *The mandarins and the massacre of Chia-ting: an analysis of the local heritage and the resistance to the Manchu invasion in 1645* (Ph. D. dessertaiton, Yale University, 1973) 与 *The Chia-ting loyalists: Confucian leadership and social change in seventeenth-century China* (New Haven: Yale University Press, 1981;中文译本《嘉定忠臣——17世纪中国士大夫之统治与社会变迁》,宋华丽译,中央编译出版社2012年版),堪称这方面最重要的成果,但也没有使用这部日记;2010年底由上海古籍出版社出版、上海市嘉定区政协文史资料编辑委员会编的《嘉定抗清史料集》,仍未将此日记收入。

④ 有关侯岐曾扼要的传记,可参钱海岳:《南明史》卷三十二《侯岐曾传》,第1604—1605页。

恭人避往江村故居（因盘龙江而名，即紫隄村）。[①] 同时峒曾的另一个儿子玄瀞与岐曾的长子玄汸，屠城时据说适在他所，因而也得以暂免诛杀之祸。[②] 关于岐曾的生平，与峒曾相比，记载不详。[③] 但因岐曾有日记存世，故其惊心动魄的最后岁月与那段悲壮的历史，还是被真实而详细地记录了下来。

图二　侯岐曾像

（据［清］孔继尧绘：《沧浪亭五百名贤像》，道光七年苏州石刻）

幸存下来的侯岐曾"绝迹忍饿"，以保孤、奉母为己责，而"故国旧君之思，又时时仰天扼吭"。家人亲友间，都以"忠孝大节"为重，这是他们苟活于世的一大动力。[④] 岐曾说，他的"立孤之义"可以"与死节同炳千秋"。[⑤] 就这样，他改换名号，"髡发披缁，匿迹乡里"。[⑥]

第二年，岐曾就开始写日记，记录了社会变化、他的日常活动及其心灵世界。日记起于丙戌（顺治三年，1646）正月初一，至丁亥（顺治四年，1647）五月初十绝笔，次日他被清兵捕获，十四日就赴死了。[⑦]

这不到一年半的时间里，岐曾日记所述，涉及了当时的敏感时事与地方抗清活动，因而语词之间颇多隐晦。他特别提及其姻亲夏允彝到嘉定虬江（即紫隄村）时，为避人耳目，化名"黄志华"；而他自己久称"半生主

---

① ［清］汪永安原纂、侯承庆续纂、沈葵增补：《紫隄村志》卷五《人物》，康熙五十七年修、咸丰六年增修，上海图书馆藏传抄本。

② 参［清］汪琬：《钝翁续稿》卷二十六《墓志铭三·侯记原墓志铭》，天津图书馆清康熙刻本。1912 年版的［清］孙静庵的《明遗民录》（上海：新中华图书馆出版）卷四十四《侯记原》（第 657—658 页）与 1985 年出版的同书卷四十四《侯记原》（浙江古籍出版社出版，第 328—329 页），有类似记载，都将侯记原（玄汸）刊作"峒曾犹子"，当是峒曾侄子之意。

③ 可参［清］汪永安：《紫隄小志》卷二《人物》，"侯岐曾"条，收入上海市地方志办公室编：《上海乡镇旧志丛书》第 13 册，第 53—55 页。［清］汪琬于《钝翁续稿》卷四十九《侯震旸传》中所附的岐曾小传，更不到百字；［清］陈鼎辑：《东林列传》卷二十《侯震旸》附侯岐曾（收入周骏富辑：《明代传记汇刊》学林类三，台北：明文书局 1991 年版，第 309—310 页），也十分简短，且有错讹。

④ ［明］侯岐曾：《侯岐曾日记》（以下简称《日记》），金元钰"题跋"（嘉庆十五年重阳日），收入《明清上海稀见文献五种》，人民文学出版社 2006 年版，第 482 页；《日记》，丙戌正月十三日，第 486 页。

⑤ 《日记》，丙戌五月廿五日，第 537—538 页。

⑥ ［清］秦立纂：《淞南志》卷五《忠义》，上海图书馆藏嘉庆十年秦鉴刻本，收入上海市地方志办公室编：《上海乡镇旧志丛志》第 13 册，上海社会科学院出版社 2006 年版，第 50 页。

⑦ 《日记》，金元钰"题跋"（嘉庆十五年重阳日），第 482 页。

人”,与这个“黄志华”朝夕“密通往来”的,一般都是写在一小幅竹纸上的密函,抬头必称“黄老”。岐曾还说,乙酉江南之变后,仅存的那些抗清志士,都是这样改易姓名,隐藏于世。① 日记曾提及陈子龙在1647年四月二十六日,与夏之旭抵达王庵,次日子龙就改号“车公”;而岐曾最信任、最得力的仆人侯驯(即刘驯),自是日起亦改称“川马”。②

日记中附有数量不少的书札,署的是岐曾的法名“广维”,或者化名“易之”。岐曾在自述写日记的缘起时说:“乙酉以后,家遭覆荡,身陷□□。其间岁时阅历,都非耳目恒遘,为宜札记,以备后人稽考。”南明政权兴起后,岐曾认为应该“执笔为新天子纪年,敬竢南都克复之后”。③ 类似的意思,他后来在日记中又有讲过:“予有日纪,本为身丁大乱,虽穷乡日多异闻,欲一笔之,以备它年野史采择。”④

毋庸置疑,明末时侯家的经济生活与社会政治地位,在嘉定地方应属上层。但发生了这样的时代巨变与家国不幸,侯家既处在政府的敌对面,自然与以往优越的生活绝了缘,家中老幼又全赖岐曾的支撑,所谓养母、奉嫂、抚孤,且时时需要提防清廷爪牙的缉捕,逃亡乡间,四处避难,生活之艰辛有难以用言语形容者。

清朝在江南建立统治秩序之始,首先就是要行剃发令。作为抗清人士,岐曾当然不会顺从。有一次听到外地还有未剃发的义士,他顿时“悲慰交至”。给姻亲好友顾咸正⑤的信中这样说道:“两年来偷生异域,无刻不经历龙潭虎窟,宛转刀山剑树之下,待死而已。然而一寸丹心,数茎白发,相依为命,死生之盟,尚不以远近隔也。”⑥

清朝官府对剃发程度其实有一定的区分,这一点,在岐曾的日记中记载比较清楚:官府设有“清发道”,按“五等”定罪。⑦ 所谓“五等”,就是“一寸免罪,二寸打罪,三寸戍罪,留鬓不留耳,留发不留头”,另外“顶大者与留发者同罪”。⑧ 他给拒不剃发、“以气节自任”的好友杨维斗(实际上他应该是

---

① 《日记》,丙戌正月十三,第486—487页。

② 《日记》,丁亥四月廿六、廿七日,第636—637页。

③ 《日记》,侯岐曾“自序”,第483页。

④ 《日记》,丙戌十二月初七日,第603页。

⑤ 顾咸正,昆山人,在日记中多以“端木”或“弦斋”称之,是明朝著名大学士顾鼎臣的曾孙。关于顾氏的传记及殉难情况,可参[清] 计六奇:《明季南略》卷四,“顾咸正答洪承畴”条,第259页;光绪《昆新两县续修合志》卷二十七《忠节上》,“顾咸正”条,光绪六年刊本。

⑥ 《日记》,丙戌正月廿一日,第489页。

⑦ 《日记》,丙戌二月廿九日,第504页。

⑧ 《日记》,丙戌三月初一日,第504页。

峒曾的表弟①)的信中,②讲述了他们随时可能触及的这种危难:“吾家祸重如山,时时恐蹈危机。处境微异,敛迹略同,总非‘乱离’两字足以概之。”③岐曾的侄儿玄瀞也至死未剃发,所以日常行动,很多需要由已剃发的岐曾之子玄汸代劳,以免引起不必要的麻烦。④

在岐曾等人看来,留发就是忠孝,是家国大义。他说:“‘忠孝’两字,吾家不敢让人;危苦千端,吾生何人相诉。只今三春物色,何非怨鸟啼花;每念百里吴门,都是愁亭恨水。道义知己,积想为劳。顾惟有辘辘绕其方寸,岂复有项领成于足下乎?”⑤可是,到了最后的危难之时,四处避难之际,岐曾仍不免剃发,目的是为了更好地隐避起来。⑥

给顾咸正的一封密信中,他又说:“天下少此离别,少此会聚。死拒伪命,生入里门,不独全其眷属,且全其发,遂为千古全人矣。岂非忠义之报。”要做到这样,在清廷密网控制下,真是“步步愁亭恨水”,⑦“刻刻将死字钉在额门”了;⑧同样,他的生活中还事涉抗清活动,岐曾觉得这也是“将死字钉在额门”。⑨

岐曾对于明朝的覆灭、江南的惨变和家门不幸的哀情,时刻萦绕于怀:“乾坤变革,家国崩离。疁邑之祸,较它邑独深;寒门之祸,较疁邑倍惨。”家国的巨变,他当然感到无奈,“事势到此,所谓天也,非人也”。⑩

所以,像侯岐曾、顾咸正这样对新建立的清王朝毫无认同之感的义士,在已被清朝掌控的地区坚持不剃发,这无疑是要在龙潭虎穴中偷生,实“待死而已”。他给在嘉定屠城惨祸中幸免的侄儿侯玄瀞的一封信中,谈及县衙中的捕差人、捕书手经常到乡下巡缉,认为这是“拿家属之先声也”;侯家被

---

① [明] 侯峒曾:《仍贻堂集》卷二《与杨维斗表弟书(崇祯戊寅)》,收入[清] 潘锡恩辑:《乾坤正气集》卷四百四十,道光二十八年袁江节署求是斋刊、同治五年印行本。

② 杨维斗即杨廷枢,苏州人,抗清名士。顺治二年清兵下江南后曾隐居邓尉山,后来寓居吴江芦墟泗洲寺时被捕,巡抚土国宝令其剃发,杨说:“砍头事小,剃头事大!”临刑时说“生为大明人”,头颅落地还说出“死为大明鬼”。可参[清] 温睿临、李瑶:《南疆绎史》卷十三《杨廷枢传》;[清] 计六奇:《明季南略》卷四,“杨廷枢血书并诗”,第256页;乾隆《吴江县志》卷三十六《寓贤》,乾隆十二年修、石印重印本。

③ 《日记》,丙戌二月廿二日,第498页。

④ 《日记》,丁亥三月初七日,第621—622页。

⑤ 《日记》,丙戌二月廿二日,第499页。

⑥ 《日记》,丁亥三月廿四日,第625页。

⑦ 《日记》,丙戌四月初三日,第515—516页。

⑧ 《日记》,丙戌五月廿五日,第537—538页。

⑨ 《日记》,丙戌六月十八日,第549—550页。

⑩ 《日记》,丙戌二月廿二日,第499页。

迫在乡间四处躲藏，岐曾自己不过是一个“活死人”而已。① 对于自己的这种无奈，他又不无责备之意，时时扼腕而叹。五月二十八日，是他的生日，家人在流离之际，仍为他庆祝。但岐曾的内心一点也不愉快，去年嘉定的惨变与家族不幸，让他难以释怀：“生涯抵弧矢，岂适合桑蓬之义乎！痛念予同母六人，庶妹一人，昨岁犹存其三。忽遭邑难，吾兄吾妹同日沉渊，今孑然惟吾在耳。”所以他觉得自己有责任担起维续家庭的重任，也有义务参与光复大明江山的事业：“于吾君则为残黎，于吾亲则为遗种，敢不勉留仰事俯育之身，冀睹少康、光武之事。”②

因此，侯家的生活空间，已不可能像普通百姓一样常在私宅之中，而经常是通过舟船，飘荡在水乡野泽之处。岐曾日记中多次出现的惠庄、恭庄、某某庵之类的小地名，在国变前都是与侯家有密切关系的所在。像惠庄就是侯家以前资助过的尼姑庵，所以在国变后，侯家还能于逃隐的艰难生活中，在这里举行一些礼佛、送表等礼仪性的活动，或者就请庵中的尼姑到临时栖居的家中举行。而作为岐曾个人起居的“甲乙轩”，也多有记念甲申、乙酉年间发生于北京与南京的国变之意。在这里，岐曾常常接待那些地下抗清名士，或者帮助侯家与官府周旋的人。

在这样的危难局面下，侯家的日常生活还能得以维持，包括一年当中的一些礼仪性活动，说明侯家在鼎革前所拥有的实力与地位确非一般。

就家庭生活而言，夏、秋两至与清明、中元、除夕等重要节期，都需要敬天地、事鬼神；其余节候，“止祭皇考及仲兄”，其他人侯家都只是权宜行事。这是1645年秋天以前侯家在嘉定城中生活的常态，但此后有一段时间祀典几废，只祭伯兄峒曾与两个侄儿了。在乡间隐居安定后，岐曾尽量恢复正常的祭祀，举行了一次较大的祭奠活动。岐曾说这是“二十余年死生大痛，攒并一时”。③ 1646年六月间，住在惠宁的寡嫂忽然病重，叫岐曾不知所措。④六月二十七日，嫂氏绝命，当天就匆忙入棺，丧事十分简单。⑤ 尽管这样，岐曾仍比较重视丧仪，到七月初一，他与侄儿玄瀞商议丧牌事，但侯家是官方严拿的对象，不便将名字表出。岐曾因仿“护丧”意，代书数言告白亲友。他说：“自去秋丧乱，先兄亡侄，同时殉节，不意天复降割先嫂诰封恭人李氏，于今丙戌六月廿六午时以疾卒于内寝。废疾藐姑，属在颠沛，既不克备宾尸之

① 《日记》，丙戌正月廿六日，第490页。
② 《日记》，丙戌正月廿八日，第491页。
③ 《日记》，丙戌五月初九日，第529页。
④ 《日记》，丙戌六月廿四日，第554页。
⑤ 《日记》，丙戌六月廿七日，第555页。

位，又弗能胜拜踊之节。情穷礼变，惨疚斯极。哀吁亲知，勿辱吊唁。即瓣香尺楮，概不敢承，亦犹未能为先兄治丧之志也。抆泪谨告。”晚上又商定了做头七礼忏的事。①

但丧事的经费让岐曾颇感为难，除去其他开销，这样简单的丧事两天就花费了不少。寡嫂留下的财物很快用完了。衙门中的差人又来告知官府的压力，岐曾千方百计凑了些钱，打发了他们。他十分想知道巡抚土国宝对侯家的态度是否有缓和的余地，但根据这样的情形，岐曾认为“惟有听其一籍矣”。② 1646 年二月廿二日，他给杨维斗的信中这样说道：嘉定惨变后，不仅祸重如山，而且家产又被巡抚土国宝下令籍没，生活艰辛，真是“皮穿骨尽”。③ 岐曾一直想方设法，不断花钱打点官府，希望能免于籍没。例如在八月初七日，他与侄儿玄瀞商量应付官府的各项开支，觉得数日内必筹得数百两方可。如果能免于籍没，那么帮助他们与官府沟通的得和，“亦有千金之费”。对侯家而言，仅这一笔已是一项庞大的开支。亡兄峒曾留下的房产，大概已被折钱使用了，此时玄瀞又拿出 30 亩田准备变卖，作为应付之资。④ 其他方面，如扫墓、父亲的忌日、母亲的生日、先室的忌辰等，岐曾都没有忘记办理。⑤

清初江南各地新建立的衙门机构，已开始正常地向城乡民众征收赋税。侯家虽隐居乡间，依然不能豁免。常规的赋税负担使岐曾感到生计更为艰难。有人还向衙门诬告，道是乡间各家私占荡田，地方政府就下令要求一律纳税；这样，加上其他的粮税，岐曾觉得实在不堪重负，只好“仰屋一叹”。⑥

在日记中，岐曾不断提及他如何应付地方官府、处理田产等事，说明在“嘉定三屠”后，侯家应该还保留有一定数量的田产，有的在此前就被出租他人了。

五月二十五日，岐曾给“中道人”的信中这样说：经历鼎革之乱后，“三世之业荡尽，惟存薄田。亩租籍没二令并下，支吾数月，幸得二令俱收。然从此薄田虽为二物，仅足偿子母家耳”。所剩的这些薄产，除了日常生活开销外，主要就用来应付官府的勒诈了。⑦

---

① 《日记》，丙戌七月初一日，第 556—557 页。

② 《日记》，丙戌七月初一日，第 556—557 页。

③ 《日记》，丙戌二月廿二日，第 498 页。

④ 《日记》，丙戌八月初七日，第 570 页。

⑤ 《日记》，丙戌十二月初七、丁亥三月初七日、三月十一日、三月十四日，第 603、622—623 页。

⑥ 《日记》，丙戌二月初三日，第 493 页。

⑦ 《日记》，丙戌五月廿五日，第 536—537 页。

七月初二日，岐曾写道："取租未已，粮务又急。"正在准备叫杨玄、朱三将掌租诸仆召来，衙门的"逼粮差子"就到了。① 次日，他得知"租、粮二者，署官皆亲比严拿，万分无姑缓理"。② 对于这样的困境，岐曾感叹"重殃叠费，无门可诉"，不得不责成掌租诸仆，招集他们聚会，是希望能"激发其忠义"。③ 七月十五日晚"城中有信催粮，复闻抚牌至"，让他感到比较担心。④ 八月初二，亡嫂过五七，城中有信来说是官府要摊派卖人参事，侯家也被派了差不多四斤，岐曾希望"领一免三"，其他还有数两杂费；管科还说，催收已刻不容迟，岐曾当即分派人手到各乡去处理。⑤ 八月初六午后，派家人侯驯入嘉定城，带去应付官府的粮银 20 两；另交数十两给侯驯，去衙门打点。⑥ 九月初二，岐曾准备派下人朱三传信各乡初六交租，⑦这表明侯家确实有不少田产一直在出租。

很多事情，岐曾都会与侄儿玄瀞相商。七月中旬，因多日田地问题，他连写了两封短信给玄瀞，指出"目前只纳粮、推田两项，所费不赀"，并将手头积存的租金分了一半给玄瀞。岐曾强调说，这是"吾与侄分财之始，亦即吾侄承家之始"。⑧

由上述各方面情形，大概可以了解王朝更替前，江南士绅家庭所具的经济实力与比较广泛的社会关系。可是，经历了战乱，侯家的不少家产已被籍没。面对地方官府的敲逼，侯家的生活大感窘迫。

三、与官府的周旋

岐曾从事的是地下抗清活动，日记须写得相当隐晦，其中涉及的许多人物，除了有名的几位，大多以熟名、外号、简称或化名记下，已不可能全部找到传记性的材料作出进一步的身份说明。但是，通过日记中侯氏与他们的交往、事务安排及其显现的亲疏程度，可以了解侯家在嘉定惨变后，饱受官府打压的困苦生活中，那些仅存的社会网络与人际关系。

---

① 《日记》，丙戌七月初二日，第 557 页。
② 《日记》，丙戌七月初三日，第 557 页。
③ 《日记》，丙戌七月初四日，第 558 页。
④ 《日记》，丙戌七月十五日，第 563 页。
⑤ 《日记》，丙戌八月初二日，第 568 页。
⑥ 《日记》，丙戌八月初六日，第 569 页。
⑦ 《日记》，丙戌九月初二日，第 578 页。
⑧ 《日记》，丙戌七月廿一日，第 564—565 页。

可以想见，与清初地方官府的周旋，是让岐曾最感烦扰与不安的事情，因为他既要保护自己的亲友不再受到伤害，又要比较正常地维持家庭生活与适当的社会交往，当然更要保持他对明室的忠节。

所以，他的朋友中，如潘秀、得和、陆翼王（陆元辅）[①]等是他很重要的依赖，而与衙门中的管科、张胥、冯胥等，往来更是密切，特别是管科，在岐曾的日记中出现频率极高。这些人都是帮助岐曾与清朝地方官府周旋的得力人物，往往不可或缺，一方面侯家需要为此付出更多的活动经费，另一方面也让那些"朋友"承担了较多的风险。尽管当中有个别的人，如岐曾讲的那样，也不是太让他感到满意。像管科还是侯家的亲戚，也经常来索"在城粮银"，"扰扰无刻静"；[②]而"身份太高"的冯胥，是所谓官府的"变产总持"，[③]即使被其"老奸所卖"，[④]也不得不在他身上多费银子。要对付如巡抚土国宝对侯家"无所不极"的"恐吓"、[⑤]嘉定县令那般手段较"辣"的地方官员，[⑥]岐曾百般委曲与衙门中的人员往来，确是无奈之举。

岐曾在隐居乡村期间，密切关注着地方的形势变化，经常派仆人或亲友入城打探，主要目的是了解清政权的新举措，以及官府对于侯家的态度，并时刻联系有关人员与官府沟通，以期消解侯家的难局。

得和有一次告诉他，嘉定城中"狱库俱劫，堂廨尽焚，而贼令故在"，岐曾感叹道"岂天偏留其身以甚其毒耶"，但从逃民的口中，则又"传说不一"。[⑦]这时，他们一家正隐藏在槎楼，[⑧]岐曾给朋友徐克勤的信中说："弟寄隐于槎上，万万不能揖一客……日来老兄有何见闻，龙变虎搋，岂渐作乌头马角耶？使人养养，亦使人闷闷。"[⑨]表达其对于时势的焦虑之情。此后的情形，岐曾仍保持关注："是日，各乡已无复逃民，盖昨一夕逃尽，遂作空城故也。闻虏令孑然一身，对一二厮役涕泣云：'这是我平昔驭盗太严所致。'堪为一噱。"[⑩]

---

① 陆翼王是黄淳耀的学生，在黄氏领袖的"直言社"中表现突出。参[清]吴德旋：《初月楼续闻见录》卷一，台湾商务印书馆1976年版影印本，页5a。

② 《日记》，丙戌十一月十七日，第598页。

③ 《日记》，丙戌七月廿五日，第566页。

④ 《日记》，丙戌六月十一日，第545页。

⑤ 《日记》，丙戌十一月廿九日，第558页。

⑥ 《日记》，丙戌七月初六日，第601页。

⑦ 《日记》，丙戌四月廿七日，第525页。

⑧ 地临槎浦，在南翔镇南，有上槎、中槎、下槎之名。参[清]姚承绪：《吴趋访古录》卷七《嘉定》，江苏古籍出版社1999年版，第144页。

⑨ 《日记》，丙戌四月廿七日，第526页。

⑩ 《日记》，丙戌四月廿八日，第526页。

在1646年五月初二，岐曾又托人去嘉定城中探听情况："呼管科入城，体察变后事宜，且冀籍产一案。"①五月初五日是端午节，岐曾在家陪母亲喝蒲酒，"得和见报，虏兵马步及千人入城，城中汹汹，俄尽撤回矣，总不可解"。这一天给侄儿的信中，岐曾说："今日泛蒲佳节，朱符桃印，虽无复旧观，聊借承欢以拨闷。……有自槎来者，云槎人喧传马兵奄至，十室九逃，殊可畏也。"②

按照官方的意思，峒曾父子抗清，是要"没公遗产"以及捕捉峒曾幼子玄瀞。③ 而在岐曾日记隐晦表达中，地方官衙中的一些头面人物，似乎对岐曾一家多少有些"宽容"的意思，暂时让岐曾一家断断续续过上些安稳的日子。当然，衙门官吏对侯家的这种缓和态度，不过是希图多捞几把，故常常放出消息，要向侯家索取金钱。

五月十九日，岐曾据管科的通报，在日记中写道："知邑有署印者，即日至矣。令固不能久留，对张胥云：'侯家事，乘我在此，包它申文干净，但须助我行赀。'云云。乞子面目，至此和盘托出，翻属可怜。与母相商，恐它日起炉作灶，转贻后悔，无可如何。再检斥产银半佰，授科去。发僮江上相迎，即告侄以故。邀得和来，与订期日往江桥，盖为禹者告德符，王庵适有梅竹一区，可以潜隐。其直止六十金，然亦非吾力所及，姑托得和一省视耳。"④岐曾将嘉定知县⑤的这种无耻贪婪行径直呼为"乞子面目"，但他也无其他办法，不得不设法凑钱让管科带去。到二十一日，管科就来叩门："道昨所囊金，大不满乞儿之意。对胥役云：'这送你们也不够。'又亲对管科云：'你家事大，若付掌印手，最少千金。今吾已荡尽，前日汝家送我的，俱化为乌有了。此时随分金库等器物，皆可助我用。难道我要与你家完局，你家反不理会？只索抛去便了。'予以见闻习惯，都无笑骂，惟谋之儿汸，各竭所有。"⑥那一点点银两，自然难以满足知县希图千金的贪欲，岐曾一家仍无他法，只能再想办法，竭尽所有，以塞其口。

五月二十三日下午，国俊从城赶回，"道乞儿无厌已极，赂已收而复加，

---

① 《日记》，丙戌五月初二日，第527页。

② 《日记》，丙戌五月初五日，第528页。

③ ［清］顾公燮：《消夏闲记摘抄》卷下，"一门忠孝节义"条，旧抄本，收入孙毓修编：《涵芬楼秘笈》第二集，北京图书馆出版社2000年影印版，第831页。

④ 《日记》，丙戌五月十九日，第532—533页。

⑤ 这位在岐曾日记中形象不堪的知县，是河南光州人唐瑾，顺治三年以进士身份履任，在清代地方志的记述中则反映颇好："时邑中流亡始复，瑾加意抚循，遇士大夫有礼。"参光绪《嘉定县志》卷十三《职官志下·知县》，光绪六年重修、尊经阁藏版。

⑥ 《日记》，丙戌五月廿一日，第533页。

其声尚尔嘀嘀”。[①] 岐曾当即就给侄儿玄澣写信，告知这几天与官府沟通的情况。又说，目前家中所集的银两，大体总是随手耗尽，他连写了两个“可恨”。另有一信是写给顾咸正的，其中就道出了侯家面临的困境：“不意寒家仳离余息，被令劫更惨。所以然者，为籍事未结，临行转相勒索故也。今则晨昏菽水之需，几于荡尽。情事惨绝，不能专驰一力候兴居。”[②]两天后，岐曾给朱茂昭去信，对朱氏为侯家奔走抚院衙门的辛劳表示感激。岐曾说，为了家中安宁，他已多方设法托人与衙门沟通，希望原来对侯家的“籍没”批免，不料官府又来征收全租，县令贪得无厌，趁火打劫，勒索无所不至。在岐曾看来，只要“用事之人不爽初约”，官府对侯家的籍没、征租等问题，是可以解决的。岐曾随信只附上了 5 两银子给朱氏，说是“取酒”之用。[③] 朱茂昭与官府关系颇深，显系侯家好友，但这 5 两银子，实在已是侯家最后的体面了。对真正的庶民百姓而言，若想像侯家那样，可以沟通官府，设法规免一些赋役负担，根本是不可能的。

到二十八日，岐曾听说土国宝、李成栋都到了嘉定县城。他就叫金科入城，并知会管科、顾俊，想法讨取申文消息。[④] 在给侄儿的信中，岐曾对土国宝等人的到来，表示了很大的不安：“土、李一时入邑，必有一番作用，削根掘株，其中莫不有危机乎？”[⑤]次日他继续打探消息：[⑥]

> 午前，知昨日土抚止诛盗党八人，责衙官而宽本令。明明受贿，为之弥缝，诚哉其为□□之政刑也。……饭毕……顾俊忽又至，云昨李督到县，飞票责取全租。经承书吏缚索以去，及面以实对云：“元牌征七免三。”督亦无以应也。幸而得免，然已立费三十金。而一吏一书，几乎赊得一条性命矣。将赴塔相愬，俊姑止之。予与侄字，一日两惊，复类秋冬情状，虽欲不忍，能乎？

尽管岐曾很是紧张不安，但经过绞尽心力多方打点，毕竟还有与官府回旋的余地，官场中的那些朋友们多少还能都对侯家有所帮助。六月初一的日记显示，岐曾十分忙乱，主要工作就是应付官府：“上午遣顾俊入城。下

---

① 《日记》，丙戌五月廿三日，第 534 页。
② 《日记》，丙戌五月廿四日，第 535 页。
③ 《日记》，丙戌五月廿五日，第 538 页。
④ 《日记》，丙戌五月廿八日，第 539 页。
⑤ 《日记》，丙戌五月廿八日，第 540 页。
⑥ 《日记》，丙戌五月卅日，第 541—542 页。

午,管科自城趋至,恶缘娆人不了。遣俊者,邀朱茂昭入郡,完抚院一局。检行缠五金,又致二十金,以防意表之费。科则持示李督飞票三纸,张胥迫我行贿于督府,莫知所以置对。"①面对各种无奈,岐曾相信,"人当至穷时,仍必有一条走路",只要能花上钱,总会找到办法的。②

六月十九日傍晚,管科从城里回来,知之"说督府暂尔支吾,许宽限一月",前提仍然是要多花钱。晚上得和从府城归来,也说:四家出重赂,已许保全,且有待侯之语。③ 同一天,岐曾给好友陈子龙写了一信,由女婿顾天逵(大鸿)带去(天逵与兄弟天遴在乙酉江南之变后,已削发扮成僧人模样,④较便于公开活动)。信中说:⑤

> 至交凋尽,弟今所属望者,惟吾兄一人。吾兄之获济,即大事之获济。吾辈覆巢遗卵,庶几犹有安枕之望也。若问一年来惊涛万状,彼从而取其租,又从而没其产,又复忽放忽收,顷刻如鬼物之不可摸索,弟惟刻刻钉一死字于额门。为存孤计,孤乃幸存,此介之推所云"天功"也。而老母以下数十口如丝之命,都幸须臾无死。……行旌难以遥度,想见越、海、福原往来如织。姑寄此一行,其得达左右与否?思之正如茫茫大海,举笔亦无可申祷祝者。……努力!努力!珍重!珍重!……吾邑近事,吾家东床或亦能道一二,弟则何从水面说起,魂与书飞。

这是岐曾向好友的倾诉,而支持岐曾生活下去的,还在于忠、孝二字。

对于地方官府的苛求,岐曾感觉很是无力,家境几至绝地,他不能公开对抗,毕竟要保存侯家遗孤。在六月二十三日的日记中,充满了这种愤懑与无奈:"予痛愤诛求理极,从前臣力已竭,从后将何协助?即杯铛数十器,亦为诛求之用,耗荡过半矣。今则涓滴万不足填江河,惟分授子侄及谒孙等,庶几犹存先世遗泽也。"⑥

岐曾的日记写下了江南许多抗清名士的活动,当然对帮助侯家脱免官府之害所产生的社会关系网,也有所揭示。当中的很多人,不是岐曾的至亲,就是岐曾的至友。

---

① 《日记》,丙戌六月初一日,第542页。
② 《日记》,丙戌六月初二日,第542页。
③ 《日记》,丙戌六月十八日,第550页。
④ 赵经达编:《归玄恭先生年谱》,"永历元年"条,收入[清]归庄:《归庄集》,上海古籍出版社1984年版,第542页。
⑤ 《日记》,丙戌六月十九日,第551页。
⑥ 《日记》,丙戌六月廿三日,第554页。

在1646年八月初，岐曾为减轻官府摊派卖参、钱粮征比的负担，特地在惠庄邀来陆廿六官商量。这不过是岐曾认为"有胥（史）［吏］径路可走"、万不得已之策。①

但是，不管如何弥补，官府仍计划籍没侯氏家产，准备即日具题。岐曾感到一月来奔走请托的辛劳，已付之流水，且浪掷了许多银两。夏平南就建议，可以由夏完淳写信给降清后官至弘文殿学士的李雯（李当时正好回到松江）。岐曾在八月初六日的日记中有这样的记录："入槎晤平南、存古，商所以浼李舒章者，词旨不能殚悉。"初八日还是为这事："正促写李书……存古至，亦出所上李弘文书，情文斐蔚，或堪动听耳。"②

夏完淳写给李雯的信很长，当中有这样的话："侯忠烈九列大臣，一门毕命，徒有申胥之志，卒被王琳之殃。而废宅芜，追呼孔迫，官征之命，络绎道途，致同气有向隅之悲，遗体有穷途之恨。"完淳还说，如果李雯援手相助，侯家将十分感激，所谓"生效执鞭，死当结草"。③ 这样的措辞，很令人动容。当时夏平南已返回松江，岐曾写了一信，托人带给平南，信中说"此举乃背城之背城。得仁人扶挽，便可邀万全之万全"。十四日，岐曾得知，李雯已有信回复，表示一定援手相助。这让他觉得有了新希望。④ 可是，不久之后，岐曾派人打探得知，巡抚土国宝的"籍没疏"已经发出，包括侯家在内的"五家俱不免"，岐曾竟是"漠然"了。⑤ 后来新任的嘉定县令居然向侯家发了优恤告示，可是岐曾从别的渠道，得到的信息却是"守城殉节者籍"，乃官府"画一之法"，⑥不能改变的事。

需要说明的是，夏完淳（字存古）的父亲，是明末抗清殉节的名士夏允彝（1596—1645）。⑦ 在松江地方士人眼中，其"文章节义，日月争光"。平时在家中常告诫家人说："我若赴水，汝辈决不可捞救，救起必苏，苏而复死，是两次死矣，非所以爱我！"因此在他投池时，家人都是"环视"之。池塘水浅，允彝低头伏水气绝时，背上的衣裳还是干的。其绝命词有云："卓哉吾友，虞求

---

① 《日记》，丙戌八月初二日，第568页。

② 《日记》，丙戌八月初五日、初六日，第569—570页。

③ ［明］夏完淳著、白坚笺校：《夏完淳集笺校》卷九《与李舒章求宽侯氏书》，上海古籍出版社1991年版，第407、409页。

④ 《日记》，丙戌八月初八日、十四日，第570、573页。另可参白坚：《夏完淳陈子龙研究的珍贵史料——读侯岐曾〈丙戌丁亥日记〉札记》，载《文献》1989年第4期，第131页。

⑤ 《日记》，丙戌八月廿九日，第577页。

⑥ 《日记》，丙戌十一月十一日，第595页。

⑦ 夏允彝是松江华亭人，与陈子龙同科进士，文名也与子龙并称；弘光朝时曾任吏部主事，清兵攻占松江后，跳水死难。参［清］计六奇：《明季南略》卷四，"夏允彝赴池死"条，第266页。

(徐石麒)、广成(侯峒曾),勿斋(徐汧)、绳如(吴嘉胤),子才(盛玉赞)、蕴生(黄淳耀)!"他提到的这些明末江南殉节名士,都是与其砥砺有素之友朋。① 在松江同样被祸至惨的,还有夏允彝与陈子龙交谊素相深厚的好友殷之辂一家,皆赴国难。②

允彝的兄长夏之旭,也是地下抗清的名士,日记中常写作"元初";夏平南则是完淳的从兄;完淳的姐姐淑吉嫁与岐曾幼子玄洵为妻。岐曾的日记中反复出现的"端木"或"弦斋",是明朝大学士顾鼎臣的曾孙、昆山人顾咸正。③ 顾家是明朝昆山与戴、叶、王、李四姓并称的五大"巨族"之一。④ 在1400—1750年间,顾家一共产生了9个进士、9个举人和6个贡生。⑤ 咸正是明末的举人,曾任延安府推官,逃回故里后隐居不仕,仍不忘忠于明室,图谋兴复;其兄弟咸建任钱塘知县,清兵南下时"守节不屈"而死。咸正的儿子顾天逵(大鸿)又是侯岐曾的女婿(是归庄的挚友,1645年归庄与他和诗说"叹老嗟卑非我事,家忧国恨只今年")。⑥ 这就构成了非常紧密的姻亲关系网络。夏、侯、顾三家患难与共,风雨同舟,经常聚会于岐曾的侄儿侯玄瀞家内,"谈及时事,各蓄异谋"。⑦ 在夏完淳避难于侯家时,写有与玄泓等人共勉的诗,其中一句"星霜握手同兄弟,风雨知心托死生",⑧就很让人感怀。

而上文中涉及的李雯,乃松江名士,与陈子龙、宋征舆曾并称"云间三子",文名颇盛。但在清兵下江南后,李雯就与一些人在北京准备参加清朝举行的科考,目的是要博功名。⑨ 不管是否真的有举业上的成就,李雯被清廷授职弘文院撰文、中书舍人。这当然有违明室遗民的所谓"忠孝"思想。

---

① [清]曹家驹:《说梦》,道光八年醉沤居士抄本,页十 — 十一;[清]黄宗羲:《弘光实录钞》卷四,浙江省图书馆藏光绪三年傅氏长恩阁抄本,收入《续修四库全书》史部第367册,上海古籍出版社2002年影印版,第413页。

② [清]董含:《三冈识略》卷一,"殷公尽节"条,辽宁教育出版社2000年版,第15页。

③ 顾咸正的传记及殉难情况,可参[清]计六奇:《明季南略》卷四,"顾咸正答洪承畴"条,第259页;光绪《昆新两县续修合志》卷二十七《忠节上》,"顾咸正"条,光绪六年刊本。

④ [清]王应奎:《柳南随笔》卷六,中华书局1983年版,第123页。

⑤ (美)邓尔麟:《嘉定忠臣——十七世纪中国士大夫之统治与社会变迁》,宋华丽译,中央编译出版社2012年版,第104页。

⑥ [清]归庄:《归庄集》卷一《诗词·乙酉除夕次顾大鸿韵四首》、卷七《传·两顾君大鸿仲熊传》,上海古籍出版社1984年版,第51、407页。

⑦ 邓之诚:《骨董琐记》三记卷五《顾咸正一案刑部提本》,中国书店1991年版,第561—570页。据顾诚对照中国第一历史档案藏的顺治四年八月二十二日刑部尚书吴达海等题本,邓氏记录在个别文字方面存在讹误。参顾诚:《南明史》,第460页。

⑧ 夏完淳的这首诗《九日风雨宴侯研德宅》,很珍贵地收录于[清]汪永安:《紫隄小志》续二《诗词》,收入上海市地方志办公室编:《上海乡镇旧志丛书》第13册,第105页。

⑨ 谢国桢:《清初利用汉族地主集团所施行的统治政策》,收入氏著《明末清初的学风》,第73页。

1645年,李雯剃了发,内心是"难忘故国恩,已食新君饵",颇有悔痛之情;给好友陈子龙的小诗《东门行寄陈氏》之后的附信中曾道:"失身以来,不敢复通故人书札者,知大义之已绝于君子也。"①他用的"失身"等词,很能表明其所处的尴尬状态。在最后的一段时间里,据好友宋征舆的记载,李雯"深以得官为恨",同时又染有重病。② 1647年五月,子龙殉难后,据说当年冬天,李雯在北京"郁郁道死"了。③

陈子龙差不多比岐曾小14岁,是完淳的老师,曾与允彝等人一起在松江创建过几社,④而与岐曾则为至交。子龙曾说:"吾生平交满天下,今日乃知侯氏父子兄弟真人杰也。"⑤还有记载道,子龙常说"吾结纳多矣,未有急难可托如侯君者"。⑥ 子龙最后的逃难生活,就是在岐曾的极力帮助下渡过的。我们很难想象,如果没有他们之间的相互扶助与激励,他们的抗清生活还能维持多久。

四、抗 清 活 动

弘光政权结束以后,南方各地的抗清斗争,逐渐汇聚于隆武、鲁监国、绍武、永历等南明政权的旗帜下,既是明朝的延续,又是清初历史的一个组成部分。志在抗清复明的文人士大夫们,各自拥戴这些不同的政权。⑦ 他们

---

① 参[清]李雯:《蓼斋后集》卷一《乐府·东门行寄陈氏》、卷一《五言古诗·李子自丧乱以来追往事、诉今情、道其悲苦之作、得十章》、卷五《杂文·答发责文》,收入《四库禁毁书丛刊》集部第111册,据中国科学院图书馆藏顺治十四年石维昆刻本影印,第653—654、690—691页。

② [清]宋征舆:《林屋文稿》卷十《云间李舒章行状》,上海图书藏康熙九钥楼刻本。

③ [清]吴伟业:《吴梅村全集》卷五十八《诗话》,李学颖集评标校,上海古籍出版社1990年版,第1135页;[清]宋征舆:《林屋文稿》卷十《云间李舒章行状》。

④ [清]杜春登:《社事始末》,收入[清]张潮主编:《昭代丛书》续编戊集卷十六,吴江沈氏世楷堂藏板,道光年间刊、光绪二年重印本。

⑤ 白坚:《夏完淳陈子龙研究的珍贵史料——读侯岐曾〈丙戌丁亥日记〉札记》,载《文献》1989年第四期,第138页。

⑥ [清]汪永安:《紫隄小志》卷二《人物》,上海博物馆藏康熙五十七年稿本,收入上海市地方志办公室编:《上海乡镇旧志丛书》第13册,上海社会科学院出版社2006年版,第54页。

⑦ 可参谢国桢的《南明史略》、柳亚子的《南明史纲·史料》(收入《柳亚子文集》,柳无忌编,上海人民出版社1994年版)、(美)司徒琳(Lynn A. Struve)的《南明史(1644—1662)》(李荣庆等译,上海古籍出版社1992年版)、南炳文的《南明史》(南开大学出版社1992年版)、顾诚的《南明史》(中国青年出版社1997年版)、钱海岳的《南明史》(中华书局2006年版)等。

满怀希望,“愿提一剑荡中原,再造皇明如后汉”。[①] 很多人在起事时,以明室帝王为效忠的正统,构建起他们的精神依托。陈子龙在松江地方起兵抗清时,曾悬挂明太祖像,当众宣誓,以此示明身为明臣;侯岐曾参加嘉定的地下抗清活动时,在丁亥(1647)元旦,也仿设明太祖像于“甲乙轩”。由此表明,这种情况在明遗民中是相当普遍的。[②]

如果从1645年五月清兵下江南计起,至1647年五月侯岐曾、陈子龙等人殉难,不过两年光景,这于抗清历史的书写中,往往被着以重墨,但真正能呈现那些在江南隐居,并仍坚持抗清活动的志士们的日常生活,除了岐曾遗下的日记,罕有可举的资料。

岐曾以颇为谨慎的态度,在日记中描画了侯氏一家的日常生活、江南地方社会的各种变化、与浙东鲁王等抗清政权的联系以及对全国抗清消息的听闻感受等内容。到了1646年的除夕这一天早上,岐曾从噩梦中惊醒,觉得“大事当不远”,家族的危难也许会随时降临,决定从1647年开始,日记“务略之又略”。[③] 但是,这对追索彼时抗清志士的生活史而言,仍是那样的弥足珍贵。

岐曾十分注意官府对于侯家的态度。在1646年四月初七给儿子玄汸的一封信中,岐曾提醒他:“伯母传语羊玄,要防拿船,似尚须一两日消停。”又说“滩亭未必真抢,而居民逃窜则有之”,听说抗清的“白腰党”“布满太湖、沙湖间,滩亭一带石岸俱已抉开”,他认为这些多属“流闻”,不必太在意。至于昆山县城的戒严,他觉得是可信的。[④] 过了几天,岐曾比较概括地记下了上海等地抗清人士活动的一些情况。[⑤] 五月间,陆翼王来与他会面,说起新泾一带清兵“淫掠至惨”,“城中十室尚九闭”,让他颇感紧张。[⑥]

岐曾听闻各地抗清的消息后,时常是喜忧参半,但多数归于绝望,他自己也认为,在日记中的这些记录,如所闻的“闽浙义师齐奋,隆武恩诏初颁”等,是“遥遥未可为据”的。[⑦]

1646年三月二十七日,岐曾记道:“得和从郡回,一饭而去。得大鸿

---

① [清]归庄:《归庄集》卷一《诗词·夏日陈秀才池馆读书》,上海古籍出版社1984年版,第56页。

② 详参黄慧珍:《侯岐曾与〈明侯文节先生日记〉》,载中国历史文献研究会主编:《嘉定文化研究》,三秦出版社1990年版,第467—475页;《日记》,丁亥元旦,第608页。

③ 《日记》,丁亥“除夕”条,第608页。

④ 《日记》,丙戌四月初七日,第517页。

⑤ 《日记》,丙戌四月十二日,第519页。

⑥ 《日记》,丙戌五月初九日,第529页。

⑦ 《日记》,侯岐曾“自序”,第483页。

(按,指顾大鸿)札,为言龙种面授语,闽浙似合似分。隆武诏书,我今日始得见之。自闻浙师大捷,旋闻杭州被围,大约道路流言日日有之,略记之,以需后验"①二十九日,他给女婿顾大鸿的信中说:"南州事,为母者,道基初定,一手劈开;为子者,家业世承,终身孝养:此相成不相碍之局也。……我屡欲通问南州师,而前此皆寄子侄笔端,兹正不欲为凡此情形,啍啍絮絮,烦足下夫妇即将吾此字密商之可也。"②

到四月初三,又给顾大鸿写信:"自相订后,即几几望足下夫妇束装东下矣。忽得尊公言旋之报,不意乱离悲痛之余有此一场狂喜。"③这个"尊公"就是顾咸正。当天,岐曾就给咸正(弦斋)写了一封密信,其间谈及其对于当时形势与时局的看法:④

> 兹特先驰一介叩首,百凡情话,都未暇及,惟欲一询西北情形。齐豫秦晋间,何处有反正之机?或口授大鸿,详悉见报,尤妙也。……至弟生趣已尽,止为侍母全孤,留此残生。能使残生早捐,则种种滔天之祸,不复可支矣。说到此,尚能作意表行事否乎?惟有愤闷欲绝。自今已后,亲翁时时锡我南车,死生祸福,俱不至伥伥靡靡矣。晤对之期,更容专订。

岐曾与浙江地方南明抗清人士的沟通,向来十分谨慎。有时他也时常嘱咐相关同志,要保持高度警惕,以免引来杀身之祸。

五月二十九日,他给顾咸正的信中这样说道:"下邑变事虽繁,而初旬之约再忍不过。昨乃特奏八行,岂意复中道返也。从此音书阻达,一等之大事之不可期,庶可解烦化躁。……弟以为今日传某忠臣予恤,明日传某名士拜官,此至危至危之事,将来无数杀机尽在此中。以故陈情一疏,弟每凛凛持之。至如家兄之事,所云日光月华、雷轰电烈,非待口说而后彰,亦不争迟速于旦晚也。鄙夫所见,向来如此,然正未敢执臆断以误当机。况亲翁所云无误,是真实无误者,以故遗孤斗胆相托,直欲一介专驰中道人许,其书疏未敢遽缄,悉呈台览。"这天,由儿子玄汸代写疏稿,薄暮始完。他在日记中载道:"予作三札,并前诸札未达者一一托之弦斋。侄止寄中道人一札,同疏往。城中事传说纷纷,金科至,知骈戮数人,令已下狱,尚需核实。灯下,同汸絮

---

① 《日记》,丙戌三月廿七日,第513页。
② 《日记》,丙戌三月廿九日,第514页。
③ 《日记》,丙戌四月初三日,第516页。
④ 《日记》,丙戌四月初三日,第515—516页。

嘱陶蝉,来朝勿复相关矣。小昆信至,知存古(按,指夏完淳)大有来意,因钱濑广之变,故迟之。”①

六月十七日,岐曾接到顾咸正的长信,大概有几千字。他觉得复明活动颇可期待:“大都策中兴之必可期,目前举动,力劝吾辈勿过于畏慎,盖谓予前札申申指点危形故也。大鸿为父陈情,即日泛海,一言告别,可云壮游。两日闻钱塘□□,大歼于萧山之伏机。昆来者言之亦凿凿,岂天人遂尔凑泊耶?”②第二天早上,岐曾听说夏完淳兄弟已于昨天傍晚抵达槎楼,即派人送信问候,觉得抗清武装友人所云“□□实未渡江,胜负两皆说梦”,实在匪夷所思。③ 当然,岐曾给夏完淳写有一信,主要是提醒完淳等人,在槎楼隐居时,行动一定要慎密。④ 同日,岐曾给顾咸正写了一封长信道:⑤

> 当此雕肝腐肠之时,忽投以益智定胆之剂,能不苏苏起立乎?……弟今日所处与兄不同,兄虽出万死一生之余,而此身既全,自当理前事以启后图。弟则覆巢遗卵,除却奉母全孤而外,誓不敢萌它妄想。而又亲见彼法之加刃于我,一步紧一步。……忠义诸家,不云暗结白腰,则云显通闽海。而忠义诸家,举事如戏,实亦有可蹑寻,则其一举手间,何异于扫尘烁冻哉!至如目前诛求家业,虽未即及性命,而身危者苦趣自知,亦安得更有闲心剩力以及其他。是则弟与兄所处实实不同,所以知有乾惕,不知有宽泰,直由情地无可奈何耳。……而今日读□新皇诏书,不觉眉掀肉舞,以为理数值其至穷,惟当以气焰相取,吾从此不敢复执所怀来矣……刻刻防擒家属,一出门即防及藐诸。

而给女婿顾大鸿的密信中,岐曾对抗清消息的不确,显得十分焦虑:“钱塘之事,或云渡江小败,退保杭州,或云其实未渡,或云悉众而渡”,都是“杳无回报”。他需要等待其他消息来证实。⑥ 后来给顾咸正的信中,他还在询问“钱塘已有确耗否?长兴白龙鱼服,不终困于豫且否?此成败大关也。雁门一网,不至株连否?”岐曾希望咸正早予确示。⑦

对于太湖地区义士们的抗清活动、浙东南明政权的北上举动以及全国

① 《日记》,丙戌五月廿九日,第540页。
② 《日记》,丙戌六月十七日,第547页。
③ 《日记》,丙戌六月十八日,第547页。
④ 《日记》,丙戌六月十八日,第547—548页。
⑤ 《日记》,丙戌六月十八日,第548—549页。
⑥ 《日记》,丙戌六月十八日,第549—550页。
⑦ 《日记》,丙戌六月廿一日,第552页。

其他地方的抗清消息,岐曾在日记中经常予以关注。但是,毕竟大势已去,那些频繁的抗清活动实在力量有限,太湖义兵已是“势渐孤蹙”,①浙东地方的抗清时常受挫,与传言中的抗清捷报还是有出入的。② 岐曾的这种焦虑中带着的些许期盼,正如归庄诗中所言“安得中兴真主应时出,救民水火中”。③ 七月下旬,岐曾收到顾咸正家传来的信息,道是从江北来的人“亲见何督师(腾蛟)破泗州,瑞昌王破太平府”,而且还听说“宛陵、淮南间义兵日新月盛”,正当令人振奋不已时,岐曾从夏平南那里得知“金华已被屠,浙东不复可为”,“不觉惨沮欲绝”。④ 至于被清兵擒获的明室旧臣的情况,也多与传闻不合,真假难辨,让岐曾“为之闷闷”。⑤ 有人从城里来,向岐曾言及嘉定各地发生的不少变乱,南翔镇居民十分紧张,“终宵戒备”。而清兵所过之地,对乡村仍多有骚扰,南翔、大场等镇,“传闻打粮所必不免”。岐曾在日记中说:“予飘摇转徙,暂寄此中,万非获已,慨然识之。”⑥到七月底,岐曾一方面希望他听到的好消息都是确实的,另一方面也希望官府的催科能够宽缓。可是南京方面并无任何异常警报,而准备参加科考的举子们正络绎前往。岐曾感到有些绝望,那些传闻浮言无定准,而处乱之情境令人可悲。⑦

岐曾所云的处乱之情境究竟若何?在十月间给顾咸正的一封信中,岐曾有这样一段话:“当此之时,一二懿亲契友,惟以废绝往来为真往来,此乙酉七月四日以后自盟然也。比来尚有以太平物色施及寒庐者,弟几欲挥刀相向,宁可做一场人命耳。至今年六月,复遭先嫂恭人之变,弟保孤之责愈重矣,而诛求之累亦愈惨。至八月以后,弟积病乃大发,两日一疟,冰崖炎井,变换不知凡几。至此纵未能忘情往来,亦穷于时势之不可奈何矣。”⑧这当然是侯家情境最为真实的告白。

此后岐曾不断收到的抗清消息,越来越令人不安,福建失守,隆武帝已避入江西;四川抗清的张献忠也失败了。⑨ 至于北京已然“恢复”的传说,岐曾更不敢信以为真。⑩ 后来他又说:“此间久闻燕京已失,今竟属荒唐。”⑪

---

① 《日记》,丙戌六月廿五日,第554页。
② 《日记》,丙戌七月初九日、十三日,第560、562—563页。
③ [清]归庄:《归庄集》卷一《诗词·悲昆山》,上海古籍出版社1984年版,第38页。
④ 《日记》,丙戌七月廿五日,第566页。
⑤ 《日记》,丙戌七月十七日,第563—564页。
⑥ 《日记》,丙戌二月初六日,第494页。
⑦ 《日记》,丙戌七月廿九日,第568页。
⑧ 《日记》,丙戌十月初三日,第585页。
⑨ 《日记》,丙戌十一月廿二日,第599页。
⑩ 《日记》,丙戌十二月初一日,第601页。
⑪ 《日记》,丁亥一月十四日,第610页。

岐曾觉得:“大事既不可期,身家水火,日甚一日。”①感到危难时刻随时都有可能降临。

五、抵抗的失败

在松江等地,岐曾的好友陈子龙、夏完淳等人仍然准备举事。他们的行动,其实是因为看到吴胜兆反清计划带来的新希望。岐曾给顾咸正的信中,有这样的隐晦表达:“云间既有反正之机,便能作先事之举否?”②

吴胜兆本是明朝军中的一名指挥,降清后南下到苏州任苏松常镇提督。后来与驻苏州的巡抚土国宝多有摩擦,被洪承畴调驻松江。在部下戴之俊等的劝说下,准备反清。戴与陈子龙联系,子龙很兴奋,表示愿意与据守舟山的黄斌卿联系,同时派友人夏之旭去见吴胜兆。双方约定,舟山的明军于1647年四月中旬进抵吴淞,与吴胜兆内外配合,共襄复明大业。③ 不过这个反清计划走漏了消息,并未成功。归庄说,他们“事虽不成,其志可尚焉”。④

顾咸正曾提出:“海外黄斌卿是夏允彝结拜兄弟,可结连他起兵,我等作为内应。”他与侯玄瀞、夏完淳等即各具奏本、禀揭、条陈等文书,托谢尧文交付给通海舵工孙龙,送往舟山黄斌卿处。此外,托谢尧文、孙龙带通海文书的还有“结连过苏松湖泖各处豪杰、同心内应好汉”的钦浩、吴鸿等人,他们也写就各类禀帖,推荐某人可为文官,某人可任武职(谢尧文即被荐为游击)。行前,顾咸正等郑重叮嘱谢尧文道:“你须谨慎,此事关系身家性命。”⑤

与岐曾一样,谢尧文也是嘉定人,以前因事犯狱,是岐曾救了他。⑥ 他负有上海、松江、嘉定等地抗清义士与浙江鲁王政权之间的联络工作。⑦ 很遗憾,1647年三月十九日,谢尧文到柘林附近的漴阙(今属奉贤),准备渡海前往舟山,寓居于当地的孙从龙旅舍,因衣冠与时不合,露出疑点,被柘林游击陈可抓获,同时搜出了一些书信表疏——表文即出于夏完淳之手。据清

① 《日记》,丁亥四月十七日,第634页。

② 《日记》,丙戌十二月二十日,第606页。

③ 顾诚:《南明史》,第454—458页。

④ [清]归庄:《归庄集》卷四《跋·书申节愍公传后》,上海古籍出版社1984年版,第298页。

⑤ 邓之诚:《骨董琐记》三记卷五《顾咸正一案刑部提本》,第561—570页。

⑥ 钱海岳:《南明史》卷三十二《谢尧文传》,第1630页。

⑦ [清]曹家驹:《说梦》,道光八年醉沤居士抄本,页十六。

初人的回忆说，谢在被捕前，还“口出大言”，被捕后一受刑，就全部招供了。①

此案恰由在松江的提督吴胜兆负责，所以抓到谢尧文后，只作了关押处理，没有进一步审问。不久，吴胜兆的部下发生内讧，吴的兵变失败。巡抚土国宝派人搜查吴府，发现了那些“逆反”书信与表疏，十分震惊。随后，清政府即按名搜捕，后来除侯玄瀞等二十二名抗清人士逃出外，其余以顾咸正、夏完淳等为代表的抗清志士计三十四人，都被捕获。② 侯岐曾、顾天逵等首先被杀。清刑部题本中说：顾咸正等“率皆心臆共剖，肝胆相许。文愿设谋于帏幄，武愿戮力于疆场。虽射天之弓未张，而当车之臂已怒。无将之诛，万不能为各犯贷也”。③ 不过，在刑部尚书吴达海等人审理这起大案的题本中，岐曾的情况基本上没怎么提，主要就讲顾咸正与抗清已诛侯峒曾之子侯玄瀞、夏允彝之子夏完淳“夙怀不轨之心，共造逆天之罪”，希望与舟山的黄斌卿等人联心，勾连湖泖党羽，“俱应依谋叛律，不分首从皆斩”；他们的妻妾子女入官为奴，财产籍没充饷，父母祖孙兄弟不限籍之异同都“流二千里”。④

这样一件反清大案，涉及松江地方最著名的抗清人士陈子龙。⑤ 四月间，陈子龙听到抓捕风声后，与夏之旭、小童子等人逃到侯岐曾家，那时侯已躲至“厂头”地方。⑥ 岐曾让其婿顾天逵，先将他们藏在仆人侯驯的家中，“驯欣然奉命，事之甚谨”。由于离松江较近，“无重橑复壁可以藏活”。岐曾的日记于此事记载较细。他说，四月二十六日，因松江风声较紧，陈子龙与夏之旭避至嘉定乡下的王庵地方，大概离侯家居地不远。⑦ 在这样躲藏乡间的危难情势下，子龙十分感慨，为岐曾赋《贫交行》道：“家无担石凌万

---

① 台北中研院史语所编：《明清史料》己编第一本《刑部残题本》，中华书局 1987 年影印本，第 103 页；[清] 曹家驹：《说梦》，道光八年醉沤居士抄本，页十六—十七。

② 柳亚子：《柳亚子文集》“南明史纲 · 史料”，上海人民出版社 1994 年版，第 155—156 页。邓之诚指出，被捕的人数于《明季南略》及其他一些书都作四十余人，唯乾隆《苏州府志》记为三十四人，于顺治四年九月十九日在江宁同死，这个数字与刑部尚书吴达海的题奏相吻合。参氏著《骨董琐记》三记卷五《顾咸正一案刑部提本》，第 562 页。

③ 顾诚：《南明史》，第 460 页。

④ 邓之诚：《骨董琐记》三记卷五《顾咸正一案刑部提本》，中国书店 1991 年版，第 561—570 页。

⑤ 关于陈子龙的抗清生活史，可参朱东润的《陈子龙及其时代》，人民文学出版社 2007 年版。

⑥ 厂头是嘉定县约东南三十五里的一个重要聚落，也属古迹。参[清] 姚承绪：《吴趋访古录》卷七《嘉定》，江苏古籍出版社 1999 年版，第 146 页。

⑦ 《日记》，丁亥四月廿六日，第 636 页；[清] 归庄：《归庄集》卷七《传 · 两顾君大鸿仲熊传》，上海古籍出版社 1984 年版，第 408 页；[清] 汪永安原纂、侯承庆续纂、沈葵增补：《紫隄村志》卷五《人物》，康熙五十七年修、咸丰六年增修，上海图书馆藏传抄本。

夫,义重丘山轻一死。”①

可是乡间到处传言,清军大兵聚集松江,将兴大狱。② 而据时人的看法,此际土国宝发兵下乡,其将卒名义是“剿寇”,实际上是在地方上“杀人掠财”,往往“满载而归”。③ 但不管怎样,陈子龙等人被迫重找避地,躲到离王庵仅三里的丰浜(即封浜),应该是在侯驯的家中,但四邻对他们产生了怀疑。在侯驯的劝告下,他们又避至槎楼。④ 此后,在顾天逵的安排下,移到昆山,天逵与兄弟天遴一起将子龙隐藏在黄泥潭丙舍(墓舍)。其目的,是想转道昆山进入苏州境内,而后转道至苏州府常熟县再出海,远走浙东。不料常熟地方道路戒严,舟楫不通,就准备到唐市镇的杨彝处躲藏,却被杨氏拒绝。在天逵的安排下,他们仍回昆山的黄泥潭丙舍隐藏。这时,岐曾已避迹于嘉定厂头的恭寿庄。大概在五月初十日中午,侯驯回到嘉定侯家新的躲藏地厂头的恭寿庄,汇报了这一情况。第二天,陈子龙就被捕了。⑤ 子龙的儿子才五岁,也同时被捕杀。⑥ 在搜捕岐曾时,侯驯还故意将清兵引到别处,但岐曾仍被抓获了,侯驯大呼:“匿陈黄门(即陈子龙)者吾也,与主何与!”⑦

在屡被后人征引的《南疆绎史》中,强调了岐曾对陈子龙这次逃难的帮助,以及他与亲友们的最后死难:“子龙亡命,同夏之旭奔嘉定,告急于侯岐曾;匿其仆刘(侯)驯家,已迁昆山顾天逵所。当事迹至嘉定,执岐曾,别遣兵围天逵家;遂获子龙,锁舟中,泊跨塘桥下。子龙乘间跃入水死,是月二十四日也。犹戮其尸。”据说,操江都御史陈锦审问子龙时道:“何不剃发?”子龙答:“吾惟留此发,以见先帝于地下也。”再问他就“瞠目不答”了。⑧

五月十二日,岐曾与仆人侯驯等都被抓到了松江城。巡抚土国宝审讯之后,派人送来酒菜,要他通个家信,可以不死,岐曾却说:“吾已无家,何信

① [清] 汪永安:《紫隄小志》续二《诗词》,上海博物馆藏康熙五十七年稿本,收入上海市地方志办公室编:《上海乡镇旧志丛书》第13册,上海社会科学院出版社2006年版,第104页。

② 《日记》,丁亥四月廿六日、廿九日,第636—637页。

③ [清] 佚名:《吴城日记》卷中,江苏古籍出版社1999年版,第230页。

④ 《日记》,丁亥五月初五日,第640页。

⑤ 《日记》,侯玄汸“附记”,第642页;[清] 汪永安原纂、侯承庆续纂、沈葵增补:《紫隄村志》卷五《人物》,康熙五十七年修、咸丰六年增修,上海图书馆藏传抄本;[清] 汪永安:《紫隄小志》卷二《人物》,收入上海市地方志办公室编:《上海乡镇旧志丛书》第13册,第54页。

⑥ [清] 顾公燮:《消夏闲记摘抄》卷上,“陈子龙侯岐曾死事”条,旧抄本,收入孙毓修编:《涵芬楼秘笈》第二集,北京图书馆出版社2000年影印版,第668页。

⑦ [清] 汪永安原纂、侯承庆续纂、沈葵增补:《紫隄村志》卷五《人物》,康熙十七年修、咸丰六年增修,上海图书馆藏传抄本。

⑧ [清] 温睿临、李瑶:《南疆绎史》卷十四《陈子龙传》。

为?”第二天再审,岐曾踞坐,用方言大骂不止。① 十四日午刻,岐曾与夏完淳、顾咸正及仆人侯驯、俞儿、朱山、鲍超、陆二、李爱等一起,被杀于松江城西门的跨塘桥,即“云间第一桥”。与他们一同死难的,还有顾咸正的两个儿子天遴与天逵。他们与子龙“素非相识”,而“以国家故”,藏匿子龙而死。天遴是生员,死时二十七岁,天逵是贡生,死时三十岁,二人与子龙死得一样悲壮,“有古烈士风”。当时有位宝山参将,还称岐曾为“好男子”。② 后来还有人说,顾咸正一家,“以藏亡通海,一门殉义,其事最烈”。③

通过岐曾的日记,可以看到,在最后的一段时期里,岐曾的身体与精神状况一样,也比较糟糕,有时便秘六七日、有时又是急性腹泻(日记中常说是痁、霍乱或“河鱼暴下”)、有时是痰火病发、有时为寒热重症。④ 五月初七,是俗传的“天生婆婆”祭拜活动日,岐曾尚未从一场严重的腹疾中完全恢复过来,就准备请工匠为他母亲打造一具寿材。第二天,他的心情似乎很糟,因为有人来报告“千确万确”的消息,道是官府当晚可能会来他们住的恭庄抓捕,岐曾还带着侥幸心理让家人保持镇静,晚上也确实没有什么事情发生。初九日,岐曾的母亲还在逗弄孙儿为乐,报信的人再次来传递危信,“彰彰有据”,结果晚上还是没事。⑤ 岐曾还是大意了,不过在那样的时局,侯氏一家又能躲到哪里去呢?岐曾被捕前的日记最后只写到五月初十日,十分简单:“早,汸辞入城。王内三两书来,才附一札。”⑥

日记中附的这个札,其实是封短信。原文是这样的:⑦

唐市之行,不遇朱家,便似所问非所对。要之,行止久远,莫非天定也。元兄杳然不报,甚异!甚异!儿正驰急足伺的音,而使者亦留之,

---

① [清] 汪永安原纂、侯承庆续纂、沈葵增补:《紫隄村志》卷五《人物》,康熙十七年修、咸丰六年增修,上海图书馆藏传抄本。

② [清] 汪琬:《钝翁续稿》卷四十九《侯震旸传》附侯岐曾传;[清] 计六奇:《明季南略》卷四,“陈子龙投河”条,第268页;[清] 王沄续撰:《陈子龙年谱》卷下,顺治四年丁亥五月,收入[明] 陈子龙:《陈子龙诗集》附录二,施蛰存、马祖熙标校,上海古籍出版社1983年版,第721页;[清] 归庄:《归庄集》卷七《传·两顾君大鸿仲熊传》,上海古籍出版社1984年版,第408—409页;[清] 汪永安:《紫隄小志》卷二《人物》,收入上海市地方志办公室编:《上海乡镇旧志丛书》第13册,第54—55页;[清] 汪永安原纂、侯承庆续纂、沈葵增补:《紫隄村志》卷五《人物》,康熙十七年修、咸丰六年增修,上海图书馆藏传抄本。

③ [清] 陈去病:《五石脂》,江苏古籍出版社1999年版,第375页。

④ 参《日记》,丙戌十一月廿四日、十二月初五日,丁亥元月初三日、元月十九日、元月廿一日、二月廿六日、五月初六日,第600、602、609、611、612、619、640页。

⑤ 《日记》,丁亥五月初七日、五月初八日、五月初九日,第641页。

⑥ 《日记》,丁亥五月初十日,第641页。

⑦ 《日记》,丁亥五月初十日、侯玄汸“附记”,第642页。

不可得其往复语尔尔,恐不宜遭回本境矣。奈何?奈何?弟为大兵将入疁境,闻多所征捕。寒家万分极危,然不暇自计,而亟望吾翁择其所安。真切心事,不出前柬所云,但媿意有余而力不及。更无一条必稳之路,惟吾翁自审择之。

根据后来看到日记的玄汸的说法,这封短札是仆人侯驯从昆山回来,告知彼处情况后,岐曾感到情况万分危急,于当天晚上写好,准备要托人带给陈子龙的,不料第二天他们都被捕了。这封短札就成了岐曾的绝笔。

六、绝望的绅士们

在清初帝国努力于江南重建统治的过程中,地方精英阶层与民众的态度、依归取向,产生了很大分化。[①] 有一部分人,主要是士绅,为生活所迫,为实现个人的愿望,暂时服从了清朝的统治。[②] 一些乡村中的强宗大族,似乎对"华夷之别"并无观念上的严格区分。如上海地区的大族曹氏,较为积极支持这个新建立的清王朝,虽然在以后的"奏销案"中他们一度衰落。[③] 而更多的人,可能与吴江人陆文衡一样,"居恒以惜阴宝俭为第一义",在清初回思甲申、乙酉之交家遭颠覆,所谓"国亡家破,萃于一时"而又不能赴君父之难,"天长地久,此恨何穷"?有着既不敢自附于绅,也不敢自比于人的"绝人逃世"的难言心境。[④] 当然,为后世多所称道的,则是那些奋起抵抗的江南士绅与民众,他们否认清政权已经建立的事实,以武力和文化批判等方式,进行着各种各样的反对活动。

不可否认,长期优游于江南的士绅最初对清帝国的反抗,一是出于耻为"异族"之臣民的心理,如归庄所言"华人变为夷,苟活不如死";[⑤]二是担忧新王朝的建立,将使他们丧失原来的既得利益和社会地位。附和他们一起

---

① 魏斐德有这方面的专门综论,参其著《洪业——清朝开国史》,陈苏镇、薄小莹等译,江苏人民出版社 1998 年版,第 451—456 页:"乡绅们的矛盾心理"。

② 参吴晗:《爱国的历史家谈迁》,载[清]谈迁:《北游录》,中华书局 1960 年版,第 1—7 页;另参该书"纪邮"上,第 64 页。

③ (日)佐藤仁史:《清朝中期江南的一宗族与区域社会——以上海曹氏为例的个案研究》,载《学术月刊》1996 年第 4 期,第 83—89 页。

④ [清]陆文衡:《啬庵随笔》卷末《附录乡贤公感忆生平篇》,光绪二十三年吴江陆同寿刻本,台湾广文书局 1969 年影印版。

⑤ [清]归庄:《归庄集》卷一《诗词·断发二首》,上海古籍出版社 1984 年版,第 44 页。

反抗的，以明末以来的“盗贼”、无业游民、光棍等人为主，绝大部分乡村民众并未附和，[①]除了对剃发颇为敏感外，其实还是很淡漠而怯懦的。而地方无赖、乱民与真正的抗清义士或义师纠结在一起，让后人很难区分。[②] 不过，在抗清的历史书写中，这种区分似乎也无太大的意义。

在这样的历史大变局中，个人生命显得十分微渺。面对清政权摧枯拉朽式的狂飚突进，任何抵抗都显得有些徒劳，也时常让侯岐曾这样的抗清志士感到绝望。

在清兵下江南前夕，夏允彝就曾与好友曹家驹说过“天下必归清朝无疑”，但又说“我唯有一死，但争迟速耳”。而曹家驹的记忆中，在清兵南下时，松江名士、曾任户部主事的吴嘉胤面对这样的危难时局，慨然有揽辔之意，对曹说：“我非乐仕进，特欲觅一死所耳。”[③]像夏允彝绝命词中所言“中兴望杳，何忍长存”的绝望心境，[④]应该在当时的士人群体中也有一定的代表性。

弘光朝结束后，江南地区的一二士子“率乡愚以抗方张之敌”，就像时人所论的，“是以羊投虎，螳臂当车，虽乌合百万，亦安用乎”！[⑤] 之所以仍在誓死抵抗，大抵是为了“义”，明知不可为而为之，以死明义，所谓“临危一死报君恩”。[⑥] 明末清初松江人杜登春身历鼎革之乱，在撰写《社事始末》时，就说：“乙酉、丙戌、丁亥三年之内，诸君子各以其身为故君死者，忠节凛然，皆复社、几社之领袖也……此外之孤忠报国死而不传者，又不知凡几。”[⑦]

清朝官府在城乡地区，对于反清复明分子的大规模清洗，在很大程度上又动摇了前明士绅阶层在地方上的力量。工部侍郎陈有明与土国宝曾坐镇西仓城，“日杀百人，半月方止”。[⑧] 其结局多如归庄所言，“自陵谷变迁，士君子之秉大义、抱微尚者，有郁积于中而又难于讼言，则托之古人以见志”。“郁积于中”、“难于讼言”、编写“遗民”传记等，恐怕成了那时许多江南有志

① ［清］查继佐：《国寿录》卷三，“兵科郎中钱旃传”条，中华书局1959年版，第100页。

② （美）魏斐德：《洪业——清朝开国史》，第502—505、511页。

③ ［清］曹家驹：《说梦》，道光八年醉沤居士抄本，页九 — 十一。

④ ［清］黄宗羲：《弘光实录钞》卷四，浙江省图书馆藏光绪三年傅氏长恩阁抄本，收入《续修四库全书》史部第367册，上海古籍出版社2002年影印版，第413页。

⑤ ［清］计六奇：《明季南略》卷四，“总论起义诸人”条，第278页。

⑥ 参汪荣祖：《江南与明亡清兴——兼论历史地缘说》，载熊月之、熊秉真主编：《明清以来江南社会与文化论集》，上海社会科学院出版社2004年版，第10页。

⑦ ［清］杜登春：《社事始末》，收入［清］张潮主编：《昭代丛书》续编戊集卷十六，吴江沈氏世楷堂藏板，道光年间刊、光绪二年重印本。

⑧ ［清］姚廷遴：《历年记》，“历年记上”，稿本，收入上海人民出版社编：《清代日记汇抄》，上海人民出版社1982年版，第65页。

之士的最终表现。即如亲历明清鼎革的嘉定人朱子素，就是以编写《遗民录》以见其志，而为此书作序的归庄也只能“掩卷而太息”了。①

侯岐曾等人的地下反抗活动，若非其日记留传后世，单凭想象，人们很难细致地感受到那种生活日常中的惊心动魄。而与岐曾暗中勾连的江南反清人士，堪称遍布太湖东南部城乡地区，有的还是一代名士。他们短暂的抵抗活动，随着清政权的全面渗透太湖地区，已趋减退。像紫隄村这样“三凤蜚名，六龙著族”的士族聚居地，在鼎革之后同样是“风景在而山河殊，繁华歇而沧桑易”。② 村庄已经需要向新政权的衙役、讼师或者兜售士人特权的人寻求庇护，城镇需要通过秘密会社组织寻求保护，士人则向帝国特权求得保护，这样一来，地方社会就无法被真正动员起来。③ 所谓“每一王兴，有附而至荣者，即有拒而死烈者”，生易死难之叹，在明清交替之际更让人感怀至深。④

事实上，至1647年左右，怀着最后复明希望的江南士人，大多已趋于绝望，就像归庄那样，发出了“宫阙山河千古壮，可怜不是旧京华”的感叹。⑤ 殉难时不过17岁的夏完淳，留有绝笔诗云⑥：“无限河山泪，谁言天地宽！已知泉路近，欲别故乡难。毅魄归来日，灵旗空际看。”⑦临刑前，完淳还对人说：“我辈未尽之志，慎毋相忘！”⑧而岐曾的日记，亦如清代人讲的那样，所谓“忠孝之言，缠绵悱恻，几使人不忍卒读”。⑨ 人生命运的变幻与时代的不幸遭际，时时让人体味到一种深深的悲凉，一如陈子龙遁迹江村时留下的遗诗所言：“泪尽人间世，天涯何处逢。”⑩而遗存于世的人，或如盛韫贞所作的《春草堂诗》中所述：“玉树人俱尽，金庭事已非。何须问短笛，独立泪沾衣。”⑪在那样一个动荡不安而危难叵测的时代，“冀无望之福，必招无望之祸”。⑫

---

① ［清］归庄：《归庄集》卷三《序·历代遗民录序》，上海古籍出版社1984年版，第170—171页。

② ［清］汪永安：《紫隄村小志》卷之前《近村》，康熙五十七年辑录稿，收入上海市地方志办公室编：《上海乡镇旧志丛书》第13册，上海社会科学院出版社2006年版，第5页。

③ （美）邓尔麟：《嘉定忠臣——17世纪中国士大夫之统治与社会变迁》，宋华丽译，中央编译出版社2012年版，第318页。

④ ［清］计六奇：《明季南略》卷四，“总论江南诸臣”条，第277页。

⑤ ［清］归庄：《归庄集》卷一《诗词·寄怀顾宁人》，上海古籍出版社1984年版，第141页。

⑥ ［明］谈迁：《枣林杂俎》仁集《逸典》，“群忠备遗”条，中华书局2006年点校版，第145页。

⑦ ［明］夏完淳著、白坚笺校：《夏完淳集笺校》卷五《五言律诗·别云间》，第260页。

⑧ ［清］陈去病：《五石脂》，第290页。

⑨ 《日记》，金元钰“题跋”（嘉庆十五年重阳日），第482页。

⑩ ［明］陈子龙：《避地》，收入［清］汪永安：《紫隄小志》续二《诗词》，收入上海市地方志办公室编：《上海乡镇旧志丛书》第13册，第105页。

⑪ ［清］董含：《三冈识略》卷二，“春草堂诗”条，辽宁教育出版社2000年版，第27页。

⑫ ［清］曹家驹：《说梦》，道光八年醉沤居士抄本，页十七。

第六章　水灾与社会反应

一、水 患 问 题

江南是水乡泽国,水灾是当世与后来人们最关注的自然灾害。相应的水利防护传统时常被官绅们所强调,并以政府为主导,水利设施屡有重建。

一般认为,宋代以来的苏、湖、常、嘉、松地区,虽然土田高下不等,但若以十分为率,这些地方大概“低田七分,高田三分”,环境特质基本一致。元代的海宁人周文英还说,“天下之利莫大于水田;水田之美无过于浙右”。①他所讲的浙右,应该是当时钱塘江以北的江浙行省部分,正好包括了整个太湖平原。后来明代吴县人杨循吉(1456—1544)所谈及的“三山六水一分之田”,也是对江南水土环境极好的概括。②

太湖平原作为江南的核心地带,除了西部的常州、湖州地区,基本属于比较低洼的水乡。不过当中的区域水利形势与民生,并不是共同无差别的。如所周知,高亢的乡村,因缺水而易出现旱情;而低洼的水乡,则因雨期过多的水量,常常要发生洪涝之灾。

以明代的嘉兴府而论,嘉兴县地势最高,所谓高亢而怕旱;秀水县土地卑下而惧水潦;嘉善县地势是南高北低,存在着“旱则南乡困、潦则北乡悲”的情况。③ 归有光所论昆山至嘉定县地方的情形,也差不多:“夫高阜之地,远不如低洼之乡。低乡之民,此亦各有利害。虽遇大水,有鱼鳖菱芡之利。长流采捕,可以度日。高乡之民,一遇亢旱,弥望黄茅白苇而已。低乡水退,

---

① ［明］姚文灏:《浙西水利书》卷二《周文英三吴水利》,“豫章丛书”本。

② ［明］杨循吉:《明礼曹郎杨君自撰生圹碑》,收入［明］钱谷编:《吴都文粹续集》卷四十三,文渊阁四库全书本。

③ ［明］陈龙正:《几亭全书》卷二十三《政书·乡筹》,“治人治法”条,康熙云书阁刻本。

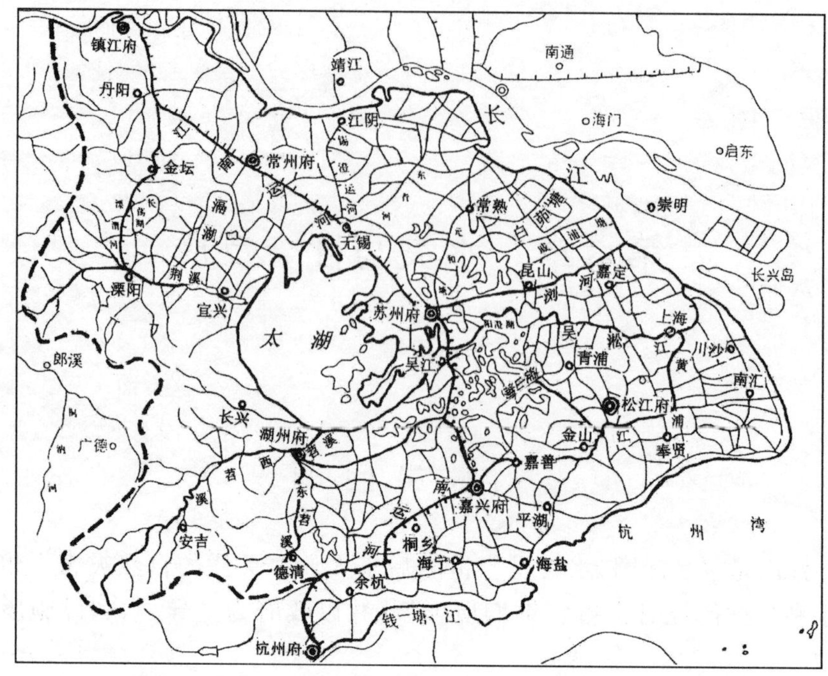

图一 太湖平原水系网络示意

次年以膏沃倍收；瘠土之民，艰难百倍也。”①归有光不仅指出了高乡与低乡的差异，而且特别表示即便遇到大水灾，低洼水乡的生活仍较高乡好过。但谁都知道，这是相对而言的。再如，松江华亭人何良俊(1506—1573)言及家乡农田水利，说道松江之田高下悬绝：“东乡最高，畏旱；西乡最低，畏水”；低洼的西乡“地低而水广”，百姓易于车戽；而高乡只要一月无雨则“苗必槁死”。如果从水利应对的角度来看，东乡每年需要开支流小河，而西乡则每年要筑围岸。② 不过这类高乡与低乡的差别，也是相对的。仍以嘉定为例，这里在江南水乡属于比较高阜的地区，其水网环境，明末清初人顾炎武曾有专门的概括：嘉定幅员不到百里，而塘浦陂池大者以数十计，次者以数百计，小者以数千计，复出多歧，纵横纡直，至不胜纪。③ 如果不与更为低洼的青浦、吴江等地作比较，在一般人看来，嘉定当属泽国无疑了。

但不管怎样，无论高乡与低乡，用于蓄泄水流的相关水利设施，以及常年维护这种水利的制度与措施，一直显得十分重要。浙江仁和人张瀚

---

① ［明］归有光：《震川先生集》卷八《论三区赋役水利书》，周本淳点校，上海古籍出版社1981年版，第167页。

② ［明］何良俊：《四友斋丛说》卷十四《史十》，中华书局1959年版，第113—114、121页。

③ ［清］顾炎武：《天下郡国利病书》原编第五册《苏下》，1936年涵芬楼影印昆山图书馆所藏稿本影印。

(1510—1593),就十分强调这一点。他说:“夫水土不平,耕作难施,必先度地高下,寻水归宿,浚河以受沟渠之水,浚沟渠以受横潦之水,使其接续流通,而于最低洼处多开池塘以潴蓄之。”倘若常年能保持这样的蓄泄顺畅,那么“夏潦之日,水归塘堰,亢旱之日,可资灌溉”,对农业生产来说就十分有保障,所谓“高者麦,低者稻,平衍者则木绵、桑、枲,皆得随宜树艺”。①

然而,在很多人的记忆中,江南水乡发生的大水灾实在太过频繁,灾难时期的情景更是可怕。就明代万历年间而言,当时水灾的危害之重、影响之深,是万历朝至清代初期人们的普遍记忆。从现存史料来看,万历年间的大灾,主要发生于万历十五年(1587)、万历三十六年(1608)两个年份。关于这方面,在以往的江南水利社会史研究中,注目不多,甚至在一些研究统计中完全没有涉及。②

---

① [明]张瀚:《松窗梦语》卷四《三农纪》,中华书局1985年版,第73页。

② 涉及明代江南水灾与地方水利建设的研究,比较丰富,且各有侧重点。与社会经济史领域的关键问题有密切关系的,首推濱島敦俊的《明代江南農村社会の研究》(东京大学出版会1982年版)、《明代江南の水利の一考察》(载《东洋文化研究所纪要》1969年第四十七册)、《姚文灝登場の背景——魏校〈莊渠遺書〉に拠る試論》(载中国水利史研究会编:《佐藤博士還曆記念・中国水利史論集》,国书刊行会,1981年)等论著,紧密结合江南农村社会的实际状况,深入探讨了水利与徭役制度的问题;其他重要的研究,还有森田明的《明清時代の西湖水利について》(中国水利史研究会编:《中国水利史研究》1971年第5号,第28—46页)、《明末清初的练湖之盗湖问题》(载氏著《清代水利社会史研究》第二章,郑樑生译,台北:编译馆1996年版)、《明代の治农官につぃて:江南水利の一側面》,(载《福冈大学研所报》1971年第14号,第55—72页)与《明末における塘长制の变质について》(载《東方学》第二十六辑,后收入载氏著《清代水利史研究》,亞纪书房1974年版,第450—471页),同样是关于低洼水乡塘长的研究,还有星斌夫、舟桥贞男的《明代の塘长について:特に松江府における》(载星斌夫:《明代漕运の研究》,日本学术振兴会1963年版,第465—485页)、林金树的《明代江南塘长述论》(载《社会科学战线》1986年第2期,第169—174页)、李济贤的《明代塘长述略》(载王春瑜主编《明史论丛》,中国社会科学出版社1997年版,第156—174页)等。关于水利政策与建设的阶段性特点的描述,有川胜守《明代江南水利政策的发展》(载《明清史国际学术讨论会论文集》,天津人民出版社1982年,第536—548页)、潘清的《明代太湖流域水利建设的阶段及其特点》(载《中国农史》1997年第2期)与《明清时期江南的水利建设》,载范金民编《江南社会经济研究(明清卷)》(北京:中国农业出版社2006年版)等;而宏阔地论述江南水利及技术史的,主要有北田英人的《中国江南三角洲における感潮地域の变遷》(载《東洋學報》1982年第63卷第3・4号)、缪启愉编著的《太湖塘浦圩田史研究》(农业出版社1985年版)、郑肇经主编的《太湖水利技术史》(农业出版社1987年版)、洪焕椿的《明代治理苏松农田水利的基本经验》(收入洪焕椿、罗仑主编:《长江三角洲地区社会经济史研究》,南京大学出版社1989年版,第105—137页;后收入氏著《明清史偶存》,南京大学出版社1992年版,第452—484页)、张芳的《太湖地区水利的建设和治理》(载太湖地区农业史研究课题组编:《太湖地区农业史稿》第二章,农业出版社1990年版)、彭雨新与张建民的《明清长江流域农业水利研究》(武汉大学出版社1993年版)、黄锡之编著的《吴地水利》(南京大学出版社1994版)等;侧重于灾害史分析的,主要有夏越炯的《浙江省宋至清时期旱涝灾害的研究》(载《历史地理》创刊号,上海人民出版社1981年版)、汪家伦的《历史时期太湖地区水旱情况初步分析(4世纪—19世纪)》(载《农史研究》1983年第三辑)、(转下页)

统观明代江南水利社会史,万历年间的特大水灾与水利社会的问题同样重要,是揭示明代后期江南社会的变化、地方利益与王朝统治的关系以及江南官绅阶层的复杂网络与社会影响的一个关键切入点。基于这样的认识,本章不再探讨明代江南水利的理论规划、制度安排或技术史,而主要从分析当时人们的水灾记忆与相关认识入手,对其间的灾害情况、官绅阶层及地方社会的应对作了基本的梳理,最后简单论述万历年间水灾成为后来江南灾害的比照情况。

二、万历年间的大灾

万历朝时期较长,比四十五载的嘉靖朝还长了两年。在这段时期里,从各种文献记录的情况来看,江南地区发生过的大水灾,主要出现在万历十五年与万历三十六年。特别是万历三十六年,号称最为严重,史上少有。其间,万历十六年虽然在多数地方表现为大旱灾,但有一些地方文人的记录中以大水灾为主,故在本章的论述中,仍予适当的观照。

万历十五年,嘉兴名士冯梦桢(1548—1595)从国子监祭酒的位子上退归乡里时,选择了杭州作为闲隐之地。从这一年开始,到万历三十三年,他记了一部长达十九年的《快雪堂日记》。其间虽然充斥着他对艺术品的爱好及收藏、交流情况,但还是有一些内容与江南的气候环境有关。在日记的第一年与第二年,即万历十五、十六两年的江南雨水情况,他有比较简单的记录。详参表1。

表1　万历十五—十六年江南的降雨情况

万历十五年(1587)		万历十六年(1588)	
日　期	降雨情况	日　期	降雨情况
		正月初十	雨
		正月十四	雨;薄暮雨止
		正月十七	雪消且雨
		二月初一	夜雨

(接上页)陈家其的《太湖流域南宋以来旱涝规律及其成因分析》(载《地理科学》1989年9卷1期)、罗丽馨的《明代灾荒时期之民生——以长江中下游为中心》(《史学集刊》2000年第1期,第37—48页)等。

续 表

万历十五年（1587）		万历十六年（1588）	
日 期	降雨情况	日 期	降雨情况
		二月初二	雨
		二月初三	晚雨
		二月初五	雨,午后益甚,终夜听滴沥声
		二月十六	午饭后雨
		二月廿二	阴雨
		二月廿三	夜雨雹
		二月廿四	雨
		二月廿六	夜雨急,雷电
		二月廿八	雨
		二月三十	至陡门雨止天晴,有霜,甚寒
		三月初一	晨有细雨,下午雨止
		三月初四	阴有微雨
		三月十九	晨雨渐止而阴,午后复雨
		四月初四	薄暮,大雨如注,达旦
		四月初五	雨
		四月初六	雨;薄暮,雨益甚,复有彻夜气色,雨遂彻夜
		四月初九	夜微雨
		四月廿三	早细雨
五月初四	雨	五月初六	微雨时飞;初更,细雨,彻明
五月初五	雨	五月十二	下午落微雨
五月初七	雨,午后晴	五月十九	夜闻窗外微雨
五月十九	雨;下午雨止,夜复雨	五月廿三	雨
		五月廿八	有微雨;夜雨彻明
六月初一	雨	六月初一	西湖乍晴乍雨
六月初六	雨	六月十八	午后起有雨
六月初七	雨,自黄昏逮晓不绝声,早益甚,如注	闰六月初一	午后微雨
		闰六月初八	夜闻大雨
六月廿八	午后风雨大作	闰六月十三	有雨
六月廿九	有微雨;夜复有小雨	闰六月十八	间有微雨
		闰六月廿四	大风雨
七月初六	雨	七月十三	五更闻雨声甚急
七月十六	午后有雷雨	七月十九	雨
七月廿一	竟日大风雨	七月廿七	夜半微雨
七月廿七	雨		
七月廿九	雨点滴,彻夜不休		

续　表

万历十五年（1587）		万历十六年（1588）	
日　期	降雨情况	日　期	降雨情况
七月三十	雨		
八月初三	卧中闻雨滴	八月廿二	阴,时有微雨
八月初六	阴雨而时见日		
八月初九	大风雨		
八月十四	雨堕水中,如撒珠击玉		
八月廿二	夜大雨,达旦		
八月廿八	微雨洒途,夜彻雨		
八月廿九	雨,日中后渐晴		
九月初四	雨,午后稍微明	九月初四	雨
九月初五	雨彻曙	九月廿五	夜雨
九月十六	微雨		
九月十七	雨		
九月廿六	雨		
十月初四	阴雨,下午渐密,遂彻夜	十月初五	雨
十月初八	雨	十月初六	雨
		十月十四	阴雨
		十一月十二	阴雨
		十一月十三	风雨
		十一月廿八	阴晦且微雨
		十二月廿八	早有微雨如丝
		十二月廿九	阴雨且雷

资料来源：[明]冯梦桢：《快雪堂日记》卷一至卷二,凤凰出版社 2010 年版,第 1—30 页。

冯梦桢的日记并不是每天都有,像万历十五年一至三月完全没有日记,十一月的只记了两天,十二月的只记了五天。在其记下的日子中,有雨水的时候,看上去还是比较频繁。但当中记录的,有的是在杭州城区,有的是在郊野之地,并不都在一个地方。且冯氏长期住在杭州,对江南的水灾也已熟视无睹,并不为意。他日记中侧重的内容,多在交友情况与书画艺术方面的心得感受。这样看来,冯氏日记中相关的雨水记录,并不能充分展现万历十五年与万历十六年江南的灾情。但值得注意的是,冯氏在日记中,偶尔会有一两句有关雨水之灾的描述,以及对灾害的经验性认识,颇饶趣味。以下是摘录出来的部分：

（万历十五年六月）初六，雨……俗传此日为猫狗洗浴日，不宜雨，雨主大水。①

（七月）二十一日……竟日大风雨，飞瓦拔木……肩舆逆风甚涩，几不能成步。②

（万历十六年二月）三十日，至陡门而曙，有霜，甚寒。谚云“春霜不隔三日雨”，甚为危之。③

三月初一，晨起，阴，遂细雨，“春霜”验如此。至长水塘……下午雨止……仇益泰云：“二月夜雨，可以占水、旱，十夜雨为均平，少则旱，过十二则水。嘉靖四十年，十五夜，其年秋，冬大水，高乡俱没，去年丁亥，十八夜，水甚，辛酉，今年则十七夜矣，恐水患未弭。”奈何？④

（四月）初六，雨。……薄暮，雨益甚，复有彻夜气色，伤哉！雨遂彻夜。⑤

（八月）十二日，阴。今日俗为盐生日，雨则谷不实。⑥

日记是私人的生活史，自然不可能全面地反映出地域社会的全部面貌及民众感受。而春秋笔法式的正史中，这方面的记载也很简略。《明史》编撰者只是作了这样的记录：万历十五年“秋七月，江北蝗，江南大水”；而次年发生灾害的类别则并不清楚，只是说“春三月，南畿、浙江大饥疫；六月，以灾伤停减苏、杭织造”。⑦ 而在其《五行志》的记述中，万历十五年的灾情相对详细些：万历十五年五月，浙江大水。是岁，杭、嘉、湖、应天、太平五府江湖泛溢，平地水深丈余。七月终，飓风大作，环数百里，一望成湖。不过有关万历十六年与三十六年的灾情，没有记载。⑧ 从总体上看，正史记载同样不能十分清楚地展示出江南地区在万历十五年、十六年、三十六年间所遭遇的灾情以及地域差异。

比较起来，地方志中的灾情记录显得具体得多。现代气象学者们依据江南各种地方志及《明实录》所作的气候史资料统计排比，十分清楚地说明了江南苏州、常州、松江、嘉兴、湖州、镇江、杭州地区在万历十五年、十六年

① ［明］冯梦桢：《快雪堂日记》卷一，万历十五年六月初六，凤凰出版社 2010 年版，第 3 页。
② ［明］冯梦桢：《快雪堂日记》卷一，万历十五年七月二十一日，第 4—5 页。
③ ［明］冯梦桢：《快雪堂日记》卷二，万历十六年二月三十日，第 13 页。
④ ［明］冯梦桢：《快雪堂日记》卷二，万历十六年三月初一，第 13 页。
⑤ ［明］冯梦桢：《快雪堂日记》卷二，万历十六年四月初六，第 16 页。
⑥ ［明］冯梦桢：《快雪堂日记》卷二，万历十六年八月十二日，第 22 页。
⑦ 《明史》卷二十《神宗本纪一》，中华书局 1974 年版，第 271—272 页。
⑧ 《明史》卷二十八《五行志一》，第 453 页。

及三十六年所遭受的灾害情况。不妨罗列成表格,以作比较(参表2)。

表2 万历十五年、十六年及三十六年江南灾害情况统计

年份 地区	万历十五年 (1587)	万历十六年 (1588)	万历三十六年 (1608)
宝山	五月大雨,无麦	春淫雨,夏秋大旱,疫死者相枕	夏大水,四月至五月大雨四十七日,平地成河,行船者无河道可循,二麦俱烂
南汇	夏秋异雷飓风,禾麦俱被淹折		
青浦	夏五月大雨彻夜,平地水丈余	秋大水,伤稼	五月凤凰山蛟起
嘉定	五月大雨,无麦	春淫雨,秋大旱疫,岁大祲	四月至五月大雨,凡四十七日,平地成河
松江	夏五月大雨,平地水深丈余,无麦	夏五月大水,秋七月大风拔木倒屋,田禾皆尽,大饥	
上海	五月至七月淫雨,雷飓伤稼	春大旱、大疫,五月大水,七月大风,大饥	大水,大饥
金山			大水为灾,人饥而死者数万
崇明			七月十七日飓风潮溢;八月十七日潮又作,淹田庐,岁饥
常州	水灾,民食草根树皮俱绝;七月丁巳,所辖诸县飓风骤雨数日不息,洪水暴涨,漂民庐舍无算	旱灾	三月二十九日至五月二十日淫雨不止,竟为陆沉
镇江	七月丁巳,所辖诸县飓风骤雨数日不息,洪水暴涨,漂民庐舍无算		大水,淫雨大水,麦禾尽伤
武进	七月丁未,飓风骤雨,数月不息,洪水暴涨,漂民庐舍	大旱疫	淫雨自三月二十九日至五月二十四日,时迎春乡发两蛟大雨,平地水溢,田禾尽没
溧水	旱	大饥,人相食	夏五月大水,荡民居,圩尽溃,岁大饥
高淳	六月大雨连月,圩埠尽溃,民舍荡没	大旱大疫,道殣相望	大水,舟入市,岁大饥

续 表

年份/地区	万历十五年（1587）	万历十六年（1588）	万历三十六年（1608）
溧阳		大旱	大水
丹徒 丹阳 金坛			大水
江阴	水，民食草根树皮殆尽	旱	三月大雨，至五止
无锡	七月二十一日大风潮，湖水骤涨，民多溺死	大水	大旱
苏州	七月丁巳飓风骤雨，数日不息，洪水暴涨，漂民庐舍无算；五月至秋七月苏州淫雨伤禾麦		
吴县	五月至秋七月淫雨，伤禾麦	大旱，太湖为陆地	自三月二十九日至五月二十四日淫雨，伤稼，庐室漂荡
太仓	大水		四、五月连雨四十余日，江海水溢，西南乡水高至丈余，居民逃徙
常熟	四月，大水无麦；秋多飓风，无禾菽	春霖雨，夏旱，大疫，斗米钱三百二十，死者比比莩塞于路	四月下旬大雨，至七月下旬始晴，城中积潦盈尺，城外一望无际；郡抵邑，邑抵各乡，皆不由故道，望树为志，从人家檐际扬帆，高低田亩尽成巨浸
吴江	夏淫雨，七月二十一日大风雨一昼夜，田间崩裂，水溢丈余，禾苗漂没	夏恒雨，大饥	三月至五月淫雨，水浮岸丈许，高田皆淹没，城中居民皆驾阁以处
昆山			四、五两月连雨五十日，吴中大水，田皆淹没，城中街道积水，深可泛舟
杭州	五月江潮泛溢，平地水深丈余；七月终飓风大作，环数百里一望成湖；钱塘水	钱塘春大雨水，夏六月旱，大饥，瘟疫	大水；钱塘夏大雨水
临安	水；昌化大水	旱，大饥，饿殍载道；昌化自夏及秋三月无雨，五谷皆槁，秋大饥	

续　表

年份/地区	万历十五年(1587)	万历十六年(1588)	万历三十六年(1608)
余杭		大荒	六月大水,南湖北堤决,漂没民房,市可乘舟
吴兴	乌程元旦雨雪浃旬不止,十六日大风雨拔木,太湖溢,平地水深丈余;归安元旦雨雪浃旬不止,秋大风雨拔木,太湖溢	乌程三月大饥疫,五月大旱蝗,饥殍载道,民茹草木;归安蝗且疫	乌程大雨如注,四月朔至六月晦止;湖水泛溢,陆可行舟,大饥;归安夏五月淫雨,湖水泛溢,无禾,民大饥
长兴	元旦雨雪浃旬不止,大饥	秋大风雨拔木,太湖溢,平地水深丈余,五月大旱蝗,饥殍载道,民茹草木	
嘉善	五月大水,舟行畎亩间,秋大风拔木凡十余日	大饥;米石至一两八钱,流民动以万计	五月大水,郊原成河,禾黍俱漂,民饥
嘉兴	秀水是年水灾	嘉兴府大水复大疫,饿殍盈野	水灾
平湖	秋七月二十一日大风雨,海水大至	旱无获,饥死无算	是年大雨累月不止,室庐俱坏,田可行舟,岁欠
桐乡	大雨疾风发屋拔木,田禾淹没;石门夏秋大水害稼,七月二十一日雨如注,大风拔木	大疫,冬大雷电	大雨霖,居民陆地行舟;石门四、五月间大雨如倾者,彻五十昼夜,田圩淹没
安吉	孝丰五月大水,无麦禾	孝丰旱蝗且大疫,饥殍载道,民茹草木	孝丰水灾
德清			大水,大街去水尺许,岁大饥;武康大水没田,民饥
海宁	七月潮溢;七月中飓风大作,环海数百里一望成湖		五月大水
海盐	七月二十一日大风拔木发屋,海潮坏石堤,水大至	米价腾踊,大饥;秋旱复无年,浮胔蔽水	

资料来源:上海、江苏、安徽、浙江、江西、福建省(市)气象局、中央气象局研究所编:《华东地区近五百年气候历史资料》,1978 年 1 月,第 1. 8—1. 10、2. 113—2. 114、2. 163—2. 165、4. 6—4. 8、4. 47—4. 50 页。

说明:表中所示地区,多按民国时代归并整合后的建制排列,统计资料即以此为标准作分类。

虽然由于资料采择面的关系，表2中的统计有不完整的地方，但是水灾的地区分布与受害程度，还是能比较清楚地展示出来。

根据上述不同侧面的统计对比，万历十五年、万历三十六年江南地区基本为大水之灾年；而万历十六年的情况稍有不同，有的地方仍为水灾，但更多的地方则为旱灾与疫病流行。表2在这方面能提供出地区性的差别。至于受灾的严重程度，显然以万历三十六年为最。地方史料与明代文人的记忆，皆堪证明。

三、灾害的程度

在地方史料中，方志记载灾害情况比较系统，惜乎太过简单。

例如，万历年间所编青浦县地方志，对大水灾着墨不多，记了几句"万历十五年正月十四日水冰"、"万历十六年秋，大水伤稼，至十七年夏大旱，泖湖几成沟洫"，①再无详细的描述；清代地方志的作者虽然一样着墨不多，却略有细节：万历十五年"夏五月壬辰大雨彻昼夜，平地水深丈余"、"十六年秋大水伤稼"、"十七年夏大旱，泖湖涸为沟"。清代的记录显得相对有价值一些，而关于万历三十六年的特大水灾，二者均无适当的记载。②

再如万历《常州府志》也较简单，只记了一句："江南诸郡自三月二十九日以至五月二十四日，霪雨为灾，昼夜不歇，千里之内，俱成陆海。"③

而万历《钱塘县志》没有记下万历十五年的灾情，万历十六年的情况则是"春大雨水，夏六月旱，瘟疫盛行"；对于万历三十六年大水灾的描述相对详细得多：④

> （万历）三十六年，夏大雨水。四月至五月终，大雨数十日夜不止，水骤涨，江上水逆入龙山闸进城，西湖水满，从涌金门入湖，舟撑至华光庙桥边，城门闭十余日，从清波门入府堂，水深四尺，黄泥潭居民水及屋梁。余杭南湖塘为居民所决，水直下钦贤等二十余里，一夜水涨丈余，墙屋俱坍，溺水者无算，得活者舣舟以居。一月水始退，浩荡若云海无

---

① 万历《青浦县志》卷六《祥异》，万历二十五年刊本。

② 光绪《青浦县志》卷二十九《杂记上·祥异》，光绪五年刊本。

③ 万历《常州府志》卷七《钱谷》，万历四十六年刻本。

④ 万历《钱塘县志》之《纪事·灾祥》篇，万历三十七年修、光绪十九年武林丁氏刻陶浚宣署本。

际，稍露一二树杪。盖二百年来未见此灾。

同样地，光绪《石门县志》的编撰者描述万历三十六年大水灾时，在该年“夏大雨水”条目下，以小字详注云：“四、五月间大雨如倾者，彻五十昼夜。田圩淹没，农家以门扇堤之。五月十九夜，余杭南湖塘决，一时水涨数尺，四望无涯，灶沈蛙产，庐舍俱倾，田秧腐烂，盖二百年来未有之灾也。”①

石门县与钱塘县，并不属于江南地势最低洼的地方，但都将该年的大灾号称二百年来所未有，则是绝大多数地方志中罕有的表现，以示地方受灾的深重。

如果将江南地区的明清方志作全面扫描的话，偶尔也会有地方在灾害编年纪实中，附录当时文人的感受与评论，且多系短篇小文，对相应水灾的描述就显得十分生动翔实了。

比如，光绪《归安县志》中，讲到万历十五年、十六年的灾情，是很简短的两句，分别为“十五年元旦雨雪浃旬不止，秋大风雨拔木，太湖溢”与“十六年蝗、旱且疫”。可是在万历三十六年夏季大水灾的记录中，正文中也只云“夏五月淫雨，湖水泛滥，无禾，民大饥”，然而随之附录的长段小注，却是引录时人严自明的《灾略记》，相当生动。兹取其中一段，以作比照：②

> 今岁之水，起自四月初旬，延绵至五月下旬，淋漓者五十日，泛溢者一丈余。惟时麦将黄而未刈，蘁将实而未收，麻菽与荇藻俱沈，瓜蔬共芋芡同腐，三农春熟扫地无余；又水日高，太湖泛涨，斥卤原隰混为一区，丘陵坟衍化成陆海，尺地寸田靡遗茎穗；兼之室庐败坏，墙壁倾颓，河鱼游于灶下，居民宿于树巅；桑株黄萎，桃李凋枯，天之降割下民至此极矣。而又乱民四起，盗贼充斥，昼则乡里无赖什百成群，望屋而投，耕门而入，指囷而取，揭釜而食，斗粟尺布搜索无遗；夜则持矛燃炬突进，争先杀人如芥，弃尸漂河，叫号之声彻夜不绝。居民挈妻襁子，载之扁舟，弃家室，鬻鸡犬，以避地于高原者什而五六。盛夏草木黄落，村墟百里无烟。

像上述这类灾情描述，更多地散见于文人的笔录。有的同样被收入地方志中，而且还是碑刻文献，颇值得关注。譬如，万历二十六年进士、钱塘人

① 光绪《石门县志》卷十一《杂类志 · 祥异》，光绪五年刊本。

② 光绪《归安县志》卷二十七《前事略 · 祥异》，光绪八年刊本。

黄汝亨(1558—1626)所撰的《化湾闸碑》,描述的是湖州地区主要河流苕溪上游的重要水闸化湾闸的功用,以及在万历三十六年大水期间被冲毁后的惨象:①

苕溪居邑之西偏,通霅溪、太湖,注于海,沿袤百五十里,为闸有五。曰化湾闸者,北注径山,南注天目,承双流之要冲焉。水溢则阖,旱魃则辟,以潴以泄……万历戊申夏四月,天乃降割,淫雨为灾,浃四旬不休。五月塘崩,闸复圮,苕水悬注,如倾三峡,大浸稽天,桑田为海,下民其鱼,屋庐荡拆,莳种亡具,啼号流散,遍于四海。

化湾闸创设于宋代,是当地有名的水闸,行政上已属杭州府钱塘县辖区。被大水冲塌的事例,除了万历年间外,于洪武、永乐、康熙等时期都发生过。

曾任南京国子监学正、四川按察司佥事、贵州布政使的常熟人陈禹谟(1548—1618),撰有《瓦窑塘碑记》,讲述的则是余杭县境内的南湖水利问题以及重要堤防瓦窑塘在万历三十六年被大水冲溃的事实。陈禹谟特别指出,在苕溪流域,由于支港叉河较少,天目山水暴涨时经常会出现泛滥之灾,而瓦窑塘正是约束溪水的重要堤防。对地方水利的维护,这个堤就是一大重点。一旦维护不周,瓦窑塘正对着上流天目山溪直泻之水,"塘势单弱,不支冲御",就要"岌岌乎殆哉"了。②

显然,大水对江南地区水利设施的破坏比较严重。每逢灾年,在高阜的山乡,许多传统的水利设施与水闸、堤坝等,都被冲决。至于低洼的水乡,那些在平时被视为农田命脉的水利设施,早已被淹没在水中,无复蓄泄功能可言。下面仍以文人的记录为例,作些补证。

万历二年进士、嘉善人支大伦(1534—1604)曾说:"万历丁亥(十五年)冬,江南水,民用大馑。维嘉善僻在东壖,壑三江五湖而垫溺暴骼,几以泽量矣。"③

万历十七年进士、曾官礼部尚书兼文渊阁大学士的乌程南浔人朱国祯

---

① [明]黄汝亨:《钱塘聂侯重修苕溪化湾闸碑》,收入氏著《寓林集》卷十三《碑》,天启四年吴敬芝等刻本,收入《续修四库全书》集部第1369册,上海古籍出版社2002年影印版,第178—179页。

② [明]陈禹谟:《瓦窑塘碑记》,载嘉庆《余杭县志》卷十一《水利》,嘉庆十三年修、民国八年重刊本。

③ [明]支大伦:《支华平先生集》卷十一《记·荒事概》,万历清旦阁刻本。

(1558—1632)则说:“万历年来,称水荒者无过十年五(当作十五年),次年米贵至一两七钱,饿疫死者无虑数十万。弃尸满道,河水皆腥,其祸最惨。”①

而万历三十六年的水患人称罕见,故在当世及后来人们的记忆中,笔录最多。

在吴江县的震泽地方,有个汉代的严忌墓比较有名。后人回忆说,万历三十六年大水时,墓被淹没了。②

隆庆五年进士、官至南京工部尚书及太子太保的嘉善人丁宾(1542—1632),给官场上的朋友写信说道:“万历三十六年,东南大水。不肖因目击留都垫溺之苦,偶尔感念敝乡泽国,衷心恻然,不遑安处。”③

万历八年进士、曾任应天巡抚的周孔教(1548—1613)则说:“春末夏初,雨水淫漓,二麦俱朽。五月以来,旱魃为虐,三时不雨,池塘干涸,禾苗枯槁。……是以地势高阜去处,如上元、江宁、句容、溧阳、溧水、江浦、吴县、武进、无锡、江阴、宜兴、靖江、丹徒等各县,俱以旱灾报;地势卑下去处,如宣城、南陵、泾县、建德、怀宁、潜山、太湖、宿松、望江、安庆卫各以水灾报。”像这样的大灾,周孔教认为:“即使连年丰稔,犹不能当一岁之灾。”④“今岁水灾,父老相传,白首稀见”,是“百年父老所未经见之水”。⑤

朱国祯讲得更为明晰,并与十五年的灾伤作了一番比较:⑥

> 今比十五年不止水势增高数尺而已,大端最可骇、最难救者有三:十五年水发在四月中旬,圩田存没约相半,五月中旬天晴,水渐消,已没者亦重救三分之二,买苗种田,甚至偷苗,抢打告状,只是费力多,用本重。今者尽数淹没,水至五月中尚未退,田中无一颗新苗,即欲下秧再种,何处可下?且立秋已近,下亦无用。小民既无田作,岂肯束手待毙?游棍煽动,乱抢相杀。其大不同者一。十五年只乌程、归安、吴江水淹至多,水发源高处,安吉、武康易溢,尤易消,邻近最高如嘉、秀、嘉善、崇德、桐乡原未尝没。记得是年十月米价止七钱一石,次年外江米络绎而下,并无拦阻,然犹其贵如此。今最高者俱没,俱不可再种。目下即粜

① [明]朱国祯:《朱文肃公集》第八册《救荒略(戊申年)》,北京大学图书馆藏清抄本。
② [清]徐崧、张大纯:《百城烟水》卷四,康熙二十九年刻本。
③ [明]丁宾:《丁清惠公遗集》卷八《书牍·与高东溟抚院》,崇祯间刻本。
④ [明]周孔教:《周中丞疏稿·江南疏稿》卷一《地方水旱亟赐勘处疏》,明万历刻本。
⑤ [明]周孔教:《周中丞疏稿·江南疏稿》卷二《江南水患异常隐忧叵测恳乞大赐蠲赈疏》。
⑥ [明]朱国祯:《朱文肃公集》第八册《救荒略(戊申年)》。

八九钱，零星者一钱一斗，人心皇惑，市棍拦阻米船，索诈抢夺。其大不同者二。水涨雨淋，小民所恃在圩岸，岸上复加浮土堵拒，奈上雨盆注，下水骤拥，忽然奔溃，立地平沉，民房尽在水内，所存之米斗斛罂担，犹即般移，自数石以上，皆结囤安顿，水围囤外，顷刻便透见，存者先损强半；又村落人家有甚坚牢房子，淋漓倒塌，景象可知；有船者船居，无船者或于僻远处俟小船经过，推其人及行李于浅处，驾船而去，纷纷搬入城市，无可搬者，十室而九。此其大不同者三。

这段话比较接近口语，从水势的涨消、淹没的区域、民生的艰难程度三个层面，清楚地揭示出万历三十六年的灾伤远比万历十五年的深重。类似地，周孔教将万历三十六年的大水灾，与嘉靖四十年的大灾作了一番比较："盖四十年有麦，今则无麦；四十年在成熟之后，今则插莳之时，已熟之麦尽付洪波，而方芽之秧，俱成腐草。"①苏州人伍袁萃的比较与此相似："嘉靖辛酉（四十年）之水，比今十之六七，万历丁亥（十五年）之水，比今十之三四。且彼两年来自秀实之间犹有半收，今年来自插莳之际，全无可望。庙堂之上岂可不察，而概以常灾泛视之耶！"②

嘉靖四十年发生于苏、松、常、镇、杭、嘉、湖七府的大水灾，竟使平地水深数尺，累月不退，③因而一直被认为是明代江南的大灾之一，较正德五年发生的大灾还要严重。时人有这样的记述：④

四十年，宿潦，自腊春淫雨徂夏，兼以高淳东坝决五堰，下注太湖，襄陵海溢，六郡全淹。秋冬淋潦，塘市无路，场圃行舟，吴江城崩者半。民庐漂荡，垫溺无算。村镇断火，饥殍无算。幼男稚女，抛弃津梁，汩没无算。寒士贞妇，假贷不通，刎缢无算。枵腹食粥，仆毙无算。疫疠相仍，殀札无算。较水者谓多于正德五年五寸，国朝以来之变所未有也。

而周孔教通过万历三十六年与嘉靖四十年间水灾的比较，说明了万历水灾更惨的程度。

朱国祯从唐栖至南浔的水程中，三百五十里间，最初只看到石门一圩、

---

① ［明］周孔教：《周中丞疏稿·江南疏稿》卷二《江南水患异常隐忧叵测恳乞大赐蠲赈疏》。

② ［明］伍袁萃：《林居漫录》多集卷三，明万历间刻本，收入《续修四库全书》子部杂家类第1172册，上海古籍出版社2002年影印版，第257页。

③ 《明世宗实录》卷五百一，"嘉靖四十年九月辛丑"条。

④ ［明］沈啓：《吴江水考》卷二《水年考》，乾隆五年沈守义刻本。

升山一圩及南浔镇九里桥一圩未淹没；后来水又涨了七八寸，这三处地方也被淹了。他感叹道："以耳目经见，高岸在水心，水面只草尾，一望连天，驿路大桥弯如新月。总之处处淫雨，夹以山泉湖海俱溢，拥以东风，不能即泄。立秋甚近，农望绝矣。"①

万历四十七年进士、吴县人姚希孟（1579—1636）在论及江南水利时说："万历三十六年洪水，江南几化为鱼，而苏州特甚。"②这与朱国祯的感受完全一样："江南七府……全没，低者不及栽，栽者俱为腐草，高岸之上，方舟通行，一望无际，渺然连天。"③姚又说："夏雨连绵，至五月下旬方止。水高一丈之外。比雨止，而水不消，民房沉浸，凡阅三旬如故，更勿论苗禾生死矣。"④

而在《明实录》中也有类似的记载：苏、松等处，自三月终旬雨，越五十余日，昼夜不息。城市、乡村水深数丈，庐室漂没殆尽，数百里无复烟火"，⑤并说这是"二百年来未有之灾"。⑥

所以，从总体上看，当时人对水患严重程度的比较与感受，文人官吏的记录多能予以真切的反映。江南遭遇大灾，再好的水利设施也无法抵御，水灾期间的补救工作基本无法达成。传统时代官方与民间在应对灾害方面的基本侧重点，主要在灾后的赈济与水利兴复方面。

四、生活救济和水利重建

水灾发生后，从朝廷到地方，会有不同程度的补救工作，大致包括民众的生活救济与水利重建等内容。

首先是勘灾赈济工作。

万历十五年夏出现的江南大水，绵延至次年就发生了大饥荒，使十七年出现了疫病流行的惨象。⑦ 正在家乡嘉善休假的丁宾，虽日常生活十分素

---

① ［明］朱国祯：《朱文肃公集》第八册《救荒略（戊申年）》。

② ［明］姚希孟：《公槐集》卷三《代当事条奏地方利弊》，收入《四库禁毁书丛刊》集部第178册，据国家图书馆藏崇祯张叔籁等刻清阁全集本影印，第341页。该文曾被收入［明］陈子龙等选辑：《明经世文编》卷五百一，中华书局1962年影印本。

③ ［明］朱国祯：《朱文肃公集》第八册《启丁敬宇操院》。

④ ［明］朱国祯：《朱文肃公集》第八册《柬董见龙吏部》。

⑤ 《明神宗实录》卷四百四十七，"万历三十六年六月癸未"条。

⑥ 《明神宗实录》卷四百四十七，"万历三十六年六月乙卯"条。

⑦ 万历《嘉善县志》卷十二《杂志·灾祥》，万历二十四年刻本。

朴，但“家世富厚”，①“不忍乡邻饥囤”，发起了对饥民的救济活动，按他自己的说法，所捐米粮比后来在万历三十六年救荒时还多。② 实际上，在陈龙正的回忆中，丁宾所捐的米粮等物，共有三万多两，并且是向灾民按需分发：③

> 幼时闻清惠公万历十五、六年赈饥事，心窃感之，以为捐万金活数万人，真盛德事矣。今核其数，若米，若布，若絮，若楷，若金钱，乃合费三万余金。盖竭其祖藏不足，又继以贷云。呜呼难哉！布不行则以米易布，民饥则煮粥，暑月虑败则给米，寒则给布絮，死则给棺，暴则收瘗，暇则修圩。文而宫墙，秽而狴犴，无不周悉。其一切设施方略，无不曲尽精微。

在不少地方（详参表2），万历十六年发生了大旱灾。巡抚京畿的汪应蛟曾特别指出，万历十六年江南发生旱灾、河南与山东出现水灾时，“蒙皇上轸念，捐内帑数十万金以广赈济，民获更生”。④ 当年松江地方因荒要求改折，希望减去“夫船银”四千五百多两，恢复“夫船米”九千余石。在米价已然上涨的江南，这一作法可令官府大为获利，而“民间无加赋之名”。⑤

万历三十六年的特大水灾发生后，浙江巡抚甘士价上疏请求对浙江勘灾。⑥ 甘氏的活动得到了丁宾的有力支持。在他向南京户部右侍郎兼右佥都御史总督粮储的赵钦汤提议：“留嘉湖昨岁应解南粮备荒，而以折银还部”以应对饥荒时，在南京的丁宾就建议他直接向朝廷呈请改折税粮，⑦最终得以成功。后来的乾隆《杭州府志》中，对甘士价评价较好：“岁大祲，请留漕米数十万石，捐助若干两；议米、议粥、议远近分赈，又议荐绅素封自赈其乡，悉自擘画，遂以是得疾。”⑧该年秋七月，朝廷“振南畿及嘉兴、湖州饥”；十二月份，“再振南畿，免税粮”。⑨ 赈济加上蠲免是朝廷常规的救荒行为。

周孔教认为，江南地区发生水灾，实际上存在许多差异，因而勘灾十分

---

① ［明］沈德符：《万历野获编》卷十二《吏部》，“士大夫癖性”条，中华书局1959年版，第314页。
② ［明］丁宾：《丁清惠公遗集》卷八《书牍·与叶台山阁下》、《与高东溟抚院》。
③ ［明］陈龙正：《几亭全书》卷五十八《文录·题丁清惠公赈施条约》。
④ ［明］汪应蛟：《抚畿奏疏》卷二《重地荐罹重灾疏》，明刻本。
⑤ ［清］曹家驹：《说梦》，道光八年醉沤居士抄本，页四。
⑥ 《明神宗实录》卷四百四十八，万历三十六年七月丙戌条。
⑦ ［明］丁宾：《丁清惠公遗集》卷七《书牍·复甘紫亭抚院》。
⑧ 乾隆《杭州府志》卷七十七《名宦四·明上》，乾隆四十九年序刻本。
⑨ 《明史》卷二十一《神宗本纪二》，中华书局1974年版，第286—287页。

重要。他说:“一邑有灾无灾不同,一里灾轻灾重互异。毋得轻信有司妄捏虚报等因到臣……苏松册开太仓、长洲、吴县、吴江、常熟、昆山、嘉定、华亭、青浦各被灾十分,而吴江、昆山、青浦为最;上海被灾八分六厘,崇明被灾五分”;再据常镇册开,“武进、无锡、江阴、宜兴四县,各被灾十分,丹徒、金坛各被灾八分,靖江被灾六分,丹阳被灾五分”;这样,对灾伤分数的核定可以分别蠲赈的等差,像苏之崇明五分、常之靖江六分、镇之丹阳五分,是地势或突出江海,或错带山原,水退最早,可救其半;其余各州县地形仰釜,水贮难消。这些过于低洼的州县,受灾最重,本来应该全蠲。倘若国家能力有限,不能全蠲的话,吴江、昆山、青浦三县须保证全蠲,太仓、长洲、常熟、吴县、嘉定、华亭、宜兴、无锡、武进、江阴可蠲其半而折其余,上海、丹徒、金坛勘报八分之上,亦属重灾,应当全折;崇明、丹阳、靖江可以半折。①

在灾荒时期,地方政府一般都需要依赖有力之家,特别是士绅们的支持。湖州知府陈幼学曾召集地方绅士,商议助粟赈饥;归安知县李炳恭还设法广籴。② 据说武康、孝丰、安吉、德清四县被灾最重,地方政府曾根据勘灾情况,分别各种灾情,按照极贫、次贫情况,作出了相应的赈济措施,依照的是所谓“以本地之储蓄,救本地之灾伤”的思想。③ 这种做法基本上就是以地域为范围,确定灾等,然后展开救赈。在后世的救荒工作中,都可以看到这样的例子。松江府地方曾在万历年间的一次大灾时期,为防止动乱的发生,贴出了“饥民必救,乱民必斩”的大幅告示。救荒工作更要求“禁抢第一,平价次之”,将禁止抢掠行为置于了首要地位。④

嘉兴府桐乡县人李乐,隆庆二年(1568)进士,曾任给事中、尚宝司卿等职,为官以耿介闻,闲居桐乡期间,嘉兴士绅仍对他十分敬惮。⑤ 万历十六年大灾期间,他在桐乡青镇与乌程乌镇之间主持赈济,发动典铺商人义捐,自己也与亲友各义输米粮三石。⑥

万历三十六年在南京任右佥都御史、操江御史的丁宾,无法亲自回家乡嘉善救荒,就命侄儿丁铉在嘉善代为操办救荒事宜,“晓谕小价,将所贮米

① [明]周孔教:《周中丞疏稿·江南疏稿》卷二《灾黎蒙轸遵旨勘报疏》。
② 康熙《归安县志》卷六《灾祥志》,康熙十二年刻本。
③ [明]王在晋:《越镌》卷二十《湖属救灾议》,中国科学院图书馆藏万历三十九年刻本。
④ [明]撰人不详:《云间杂志》卷中,奇晋斋丛书本。据明代后期松江华亭人陈继儒(1558—1639)云,“饥民必救,乱民必斩”八字源于王阳明的救荒之策。参氏著《白石樵真稿》卷二《松江志小序》,“荒政”条;《白石樵真稿·尺牍》卷三《复陶太守救荒》,北京大学图书馆藏明崇祯刻本。
⑤ 乾隆《浙江通志》卷一百九十《人物·介节九上》,乾隆元年重修本。
⑥ [明]李乐:《见闻杂记》卷三,上海古籍出版社1986年影印万历间刻本,第314页。

粟,分散里中贫人"。[1] 前后举行的施米活动有两次,每次都按早、晚陆续分发,"不问何人,不记何时",以家中每年所积之谷"出而赈给",凡是饥民都可以前往领取,价值白银约二万两之多。[2] 尽管以个人之力救济穷困还较有限,但可以影响更多的地方士绅起来济困。所以丁宾的行为,曾受到官方高度的赞赏,有所谓"赐纪录表扬"之事。[3] 类似丁宾这样的例子,在江南其实还有很多。

而在南浔的朱国祯,通过多方联系,希望加强对整个江南的赈济工作。他除了直接写信给浙江巡抚甘士价外,还写信给应天巡抚周孔教(1548—1613),要求予以援手,联合救灾。他在信中说:"水灾如此,目前行事,如一部四书,方才讲起。昨致书甘老公祖,云不佞给假乡官也,薄宦具在,挈家北上,未便饿死本所,喋喋为桑梓计,为当道计。今甘台已报理卿,则并浙西生灵与其补救举措处,亦惟老先生是赖。况接壤相近,浙西乱,吴门独得安靖乎?寻常救荒,各自顾所急。今半壁平沉,不复分尔我。"在信中,朱氏还特别说到已将此意相告丁宾,希望在南京的周孔教与他可以联手,共济浙西与苏南的危困。在朱国祯看来,丁宾是关心家乡地方公益的楷模,"以赈济得名"。[4]

朱国祯所提要求的大意,是希望外江的粮船能够顺利地到达江南,一方面可以解决灾后民生的食粮问题,另一方面可以有力阻遏米价的暴涨,稳定社会秩序。他在给丁宾的信中讲得十分恳切:[5]

> 势穷理极,别无他计,除请蠲请赈外,惟有通籴一节,宜汲汲讲求。通籴在池、太、江南者十之二,在淮北、三楚、河南者十之八。老先生宜约省、直甘、周二中丞,及郡邑长通同商量,齐心合力,勿分彼我生异同。老先生只主疏通江路,防护米船;两中丞及郡邑长吏,惟敦劝富民给与执照,贩籴外江,随到随卖,卖完又籴。俟民船渐通,然后挪借别项银两,遣清能佐贰,捧檄告籴,仍须题请。凡路途邀截米船及民间闭籴强籴者,处以极刑。

朱国祯的建议应该得到了丁宾的赞同。大概受到丁氏的推动,时任浙

① [明]丁宾:《丁清惠公遗集》卷八《书牍·与高东溟抚院》。
② [明]丁宾:《丁清惠公遗集》卷二《奏疏·乞免记录奖赈疏》。
③ [明]丁宾:《丁清惠公遗集》卷八《书牍·与叶台山阁下》。
④ [明]朱国祯:《朱文肃公集》第八册《再启周中丞(六月初八日发)》。
⑤ [明]朱国祯:《朱文肃公集》第八册《启丁敬宇操院》。

江巡盐御史、桐城人方大镇在万历三十六年八月向朝廷的上疏中，强调了前述的改折问题。丁宾为此曾去信表示感激：①

> 浙、直水灾，请蠲各款，业有专勘，而苏、松、常、嘉、湖五郡白粮又蒙老公祖垂念悯恻，欲以光禄寺粳糯白米、府部各衙门糙粳米二项于往例外上徵，非常之恩，特疏恳请改折而且停征，从此五郡民运并闾阎细民受福无涯，不肖谨代为拜赐也。至于贵府安庆，地居九江之冲，为诸水所会，以故泛滥倍横，其间垫溺，种种受害情形，诚如来谕所云，且谓水痕浮于至正数尺，迄今未退，稼穑无望西成，此在不肖叨有地方之责，早夜疚心。目下虽已勘定，尤当加意轸恤，以慰台念。

方大镇是安庆府桐城县人，彼处水灾一样严重，丁宾身为操江御史，亦需统理全局，对桐城等地予以必要的关照，所以他说在勘灾后会"加意轸恤"，也是对方大镇关心江南灾情的回报。

至于朱国祯的要求，也应该得到了周孔教的认同。在大灾期间，周孔教与曾任南京礼部郎中、苏松兵备副使的李右谏一起，调剂米粮，使米价不致暴涨，②稳定了苏南地方的粮食市场。他主导的救赈工作，使后世仍然十分感怀。③ 伍袁萃就说像周孔教、申时行这样的官绅，在那时都引领着地方官吏与乡绅们"竭诚祈祷，心力俱瘁"。④

地方士绅倡导或领率的救济工作，与国家的赈济举措相配合，可以有力地确保社会稳定与民生救助工作的展开。

其次，以工代赈也是赈济的重要内容。

以工代赈其实是一个颇为"近代化"的词汇，⑤道光帝就说过"我朝以工代赈，最为良策"。⑥ 但这种思想及实践在历史上的出现并不晚。就明代而言，其同义词就是"兴工役"或"兴工作"。上海人徐光启（1562—1633）早在万历年间就已搜集了历史上荒政的许多方针与各项具体措施。⑦ 其中以工代赈为明代政府对于荒政的一大传统政策，即以灾区的劳动力从事本区的

---

① ［明］丁宾：《丁清惠公遗集》卷七《书牍 · 与方鲁岳盐院》。

② 同治《苏州府志》卷七十《名宦三》。

③ ［明］撰人不详：《云间杂志》卷上，奇晋斋丛书本。

④ ［明］伍袁萃：《林居漫录》多集卷三，明万历间刻本，收入《续修四库全书》子部杂家类第1172册，上海古籍出版社2002年影印版，第257页。

⑤ 在民国年间编的《清史稿》以及清代若干种"经世文编"中，以工代赈一词已被广泛使用。

⑥ 《清宣宗实录》卷十七，"道光元年四月庚子"条。

⑦ 详参［明］徐光启：《农政全书》卷四十三—六十《荒政》，中华书局1956年版。

公共事业。这一创始于北宋范仲淹的水利言论，在后世被长期沿用。所以在明末大灾期间，仍有人坚持荒政与工役并重的传统思想，并赞之为“两得之道”。明末清初桐乡人张履祥认为“兴工役”最佳的莫过于治水利、修堤防、通障塞等这些公共工程，使饥民可以凭个体劳动得食，还可减却水旱所造成的灾害。施粥场进行赈济也是地方上司空见惯的举动，作为灾后消极弭灾的措施，主要以老弱疾病者为对象。但在当时人看来，这种做法不过是个下策之举。①

周孔教在其《荒政议》，列了一条“兴聚贫民之工”的权宜之计，认为“兴聚贫民之工，凶年人民缺食，虽官府量加赈济，安能饱其一家”；国家的能力十分有限，所以，“凡城之当筑、池之当凿、水利之当修者，召壮民为之，日授之值”。这是在兴役之中寓赈民之惠，有一举两得之道。②

万历三十六年大灾，朱国祯向浙江巡抚甘士价谈了“兴工作”的重要性。他说“赈济之苦有四：开报虞欺漏，兴发虞刁勒侵冒，丛聚虞疫疠，惟鸠工修筑为赈饥良法”；接着以山乡与平原相间的长兴县为例，讲述“鸠工修筑”措施的具体内容及诸多好处：③

> 今若加筑圩岸，便可分赈饥民。如一圩中多至千亩，少数百亩，就四围堑濠取土，量水浅深为堤高下趾，三倍以渐而高，三谷之中，每百亩复围一小埂，高广如外堤十四，大小堑濠可蓄内水，菱、芡、藕可藉完粮。堤畔树桑，计田量分，可为世业。桑利污泥，岁增高厚，瘠产化作膏壤，价亦倍踊，量其增价几何，预捐十七。易米兴工，百亩以上为田正，每筑土一方，包价若干，课其勤惰给发，力不能出米者，官为处给。计丈尺论工发米。委一公正里老，互相纠举，良牧时亲督察，不劝借而乐输，不开报而趋赴，诸弊尽革，永利渐兴。大户肯庇收圩田，出米修筑，或挑桑地，官量时价，给与印帖，小民不得丰年取赎，较之抵借息重，产归大户者，利害径庭。又有无粮之田，官若发廪筑堤、创闸蓄泄，丰岁征收，渐补前借银两，永作助役公田。

---

① ［清］张履祥：《杨园先生全集》卷三十九《备忘一》，同治十年江苏书局刻重订“杨园先生全集”本。另参［清］张履祥辑补，陈恒力校释，王达参校、增订：《补农书校释》，农业出版社1983年版，第167页。

② ［明］周孔教：《荒政议》，载［清］张海鹏辑：《墨海金壶·荒政丛书》卷四，1921年上海博古斋据清张氏刊本影印本。

③ ［明］朱国祯：《朱文肃公集》第八册《荒政议（上甘中丞）》。

圩田水利的维护，是江南低洼地带农业生产的重要基础。担任过江苏溧阳县令，后来又巡按苏、松、常、镇等府，管理过江南水利，作有《三吴水利图》的浙江新昌人吕光洵（1508—1580）就已指出了这方面的问题与他的忧虑："吴下之田，以圩岸为存亡也。失今不治，则坍没日甚，而农桑日蹙。"而"圩岸高则田自固"的常年水利维护工作，在灾难时期更不可能达成，所谓"救死不赡，不暇修缮"。①

所以，朱国祯论述"兴工作"的举措，显然深蕴了生态的意识。在地方"兴工作"的实践中，朱国祯表示，灾后农田水利事业的兴作，完全可以当赈济贫民之计。他说："今日论赈，不论修圩。修圩者，借以实行吾赈者也。"每个县需计算出有多少饥民，应修堤埂多少，地方财力与仓庾积储准备有多少，然后根据实际情况的缓急，严谨部署，由地方官多方筹划调济，真正做到解倒悬、垂永利。②

第三，蠲免改折是地方官绅屡屡向朝廷吁请的大事。

蠲免工作是朝廷对地方应征钱粮的免除。万历十五年，苏、松、常、镇所辖各县俱遭飓风骤雨，数月不息，以致洪水暴涨，漂没民舍无数。朝廷即下令各府钱粮蠲免，停折有差。③

万历三十六年六月，南京科道、内外守备、大小九卿与应天巡抚，各揭称地方淫雨连绵，江潮泛涨，从南京到苏、松、常、镇各府，皆被淹没，是"二百年来未有之灾"。大学士朱赓等上奏请求速议蠲赈，并乞罢免加派缎匹，以塞天变。④ 该年底，户部提出因本年江南水灾，是"百年异惨"，上求朝廷对江南大加赈恤。⑤ 正在北京游学的乌程人朱应选，听说家乡发生大水灾，就与同乡关大宗等人一起，直接上疏朝廷，最终蠲免湖州七县钱粮。⑥

应天巡抚周孔教在向朝廷要求蠲赈的呈请中说：⑦

> 今收拾人心，消遏乱萌，惟有蠲与赈及时耳。臣查嘉靖七年，地方奏报灾伤，蒙允将本年起存钱粮尽行蠲免；稍轻者照依分数勘实，即便

---

① ［明］吕光洵：《吕司马奏疏·修水利以保财赋重地疏》，载［明］陈子龙等选辑：《明经世文编》卷二一一。

② ［明］朱国祯：《朱文肃公集》第八册《畲朱大复议兴工作书》。

③ 《明神宗实录》卷一百八十八，"万历十五年七月丁巳"条。

④ 《明神宗实录》卷四百四十七，"万历三十六年六月乙卯"条。

⑤ 《明神宗实录》卷四百五十三，"万历三十六年十二月甲寅"条。

⑥ 雍正《浙江通志》卷一百八十八《人物八·义行中·湖州府》，文渊阁《四库全书》本。

⑦ ［明］周孔教：《周中丞疏稿·江南疏稿》卷二《江南水患异常隐忧叵测恳乞大赐蠲赈疏》。

停征,或量为折征。……今灾民皇皇,忍死以望嘉靖七年之事例。……伏乞皇上……敕下户部,亟行按臣查勘,至日,将重灾地方本年钱粮无论起存,破格蠲免,万历三十五年以前旧欠钱粮尽数停征;又将浒墅钞银与税监所抽税银,量留一年,及各府事例税契、抚按赃罚,凡可动可留等银,尽留备赈。此不过损皇上一年之租税,易此二百年孝顺之百姓不为饿殍盗贼。

对于折征或改折,朱国祯也曾上疏请求,朝廷曾以仓无现粮不允,经过朱氏的再三要求,"始改折三分,民困稍苏"。① 他特别提到其家乡湖州的情况:"湖州田三万顷,每亩谷种四升,该谷十二万石,从何处来?从何处出?旧谷又不可用。"除非将漕白粮尽折,并大蠲大赈,否则"官府鞭敲,吏书渔猎,奸民吞噬,乱民挺突,贫者贫,富者亦贫,饿者死,不饿者亦死,天下事未知所终也"。②

在给浙江巡抚甘士价的呈文中,朱国祯进一步谈了必须实行蠲赈的理由:③

救荒之法,常恐后时,良田踏勘稽缓,文移往返,迁延旬月,有匿不得报,即报不以实者。……国家仰给东南,嘉湖杭首称外府。民既无聊,必至逃徙;逃徙不已,去而盗贼;盗不已,追捕计穷,千百成群,揭竿啸呼……人心思乱,纷纭剽劫。若江南一动,土崩之势必成,异日军兴调遣,较目前补助,难易多寡,恒人能办?

在这样紧迫的形势下,地方抚按在灾后向朝廷具题,其所提的"改折、蠲免、停征"要求得到了批准。④ 户部得到万历皇帝的批复是这样的:⑤

今岁各处水灾,从来罕见,况留都根本,关系匪轻,这所议赈恤事宜,即行南京户部酌议停妥,一面具奏给发,务在委用得人,民沾实惠,不得以虚文冒破。其苏松等处,并遭水害,困苦流离,民间已竭,国计何支?……大学士朱赓题奉圣旨:朕连日见南直隶江浙各处报灾,方深

① 雍正《浙江通志》卷一百五十九《人物一·名臣二·湖州府》。
② [明]朱国祯:《朱文肃公集》第八册《救荒略(戊申年)》。
③ [明]朱国祯:《朱文肃公集》第八册《荒政议(上甘中丞)》。
④ 康熙《归安县志》卷六《灾祥志》。
⑤ [明]周孔教:《周中丞疏稿·江南疏稿》卷二《灾黎蒙轸遵旨勘报疏》。

轸念，览卿奏家乡水患，益用恻然！便着该部行文各该抚按官分别蠲赈，毋事虚文，请宽袍价，量留税银。已知道了。

这类蠲免改折之事例，在地方府县志书中记载颇多。聊举三例：石门县田圩都被水淹没，农民用门板筑堤挡水；地方政府派人检勘灾伤，吁请蠲赈，并多方区划，以苏民困。① 而在乌程县，额征课钞本高达 1 343 锭，因当年大灾，钱粮全部停征。不过在官方看来，水上渔民受灾不重，故丁钞不可全免。② 再如常州府，万历十五年蠲免本色米七万六百六十九石六斗五升、折色银四万四千一百九十八两一钱；万历十六年因旱灾改折正兑漕粮三分；万历三十六年，由巡抚周孔教题奉圣旨所议赈恤事，进行蠲赈。③

第四，重振地方水利。

兴修水利历来被视为江南地区至为重要的公共工程。从洪武九年(1376)到万历十六年(1588)，苏、松等地区每有水患，朝廷一般会派要员往治水利，④重点就在苏、松为主的太湖下游地区。⑤ 但是，因江南水乡地势低下，水患太多，所谓“官多逋负，民多流殍”，于是朝廷要员皆“争言水利”，并提出治水要以吴淞江、白茆港为首，由专官负责治理。⑥ 这一地区的水利建设，一般是大小型工程同时并举，大型水利工程自然需要由朝廷派人主持，其他塘浦泾渎的疏通则靠地方官员规划或者由地方民众组织完成。⑦

万历十五年五月，浙江、江苏大水；秋七月苏、松再次发生大水。南京刑科给事中徐桓请求大修三吴水利，并略言南京户部颇有积储，希望照惯例发帑银二十万以修水利，得到朝廷的批准。⑧ 万历十六年三月，应天、苏、松、嘉、湖、杭、绍，处处饥荒，朝廷下令兴修江南水利。吏部将山西副使许应逵调任湖广副使，专管水利，驻扎在苏松。⑨ 万历年间整治水利比较著名的

① 光绪《石门县志》卷十一《杂类志 · 祥异》，光绪五年刊本。

② 崇祯《乌程县志》卷三《课程》，崇祯十年刻本。

③ 万历《常州府志》卷七《钱谷》，万历四十六年刻本。

④ 吕光洵向朝廷申论江南水利维护之重要性时，就强调说：“近来江南数被水患，常遣大臣疏治。”参[明] 吕光洵：《吕司马奏疏 · 修水利以保财赋重地疏》，载[明] 陈子龙等选辑：《明经世文编》卷二一一。

⑤ 同治《苏州府志》卷十《水利二》，同治间修、光绪九年刊本。

⑥ [明] 李乐：《见闻杂记》卷十一，上海古籍出版社 1986 年影印本，第 964—967 页。

⑦ 洪焕椿：《明代治理苏松农田水利的基本经验》，收入洪焕椿、罗仑主编：《长江三角洲地区社会经济史研究》，南京大学出版社 1989 年版，第 105—137 页。

⑧ 《万历邸钞》，万历十五年丁亥卷，江苏广陵古籍刻印社 1991 年影印旧抄本，第 361、364—365 页。

⑨ 《万历邸钞》，万历十六年戊子卷，第 382—383 页。

“好官”、常熟知县耿桔，曾积极倡导疏浚沿江淤浅的大小港浦，希望达到“取湖水无尽之利”的目的。①

万历四十七年进士，吴县人姚希孟（1579—1636），在条议地方利弊的问题时，将“兴水利”列为一个重要的方面。他引述宋代的成例，指出到明朝后，苏、松、常、嘉、湖五府向朝廷输纳的税粮不下四百多万石，全产于水田，而“田之旱涝虽曰天时，而以人事干天行者，则在疏瀹太湖一节”。太湖广袤八百里，西受宣、歙，南受杭、湖、广德数郡山水。在宋代，苏、松、嘉三府当其下流，吴淞江、娄江是重要的泄水大道。但滨海地区修筑海塘后，“惟苏州一府当下流”，所谓“三江故道渐致湮塞”，太湖地区的排水主要从太仓州的刘河、常熟县的白茆塘出海。这两条河道关系到了太湖周边五府的公共利益。河道一旦堵塞，太湖地区的水流就有逆溢于杭、湖，且横溢于松、常、嘉的可能，苏州地区承受的泄水负担将占到十分之七。这样看来，“国赋倍增于旧，而水害亦倍增于旧”。万历三十六年的大水灾，使江南全都沦于洪流，苏州地方主要就因白茆塘的淤塞而受害特重。姚希孟认为，即使属于年成较好的时期，苏州府的长洲、吴县、昆山与常熟四县还经常呈告水灾。从水利疏浚的历史来看，从明初至万历朝，仅以修浚白茆塘为例，永乐年间有尚书夏原吉主持一次、天顺年间侍郎李敏一次、弘治年间侍郎徐贯一次、嘉靖初年尚书李充嗣一次、隆庆年间右佥都御史海瑞一次，以及万历朝初期巡江御史林应训主持工作一次；除这些大修工程外，其余都是小浚，大概数十年一次，令河道不致太过淤坏。姚希孟感叹道：迩年“水利不修，则田芜秽，田芜秽则国赋无从出，而民胥为盗”。后来虽然有兴举水利的策议，均因经费难措而罢。姚希孟提议，可以仿效五代钱氏“铁扫箒之法”，将铁扫箒放在百艘兵船之尾，刷除河底浮泥，再派精明水利厅官，用木竿测其深浅，探知去淤工作的勤惰若何，以定赏罚。②

地方志等材料中，保留着关于水利工作兴废的众多记载。从水利重建的角度而言，一方面是关于加强圩岸、堤岸及相关水利设施建设的记录。

在钱塘县，万历三十六年水灾后，地方政府开始重振水利，对被水冲溃的化湾闸予以重建。在知县侯心汤的领率下，地方士绅百姓根据乡里地方受水闸之利的空间范围为八十里，每亩派捐五厘银子，同时动用常平仓粟五百石，费时一年，终于将水闸修复。这次水利兴复的成功，据说让地方民众

---

① 洪焕椿：《明代治理苏松农田水利的基本经验》，收入洪焕椿、罗仑主编：《长江三角洲地区社会经济史研究》，南京大学出版社1989年版，第105—137页。

② ［明］姚希孟：《公槐集》卷三《代当事条奏地方利弊》，第341—342页。

获得了"水无虞浸,旱无虞焦,以堤以泄,可桑可田"的安全感。①

在湖州,万历三十六年由湖州知府陈幼学主持重修了荻塘,全部用石筑。到四十二年,已有杨溇等十九处溇港因淤塞而必须再予修治,这项工程即由乌程知县曾国祯负责完成。② 在当时很多人看来,荻塘确属水利要隘。吴江人史鉴(1434—1496)很早就指出,吴江地方运河的一大水源,是来自湖州的天目山水。水至湖州,分为苕、霅二溪,东北流至湖州城又合为一支,东流为荻塘,经乌程过南浔镇东一里,才入吴江县界。③ 朱国祯撰有一篇《修东塘记》,对这次大修荻塘予以特别说明:④

> (南浔)水之利害,界以塘,甃以石,大复先生及余各有记,然此特百一耳。中间支派曲折,至多最巨者,东塘自东门尽浔水,凡七十里,履亩而堤,漕道出焉。管一州六邑之口,而外郡入者如汲,故浔虽镇,一都会也。自浔而上,虽名塘,实驰道也,内护田庐千万。岁戊申(万历三十六年)大水襄数尺,渍下如之,风冲波激,行旅践踏,篙橹攒排,存者无几。太守陈公痛之,于是请所司修东塘,要归以兴作兼赈济,仍纪录以奖分任,立石以垂永久。费凡一千五百余金。

他的这段话,大致不差地被抄入雍正《浙江通志》中。⑤ 另外,朱国祯还谈到,对于在太湖边的滩地,可以相机改造,所谓"大者堤,小者塘,界以埂,分为塍",久之皆可变成沃壤。像这样的筑堤工作,特别有利于上乡之田。⑥

朱国祯强调的"上乡之田",指地势高阜地区,像湖州府的很多县域环境就是如此。在德清县地方官府看来,当地水利工作的要点是在"险塘"。这里属于杨湾的上津,天目山溪水下流到此与武康前溪相合。塘之东西数万顷田地,都依赖此塘保障。因此,此塘必须岁加修筑,使堤岸高广,方保无虞。否则,像万历十五年、三十六年的大水时期,低矮的塘堤根本无法保障周边农田。也因为如此,这塘被时人命为"险塘",官府曾派设地方民夫专

---

① [明] 黄汝亨:《化湾闸碑》,载万历《钱塘县志》之《纪文·杂文》篇。在黄氏本人的文集中,此碑记原称《钱塘聂侯重修苕溪化湾闸碑》,文中的"以潴以泄",在编入这部县志时,被改作"以堤以泄"。参氏著《寓林集》卷十三《碑》,第179页。

② 崇祯《乌程县志》卷二《溇港》,崇祯十年刻本;[清] 金友理:《太湖备考》卷三《水治》,江苏古籍出版社1998年版。

③ [明] 史鉴:《西村集》卷六《运河志上》,文渊阁四库全书本。

④ [明] 朱国祯:《修东塘记》,载崇祯《乌程县志》卷十一《艺文》。

⑤ 雍正《浙江通志》卷五十五《水利四·湖州府》,文渊阁《四库全书》本。

⑥ [明] 朱国祯:《涌幢小品》卷六,"堤利"条,中华书局1959年版,第138—139页。

守，以防河水冲决。①

图二　万历年间刊《便民图纂》中呈现的乡村车戽景象

另一方面，地方志等材料中也有很多关于政府兴举水利工程的记录及评议。

在万历十五年，因地方水灾，朝廷用科臣言，特设专官，发帑银以开江为首务，但所任非人，背公营私，影响较坏。参与编修万历《嘉定县志》的张应武，在其《吴淞江疏浚论》中，特别指出了当中的问题是“不酌群言，不委州县，不役乡夫，独任私人……托言以渐而深，惟务筑坝，曾不运土，每车戽微干，稍削茭芦，即以放水，迤逦而东，起自安亭，至宋家桥，分为十段，九段毕工，岸无积土”，最后是“虚告成功”。②

类似的情况在第二年，即万历十六年地方大灾时仍然存在。苏、松、常、镇四府地方的河港塘渎都被迫全面疏浚。苏松常镇水利副使许应逵负责疏浚吴淞江，支用帑金十万两来兴修水利。不过，当时疏浚过的河港，有七浦、

① 康熙《德清县志》卷二《险塘》，康熙十二年抄本。

② ［明］张应武：《吴淞江疏浚论》，载同治《苏州府志》卷十《水利二》。这篇论文，顾炎武抄录在《天下郡国利病书》原编第五册《苏下》中，题称“张应武水利论”。

杨林、湖川、练祁、盐铁、许浦、默林、鸡鸣、走马、光福、凤溪等塘，千墩、道褐、小虞、大石、大瓦、夏驾、徐公等浦，苏团、鲁堰、青培、长山、宝堰、沙腰、吕渎等河，张墓、伯渎、桃花、太平、大庙、黄田等港，涉及面较广。虽然这样，其间仍是百敝丛生、怨声载道。当时人批评道：此举“销糜工费，徒扰民间，毫无裨益”。①

最后，从地方到朝廷的角度而言，江南是全国的财赋重地，必须确保当地的社会稳定与经济重建，而水利建设仍是当中的一大关键工程。

周孔教指出，江南是国家财赋之区，幅员不能当天下之十三，而赋额几当天下之十六；②又说“三吴地方不能当天下之十一，赋役独当天下之十七”；③“国家财赋，大半倚办江南”，可是因大水为灾，使这个膏腴之地变为“污莱”，城市则“莽为巨浸”。④ 万历三十六年的三吴之水，是“从来未有之灾”；而地方政府之救灾，也是“从来未有之苦”。⑤ 为确保这个财赋重地，还得从大兴农田水利着眼。

万历年间的桐乡人李乐认为，“宜兴、湖州诸阙水归太湖无碍，则常之宜兴、武进，湖之乌程、归安，松之华亭，可无水患；浚吴淞、白茅之阙，太湖之水入江海无碍，则苏之长洲、常熟、昆山可无水患。”⑥

万历十一年进士、官至刑部主事的乌程人朱长春，曾向朝廷上疏说：“天下财赋，江南居十九。朝廷国计所资重，自古四方有变，江南常保全以待而我祖奠基金陵……浙江固其三辅要地也”；自万历十六年以来，水旱频仍，饥馑不断，虽多蒙朝廷蠲赈，可是“疮痍犹未尽起，逋赋日苦追呼，流离未能尽复”。如果江南地区灾后不能得到很好的恢复，社会民生不能得以稳定，就自然会影响到全国主要的财赋收入。⑦ 而国计的告匮，就会影响对于西北的转输，西北边疆正值多事之秋，一旦得不到保障，后果不堪设想。⑧

上述这些言论，从明代以来，类似的非常之多。比如，顺治时在江南居留十多年的慕天颜，十分熟悉江南农事，认为“江南赋甲天下，又大半出于苏

---

① 同治《苏州府志》卷十《水利二》。

② ［明］周孔教：《周中丞疏稿·江南疏稿》卷三《灾民困极不堪加派疏》。

③ ［明］周孔教：《周中丞疏稿·江南疏稿》卷三《地方困极织造难支疏》。

④ ［明］周孔教：《周中丞疏稿·江南疏稿》卷一《类报地方灾异疏》。

⑤ ［明］周孔教：《周中丞疏稿·江南疏稿》卷八《荐举荒政有司疏》。

⑥ ［明］李乐：《见闻杂记》卷十一，上海古籍出版社1986年影印万历间刻本，第966页。

⑦ ［明］朱长春：《朱太复乙集》卷十九《代浙西守道张朝瑞上谏止开采疏》，万历刻本。此篇奏疏后被完整收入明人董斯张辑的《吴兴艺文补》之卷三十六，崇祯六年刻本。

⑧ ［明］周孔教：《周中丞疏稿·江南疏稿》卷二《灾黎蒙轸遵旨勘报疏》。

松常镇”，但以苏松常镇论，要先大兴水利而后可言足国富民。① 康熙时人赵士麟也认为：“江浙之区，莫急于水利。”②嘉兴府秀水县人陈士鑛指出：“天下赋税，半在江南；而天下之水，半归吴会。”③等等。于此皆可概见江南地区在全国地位的重要，以及水利工作在江南社会生产中的重大意义。

五、感受与比较

一般认为，江南水利的枢要是在“三江”地区，即松江、娄江与东江流域。明人早就指出，“东南民命，悬于水利，水利要害，制于三江”。④ 吕光洵曾说过：“水利之兴废，乃吴民利病之源也。”⑤自兴建海塘、东江湮废后，松江与娄江上承整个太湖之水，水患自多。正德时人桂萼已指出，嘉、湖等地，“震泽、东海之所经也，溯冲淤壅，大遗三农之害”。⑥ 相应地，治水之议及工程，在有明一代一直不断。

根据陈士鑛在其《明江南治水记》中的概述，明代的大型水利工程与举措，主要包括这些方面：在永乐元年（1403），嘉兴、苏州、松江等府因频年水患且“屡敕有司督治无功”，四月份政府即命户部夏原吉往治江南水利；六月，又命侍郎李文郁辅佐夏原吉，“相度水田，量免今年租税”；八月，派都察院佥都御史俞士吉赍《水利集》赐夏原吉，使其讲求疏治之法。夏原吉督管民工十多万人疏浚江南河道，“日夜经画，盛暑不张盖”，不久使河流畅达，“农田大利”。永乐二年春天，夏原吉再往苏松疏通旧河，以大理寺少卿袁复为辅助；六月，陕西按察司副使宋性为布政使右参政，随从夏原吉治水。三个月后治水功成，还朝。永乐三年六月，朝廷命夏原吉与佥都御史俞士吉、通政使赵居任、大理寺少卿袁复，前往赈济苏松嘉湖水患饥民。宣德七年

---

① ［清］慕天颜：《水利足民裕国疏》，收入［清］贺长龄、魏源等编：《清经世文编》卷二六《户政一》，中华书局1992年影印本。

② ［清］赵士麟：《与苏抚宋公书》，收入［清］贺长龄、魏源等编：《清经世文编》卷四三《户政一八》。

③ ［清］陈士鑛：《明江南治水记》，收入［清］曹溶辑、陶越增订：《学海类编》第48册，1920年上海涵芬楼据六安晁氏木活字版影印本。

④ ［明］沈啓：《东南水利议》，载［明］张国维编：《吴中水利全书》卷二十二《议》，文渊阁《四库全书》本。

⑤ ［明］吕光洵：《吕司马奏疏·修水利以保财赋重地疏》，载［明］陈子龙等选辑：《明经世文编》卷二一一。

⑥ ［明］桂萼：《文襄公奏议》卷七《进舆地图疏·浙江图序》。

(1432)九月,苏州知府况钟与周忱受命修治江南水利。[①] 自周忱等人开浚吴淞江后,在天顺年间又命巡抚崔恭疏浚大盈浦出吴淞;弘治年间专设水利佥事伍性,开浚吴淞江中股和顾会赵屯浦,又命工部侍郎徐贯修治吴淞江,工程从帆归浦至分庄七十多里;至嘉靖元年(1522),巡抚李充嗣起用华亭、上海、嘉定、昆山四县民工,开浚吴淞江四十多丈,使此后十多年间无水旱之灾。陈士鑛虽详录了嘉靖二十二年巡抚吕光洵疏修水利三事,[②]但未记次年吕氏的治水,而该次治水的规模也是较大的。此后便是隆庆四年(1570),巡抚应天十府的海瑞,委同松江府同知黄乐成、上海县知县张嵿开浚王渡至宋家港的河道。万历十五年(1587),又因吴中遭受水患,命许应逵任水利副使,驻于松江,先开吴淞干道,再及支流,但"开浚未完,故道反塞",没有成功。[③] 万历三十六年的特大水灾及灾后的水利建设也没有记载。

从永乐元年(1403)到崇祯元年(1628)有关江南水利政策见诸史籍所载的,约有 89 项,以弘治、正德、嘉靖、万历四朝为最多。根据水利政策的不同特征,江南治水可以分为以下 6 个时期:[④]

1. 宣德、正统时期。设置了治农官,并在洪水期采取了动员粮长、里长进行排水工作(车救)的方式,时称"周忱官车法"。

2. 成化、弘治时期。水利工程要求在农闲时进行,有田之家每百亩修筑堤岸三丈,工程原则上由土地所有者承担。

3. 正德末、嘉靖初期。该时期的中心工程是应天巡抚李充嗣的水利工程。

4. 嘉靖末、隆庆初期。以海瑞的治水工程为主,方法基本与李充嗣相同,但也继承了宋代范仲淹将水利工程与赈济饥民结合起来的方法。

5. 万历初年。南直巡按御史林应训以张居正的各项政策为基础进行的工程的特点,是重视动员塘长、圩甲,提倡利用当地的权力关系。

6. 万历三四十年代。表现为依赖民间的综合性社会政策。

---

① 夏原吉的江南治水工作,对后世颇有影响。况钟向朝廷所申明的太湖地区年久滞塞、民苦浸淫的情况,其应对之法,都是"照尚书夏原吉旧法疏浚之"。参[明] 况钟:《况太守集》卷二《列传》,吴奈夫等校点,江苏人民出版社 1983 年版,第 38 页。

② [明] 吕光洵:《吕司马奏疏·修水利以保财赋重地疏》,载[明] 陈子龙等选辑:《明经世文编》卷二一一。"询"字作"洵",据此改;其治水"五事",前三事同《明江南治水记》所载,后二事为:"四曰量缓急以处工费,五曰专委任以责成功。"并对这"五事"逐一进行解释;陈氏对前三事的阐述也只是对吕氏解释的概括。

③ 详参[清] 陈士鑛:《明江南治水记》,收入[清]曹溶辑、陶越增订:《学海类编》第 48 册,1920 年上海涵芬楼据六安晁氏木活字版影印本。

④ (日) 川胜守:《明代江南水利政策的发展》附《明代江南水利政策年表》,载《明清史国际学术讨论会论文集》,天津人民出版社 1982 年版,第 536—548 页。

然而，纵观明代江南的治水，工程既浩大，耗费又极多，收效长则不过几十年，短则不过数年。吕光洵曾分析了个中的原因："今惟二江颇通，一曰黄浦，二曰刘家河。然太湖诸水源多而势盛，二江不足以泄之，而冈陇支河，又多壅绝，无以资灌溉，于是上下俱病，而岁常告灾。"因此水路渐湮，而最严重的问题，正是"有司者既不以时奏闻，而民间又不肯自出其力，随处修治"，致使水利大坏，潴泄之法自然"皆失其常"了。从嘉靖十八年以来，当地频遭水患；嘉靖二十一年水患特别严重，二十二年又逢旱灾，以致"河浦绝流"，沃壤之田皆"荒落不治"。他提出了"广疏浚以备潴泄"、"修圩岸以固横流"、"复板闸以防淤淀"的措施；在人事上，则要求"量缓急以处工费"、"专委任以责成功"。[①] 嘉靖十七年进士、吴江人沈啓（1491—1568）也说过："水利之官空设，开浚之策不讲者，士夫为之碍也。"比如开白茆塘，利归苏州府，阻挠的却是苏之士夫；开淞江，利归松江府，从中阻挠的也是当地士夫，所以必须"弃小利以弭大害"。[②] 沈啓的看法可能有些偏激。但水利失修，田地荒芜，不仅"国赋无从出"，而且"民胥为盗"，影响社会的稳定，[③]是谁也不能漠视的大问题。

就万历年间的自然灾害而言，万历十五年与三十六年的大水灾让人记忆深刻。湖州府地区尽管有很多低丘山地，但也"素号泽国"。当地人指出，这里"十年九潦，民不聊生，赋重役繁，家罕积贮"，一旦遇到大灾，"饥馑洊臻"。像嘉靖四十年、隆庆三年、万历七年与十五年，发生的水灾皆称"稽天巨浸"，却都不如万历三十六年发生的水灾厉害。一般的大水泛滥，"胥在五月之后，民间麦秋已登，麻菽盈筥，虀菜既实，岁功已获其半矣；况水势之溢，高不过六七尺而止，上田之淹者十六，中田之淹者十四；且室庐未坏，桑柘未枯，瓜蔬姜芋尚被于陵阜，菱芡芙蕖犹覆于湖面，是天虽降灾而地尚有遗利也"，然而"捐瘠者已载道，父子夫妇相食者已日有闻"。而万历三十六的水灾，"起自四月初旬，延绵至五月下旬，淋漓者五十日"，地方父老都说"吴中灾未尝目击如此之酷者"。[④] 朱国祯比较道："嘉靖廿三年、四十年以久雨，万历十五年以湖啸，最号凶岁"，却都比不上万历三十六水灾的严重。[⑤] 再如伍袁萃的感觉，基本与前述一致："今戊申（万历三十六年）自四月至五

① ［明］吕光洵：《吕司马奏疏·修水利以保财赋重地疏》，载［明］陈子龙等选辑：《明经世文编》卷二一一。

② 宋希尚编著：《历代治水文献》，台北：文化出版事业委员会1954年版，第64—65页。

③ ［明］姚希孟：《公槐集》卷三《代当事条奏地方利弊》，第342页。

④ 光绪《归安县志》卷二十七《前事略·祥异》，光绪八年刊本。

⑤ ［明］朱国祯：《朱文肃公集》第八册《荒政议（上甘中丞）》。

月,大雨如主,昼夜不止。高阜皆成巨浸,村落悉漂洪涛,而江海泛溢,水势日长。盖滔天之灾,百年仅见者也。"①

其实,在明代历史上,像万历三十六年这样的大水灾并不是罕见的。据明末桐乡人陈其德的《灾荒记事》与《灾荒又记》、张履祥的《桐乡灾异记》等材料,可以看到,从万历三十六年到康熙三年(1664)的五十几年中,乌程与桐乡等地区经历过 14 次较大的水旱灾害。但他们都认为,崇祯十三年(1640)发生的大水灾,远远超过了万历年间的水患,是少见的特大水灾。②该年因大水而出现大饥荒,造成"道殣相望",人死不可胜数。③ 由于每一个身逢灾难的人所录下的记忆,都会强调个人的感受及父老的传言,无法真正对时隔较长且无切身体验的灾患程度作出准确的判断,所以他们的比较,仍然是相对的。

张履祥还作有一篇《祷雨记》,认为当地万历十六年发生过一次大水,次年是大旱,"河水涸,井泉竭";到顺治五年(1648)也发生了一次大水,与万历十六年正好相距一个甲子,为一循环;顺治九年发生的旱情又与万历十七年基本一样。④

湖州地区虽多属山乡,水患同样较多,农田时常"淹没无收"。这种情况在万历十六年、万历三十六年和崇祯十三年表现得最为严重。涟川的沈姓地主曾亲眼看到水灾后进行复种,"苗秧俱大,收获比前倍好"的景象,所以他认为,以后万一再发生水灾,应尽快设法"旱车、买苗、速种"。而关于买苗,必须到山中高燥田区中选购苍劲老健的秧苗,因这种苗栽下后较易成活。如果在未栽插前大水就来了,那应以排涝"车救"为主,否则以复种为主。⑤ 但实际上,在大灾来临时,个体民众仍然无法抗御;大规模的灾后救济与水利重建活动,需要地方官绅的领率倡导,当然更需仰赖国家的动力支配。

在康熙六十一年,江南发生了一次特大旱灾,⑥桐乡县地方采取豁免民

---

① [明] 伍袁萃:《林居漫录》多集卷三,明万历间刻本,收入《续修四库全书》子部杂家类第 1172 册,上海古籍出版社 2002 年影印版,第 257 页。

② [明] 陈其德:《灾荒记事》、《灾荒又记》,载光绪《桐乡县志》卷二十《杂志上·祥异》,光绪十三年刊本;[清] 张履祥:《桐乡灾异记》,载氏著《杨园先生全集》卷十七,陈祖武点校,中华书局 2002 年版,第 516—518 页。

③ 同治《湖州府志》卷四十四《前事略·祥异》,同治十三年刊本。

④ [清] 张履祥辑补,陈恒力校释,王达参校、增订:《补农书校释》,农业出版社 1983 年版,第 172 页。

⑤ [清] 张履祥辑补,陈恒力校释,王达参校、增订:《补农书校释》,第 72—73 页。

⑥ 详参冯贤亮:《旱魃为虐:清代江南的灾害与社会》,载李文海、夏明方编:《天有凶年:清代灾荒与中国社会》,三联书店 2007 年版,第 201—239 页。

欠钱粮及拯恤老民的措施，都是依据康熙四十二年之成例。而这又是依据顺治五年之例，顺治五年蠲免钱粮的比例和具体数量，恰恰是依照明代万历年间的成例来推行的。[①] 这似乎在昭示，那远去的传统依然存在着。在后世人们的记忆中，万历年间（特别是万历三十六年）的大水灾，已经成为江南地方讲求水利、荒政的重要比照，并时常引以为殷鉴。

---

① 光绪《桐乡县志》卷七《食货志下·蠲恤》，光绪十三年刊本。

第七章　江湖坍涨与地方社会

一、公 占 隙 地

江南地区水域辽阔，由于自然演化与人工改造的加剧，城乡的生存环境不断出现新变化。其中，乡村地方出现的各种坍涨，一方面影响了地方民生与政府课税，另一方面导致城乡士民为获私利不断占垦这些水土资源，造成了势豪与百姓、官府与民间、朝廷与地方之间的各种利益冲突与矛盾。为应对这种紧张关系，并尽力保持对于江南河湖水利的常年维护，州县行政就此展开了很多工作。

就人工改造成熟的土地形态而言，明清时期都有比较严格的制度设计与管理措施。具体以明代为例，这些田地资源大致被划分成了官田与民田两大类。[①] 据《明史》的说法，明初的"官田"，都是"宋、元时入官田地"，其后有还官田、断入官田、学田、皇庄、牧马草场、城壖苜蓿地、牲地、园陵坟地、公占隙地，以及诸王、公主、勋戚、大臣、内监、寺观赐乞庄田，百官职田，边臣养廉田，军、民、商屯田等，都通称"官田"。此外，则属"民田"。[②] 清前期归安县人沈炳巽认为：官田就是官府籍没之田，税粮本重，在一石到二石之间，籍没后分派百姓佃种，只还租不还月粮。但相沿日久后，"版籍伪脱，疆界混淆"，"奸民滑吏"们将官田私相典卖，以官作民，"里胥之飞洒、移换，弊端百出"，出现了所谓官田非复昔之官田的情形。明代成化年间曾任溧水知县的王弼，作"永丰谣"称："有田追租未足怪，尽将官田作民卖；富家得田贫纳租，年年旧租结新租。"从中也可见以官作民，是由来已久的问题。[③] 比较

---

① 江南方面的具体考察，可参（日）森正夫：《明代江南土地制度の研究》，同朋舍 1988 年版；伍丹戈：《明代土地制度和赋役制度的发展》，福建人民出版社 1982 年版。

② 《明史》卷七十七《食货志一》。

③ ［清］沈炳巽：《权斋文稿》（一卷），"苏湖诸郡重赋考略"条，民国十二年吴兴刘氏嘉业堂刊本。

而言，江南官田最多的是松江府，占到全部田土的五分之四以上；苏州府次之，约占总数的三分之二。其他地区的官田，除杭、嘉、湖等府县外，一般都比较少。①

其中，意涵略显模糊的“公占隙地”，大多是民间义冢或显贵坟茔，或官仓坛殿等所用之田。② 这类土地资源在文献中多与“坍荒”并列，属于易被地方营私之类。万历初期，常熟籍官员赵用贤就曾上疏朝廷，提及这一问题，并强调县衙中专门负责地籍书册的胥吏，在其间常有的不法行为：③

> 臣邑中止有猾胥一人，世主其籍，小户有报公占、江坍等项，应开除者，非重贿此胥不可得。举臣一邑，而他邑可知。奈之何委良民之膏血而充奸徒之侵蚀也！

赵氏认为，常熟县胥吏们掌控公占、坍荒地的申报、开除之责，而借机侵蚀“良民之膏血”的情形，在其他州县也广泛存在。

濒江、河、湖、海等水域的田地，出现涨滩、坍荒等情况时，民间要占垦经营或开除旧籍的，确实需及时向州县官府报批，以求获得法律的保护。众所周知，田地被水坍没，或因淤涨成田，多为自然演化而成，具有时间上的不确定性。而由淤涨而成的“沙田”，在南方江淮间普遍存在。王祯很早就说过：④

> 沙淤之田也，或滨大江，或峙中洲，四围芦苇骈密，以护堤岸；其地常润泽，可保丰熟。普为塍埂，可种稻秫，间为聚落，可艺桑麻。或中贯潮沟，旱则频溉；或旁绕大港，涝则泄水；所以无水旱之忧，故胜于他田。

明代常州府靖江县的“沙田”，名目上就有积荒沙田、飞沙田，涨滩初成而已核定科税的沙田，以及已出水和未出水的滩田等。⑤ 到清代，农学家对

---

① 伍丹戈：《明代土地制度和赋役制度的发展》，福建人民出版社1982年版，第28页。

② 参梁方仲：《〈明史·食货志〉第一卷笺证》，收入氏著《中国社会经济史论》，中华书局2008年版，第417页。

③ ［明］赵用贤：《松石斋集》文集卷二《奏疏二·议平江南粮役疏》，万历四十六年赵琦美等刻本。

④ ［元］王祯著、王毓瑚校：《王祯农书》“农器图谱集”之一《田制门》，农业出版社1981年版，第193页。

⑤ 伍丹戈：《明代土地制度和赋役制度的发展》，福建人民出版社1982年版，第13页。

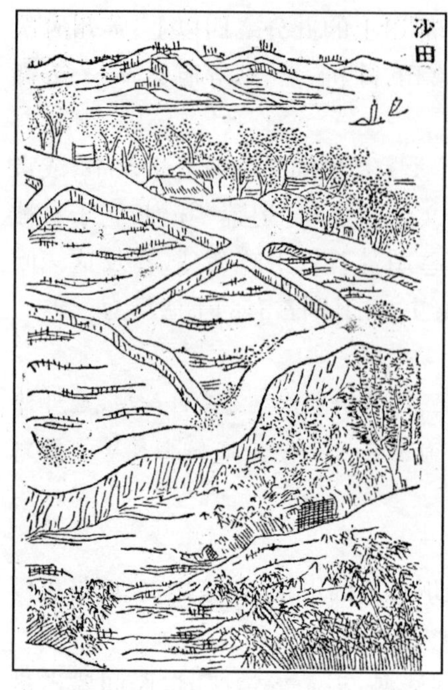

图一 王祯《农书》中介绍的沙田景观

"沙田"有了详细的定义：①

沙田：南方江淮间沙淤之田也。或滨大河，或列中洲，其以芦苇四围作堤岸者，有碍于河道，其滩涨亦未可常恃。

这种江湖涨沙地散见于很多府州县，民间可以自行经理成田，②倘经营得好，农业上可以得到理想的收获。元代至正年间的《琴川志》记载的常熟县总耕地数 2 321 563 亩中，官方统计沙田就有 4 964 亩，约占 2‰。但沙田的涨没不定，使人们无法精确测量其步亩，故多能享受免征或少征租税的政策优待。③

崇明岛初涨之时，沙场分列，都是"节场"。后来开荒作田，"民皆争据"。为此，在明代正统年间，巡抚周忱"量给小民，以祛其弊"，亲自主持土地丈量，规划使用，用大方甓刻下佃者的姓名、所佃田亩数及田亩四至，竖在田亩坵段，并画影图形，藏于政府官库，作为永久凭证。④ 直至 1949 年，崇明岛一直处于北涨南坍的状态，嗣后经多次水利建设、围垦和人工促淤，南坍基本停止，而北部和东西两端仍继续淤涨。⑤

在漫长的历史过程中，乡村民众已具备了较为成熟的利用潮汐进行灌溉的管理形式与相关设施。⑥ 有的地方已习惯于利用海潮灌溉农田，"人工省而便利多"。⑦ 人们也注意到，潮水涨落带来的泥沙，必须时加挑浚。明代人在利用潮汐灌溉的同时，常在田边筑岸防沙，或树立桩橛来阻隔潮汛。当时

① ［清］黄辅辰编著、马宗申校释：《营田辑要》，农业出版社 1984 年版，第 220 页。

② 正德《姑苏志》卷十五《田地》，正德间刻本。

③ 虞云国：《略论宋代太湖流域的农业经济》，《中国农史》2002 年第 1 期，第 64—74 页。

④ 正德《姑苏志》卷十八《乡都·市镇村附》。

⑤ 崇明县志编纂委员会编：《崇明县志》，上海人民出版社 1989 年版，第 43—49 页。

⑥ ［清］沈复：《浮生六记》卷四《浪游记快》，收入金性尧、金文男注：《浮生六记(外三种)》，上海古籍出版社 2000 年版，第 105 页。

⑦ 钱淦：《江湾里志》卷五《实业志·农业》，民国十三年铅印本。

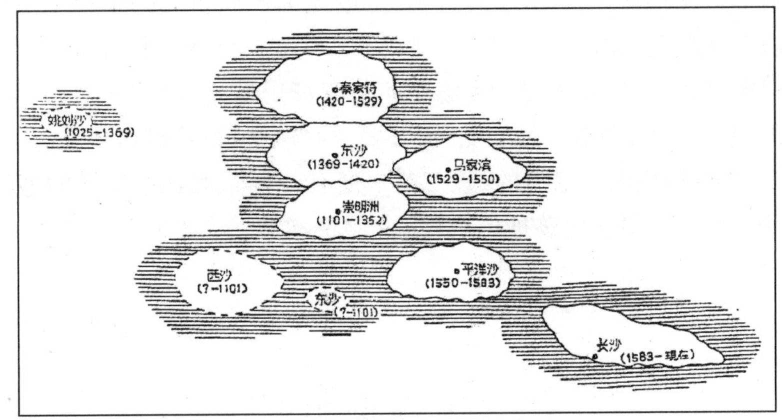

图二　光绪《崇明县志》所揭示的崇明各沙岛之变迁

（据陈吉余著：《海塘：中国海岸变迁和海塘工程》，人民出版社2000年版，第24页）

把这种利用潮汐灌溉的田就叫作"沙田"，显然也是因沙泥淤积较多之故。①

土地资源的新增为地方民生带来了新的契机，从而形成新的农业生产区。原本从不种植烟草等物的靖江县，自沙洲积涨以来，正东圩一带逐渐有种植者，并形成风靡之态。② 不过，土地的所有权总是由官府所执，士绅百姓则可以申请承揽经营。镇洋县曾经在光绪三十一年批准了一位绅士的申请，名目是"学务沙田"，全部种棉花，拨入"劝学所"辖下。到1912年，经县议决，以其一半为县教育机构所有，一半为浮、陆、思三乡小学校所有。有意思的是，沙田因滩涨无常，"故未升科"。③

除上述"沙田"之外，类似的还有涂田、淤田，多在濒海之地，"各因潮涨而成"，经过改造垦殖，也能成为很好的农田。④ 明清文献中常常述及的"荡地"与此相仿，指沿海的滩涂地。史料中最常见的是草荡、沙荡、沙坦、荒坦、沙坵、涂、丘、埕、蚝、屿等等，且多与盐业生活有关。⑤

至于围田与湖田，基本处于淡水区，是民间与水争田、人工改造的结果。早在宋代，围湖占江以争取更多的土地资源，已很盛行，这对地方水利当然颇为不利，"十年之中荒恒六七"。⑥

---

① ［明］袁黄：《了凡杂著》（不分卷），"劝农书"，万历三十三年建阳余氏刻本。

② 光绪《靖江县志》卷五《食货志·土产》，光绪五年刻本。

③ 民国《镇洋县志》附录一卷《县自治款产·学堂》，民国八年刊本。

④ ［元］王祯著、王毓瑚校：《王祯农书》"农器图谱集"之一《田制门》，农业出版社1981年版，第192页。

⑤ 刘淼：《明清沿海荡地开发研究》，汕头大学出版社1996年版，第10页。

⑥ ［清］顾炎武著、黄汝成集释：《日知录集释》卷十，"治地"条，岳麓书社1994年版，第353页。

到了明代，围田或圩田已成常态，并固化为民间重要的生产生活环境。但湖荡田或淤涨成田的土地资源，仍在不断演变。例如，明初武进县的芙蓉湖傍湖田，就因岁久而湮废。宣德年间重建圩田后，仍属低洼之区，需要筑堤围护。① 而且河湖地区的坍涨，官方要及时调整赋税政策，体恤民生。雍正四年，李卫指出浙江沿海的“灶丁荡户俱有苦累”，对他们生活的地域“须清查升涨抵捕”，对涨坍荡地的税银要“照例增减”，②才能益于民生。河湖地区的坍涨，既改变了地表形态，也影响了地方民生。

二、河湖的坍涨

淡水河湖区域因坍涨影响的土地资源，与沿海的荡田、灶田、涨洲、滩涂有所区别，也与“坍荒”有些不同。虽然有学者指出，在江浙地区，荡地开发的程度总体与淡水的灌溉能力有关，③但相应的研究仍有待展开，而且淡水地区的坍涨基本与盐业无涉，多数是被选作水生经济作物的种植区。

在长江边上的镇江，“凿山围水，海潮出没，土田岁易处”，处于所谓的“山田多荒白、围田多坍江”，民间多劳苦之况。④ 这种苦况在正德以降因制度上的败坏、官吏的贪污作弊而被加剧。顾鼎臣据其亲身观察，认为江南水乡普遍出现了或将官田改作民田、或将肥荡改作瘦荡、或将𪎭粮叩卖别区、或将正粮洒派细户等各种问题。顾氏特别指出，最严重的就是“城郭附近田涂，虚报坍江、坍河、坍海，膏腴常稔地土捏作板荒、抛荒、积荒”，致使每年粮额亏欠以千万计。⑤ 后来于万历三十二年(1604)担任常熟知县的耿橘，对这些问题认识十分深刻。耿氏出于讲求农田水利的迫切需要，在给上级官府的《开荒申》中说道：⑥

---

① 万历《常州府志》卷二《地理志二 · 常州府武进县境图说》，万历四十六年刻本。

② [清] 不著纂人、王锺翰点校：《清史列传》卷十三《大臣画一传档正编十》，“李卫”条，中华书局 1987 年版，第 967 页。

③ 刘淼：《明清沿海荡地开发研究》，汕头大学出版社 1996 年版，第 98 页。

④ [明] 桂萼：《文襄公奏议》卷七《进舆地图疏 · 南直隶图序》，嘉靖二十三年桂载刻本。

⑤ [明] 顾鼎臣：《顾文康公文草》卷一《陈愚见划积弊以裨新政疏》，中国科学院图书馆藏万历至顺治顾氏家刻本，收入《四库全书存目丛书》集部第 55 册，齐鲁书社 1997 年影印版，第 265—266 页。

⑥ [明] 徐光启著、石声汉校注：《农政全书校注》卷八《农事 · 开垦上》，上海古籍出版社 1979 年版，第 195—196 页。

> 常熟县为设法开垦荒田，以裕民生，以裨国计事。切照本县，坐滨江海，田地高下不齐，肥瘠参半，兼以赋役繁重，民生游惰，以故田多荒芜，萧条满野，然非土性之荒也。水利未修，旱涝无备，荒者且岁有益焉，则熟之难。流移未还，劳来未至，则熟之难。积逋未豁，原主告争，民虽有欲垦之心，鲜不蛇豕视，则熟之难。风俗颓败，邪行交作，民不务本，则熟之难。卷查万历二十八九两年间，前任赵知县，清勘坍荒，有二项焉：一曰板荒，一曰坍江。阖县四百八十四里内，勘出旧板荒田地一万二千四十三亩一分九厘八毫。于内，芦苇荒田地七百一十九亩六厘四毫，茭草荒田地四千八百六十七亩六分九厘九毫。又新荒田地一万九千二百五十二亩九分八毫。又勘出坍江田地并高明坍沙二万三百五十八亩七分五厘。坍江沈沦，遂将概县存留米抵补，板荒隰畛具存，复熟有待，第入未限缓征……至于坍江一项，虽粮经豁免，而土之在水，原无丧失。有坍则有涨，此坍则彼涨，其常理也。合无清查沿江自白茆一带，凡有新涨之田，俱令计亩升科。若荒田中果有沙瘠不堪耕种者，即以此粮补之，而荒粮即与豁除，期于不失原额而已。坍者熟田，涨者白涂，渐以成荡，故抵补不尽。

申文中既强调了开垦荒田对于国计民生的重要，也说明了常熟县地区滨江临海，官府“清勘坍荒”的名目中常有“坍江”与“板荒”两类，最后还特别指明“坍者熟田，涨者白涂，渐以成荡”。明清时代的“坍江”①与“板荒”，②其实都是习称，或可用“坍荒”概之。当然，因海潮淹没无常，对统计清丈在册的草荡、沙荡，官方同样立有“新涨”和“坍没”名目，以便于官员掌握实际纳课的荡地亩额。在明清荡地的管理体系中，为便于区分不同的隶属关系，又依其行业或承当朝廷户役的役名来作为荡地的指称。③

倘从广泛的坍荒土地资源来看，有抛荒、积荒、坍江、坍湖四大类，且互有关联。抛荒田土，多因天灾或因人事不举而使小民贫难逃亡，抛荒既久，变成积荒。“奸人”乘机将常稔膏腴之田，朦胧捏报作“抛荒、积荒、坍江、坍湖、坍海之数”，致使州县税粮原额被分摊至普通良民之家。如果从地理差异来看，坍海之田，以上海、嘉定、太仓三地为代表；坍江以江阴、常熟、昆山为代表；坍湖则普遍较少，实因太湖水不通潮汐而使茭苇丛生，所以涨多而

---

① 《明史》卷七十八《食货志二》：“有江水泛溢沟塍淹没者谓之坍江。”

② 《清史稿》卷一百二十《食货志一》：“苏属兵后荒田不下二百余万亩，请令历年报荒者定为板荒，余新荒许各户指报豁粮，俱由局招垦，则虚荒易查。”

③ 刘淼：《明清沿海荡地开发研究》，汕头大学出版社1996年版，第11页。

坍少。①

比较而言,淡水区域的坍涨,显得更为零碎普遍。江南水乡,泽国地带,年积月累,坍涨频发。在吴江县,据嘉靖年间的初步估计,坍湖田已有五百八十九圩,面积达 16 577 亩之多。沈啓指出:"田蚀于水,水之害也,流其土以自塞其下流而为梗,非水之贻害乎?又嫁其税于他田而并未蚀者,以嫁之水为害无有既也。昔人谓沙涨一尺,太湖水面少一尺,不知田蚀一尺,太湖水面增一尺……一水不蚀,数害皆除。"②

关于坍、涨,地方史料中有比较明确的解释:③

> 太湖中一十八港,枢纽湖心,朝夕吞吐,利害最大。其西之田,日蚀于湖者,谓坍湖。其东之沙,日涨为田者,谓之新涨(岁有新增,其数难定),各以万计。东南二湖俱成原隰,则壤为科,亦以万计。城南高壤,俱成民居。……坍湖、新涨,本同一体,然坍湖出于天数,新涨则犹有人助焉。近年以来,坍者少而涨者多,盖由芦苇日蕃,则沙泥易积,非若坍湖之专俟乎风涛也。又,其地充斥,难于丈量,故易隐而难明。其为水利之害,非一日矣。

坍涨可以说是坍湖、新涨的合称,但两者稍有区别,就是所谓"坍湖出于天数,新涨则犹有人助",前者以自然的影响为主,后者多人工改造。从太湖平原地区的坍、涨的情况比较来看,似乎如文献中所说"坍者少而涨者多"。但其实各地情况并非都是如此。

太湖以西的低丘山地,在大雨时节,水流挟带了大量的泥沙下泄入湖,在湖口就出现淤涨,并进一步向太湖内部延伸。湖州、常州二府滨湖地带的众多溇港,实际上就是在这种淤涨过程中发展而来。

杭州城外的西湖,淤塞问题也很严重。湖中据说曾有"无税田数十顷",就是"湖浅则田出"的结果。在成化朝前,湖田被民间私垦为业,面积大增,里湖水面因而缩减。弘治十六年(1503)出任杭州知府的杨孟瑛,为解决西湖淤塞问题实行全面整顿,清除侵占西湖水面形成的大批田荡,将疏浚的淤泥、葑草在里湖西岸筑成长堤,即后世所谓的"杨公堤",同时增建六桥,以通

① [明]顾鼎臣:《顾文康公文草》卷十《书牍·与东湖都宪》,中国科学院图书馆藏万历至顺治顾氏家刻本,收入《四库全书存目丛书》集部第 55 册,齐鲁书社 1997 年影印版,第 445 页。

② [明]沈啓:《吴江水考》卷二《水蚀考》,乾隆五年沈守义刻本。

③ [清]顾炎武:《天下郡国利病书》原编第四册《苏上》。

水流，俗称“里六桥”。①

在河湖滩田附近兴建水利堤防，是太湖地区人工改造环境的流行方式。明代后期的乌程县南浔镇人朱国祯（1558—1632），谈论家乡农事，曾言及水利堤防与水滩田问题：②

> 堤之功莫利于下乡之田。余家湖边，看来洪荒时，一派都是芦苇之滩，却天地气机节宣，有深有浅，有断有续。……明农者因势利导，大者堤，小者塘，界以埂，分为塍，久之皆成沃壤。今吴江人往往如此法，力耕以致富厚。余目所经见，二十里内，有起白手致万金者两家。此水利筑堤所以当讲也。

朱氏所云的利用筑堤来变滩地为良田的方式，在乌程、吴江等地民间都是很普遍的。到民国初期，此法仍为时人所认同，其将堤防对于农田的巨大功用予以大力强调。③ 不过，滩地的人为改造与堤塘的规划，极大地改变了自然环境的原生状态。

在明清两代，由于自然的演化以及其间的人为影响，太湖地区的坍涨情况已很严重。根据清人的统计，沿太湖水域的菱湖嘴、西山白塔淹、三洋洲、沙湾、新村、东塘、斯圻、石圻、白茆嘴、胡溇、七里港、南湖、充浦等，都是由坍湖而成。而平沙滩、大缺口、牛毛墩、浪打穿、清水漾、百渎口等，则由淤涨而生。④

作为山地水流下泄入湖的水利要口，乌程县的各大溇港，虽经不断疏通，但每至冬季，内河水浅，泥沙得不到有力的冲刷，逢西北风起，太湖之水激成巨浪，泥沙随浪上翻又形成新的壅积。⑤

湖州府境内七县聚水之薮的碧浪湖，与各河流、溇港保持着贯通联系，坍涨淤阻的发生也互有关联。凌廷堪（1757—1809）对此深有体会。他说：⑥

---

① ［明］田汝成：《西湖游览志》卷一《西湖总叙》，浙江人民出版社1980年版，第2、18、23页。

② ［明］朱国祯：《涌幢小品》卷六，“堤利”条，中华书局1959年版，第138—139页。

③ 周庆云纂：《南浔志》卷四《河渠》，民国十一年刻本。

④ ［清］金友理：《太湖备考》卷一《太湖·太湖坍涨》，江苏古籍出版社1998年版，第45—47页。

⑤ 光绪《乌程县志》卷二十六《水利》。

⑥ ［清］凌廷堪：《杭湖苏松源流异派同归说》，载［清］贺长龄、魏源等编：《清经世文编》卷一百十六《工政二二》，中华书局1992年影印本。另《清会典事例》卷九百二十九《工部六八·水利》，所述内容，与此亦基本相同。

> 缘碧浪湖为七县聚水之薮，非深浚则水无囊蓄。郡之西南乡及东北两乡均受其害，今泥沙堆积，致使潦则淹没田庐、旱则无从车戽，至运河之塘，外以济运，内以卫田，水发时惊湍奔突，赖塘堤防，故塘由西北迤逦而东南，水则自西南汹涌而东北，且地势南高北下，自塘坍废，塘北田庐时遭横决，因水势无由障，且无由分杀也。沿塘一带，有水口四十余处，与沿太湖溇浦三十余口，两两相应，联络贯注，疾趋而下，足刷淤泥，自塘废而溇港愈淤，全郡受害。

凌廷堪还特别指出，康熙十年(1671)、四十六年，雍正五年(1727)，乾隆四年(1739)、二十七年，都曾修浚过碧浪湖及沿太湖诸溇港，并建立了“闸座”。但在以后，碧浪湖再度“沙涨成洲”，而各溇港“淤阻特甚”，一遇大水，仍不免泛滥成灾。①

吴县的白洋湾，临近太湖，其坍涨变化显得更为迅速：②

> 吴县白洋湾为南太湖支流，二十年前湖面极阔，今两岸半成良田，只有三饯港通湖而已。徐墅村，俗名大村，出新泾港至东山，本水程九里，近来芦洲日涨，湖面一帆可渡，亦沧桑之一小变也。黄洋湾，在徐墅村之东，为横金浦庄一带塘河之咽喉，三十年前水势浩渺，今弥望茭芦，几成草海，其通舟处不过带水耳，一遇旱潦，纳水吐水，均有阻滞，为腹里农田无穷之害。为民上者，不可不留意焉。

在嘉善县北部的西塘镇等地，属于整个县境内最为低洼之区，③支河干派，湖荡连接，芦苇蒹葭，旷野无际。④ 西塘镇与丁栅、大舜相隔的祥符荡，周长9.37公里，面积3 000余亩(一说3 800亩)，为嘉善县三大湖泊之一。该湖水面辽阔，每遇风起，水急浪高，良田为之侵蚀，行舟时有倾覆，事故连年发生。光绪二十二年(1896)，经孝廉张义增、顾福仁等提议，县令江峰青允准，在天字圩与金字圩之间，用乱砖填坝200余丈，把荡分隔成南荡、中荡，以御风浪。民国二十二年改砖坝为块石坝，使坝身更为坚固。⑤

---

① [清]凌廷堪：《湖州碧浪湖各溇渎要害说》，载[清]贺长龄、魏源等编：《清经世文编》卷一百十六《工政二二》。

② [清]钱思元纂、钱士锜补辑：《吴门补乘》卷一《水利补》，嘉庆二十五年吴县钱氏刻、道光十年刊本。

③ [明]陈龙正：《几亭全书》卷二十三《政书 · 乡筹》，“治人治法”条，康熙云书阁刻本。

④ [明]章士雅：《夜防议》，载万历《嘉善县志》卷二《建置》，万历二十四年刻本。

⑤ 西塘镇志编写组编：《西塘镇志》，新华出版社1994年版，第135页。

不过,正如震泽县人马某所指出的那样,历来对于江南地区的治水多重视太湖下游地区,原因可能在于：太湖出海河道常受潮汐顶托的影响,海水倒灌,泥沙容易积淀,而溇港仍属通畅,所以古人治水“止及出海河道,而不及出湖溇港”。① 太湖下游地带的坍涨,确实较上游更为习见。

濒江临海的常熟县东北的许浦,西接梅李塘,北入大江,“壤半啮于江,存者亦涨为田”。北属昆山、南属青浦的淀山湖,北面通泄湖流的地方,在水潮长期影响下,已淤成围田。② 嘉定与上海两县分界的吴淞江东老鹳嘴、宝山李家堰一带,因受吴淞所海滩“涨成平地”的影响,潮势冲突李家口,泥沙滚入里河,“一潮便有一纸之厚”。可以说,吴淞江之易于堙塞,这也是一个重要原因。③

早在永乐元年(1403),吴松江受潮汐影响而“沙泥淤积,旋疏旋塞”,从下界浦至上海南仓浦口河段约一百三十余里,“茭芦丛生,已成平陆”。而整个太湖下游地区,“浦港湮塞,汇流涨溢”的情景,似乎随处可见。④ 江宁巡抚土国宝在顺治三年(1646)的上疏中,曾强调了这种坍、涨的普遍性：弘治七年、天顺年间曾分别疏浚过白茆河、吴淞江以后,“白茆潮沙积塞,状如丘阜,吴淞江竟如沟洫,下流既壅,上流奚归？舟楫莫行,田畴莫治。”⑤

吴江人朱鹤龄(1606—1683)作过简单的考述,指出大概从明代以来,吴淞江河道坍涨多在上段,即从吴江长桥到庞山、九里二湖一段,而下段常受海潮影响而壅滞,进而引起中段的湮塞。⑥

作为太湖水入海基本通道的吴淞江,由于海潮往往倒流,故有潮泥填淤之患;加之湖田肥美,百姓竞相围占,以争尺寸之利,所以,吴淞江日渐狭隘,致使湖水排泄不畅。⑦

到嘉庆年间,吴淞江中段湮塞严重,“湖泖滩涨纵横”。⑧ 道光年间,陶澍在江南巡查时讲道：那些“滩涨之处,乞废荡田,在所不免”,而此等荡田,“多系侵占官河而成,历年已久”。⑨

---

① ［清］金友理:《太湖备考》卷三《水治·水议》,江苏古籍出版社 1998 年版,第 109—142 页。

② ［清］顾炎武:《天下郡国利病书》原编第四册《苏上》。

③ ［清］顾炎武:《天下郡国利病书》原编第四册《苏上》、原编第六册《苏松》。

④ ［清］陈士鑛:《明江南治水记》(不分卷),收入［清］曹溶辑、陶越增订:《学海类编》第 48 册,1920 年上海涵芬楼据六安晁氏木活字版影印本。

⑤ ［清］土国宝:《筹浚三江水利疏》,载［清］贺长龄、魏源等编:《清经世文编》卷一百一十三《工政一九》,中华书局 1992 年影印本。

⑥ ［清］朱鹤龄:《禹贡长笺》卷五,文渊阁四库全书本。

⑦ ［明］归有光:《震川先生文集》卷三《水利论》,上海古籍出版社 1981 年版,第 60—62 页。

⑧ 嘉庆《松江府志》卷八《山川志·水》,嘉庆二十二年松江府学刻本。

⑨ ［清］陶澍:《陶澍集》,“会同江督奏勘估吴淞江工程折子”,岳麓书社 1998 年版,第 457 页。

河湖环境变化比较突显的,除吴淞江之外,是东太湖。东太湖作为一个浅水型湖湾,是苏州、松江、嘉兴等地的主要水源地。这里水质应该是最好的,就目前而言,它仍优于太湖的其他水域,原因与东太湖的生态环境有较大关系。① 然而,它的变化十分明显,近来的实地调查结果显示:1916 年,其水面积为 260 平方公里,到 1960 年缩为 163 平方公里,1983 年时缩到了 131.25 平方公里。② 可以推断,东太湖出现这么迅速的变化,与人为的大面积围垦有极大的关系。这种围垦,在导致湖面变狭的同时,又使风浪大为减弱,吹程减小,从而促进了水生植物的生长,静水水生植物(如微齿眼子菜)、漂浮及浮叶植物迅速成为水面的优势植物。今天的东太湖水体,已由中—富营养型向中—富—富营养型过渡,接近了富营养状态,湖水质量趋于恶化。③ 反观历史时期,东太湖面积萎缩、湖田开垦成陆,实际上与整个平原地区的环境变迁有着不可分割的内在联系。

三、利益驱动

以湖州府而言,由于水利荒废,乌程县的 39 溇与长兴县的 34 溇最晚到嘉靖时,已淤塞过半,地方百姓所种的桑麻芦苇等物,对溇港水流造成了极大的遏制,且百姓“利其业者又惮于疏浚”。④

在太湖上游地区有五堰,以及宜兴、荆溪、阳湖诸渎作疏导,而乌程、长兴境内还有 72 溇港作下泄口,水流下达入太湖十分顺畅。太湖下游地区则有无锡的 21 港(其中以独山门、吴塘门为最大)、长洲的 6 港(以沙墩、金市两港为大)、吴县的 9 港(以铜坑、胥口为最大),以及吴江、震泽的 72 港(其中以长桥港为最大),这些都是太湖水下泄的重要出口。到道光时,这些泄水口已大半湮塞,地方百姓“利其业者”不愿疏浚,于是积弊日深。⑤

地方豪强侵占河湖可垦地区的情况,在太湖地区具有普遍性,除了上游

---

① 杨再福等:《东太湖生态环境的演变与对策》,载《中国环境科学》2003 年第 23 卷第 1 期,第 64—68 页。

② 李文朝:《太湖湖体综合治理对策的探讨》,载《湖泊科学》1996 年第 8 卷第 1 期,第 289—296 页。

③ 杨再福等:《东太湖生态环境的演变与对策》,载《中国环境科学》2003 年第 23 卷第 1 期,第 64—68 页。

④ [明] 伍余福:《三吴水利论》之六《论七十三溇》,嘉靖吴郡袁氏嘉趣堂刻《金声玉振集》本。

⑤ 参[清] 钱泳:《履园丛话》丛话四《水学》,“来源”条,中华书局 1979 年版,第 92—94 页。

地区占垦严重外，[1]明人杨溥（1372—1446）认为，土豪大户对于河湖资源的侵占早已遍及江南各地，其表现大多是将池塘占据养鱼，或将湮塞淤涨之处霸作私田进行垦种。因而即使有水利设施保存完好的，也不过“十中之一”，实际处于“废弛”状态的要多得多。[2] 像练湖，本来可以作为运河水调节的一个蓄水库，在永乐以后官府一直十分重视其修浚工作，成化年间官方还曾下令“敢有占湖田者，痛治如律”。可是后来由于地方官员“狃近利而忽远图”，出现了对于地方势豪占垦湖田近乎放纵的局面，在顺治年间，“侵田者”居然多达九千多亩。[3] 而早在周忱（1381—1453）巡抚江南时，对太湖流域地区这种豪强私筑圩田而阻遏湖水的现象，已多有揭示。[4]

可以说，在很多地方，水利之害主要是由权豪之家侵夺地方利益造成的。在杭州西湖附近，可以“编竹节水”、专享“菱芡之利”的，只有那些“有势力者”。所以杭人的俗谣有云：“十里湖光十里笆，编笆都是富豪家。待他十载功名尽，只见湖光不见笆。”[5]黄尊素（1584—1626）也说：“西湖半为豪右所割筑圈治，所存无几”，杭州府士民曾叩请官府进行清理，皆未果。[6]

再如在常熟地方，权豪之家“冒鱼鳖重利，每据津要处所，牢钉桩橛，密帘数罟，以截水利，坐视百姓垫溺”；在湖荡沮洳地方“筑岸围护”，使之成为沃壤，并向政府表示愿将这些地方“升荡科轻额”，从而杜绝他人的举告，官府更乐意从中收取赋税，对这种侵占自然是视而不理。[7] 在松江府的上海等地，豪右大族也是“渔阓井小利”，将河岸日益开拓占用，使河身不断束狭；经过一段时间后，又在开拓的河岸边筑起居室，“不久更相传，更相售，以为固然”，水利因此久废。[8] 何良俊清楚地指明，在其生活的时代，松江西乡地区的田“甚得水利”，仅设鱼簖一项，“常年包银有多至五六十两者”；在寻常河港让人牵网捕渔，“亦取利二十两”。至于地势较高的东乡地区，田岸下略

---

① 光绪《重修丹阳县志》卷三《水利》，光绪十一年刊本。

② ［明］杨溥：《杨文定公奏疏·预备仓奏》，载［明］陈子龙等选辑：《明经世文编》卷二七，中华书局1962年影印本。

③ 邹逸麟：《江南运河镇江、常州段历史地理问题之研究》，原载《文史新澜》，浙江古籍出版社2003年版，收入氏著《椿庐史地论稿》，天津古籍出版社2005年版，第223页。

④ 《明史》卷八八《河渠志》。

⑤ ［明］叶盛：《水东日记》卷十四，“西湖俗谣”条，中华书局1980年版，第147页。

⑥ ［明］黄尊素：《说略》（一卷），古香书屋钞，收入孙毓修编：《涵芬楼秘笈》第一集，北京图书馆出版社2000年影印版，第609页。

⑦ ［明］薛尚质：《常熟水论》，收入［清］曹溶辑、陶樾增订：《学海类编》第48册，民国九年上海涵芬楼据道光十一年六安晁氏木活字版影印本。

⑧ ［明］陈继儒：《白石樵真稿》卷五《上海吕侯疏河碑记》，北京大学图书馆藏明崇祯刻本。

有种植茭芦的，“即飞弓一步”，因为其间获利不少，“些少茭芦，但可以供数日烧柴而已”。①

官府贪图短利，对地方豪民所占吴淞江沿江淤地广植芦苇等物，不但不加阻止，反而“规取其税”，教之以“塞江之道”的情形，②其实随处可见。

天启年间，吴江人陆文衡与曾任礼部尚书的同乡周道登有一段对话，表明后者也是地方坍涨中的既得利益者：③

(周道登)又问，余曰：“我邑泽国也，水利久宜讲求。近来各处淤塞，蓄泄无从，奈旱潦何?”默不语。揣其意，以后河浮涨一带，尽成膏腴，皆其家所有，正妨水道，难措词也。

地方豪强的“分踞告升”，对水利自然极为不利，④其危害性比起“小民”们的私占更为严重。

陶澍在向朝廷的报告中指出，沙洲地亩价少课轻，而获利甚厚，可以将涨沙地充公，以作水利修治的津贴；同时也指出，地方上每遇新的涨沙，就会群起相争，酿成械斗巨案。⑤ 虽然涨沙对于水利多有妨碍，但民间对于江湖涨滩的占垦，仍日甚一日。⑥

至于滩荡田对于人们的诱惑力为何如此之大，张履祥通过对湖州府归安县的观察，这样解释道：⑦

湖州，税额不均之府也，归安为甚。为归安田者卑下，岁患水，十年之耕不得五年之获，而税最重。其地蚕桑之息，既倍于田，又岁登，而税次

---

① [明] 何良俊：《四友斋丛说》卷十四《史十》，第 114 页。

② [明] 归有光：《震川先生文集》卷八《论三区赋役水利书》，上海古籍出版社 1981 年版，第 169 页。

③ [清] 陆文衡：《啬庵随笔》卷二《自述》，光绪二十三年吴江陆同寿刻本，台湾广文书局 1969 年影印版。

④ 康熙五十二年十二月《吴江县太湖浪打穿等处地方淤涨草埂永禁不许豪强报升阻遏水利道碑记》，载[清] 金友理：《太湖备考》卷一《太湖 · 太湖坍涨》，江苏古籍出版社 1998 年版，第 47—48 页。

⑤ [清] 陶澍：《陶澍集》，“请将新涨沙洲归公杜讼折子(道光八年)”，岳麓书社 1998 年版，第 142—144 页。

⑥ [清] 陶澍：《陶澍集》，“复奏江苏尚无阻碍水道沙洲折子”(道光十二年)，第 147—150 页。

⑦ [清] 张履祥：《杨园先生全集》卷二十《书后 · 书改田碑后(甲申后)》，同治十年江苏书局影印“重订杨园先生全集”本；[清] 张履祥著，陈恒力校释、王达参订：《补农书校释》，第 184 页，特别是注⑦。

轻。其荡,上者种鱼,次者菱、茭之属,利犹愈于田,而税益轻。役亦如之。

在嘉兴地区的政府田赋规划中,有田、地、山、荡四类,而湖州府对这四类还有更为细致的划分,并相应有不同的赋税科则。比如,田分作一般田、圩田、地成田、山成田、荡成田;地有安三区山地、长三区山地、山改地;山有安三区山、长三区山、新升山;荡,则分成上、中、下三等。其中,归安县的税额最不平均,所处地势极卑,很怕水灾,田税很高,但荡税最低,徭役的情况与赋税相同,所以许多地方豪强大肆占荡,并将田挪改成荡,以诡避赋役。加上他们与政府胥吏的私下勾结,从中舞弊,使下层百姓遭受更多的苦难。①

表1　田、地、荡交纳正米税额比较

土地形态	每亩正米(斗)	比　率
水田	1.73	100.00
旱地	0.07	4.04
荡	0.04	2.31

资料来源:[清]张履祥著,陈恒力校释、王达参订:《补农书校释》,第186页。

乾隆朝后期保存下来的荡坍田价格,可以使我们了解到时人在其间逐利的一些原因。乾隆四十一年五月初九日,苏州府元和县沈氏碧城仙馆"置产簿"中,有这样一段内容:"置元邑堂习、均曰、下赤、言若、东克念、鞠字、伏字、北恶等八圩,共官田五十二亩零,原价五底足钱六百二十八千整。"该日另立的一份契约中,则说:"置得是阴圩七十五丘荡坍田二亩三分五厘,原价足钱二千文正。此契无合同上下契。内做荒一亩三分。"②照契约中所定价格换算,当时的官田价格每亩为12 076.9钱,荡坍田的每亩也要851.1钱,并不低。

经过人们的长期改造和细心经营,田荡已成为一种十分成熟的土地资源。吴江县在乾隆年间的一个分类统计说明,自南宋以来,民间确已存在名目各异的田荡,主要包括充军食用的"公田",民间围江湖水浅处而成的"围田",民间开垦江湖涨沙地而成的"沙田",民间垦耕草地而成的"成田",民间开垦官闲田而成的"营田",专门用于文武官养廉银且由民间佃租的"职

① [清]张履祥:《杨园先生全集》卷二十《书后·书改田碑后(甲申后)》,同治十年江苏书局影印"重订杨园先生全集"本。

② 苏州府元和县沈氏碧城仙馆置产簿(抄本),转引自洪焕椿编:《明清苏州农村经济资料》,江苏古籍出版社1988年版,第159页。

田”，抄没入官的“常平田”，由乡民出力而保正负责差役的“义役田”，官买民田用于常年备荒的“社仓田”，济养鳏寡孤独老幼残疾人等的“居养院田”、“四局官租田”与“养济局田”，官府将抄没的田拨充狱囚伙食的“囚粮田”，被抄没入官的各种田土的“没官田”，民间永业的“民田”，总计十五种。到乾隆八年间，纳入官方统计赋税的田荡，至少有22顷84亩之多。①

也由于上述种种原因，地方富豪与下层民众，即使看到潮沙日积而茭芦丛生，最终使河港悉成陇亩的巨大变化，但已在占垦淤沙地区中获得不少利益时，都不情愿对恢复水利、抵制海潮作出积极的努力。②

康熙四十七年间，苏州府长洲县发生恶棍侵占湖面的情况，引起了政府的关注，官府于次年底发布了一份禁令，并勒碑刻石，要求永禁城乡势豪以各种方式私占湖面、妨碍正常的民生，并允许百姓照常在湖河内罱泥、捞草、采捕等。碑文内容主要如下：③

> 本府查得渎墅、朝天、金泾等湖，为郡城东南之水泽，傍岸村民之所资赖。近缘沈心敷以湖傍菱茭，擅售织造之戚，诣湖签簖混淆，以致俞华等连名具词呈宪，并呈织造。……渎墅、朝天、金泾等湖，泽梁无禁，原听万姓罱泥、捞草、采捕。……嗣后如有豪强在湖栽种菱茭，签簖截流，索诈渔户捞草船只，害民妨农者，或经察出，或被告发，定行立拿解宪，按“光棍”律惩处。

雍正初年，吴县太湖边上本由淤涨生成的大缺口，又涨生新的小洲，茭芦丛生，到乾隆时期已达百余亩。因东面的一户金姓人家据而占之，故称“金家洲”。大缺口位于武山与太湖水之间，宽仅里许，是北湖水入南湖的咽喉。但洲涨其中，严重阻遏了水势。④ 这样的情形，当然会引起其他民众的不满。地方百姓曾联合向官府呈告，要求禁止私占：⑤

① 乾隆《吴江县志》卷四《田荡》，乾隆十二年修、石印重印本。

② ［清］胡渭：《书扬州田赋后》，载［清］贺长龄、魏源等编：《清经世文编》卷三十二《户政七·赋役四》。

③ 康熙四十八年十一月《长洲县严禁豪强霸占湖荡索诈渔户碑》，收入苏州博物馆、江苏师范学院历史系、南京大学明清史研究室合编：《明清苏州工商业碑刻集》，江苏人民出版社1981年版，第285—286页。

④ ［清］金友理：《太湖备考》卷一《太湖·太湖坍涨》，江苏古籍出版社1998年版，第46—47页。

⑤ ［清］钱思元纂、钱士锜补辑：《吴门补乘》卷一《水利补》，“乾隆十四年六月东洞庭山士民大缺口水利条陈”条，嘉庆二十五年吴县钱氏刻、道光十年刊本。

> 大缺口，在武山、大村之间，北太湖水泄入南太湖，必由此口而出，乃湖水咽喉要道。往时口阔二三百丈，水行通畅，后被附近居民种植茭芦，泥淤滩涨，水口渐狭，仅存五十余丈；又因张捕鱼虾，绝流设簖，泥随簖积，中流亦涨芦洲，阻遏水势。此现在之情形也。倘前弊踵行不已，茭芦日长，水口全湮，一遇霪潦之岁，湖水南下无路，势必旁溢四溃，不独武山、大村田亩淹没，自菱湖嘴以东一带地方，虽有行舟小港，不能畅泄洪流，亦必泛溢为灾。此日后之隐忧也。伏乞严禁附近居民，不许种茭设簖、阻塞水口，似于水利大有裨益。

此件条陈清楚地指明，居民在滩涨地方种植茭芦，以及河中设置捕渔工具，使泥沙沉积，阻碍了水流。东洞庭山居民曾请太湖厅黄公批准，拟清理这一问题，但因黄公病卒，结果不了了之。

本来，太湖水流下泄的通畅，是保证太湖地区水利事业良性循环的重要基础。清代的经世学家痛恨地指出："占田不已，进而占水，豪民之为一方蠹，何其酷也！"清人赵振业以吴江地区为例，作了深刻的分析：该县环水而居，除了濒太湖地区外，荡、湖、湾、漾等水体数以百计，菱芡、茭芦、鱼鳖等水产品利甲苏州府。这方面的利益又多半给大户占据，百姓从事这方面生计的，利润先交给豪右之家，剩下的就留给自己生活。最初的时候，豪民贿赂胥吏"纳水面粮"，号称"告佃"，其后不断大肆兼并滩地，甚至连地方官都不了解详情。在乾隆二十九年，巡抚庄有恭来到苏州地区，水道严重壅阻的现实迫使他上疏要求大力开浚，"尽铲沿湖茭蒲，决淤涨"。这项工程自然耗去了不少国帑和民力。但数年后，豪民又通过贿赂的方式，从胥吏那里优先获得侵占濒湖田亩的特权，再纳"水面粮"，从而可以大肆纵容人们种植茭芦等物，以致茭芦等物蔓延满湖，壅塞更倍于前。地方官对实际情形仍然是不清楚的。赵振业感叹道："以圣朝之富，东南财富之饶，岂惜此区区水面，与人争尺寸之利。而奸豪恣为水害，罔顾国计，此其可叹惜痛恨者也！"①

尽管自然演化与人为废弛使地方水利不断受到损害，但从州县的层面来看，经济利益的稳定获取总是被置于首要位置，所以常见对于水利的荒怠现象，都是州县官府为扩大税赋而近乎"放纵"的结果，并从而形成各种私占"合法化"的怪象。

---

① ［清］赵振业：《吴江占田私议》，收入［清］贺长龄、魏源编：《清经世文编》卷三十八《户政十三·农政下》，第942页。

四、水利的规复

三吴地形，在浙惟杭州为最高，湖州次之，嘉兴又次之；在南直隶惟镇江为最高，常州次之，无锡又次之。太湖当浙、直之下流，苏、松又居太湖之下流，故山源奔注，自高而卑，像镇江、常州，南京，杭州、嘉兴、湖州等地，水流趋于太湖的，都是“源”。像苏州、松江等地，凡通其流于海的，都是“委”。所以从地理上看，“源莫大于天目，委莫大于三江”。①

对于太湖平原的治水，明代重在下游地区，即太湖水的排水干道吴淞江等的整治，淤塞大多也以这一地区为重。弘治时期，从松江到海浦诸港再次出现了泥沙涨塞、茭芦丛生的情况，河堤附近更是“沙涨为田”。在大雨期间，苏、湖、常、湖、嘉五府都产生了大水灾。要排除水患，使太湖水顺利下泄，就必须重新开浚这些地区的河港。②

到明代中期，从州县到朝廷官员们要求修复水利的呼声一直不断。正德年间，有官员上奏指出，要保护东南这个财赋重地，水利关系重大，否则“田畴不治，五谷不登，而国用不足”，并且提出“疏浚下流”、“修筑围岸”、“经度财力”、“隆重职任”四大建议。巡视浙江都察院右副都御史许廷光的考察报告，更为一针见血，他指责多年来江南水利事宜因革不定，基本原因在于水利官员裁复不一，所以地方上一遇小水，往往就酿成大灾。③

明人姚文灏更是从整顿地方政治的角度，欲改变水利工程的维护制度。他仿效嘉兴府等地“均徭派拨”的办法，将沿江滨海因潮汐影响而淤塞的港浦，进行有效的疏导，从而在水利工作上，改变以往“富者有累年而不役，贫者无一年而不差”的不合理局面。④

嘉靖年间，有不少人像姚文灏一样，为改造水利环境以发展农业生产付出了积极的努力。如周凤鸣于嘉靖十一年间的一份奏疏中，曾疾呼吴中地区的水利工作要以疏浚支河、修筑圩岸为急务。⑤

吴淞江北面地势较为平坦，常被百姓开垦成田，却使江水壅塞，水灾由

---

① ［明］张内蕴、周大韶：《三吴水考》卷二《三吴水利总图》，文渊阁《四库全书》本。

② ［明］蔡升撰、王鏊重撰：《震泽编》卷四《水利》，弘治十八年林世远刻本。

③ ［明］吴巘：《条上水利事宜疏》（正德十三年），收入［明］张国维：《吴中水利全书》卷十四《章疏》，文渊阁《四库全书》本。

④ ［明］姚文灏：《导河夫奏议》，收入嘉靖《江阴县志》卷五《徭役》，嘉靖二十七年刻本。

⑤ ［明］周凤鸣：《条上水利事宜疏》（嘉靖十一年），载［明］张国维：《吴中水利全书》卷十四《章疏》，文渊阁《四库全书》本。

此产生，迫使官府在正统五年间又发起了一场大规模的整治活动。① 类似的河港淤塞危害水利的情况，在明代后期仍时有发生。譬如，昆山人归有光强调了吴淞水利修治的重要性，要求改变吴淞江近海河段受潮汐顶托而出现的淤塞，以及因周边湖田肥美引起的民众围占对河湖水体的不利影响，②并对地方水利进行全面整顿。

从行政区域来说，苏州地区有一州七县，按地形地势来看，太仓、嘉定两县地滨海岸，吴县壤接山原，颇为高阜，而长洲次之，常熟又次之，昆山又次之；至于吴江，则独当太湖之冲，地势最下，所谓"一遇水患，受祸独先"；而孤悬海上的崇明，本来就是沙岛，③滩涨更是无常。苏州府地区的水利事业，在明人的视野成了重中之重。④ 为了充分利用水环境的资源，保障河港功能的正常发挥，这里的水利工程曾被分成不同的等级，日常工作由乡村地方领袖管理，大型复杂工程则必须由官府出面组织谋划进行：⑤

> 其大港原通江海，有关泄泻，工程浩大，必全用官银、全用官夫者，拟为第一；其干河虽通大河，潴泄兼资，工程稍次，亦须官给工食，起集本区塘长，不时开浚者，拟为第二；其附近支河止供车戽者，亦须督率业户、佃户不时浚治者，拟为三等。

江南地区水利的规复，早在洪武初期已经开始了。例如，在常州，洪武三年知府孙用重建塘闸，七年疏浚武进县地方的澡子港，二十八年凿太平河，二十九年建孟河闸，三十年筑蠡渎河堰，目的都是"储水以资灌溉"。⑥

为了维持河港湖泊的生态，以更好地发挥其效益，地方官府长期困扰于太湖地区河湖的治理工作。在嘉靖三年以前，苏州府地区的治理情况，可以作为这方面的一个代表例证（详参表2）。

---

① ［明］不著撰者：《吴中水利通志》卷一《苏州府·治绩》，北京图书馆藏明嘉靖三年锡山安国铜活字本。

② ［明］归有光：《震川先生集》卷十五《水利论》，上海涵芬楼影印常熟刊本。

③ 崇明沙洲的坍涨及其产生的地方利益冲突，可参王日根、徐枫：《争沙案所见明代崇明地方社会秩序》，《江南文化研究》第6辑，学苑出版社2012年版，第413—421页；冯贤亮：《太湖平原的环境刻画与城乡变迁（1368—1912）》，上海人民出版社2008年版，第56—57页。

④ ［明］张内蕴、周大韶：《三吴水考》卷三《苏州府水利节目》，文渊阁《四库全书》本。

⑤ ［明］王圻：《东吴水利考》卷三《长、吴二县水利图》，明刻本。

⑥ 康熙《常州府志》卷七《水利》，康熙三十四年刻本。另参［明］不著撰者：《吴中水利通志》卷一《苏州府·治绩》卷三《常州府·治绩》，北京图书馆藏明嘉靖三年锡山安国铜活字本。

表 2　嘉靖三年以前苏州府地区的水利修治情况统计

时　间	事　项	动　因	地点和经过
洪武九年	设立堰坝	长洲县俞守仁的建议	白茆塘、昆承湖、南诸泾、至和塘等北面的港汊
永乐二年	以吴淞江、娄江、白茆塘为中心的疏浚工程	苏、松水患的影响；户部尚书夏原吉的上疏	从昆山县东南下界浦掣吴淞江水,北达娄江；挑浚嘉定县四顾浦,南引吴淞水,北贯吴塘,仍由娄江入海；疏浚常熟白茆塘,导诸水入长江
正统五年	开浦修圩	水患的影响；吴淞江东通大海,上接太湖,而北面较为平坦,百姓开垦成田,江水壅塞；廷臣的上疏	巡抚周忱总理其事：督民开修昆山、顾浦；水由此疏通
正统七年	开浦修圩	吴中大水,飓风影响；周忱的奏请	官修河圩,开通河道
景泰五年	浚白茆等塘	该年夏天大水,淹没庄稼；巡抚李敏、知府汪浒的建议	挑浚青墩浦、横沥塘以通白茆；开三堰,引水通鲇鱼口,仍去海口淤塞约千余亩
天顺三年	浚吴淞江	巡抚都御史崔恭负责	分吴淞江为三,昆山县自下界口至白鹤江 4 067 丈、上海县自白鹤江到下家渡 4 067 丈、嘉定县自下家渡到庄家泾 5 567 丈
成化五年	浚九曲港	因香山西南的九曲港淤寒太久,太湖近胥口人出入经此,屡遭覆溺；吴县知县樊瑾的建议	重加开浚九曲港,共 3 850 多丈
成化八年	甃堰筑堤	采香径傍田数千顷旱情严重；吴县知县雍泰的建议	穹窿山腰法雨泉的上流为堰,下分二道,采香径已蓄水成潭,甃三百石堰,各置一牌,随水旱启闭；复市山石由马迹山西南而东筑堤千丈,从而保护湖田
成化十年	开吴淞江	巡抚都御史毕亨、知府丘霁的建议	开吴淞江自夏界口到西庄家港,嘉定分担挑浚 6 353 丈,南北共 11 707 丈

续　表

时　间	事　项	动　因	地点和经过
弘治四年至七年	开浚湖港	吴中大水；工部侍郎徐贯奉旨主持，巡抚都御史何鉴、知府史简共同负责	开浚吴江长桥水窦，疏太湖之水以及吴淞江。盖江口丛生苇荻，蔓延数千亩，至是，悉垦除之。以长洲、吴、昆山、常熟、嘉定等县人夫浚白茆港并斜堰、七浦塘，袤共24 000余丈；并东开盐铁浦塘18里，西浚尤泾7里
弘治九年	筑沙湖堤	提督水利工程部主事姚文灏负责	筑堤广3丈，袤360丈。沙湖风浪颇恶，且多盗贼，故筑堤横截
弘治十二年	浚许浦塘	常熟知县杨子器负责	以塘壅塞，浚之。广12丈，深8尺，长4 320丈；得旧石闸于双墩，移置海口，谓梅李□；于上流复浚之，工6 130丈，深广减许浦十之二
弘治十三年	重浚湖川塘	太仓州民吴贤疏请，巡抚都御史彭礼、水利郎中傅潮令苏州府通判陈暐、州判黄谱具体负责	疏浚自徐昌桥至金鸡口，共8 510丈，入昆山西段，又600丈；广10丈，深9尺
正德十六年	开白茆塘		
嘉靖元年	浚吴淞江		
嘉靖二年	开塘港河浦	提督水利郎中林文沛负责	吴县开浚光福塘、胥口塘，共长4 946丈，以泄太湖之水于娄江；吴江县开王家田港、东庄港、王家港等九条河港，共长1 587丈，以通嘉兴诸水，归于太湖，出白蚬江，入淀山湖；太仓州、昆山县开杨林河，长8 415丈，以泄阳城湖之水于海；昆山县开南大虞浦，长1 822丈，以泄阳城湖水，使入娄江；常熟县开市河、梅李塘、福山港，共长11 498丈，以泄尚湖之水于扬子江；开盐铁河一段，长2 606丈，以疏白茆支流；嘉定县开盐铁河，接西练祁，长4 398丈，使北通太仓刘家河，东通本县练祁河，各归于海，本县与昆山、上海同开吴淞江，于浅处二段，共长4 377丈，使淀山等湖之水由是入海

资料来源：[明]不著撰者：《吴中水利通志》卷一《苏州府·治绩》，北京图书馆藏明嘉靖三年锡山安国铜活字本。

在顾鼎臣看来，永乐年夏原吉、正统年间周忱奉命修治水利，堪称最有成效，以后江南的历次治水，虽然设有专官董治，但都是“因循苟且，徒耗财力，随起而废”。① 需要补充说明的是，表格资料中未予详示的白茆港治水，是从正德末年（十六年，1521）开始动议而展开的重要治水工程，费时六月才完工，②影响较大。领导此次治水的，是有着诸多荣衔的工部尚书李充嗣。在他的推动下，一些朝廷官员与苏州、松江、常州、嘉兴、湖州五府州县官员一起，协同进行水利整治工作，重点就在白茆港：③

> 以白茆工役繁重，苏州当任其二，常州、松江分任其一，嘉兴、湖州则协任其一，而常熟以附近独当其半。以吴淞江利归苏、松二府，其工役之费，则分派二府所属州县，与之协济。杭、嘉、湖、苏、松、常、镇各府地方，应该开浚河道河泊港汊，及应修筑圩岸堰坝等项，分委署郎中林文沛、颜如环督率各该掌印水利等官，次第举行。

此项工程动用了军民人夫近十万，耗资庞大。在治水完成后，李充嗣又对江南水利的完善作了这样的设想：

> 三吴水利，兴废不常，设或再行，举措不无乏财之虑。臣欲行令苏、松、常、镇所属州县，每年量派导河夫银，掌印官同治农官征收贮库，专备水利修理支用；再仿古制，备行该府造小船二十只，每年于均徭内查编捞浅水夫四十名，置铁扫帚、浚川杷各二十副，专委水利官监督，不时爬洗，庶潮沙不致壅积；每遇农隙，各治农官督工修浚，仍通行约束，不许别差，占及营求管事；其水利郎中循行提督七府地方，凡有益于水利事宜，关系运河重事，以时修浚，悉听巡抚官节制。仍乞敕下巡按御史，年终亲临阅视一次，稽考勤惰，据实奏报，以为黜陟，庶人知警畏法，立能守二河之利，民将永赖于无穷矣。

就实际而言，此次“旁稽图志，博采舆论”、大规模的治水活动（原计划

① ［明］顾鼎臣：《顾文康公三集》卷三《碑记·兴修东南水利碑》，中国科学院图书馆藏万历至顺治顾氏家刻本，收入《四库全书存目丛书》集部第55册，齐鲁书社1997年影印版，第618－620页。

② 《明史》卷二百一《李充嗣传》。

③ ［明］张国维编：《吴中水利全书》卷十四《章疏·李充嗣奏报开浚各项工完疏（嘉靖元年上）》，文渊阁《四库全书》本。

以白茆港、吴淞江为主),①收效不大。当时只开了白茆港,且没过几年又淤积严重,这可能与海潮不时引入浑泥而常淀于河底,致使河身湮塞有关。②李充嗣向朝廷最后所提的,也不过是设想,并未真正施行。所以,吴江人沈啓(1490—1563)对此作了如下评价:③

治水工程,此举最大。止开白茅一港,其他河港无浚、圩塘无筑,虚数奏报,是以疏内所开江湖水道,间有舛错,征诸宋元及本朝夏忠靖等疏,不辩自明,万计工食,堪为深惜。

而差相同时,在浙江地方曾有一系列的水利策略,供地方州县参酌推行,主要如下:④

一,修筑围岸,苦于无土。若围外河水浅狭,即将外河车干取土;若外河深阔,则将围内沟洫车干取土。此一举两得之术也。

一,凡围内有径塍者,遇涝易于车戽,是以常年有收;其无径塍者,遇涝难于车戽,是以常年无收。宜谕充田户,凡大围有田三四百亩者,须筑径塍二条,七八百亩以上者,如数增筑。

一,围岸田畔,或土脉虚浮,外水渗入,昼虽车干,夜复涨溢者,宜于岸塍中心开掘一槽,深及外河之底,随罱河泥填及一半,俟其稍干,用杵筑,令坚实;又复罱泥筑漏,则水无自而入矣。又有围岸,因鳅鳝窟穴或树根朽烂,遂成漏洞者,亦依前法筑之。若田中有泉小为害者,可用砖灰围砌泉口,如井栏状,则泉不漫散,或将泉口掘作深坎,用大缸覆之,却以泥土围筑缸上,而泉亦不能出矣。

一,高田去河辽远,无人可车者,须于田内计亩开塘,如田一亩,开塘一分,以上各依数开之,庶可防旱。

这四条策略内容颇细,涉及如何因地筑围,围内修田塍、开水槽,以及无水可灌的高田要重视水塘建设等。值得注意的是,高田需依田亩数按比例

---

① [明]顾鼎臣:《顾文康公三集》卷三《碑记·兴修东南水利碑》,中国科学院图书馆藏万历至顺治顾氏家刻本,收入《四库全书存目丛书》集部第55册,齐鲁书社1997年影印版,第618—620页。

② [明]何良俊:《四友斋丛说》卷十四《史十》,第121页。

③ [明]沈啓:《吴江水考》卷五《水议考下》。

④ [明]不著撰者:《吴中水利通志》卷九《考议·国朝浙江布政使何宜水利策略》,北京图书馆藏明嘉靖三年锡山安国铜活字本。

来开凿池塘,其前提是要适当地减少种植面积。这方面的利害关系,明人梁寅说得更为透彻:①

> 尝观之畎亩之间,若十亩而费一亩以为池,则九亩可以无灾患;百亩而费十亩以为池,则九十亩可以资灌溉,民弗不知此也。盖以膏腴之坏,人之所惜,一家之田,止十数亩,或二三亩,百亩之中,孰能弃十亩之地以为众人之利乎?民知与水争地而不知与田蓄水,一遇亢旱,则坐视苗槁,见小利而失大利,愚亦甚矣。

这里又指出民间存在的一大问题,是"知与水争地而不知与田蓄水",损失小部分良田作为蓄水池来维护大部分的膏腴之地,是当时人并不愿认真做的事情。

五、嘉靖朝以后的治水及评价

嘉靖以后比较重要的治水工作,当属万历初期林应训在整个江南地区的治理整顿。明初以降至万历年间,江南"一切圩岸陂塘,尽皆荒圮,年复一年,水利大坏,卒逢旱潦,势成坐毙",确实需要择派水利官员巡行修治。万历五年,钦差、巡按直隶、巡视下江兼督水利监察御史林应训提出,苏、松水利的重点是开浚吴淞江中段,"以通入海之势"。②

林应训条陈江南治水的奏疏原文很长,讨论江南水利淤废、河湖淤浅滩涨、应开干河支流、经费数目及筹措、疏治水利的步骤等问题,十分细致:③

> 今日所最急者,在苏郡则莫先于吴淞江,而吴江则其来源也;在松郡则莫先于黄浦,而山泾港、秀州诸塘乃其来源也……以两府最急水利,三处所费,已至十万三千余两。他如苏之茜泾、杨林、白茆、七浦诸港,松之蒲汇、官绍诸塘,常、镇之澡港、九曲诸河,无虑数十,除中间支河可责得利人夫、干河可责各区民力,至于泄水要港,诚非民力所能

① [明] 不著撰者:《吴中水利通志》卷九《考议·梁寅论田中凿池》,北京图书馆藏明嘉靖三年锡山安国铜活字本。

② [清] 万斯同:《明史》卷九十四《河渠十·郡国水利下》,清抄本。

③ [明] 张国维编:《吴中水利全书》卷十四《章疏·林应训款陈开浚吴淞江工费疏(万历五年上)》,文渊阁《四库全书》本。

办……窃见江北治河,往往奏留漕粮,此不过为国储运道计耳。江南水利,为国储之所自出,诚不当后于运道。历观先朝,每遇淹没凶荒,辄蠲除数十万,与其蠲恤于被灾之后,孰若预治于未灾之先也?似应议请钱粮,以为疏浚堰闸之费……苏松水利久废,无论小港支流,率多淤浅,即长江巨浸,亦皆滩涨……大约欲兴全吴之利,计非三十万金不可……臣用是夙夜思惟,多方咨访,督同该道并苏、松二属府州县掌印水利官,躬行相度,考究源委……至各州县类有新涨滩田,侵占河基等弊,法应清查改正,就中有可设处以助工费者,臣不敢不竭尽其愚也。除田间水道民力可办者,随经责令得利人夫乘时修浚,不敢烦渎圣听,及苏之茜泾、杨林、白茆、七浦诸港,松之蒲汇、官绍诸塘,常、镇之澡港、九曲诸河,非民力所能办者,容臣逐一估计,以渐修举,并鸠工给直,分段委官。一应未尽事宜,容臣详其区画,以俟农隙兴工外,谨将急应开浚水道,并议处工费缘由,开具上陈。

次年,林应训领导的治水工程就展开了。① 其间,林应训曾安排吴江生员张内蕴与华亭监生周大韶(生平情况均不详),负责编撰一部与其治水实践相关的水利书。林应训的治水工作前后差不多有六年,此书在其治水毕功之后也完成了。书前有万历八年徐栻、万历九年刘凤、万历十年皇甫汸的三篇序文,书名即为《三吴水考》。书中认为,以吴淞江为中心的水利整治,最具意义的是万历九年(1581)的系统规复运动,基本解决了重要河道中的滩涨问题:②

考诸志载,黄浦即东江之别名,刘河即娄江之旧迹,并吴淞为三江。吴淞西连太湖,东通大海,江流迅驶,唐以前,吴中未闻有水患,迨后吴江长堤一筑,而肠胃始失其利。国初水患转亟,而夏忠靖公乃专力于夏驾、新洋,一时大有所裨。其后新洋江水势湍悍,日就深阔,而吴淞江之气脉渐微矣。……本职恪遵庙算,广集众思,咨访机宜,究极形势,乃知水之并溢为灾,由于源之未节,江之并行,而至于相夺,则以流之未得所归也。于是辟治江中壅塞四十余里,以复吴淞之故道,决去吴江滩涨数十处,使太湖积水直注于吴淞,浚松之山泾等港,秀州、官绍、盐铁、蒲汇、六磊等塘,泄淀泖诸湖之水于黄浦,浚苏之吴塘、顾浦、戚虞泾、南北

① 光绪《青浦县志》卷五《山川下·历代治水》,光绪五年刊本。
② [明]张内蕴、周大韶:《三吴水考》卷二《三吴水利图说》,文渊阁《四库全书》本。

横沥等处，泄昆、嘉、太仓诸水于刘河，复浚七浦、杨林等塘，使阳城、巴城诸湖之水，径入于海；浚白茆、福山、三丈诸浦，九里、青旸、山塘、雷港等河，使尚、昆湖，毘陵、晋陵诸水，径入于江，皆所以导其流也。浚白鹤、溪荆港西九里河，泄长荡、荆溪诸水入于运河，浚武进之孟渎、丹阳之九曲河、丹徒之铁猫港，泄润州上流之水，亦入大江，皆所以节其源也。源流各得其所，然后于千墩浦南浚淀山湖口，使湖水通彻入于吴淞。又虑江水外逸，乃于夏驾及漫水江口并建一闸，随时启闭，庶几水不外趋，潮不倒注，吴淞可保无虞。

这一时期，正好与王士性（1547—1598）的生活时代相合。在王氏的名著、序于万历二十五年的《广志绎》中，也有十分相似的记述，从时间上看，应属张、周二人之作被稍作调整后的抄录，并将此次治理记为“万历辛巳行水使者”的辟治之功。① 比较而言，差不多同时的章潢（1527—1608），在其《图书编》中，将此抄录得更为完整。②

清初修撰的《明史》中，概括性地讲述了林应训为规复江南水利所上的奏疏，及其间特别强调河湖淤塞、壅滞或滩涨的问题，并提示沿海地方这些问题的产生，海潮的影响是一个重要原因。像吴淞江源出吴江长桥石塘后经庞山、九里二湖这一段，由于滩涨严重，水源已微；刘河流势减弱，已不能敌海潮汹涌之势，日积月累，河道淤塞仅留一线，其他支河小港更形壅滞。③至于地方文献的记述中，对林应训时代的水利问题及相关治理举措节录得更详。④ 显然，明代及后来文人对此事的重复记载，说明了林应训此次治理工作的重要性，以及可以成为后来者鉴照的意义。

万历三十四年间，常熟知县耿桔倡导疏浚沿江淤浅的大小港浦，希望浚深各湖港，取湖水无尽之利，颇为理想，因为他认为：“湖水澄清，底泥淤腐，农夫罱取壅田，年复一年，田愈美而湖愈深。”⑤概括而言，明代太湖下游的苏、松等地的水利建设，是实行大中小型工程并举，包括疏导太湖洪水、松江、吴淞江、浏河、白茆河等，多由朝廷派官主持进行，其他小型的塘浦泾渎的疏通，则多由地方官规划进行，在短期内完成。⑥

---

① 参［明］王士性：《广志绎》卷二《两都》，中华书局1981年版，第31—32页。

② ［明］章潢：《图书编》卷一百二十五《经理三吴水利图说》，文渊阁《四库全书》本。

③ 《明史》卷八十八《河渠志》。

④ 光绪《青浦县志》卷五《山川下·历代治水》，光绪五年刊本。

⑤ 光绪《重修常昭合志稿》卷九《水利志》，光绪三十年刊本。

⑥ 洪焕椿：《明代治理苏松农田水利的基本经验》，收入洪焕椿、罗仑主编：《长江三角洲地区社会经济史研究》，南京大学出版社1989年版，第105—137页。

明末清初由于战争的影响，王朝的统治工作根本无法将江南的水利事业纳为重点。河湖水利淤废、坍涨的程度，无疑都加重了。清初在江南的统治稳固后，首先关注的仍是太湖下游地区的水利规复。

顺治时期在江南居留十多年的布政使慕天颜（1624—1696），十分熟悉江南农事，认为"江南赋甲天下，又大半出于苏松常镇"，但以苏松常镇论，要先大兴水利，而后可言足国富民。① 康熙时期，这一问题得到了政府相当多的关注，江浙地区的水利被视作最紧要的政务。② 康熙十年（1671），江苏巡抚都御史马祜（1628—1676）的奏疏即表明了这一点。他详述了康熙九年夏季江南的大水灾，因潮水泛滥导致积水三月不退，迫使"农工废业，人户流亡"，原因就是刘河、吴淞入海口淤塞，积水"无从走泄"。③ 同年，慕天颜上疏指出："自三江湮塞，震泽泛滥，以田为壑，而苏、松、常、湖、嘉、杭六郡受患日深。上年水患弥漫四野，数百里间，不第禾尽无收，抑且室庐漂没，流离疾苦，不忍绘图。"④当年及以后，慕天颜领导了康熙十年、二十年两次较大规模的治水工程。⑤

需要说明的是，康熙十一年初夏竣工的吴淞江疏治工作，由马祜与浙江巡抚范承谟联合推动，工程总计费钱三十多万。疏治过程中，因沙松水急，工程是随筑随崩，效果不佳。朝廷出钱安排雇夫，地方官府仍旧照田派役，结果"业多者贿脱，而穷民反承役，百姓苦之"，产生了不良的社会影响。此时距晚明海瑞治水江南已有一百二十年，时人认为两相比较，"海公调停允当，不烦国课，不费民财"，成效显著，令人追思。⑥

康熙十三年，马祜还曾向朝廷题请，要求严禁地方豪强私占河湖地区，并将关注重点置于镇江府丹阳县内的练湖。练湖分上、下二湖，而湖区涵洞水闸的维护，关系到了左近运河与地方水利的要害。⑦

而就康熙二十年的治理而论，以兵部尚书头衔巡抚江南的慕天颜，在上疏请求开浚白茆港前，已要求常熟知县林象祖排摸具体情况，获得朝廷允准

---

① ［清］慕天颜：《水利足民裕国疏》，载［清］贺长龄、魏源等编：《清经世文编》卷二六《户政一》，中华书局1992年影印本。

② ［清］赵士麟：《与苏抚宋公书》，载［清］贺长龄、魏源等编：《清经世文编》卷四三《户政一八》，中华书局1992年影印本。

③ ［清］马祜：《奏请开浚刘河吴淞江》，同治《苏州府志》卷十一《水利三》。

④ ［清］慕天颜：《疏河救荒议》，载［清］贺长龄、魏源等编：《清经世文编》卷一百十三《工政一九》，中华书局1992年影印本。

⑤ 同治《苏州府志》卷十一《水利三》。

⑥ ［清］董含：《三冈识略》卷六，"凿吴淞江"条，辽宁教育出版社2000年版，第129页。

⑦ 光绪《重修丹阳县志》卷三《水利》，光绪十一年刊本。

后,就由粮道副使刘鼎总理其事、同知刘三杰监督工程。慕氏奏疏的主要内容是这样的:①

> 再陈水利当修、亟请开浚两河、以裕国课民生事。江南赋税甲于天下,苏、松、常、镇课额尤冠于江南,凡所以佐天庾而充国用者,无一非藉农田之收获。苟水旱之失宜,必致灾祲叠告,则广渠资溉之筹,诚东南第一急务……其白茆滩涨之地,多系人民开垦,报升钱粮。今若开挑,必照河面丈尺,将土挖去;此外又须高筑崖埂,则已垦报升之地,既复挑废,自应各照河崖所占,察明造册,按数请豁,庶免垦户赔粮之累。

疏文不仅要求对滩涨地方以水面丈尺的标准进行开挑,并高筑埂岸,同时题请对挑废的水田按数豁除粮额,以免民户赔累。

康熙四十六年,朝廷再次强调江南地区百姓皆以田为生,“田资灌溉为急”,东南虽号称水乡,但水溢易泄、旱暵难支也是经常出现的情况。延续十天以上的旱期必将使“土坼而苗伤”,苏州、松江、常州、镇江与杭州、嘉兴、湖州各府州县或近太湖,或通潮汐,朝廷一律要求在所有河渠水口“度田建闸,随时启闭”,在支河港荡淤浅地方都进行疏浚,使水流畅通。② 次年,在议准疏浚苏、松、常、镇四府所属支河港荡、修建新旧闸坝的同时,还下令疏浚杭、嘉、湖三府地区被淤浅的溇港,建闸64座。③ 这些举措不但有助于旱期的农作灌溉,而且也有利于洪水期太湖流域水流的顺利下泄入海。

从雍正七年(1729)开始,浙江总督李卫曾下令乌程县发库银浚治县境内从小梅口到胡溇共38条溇港,并在这绵延长达80多里的沿湖地带建立闸座,加强水利防护。第二年,湖州府奉命再浚沿湖溇港,从顾家港到胡溇重建35个闸座,大钱、小梅地方又修了两处石塘。其中,官方对大钱口的修治特别重视,因为它是苕、霅水下太湖的“大路”。通过这样大规模的整治,到乾隆时地方上并未发生过什么大灾。长兴县地区已由主簿郑世宁于康熙十年(1671)“督开溇港”,水利维护得也较好。④ 荆溪下游的百渎地区,定跨等港上承南部的水流泄入太湖,泥沙“随水出口”,所以“港不淤而深阔”;近

---

① 康熙《常熟县志》卷六《水利》,康熙二十六年刻本。

② [清] 张廷玉等编:《清朝文献通考》卷六《田赋六》,商务印书馆民国二十五年铅印本。

③ 中国社会科学院历史研究所资料编纂组编:《中国历代自然灾害及历盛世农业政策资料》,农业出版社1988年版,第438页。

④ [清] 金友理:《太湖备考》卷首《乌程县沿湖水口图说》、卷三《水治》,江苏古籍出版社1998年版。

北的河港则有通有塞，与宜兴县境溇渎的情况相同。①

这一时期重要的领导是巡抚庄有恭（1713—1767），他也曾上疏要求大修三江水利。在他看来，太湖湖水分疏最重要的地方在三江，所谓三江，即吴淞江、娄江和东江。东江早在宋代已经淤湮，明永乐年间另开了黄浦，“宽广足当三江之一”，也就是现在所称的东江。三江分别流经吴江、震泽、吴县、元和、昆山、新阳、青浦、华亭、上海、太仓、镇洋、嘉定等十二州县境内，其间港浦纵横，湖荡参错。而太湖的出水口除宝带桥以外，其他如吴江的十八港、十七桥，吴县的鲇鱼口、大缺口等湖水横穿运河入江的要道，都受到了淤阻。东南水利关系到民生大计，如及早为之筹划，可以“事半功倍”。②

庄有恭在乾隆二十八年疏请修治三江前，曾于浙江巡抚任上，已拟浚乌程、长兴两县的七十二溇，但事未展开就移治吴中。当时的水利委员张世友等还有上书，揭示江南水利问题较详，主要内容如下：③

> 吴松一江，受源于大小吴家、南仁诸港，出运河，汇入庞山河，出大斜口，与瓜泾港东下之水会；再东，与宝带桥东下之水会，经吴江、元和、昆山、青浦、嘉定等邑，至上海，归于黄浦。其两岸分泄旁注之浦港湖荡，联络贯注，视娄江入海之路，迂而且远，然其源远流长，能容东江之潆洄，受娄江之挹注，包容停蓄，灌溉利济，较东、娄二江实广且溥。缘江、震沿河各港，半多淤浅，长桥石堤洞窦多湮，庞山一湖，半成滩涨，居民种植茭草、芦苇，以致河港浅隘，来源细微；又其中为青洋江、夏驾浦等处，肇其水以入刘河，其势益弱，而入海通潮之处，来则汹涌，其势莫御，去则迟缓，其泥易淀，江水既弱，不能敌其汹涌而涤其浑浊，故江身半多浮涨，江面日渐浅狭。今查吴松江自青邑之泗江口起，中界嘉邑，东至上邑新闸口止，两岸浮涨，昔日之江面，已淤塞过半。及今不治，虽首尾皆通，必有腹心之患，故勘估之功较多，诚使开浚及时，纲举目张之法，其道有三：
>
> 一、请帑以浚三江之正河，俾通身深阔，来水足以容，去水足以泄，而不致有冲突旁溢之患；
>
> 一、案县计图，以浚三江两岸之干河，令各县自为查勘，详请以资四境之灌溉；

① ［清］金友理：《太湖备考》卷首《荆溪县沿湖水口图说》，江苏古籍出版社 1998 年版，第 5 页。

② 《清史稿》卷三百二十三《庄有恭传》。

③ 同治《上海县志》卷四《水道下·历代治绩》，同治十一年刊本。

一、每岁轮修，支港必深必通，俾高下田畴，旱潦有潴泄之处。

请帑者，令该地方官承修，而以本府州厅董责之，则呼应灵而督理专，庶大工易就。按图计亩者，令该邑绅士集议公举领办，以地方官督治之，则人情习而公私不扰。每岁轮修者，令各图业自行修浚，地方官酌定章程，以五岁为率，每岁仅浚一方，四岁而四境之支港皆通，五岁一治干河，并令各图查报江湖水口之浮涨，删除侵碍水面之茭芦，查拔拦江蔽口之鱼簖，如此不懈，则五年之后，人皆知其利而自行之，将不俟官司之督率，而水利益溥矣。

上书论及的江南水利问题，其实大多袭自前人的陈见，并无新意。但在此际所提的各种应对举措，则反映了当时人们对于水利规复的观念与可能的方案。

嘉庆九年(1804)，江南地区遭遇大水，江浙两省都"会议疏浚"，但时隔多年"竟无成说"。道光三年(1823)发生了规模更大的水灾，波及整个太湖流域的苏、松、常、镇、太、杭、嘉、湖八个府州，堪称雍正三年(1725)以后最大的水患。尽管在道光四年地方政府讨论弭治水患时，注意到了作为太湖水源的湖州72溇，以及常州府宜兴县境内的溇渎已半就湮没，苏州府元和宝带桥、吴江垂虹桥的下游地区也"半就塞"，但政府的整治依然不力。江浙两省多经会同"勘估疏浚"，作为尾闾的吴淞江仍是"估而未办"，而刘河、白茆塘"并未议及"。难怪包世臣在道光五年(1825)路经常州时，已闻知当地孟渎河已被淤为平陆，而民田丧失灌溉之利已达数万顷的事实。①

道光时期江南水利工作的重要领导者，首推陶澍(1779—1839)。他对地方水利的整治全面有效，②具体工作仍以吴淞江流域为主。道光七年，陶澍安排陈銮负责疏浚吴淞江，主要涉及上海、青浦、嘉定三县地方，同时要求同沾水利的元和、吴江、震泽、昆山、新阳、太仓、镇江与宝山八个州县分段承挑，清理淤塞、滩涨及受影响的荡田等，费时约四月。③

为了鼓励地方官员、促进地方水利事业，在道光十四年开浚太仓、镇洋两境内的浏河成功后，朝廷特地对相关官员予以奖励和表彰：④

---

① [清]包世臣：《中衢一勺》卷七上"附录四"上《江苏水利略说代陈玉生承宣》，载《包世臣全集》，黄山书社1993年版，第188—191页。

② 参魏秀梅：《陶澍在江南》，台北中研院近代史研究所1985年刊本，第200—211页。

③ 光绪《松江府续志》卷七《山川志·水利》，光绪九年刊本。

④ [清]陶澍：《陶澍集》，"陈奏开浚济河并建设石坝涵洞全竣折子(道光十四年)"，岳麓书社1998年版，第477—481页。

署太仓州知州、常州府通判周岱龄，着赏加同知衔；

署元和县知县黄冕，着以同知直隶州知州即补，先换顶戴；

署镇洋县试用知县曾承显，着不论繁简，遇缺即补；

苏州府丁忧知府沈兆沄，着赏加道衔；

署松江府事、太仓州知州李正鼎，着赏加知府衔；

太仓州州同于翼如、青浦县知县蔡维新、试用布政司理问曾玉衡，俱着赏加知州衔；

镇洋县甘草司巡检曾浩、委用县丞王直澜，俱着以应升之缺升用；王直澜着俟补缺后，即升署宝山县事；

昆山县知县张连茹，着俟服阕后，归部尽先选用；

试用知县龚润森、从九品程备滋、未入流吴耀曾，俱着以本班尽先补用；

太仓州举人拣选知县钱宝瑛，着赏加六品顶戴；

昆山县候选兵马司副指挥李增厚，着以副指挥归部尽先选用，以示奖励。

而在前人的基础上，对江南水利再行全面整治的，则是林则徐（1785—1850）。他在疏通黄浦、吴淞后，又大举挑浚浏河、白茆，并发动苏、松、太各州县全面治水，且处处验收工程。① 同治时期以降，吴淞江及其支流也有过断续的疏浚工作。不过，吴淞江的支流俨倘浦自同治十一年开浚后，仅过了十余年，受吴淞、吴江的浑潮所冲，“日渐淤塞，间成水线，舟楫不通”。②

上述所有规复水利的运动，已注意到江南水利生态的系统性，“譬之人身，天目首也，诸山溪口也，雨泽饮食也，太湖其胸腹，三江其肠胃，海其尾闾也”；③也都是从维护水利事业、发展地方经济、预防水旱灾害的角度出发的；且都以官方为主导，国家的动力支配成为主流。

但是，这些水利工程却因各种原因，屡兴屡废，皆与自然演化、人为破坏，特别是与人去政废有着太多关系，颇令时人感叹。在明代末年，顾炎武就说：水利工程“数十年无闻也矣”。④ 清初土国宝在向朝廷的上疏中表

① 彭雨新、张建民著：《明清长江流域农业水利研究》，武汉大学出版社 1993 年版，第 52—53 页。

② ［清］曹蒙纂：《纪王镇志》卷一《水道》，上海市文馆会所藏稿本，收入上海市地方志办公室编：《上海乡镇旧志丛志》第 13 册，上海社会科学院出版社 2006 年版，第 7 页。

③ ［明］张内蕴、周大韶：《三吴水考》卷二《三吴水利图说》，文渊阁四库全书本。

④ ［清］顾炎武撰、黄汝成集释：《日知录集释》卷十二，“水利”条，岳麓书社 1994 年版，第 449 页。

明,自明末到清初的几十年间,官府对于太湖下游地区的治水是很荒怠的。[①] 雍正年间松江府地方士民道出于其间的无奈:"松属河道,潮汐往来,即使开通,易于淤塞,此必然之势。"[②]主要原因仍在农政废弛,地方上出现了"水利不讲,浚治失时,侵占沮塞",以致河道浅涸的情况,而乡间百姓及士绅对于河港溇渎塘荡严重的"侵占沮塞",反过来加剧了"水旱屡作"的灾情,使民生更显困窘。[③] 无锡人钱泳(1759—1844),则进一步说明了水利工作荒废的事实:"今常、镇各州县,大半高区,农民不但不浚,而反皆填塞,或筑为道路,或廓其田畴,有谁禁之哉?"[④]

六、州县课税与调控

无论是权豪之家,还是乡野小民,对于坍涨的占夺、水利的妨害,都会直接或间接地影响到官方对土地资源的赋税摊征。这就引起了朝廷的课税要求与地方私利之间的冲突,矛盾就聚焦在了州县行政层面。

既然不定期的坍涨会影响民间百姓的日常课税负担,那么必然要求州县官府及时作出调整。当一个县级行政单元内,坍涨的发生影响到了固定的征税额,特别是坍没田地的税额得不到适当的弥补时,州县官理应向朝廷呈报,要求减免。但实际上,一般的州县都不愿或不敢承担国课"缺额"的风险,地方小民只能因此常受坍地税额的赔累之苦。至于水面涨田,官方更不愿长期由得利的地方豪右或小民没有任何负担地去经营。而且,倘若坍涨没有对地方水利事业造成过多过大的影响,或者朝廷在关注江南水利时无视这些现象的存在,那么坍、涨问题等于被州县放任了,民间的私垦私占将永远得不到遏制和改变;相应地,州县行政或吏治中的腐败也得不到有效的解决。

成化年间,吴江人史鉴(1434—1496,一生经历宣德、正统、景泰、天顺、成化和弘治各朝),向政府官员写了一封信,表达了他对坍荒地不能征税纳

---

① [清] 土国宝:《筹浚三江水利疏》,载[清] 贺长龄、魏源等编:《清经世文编》卷一百一十三《工政一九》,中华书局 1992 年影印本。

② 雍正三年十一月《奉各宪饬行傍河各图每年农隙捞浚免派别徭永遵碑记》(碑在大涞庙前),收入[清] 汪永安原纂、侯承庆续纂、沈葵增补:《紫隄村志》卷二《疏浚》,康熙五十七年修、咸丰六年增修,上海图书馆藏传抄本。

③ [清] 张履祥:《杨园先生全集》卷六《书五 · 与曹射侯(辛丑)》,同治十年江苏书局刻重订"杨园先生全集"本。曹射侯,名序,嘉兴府崇德县人。

④ [清] 钱泳:《履园丛话》卷四《丛话四 · 水学》,"浚池"条,中华书局 1979 年版,第 104 页。

赋的看法：①

> 江南诸州，北枕大江，东濒沧海，而太湖一水潴其中。近水之田风涛吞噬，日削月朘，什亡四五。而粮额尚存，未经放免。贫民包赔，岁岁无已。虽曾具告官司，勘申待报，动阅岁年，迄无了结。胥吏邀求百端，剥肤吸髓，反以为射利之资。谚有“锦灰堆”之目，此之谓也。而贫民意幸豁除，欲罢不能，宁卖庐舍、鬻子孙，以副其求。是则穷困之中又添一厄也。今造册在迩，适当其时，若不开除，又迟十载。是民之困苦无有息肩之时也。宜选清强官属，履行勘报，奏请开除，则吾民百年深痼之疾，庶乎其有瘳也。

在信中，史鉴指出了江南河湖地区坍涨问题的严重性，让我们看到河港湖泊淤坍之于水利的妨碍和环境的紧张问题，与胥吏将坍没地视为“锦灰堆”，以为“射利之资”不无关系，加之政府在其间依然规取赋税，更加阻滞了水利环境的恢复。他认为对于坍没的田地，在勘报后要奏请开除，从而解决百姓因无田而仍须背负粮额的重困。

不过史鉴的想法有些一厢情愿，州县胥吏书手以“锦灰堆”为谋利之薮的情况，根本无法清除。例如在万历年间，嘉定县的粮长、书手常串同作弊，“或田本见熟而报为坍荒，或田本坍荒而报为见熟”，从中渔利。② 又如同一时期的常熟县，衙门中老书黠胥就利用沙滩涨没无常，反复相幻，在官府的“经赋册”中不作及时更新，混淆虚实，从中谋利。万历十七年，兵备副使李涞为此厘定经赋册籍六卷，填报的百姓应交粮额可“视时盈缩”，③颇为合理。不过，这样的整理工作仍然只是暂时的，很难长期持续下去。

顾鼎臣向朝廷上奏的“钱粮积弊四事”疏中，有一条专讲“查理田粮旧额”，要求江南地方州县官员应对课税问题的工作很是细致：④

> 于农隙之时，责令各属里甲、田甲、业户公同将本管轻重田地涂荡，照洪武、正统年间鱼鳞风旗式样，攒造总撒图本，细开原额田粮、字圩、则号、条段、坍荒、成熟步口数目，府州县官重复查勘的确，分别界址，沿丘履亩检踏丈量，申呈上司应开垦者开垦、应改正者改正、应除豁者除

---

① ［明］史鉴：《西村集》卷五《上中丞侣相公书》，文渊阁《四库全书》本。

② 万历《嘉定县志》卷七《田赋考下》，“知县李资坤申议六事”条，万历三十三年刊本。

③ 康熙《常熟县志》卷七《田赋上》，康熙二十六年刻本。

④ 《明世宗实录》卷一百十八，“嘉靖九年十月辛未”条。

> 豁，田数既明，然后刊刻成书，收贮官库，印行给散各图，永为稽察。

这一要求与举措，是针对那些企图以坍荒田土为“锦灰堆”、不断向民间渔利的州县吏书们，“不得售其奸欺”，从而使小民们“免包陪科扰之患”。顾鼎臣在该上疏被批准的四年后（即嘉靖九年），再次上奏指出：

> 今天下税粮、军国经费，大半出于东南，苏、松、常、镇、杭、嘉、湖诸府，各年起运、存留不下百万，而粮长、书手、奸胥、豪右通同作弊，影射侵分，每年亦不下十余万。臣以生长地方，目击弊蠹，故覼缕具奏，仰荷圣明允行，而所司束之高阁，漫不为理，殊负陛下惠养元元励精政理之意，乞敕今巡抚都御史毛思义督所司加意举行，严限期日，将检踏清查坍荒田粮的确数目，并改正各项欺隐情弊，具以籍报，毋仍蹈故辙，迁延慢令。

此份奏疏显示出，地方上在执行朝廷的要求或政策时，存在所谓“束之高阁，漫不为理”的普遍情形。

其具体情况，顾氏这样讲述道：“往岁回籍省墓之时，曾言于抚臣曰：‘百姓种了田地，出赋税以供给朝廷，此正理也。年成灾荒，朝廷蠲免百姓几分税粮，此至恩也。今七府地方每年有十余万钱粮，朝廷也不得，百姓也不得，却是中间一辈奸人影射侵分，以致奸蠹日肥、民生坐困，是可忍也，孰不可忍！’臣意彼有总督粮储巡抚地方之责，一闻此言，当即时愤激，根究因由，惩刈厘正，其为职分。却乃瞪目直视，不发一言，后竟置之不理。”这是嘉靖六年顾氏提出的问题，得到了嘉靖帝的支持，敕令户部、工部覆准后，再由巡抚衙门转行各府州县。然而直到嘉靖九年，地方“奸猾之徒”更形恣肆、作弊日甚，一切视为泛常，略不加意，迫使顾氏再度上奏。① 当时的问题，或许并不是州县官员执行不力（当时许多官员多系新任），而是政策的具体执行大多依赖州县胥吏们在地方上来推动。他们对于田粮坍荒的问题并不会去认真检踏，使“各项欺隐情弊”没有得到真正的改正，粮长、书手、奸胥、豪右之间“通同作弊”、互相谋取利益的行径依然故我。这一点，出身于昆山县的顾鼎臣显然是看得很清楚的。

顾鼎臣上疏后不久，朝廷就令应天巡抚欧阳铎负责具体的整顿工作，

---

① ［明］顾鼎臣：《顾文康公文草》卷一《申末议以裨国计、振民命疏》，中国科学院图书馆藏万历至顺治顾氏家刻本，收入《四库全书存目丛书》集部第55册，齐鲁书社1997年影印版，第274—275页。

“检荒田四千余顷，计租十一万石有奇，以所欺隐田粮六万余石补之，余请豁免”。① 欧阳铎对坍荒课税的调整，固然有益于地方民生，但江南地区坍荒田的存在实在太过普遍，而且随时间迁移常有变化，难以根治。

明清时期的长洲县，是江南州县中长期饱受坍涨问题困扰的代表之一；也是历年逋赋较重的代表之一。从明末以来，就一直存在着这样的问题：

> 豪民猾胥，相缘为奸，移轻重，改荒熟，尽去其册(鱼鳞图册)。于是买卖止凭契开某圩之田，不知属某丘也；推收止凭册开田若干亩，不知此丘若干、彼丘若干也。黠者浮其所以卖，愚者受之；强者缩其数以收，弱者听之。日积月累，以致熟冒荒、荒作熟、瘠办重、腴办轻；甚之有田无粮、有粮无田，莫可究诘。于是包赔之祸作。包赔不已，死者填沟壑，生者轻去其乡，逃绝日多，田亩荒芜日甚，课安得不缺。非按圩丘实在之田，使轻、重、荒、熟悉还旧贯，弊终不清，课终无补。计安上全下，惟是为亟。

其核心问题，仍在于那些“豪民滑胥”利用坍荒变化从中渔利，对官府课税而言，就会面临“有田无粮、有粮无田”而莫可究诘的难局。到清初，巡抚慕天颜为此就颁发了“坐图销圩条约”，饬令长洲知县沈恩具体实施。从康熙十一年春天开始，几月之间，功效就很显著。遗憾的是，沈知县很快离任，后令此县者，“因循废搁”。情况的改变，是在李敬修担任知县之后。慕天颜要求李敬修暂时放下县府行政，专门从事清田工作。李敬修“详为条格，布置部署，要求易简而不扰”，从康熙十五年十月开丈，因夏秋之间田苗蓄水难以清丈，延至冬天才真正展开。整个过程比较漫长，一直到康熙十七年二月才全部清丈完毕。统计长洲县原额田土山荡溇共计 1 326 265. 5 亩，实际丈量结果为 13 27914. 7 亩，高出原额不少。可是，长洲地近太湖之田，常为风涛所冲击，积渐坍没，“昔田而今波者，不可胜计”。官府非常担心坍没田地的课税得不到朝廷的减免，为此就搜查种菱、蓄鱼之浜溇，量升科则，作为补充，以免缺额，从而使普通民众大受其害。有人对此曾作诗讥讽道：“量尽山田与水田，只留沧海与青天。如今那得闲洲渚，寄语沙鸥莫浪眠。”故此，康熙年间的一大整顿工作，仍要在这方面为百姓请免赔累之苦，更要“剔豪蠹积岁之欺蒙”。② 类似的，在青浦县也存在着经承或经胥私自将荒图与熟图混

① 《明史》卷七十八《食货志二》。

② ［清］蔡方炳：《长洲清田纪事一》，收入［清］贺长龄、魏源等编：《清经世文编》卷三十一《户政六 · 赋役三》，中华书局 1992 年影印本。

派的情形，主要表现在每年春初官府指导兴修圩岸时，经承舞弊，仍将荒图派役。后来在地方士民的呼吁下，官府明令“不沾水利之荒图”可以免派徭役，而熟图则不准混入荒区。①

水乡地区的河湖之利，乡民本可以随意取资。早期的西湖，曾被王朝统治者定为“放生池”。不过民间在其间捕渔谋利，至少在清代就已十分习见，渔户网罟昼夜不绝。后湖地方草深鱼多，渔人们常于深夜在船头篝灯捕渔，至天亮始散。渔户所纳渔税每年仅百余两。有识者还要求免去渔户的这一负担，并将里、外湖全部开放给渔户捕渔，只留后湖一角仍作放生池之用。②对于太湖上捕渔的渔户，崇祯年间有人提出要征渔船税，明廷曾派太监前来勘实。后长洲知县李实则提出，“太湖盗薮，若征渔税，是激之变也”，开征渔船税一事因而作罢。③

在苏州，乡民们可以利用池塘养鱼，号称“家荡”。此外又有“野荡”，荡面种植菱芡。有荡之家请人看守的，俗称“包荡”。崇祯九年的一份官府碑刻就公开声明：“各处湖荡，上不征官粮，下不容管业，任凭居民、渔民捕鱼营业。”④

就王朝政制而言，水域之渔税本不列入“正税”，即不列于《赋役全书》，然而“久成岁额”。⑤ 征收时一般被列入“杂税”，且为数不多。但在地方而言，正是这种被视为无足轻重的“杂税”，成了“书吏埠头之需索、水师营汛之私费”。⑥

江南地区豪强侵占水荡的现象颇为普遍，对民间的侵害远较州县官府的课税为重。水域面积较大而有名的沉湖、淀山湖、泖湖、九里湖、白蚬江、吴淞江等河湖，时常被地方上所谓的势豪、积蠹、奸棍、豪奴等人霸占，分区设立界桩，不许民间渔船随便出入。到捕渔季节，远近渔户只有在限定的时日内按船买票，才可入河湖捕渔。又按里甲制的方式，对各类渔船进行编排，收取一定比例的租税，有所谓“看荡”、“起荡”、“荡租”等名目。倘有人对此不满，他们就贿通地方显宦，千方百计，让渔户呈控官府的目的全部落空。这正如地方百姓所谓的“一处遭一处之奸棍，一方有一方之豪强”，都是

---

① 乾隆四十二年四月《青邑荒图免派碑记》，收入［清］汪永安原纂、侯承庆续纂、沈葵增补：《紫隄村志》卷二《疏浚》，康熙五十七年修、咸丰六年增修，上海图书馆藏传抄本。

② ［清］陈文述：《颐道堂集》诗选卷二十二《后湖放生诗》，嘉庆十二年刻、道光增修本。

③ 同治《苏州府志》卷七十一《名宦四 · 长洲县》，同治间修、光绪九年刊本。

④ 洪焕椿：《明清时代长江三角洲地区的经济优势和特点》，收入洪焕椿、罗仑主编《长江三角洲地区社会经济史研究》，南京大学出版社 1989 年版，第 321—322 页。

⑤ 光绪《嘉善县志》卷十一《食货志三 · 赋税》，光绪十八年刊、民国七年重印本。

⑥ ［清］孙诒让：《周礼政要》卷下《渔征》，光绪二十八年瑞安普通学堂刻本。

无籍亡命、愍不畏死、穷凶极恶之徒，有的霸占官河、禁戢捕捉，有的巧立名色、私征渔税，使百姓年年受诈。因而被称作"江南第一困苦"之事。发生于康熙二十五年的一桩民间控告案即因此而起，最终获得省府州县各级官府的关注与联合整顿。当时的一份碑文对此作了详细记录，主要如下：①

> 江南苏州府长洲县正堂徐为吁宪亟救江南第一困苦、恩赐勒石严禁、永垂德泽事。康熙二十五年闰四月……据苏州府属粮里金藩、徐泰来、颜陆荣、陆清、严□、盛彩等连名呈词内称，古者泽浩无禁，本朝□计私占官湖，无奈势豪、积蠹、奸棍、豪奴，愍不畏法，巧立荡户，□自私征渔船租税。苏松原属水乡，如大小沉湖、淀山湖、泖湖、九里湖、萧田江、白蚬江、吴淞江诸名色，各踞疆界，横霸一方，每年至立秋之时钉立界桩，不许网船在内出入，昼夜巡察，名曰看荡；俟冬至前后，号召远近渔舟，限定时日，逐船登票，方许捕捉，名曰起荡；恐有遗漏，将丝网、蛛网等船，编定十船为一甲，十甲为一总，而于小甲责成催办，名曰荡租。复分别船之大小，剪网大船，两只一挡，每挡荡租银五六两不等，罟网小船，亦二只一挡，每挡荡租银三四两不等，苟有短少，或夺其网，或锁其船，或圈其子女，或逼身投诈，捉拿无异捕盗，□逼惨于追呼……当此升平盛世，踵此弊风，不能禁绝者，盖缘渔户诸人，原无恒产，又无知识，不过日趁日□，一遇势力，不啻如鬼见帝，谁敢撄其蜂虿，所以任其诈害，自甘含冤负屈，疾苦不得上闻。此其一。即有地方粮里，目击不平，呈控府县衙门，恶等钻谋显宦，强夺把持，预将词内受害渔户，挽腹百计拦阻，不令到官，及至对簿，质证无人……又此其一。向来各宪□□经严示申饬，恶等血味谗牙，牢不可破，即奉严批查报，贿通县属经承，舞弊出脱，究竟阳奉阴违。迩年以来，受害尤剧。……乃一处遭一处之奸棍，一方有一方之豪强，或系霸占官河，禁戢捕捉，或系巧立名色，私征渔税，年年受诈，种种为害，俱系无籍亡命、愍不畏死、穷凶极恶之徒。……苏松地处水乡，农隙采捕鱼虾，小民赖以资生，岂容豪强占踞官湖，视为己有，私收渔税，掊刻小民，大干法纪……勒石各湖，永禁私占之弊。

从碑文的话语中可以发现，州县官员对于地方豪强的违法活动，其实很难真正做到禁绝，需要仰赖省级官府的调控举动。其实早在康熙二十三年

① 《永禁占踞官湖私收渔税碑》（康熙二十五年），收入江苏省博物馆编：《江苏省明清以来碑刻资料选集》，三联书店1959年版，第254—257页。据碑文意义作了重新断句。

间，在江苏巡抚汤斌的奏请下，①曾经豁免了苏州府的渔税，并刻石立碑，以示法存久远。② 然而这些官方层面的控制，在江南这个地方力量强而民间社会复杂的地域中，多不能维持太长的效力。十年后再次出现的民间控告与官方整治，就是一个很好的证明。当时设立的碑文中，官府仍有类似的警告话语：③

> 刊碑严禁，为此碑谕，合属地方军民衙役及渔户人等知悉，敢有土豪衙蠹光棍等，仍□阳奉阴违，□□河荡头目名色，借端苛敛，私征渔课，□□□□□□□喊告，以凭拿究，解宪重处。

可以认为，官方的告示或碑约，是属于官方向民间宣示的规范或“约束”，实际效果其实并不令人满意，所以正是在反复的刊示碑约禁令的过程中，官方的统治才得以实现。④

江南土地珍稀，除官田外，大量土地被乡宦势豪们所占有。例如，“江南壮县”无锡，人物殷庶，强宗大族首推荡口华氏（从东亭迁来；另有兴道、南关三支）。⑤ 华氏家族“田跨三州”，每年收租即可达 48 万之巨；从洪武初年发展到清初，经由战乱的影响，“尚有废宅及五大墓，子孙无算”，家业依然庞大，道光年间据说仅族墓还有 8 亩之多。苏州府齐门外的钱槩，也是“田跨三州”，每年收租更多，有 97 万。⑥ 湖州府乌程县人董份（1510—1595），凭借其早年的政治势力，大量兼并土地以聚积财富，田产散布于浙江及南直隶地区。曾以“铁御史”名震海内的冯恩（1491—1571），退居乡里后，积产达到了 3 万亩之多。不过这些与徐阶聚敛的 24 万亩之数相比，就差远了。⑦

---

① 这位“性淡泊，居官不以丝毫扰民”的江苏巡抚，日常进食“惟脱粟豆羹”，在民间被呼为“豆腐汤”，死后于雍正十二年被崇祀贤良祠，乾隆九年苏州地方士民在虎丘西原建祠。参［清］顾禄：《桐桥倚棹录》卷四《祠宇》，上海古籍出版社 1980 年版，第 52 页。

② 民国《吴县志》卷七十九《杂记二》，民国二十二年刊本。

③ 《长洲县永禁河荡头目私征渔课碑记》（康熙三十六年五月），收入江苏省博物馆编：《江苏省明清以来碑刻资料选集》，三联书店 1959 年版，第 258—260 页。

④ （日）寺田浩明：《明清时期法秩序中“约”的性质》，收入（日）滋贺秀三、寺田浩明等著：《明清时期的民事审判与民间契约》，王亚新、梁治平编，法律出版社 1998 年版，第 173 页。

⑤ ［清］叶方蔼：《叶文敏公集》卷五《墓志铭 · 华翁钱孺人合葬墓志铭》，中国科学院图书馆藏清抄本，收入《续修四库全书》集部第 1410 册，上海古籍出版社 2002 年影印版，第 526 页。

⑥ ［清］钱泳：《登楼杂记》，转引自洪焕椿编：《明清苏州农村经济资料》，江苏古籍出版社 1988 年版，第 87 页；光绪《无锡金匮县志》卷三十《善举》，光绪七年刊本。

⑦ 详参（美）赵佶：《试论明代后期权势之家与中央及地方政治间的关系：董份与湖州之变》，载《中国社会历史评论》2000 年第二卷，第 96—104 页。

南浔的刘氏家族是御赐的“承先睦族”（著名人物有刘锦藻、刘承干等），曾立有详细的家族《设立义庄规条》。里面揭示的义庄公产十分庞大，除了南浔镇地方的田产外，在青浦县与浙江省的兰溪县、建德县都有产业，主要用于家族的日常生活和救济。①

所以，河湖水体的私占既然已如此严重，淤沙、涨滩等可以垦殖的新生土地资源就更为时人所注意，常常成为江南城乡有力之家侵占的重要目标。无论从何种利益层面出发，官方与民间其实对这些私占或侵夺行为都是警觉的。乡村地方凡出现潮沙淤积、河湖坍涨、堰坝沙梗、荡田围垦、水面垄断等情形，州县官府都需要及时地作出应对，为农田水利的正常维护与漕运的保障提供必要的解决方案。

同时，由于自然力的影响，吴淞江等地的潮沙淤积，到嘉庆年间日渐严重，“漕艘贾舶”被迫改行黄浦；当地村人曾说“潮汐上下，日淤一钱厚”。②在嘉兴府平湖县，著名的乡村水利设施横桥堰原本与周边水网勾连，流水通畅，所谓“秋涸则溢，春泛则翕，不违序也”。但在嘉庆年间，当地人看到河道堰坝已被沙梗，不通水流。③ 这种状况的出现，并非暂时的。

嘉兴人姚驾鳌通过对其家乡的考察，作了如此解释：④

> 吾禾西南乡遇旱即涸，遇水即溢，由于小民贪利而不知害，凡河畔桑地，每年垦削加挑，稻秆剥入河滩，使临河桑地帮阔，数年间可增四五尺，地日广，河日狭，甚者不能通舟。
>
> 各处鱼簖，原系渔户收息之处。但阻遏河流，莫此为甚。一簖阻五寸，十簖即阻五尺。遇旱逢潦，宜速请县拔簖，以通流水，使南北通流，来去迅捷，不得顾渔人之利，而留农夫之忧。

姚驾鳌讲到的第二种情况，在太湖地区是有很大的普遍性。

本来，江湖河海新涨出来的沙田、湖田、围田、洲田、芦地等水土资源，以及因天灾人祸造成的抛荒地，都是官府能凭藉其统治权占有的，但是实际上它们经常被地方豪右抢先霸占，并在很长时期里，成为地方官府与豪

---

① ［清］刘锦藻编：《乌程刘氏义庄事略》，宣统元年刊本。

② 嘉庆二十五年《江南重浚吴淞江碑》，载上海博物馆图书资料室编：《上海碑刻资料选辑》，上海人民出版社 1980 年版，第 173—175 页。

③ ［清］王纯：《开横桥堰水利记事叙》（嘉庆二十五年庚辰初夏），载［清］佚名：《浙西横桥堰水利记》，光绪二十五年刊本。

④ ［清］姚驾鳌：《启放横桥泖水杂记》（嘉庆二十五年十月），载［清］佚名：《浙西横桥堰水利记》，光绪二十五年刊本。

右们互相争夺的对象。① 但是历史上淡水区域更多的水荡田，早已被归入课税田亩的体系之中；同时为免民间在坍涨方面出现的利益纠纷，由官府出面，订立各种规约，甚至勒石分界。像陶澍在会同两江总督勘估吴淞江水利工程时，就特别申明荡田“如有业已升科者，应予豁粮，不准再给地价”。②

万历后期在嘉定县出现的涨生田荡问题，及其由巡抚御史会同嘉定县官员勘定的一份碑约（由嘉定知县与典史联合署名）所显示的新问题，则主要是太仓卫左所的“祖制屯荡”，部分因受潮水冲没后在原坍下脚出现新的涨沙，其间田土资源受到地方民众的侵犯，卫所要求官方重新建立规约，予以保护。这种涉及卫所利益与民间垦占之间所谓“越界混樵”的现象，并非是仅出现于太仓、嘉定的孤立现象。碑文显示，当时官府已按卫所屯军要求，根据实在荡涂相应顺序、年份，开列亩数、号段、界址，“使军民永为遵守，各毋超越”，并树立碑刻于嘉定县衙门口。碑文如下所示：③

> 太仓卫左所，原□有户杨英申文内、据屯军时子富呈称，富等卫军祖制屯荡贰拾伍顷贰拾玖亩肆分捌□，坐落嘉定县柒捌都往、闰等圩沿江地方，祸潮冲没，粮累军赔，原坍下脚涨起中心沙涂，屯军刘桂等于隆庆、万历等年，各卷告补□□□□等处，总计断给实在屯荡共止壹千□□□□陆亩伍分，较诸原额亏数犹多。申详□□、□□、太仓三院充批，后涨补足。卷证□出海□□□□□□□告夺，籍口碑无坐落，计图□占，痛思祖有旧制，卫有额碑，宪有印由，军输□□□□□□□难灭迹。逆旨谋占，军命何堪！…… 该县即当照额勒石，永绝讼端等。□□□□□□祖制屯荡，坐落嘉定县柒捌两都，□百世□□□□来，潮坍复涨，该县会同职等前诣该都指额丈勘，历卷昭然。……仰嘉定县查议□夺，蒙经□□□□□□吊历年勘结卷册，转发主簿冯、典史徐，会同查得太仓衙百户杨英口粘弘治年间碑额，该衙军余不等，共种荡田贰拾□□贰拾玖亩肆分捌厘，实征籽□玖拾□□□壹升肆合玖勺，原坐本县地方，傍海坍没，隆庆、万历年间，涨起中心沙，该衙自隆庆五年、万历三年、十二、十四、十八等年告补□□□□□□拾伍等啚本沙往闰字圩壹号

① 伍丹戈：《明代土地制度和赋役制度的发展》，福建人民出版社 1982 年版，第 6 页。

② ［清］陶澍：《陶澍集》，“会同江督奏勘估吴淞江工程折子”，第 458 页。

③ 《嘉定县为太仓卫军屯荡田额粮科告示碑》（万历三十七年四月），收入上海博物馆图书资料室编：《上海碑刻资料选辑》，上海人民出版社 1980 年版，第 132—135 页。本文中据原碑及文意，在文字上作了修订。

荡田□□□□壹亩肆分叁厘,又添淘浜结字圩壹贰叁号荡田肆拾贰亩,乃字圩贰拾壹号荡田伍拾肆亩,二十年告补中心沙往闰字□□□□□号,共荡陆拾玖亩柒分捌厘,二十三年年□□□□南嘴叁号水涂贰百柒拾柒亩叁分,二十四年告补柒号除断,实在荡田贰百肆拾肆亩陆分玖厘,三十三年勘补贰肆陆号□□□百捌亩柒分叁厘,玖号白涂壹百伍拾贰亩,□□号下脚白涂壹百拾柒亩,又乃字圩贰拾壹号荡拾柒亩柒分伍厘,共计升科补过屯荡壹千肆百肆拾肆亩陆分捌厘□□□□□补过荡涂,历查卷册给帖,输粮承种□□□□□□碑无坐落,诚恐越界混樵,故欲立碑杜害,似此时子富具呈,今据实在荡涂相应顺序、年份,开列亩数、号段、界址,勒石□□□□□□□扰……勒石县门,使军民永为遵守,各毋超越。

然而州县对地方社会的禁约能够产生的时效还是有限的,否则后世就不会频繁出现因坍涨问题产生的各种利益纠葛与冲突。在乾隆九年(1744)的一份邸抄中,仍有朝廷在这方面的禁令:“凡有湖荡之地,详加查勘,划明界限,不许再行开垦。”①这很可以表明民间湖荡的私垦私占问题,一直解决不好。

当然,一般的水荡田如已纳入征赋系统的,历朝都会有登录,并据实际情况作适当的增损。在余杭县,水荡田面积着实不少,被明确地列入征赋系统的,主要如下:②

荡,二百一十一顷五十五亩二厘九毫:原编银三百六十五两九钱八分二厘一忽七微,原编米三十八石七升九合五抄二□二圭;康熙六年丈出荡八顷五亩一分六厘三毫九丝三。

屯荡,二十七亩五分:原编银一两三钱七分五厘;康熙六年丈出荡二分二厘四毫,实该荡二十七亩七分二厘四毫,每亩征银五分,该银一两三钱八分六厘二毫。

清理南湖,共升屯田地及县额地荡改垦屯田一十八顷三十二亩一分二厘二毫。

上述荡田数后来在康熙四十三年、乾隆十九年、乾隆三十二年三个年份

① 《大缺口水利条陈》,载[清]金友理:《太湖备考》卷一《太湖·太湖坍涨》,江苏古籍出版社1998年版,第48—49页。

② 乾隆《杭州府志》卷四十七《赋税三·余杭县》,乾隆四十九年序刻本。

经过调整,"实该荡二百一十七顷七十五亩七分一厘六毫九丝三忽",每亩征银一分七厘三毫,征银总计达376两7钱多;每亩实征米约一合七勺,征米总数为38石9斗5升多;而屯荡、清理南湖荡田数额,都没有变化。根据乾隆十九年的奏报,报垦的田亩及其赋税都分上、中、下三则展开,而水荡仅归入下则:"下则水荡一十二亩七分二厘五毫:原编荡五亩五分二厘八毫,乾隆三十二年为确查开报升科事案内新升荡七亩一分九厘七毫,实该前数每亩征银五分,该银六钱三分六厘二毫五丝。"①

尽管水荡在土地资源中的质量等级不高,税则也低,但无论是官府还是民间,都不会轻易忽略其间的利益。

七、共同利益的问题

在利益驱动下,在人们改造河湖坍涨地的同时,许多地方的公共水利设施在日渐废弛。到明代中叶:"农政不修,水利官渐次裁去。所谓塘长者,徒以勾摄公事、起灭词讼而已,遑问其为水利哉!"②海瑞早已指出,"近年以来,水利臣旷职不修,抚按亦不留心",使最重要的河道吴淞江在海潮的长期影响下,泥沙淤填严重。在他巡历上海时,发现吴淞江被淤为平地的,已有八十余里,太湖平原地区因此常常发生"水荒"。③ 在沿海的松江地方,地域较广,从青村至东北塘外都有"涨沙",近者五六里,稍远者数里,越往东越广,到川沙县界则达三四十里,当地居民密集,"其芦苇之利甚饶,俱为势家据之"。这对官府主持的海塘建设与朝廷的海疆防卫,都有所阻碍。④

乡村地方出现的坍涨,需要官府"随宜修治"。但是,官豪富室每遇涨滩,就希图"承佃",更有甚者,"割江湖之界限"以兴筑堤岸,并开垦成坵畎,称作"荡田",然后报官给帖,正式占为私产。水利设施的破坏往往由之而起。⑤

水利事业本是江南乡村最具重要意义的社会公共工程。充分利用水乡

① 嘉庆《余杭县志》卷十三《田赋下》,民国八年重刊本。

② [清] 郑元庆:《石柱记笺释》卷四,文渊阁四库全书本。

③ [明] 海瑞:《海瑞集》上编《开吴淞江疏》、《处补练兵银疏》,中华书局1962年版,第231、233—234页。

④ [清] 曹家驹:《说梦》,道光八年醉沤居士抄本,页六。

⑤ [明] 沈啓:《吴江水考》卷五《水议考下》,清乾隆五年沈守义刻本。沈啓,字子由,正德中领乡荐,凡七举,至嘉靖十七年始成进士,授官南工部主事。参[清] 潘柽章:《松陵文献》卷五《人物五》,"沈啓"条,康熙三十二年潘耒刻本。

环境的资源，保障河港功能的正常发挥，是维护江南这个财赋重地的一大基础，也是保证历代王朝有效汲取地方财税的重要前提。而且，水利灌溉、治水等事业是无法单独实施的，必须与历史的自然环境、社会经济等方面的各种问题密切配合，方能进行。①

由于濒江临海、河湖密布这样的环境格局，江南乡村地方的坍涨时常发生，既影响到民间百姓的课税负担，又会损害所谓的共同利益，因而必然要求州县官府予以及时调整。像成化三年任江阴知县的王秉彝，敏锐地注意到"民困于赋役"的实际，就在与马驮沙相关的涨坍问题。王氏乘船亲自丈量沙之涨坍，以涨补坍，"以甲羡余补乙之不足"，"锄铲豪横"，使积逋得以清、匿田者主动向官府陈述欺隐之状，并且"招流亡、助谷种、资婚葬、赎子女"。其在任三载，"一方晏然"，令后世追思。② 到成化十年，经由巡抚都御史滕昭的题请，朝廷正式将江阴县的马驮沙设立为靖江县。③

《清实录》与《清会典事例》中屡屡言及州县地方每有兴举，只要于地方绅士们不便者，就会出现格而不行的状态。只要是有利可图的东西，象新开垦地或新建灌溉设施，又常会被一些豪绅据为己有，独自享用，官方对水利问题的处理就会遇到太多的困难。④ 从一定程度而言，江湖河海新涨出来的沙田、湖田、围田、洲田、芦地等，以及由天灾人祸造成的抛荒土地，都成了官府与地方豪强争夺的对象。⑤

对江南地方官与王朝的统治者而言，水土资源的维护与农田水利的建设都是需要依靠国家的财力支持，大规模的水利工程则更需要朝廷的统一规划来展开。就明清两代而言，具体的工作就体现在三个方面：一是太湖与三江的治理，要疏导淤塞；二是塘浦泾浜沟渎的开通；三是圩岸沟洫的修筑，使水旱皆不为患。⑥ 河湖水利的常年维护是州县官府的责任，也是对坍涨问题予以动态关注的有效举措。

有关明清时期江南水乡环境、水利与社会经济关系的历时性记述，在江南地方官府组织编修的各类地方史志中，都可以看到时人丰富的思想认识与知识准备。而用以应对河湖与低洼平原区的地表变化的历代举措，也有系统的评议。这些内容，既可以看作州县官员从政时期的一种经验性总结，

---

① （日）森田明，郑樑生译：《清代水利社会史研究》，台北：编译馆 1996 年版，第 5 页。

② 光绪《靖江县志》卷十二《良吏志》，光绪五年刻本。

③ 成化《重修毗陵志》卷一《建置沿革》，成化二十年刊本。

④ 瞿同祖：《清代地方政府》，第 322 页。

⑤ 伍丹戈：《明代土地制度和赋役制度的发展》，福建人民出版社 1982 年版，第 6 页。

⑥ 洪焕椿：《明清时代长江三角洲地区的经济优势和特点》，收入洪焕椿、罗仑主编：《长江三角洲地区社会经济史研究》，南京大学出版社 1989 年版，第 309 页。

无论是前人的,还是关乎当下;同时,又可视为当地参与编撰地方史志的知识人对于家乡水土资源变化的一种特殊的关怀,多少体现出时人对于共同利益的维护态度。

第八章　府县秩序与行政

一、行政地理与府县秩序

浙西平原北境的嘉兴、湖州二府及杭州府的东北部诸县，与苏州、松江、常州、太仓、镇江四府一州，同属太湖流域平原。所谓地势平坦，川流交贯，绝无天然界划可言。明代开始的政区调整，使地方行政臻于成熟，于行政区划方面表现显著。① 相对苏南而言，浙西到清代在这方面几乎没有什么大变动，这表明地区开发与行政规划已达极致。②

太湖周边囊括的府级行政区，在清代主要有浙江的湖州、嘉兴与江苏的苏州、松江、常州及太仓。这当中，湖州与常州并非真正的平原泽国，其内部分布了不少低丘，使行政方面带有一定的特殊性。

从环境背景与区域社会经济的影响层面，可以对府、州、县作出层级式的区分。这种区分，固然要照顾到直隶与非直隶地区的差别，③但仍要重视环境型塑与地方传统的因素，最终必须依据政治经济的条件。

在府以下，一般的州县差别多样，地位或等第高下不一。政区上的这种分等与职官“缺分”有密切关系。

就湖州府长兴县而言，依照地方职官缺分的标准，其在《清史稿·地理志》中的记录只有“冲”、“繁”两条。可是，实际情形并非真的如此。在乾隆十年（1745），长兴县已占据了“繁”、“疲”、“难”三条，乾隆二十二年则只占

---

① 谭其骧：《浙江省历代行政区划——兼论浙江各地区的开发过程》，载氏著《长水集》（上），人民出版社1987年版，第398—416页。

② 参冯贤亮：《明清中国地方政府的疆界管理——以苏南、浙西地域社会的讨论为中心》，载《历史地理》第21辑，上海人民出版社2006年版，第92—108页。

③ 明初开始形成的南直隶政区意识与传统，多被清代继承，使曾属南直隶的苏南苏州、松江等地的区域感，一直优于非直隶的杭嘉湖地区。

"繁"、"难"两条;而乾隆五十三年的记录仍与乾隆十年一样,嘉庆十四年(1809)也是如此;到宣统三年(1911)只占"冲"、"繁"两条了。① 其间,据《清实录》的记载,在乾隆四十四年的时候,②曾据吏部议准,长兴又恢复了"冲"、"繁"、"难"三条。③ 在湖州府的州县秩序中,除附郭的乌程、归安二县,长兴一直居于首位,这与清代同治年间所编的《湖州府志》中描述的一样。

对但求无过的州县官来说,"繁缺事多,难于称职;繁而兼冲,称职尤难;简缺事少,易于图功;简而兼僻,图功尤易",所以初任地方官吏、经验不多的人,那就是"冲不如繁,繁不如简,简不如僻"了。④

湖州府在明代开发已相当成熟,领有一州六县,清代的州县分划及调整,除将安吉州改称县之外,一仍其旧。清初顾祖禹分析道:这里"山泽逶迤,川陆交会,南国之奥,雄于楚越。自三国置郡以来,恒为江表之望。建国东南,此尤称腹心要地"。就军事上说,从安徽宣州出广德,必道吴兴之郊,而后及于余杭,"余杭之安危,吴兴实操之也"。总之,湖州南卫杭州,北巩苏州,如左右手,不可轻视。⑤

不过,根据州县职官缺分的等差比较,即使是湖州府的附郭县乌程与归安,也都逊于嘉兴、苏州、常州三府;湖州其他普通州县也是如此。但长兴县显得似乎有些特异,长期据有"冲"(地当孔道者)、"繁"(政务纷纭者)、"难"(民刁俗悍命盗案多者)三条。这大概是因为,长兴位于湖州的北部,东面是太湖,西面是低丘地带的安徽广德州,北面则是江苏常州府的宜兴与荆溪地界,属于环境复杂、政区交错之区。

比较浙西地区的三个府,湖州府是平均地据有平原水乡与低丘山地两种地表形态的代表,杭州则多山,嘉兴基本为平原。⑥ 大概而言,湖州可以划分成西南、东北二部,西南地区道路崎岖,多山岭,可称山乡;东北则地势平坦,多河流,可谓水乡。因山乡、水乡之不同,民性也有强弱之分。大抵山乡民性稍强,有好斗风,且耐勤劳,富进取性;但山地贫瘠,谋生艰难。水乡则民性温和,文雅华丽,生活既易,耽于安逸柔弱,仅能各安其业。民国年间

---

① (日)真水康树:《资料:清代乾隆、嘉庆期全国各州、县"冲繁疲难"一览》,载《环日本海研究年报》2000年第7号,第119页。

② 参《清史稿》卷五十八《地理志五》、卷六十五《地理志十二》。

③ 《清高宗实录》卷一千九十五,"乾隆四十四年十一月己亥"条。

④ [清]方大湜:《平平言》卷一,"初任宜简僻缺"条,光绪十八年刊本。

⑤ [清]顾祖禹:《读史方舆纪要》卷九十一《浙江三》,上海书店1998年影印本。

⑥ 参冯贤亮:《高乡与低乡:杭嘉湖的地域环境与水利变化(1368—1928)》,载《社会科学》2009年第12期,第130—138页。

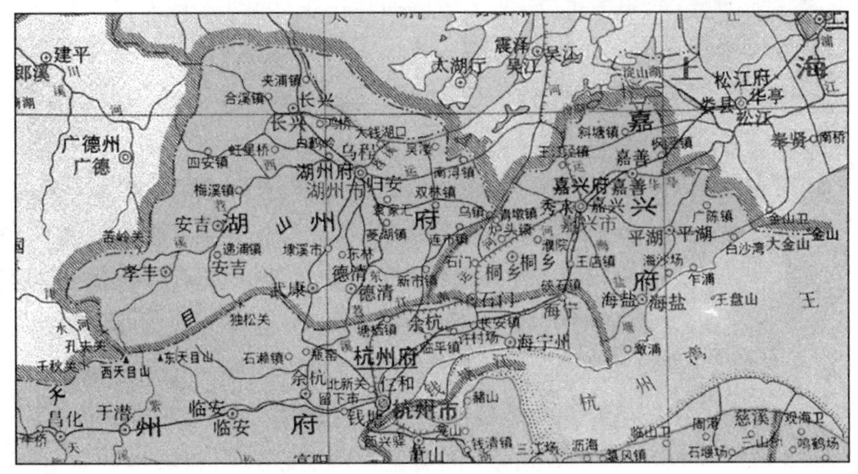

图一　清代的湖州府

（据谭其骧主编:《中国历史地图集》第八册）

的学者认为:“物产之厚薄,于民生至有关系。”其蚕桑之利,多出自水乡,也就是在湖州的东北部地区。①

清代湖州府下辖的乌程、归安(1912 年后两县合并,一度改称吴兴,都是府城所在的附郭县)、长兴、安吉、孝丰(今已并入安吉)、武康(今已并入德清)、德清 7 个县级行政单元,地理背景和社会条件都各有不同。

二、湖州府的事例

按照清代制度的规定,知府本来是正四品,乾隆十八年后改为从四品,②但待遇与正四品相同,每年俸银也是 105 两。③ 这个标准应该是统一的。不过,太湖周边五府一州的政府年度养廉银数目,却很能显示各府州地位的高下等差以及传统直隶与非直隶地区的不同。其中,苏州府的最高(3 000 两)、松江府其次(2 500 两)、太仓州与嘉兴府并列第三(均为 2 000 两)、湖州府屈居第四等(1 600 两)、常州府最少(1 500 两)。④

制度上规定,知府总掌属县,宣布条教,兴利除害,决讼检奸;三年要考

① 刘大钧:《吴兴农村经济》,中国经济统计研究所 1939 年版,第 126 页。

② 清高宗敕撰:《清朝通典》卷三十四《职官十二》,商务印书馆民国二十四年版。

③ 《大清搢绅全书》,“钦定吏部则例官阶品级”条,光绪三十四年荣宝斋刊本。

④ 《大清缙绅全书》,荣录堂宣统元年版。

核下属官吏的贤否、职事修废，向上级政府作出汇报；所管地方之要政大事，需要禀告省级督、抚官员，得到批准后方可实行。这种职任，有明显的“承上接下”的意味。到宣统末年，各府的附郭县被省去后，知府还需兼领原附郭县的各种事务。①

知府在履职时，随身要带经常熟习的书，主要有《大清律例》、《大清会典》、《洗冤录》、《牧令书》、《折狱便览》、《六部处分则例》、《从政必读》、《律例便览》、《秋审实缓比较》、《驳案新编》等必备书，当然还有钦定的《性理精义》、《圣谕广训》之类的时政要文；各人根据喜好，还会带些文学的、制艺的书，数量不菲，但都以实用为主。当然，也要请好“老夫子”，既是顾问，也是机要秘书。“刑钱”人选，要在赴任的省里去请，“期熟悉地方情形也”。“书启”与“管账”两职人选，最好请定“旧交素识可靠之人”，自然也要求有工作经验的。其中“管账”之选，不必要求什么熟悉与否，因为知府到地方任职，地方关税的出入、大宗账目仍必须亲自查点，以免发生更多的弊端。到地方赴任时，还需适量地选带家丁。清人认为，“此一事为最难”，履职之际，“多年旧仆，无不愿往”，无非是觉得有了新的“发财”机会，绝不能放过的。所以，新任知府就要“留心体查，择其老成可靠、通脱官事者一二人”，其次精明、安详、本分、粗笨的各列一门，选足人手就够了。②

就湖州府而言，地方行政工作中的两大重点是治安与水利。这里虽号称江南水乡，但低丘山地较多，经济上的最大支柱，是赢利颇厚的蚕桑业。在治安上，由于山地平原相间、散布的溇港与太湖紧密相连、周边政区多属两省或两府边界等环境的诸多复杂原因，存在较多的烦难。

从水利方面看，浙西天目山东泄的山溪水，主要通过湖州的苕溪与各溇港，流入太湖。湖州的水利在其中构成了一个关键，在整个浙西水利事业中占据着重要地位，③其重要性在国家重典中也得到了肯定。如《清会典事例》所云：“在浙东则有海塘，在浙西则海塘而外又有溇港。湖州府属乌程县境有三十九溇、长兴县境有三十四溇。”④

因此，每一任知府于湖州任上时，大概都要关注这两方面的工作。一旦成绩显著，就有可能获得朝廷特别的褒奖。

---

① 《清史稿》卷一百十六《职官志三》。

② ［清］延昌：《知府须知》卷一《在京事宜》，“酌带家丁”条，清抄本。

③ 参（日）森田明：《清代水利史》，亚纪书房1974年版，第249—278页；冯贤亮：《明清江南地区的环境变动与社会控制》，上海人民出版社2002年版，第235—286页。

④ 《清会典事例》卷九百二十九《工部六八·水利》，中华书局1991年影印光绪二十五年石印本。

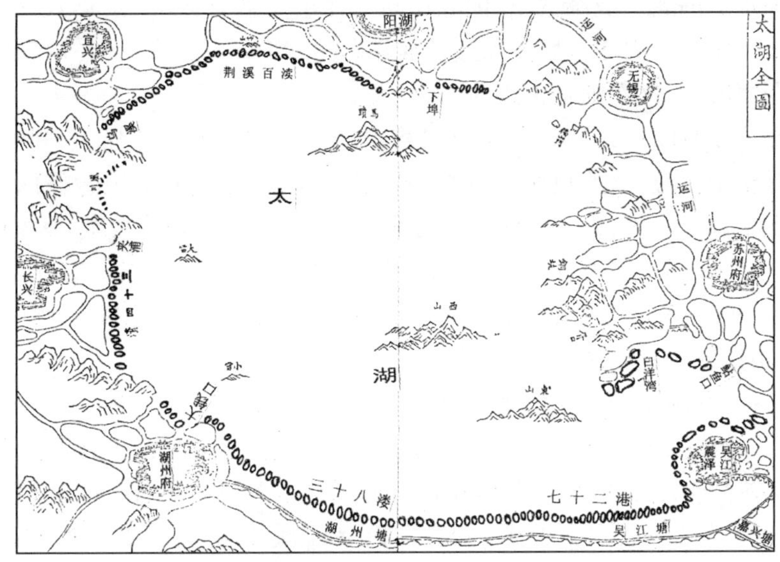

图二　湖州府及其他沿太湖之溇港示意

（据清人金友理《太湖备考》卷首所绘地图）

太平天国战乱结束不久，江苏上元人宗源瀚（1834—1897）来到了湖州。宗源瀚的经历颇为丰富，由监生授筹饷，例捐同知，累佐戎幕，洊保知府，俟补缺后以道员用，并赏戴花翎。同治四年，曾分发浙江候补，六年七月代办杭州府知府，七年八月委署衢州府知府。① 同治九年七月，他从严州府任上被调到湖州，②但时间不长，次年八月杨荣绪回到湖州，宗源瀚仍到严州做知府。

同治九年是宗氏第一次到湖州府任事，原因就是前任杨荣绪在湖州修治溇港水利成绩“卓异”，入京受奖。宗氏被调到这里，不过是一个代理知府。③

杨荣绪是广东番禺人，同治三年正月任湖州知府，适逢太平天国战乱甫平，城乡“荒墟白骨，阒无人烟”的破败局面。杨氏采取的措施，主要是设立“善后局”，规划庶政，安抚流亡；因各县粮册散失无存，要求招民垦辟，由此地方经济民生渐有起色；要求民间复种战乱期间被伐尽的桑树，“贫者给以桑苗”，复兴丝业。同治五年，他又奉命将淤塞的溇港等重加开浚，并“设闸

① ［清］叶昌炽：《奇觚庼文集》卷下《国史循吏宗源瀚传》，民国十年刻本。
② ［清］宗源瀚：《颐情馆闻过集·守湖稿》卷九《保甲·禀抚藩臬道》，光绪三年刻本。
③ ［清］宗源瀚：《颐情馆闻过集·守湖稿》卷九《保甲·禀抚藩臬道》，光绪三年刻本。

以御湖水之倒灌”，成绩突出，因此在同治九年入京受奖。① 次年八月回任，直到十三年六月去任。后由郭式昌继任湖州知府。② 光绪三年（1877）宗氏又到湖州履任，这次则是正式的。

在这段时间里，宗源瀚于同治十年八月补任严州府一年后，于同治十二年四月至十一月，从严州调署嘉兴，不久回任。在嘉兴府的短暂任期中，宗源瀚做了许多工作，也十分注意地方水利事业的整治，颇有成绩。③ 同治十三年，他仍回到严州府任上，④接替他的是许瑶光，许于嘉兴知府任上只做了一年。⑤ 在光绪三年底，正式的应该在光绪四年正月，宗氏又调任湖州府，但很快就调补宁波知府。⑥

这样，宗源瀚先后任杭州、衢州、严州、湖州、嘉兴等地知府，在严州任上凡五年，湖州任上共两次。⑦ 这样的职位变换，似乎显得有些频繁。据《清世祖实录》的说法，浙西的嘉兴、湖州、杭州与苏南的苏州、松江、常州、镇江等府一样，都是“或政事殷繁，或地方扼要”，属于全国一百多个府缺中的“最要者”。⑧

宗源瀚到湖州后，自然需如各地知府一样履行各项惯常工作，如点派传帖、点派门稿、点派杂务、各官拜见、接印礼节等，延请刑钱、山长、书启，还有吏役点卯、三八放告、举行观风、接见僚属、致送干修、择吉阅城。

有关这些地方行政工作的惯例，清人延昌讲得更细：知府到任后，还有拜谒各级官僚、迎来送往、请客吃饭、日常生活安排等烦琐之事。新任知府还要寄发红谕，提前四五天派遣家丁拿着红谕先到将任职的知府衙门中，交给礼房胥吏，由他们张贴布告，宣示地方政府及军民人等，新知府将于某月某日接印任事。不过，省内知府的调动任职，大概不必这么夸张。同时，衙门中的吏、户、礼、兵、刑、工六房胥吏，需将准备好的“须知册”，即各房日常应办之事总汇各一册，在接印前几天送到新知府手中，所谓“以备留览”，方

---

① 《清史稿》卷四百七十九《杨荣绪传》。

② 同治《湖州府志》卷五《职官表·郡守》，同治十三年刊本。

③ 参［清］宗源瀚：《开掘虹桥、斜桥堰通泖济旱禀牍》（同治十二年七月二十日），收入［清］佚名编：《浙西横桥堰水利记》，光绪二十五年刊本。

④ 同治《湖州府志》，宗源瀚“序”（同治十三年十月）。

⑤ 光绪《嘉兴府志》卷三十六《官师一》，光绪五年鸳湖书院刻本。许瑶光领衔主修。

⑥ 参光绪《严州府志》卷十一《官师志下》，光绪九年增修重刊本。

⑦ 参［清］宗源瀚著《颐情馆闻过集》光绪三年自叙与《清史稿》卷四百七十九《杨荣绪传》。《清史稿》卷四百五十二《宗源瀚传》言宗氏“光绪初，官浙江，历署衢州、湖州、嘉兴府事”，并不准确。

⑧ 刘铮云：《“冲、繁、疲、难”：清代道、府、厅、州、县等级初探》，载台北中研院《历史语言研究所集刊》第六十四本第一分，1993 年 3 月，第 178 页。

便新知府于到任前了解地方财政大事。①

宗源瀚正是省内调动的知府，接任工作也许不需太过复杂。在他到任湖州的时候，属下的县级行政长官及变动情形大致如下：②

乌程县知县赵煦，湖南人，同治八年任，次年由安徽人程国钧接任；

归安县知县雷兆棠，四川成都人，监生，同治七年上任，同治十一年由江苏人陈宝善接任；

长兴县知县赵定邦，江苏丹徒人，监生，同治八年八月上任，同治十二年由江苏通州人张炜基（具进士功名）接任；

德清县知县张文熠，河南内黄人，廪贡生，同治七年上任，同治九年由华学烈接任，同治十年继而由湖北钟祥人詹仪桂（具举人功名）接任；

武康县知县刘立铣，湖北咸宁人，举人，同治四年任，同治九年由江苏武进人吴恩贵（监生）接任，同治十一年则由范祖义接任；

安吉县知县袁惠畴，广东东莞人，贡生，同治四年任（同治三年曾任长兴知县）；同治九年由金其相接任，次年则由江苏吴江人汪荣（监生）接任；

孝丰县知县郭志瀛，直隶永年人，举人，同治四年任，同治十一年由刘浚接任。

在《清史稿·职官志》中，对县级政府主要官吏的职责，有比较明确的解释：知县主掌一县政治，包括决讼断辟、劝农赈贫、讨猾除奸、兴养立教等，“凡贡士、读法、养老、祀神，靡所不综”。一县之中，除知县外，还设有县丞、主簿，分掌粮马、征税、户籍、缉捕诸职，典史则掌稽检、狱囚；若无丞、簿，典史也可兼领其事。总之，州县长官能听讼、催科、缉盗，“即是第一等好牧令”，其他的教养诸善政，才能赖以生根。这是治民的基本范畴。③

知县本人是正七品，下属县丞为正八品、主簿为正九品、典史为“未入流”。但并不是每个县都配有主簿或典史的。同治七年间，朝廷为了加强地方吏治，由官方重新颁刻《牧令书》等行政工作指导类书籍，发放地方，令各地知县等加强学习，振厉政治。④ 一方面，县当然是地方官府中最正式、最低层的一级。知县直面的则是城乡百姓与地方绅士，代表朝廷或者说是皇帝，履行其应尽的职责。但另一方面，知县号称地方“父母”，如乾隆年间任

---

① ［清］延昌：《知府须知》卷三《到省事宜》，“寄发红谕”、“接须知册”条，清抄本。

② 同治《湖州府志》卷六《职官表·州县》。

③ 《江苏省例》藩政类，“整顿水利蚕桑”条，同治八年江苏书局刊本。

④ 《清史稿·职官志三》。

长兴知县的谭肇基在自己主持纂修的县志中所说"县令与民最亲",①都是表示与民众可能存在的亲密关系。

了解地方情形,并迅速地熟悉府县行政工作,是新任知府必须要做好的大事,否则将会影响到行政效率及公正地执法。在宗源瀚到任湖州府的最初三个月内,就要将所管各县的风土人情,向上司具禀通详。

三、埭溪乡村社会

太平天国战乱波及之前,湖州乡村虽偶有盗匪作乱,但一直较为安逸。低丘地区以山货出产为贸易大宗,在平原水乡则以栽桑养蚕为生产主导,民众生活平静,衣食尚属裕足。在这样的社会平静期,即使是乡农,生活也仍好过。在湖州地区条件较好的乡间,男子除在农忙及养蚕时期外,每日生活大约须耗其半日光阴于乡镇茶馆。② 男子也会从事本由妇女为主的"绞线"、织绢等工作,并经常到市集上买丝和卖绢,即便"田功半荒",却能"衣帛食鲜",常有醉饱于市肆的"佚乐",过着"常农"不能比的生活。③ 这种生活景象,基本体现于湖州府东、北部的水乡地区,如乌程、归安,其依靠就是蚕桑业带来的厚利。

但在湖州府西、南地区,因道路崎岖,多山岭,乡民品格较水乡温和之性不同,是强悍好斗,富进取性。④ 孝丰县处于府境极西的山地,"负险为固",民间"凡有科调,缓则玩,急则变",东西两地又有差异,所谓"东地沃而侈,西地瘠而险"。⑤ 府境南部的德清县,"地瘠土薄,耕种鲜获",但至少在康熙初期,这些"穷乡僻壤"已是"无地不桑"。养蚕织茧,民间输课完租外聊给衣食,因此如果蚕事不利,难免"折栖变产,抵偿所负"。⑥

北面的长兴县,风土习尚与府城接近,但地介湖山之间,共分十二区,上

---

① 光绪《长兴县志》卷十六《风俗》引"谭志",同治十三年修、光绪十八年增补刊本。"谭"即谭肇基,广东新会人,"雍正十二年进士,乾隆八年由龙泉县知县调繁长兴,性淳厚,政不立异,以经术佐吏治,鼎新胶序,修城筑堤,以次告竣,义学考课,循循讲画不倦,造就多士后先腾达,纂修邑乘",在朝廷有"卓异"的评价。见光绪《长兴县志》卷二十二《名宦》。

② 刘大钧:《吴兴农村经济》,中国经济统计研究所1939年版,第133页。

③ [清]蔡蓉升原纂、蔡蒙续纂:《双林镇志》卷十五《风俗》,上海商务印书馆民国六年铅印本。

④ 刘大钧:《吴兴农村经济》,第126页。

⑤ 同治《孝丰县志》卷一《方舆志 · 风俗》,同治十二年修、光绪三年刊、光绪二十九年补刊本。

⑥ 康熙《德清县志》卷四《食货考 · 农桑》,康熙十二年抄本。

六区山乡,下六区濒湖,濒湖者种晚稻居多,山乡则多种黄秈。①

如果不受战争的影响,这里的人都会安于现状,维持旧有的生活秩序。

湖州府境内部的重要干流是苕溪,从府城上溯,它又分为东、西两个大分支,分别发源于府境以西的东、西天目山,地域上与杭州府紧相毗连。从沿太湖地区向西部山地上延,山间的溪流需要保持顺畅,才能帮助山村百姓往外界输送大型山货。

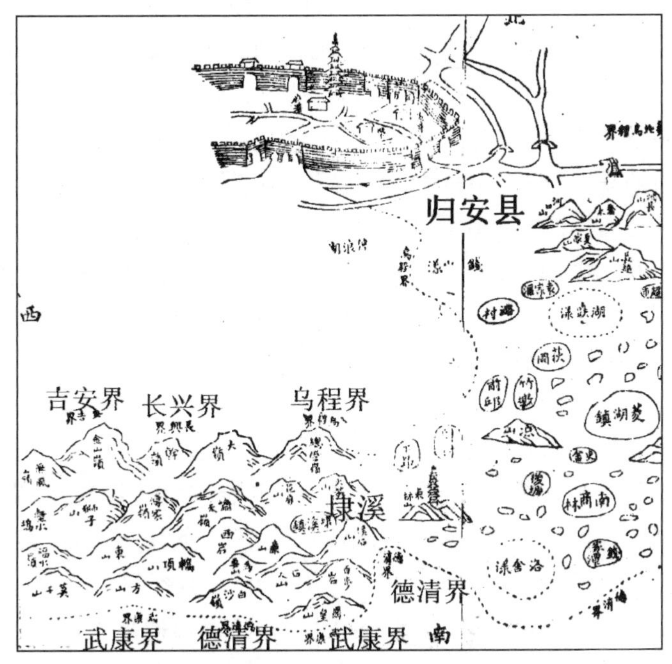

图三 光绪八年《归安县志》所绘埭溪镇及周边县界

东苕溪的一条支流叫埭溪,曾名下沈港、施渚,在湖州城的西南方。当地人俗称埭头,别名小溪。水源出自莫干山北坡的杨坞岭,在德清县境,河水直泻溪滩,地方百姓就筑起石埭遏其冲,故名埭溪。埭与堰一样,都是挡水设施,可以拦住河水,保证河道的通航水位和农业灌溉用水。从西向东,水流经过今天的德清县南路乡、湖州市乔溪乡、埭溪镇后,入东苕溪。埭溪长约三十三公里,其主要支流还有碧坞水、横岭水、指峰水等。

作为聚落的埭溪镇,宋代称施渚,以唐代诗人施肩吾曾居于此而得名。那时,还设有税课局;元代置有巡司;明清两代则皆泛称埭溪。从行政地理的角度看,埭溪坐落在归安县的西部边境,处于周边包括归安、乌程、长兴、

① 嘉庆《长兴县志》卷十五《物产》,嘉庆十年刊本。

安吉、孝丰、武康、德清七县的中心之地，形势自然险要。镇区北靠下沈港，东濒埭溪港。这里山丛林杂，风景秀丽，民居幽僻，物产丰饶，水陆交通俱属便捷，是湖州府向西通往杭州、宣州方向的要隘所在。尽管如此，它仍属于政区边界的瓯脱地带，距离最近的县城也有几十里路程；其附近村落民居多的不过一二十家，少的只有几家，治安问题长期困扰着当地百姓。①

无论过去还是现在，在湖州府内，埭溪都算不上一个重要的市镇。同样属于归安县辖下，双林、琏市、菱湖诸镇，声名都远超埭溪。

在埭溪，百姓们也都信鬼神、好淫祀；除此，勤俭之风使“湖人立家可以无愧”。这里不通商贾，商业活动极为一般，民众主要务农，终岁无复闲暇之时。除了春季养蚕可获利外，麻、苎、菱、藕、姜、芋等的种植，各随土宜，以济日常生活中的缺乏；而山中竹木、柴薪、茶、笋丰饶，故荒歉之年，生活也不致大困。另外还有“富人不出境，仕人多廉能”的美誉。不过，在归安县境内的民众日常生业，其实有着鲜明的分异。据清末的调查，其“极东乡业织、南乡业桑、西乡业薪竹、北乡负郭东业蔬靛；荻港业藕，湖跌断头业苇，埭溪业苎，善琏业笔，菱湖业蚕，捻绵为紬尤工。”②

埭溪在经济上的特色，自然以出产山货为主业。从莫干山东下，在埭溪形成了一个山货集散地。清人曾说，那时镇上街道宽长，山货贸易骈集，茶、笋尤盛。③ 以地方士绅为领袖的公益事业，也能在埭溪看到，即光绪元年由当地人募捐创办的惟善堂，位于埭溪镇荷花荡桥公所，专办育婴、掩埋诸善举。④ 至于地方军事防卫方面，埭溪的位置令人不容忽视。当时的湖协左营，分附菱湖镇，兼顾埭溪南、双林、荻冈、湖跌漾汛，把总一员、战兵四名、守兵十名；另外，专门有协防的埭溪汛外委一员，守兵四名。⑤ 这样的治安防卫体系，在江南的乡村市镇中，是不多见的。

当太平军围攻德清县新市镇等地时，埭溪地方团练曾参与了克复战斗，时长三月。⑥ 当然，与其他地方一样，这里战后的情形也十分凄凉。归安县政府称：咸丰十年以后，埭溪受战火之害最深，“居民什不存一，村墟寥落，荒田多为客民开垦”。⑦ 这应不是虚夸之说。

此后，埭溪地方忽然受到了地方政府的高度关注，并派驻军兵把守，严

① ［清］宗源瀚：《颐情馆闻过集·守湖稿》卷九《保甲·禀抚宪》，光绪三年刻本。

② 光绪《归安县志》卷十二《舆地略十二·风俗》，光绪八年刊本。

③ 光绪《归安县志》卷六《舆地略六·区庄村镇》。

④ 光绪《归安县志》卷十八《经政略五·善举》。

⑤ 光绪《归安县志》卷十八《经政略五·兵制》。

⑥ ［清］浙江采访忠义局编：《浙江忠义录》卷五，“赵景贤”条，同治六年马新贻序刻本。

⑦ 光绪《归安县志》卷六《舆地略六·区庄村镇》。

格检查过往人等，令人感到有些奇怪。这里并无大的宗族，山乡也无宗族械斗。这样做的目的应出于地方治安的考虑，当时针对的，首先就是那些身份复杂的客民。这里既有种山棚民，也有垦荒客民。对他们的管理，显得特别困难。① 地方政府派人清查人口时，需“遍历山村，搜岩剔穴”，才能真正弄清楚。而且都由湖州知府亲自负责督查，并由归安县丞帮同查办，方可得以完成。②

战后的重建工作，至此似乎已大见成效，但其实不然。前来代理知府之职的宗源瀚，只用了一年，对湖州情况已十分了解，并能切中要害，指出地方上存在的一些特殊情况：“兵燹以后地旷人稀，土著寥落，温、台等处客民藉垦荒佣工而至者不一而足，奸莠夹杂，欺凌土著，聚赌为盗，收藏枪械火器，无所不至。”他特别注意到了埭溪，说：“前数年埭溪盗案颇多，卑府去秋七月到任后，访悉其故，鼓励本镇之民联络巡防，添设栅栏，札饬埭溪巡检会同营汛，督率稽巡，并商饬归安县雷令，严捕盗贼。”显然，埭溪地方的治安问题令他担忧，故强烈要求埭溪巡检联合地方驻军，加大缉捕盗匪的力度，也要求埭溪镇居民起来联防。自然，他将正式的命令下达到了归安雷知县那里。他对客民其实并无好感，认为客民太过刁恶，“恃众欺压土著”。他对客民作恶的应对举措是：“叠次示谕严禁，并访悉客民中之强横著名者，饬县拿案讯究，其有拦阻要路，搭盖棚厂，藉行诈扰者，亦饬发别押迁，焚毁在附镇各村。”效果也颇明显，使客民“稍知畏法”。不过，他仍有忧虑：“惟山深村密，离镇数十里之村稽察所不能遍，受害者往往隐忍，不敢控告。卑府伏思该处人少土荒，客民如安分垦种，佣工原不必事驱逐，而强横之徒难以容留，且若辈幸遇丰岁，有花息可收，设遇岁荒，何堪设想。”至于派兵弹压缉捕，只能是暂时的举措，他知道在山野之中的客民，经常是“兵役去则各皆兽散，兵役回则又麕聚”。弹压客民的效果实在不是很理想。而且，应对客民入居所设立的“棚头”、“棚长”，往往是滥充虚设，客民、土著总是不能互相钤结。客民给地方民众的印象极其恶劣影响，基本是这样的：“游手浪荡，并无垦佃，山僻聚处，私藏军械，赌博、盗窃、伪诈，无事不为。此不垦荒客民之病也。土著寥寥，为客民所欺压，其懦者招客民为雇工佃户，而不能约束；不肖者勾结聚赌，容隐匪类，卒之身受其害而不知悟。此土著之病也。”有的县差前去提拿闹事客民，居然“被殴而回”；有的地保被逼服毒，出于客民的凶狠难制，许

---

① 清代中国长江流域地区有关这方面的宏观考察，可参刘敏的《论清代棚民的户籍问题》（载《中国社会经济史研究》1983 年第 1 期）、（澳）梁肇庭的《中国历史上的移民与族群性——客家人、棚民及其邻居》（社会科学文献出版社 2013 年版）、冯贤亮的《太湖平原的环境刻画与城乡变迁（1368—1912）》（上海人民出版社 2008 年版）等论著中的相关内容。

② ［清］宗源瀚：《颐情馆闻过集·守湖稿》卷九《保甲·计呈章程清折二扣》。

多地保纷纷到县辞职。①

所以,随着客民的不断增加,湖州各地出现了客强土弱、土著屡被欺凌的情况,甚至命案不断。这是当时十分严重的社会问题。

关于埭溪地方的人口结构,宗源瀚曾派人作了详细调查,并将结果呈报给上级官府。他在报告中指出,以往检查到的棚民底册,记载的只有几户,这次彻查统计到册,竟有二百数十户。② 其详细分布与籍贯来源,详参下表1。

表1 同治年间埭溪地方土客民分布统计

埭溪所辖庄号	村里数目	填册牌数	土著户数	棚民	
				来源地	户数
内五庄	11里	一册九牌	421	—	—
外五庄	8村	一册十牌	125	温州、绍兴	7
六庄	11村	一册十九牌	179	绍兴	9
七庄	8村	一册十四牌	130	温州、宁波	57
八庄	7村	一册十四牌	139	—	32
九庄	5村	一册九牌	95	温州宁波福建	14
十庄	5村	一册九牌	82	温州、宁波、东阳	12
十一庄	8村	一册十七牌	193	宁波、台州、处州、安徽	7
十二庄	7村	一册十三牌	163	—	—
十三庄	5村	一册六牌	59	温州、宁波	53
十四庄	4村	一册六牌	55	温州、宁波	21
十五庄	8村	一册十一牌	117	温州、宁波、金华	8
十六庄	9村	一册十四牌	154	—	—
十七庄	5村	一册十牌	87	—	—

资料来源:[清]宗源瀚:《颐情馆闻过集·守湖稿》卷十《保甲·会禀抚藩臬道》附"查办埭溪土客保甲户口数目"。

说明:内五庄统计的"里",并非里甲制度规范中的里,而是一般的聚落单元,具体为太平里、永丰里、人和里、平安里、永安里、永泰里、庆余里、长安里、永宁里、永福里、大有里,应该属于埭溪镇区的范围。总计土著户数为1 999;棚民户总计为220,其中成男936、未成男115、成年女性140、未成年女性35人。

所有登册的棚民人户,都必须到埭溪巡检司衙署报明身份,填写门牌底册。巡检有责任每月向府、县衙门汇报,以作审核。根据宗源瀚的要求,归

---

① [清]宗源瀚:《颐情馆闻过集·守湖稿》卷九《保甲》。

② [清]宗源瀚:《颐情馆闻过集·守湖稿》卷十《保甲·会禀抚藩臬道》。

安知县还需亲自到埭溪地方督饬办理。为了进一步加强对埭溪这个政区边界地带的社会控制，宗源瀚特地起草了《查办埭溪一带七县境内棚民、土著拟议章程》20条，强制所辖各县也要遵照。其主要内容如下：①

一、根据山村客民的具体情况选出棚头、棚长，以杜滥充；

二、客民分别棚区，以取互保，以严连坐；

三、每村造册给发门牌，以便稽查；

四、禁止佐杂给牌以杜弊端；

五、申明对于棚民的日常禁约以示法守；

六、给发棚民腰牌以免混迹；

七、重视垦种，驱逐游手；

八、委员在埭溪一带搜查盗匪以除祸根；

九、收缴客籍、土著所藏军火器械以防后患；

十、清理垦佃，以杜霸占；

十一、禁止新开山场，以保护水利；

十二、严禁开设赌场，以清盗源；

十三、清查新到棚民，以杜隐混；

十四、迁徙棚民随时报官，以符牌册；

十五、清查载客航船，以清来源；

十六、客民按棚稽查，土著也应查办，以示一律；

十七、清查客籍雇工，以杜窝混；

十八、对棚头、棚长和甲长、牌长中约束有方、稽查认真者，给发花红匾，以示鼓励优待；

十九、禁止地方随意需索客民、土著；

二十、湖州府属七县分捐经费，设立埭溪巡检，共同查办土客问题。

这20条章程，清楚地昭示了客民对埭溪等地社会的深刻影响，以及地方政府面临的各种问题。

四、边界地方的控制

咸丰年间，太平天国战争大大改变了地方行政原有的轨道。在战争结

① ［清］宗源瀚：《颐情馆闻过集·守湖稿》卷九《保甲·查办埭溪一带七县境内棚民土著拟议章程》。

束后，浙江地区田亩荒芜，昔日繁华的市镇大多被焚毁，乡村更是人烟寥落，所谓“连阡累陌，一片荆榛”。当时政府对此的应对措施，是将垦荒作为第一要务，由此吸引了许多客民，其在数量的增长上达到了一个新的高峰。①

一般来讲，租垦要按照民间买卖田产的常规，根据时价进行，要立卖契，并由县里核实批准，制定契税，所有应纳税钱和漕粮都移入买户名下。一旦政府批准的税契成立，山地是不能转卖的，所以棚民就利用“召租”的方式，根据山地肥瘠情况，立下10年、20年或30年的期限，高价承租，使土著百姓贪图其利、富户也不跟他们争夺，产权仍归土著卖户，到期后棚民归还土地，但不负责漕粮的交纳。②

在湖州府，棚民“初至时以重金啖土人，赁垦山地，赁之钱倍买价，以三年为期。”③其客民群的来源以温州、宁波、绍兴、湖广、安庆等地为主。在安吉县，根据同治十年的保甲编排结果，客户数达到了3 291，远远高于棚户数464。④ 再以南浔镇来说，其四乡荒田达到十分之三，乏人垦种，以致污莱满目。而湖州本部山田荒旷的就更多了。从同治至光绪初年，湖北籍客民漫延到湖州府东部地区，结果一圩之中无主荒田无不被其占踞耕种，并搭盖草棚居住下来，每圩被占者不下数十百亩。⑤

为了加强行政管理，在宗源瀚的率领下，湖州地方重新发布了编查棚民保甲的规约，主要包括：一禁客民承垦田产抗粮、抗租；二禁客民赌博、盗窃、奸拐、结盟、拜会；三禁客民私藏军火器械、窝结匪类；四禁客民欺凌土著、强拚山货种种生事。另外还有配套的棚民编册、门牌、腰牌制度，希望能起到强制约束的作用。对客民管理较有成绩的地方基层领导，则将颁发花红奖匾，以示奖励：“棚民之中棚头、棚长，土著之中甲长、牌长，三年之内约束有方，稽查认真，无容留匪类等事者，由官给予花红，并赏给‘明干勤慎’等字匾额，平日仍优以礼貌。”⑥

除了棚民腰牌制度外，门牌制度是清代律法和行政实践中的重要内容。地方官员每年都会向城乡每户民众签发门牌，甲长也有责任及时在门牌登

---

① ［清］戴槃：《严陵记略》（不分卷），“定严属垦荒章程并招棚民开垦记”条，同治七年刻本。

② ［清］汪元方：《请禁棚民开山阻水以杜后患疏》（道光三十年），收入［清］盛康辑：《皇朝经世文续编》卷三十九《户政十一·屯垦》，光绪二十三年思补楼刊本。

③ 光绪《乌程县志》卷三十五《杂识三》，光绪七年刻本。

④ 同治《安吉县志》卷四《户口》，同治十二年刻本。

⑤ 周庆云纂：《南浔志》卷三十《农桑一》，民国十一年刻本。

⑥ ［清］宗源瀚：《颐情馆闻过集·守湖稿》卷九《保甲·查办埭溪一带七县境内棚民土著拟议章程》。

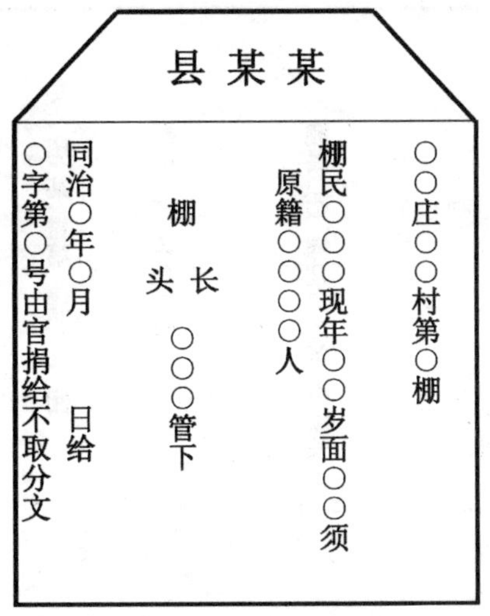

图四 棚民腰牌样式

（据［清］宗源瀚：《颐情馆闻过集·守湖稿》卷九《保甲》）

录中反映民户的变动情况，从而保证保甲记录的不断更新。①

埭溪处在湖州城至武康的交通要道，处于疆界交杂之地，是同治时期土客问题最严重的地区。宗源瀚指出，埭溪界连七县，到处都有客民，且距离各县县城颇远，是湖州府控制客户的关键所在。在征得上级政府同意后，要求在埭溪拨营驻防，认真查办客民问题。至于埭溪巡检与差役们的薪水饭食等费，先由乌程、归安二县垫发，后由七县按大小股分摊派。为了加强对客民来源的清理，还对当地水程的重要交通航船设定了详细的禁约。最终以求实现不分县域疆界的跨政区联合查办。宗源瀚强调道：②

客民赴埭者，多由航船装载，应由县给发循环印簿二本，责成该船户于温、台等处客民搭船时，船户必须查看，如藏带军械，断不准搭载。其搭载者，先问明来历及赴埭是否垦荒，有无家室、农具，或寻觅亲友，填入簿内。船一到镇，立时报请埭溪巡检赴船查验，询明投何山何村何棚何人，一一明白，别无可疑，登号后，方准登岸。如无家室、农具，身带器械，立时送县讯明，递解航船载有身带器械之人，立提该船户送县究办。

---

① 瞿同祖：《清代地方政府》，法律出版社2003年版，第250—251页。

② ［清］宗源瀚：《颐情馆闻过集·守湖稿》卷九《保甲·查办埭溪一带七县境内棚民土著拟议章程》。

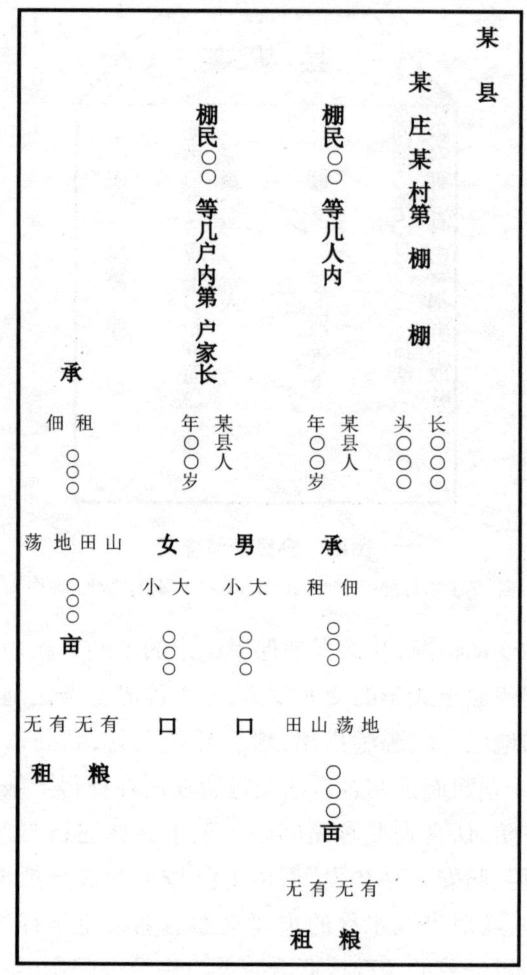

图五　棚民编册、门牌式

（据［清］宗源瀚：《颐情馆闻过集 · 守湖稿》卷九《保甲》）

征得浙江省政府的同意，埭溪派驻军兵100名，另有炮船两艘停泊在镇，协同埭溪巡检，以资弹压。① 为了加强治安，身为知府的宗源瀚曾多次发布"告示"，以示其对于埭溪地方的重视程度。有一份"告示"是这样的：②

为晓谕事。照得埭溪一带，山深林密，温、台棚民杂处，屡出盗案，迄未破获。昨经本府饬据归安县派捕往拿，已获盗犯老林并窝家傅士高。此次民人吴文饶及傅姓之媳通风报信，甚属可嘉，除由本府给赏、

① ［清］宗源瀚：《颐情馆闻过集 · 守湖稿》卷九《保甲 · 禀抚藩臬道》。

② ［清］宗源瀚：《颐情馆闻过集 · 守湖稿》卷九《保甲 · 告示》。

以示风劝外,合亟示谕。为此示仰埭溪沿山一带居民人等知悉,此后匪犯入境及窝匪之家,尔等报告巡检汛官拿获真盗,凡眼线及帮拿之人,皆有重赏;知情不报,定干重咎。其甘心窝匪者,身罹法网,傅士高前车可鉴,后悔无及。凛遵特示。

政区的边界或疆界交杂之区,从来都是地方政府控制的薄弱地带,"盗匪"众多,缉捕不易。埭溪百姓傅士高因为窝藏盗匪,被媳妇与吴文饶告发,受到政府惩治。宗源瀚在这份告示中,对归安县的捕盗工作以及地方百姓的警惕性,十分赞赏;同时他也希望埭溪一带百姓随时将可疑情形上报政府,一旦抓住盗匪,政府将予重奖;而对那些"甘心窝匪"的人,傅士高的下场就是最好的教训。

因为客民属于外来人口,情况复杂,且与土著百姓经常发生冲突,宗源瀚特地派人在埭溪张贴告示,要求严办那些凶横的客民。在一份告示中就这样写道:"照得埭溪山村,离城市较远,兵后土著人少,致有温、台等客民藉垦荒为名,种种不法,欺扰土著。土著之人畏其凶横,隐忍不较,而客民日横,急应严办,以靖地方。"①

宗源瀚还将处置埭溪等地客民的具体举措,一一及时向上级政府作了汇报;而每一项新政令的出台,也都在第一时间向相关县级政府作出通告。至于在乡村地区驻扎、负责治安工作的巡检司,更是直接领受到了宗源瀚的具体指令。其中,宗氏给埭溪巡检的一份文书,可以体现地方基层行政实践的具体内容,特移录于此:②

照得埭溪此次查办保甲,凡游手匪徒,除递解外,余多避逸回籍。所有各山村空屋,有主者饬令屋主自行封锁;其无主者应即一概用印封封闭,交地保看管,以免匪徒藏匿;如后有屋主收认,呈明地方官,方准启封居住;如有外来游民擅行启封住内,惟地保是问。合将印封移送,为此合移贵分府请札,发札到该员,即便遵照,烦查照办理,仍将封闭空屋若干所,开折禀复,用剩之封缴还。切切,此望切施行。

由此可见,埭溪巡检的工作,显得最为烦重,随时随地必须面对各种地方突发事件,每天要负责在码头水次的巡察工作。这是宗源瀚屡次颁发特

① [清]宗源瀚:《颐情馆闻过集·守湖稿》卷九《保甲·告示》。
② [清]宗源瀚:《颐情馆闻过集·守湖稿》卷十《保甲·移过分府札埭溪巡检》。

札,予以特别强调的大事。① 当时,整个归安县内只有一巡检、一汛官,巡检虽有跟役数人,汛官有兵三名,但都僦居乡村破屋败庙之中。埭溪地处七县交界,客民过于顽横,地方又属“瓯脱”,要雷厉风行地诘奸捕匪,都需入山深捕,这样的武装配备,宗源瀚深知是根本不可能办到的,所以他极力向上级政府要求拨派兵勇前往埭溪驻防,在山村要隘地方分段驻扎,以使“民间胆气可充,官差声威亦壮”。当然,在具体的查办过程中,对于良民和贼匪要有所区分。他认为:“垦荒者客民,滋扰者皆客匪也。”将安分垦种者的设为棚长,发给门牌;对于结党成群、收藏军火器械,有种种诈扰行径的不良客民择尤重办,其余的全部驱逐出境,押解回籍。“使匪知有兵,民知有官”,待土著之气日充、客籍之势日馁之时,所驻兵勇方可议撤。②

不久,以副将吴清亮为首的一百名兵勇,受命在埭溪一带屯札;另外,由参将张培基抽拨炮船二只,也驻泊在这里,以资弹压。宗源瀚认为,除了归安本县之外,还需要邻近各县实行跨政区的合作,真正对那些散漫无稽、来去自由的人实行严密的管制。③ 客民必须各归“棚厂”,听从棚头约束,由地方官查验,给发门牌后方准居住。④

五、府县矛盾

在湖州府下属的七个县中,地方治安与行政工作最烦难的,大概要数长兴县。清代州县一般只设一个佐贰官,长兴却同时设了县丞与主簿。这样的县浙江总共有9个(钱塘、仁和、嘉兴、秀水、嘉善、平湖、乌程、归安与长兴)、江苏有8个(吴县、长洲、元和、吴江、宝山、娄县、上海和青浦),⑤都在太湖周边地区。在湖州的三个县中,长兴县的行政配置居然与附郭县乌程和归安相一致,足以说明其地理位置与社会控制的重要性。

毗连皖境的安吉、长兴两县以西地方,“本山越巢窟,界在广德之间”,是所谓“上无兼辖之司,讼讦繁兴,颇号难治”之区。⑥ 长兴在地理上介于太湖与低丘山地之间,处在湖州府北境与常州府南缘交界地带。明代后期的归

① [清]宗源瀚:《颐情馆闻过集·守湖稿》卷九《保甲·札埭溪巡检》。
② [清]宗源瀚:《颐情馆闻过集·守湖稿》卷九《保甲·禀抚宪》。
③ [清]宗源瀚:《颐情馆闻过集·守湖稿》卷九《保甲·禀抚藩臬道》。
④ [清]宗源瀚:《颐情馆闻过集·守湖稿》卷八《词讼·札归安县并埭溪巡检》。
⑤ 瞿同祖:《清代地方政府》,法律出版社2003年版,第24页。
⑥ [明]桂萼:《文襄公奏议》卷七《进舆地图疏·浙江图序》。

有光早就指出："长兴地介湖山，盗贼公行，民间鸡犬不宁。自广德、宜兴往来客商，常被劫掠。告讦之风，浙省号为第一。至株连追逮或至数人，戏涉司府，旷历年岁。民间骚扰，不能安坐。"①此段论议，后来被完整地抄入县志中，②以为地方工作的警示。

世居湖州的地方名流陆心源（1834—1894），在论述民性强韧情况时，特别重视长兴。他说："浙西三府之民，以湖郡为强。以湖郡而论，长兴为强。"太平天国军队进入当地后，民众更表现出无比顽强的抵抗："自宁、广失陷，长兴当其冲，屡挫屡胜，杀贼无算。八都岕、西川岕、东川岕三处，尤为长兴之巨擘。"③在光绪年间增补长兴县志时，乌程名士周学浚撰有序文，也表达了同样的意思：④

> 长于吾郡为剧邑，用武之代先得者胜。……盖其山川形局，控扼险要，属必争之地，势使然也。……粤逆之乱，邑之被陷者数四，而绅民张空拳蹈白刃，以与狂寇捕，断脰捐躯而不顾，杀贼之多，甲于他邑，讵非得雄厚之气致使然欤？

然而，长兴地方民风中有三大流弊，即"赌博"、"假命"、"抢寡"。根据政府规定，"凡斗马吊、打混江与赌博同科，即赌酒食者，亦杖儆无赦"；地方健讼方面，与"假命"相关，民众"好以假命装头，或睚眦之怨，辄称寸骨十伤，或一夫令终，劈捏二命三命，越诉株连，破家不顾"，所以政府要求"自缢投河、刎颈服卤，俱不得以'人命'论"，但效果不大；所谓"抢寡"，与赘孀相关，即丈夫刚死一二周，就有人来"以尊酒三牲置其家"，号称"抛酒瓶"，甚至有数家来抛瓶，最为恶俗。根据地方志中康熙朝至光绪朝知县对这些问题的关注，可以推定，在整个清代其实都未能予以根除这些流弊。⑤

---

① ［明］归有光：《震川先生别集》卷九《公移·回湖州府问长兴县土俗》，上海涵芬楼影印常熟刊本。

② 参光绪《长兴县志》卷十六《风俗》，同治十三年修、光绪十八年增补刊本。主持修志的，正是同治年间的知县赵定邦。

③ ［清］陆心源：《仪顾堂集》卷三《招抚长兴难民充兵议》，光绪二十四年序刻本。此篇论议，曾被收入［清］盛康辑：《皇朝经世文续编》卷八十二《兵政八·团练下》（光绪二十三年思补楼刊本），题名改作《募练长兴难民议》。

④ 同治《长兴县志·序》。

⑤ 光绪《长兴县志》卷十六《风俗》引"韩志"、"谭志"，同治十三年修、光绪十八年增补刊本。"韩"即韩应恒，字子久，山东安邱人，康熙七年以举人知长兴县，崇儒讲学，治斧党、严赌博、禁抢寡恶俗，开浚城河，九年大水，请蠲灾以万计，辛丑编审，力清累年绝户，又重建尊经阁、便民仓，增修邑志，寻以疾卒于官，士民怀之。参见光绪《长兴县志》卷二十二《名宦》。

在湖州的其他地方，同治年间存在的社会问题，也并不见得比长兴县好多少。前文论及的归安县西部边境的埭溪镇，就是一个显例。① 再如孝丰县，处于府境极西的山地，“负险为固”，民间“凡有科调，缓则玩，急则变”，东西两地又有差异，所谓“东地沃而侈，西地瘠而险”。② 而府境南部的德清县，“地瘠土薄，耕种鲜获”。③ 环境条件都不算好，民生存在艰难的一面；加上同治年间因外来客民增多，加剧了治安问题，给地方行政管理带来很多麻烦。

早在嘉庆时期，长兴地方已经有许多福建、江西籍的客民携带妻子和资财，陆续前来从事垦山等经营活动，租荒垦山的多达 130 户。④ 官府对这里的管理一度显得十分散漫。⑤ 这一方面影响了社会治安，另一方面则在无形中纵容了客民对于环境与水利的破坏。

如何加强地方治安与社会控制，显然是新任知府宗源瀚的首要工作。在现存有关宗源瀚自编的文稿《颐情馆闻过集》（光绪三年刻印）中，有许多内容是这方面的反映。他在自叙中就说：“欲四方朋好，攻吾之短，而非敢以炫世也。览者鉴诸。”⑥他希望自己和朋友们对自己第一次在湖州的工作，都进行反思或检讨，以为今后知府任上工作的殷鉴。

宗源瀚保留的公牍、文告、信函，集中反映长兴地方问题的最多，尤以赌博、贩卖人口、盗匪（白莲教结党聚会）为最。这些都属于治安或捕防的范畴，是地方行政工作的一大重心。

在湖州府属的七个县中，治安工作搞得最好的可能也是长兴县。宗源瀚不得不承认，赵定邦在湖州府各地知县中，捕盗能力是最强的。他给上级的汇报中也说：⑦

> 卑府尝举长兴赵令之捕盗获誉，风示他县，而赵令所获邻境盗犯较多，本地未破之案尚复不少，仍于批奖之中加意考核。

这对知县赵定邦地位的稳固，有着重要意义。赵定邦在主持修纂县志

---

① 详细考察，可参冯贤亮：《社会变动与地方行政：清代江南的客民控制》，载《传统中国研究集刊》第六辑，上海人民出版社 2009 年版，第 450—466 页。

② 同治《孝丰县志》卷一《方舆志 · 风俗》，同治十二年修、光绪三年刊、光绪二十九年补刊本。

③ 康熙《德清县志》卷四《食货考 · 农桑》，康熙十二年抄本。

④ 嘉庆《长兴县志》卷十五《物产》，嘉庆十年刊本。

⑤ 嘉庆十九年五月十八日御史张鉴《为请敕浙江巡抚将棚民编设保甲事奏折》，载《历史档案》1993 年第 1 期，第 24—33 页：《嘉庆朝安徽浙江棚民史料》。

⑥ 参［清］宗源瀚：《颐情馆闻过集 · 守湖稿》，光绪三年刻本。

⑦ ［清］宗源瀚：《颐情馆闻过集 · 守湖稿》卷十一《杂稿 · 禀抚宪》。

时,收录了浙江巡抚杨昌浚的一份奏稿。① 这份文件实为杨对赵的表彰,并且得到了朝廷及吏部的认可,对赵而言,意义深远。

杨昌浚在奏稿中,首先说明了长兴县治安之困难非同一般:"湖州府属长兴县,逼近太湖,汊港分歧,盗匪出没其间,往往此拿彼窜。"因而对赵定邦讲求捕防工作,十分称赏:"不但本境应拿及前任承缉未获,无不广购眼线,四路侦缉,即邻境盗犯,亦能不分畛域设法拿办,到任年余,迭获劫抢首伙要犯二十余名之多,并将该县棚民编立保甲,认真稽察缉捕,洵属勤能,闾阎藉获绥静。"这是赵的勤政,杨为有这样的属下而觉得荣耀。而太平天国战乱后,地方着力恢复社会秩序与发展经济时,治安更是保障关键,杨说道:"赵定邦悉心经理,忍耐劳苦,(同治)九年分据报清查垦熟田地加至三百顷以上,征完银米较巨,是其办理垦务亦著有成效。伏念安民以禁暴为先,养民以力田为本,该员尽心民事,均有实绩可纪。"因此杨提出要吏部对赵的政绩"从优议叙,以为州县办事奋勉者劝"。这个要求在同治九年九月十七日得到了正式批准。②

府与县之间本应是上下级关系,实际上府多表现出承上启下的作用,县经常性地会跳开府的屏障,直接与省一级官员对话。表面上,这并没有呈现出特别异样的情形,但涉及具体问题,这恰恰是体现府与县之间矛盾或冲突的标示之一。

赵定邦在治安捕盗与垦田征税方面的出色表现,使上级官府与朝廷都给予这个地方小县令以很高的评价,巡抚杨昌浚亲自为他向朝廷请功,并顺利获得批准。这自然令赵定邦十分得意。而新来的知府宗源瀚,对地方情形本来并不太熟,况且只是代理职务,赵定邦对宗源瀚是有骄矜之态的。因此,在宗源瀚要求的一些制度与措施推行时,到了长兴县往往出现迟碍,甚至完全被搁置。这当然会令宗源瀚恼火不已,但因赵定邦的特殊性,他不便直接向他责难,而是须先通禀浙省的巡、按、道长官,以示其为难处境和对赵定邦在地方政治工作中的一些不满。

当然,宗源瀚是懂得忍耐的,作为知府,他深知驾驭好骄横的下属,是稳定地方、顺利施政的基础。他给赵定邦的信写得比较委婉客气:③

---

① 杨昌浚,同治五年二月任浙江布政使;八年十二月,署浙江巡抚,九年八月,实授此职。光绪初,因余杭县发生的杨乃武与"小白菜"案而被革职。光绪四年以后,陆续被起用他职。详参[清]不著纂人、王锺翰点校:《清史列传》卷六十一《新办大臣传五》,"杨昌浚"条,中华书局1987年版,第4834—4835页。

② 光绪《长兴县志》卷三《公署》。

③ [清]宗源瀚:《颐情馆闻过集·守湖稿》卷十一《杂稿·致长兴县》。

弟在湖半年,除所闻长兴之弊盖有五事:一盗贼横行,一荒熟淆混,其三事则开赌、溺女、弃尸不葬也。盗贼得兄严缉,荒熟田亩经此番厘剔,亦有过半之道;若开赌、溺女与弃尸不葬,此湖属七县之通病,非长兴一处,而长兴尤为甚。弟初闻犹不深信,遇有长兴来者,自仕宦以至贸易,无不留心询访,赌场之多,冠于他处。是以前次批答公牍,不嫌尽言,欲吾兄宜示于众,据尤惩儆,以遏此风。溺女之事,有言兵后人稀不至,公然溺女。弟初亦信其说,后有谓其不然者。江南北贩卖子女至长者,相望于道,初亦以为女少使然也,近则有谓长兴向来生女不育,故娶妻者多买外来女子,夫溺女已属戕生,而贩卖尤多奸拐,若二者交相为用,则长兴之害深矣。而江南北之受害于长兴尤不浅矣。

宗源瀚一方面明确地指出长兴地方社会治安问题的严重性,特别是赌博、溺女、弃尸不葬问题是整个湖州府属各县中最严重的,需要认真解决;另一方面,他也承认,赵定邦对盗贼与垦荒问题的处置是比较得力而有效的。

可是,对上司宗源瀚的许多要求,赵定邦作为下属,居然很不买账。这常常迫使宗向上级禀告,要求对赵进行制约。宗源瀚以当时朝廷到地方最关切的客民问题入手,在报告中不客气地讲道:①

奉委查办归安、长兴、武康、安吉、孝丰客民,除归安境内已查办完竣,其长兴等四县均拟亲历饬查。卑府源瀚复函札,交催不遗余力……惟长兴县多方推诿,三次请缓,均经卑府等批驳,而查办情形来禀,亦觉含糊。卑府如纬拟即亲驻该县,督同认真查办。并求大人严批督责,以免观望。

客民是同治时期日益突出的社会问题,而长兴县却对这一问题的处理"多方推诿,三次请缓",令宗氏十分不满。在宗源瀚看来,长兴县的问题还不止这些。在整顿地方棚民、清查保甲工作时,长兴县政府非但表现最不积极,且该县书差经常额外需索,使棚头、棚长被逼借此科敛百姓,甚至窝留匪人。他十分震怒,发出告示道:"仰各棚民知悉:此后如再有书差向尔等索取缉捕等费,断不准私给分文,仍将索取之人或就近扭赴县署,或来府指控,以凭严办。其各凛遵!"②他向府辖范围内作的处理通告,提醒棚民们要及

① [清]宗源瀚:《颐情馆闻过集·守湖稿》卷十《保甲·会禀抚藩臬道》。
② [清]宗源瀚:《颐情馆闻过集·守湖稿》卷十《保甲·告示》。

时举报类似行为，甚至可以直接上级府衙控告。在这次大规模清查保甲的过程中，四安镇巡检与清查委员高从九发现长元县差役向棚民们私收缉捕费的问题后，宗瀚马上作了严厉的处理，并发布公文，晓谕城乡地区，还向长兴县警告道："如敢阳奉阴违，定干参究！"①

宗源瀚还发现，赵定邦在征收漕米的过程中，有隐瞒上级，将银钱纳入私囊的行为。这主要表现在赵定邦借口往年荒歉，要求地漕银米"征新缓旧"；同时以募勇经费没有着落为由，要求"暂行变价"，所报募勇人数远远高于实际，属于"浮冒"经费。这些谋利手段，被宗源瀚斥为"长兴数年来未有之事"、"不成政体"。②

知府与知县之间的矛盾，本属地方行政工作中的斗争，却又容易挟带私怨与公愤。可是，知府似乎并无直接压倒知县的能力，往往需要绕道至省一级高官那里，再向知县施压或采取措施。经过宗源瀚的揭发，省里会查，赵定邦最终败下阵来。宗氏的最后报告说：③

> 窃长兴县交代，奉饬调省督算拖最久，不结不揭，屡经卑府檄催，现又奉详，请将赵令摘顶，勒限赴省，业经卑府飞饬，驰赴省垣会算。乃据该令来禀，仍以患病为词，称已邀友派书，晋省报到，实属玩视。拟请转饬交代局，查明如所派友书并不能作主算结，即请将赵令撤任，押赴省垣督算，其应接李前任交代，如何轇轕，并饬仁、钱二县秉公监算，如各有狡展，即将前、后任一并参办，以杜借口而肃交案。

宗源翰以经济问题为突破口，对长兴县展开清查，由仁和、钱塘两县令监督展开，以示公正。他曾多次要求先将赵定邦撤职，再限期迫其到杭州交代经济问题，都未成功；他还提出，如果当中问题严重，需将前任、现任知县一并参办。可是到这个时刻，赵定邦仍然称病不出，托称已派人代其赴省报到。至此，宗源瀚与赵定邦的政治斗争，大概算有一个了结了。然而，直到宗源瀚离开湖州后一年，即同治十二年，赵定邦才去职，④说明这个知县确实非同一般。

---

① ［清］宗源瀚：《颐情馆闻过集·守湖稿》卷十《保甲·札长兴县》、《批四安巡检会同委员高从九禀查长邑棚民情形》。

② ［清］宗源瀚：《颐情馆闻过集·守湖稿》卷十二《杂稿·禀抚藩臬粮巡》。

③ ［清］宗源瀚：《颐情馆闻过集·守湖稿》卷十二《杂稿·禀藩宪》。

④ 同治《湖州府志》卷六《职官表·州县》。

六、县政的困难

自然环境对于地方民生一直起着型塑作用，对地方传统与行政同样也有着重要影响。王士性在其精心撰写的《广志绎》中，有一段文字专论浙江风俗，十分精辟。在他看来，浙江全省十一个府，可分作三大区域：浙西的杭、嘉、湖为平原水乡，"为泽国之民"；其他地区就是所谓的浙东，可以一分为二。一是金、衢、严、处，所谓"丘陵险阻，是为山谷之民"；二是宁、绍、台、温，"连山大海，是为海滨之民"。这三个区域中的民众各自为俗：泽国之民，"舟楫为居，百货所聚，闾阎易于富贵，俗尚奢侈"；山谷之民，"石气所钟，猛烈鸷愎，轻犯刑法，喜习俭素"；海滨之民，"餐风宿水，百死一生，以有海利为生，不甚穷，以不通商贩不甚富"。这些都是环境差异所营造的不同民生与风俗；而社会关系因而也有不同，主要体现在缙绅与庶众之间：杭、嘉、湖"缙绅气势大而众庶小"；金、衢、严、处"豪民颇负气，聚党与而傲缙绅"；宁、绍、台、温则"闾阎与缙绅相安"。① 这里虽只讲浙江，但是，长江以南的江苏地区，何尝不是如此。

所以，太湖流域内部的环境并非一律，"一方有一方之物"，所谓"山之竹木，海之鱼盐、泽国菱芡、斥卤木棉、莽乡羊豕之类"，在嘉兴、湖州低乡地区则为蚕、桑、米、麦等大宗，不同的环境营造了不同的生存方式和生产选择。② 其间，水利问题是江南地方百姓生活、生产的要害所在。嘉兴府秀水县人陈士鑛指出："天下赋税，半在江南；而天下之水，半归吴会。"③顺治年间在江南居留十多年的布政使慕天颜十分熟悉江南农事，认为"江南赋甲天下，又大半出于苏松常镇"，但以苏松常镇论，要先大兴水利而后可言足国富民。④ 因而水利工作的好坏，会对地方赋税收益产生直接的影响，自然可以昭示地方行政工作的优劣程度。但是，从社会生活的角度来看，治安是地方行政的一大关键，是涉及社会秩序稳定的大问题。州县地方因先履行好维护治安这一首要职责，其次才是征税和司法。⑤ 所以，对于州县官员的考

① ［明］王士性：《广志绎》卷四《江南诸省》，中华书局 1981 年版，第 68 页。

② ［清］张履祥：《杨园先生全集》卷四十七《训子语上》，"居家四要曰亲亲曰尊贤曰敦本曰尚贤"条，中华书局 2002 年版，第 1361 页。

③ ［清］陈士鑛：《明江南治水记》，收入［清］曹溶辑、陶越增订：《学海类编》第 48 册，1920 年上海涵芬楼据六安晁氏木活字版影印本。

④ ［清］慕天颜：《水利足民裕国疏》，载［清］贺长龄、魏源等编：《清经世文编》卷二六《户政一》，中华书局 1992 年影印本。

⑤ 瞿同祖：《清代地方政府》，第 31 页。

核,治安工作的好坏往往可以成为一项重要的指标。曾有常熟知县在莅任后,逐一查办地方窃盗问题,搏得了巡抚丁日昌的好感,丁在公文特示对他的工作"深为欣慰"。①

就清代而言,太平天国战乱后的江南,治安工作(以人命盗案为主)显得尤其重要。所谓"居官首在安民,安民必先弭盗"。② 国家出于保持全国经济重心安定的目的,必然要在这方面特别用力。而各地政府在进行地方重建时,对于盗案确实十分重视,知县们都极希望多破盗案,但很多案件最后不了了之。按照宗源瀚的说法,是"非有眼线不能捕盗,非多花钱不能得眼线",③这很能说明问题。湖州府的长兴县因所处地理位置的特殊性,对治安问题长期十分关注。这也是同治年间知县赵定邦赖以稳固政治地位的基础。

同时,本章所论的长兴县的事例,仍然表明传统制度描画的行政,与实际操作不能完全吻合。但如果要勾画出两者之间的差距有多大、原因在哪里,则又是一个极复杂的问题。不消说整个中国,即是江南这个蕞尔之区,各府州县之间也是千差万别,不可能以一两种范例以概括之。所以,任何行政制度变化与相关操作的研究,仍需从实际案例的考证出发,方能得出接近具体历史情境的认识。

从本章的初步考察来看,湖州知府宗源瀚与长兴知县赵定邦之间的矛盾冲突,其实隐含了地方行政实践与制度描述的差距。按常规,州县官都处于高级官员们的监督之下,无权在地方上作出重大的决策,且应在行政方面事无巨细地向其上级官员汇报,并取得同意才能处理。④ 康熙时期,赵申乔在浙江任上就讲过,"州县事事在知府之掌握,则种种听知府之征求,恐不一当而功名性命随之"。⑤ 同治时期湖州府的地方行政却表明,知府并非能远驾知县之上,更不像知县表现得那么"亲民"。因而于实际工作中,往往表现出一个遥控者的形象。这种遥控的程度当然也是有限的,为了达到工作的预期目的,时常需要借助省级官府的力量。

知府所以招致州县官的抵触,包括了异地为官、任期较短等多方面的原因。宗源瀚莅临的,是一个饱受战乱创伤的湖州。在其有限的任期中,他的治理工作已初见成效,应该说具有相当的管理水平和控制能力。这其中自

① [清]丁日昌:《抚吴公牍》卷十三《常熟县禀到任后查办地方事宜由》,宣统元年南洋官书局石印本。

② 雍正《钦颁州县事宜》,"弭盗"条,同治七年江苏书局刊本。

③ [清]宗源瀚:《颐情馆闻过集·守湖稿》卷十一《杂稿·禀抚宪》。

④ 瞿同祖:《清代地方政府》,第331页。

⑤ [清]赵申乔:《赵恭毅公剩稿》卷六《牌檄·欲除州县之亏空先革藩司之陋规特申条约共质官民事檄》,乾隆二年赵侗斅刻本。

然颇含甘苦。在给友人王莲生的一封信中，宗源瀚这样说道：①

> 凡事须顾大局。一隅中亦有大局，兄岂见不及，此不免为时贤所困耳。弟作幕作官，皆不欲囿于时，以此颇觉不合时宜，然古人不云乎“动而得谤，名亦随之”？窃愿与兄共勉也。交代之应禀与否，不当以府中担不担为断。从井救人，不可不使人知我在井中。弟五日京兆耳，交代与弟，关涉甚浅，然既忝一日之责，不愿数年之后受决裂之祸者，推原酿始，数及贱名，故发前论，弟有何力哉？

他大概可以算作一位敢于担当的官吏，其从政感慨，很能体现其为政为人的思想主张。

在太平天国战争后，清代地方行政的变动较大，一般研究中甚至出现了国家权力下移与“地方自治”的概念逻辑。可是很多地方就如埭溪小镇，并没有豪绅大族，有限的富户都随着太平军的到来，早已远徙。荒弃的田产，在清军克复十年内，大多被废置，②地方社会基本笼罩在官方的全面掌控下。而战后大量客民入居江南，给政府重建地方社会秩序带来了新的契机与考验，官府的声威似乎较以往显得更大。保甲制度得到了全面、深入的推广，并且在知府的领率下，得到进一步的完善。如瞿同祖揭示的那样，保甲制度普遍适用于城乡地区，包括受到法律制裁的人在内，都纳入了保甲体系。在这一制度有力的推行下，任何一个人的行动都难以逃脱邻里亲友的耳目。③ 制度规定，保甲需要定期向州县衙门汇报，每月朔、望两日赶到衙门点卯，陈述各自辖区的情况。这种半月一次的常规报告制度，要求保甲长们必须都集中到县城里，尽管给他们自身带来了烦难甚至痛苦，但却有助于州县官员检查保甲体系的运作及其实效。④ 清人就说：“保甲者，分之极其细而不紊，合之尽其大而不遗，故必知地方之险易、村居之疏密，而后联比分甲，可行出入守望之政。”⑤

在这里，保长、甲长或棚长、棚头的人选，却并非是那些强有力的人物，而是一般的民户，他们工作上的任何疏忽，随时都会招致州县官员有力的斥

---

① ［清］宗源瀚：《颐情馆闻过集·守湖稿》卷十二《杂稿·致王莲生》。

② ［清］宗源瀚：《颐情馆闻过集·守湖稿》卷七《劝葬·禀抚藩宪》。

③ 瞿同祖：《清代地方政府》，第251—252页。

④ 萧公权 Hsiao Kung-chuan, *Rural China: Imperial Control in the Nineteenth Century*, Seattle: University of Washington Press, 1960, p. 77.

⑤ ［清］吴德旋：《初月楼续闻见录》卷一，台湾商务印书馆1976年版影印本，页2a。

责,甚至落职。这说明,地方行政的能力并未真正减弱,其控制强度与政府的关注程度,都没有被弱化。①

无论怎样,在地方官员的意识中,治安的作用仍然是首要的。保甲在治安制度方面的保障作用及其实践意义,②在宗源瀚等地方官员的私人文集中,十分彰显。从实践的层面来看,保甲在城市与集镇之外,特别是深山老林之处,并非像有的学者所谓的起不了实际作用、太平天国之后的保甲"彻底崩溃"。③ 在地方治安体系(包括户口登记)中,以保甲为标志的共同责任网,其实一直发挥着功效,就像冯桂芬等人曾认为的,哪里有土匪出现,哪里就有厉行的保甲制度,④尽管冯桂芬对保甲制度推行不力时,也有所谓"视为具文"而无效的严厉批评。⑤

这些都是我们重新审视清代咸丰朝以后,中国地方社会发展状态的另外一个重要面相。乡村地区是否真的像一些学者所称的,在战后地方的重建过程中,都已经出现了不同于官僚的行政活动、个人、家族、宗族团体等的"私人活动",以及由地方精英(包括绅与民)领导的自治性公共部门,⑥似乎仍值得怀疑。因为传统研究中的着眼点,一般都在大的省府级城市以及少得可怜的一些超级大镇,像长兴、埭溪这样的地理单元,占据着地方社会的绝大多数,它们在经历社会巨大动荡后的秩序维护和社会控制等问题,尚需重新研讨。所谓权力下移或地方自治的"地方",应该下到府州县再作考虑,而非省一级。从府州县的层面来看,这显然不符合历史实际。⑦

总之,从州县行政的层面来看,知府在地方行政中起着承上启下的重要作用,贯通着省、府、县三个行政环节。从国家到地方的垂直控制系统的牢固性,没有因为大规模战乱的影响而大为弱化甚至全面崩溃。

---

① 笔者曾于太平天国战乱后江南地方的灾荒举措、水利调控、社会规范等方面的细致研究,都可得到这样的认识。详参冯贤亮:《太湖平原的环境刻画与城乡变迁(1368—1912)》,上海人民出版社 2008 年版。

② 有关保甲制度在清代乡村社会治安中的作用与意义,可参萧公权,*Rural China, Imperial control in the nineteenth century*, University of Washington press, 1960, pp. 43 - 83。

③ (美)孔飞力:《中华帝国晚期的叛乱及其敌人》,中国社会科学出版社 1990 年版,第 40、102 页。

④ (美)芮玛丽:《同治中兴:中国保守主义的最后抵抗(1862—1874)》,中国社会科学出版社 2002 年版,第 168—169 页。

⑤ [清]冯桂芬:《校邠庐抗议》卷上《复乡职议》,光绪十年刊本。

⑥ Mary Backus Rankin, *Elite Activism and Political Transformation in China, Zhejiang Province, 1865 - 1911*, Stanford University Press, 1986.

⑦ 另参冯贤亮:《社会变动与地方行政:清代江南的客民控制》,载《传统中国研究集刊》第六辑,上海人民出版社 2009 年版,第 450— 466 页。

第九章 命案尸场

一、制度规范与法律表达

处理人命案件是州县地方行政工作中的大事，法律上要求州县官员遇到人命呈告时，既要十分审慎，又要及时勘验审实。方大湜（1821—1887）曾比较道：在州县衙门的视野中，户婚、田土、钱债、偷窃等，都属"细故"、小事，碰到那些"命盗重案"，方始经心。但这样的大案一年能有几起呢？[①]"命盗"是命案与盗案的合称，前者又较后者为重，都属于"刑名"一类——除"钱谷"之外州县最重要的工作。人命与强盗、窃盗、犯奸、略人等刑事案件，可以在任何时间控诉于州县衙门，包括专许听受民事诉讼的那几天。[②]刑事与民事诉讼案件，正是州县官员履职活动中占有最大比重的内容。[③]

当然，命案的发生及其相关检验工作，法律上都有严格、细密的规定与要求。

乾隆十三年与十八年修订的法律条例中曾指出，当遇有突发人命案件，呈报官府，如逢所在州县正印官因公外出，律法规定可以由壤地相接不过五六十里的邻近州县正印官前来主持勘验；或者命案发生太过遥远，不能朝发夕至，正印官正好不在，可以允许委派当地同知、通判、州同、州判、县丞等官，前去现场勘验，但绝不允许滥派杂职。[④] 而对于地方上擅自处理尸体的行为，法律将予以严惩。[⑤] 同治七年，江苏巡抚丁日昌要求"外结命案，自报

---

① [清] 方大湜：《平平言》卷三，"勿忽细故"条，光绪十八年刻本。

② 瞿同祖：《清代地方政府》，第197页。

③ （日）滋贺秀三：《中国法文化的考察——以诉讼的形态为素材》，收入（日）滋贺秀三、寺田浩明等著：《明清时期的民事审判与民间契约》，王亚新、梁治平编，法律出版社1998年版，第8页。

④ [清] 湖北谳局辑：《大清律例汇辑便览》卷三十七《刑律・断狱下》，"检验尸伤不以实"条。

⑤ [清] 祝庆棋等编：《刑案汇览》卷二十一，"发冢"条，北京古籍出版社2004年版，第739页。

验之日起,勒限一月内讯明详结”,倘有狃于积习而任意搁延的,“轻则记过摘顶,重则撤任参革”。①

根据制度要求,未能在规定期限内捕获命案犯罪嫌疑人,州县官将受到弹劾及如下惩罚:②

第一期限(六个月),停薪留任;

第二期限(一年),夺常俸一年;

第三期限(一年),夺常俸二年;

第四期限(一年),降官一级留任。

而缉捕严重杀人罪的罪犯,仅有三个期限(这类杀人罪如卑幼杀尊亲属、妻妾杀夫、奴杀主,一次杀三四人等),未能遵从这些期限的州县官则要受到下列处罚:

第一期限(六个月),停薪留任;

第二期限(一年),降官一级留任;

第三期限(一年),降官一级调任。

需要说明的是,在前任州县官因超限未获嫌犯而调离后,缉捕凶犯便成了继任者的责任,可以再增加一年期限以完成任务,否则要被罚常俸一年。

到光绪二年,江苏地方还作出统一通告,强调的一项基本要求是:“凡遇命案,地方印官别无公出,及应回避之处,并不亲往验讯,率行派委佐杂相验,或任听仵作混报伤痕,以致案情游移者,均照安东徐怀清案内宪批,将该州县官酌记大过二次,以示惩儆。”③随便让佐杂官吏代为相验,或任听仵作混报尸伤的,州县官都要受到相应的处分。此一问题,早在雍正年间颁定的《州县事宜》中,就有明确的揭示:④

> 每见州县等官初入仕途,不谙检验之法,遇有人命,不即往验,因仍旧习。先差衙役,催搭尸棚,豫备相验什物。种种骚扰,该役既自索差钱,又为仵作、刑书串说行贿。官尚未到尸场,而书役贿赂已得,安排已定。及至临场相验,官又躲避臭秽,一任仵作混报,增减伤痕,改易部位,甚或以打为磕,以砍为抹,以致伤仗参差,案情混淆。详驳覆验,罪有出入,官被参处,莫不因此而起。

---

① 《江苏省例》藩政类,“命案逾限讯结分别摘顶撤参”条,同治八年江苏书局刊本。

② 瞿同祖:《清代地方政府》,第 201 页。

③ 《江苏省例三编》臬例类,“自尽命案变通办理详批”条,光绪九年江苏书局刊本。

④ 雍正《钦颁州县事宜》,“验伤”条,同治七年江苏书局刊本。

根据清人对《大清律》中提及的“检验尸场不以实”的规范性理解，命案相验问题大概可以包括这样三个方面的内容：①

凡官司初检验尸伤，若承委牒到，托故迁延不即检验，致令尸变；

虽即检验，不亲临尸所监视，转委吏卒，凭臆增减伤痕；

若初检与复检官吏相见，扶同尸状，及虽亲临监视，不为用心检验，移易如移脑作头之类，轻重本轻报重、本重报轻之类，增减如少增作多、如有减作无之类，尸伤不实，定执要害致死根因不明者。

上述情况，大致包括了命案审理中出现的拖延、臆断、马虎、失察、不实等问题，依照法律规定，对官吏要作不同程度的惩戒，即正印官杖六十（同检）、首领官杖七十、吏典杖八十；仵作行人检验不实，扶同尸状者，罪同吏典，同样杖八十。同时，官吏、仵作因检验不实而罪有增减的，以“失出入人罪”论，失出减五等、失入减三等；官吏、仵作因收受财物而检验不实，以致罪有增减者，以“故出入人罪”论，情节严重的从重处罚；而仅仅是因受财而检验不实之人，其余不知情者，仍以“失出入人罪”论。② 这些罪状尺度的判定，不过是从制度上所作的防范。后来法律专家就人命案一项作了详注：③

今人命事情，报到州、县，印官即先检验，然后申报，不待委牒也。人命非身异处者，究抵全凭尸伤，报到即检，其尸未变，其伤易见。检验时，仵作报一伤痕，必须与凶器符合，听尸亲看验，取凶犯认供，令干证质证，再检查果无遗漏，然后填注尸状。尸状即今尸格也。初检详慎的确，可免后日复检蒸骨之惨。

一般的地方官员都很重视尸伤的检验，这既属律法的要求，也是正确判案的前提。所谓“人命重情，全凭尸伤定案”。④ 检验过程中，须用红笔详细填写“尸格”，涉及尸身“仰面”、“合面”，全身的躯体各部分“有无色、伤”的情况，并附写已经获得的“正犯”、“干犯”、“干证”、“尸亲”的画押。⑤ 李士

① ［清］朱轼、常鼐等：《大清律集解》卷二十八《刑律 · 断狱》，“检验尸伤不以实”条，雍正三年内府刻本。

② ［清］朱轼、常鼐等：《大清律集解》卷二十八《刑律 · 断狱》，“检验尸伤不以实”条。

③ ［清］沈之奇：《大清律集释附例》卷二十八《刑律 · 断狱》，“检验尸伤不以实”条，乾隆间刻本。

④ 雍正《钦颁州县事宜》，“验伤”条，同治七年江苏书局刊本。

⑤ ［清］黄六鸿：《福惠全书》卷十四《人命上》。

面式

某府某州某县某年月　日检到某人尸形

仰面 有无色伤朱填下同

顶心　偏左　偏右　囟门　偏左

偏右　额头　额角　两太阳穴　两眉

眉丛　两眼胞　两眼　双睛　两颊腮

两耳　两耳轮　两耳垂　两耳窍　鼻根

鼻准　两鼻孔　人中　上下唇吻　上下齿

颔颏　咽喉　食气颡　两缺盆穴　两肩胛

两脑胑　合膊　两曲䐐　两手腕　两手心

十指　十指肚　十指尖　十指夹缝　脑膛

两乳　心坎　肚腹　两胁　两肋

外肾　妇人产门 处子曰阴门　两腿　两膝　两臁肕

两脚腕　两脚面　十指　十趾爪

合面

脑后　发　发际　两耳根　项颈

两臂膊　两胳膊　两手腕　两手背　十指指甲

脊背　脊膂　两后肋胁　腰眼　两臀

谷道　两腿　十趾　十趾肚　两脚踝

两脚根　两脚心　十趾　十趾肚　十趾爪缝

一对众定验得某人果因某处致命

一验尸人等

正犯某　干犯某

干证某　尸亲某　俱书押

右件前项致命根因中间但有脱漏不实扶同捏合增减尸伤验官吏人等情愿甘罪无

辞保结是实

年　月　日司吏某

首领官某

检验官某　俱书押

图一　尸格样式

（据［清］黄六鸿：《福惠全书》卷十四《人命上》）

桢（1619—1695）就说：①

> 人命以伤痕为凭，奉禁不许转委佐贰捕员。定例，印官亲临尸场检验，如但隔壁听仵作指报，则印官必须亲临尸场之谓何？须将伤痕、颜色、分寸、某处近左、近右、偏左、偏右，皮破、骨折，红楂、白楂，系某器所伤，分晰致命、不致命，如金刃、手足、砖石、木棍等器，果与伤痕相合，检验的实，审与口供无错，即填尸格，以定山案，不可听信仵作、经承含糊混报，致成疑案难结，更不可迟延时日，以致尸遗难检。

江苏巡抚丁日昌曾向管辖境内发布的公文中，强调了民间词讼无论大小，都应该赴正印官衙门控理，如果佐贰杂职擅受而审理的，将予降一级的

① ［清］戴肇辰：《学仕录》卷四《李士桢〈人命条议五款〉》，同治六年刻本。

处分。① 另外,在清朝的基本律例中,定有“检验尸伤不以实”条;条目下专门讲到的条例,即为“图赖”。凡是“遇告讼人命,有自缢、自残及病死而妄称身死不明”的案子,目的即在“图赖诈财”。② 其情节严重的,需要照“诈欺官私取财”罪论。③ 或者是那些刁悍之徒“藉命打抢”,就照“白昼抢夺”例拟罪。④ 所以官方特别要求,在究问明确后,“不得一概发检,以启弊窦”。而命案可以“免检”的,则有这样几种情况:⑤

一是确属自缢、溺水而死,别无他故,其亲属情愿安葬者;

二是若事主被强盗杀死,苦主自告免检的;

三是狱囚患病,责保看治而死,且情无可疑的。

至于尸伤、凶器、凶犯的检验核对与指认,更是尸场命案中的关键工作,所谓“人命重在尸伤、凶器,亦要状后粘单。此其定式也。”其具体的“人命伤痕凶器谋助粘单式”(一般要粘附在告状之后),详例如下:⑥

> 一原告某人,系本尸何项亲属;
> 一尸伤某人,年　岁　身　面　须,某处伤系何物伤;
> 一被伤某人,年　岁　身　面　须,某处伤系何物伤;
> 一凶器某物,系某人犯持用,今存某处,已获未获;
> 一谋令凶犯某人,系某处人,约　岁　身　面　须,已获未获;
> 一下手凶犯某人,系某处云云;
> 一助殴凶犯某人,系某处云云;
> 已上单报是实,如虚甘罪,原告某人　押;
> 谋令、助殴有人则填,无则注无。

对地方州县官吏而言,他们对王朝法典中这些严格的规范,其实都有清楚的认识,都知道及时、认真勘验的重要性,是有益于人心、有裨于风俗的大

① ［清］丁日昌:《丁禹生政书·藩吴公牍》卷一《饬禁佐贰杂职衙门擅受民词由(三月十四日行)》,香港志濠公司1987年版,第1页。

② ［清］湖北谳局辑:《大清律例汇辑便览》卷三十七《刑律·断狱下》,“检验尸伤不以实”条,同治十一年刊本。

③ ［清］沈之奇:《大清律集释附例》卷二十八《刑律·断狱》,“检验尸伤不以实”条,乾隆十一年刻本。

④ ［清］朱轼、常鼐等:《大清律集解》卷二十八《刑律·断狱》,“检验尸伤不以实”条。

⑤ ［清］湖北谳局辑:《大清律例汇辑便览》卷三十七《刑律·断狱下》,“检验尸伤不以实”条。

⑥ ［清］黄六鸿:《福惠全书》卷十一《刑名部·词讼》,“立状式”条。

事。下面齐学裘的这段话,就十分具有代表性:[1]

> 地方官词讼无日无之,最足见居官者之明暗,而亦戒饬、平反、革薄、从忠之一段大工夫也。慨自人心多变诈,明明被殴而伤,称杀伤;分明争财,妄云抢劫;又或牵引其父兄,连及其妇女,意谓未辨是非,且先使追呼,扰动耗财,以泄其忿耳。更其中诬赖人命,尤极惨酷,或以奴仆胁主人,或以顽佃诬业主,或以卑幼制尊长。有亲人逼死,而乘机索诈者;有冒认亲族而毁门坏屋者。种种诬罔,不可枚举。官长止以尸场一验了事,而岂知其鱼糜肉烂,已无所不至哉!此弊不除,人心日益险,事变日益多,官府亦应接不暇矣。

从地方词讼的究查、命案尸场的审断中,确实可以窥探"居官者之明暗"。官场中流行的一些牧令书及各类幕僚的从政心得体会手册,也有这方面不厌其烦的清楚提示。但其实谁都知道,法律方面的制度表达与具体实践,当然会存在着程度不等的差异。[2] 法律上的要求,在实际操作中并不能完全有效地抑制地方官吏的舞弊不法行为,更不可能从根本上祛除存在的各种弊窦。在整个清代,尽管行政规章有定期修订或有新规章的颁布,但地方行政具有整体连贯性。体现于《清会典事例》中的绝大多数修订变更的内容,都只是技术或程序性的,不具有实质意义,对州县一级尤其如此,衙门的组织、职员及其职能等等,都基本上保持不变。[3]

所以,除了一些省级官僚倡导的整顿工作,以及一些州县官员们个人的努力防范应对外,整个吏役群体中存在的不良之风及各种痼弊,都让人觉得无可奈何。

二、"图赖"诈财

对地方社会来说,尸体是危险的。在清代的刑事裁判中,多要求尸体尽快下葬,判明是非曲直倒成了次要的问题。原因应该在于,地方官员在审案时,更重视社会安定的问题,需要排除任何不稳定的因素。因而为了尽快埋

---

① ［清］齐学裘:《见闻随笔》卷二十三《思补斋日录》,同治十年天空海阔之居刻本。

② 这方面的考察可参考黄宗智:《清代的法律、社会与文化:民法的表达与实践》,上海书店出版社2001年版。

③ 瞿同祖:《清代地方政府》,第333页。

葬死者，使社会恢复安定状态，即使死者亲属的要求有不合理之处，有时也往往不得不予以认可。①

可是，在传统时代，常有许多人会在亲人死后利用其尸体进行图赖活动，影响了尸体的及时下葬。这也显示出，在当时人的社会秩序和规范意识中，图赖可能已被视为一种争取私利的“正当”选择，习以成俗。万历年间嘉善乡宦支大伦清楚地指明，在浙江地方，那些“少年”无赖成群成百地“恣睢阛市，欢呼谑浪”，白天绑架勒索，夜晚则抬着路毙野尸，诬赖乡邻，敲诈钱财。② 明末时这一现象大概已很普遍，官员佘自强也指出：“凶俗之民，以人命为奇货。但死一人，即扛尸上门，毁人门户，碎人房屋，势同狼虎。又扛徒找帮，谋和挟诈，曾未入官，而家已破矣。”③康熙时期巡抚江宁等地的余国柱亦谈到江南词讼之重大莫如命案，而命案中最值得重视的就是“假诈害人”问题，所谓“一词到官，不肖有司乐于有事，遍行申报，差拘四出，虎役先施其鲸吞，推勘非情，贪黩难厌其狼壑”，无论命案真假，都要借势生风，诈害百姓。④

在地方司法裁判的过程中，尸亲与被图赖双方之间的纠纷，经常不能得到合乎法律要求的终结，从而在某种程度上，又纵容了时人对于图赖行为的选择。⑤ 甚至是自杀图赖，也构成了利益威逼的重要手段。⑥

所以清人说：“民间波累之事，至人命极矣。伤未必真，而一经报验，地匪得以逞奸，胥役视为利薮，里邻科派，扰害滋多。情极变生，往往事中生事。”咸丰八年莅任上海知县的刘郇膏，曾撰有《详定尸场经费稿》，指出上海县城乡各处报验命案中，最大的“恶习”，就是“每有不肖胥役藉向地主尸亲索诈验费”。⑦

关于尸体的管理细则，可参见雍正五年(1727)江西省的一则布告。其大意是说：借命案诈取钱财，于法不容。捏造事端挑起诉讼，罪不可恕。虽屡下禁令，仍然禁而不止。究其原因，乃因地方官之懈怠软弱而起。地方官唯恐死者家属上诉，对其姑息放纵，亦或验尸不细，以致事实认定不清。更

---

① (日)上田信：《被展示的尸体》，收入孙江主编：《事件·记忆·叙述》(“新社会史丛刊”第一卷)，浙江人民出版社2004年版，第114—133页。

② [明]支大伦：《支华平先生集》卷五《序·送巡按督嵯孙浒西序》，万历清旦阁刻本。

③ [明]佘自强：《治谱》卷六《人命门·治扛尸凶俗》，崇祯十二年胡璇刻本。

④ 康熙《江南通志》卷六十五《艺文·余国柱〈禁假命移文〉》，康熙二十三年刻本。

⑤ 参(日)三木聪：《明清福建農村社會の研究》第四部“圖賴與傳統中國社會”，北海道大学图书刊行会2002年版。

⑥ 段文艳：《死尸的威逼：清代自杀图赖现象中的法与“刁民”》，《学术研究》2011年第5期。

⑦ [清]余治辑：《得一录》卷八之五《尸场经费章程》，姑苏得见斋同治八年刻本。

有但求无事,轻率结案者,见死者家属一张诉状便奉若神明,据此定案。这更让死者含恨,生者蒙冤,有何面目自称"地方官"、"父母官"。① 布告中所述之各种情形,在当时是具有普遍性的。

至于对"图赖"的定义与官方认识,黄六鸿的说明堪为代表:②

> 凡命案中以尸图赖人者,此恶俗之宜痛惩者也。非与人有仇隙,藉之陷害,即与人争讼,虑不能制胜,以之搪抵,甚之杀人图赖,诈取银钱,抢夺家财,更有将他尸冒为亲属,诬告谋杀,种种奸刁,莫可名状。

在黄氏的说明基础上,其实又可以概括出三种图赖的方式:一是"以尸图赖",与尸主有亲属关系;二是"将他尸冒为亲属"的图赖,与尸主无亲属关系;三是自杀图赖。其所有目的,总不出钱财两字。

前二者的情形易于理解,第三种自杀图赖,颇值得注意。在清代江南地方官员的文字记录中,还将其称作"假命案":③

> 自尽命案,最易蔓延,使讼师、书役从中射利,应于具报时核其案情,除威逼、奸私、污蔑及推跌落水、以勒作缢等事,有关情罪出入,自应于相验后带齐犯证覆审;其他或以口角轻生,或以拼命图赖,惟严谕原差,吊传证据,如其齐集尸场,倘有要证不到,定惟差保是问。一经验讯死由,自取并无伤痕,即为当场断结,押令棺殓,取具遵结,立时省释。任书役百计宕延,必坐各结取齐而后去,如临时察看死者之家,实系贫难埋葬,情有可怜,或劝令被累之人酌为资助,然亦须将例不断财,此系格外施仁之故,晓谕尸亲,使知感悟。是又移步换形,非可援以为例者。至于失足落河,及路毙等案,地主、邻佑只宜取供备案,勿事他求。随役人等,当众给钱,谕禁滋扰,如前法。纵报案迫值岁除,亦必即亲往,立为完案,总不使有押带进城,致令守候之事。久之,而吏役亦习惯自然,不复萌前念矣。

---

① (日)上田信:《被展示的尸体》,孙江主编:《事件·记忆·叙述》("新社会史丛刊"第一卷),浙江人民出版社2004年版,第114—133页。

② [清]黄六鸿:《福惠全书》卷十五《刑名部·人命中》,"图赖"条。

③ [清]王凤生:《学治体行录》卷上,"假命案"条,道光四年刻本。王凤生曾任平湖知县、嘉兴知府、乍浦同知,著有《浙西水利图说备考》、《河北采风录》、《江淮河运图》、《汉江纪程》、《江汉宣防备考》、《淮南北场河运盐走私道路图》等。参《清史稿》卷三百八十四《王凤生传》。

州县官及时地赶赴尸场检验，是确认“假命案”的前提。作为杰出的幕僚，汪辉祖(1730—1807)深知“假命案”对地方社会的危害：①

应抵命案，吏役尚知畏法。惟自尽、路毙等事，更易蔓延滋扰。盖百姓无知，最惧人命牵连，恐吓撞骗，易于借口，全赖相验时力归简易。凡自尽人命，除衅起威逼，或有情罪出入，尚须覆鞫，其余口角轻生，尽可当场断结，不必押带进城，令有守候之累。如死由路毙，及失足落水，则验报立案，不待他求。有等鹘突问官妄向地主两邻根寻来历，以致辗转扯拉，徒饱吏役之橐，造孽何有纪极哉！

因此，尸场检验过程中发现的诸多情弊，地方官必须细心甄别，以免为不良尸主、讼书、吏役所左右，误判命案性质。

黄六鸿曾就江南苏州等地情况，提供了另一种假命案的样例，即“买他尸造假伤图赖人”的做法：在冬月将新墓中尸体盗掘出来，以皂矾、五棓、苏木等药物造成青赤诸伤，卖与奸人，诬告有仇之家，并贿通仵作，扶同捏报，从中谋取重利。② 类似地，在常熟地方，有富人张谦甫，被仇家移尸于门口欺诈，地方上有七个劣衿认为这是“奇货可居”，守尸三日夜不去，每人诈得十两白银才肯罢手。③

精通律法的魏际瑞(1620—1677)，自顺治朝开始任浙江巡抚范承谟幕僚，曾代写过一个通告。从这个通告中，可以看到清初社会尚形混乱、民间凶徒呼啸横行的环境。针对图赖抢劫的状况，文告中这样写道：④

为严禁借尸抢掳，以除大害。照得杀人者死，国有常刑。人命果真，无不偿抵。乃汝两浙凶人，或借病死之尸，或指远年之榇，或因他事溺、缢、服毒之人，或行挟仇故杀图赖之恶，以及真正大命，皆不先赴奔告，辄统凶徒，操刀挟棍，蜂拥呼哨，抢物打人。甚或人家雇工小厮，义女养儿，得病自死者，恶棍枭兵，辄冒亲族，抄掳箠击，酷于寇攘，以致小民既不得安其生，又不得安其死。

① ［清］汪辉祖：《学治续说》，“假命案断不可蔓延”条，辽宁教育出版社 1998 年版，第90 页。

② ［清］黄六鸿：《福惠全书》卷十五《刑名部 · 人命中》，“图赖”条。

③ ［清］尚湖渔夫：《虞谐志》，“劣衿传”，收入［清］丁祖荫辑：《虞阳说苑》乙集，民国六年铅印本。

④ ［清］魏际瑞：《四此堂稿》卷一《告示》，“禁借尸抢掳”条，同治二年刻本。

可是，借病死之尸，远年之榇，溺死、自缢、服毒与得病而死者，以行挟仇故杀图赖的乱象，后世依然存在。像道光年间苏州知府着力劝民的二十条教谕中，就有一条是讲“莫轻生”，告诉地方百姓：“刑部律例载分明，投井悬梁要图赖，想一想，那案问了甚罪名。”①到同治年间，巡抚江南的丁日昌，曾向各州县地方发布过“严禁自尽图赖、以重民命”的禁令，②从而掀起了一场大规模的整顿运动，也是这方面的重要反映。

在经历了太平天国战争的重创后，各州县地方切实需要重建社会秩序，稳定地方生活，丁日昌的要求为江南许多州县所遵行，甚至被刻碑于城隍庙前，以作训诫。在嘉定县，图赖之风颇盛，县衙前特立一块“禁自尽图赖”碑，内中就提到了丁巡抚的上述要求。基本内容如下：③

> 同治七年，总督曾、巡抚丁示禁勒石城隍祠前。略曰：自尽人命，律无抵法。小民每因细故，动辄轻生，其亲属听人主唆，砌词混控，牵涉多人，意在求财，兼图泄忿。经年累月，蔓引株连，被告深受其害。

自尽图赖的目的就是求钱财、泄私忿。这份由曾国藩、丁日昌联合发出的“严禁自尽图赖宪示”，还被著名慈善家余治（1809—1874）完整地抄入善书《得一录》中，④影响颇广。为应对挟尸图赖，由地方善堂组织发起的收埋路毙浮尸活动，可以起到良好的抑制作用。故官方对于这样的善政，是予以鼓励与保护的。⑤

三、仵作的准备

根据制度规定，州县衙门中理论上都应该设有仵作一职，根据所谓的“繁简”情况确定名额，一般是大州县三名、中州县二名、小州县一名；并且在额设之外，需再募一二人，令其跟随学习。⑥ 这个表述其实很笼统，王有孚

---

① ［清］顾震涛：《吴门表隐》附集，江苏古籍出版社 1999 年版，第 358 页。

② 《江苏省例》藩政类，“严禁自尽图赖”条，同治八年江苏书局刊本。

③ 嘉定县《禁自尽图赖碑》，光绪《嘉定县志》卷二十九《金石志》。

④ ［清］余治辑：《得一录》卷八之五《尸场经费章程》附“严禁自尽图赖宪示”，姑苏得见斋同治八年刻本。

⑤ ［清］余治辑：《得一录》卷八之四《收埋路毙浮尸章程》。

⑥ ［清］湖北谳局辑：《大清律例汇辑便览》卷三十七《刑律·断狱下》，“检验尸伤不以实”条。

的说明则稍细：①

州县额设仵作，各视缺之繁简以定名数，大县不过三四名，中、简之邑仅设二三名。其在事繁之地，检验案件当常有之，自可随时历练；至简僻之区，所有仵作止于斗殴事件验报伤痕，尚恐未能了了……其额设工食，每名每年仅支银六两，日食不敷，势将另谋生计，视充役为挂名，安望其能悉心供役。余尝为所主者议请，于若辈额支工食之外，每名每日官为捐给米一升，俾无枵腹之虞，始可用志不纷。仍于每日堂事之暇，将《洗冤录》摘段考课，当堂讲解，不使稍涉颟顸，似此实力行之，乃不患其不熟谙。

但乾隆五年（1740）的一道诏书表明，仵作的雇佣并无定规；有的州县根本没有仵作，常常在需要勘验时从别的州县借调。该诏书还警告说，每个州县都必须按照定额雇佣仵作，州县官未能遵守这一规定的，将受到降官两级的处罚。② 缺额后不再募补的州县，应该不在少数；否则乾隆五年颁发的要求，不会特别强调这一点。而州县地方已经安排了仵作这部分工食俸银而仍不作募补的，则属于私侵工食银两的行为，州县官要照"干没侵欺例"革职提问，道府不行查出的要降一级调用，督抚不行查参要被罚俸一年。③

对仵作的要求及管理，《大清律例》中有系统说明，并特别示明这是乾隆五十三年（1788）修改的结果：④

每名给发《洗冤录》一部，选委明白刑书一人，与仵作逐细讲解。每年开印后，该州县将额设学习名数，造具花名清册，申送该管府州，汇册通送院司存案。该管府州每年随时就近提考一次，考试之法，即令每人讲解《洗冤录》一节，如果明白，当堂从优给赏；倘讲解悖谬，饬令分别责革，及勒限学习，另募充补，仍汇册申报院司查核，并将召募非人、懈于查察之州县，分别查参。……若仵作额缺，不行募补，州县官及各上司均交部分别议处。倘州县不将仵作补足，因而私侵工食银两者，州县官革职提问，该管上司一并交部议处。

---

① ［清］徐栋辑：《牧令书辑要》卷八《刑名下》，同治七年江苏书局刻本。
② 瞿同祖：《清代地方政府》，法律出版社 2003 年版，第 96—97 页。
③ 《清高宗实录》卷一百二十九，"乾隆五年十月戊午"条；另参［清］湖北谳局辑：《大清律例汇辑便览》卷三十七《刑律·断狱下》，"检验尸伤不以实"条。
④ ［清］湖北谳局辑：《大清律例汇辑便览》卷三十七《刑律·断狱下》，"检验尸伤不以实"条。

显然,为了尸场命案的有效审理,清代极为重视仵作的作用,不仅每人配发一部《洗冤录》这样的法医典籍,还要由"明白"刑书逐条进行讲解,进行全面培养。根据朝廷要求,对仵作的学习要作严格管理,每年随时就近考核。倘若其中有不合格的,不仅仵作本人要被斥革,地方官还要承担"召募非人、懈于查察"的责任。

但事实上,在乾隆朝以降,江南还有不少州县并无仵作的安排,如震泽、①南汇、②金山、③江阴④等。不设仵作的做法,一般可从州县财政开支中没有这项支出的安排中看出来。但这也许不完全符合实情。像嘉兴、秀水、嘉善三县,本属同根而派生,在几部地方志的赋役安排中,并未见仵作的详目,⑤可能都被隐没于皂隶工食银的总数之中。完全不设仵作也说不通,毕竟嘉兴、秀水二县还是附郭县。在湖州府,同为附郭的乌程与归安两县,前者的仵作之设明确为 4 名,每人工食银 6 两,共计 24 两;⑥但后者,从地方志的记载来看,也没有列出仵作的工食银安排。⑦

当然也应该注意到另一种情况,即明清两代在多次分县改革后,⑧可能存在没有仵作的子县往往会从母县借用,因而不必再设的可能性。

在吴江、⑨嘉定、⑩太仓⑪等地,仵作人数与乌程县一样,都各为 4 名。这样的人员配置,或许有着可与邻县调用或合用的考虑。吴江县在雍正二年(1724)分出震泽县后,于雍正七年裁减皂隶 4 人之工食银,用于设立 4 名仵作,⑫应当会与没有仵作的震泽县合用。

比较令人奇怪的是,同治年间新修的《苏州府志》中,曾详细列举了长洲、元和、吴县、吴江、震泽、常熟、昭文、昆山、新阳九个知县下属的门子、皂

---

① 乾隆《震泽县志》卷十一《赋役二·起运存留》。

② 光绪《南汇县志》卷四《田赋志上·田亩赋额·运存解支各款》,光绪五年刻、民国十六年重印本。

③ 乾隆《金山县志》卷二《职官一·官制》。

④ 道光《江阴县志》卷四《民赋·赋额·折色存留支给》。

⑤ 参康熙《秀水县志》卷三《田赋》,康熙二十四年刻本;嘉庆《嘉兴县志》卷十二《赋役》,嘉庆六年刻本。嘉庆《嘉善县志》卷八《食货志上·赋税》,嘉庆五年刻本;光绪《嘉兴府志》卷二十一《田赋一》,光绪五年鸳湖书院刻本。

⑥ 乾隆《乌程县志》卷十二《田赋》,乾隆十一年刻本。

⑦ 光绪《归安县志》卷十五《经政略二·田赋二》,光绪八年刊本。

⑧ 参冯贤亮:《明清中国地方政府的疆界管理》,《历史地理》第 21 辑,上海人民出版社 2006 年版,第 92—108 页。

⑨ 乾隆《吴江县志》卷十五《田赋四·起运存留》、卷十六《赋役五·摇役》。

⑩ 光绪《嘉定县志》卷四《赋役志中·存留款目》。

⑪ 嘉庆《直隶太仓州志》卷六《职官上·官制》。

⑫ 乾隆《吴江县志》卷十六《赋役五·徭役》。

隶、民壮、马快、库子、轿伞扇夫、禁卒、铺兵、修理仓监等项的开支细目，却没有列出仵作一项，①这显然与实际情形不符。可能的解释是，仵作的工食常常是从皂隶中析置的，所以就不作详细说明了。

不管怎样，江南地方州县的仵作配置，完全与《大清律例》的严格要求不符，却并未因此出现州县官被革职提问的情形。

至于仵作的工食俸银，一般是以"皂隶工食"的名目每名拨给一份；跟随学习者两人，合给"皂隶工食"一份。在实际工作中，"若有暧昧难明之事，检验得法，果能洗雪沉冤"，该管上司将赏给十两银子。倘若"故行出入，审有受贿情弊"，会照例治罪。② 在武康县，按道光年间官方的统计，知县下设的正式仵作为 1 名，工食银 6 两；随习 2 名，每名给银 3 两，以上总计俸银为 12 两。③

显然，每名正式编制的仵作之工食俸银定为 6 两。例如，无锡知县下属的 16 名皂隶，到雍正七年被酌裁 4 人工食，用以增加仵作 4 人的经费，每名仵作的工食银就是 6 两。④ 但在同治朝以降，这项俸银数也只构成了制度上的一般性要求，与实际配发的情况不符。在同治时期的上海县，仵作编定的人数是 3 人，原额每人工食俸银确实是 6 两，但在此际降至 5.64 两；不过加闰月银仍有 1.5 两。⑤

俸银下降的情况，应当与同治时期重建太平天国战乱后的社会秩序有关，加上外患不断，政府经费不敷，使衙役的俸禄被迫削减。下面表 1 显示了松江府华亭县的皂隶与仵作工食银的比较，虽下降幅度较小，也堪为这方面的说明。

表 1 光绪四年华亭县皂隶与仵作工食俸银开支及比较统计

名 目	人 数	工食俸银等小计(两)		加闰月银合计(两)
		原额	现额	
皂隶	10[a]	96	59.676	4.973
仵作[b]	4	—	23.87	1.989

资料来源：光绪《重修华亭县志》卷八《田赋下 · 支给》。

说明：a：雍正九年裁扣 4 名，抵给仵作工食银后，额设 16 人，现裁至 10 人。b：作与军牢两项工食银，都是从皂隶裁撤的工食银中改拨抵给。

① 同治《苏州府志》卷十五《田赋四 · 解支》，同治间修、光绪九年刊本。

② ［清］湖北谳局辑：《大清律例汇辑便览》卷三十七《刑律 · 断狱下》，"检验尸伤不以实"条。

③ 道光《武康县志》卷六《地域志六 · 田赋》，道光九年刊本。

④ 光绪《无锡金匮县志》卷十《赋役》，光绪七年刊本。

⑤ 同治《上海县志》卷六《田赋中 · 赋额》，同治十一年刊本。

一般情况下，作为专业的技术人员，仵作的基本职责就是验尸，多活跃于各类命案尸场的刑判工作中。由于许多州县官都力图避免接触尸体，他们只是远远地坐在棚子里，将检验完全交给仵作，仅仅根据仵作所报称的检验结果逐一在表格上登记而已。①

仵作验尸主要依据的技术路径，是宋代法医名家宋慈所著《洗冤录》中的经验与技法。② 而尸场可以分成两类。第一类如《红楼梦》第八十六回中所讲的，薛蟠用酒碗打死了酒店的张三，发生命案，通过花费几千两银子疏通后翻供，最终被改判为误伤。其中有一段话这样写道：③

> 知县挂牌上坐堂，传齐了一干邻保证见尸亲人等，监里提出薛蟠。刑房书吏俱一一点名。知县便叫地保对明初供，又叫尸亲张王氏并尸叔张二问话。……知县叫仵作将前日尸场填写伤痕据实报来。仵作禀报说："前日验得张三尸身无伤，惟囟门有磁器伤长一寸七分，深五分，皮开，囟门骨脆裂破三分。实系磕碰伤。"知县查对尸格相符，早知书吏改轻，也不驳诘，胡乱便叫画供。

这个知县所讲的"尸场"，就是命案的第一现场。人命案件就是要在尸场之上，将尸伤及口供讯问明确。④ 但在有的情况下，尸场是官方临时搭建的勘验场所，与前者不同，⑤尸体可于入殓或入葬后再开棺取出，至官方搭建的尸场上检验。这属第二类尸场。明末清初苏州人冯梦龙（1574—1646）编的小说中讲道：⑥

> 有句俗话道得好："官无三日急。"那尸棺虽便调到了，这大尹如何就有工夫去相验？隔了半个多月，方才出牌，着地方备办登场法物。铺中取出朱常一干人，都到尸场上。仵作逐一看报道："丁文太阳有伤，周围二寸有余，骨头粉碎。田婆脑门打开，脑髓漏尽，右肋骨踢折三根。二人实系打死。卜才妻子，颈下有缢死绳痕，遍身别无伤损，此系缢死是实。"

---

① 瞿同祖：《清代地方政府》，第200页。

② 雍正《钦颁州县事宜》，"验伤"条，同治七年江苏书局刊本。

③ ［清］曹雪芹、高鹗著：《红楼梦》第八十六回《受私贿老官翻案牍　寄闲情淑女解琴书》，人民文学出版社1982年版，第1233—1235页。

④ ［清］佚名：《招解说》，"命案论"，嘉庆抄本。收入郭成伟、田涛编：《明清公牍秘本五种》，中国政法大学出版社1999年版，第565页。

⑤ 详参孙剑艺：《红楼"尸场"解》，载《红楼梦学刊》2007年第一辑，第329—332页。

⑥ ［明］冯梦龙：《醒世恒言》第三十四卷《一文钱小隙造奇冤》，明叶敬池刻本。

这种起棺验尸的情形，也是命案勘验中常见的。

在验尸现场，州县正印官一般必须到场，在未检验之前，就要详细讯问在场的尸亲、证佐、凶犯等人，以获得实情；了解“以何物伤何致命之处”后，马上立案，亲诣尸场，督令仵作按照验尸程序检报，细验要害致命所在的圆长、斜正、青赤、分寸，确认系何物所伤，在“公同一干人众质对明白”后，方可写入案情。验尸过程中，州县官员“不许听凭仵作混报拟抵”，否则将受律制裁。① 当然，对于自缢、溺水、事主被杀等案，尸属要求免验的，可以准告免检，前提条件是官员要详审明白。②

在现场勘验后，有时还需要将一干人犯带回县衙，当堂再作审问，然后在规定的十天初报期限内，由州县官完成一份向上司的案情报告：“只将确实口供摘紧要者叙入数句，其余牵扯混杂口供，概不必叙入。只要干净，十数句足矣。至于尸亲供词，只叙正亲一供。其余闲杂以及诉词，概不必叙。”③

四、改革整顿

顺治年间，江南社会尚未完全肃靖，地方上出现的借尸抢掳风气十分猖獗。浙江巡抚为此特颁布告，通令各地严禁此风，凡遇人命案件，先治抢劫凶徒之罪后，才可究询人命之真伪：④

> 本院在昔闻之，莫不发指眦裂。不思白日抢夺，非死即流，光棍害人，律同强盗。汝既愍不畏死，本院法所必诛，合行严禁。为此示仰军民人等知悉，凡有人命重情，止应告官审验，静听处分，敢有一犯前项所开借尸抢掳者，仰邻右地方人等，即刻擒拿，解赴本院，定行先治抢劫凶徒，后究人命真伪。如邻右地方不行拿解，定以乘风助虐之罪罪之。

清朝律例除了在人命案件的审理上规定，确实属于轻生自尽以及殴非重伤的，即于尸场审明定案，将原告、被告、邻里证人等释放，还对其间可能

① ［清］湖北谳局辑：《大清律例汇辑便览》卷三十七《刑律·断狱下》，“检验尸伤不以实”条。

② 《清史稿》卷一四四《刑法志三》。

③ ［清］佚名：《招解说》，“命案论”，嘉庆抄本。收入郭成伟、田涛编：《明清公牍秘本五种》，中国政法大学出版社1999年版，第565页。

④ ［清］魏际瑞：《四此堂稿》卷一《告示》，“禁借尸抢掳”条，同治二年刻本。

产生的舞弊不法及作如何刑判，依据如何，都有细致的说明：①

其一，地方官员不自备夫马，取之地方者，照"因公科敛"律议处；其二，书役需索者，照例计赃，分别治罪；其三，故意迟延拖累的，照"易结不结例"处分；其四，本属于自尽的，并无他故，尸亲却捏词控告，按"诬告律"科断；其五，刁悍之徒藉命打抢的，照"白昼抢夺律"拟罪；其六，勒索私和的，照"私和律"科断，勒索财物入官充公。

从这六个方面的罗列情况可以发现，规定当中较多的还在于防范官吏人等的需索、敛财等不法行为。

当然，制度层面的描述，不能反映地方的实际情形。从地方州县的实际操作着手，可以看到制度规范的历时性变化，同时可以显现出制度描述与实践操作之间存在的距离。自康熙年间开始，应对地方州县在上述命案发生、检验、审理中出现的种种问题，从朝廷至地方，曾有不小的改革整顿行动。

在陆陇其(1630—1692)管理的嘉定县，因口角微嫌、睚眦小忿等事而投缳、溺井、服毒而死者，比比皆是，这就给那些奸恶之徒创造了更多的图赖机会。陆氏的整顿工作就从发布严禁图赖人命的告示开始：②

> 为严禁轻生、以重民命事。照得某邑风气刚劲，人每轻生，原其意，谓拼一死以图赖他人。……至于奸恶之徒，指尸讹诈，纠众毁人房屋、碎人家伙、抢人衣赀、逢人乱打凶暴等盗贼，轻生之人，谓有此一番可行，故拼命之念所由起也。拟合严行禁饬。为此示仰城市村庄军民人等知悉，慎勿因一时嫌隙短见轻生，倘有投缳、溺井、服毒身死者，指告他人，概不准理。若以自缢、自溺、自毒、自刎捏为谋故殴打情词，即坐以诬告之条。若不经官，纠众私行打抢，借端讹诈，一概拘拏，治以抢夺之罪。各宜凛遵毋忽。

就个人的努力而言，常熟知县陈守创也堪为楷模。地方志中有他的传记：③

> 陈守创，号木斋，高安人。康熙甲戌进士，六十年知常熟县。守创历官以廉慎著称。至则罢差役、绝请托、革耗羡。输赋者，使自封投柜，

---

① ［清］朱轼、常鼐等：《大清律集解》卷二十八《刑律·断狱》。

② ［清］陆陇其：《三鱼堂集》外集卷五《申请公移·禁图赖人命示》，康熙间刻本。

③ 同治《苏州府志》卷七十二《名宦五·常熟县》，同治间修、光绪九年刊本。

不拆封，即解郡。相验命案，只携一吏一役，驾小舟以往，民无横索之累。日坐内堂，洞开重门，讼者皆得至前。大则令其自拘，讯明即结；小则开谕解释。甫三月，奉召入京，邑民相率诣上官乞留。

像陈守创这样，以个人为表率，于命案勘验时，只带一吏一役，民间哪里还会有“横索之累”。但这属于少数，大多数州县的改革调整，需要仰赖省级官僚的努力推动。

乾隆年间，浙江方面的整顿工作，主要是针对生监殷户充当地保、庄长，在承担路毙命案勘验、地方公事踏勘等工作中，屡受吏书勒派诈扰，故于乾隆五十九年始，对此等情况统一予以禁革。①

嘉庆年间，由嘉定知县出示的严禁地保、差仵人等藉尸诈扰碑文，显示出地方官府借助南翔镇振德堂的慈善活动，共同应对衙门胥吏借尸诈扰民间的种种不良：②

江苏直隶太仓州嘉定县正堂吴为严禁地保、差仵藉尸诈扰，以襄善举而杜民累事。嘉庆十七年四月二十二日，奉署本州岛正堂陶札，奉按察使司巴宪行，内开：照得苏郡浒关，地当孔道，往来茕独，或因病路毙，或失足致溺，自应报官验殓。而差仵人等，藉作生涯；地主邻佑，致累靡穷，甚至择懦而噬，移拴于殷实地界，欲壑未填，则故作危言恐吓，怂恿本官，辗转传人，带城覆讯，民何以堪？前经绅士韩是升等设立一善公堂，凡遇倒毙浮尸，凭保报堂，随时填载，县发联单，验殓掩埋。其临场书仵差役饭食、船价，由堂捐贴；后又添设栖流所，收养道路颠踬垂毙之人，此皆绅士好义善举。乃差仵人等未能饱欲，遇有生前磕擦微伤，混报因此致毙，希图嫁祸；又有路毙丐尸，验殓之后，藉传堂董、地邻赴县取结，混行滋扰，致使地邻胆栗、堂董寒心。夫路毙浮尸，既难知其来历，其如何受伤又从何得悉？地方有司未加明察，纷纷传讯，徒开索诈之风；重重取结，益增无辜之累，寔堪痛恨！兹据绅士韩是升等呈请，勒石永禁前来。因思省会法地，蠹棍尚敢肆行无忌，其余外属州县，更难保其必无。除饬苏州府勒石永禁外，札饬谕禁等因，到县。奉此合行勒石永禁。为此，仰阖邑军民及坊保、差仵、书役人等知悉，嗣后凡有路

① 光绪《嘉兴县志》卷十一《田赋下》，光绪三十四年刻本。

② 嘉庆十七年《严禁地保差仵人等籍尸诈扰碑文》，收入［清］余治辑：《得一录》卷八之四《收埋路毙浮尸章程》，姑苏得见斋同治八年刻本。

毙浮尸，坊保先将该尸舁放义冢等空隙处所，即赴地方官衙门具报，听候诣验殓埋。地保、书役、差仵人等，毋许藉尸生发，讹诈小民，混行滋扰。倘敢仍蹈前辙，一经访闻，或被告发，立拿严加治罪。官则定以纵役殃民，严行参究，决不宽贷。各宜凛遵毋违。

须碑

嘉庆十七年八月　　日札。

碑文中十分清晰地说明了衙门胥吏与基层领导地保等人藉尸诈扰民间的危害，不仅太仓州嘉定县如此，苏州府等地也是如此。碑文中还说明，在应对此类恶习时，地方绅士组织运作的善堂（包括其下设的公共墓地义冢），帮助官府解决了在尸体掩埋、尸场勘验费用方面的负担，甚至环境卫生维护方面的许多难题。① 嘉定县在当年将此文勒碑，有一份即置于赵家巷的存仁堂内。②

也在嘉庆十七年，苏州城的绅士韩士升、潘奕基、范来宗、董如兰等人联合向官府呈请革除的地方弊端，就是："吴门民间遇有路毙溺尸，例得报官验殓，衙役滋索尸场使费，每致拖累破家，为害非小。"官方在同意他们的要求后，下令凡是此类尸案，"概由各善堂捐费呈报，与该民家无涉。并无伤痕之尸，准善堂验收"，使百姓得脱扰累，并刻石晓示城乡。③

与嘉定县交界的青浦县蟠龙镇（即盘龙镇）大寺东偏的文昌阁，嘉庆十七年间设有同善堂，与方家窑的仁寿堂一起，从事施棺、掩埋、留婴、惜字等善事活动。在乡绅们的呈请下，嘉庆二十一年官方为它们立了两块碑。

竖于青浦县衙大堂的碑文这样写道：嘉庆十七年十二月初一日，据地方绅士的呈请，于方家窑、蟠龙镇（因夹蟠龙塘两岸而名）创立仁寿、同善堂公局，"举行施棺、掩埋、留婴、惜字，及路毙浮尸棲留公所，收养病茕，捐给棺殓验费"等等，在县衙的呈请以及巡道、知府的批示下，官方予以必要的支持和保护，当善堂举行如下活动及承担地方正常的尸场、尸案费用时，严禁地方棍徒、书役等人的滋扰：④

---

① 有关这方面的考察，参冯贤亮：《坟茔义冢：明清江南的民众生活与环境保护》，《中国社会历史评论》第七卷，天津古籍出版社 2006 年版，第 161—184 页。

② 光绪《嘉定县志》卷二十九《金石志》。

③ ［清］顾震涛：《吴门表隐》附集，江苏古籍出版社 1999 年版，第 359 页。

④ 参［清］汪永安原纂、侯承庆续纂、沈葵增补：《紫隄村志》卷四《庙院》，康熙五十七年修、咸丰六年增修，上海图书馆藏传抄本。另参［清］金惟鳌纂：《盘龙镇志》（不分卷），"义局"，光绪元年修，收入上海市文物保管委员会编"上海史料丛编"，1961 年印行本，第 40—41 页，碑文内容文字与《紫隄村志》所录有个别差异，这里引用的以《紫隄村志》记载为准。

该堂中举行施棺、代葬、留婴、惜字,及路毙浮尸与坑厕驿亭间自缢自尽,并病茕未经医治即行身故者,如无亲族收殓,许地保报验,该堂给棺一具并发尸场用钱二千文,路远需船另给船价饭食钱六千文,交差分给,不准添补,并无庸传及堂董、医生、地主、地邻,致滋扰累。该董事悉照详定规条办理,永为定例。

另一份碑,则置于文昌阁同善堂的碑亭内,碑文内容虽大意一致,但具体说明更详:

照得苏郡地当孔道,往来茕独,或因病路毙,或失足致溺,自应报官验殓,而差仵等人藉作生涯,地主邻右滋累靡穷,甚至择懦而噬,移迁于殷实地界,欲壑未填,则故作危言恐吓,耸恿本官辗转传人带城覆讯,民何以堪!前据绅士韩是叔等设立善堂,捐资报验,殓埋义冢,以恤茕骸,而杜差扰,议立章程,由府通详立案。凡有毙尸,责令坊保先行舁放义冢空隙处,赴官报验殓埋,其书差饭食船价由堂捐贴,均经巴前司勒石永遵。……为此示仰按属军民、地保、差仵、书役人等知悉,嗣后凡遇陆路倒毙,尸身仍停原处,听堂董邀同地保填单报验;如系河内浮尸,即于附近搭盖棚厂,不得私移,俟官看明,即将尸身移至厂前相验,捐棺殓埋。所需棚厂、水锅、葱酒等费钱二千文、水陆舟舆费六千文,仍听由堂捐出,交保分给,总不准传讯地主、地邻、堂董,致滋需索。倘有地保、差仵人等仍蹈前辙,藉尸生发,讹诈小民,混行滋扰,一经访闻,或被告发,立拿严加治罪;官则定以"纵役殃民",严行参究,决不宽贷。

可是,这类民间因尸场命案被滋扰的问题,似乎总不能彻底解决,各级官府曾屡次发起整顿工作,只是暂时收效,并不能维持太长的时间。

太仓知州在道光二年向州境内城乡地方发出的一份告谕,再次重申了衙门中各类差仵藉尸诈扰的行径对地方的危害,以致"居民地保畏累,不敢报官,尸遭停暴,遗弃朽残",令社会景象十分不堪。尽管部分江河溺毙浮尸、荒坟野厕道旁等地的自缢自尽死者,在无人认领的情况下,可由当地长年经营善事的"振德堂"捐钱买棺掩埋,但在具体操作过程中,仍受到那些不法差仵的多方需索,甚至遇有停棺代埋义冢的,就串同地棍假冒尸亲,"遇事生风,稍不遂欲,辄心怀忿恨,设计陷害",简直是将善举"视为利薮"。太仓州官府认为,"如此阻挠滋事,合亟通饬查禁",并且表示仍要保护振德堂的正常工作。[①] 嘉定县为此又刻立《禁差仵检尸混传地邻、牵涉堂董碑》,置于振德堂内,[②]以示永久保护。

道光年间,陶澍在江南巡抚时,指出江苏虽然地方辽阔而“赋重政繁”,存在因生齿日多而民事增剧的情况,原设道、府、丞、倅、州、县正印各官,分任地方事宜,但最关紧要的工作就是征收钱粮及审办命盗等案。[③]

命案的复杂性,常令地方行政十分烦难。一个主要问题,就在于州县官员在下乡检验时,随行的吏役人数往往太多,引起地方民众的普遍不满。道光十三年,御史彭玉田奏称,州县下乡检验时滥带长随、书役、舆从人等,动辄数十人,寻常词讼也往往差发五六人及七八人,而书役长随又各带夫马,“一切饭食、工资、草料,取给民间”,“其路毙人命,则串同地保,逐户挨派”,勒取场规数百千文或百数十千文。其间“吏役谋差,家丁卖票”,弊窦丛生。他要求各地方官府随时查察,“以省扰累而安民命”。[④]

五、战后的新举措

为了清除命案尸场勘验工作中的积弊,不少州县官员确实付出了不少努力,并且也十分注意借重城乡地方绅士们主导的善会善堂的力量,帮助他们达成整顿工作,并期望在他们拟定的官方规约的保护下,能够维持长久。但在同治年间,主要是在太平天国战争结束后,江苏方面这种借助非官方力量的方式以保证尸场命案勘验正常正行的状况,已经发生改变,从省至府州县,都开始要求由各级官府自行约束命案报验的人数、自行承担所有的勘验费用。然而值得注意的是,浙江方面的情况依然与战前一样。

在咸丰八年十月,莅任上海知县的刘郇膏,正面临着太平天国战争时期的地方混乱局面,为整顿命案报验工作,发布过不少官方文告。他觉得城乡各处报验命案期间,不肖胥役借机向地主、尸亲索诈验费的情况已经十分严重,但尸场勘验工作不能因此停顿,对期间可能需用的一切船轿、夫马及刑、仵各役饭食等项费用,由他这个知县先捐廉给发,不准随行工作人员“在外

① 嘉庆十七年《严禁地保、差仵人等籍尸诈扰碑文》,收入[清]余治辑:《得一录》卷八之四《收埋路毙浮尸章程》,姑苏得见斋同治八年刻本。

② 道光二年《禁差仵检尸混传地邻牵涉堂董碑》,光绪《嘉定县志》卷二十九《金石志》。

③ [清]陶澍:《陶澍集》,“江苏裁汰文职闲员折子(道光十二年八月)”条,岳麓书社1998年版,第44—45页。

④ 《清宣宗实录》卷二百四十二,“道光十三年八月癸卯”条。

需索分毫”,并且要求捐牌晓示城乡地方。而上海县同仁辅元堂董事曹树珊、江承桂、王承荣、王庆荣、叶介寿、费培镇、沈大本、郭长祚、江永清、张佳梅、贾履上、沈誉来、徐士荣、张益廷、梅益奎、萧缙、周志源等人表示,“现虽各遵示约,第恐后难照行”。他们认为可以按奉贤县的事例,即除了路毙浮尸无伤者由善堂看明棺验、报县立案外,其他路毙有伤、应行报验的,如在附近处所,可以由堂捐给尸场厂费暨军轿、杂役各项饭食钱五千文;倘若路远而需用船只,除本官坐船自行捐备外,随从书役另给舟盘钱五千,三十里以外再加钱二千;此外一切斗殴杀伤,以及自尽各项命案,不分路途远近,统一由堂内给发大钱二十千文,概由原差承领分给,以杜需索情弊。这些支出当然每年都会刊入善堂的《征信录》内,以备稽考。上海县地方的同仁辅元堂办理的各项善事中,也包括了这些内容:路毙有伤浮尸及荒坟野厕缢死等案,应该报验者之外,堂内已有章程应对一切所需尸场厂费及军轿书役各项饭食杂费,附近地方也由堂给钱四千八百文,路远需船的,除本官坐船自备外,随从书役另给舟钱一千七百五十文。除此,“一切斗殴杀伤身死以及自尽各项命案,情愿仿照奉邑条规”,费用均由同仁辅元堂承担。刘郇膏注意到,与其他州县相比,上海的用项较繁,可以稍予增加:不分远近,每件命案由堂捐钱二十八千文,应请署内颁给谕单,发交原差到堂具领开发各项,堂内即用刊板联单照填案由,注明发讫字样,呈案备查。当然,刘郇膏也承认:“卑职覆查尸场验费,久奉各宪严行申禁,本不准书差地甲人等稍有需索,扰累乡民,第每藉以饭食舟盘之费,从中勒诈,以饱私囊,其弊有不可胜言者。”他希望从他开始,在同仁辅元堂的帮助下,衙役人等不准再向地主、尸亲、邻佑人等需索分文,也不准于核定派发的工食费之外,再有加增名色。刘郇膏的理想状态是:民间既不派累,官署又免捐廉,日后不再有更张。这一切规定,照例被刻成碑文,企图永为成例、久远遵行。①

在刘郇膏的行政实践工作中,那些本应由官府承担的费用,全部转移到了同仁辅元堂身上。这个善堂组织是上海县,也是江南地区著名的善堂。② 早在嘉庆十一年,上海知县苏昌阿曾以官方的名义,对同仁堂从事的恤嫠、赡老、施棺、掩埋等项工作予以正式的保护,而对其在地方社会生

---

① ［清］余治辑:《得一录》卷八之五《尸场经费章程 · 上海县刘详定尸场经费稿》,姑苏得见斋同治八年刻本。

② 同仁辅元堂是当时上海善堂之冠,也就是嘉庆九年设立的同仁堂,后与辅元堂合并,道光二十三年以后专称此名,主要从事赊棺、施药、代给尸场验费、收买淫书、挑除垃圾、稽察渡船等。有关同仁辅元堂的详细研究,可参(日)夫马进:《中国善会善堂史研究》,商务印书馆 2005 年版,第 533—616 页。

活中所受到的"滋扰",予以严正的警告。当时所刻的碑志中,特别写明:①

如有路毙浮尸,不识姓名无亲族收殓者,验无别故,许地保赴同仁堂领棺收殓,并发棚丁殓费六折钱八两,该地保料理。倘有书役、地保人等,再向地主、邻右需索分文者,许该董事及被诈之人指名禀县,以凭立即拿官严究,决不宽贷。

此一时期,善堂对尸场命案工作的介入,其实还很有限。但到同治时期,命案勘验工作的经济重负几乎全部落在了善堂身上,善堂组织成了官方正常展开刑事工作的重要依赖。具体工作显得更为细致深入,但大致不出遇尸报官、验尸负担、勘验水陆尸身头面、捐棺殓埋、严惩图赖、收养病茕等内容。由时人余治抄录的一份《收埋路毙浮尸章程》,是最好的说明。② 在尸场勘验费用转由民间力量承担后,官府的负担大为减轻,也为清理命案检验中的积弊奠定了一个良好的基础。

刘郇膏发布的所谓"上海县定尸场经费示",内容很细,照录于下:③

照得报验命案,应需尸场棚席、厂费及夫马船只并各书役饭食等项,一应杂用,自咸丰八年十月间本县莅任后,无论水陆路毙以及自尽、谋故、共殴、斗杀等案,报官相验,应需杂费,皆系本县捐廉给发,不准吏役人等在外需索分毫,并遇案捐牌晓示在案。兹据同仁辅元堂董事经纬等,以费由官捐,恐难为继,请照奉贤县办理章程,无论报验何项命案,应需尸场棚席、厂费及夫马船只并各书役饭食等项,一应杂用,概由堂内给发备用,既免官捐,而于尸亲、地保、邻佑人等,亦免再被索扰等情。据即通详各宪立案,并饬刊碑勒石,永禁需索,以杜扰累。诚恐各乡尚未周知,或有奸徒仍以验费诈骗勒派,大干法纪,合行出示谕禁。为此示仰阖邑军民人等知悉,嗣后图内遇有水陆路毙以及各项自尽、谋故、共殴、斗杀等案,报官相验,一切需用概系同仁辅元堂内捐备,按照定章,逐项逐款给发,交原差分给备用,毋庸尸亲、犯属、地主、保邻人等再行出费,亦不准胥役等于堂领之外再有图

① 同治《上海县志》卷二《建置·附善堂》,同治十一年刊本。

② [清]余治辑:《得一录》卷八之四《收埋路毙浮尸章程》。

③ [清]余治辑:《得一录》卷八之五《尸场经费章程·上海县定尸场经费示》。

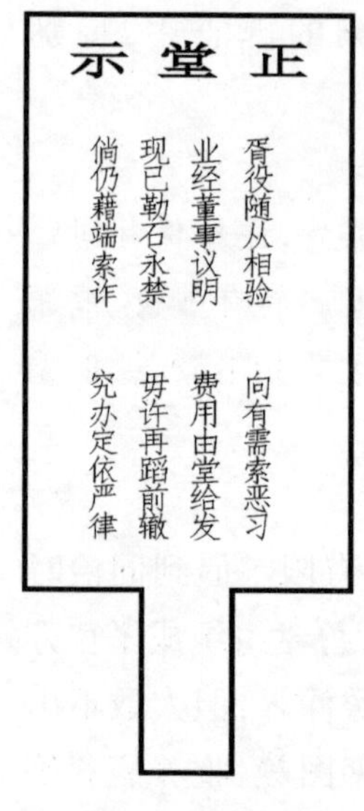

图二　揗牌样式

（据[清] 余治辑:《得一录》卷八之五《尸场经费章程》）

内需索分毫。通详立石,永杜扰累。倘有刁诈之徒仍敢藉端勒派,许被诈人指名控县,定即立提到案,从重尽法惩办。地甲人等徇隐不首,亦当严究,决不稍宽。其各凛遵毋违,特示。

这份告示当时就被刻碑勒石,也就是《上海县志》中收入的那份《示禁碑》。①

碑文中所言的棚厂经费,与尸场经费都是用于鉴定死于非命的尸体的费用,没有什么特殊的区别。根据此前道光十一年《征信录》的记载,同仁堂为"路毙浮尸棚厂费"支出的一项,主要用于15具尸体的处理工作,平均每具需用约为5 000文。②

与前述情况不同的是,在太平天国战乱平息后,州县地方又有了重新整顿的契机,主要工作是推行巡抚丁日昌的公文要求。③ 丁氏曾详列了各项命案尸场相验的经费使用尺度,并要求全部由该管厅、州、县自行捐廉承担,不许向民间分派丝毫。他说:④

> 照得地方官相验命案,例止许随带仵作一名、刑书一名、皂隶二名,一切夫马饭食俱自行备用,不许书役人等需索分文。乃访闻苏省遇有命案相验,随带书差、跟丁、人夫往往多至二三十人,辄向尸亲、犯属、地邻索取尸场使费,甚且有望邻、飞邻名目,株连蔓引,比户惊惶,殊堪痛恨。……全钞札文,并后开各条,出示晓谕,立碑城隍庙前,以期永杜弊端,限本年三月内摹拓示式呈送。

丁日昌对差役下乡传人的费用,颇为关注。他注意到各州县其实都默许按下乡路程的远近,由差役向百姓索取相应的钱物。丁氏觉得此举应杜绝,仍由各州县自行捐钱给文,不使小民受累。⑤ 在丁的要求下达后,各地

① 同治《上海县志》卷二《建置 · 善堂》。

② (日)夫马进:《中国善会善堂史研究》,商务印书馆2005年版,第567页。

③ 《江苏省例》藩政类,"严禁自尽图赖"条,同治八年江苏书局刊本。

④ [清] 丁日昌:《抚吴公牍》卷三十四《通饬各属凡遇命案相验严禁书差需索使费勒石永禁》。

⑤ [清] 丁日昌:《丁禹生政书 · 藩吴公牍》卷七《江阴县禀前由(六月十四日行)》,第81页。

纷纷刻石立碑,以示法存久远。

如嘉定县官府就按丁氏的精神,立有一份《禁自尽图赖碑》,专论“自尽命案”,要求限期一个月全部审结,倘若还有“耸令自尽、诬告诈赖等情”,就要严究主使,一并从严治罪。① 因为在一份丁日昌的通告中,提及因病死亡的案件被书役“视为利薮”,居然拖了九个月,令他十分震怒,故要求以后凡是自尽、病故及受伤后因病身死等案,报验后都要于一月内讯明详结。②

至于尸场勒索问题,在丁日昌的公文中已有明示,地方不过是照录而已。同治八年的嘉定知县田祚依此在城隍庙前立有《禁尸场勒费碑》,大意是说:“地方相验命案,例带仵作一名、刑书一名、皂隶二名,一切夫马饭食,自行备用,不许书役人等需索分文。乃访闻苏省,遇有命案相验,随带书差跟丁人夫,往往多至二三十人,辄向尸亲、犯属、地邻索取使费,且有望邻、飞邻名目,株连蔓引,比户惊惶,殊堪痛恨。”田祚大概很认真地执行了巡抚丁日昌的要求,他以为:要严禁书差之需索,必先优给书差之公用,尤应减少书差之人数;下乡勘验命案,应该轻舆减从,一切开支由官员自行捐给。如果地方官禁止不严,准许受害之家赴该管上司喊控。③ 当中提及的问题,应该都在整顿工作的范围之内。

至于具体的官员下乡随行的承行、招房、仵作、皂快、行杖这些随带书差,加上随带的跟班、厨役、轿夫、伞夫四类夫役,照例定额总共不得超过15名,不准于限定名数外再有多带,能减少则最好。另外,所谓的随带书差一切人等所有的饭食及各项费用,都要求该地方州县自行捐给,不许派扰民间。④ 其具体的勘验费用安排,参下表2。

表2 清代后期州县下乡相验尸场经费规范

名　目	数　量	每日饭食钱(文)
承行	1	240
招房	1	240
仵作	1	400
皂快	2	180×2

① 光绪《嘉定县志》卷二十九《金石志》。

② 《江苏省例》藩政类,“外结命案一月讯结”条,同治八年江苏书局刊本。

③ 光绪《嘉定县志》卷二十九《金石志》。

④ 同治八年《禁尸勒费碑》,光绪《嘉定县志》卷二十九《金石志》。

续 表

名 目	数 量	每日饭食钱(文)
行杖	2	140×2
跟班	2	140×2
厨役	1	140
轿夫	4	120×4
伞夫	1	120
地保 每案		500
土工 每案		400
本官船	1	每日钱 1 000
书差轿伞船	2	每日 800×2
无船者雇小车		每车每日 400
搭尸厂		1 000
芦席		224
红白布		140
烧酒		300
苍术白芷		100
银朱笔墨		60
尸格		200
刑书招详纸张		800；招解案加 200
招书办稿一切纸张		300；如不招解减半
代书纸张		200

资料来源：［清］丁日昌：《抚吴公牍》卷三十四《通饬各属凡遇命案相验严禁书差需索使费勒石永禁》；同治八年《禁尸场勒费碑》，光绪《嘉定县志》卷二十九《金石志》。

比较而言，尸场勘验过程中出现的问题，显得更为明显而屡禁不止。在人命案件报到后，官方基本的要求是迅速“检验尸伤，注明致命伤痕”，其间的程序及规定，概括起来有这样四点：①

第一，州县地方官须立即亲往相验；

① ［清］湖北谳局辑：《大清律例汇辑便览》卷三十七《刑律·断狱下》，“检验尸伤不以实”条。

第二,止许随带仵作一名、刑书一名、皂隶二名;

第三,检验过程中发生的一切夫马饭食费用,都要自行备用;

第四,严禁书役等人向民间需索分文。

这四项内容,无一不涉及下乡勘验的经费问题。

然而在浙江,尸场命案勘验的情况与战前差别不大,官府的整顿工作仍需更多地依赖地方善堂的襄助。

以长兴县而言,随着同治年间整顿工作的展开,善堂的经营者们深入至命案尸场工作中,其主要责任就是承担勘验经费。同善堂在经历太平天国兵燹后,得到官府的支持,迅速重建。善堂的经费发典生息后,作为平、定等十区尸场勘验的活动经费。当时所定的施行章程,被刻碑勒石,希望保存久远。地方凡是有谋故、斗杀、自尽命案,由地保带同尸亲,可以赴堂填取联单,报官请验。验尸经费也由善堂给发,并派大捐牌示禁,不准差役人等向地主、邻右、凶犯、被告、干证人家索取分文。具体的下乡验费清单,罗列如下:①

> 搭厂钱参百文、朱墨笔伍拾文、芸香—苍术草纸壹百贰拾文、烧酒壹百文、糟壹百文(不用不给)、捐牌夫壹百贰拾文、土工二名肆百捌拾文;
>
> 刑书纸笔费:路毙浮尸肆百文,斗欧谋故杀一切命案壹千文,自相验起结案止,所有尸格详文一切纸笔费在内;
>
> 原差路毙浮尸给肆百文,命案壹千文;
>
> 刑房一、招房一、仵作一,每名每日给饭食钱壹百肆拾文,按日算给,本官不带者,按名扣除;
>
> 伞夫一、门房一、听事一、清道二、高帽四、锣二、快班二、壮班二、行杖二、大轿四、扶轿二、马椅一,共二十四名,每名每日饭食钱壹百文,本官不带者,按名扣除;
>
> 随从船只,以六号为度,每号每日给钱肆百文,陆路五里至十里,刑、招、仵作给小轿三乘,每乘给钱壹百肆拾文,再远每十里,加给壹百文,本官少带船只、轿乘,按数扣给;
>
> 本官坐船船价,定章由官给发。

而在四安镇桥北的同善堂,则是由同治九年巡检黄复初与当地绅士钦陛良等劝捐的。到光绪元年,添办了方山、谢公两区的尸场验费,由知县恽

① 同治《长兴县志》卷十五《寺观》,同治十三年修、光绪十八年增补刊本。

思赞通详定章。上述在长兴县城的同善堂章程，就是据此而来。不同的是，在四安地方，勘验费中无快班、壮班，而有布钱五十文；随从书差、人夫饭食船只均以三日计算；陆路在三里外八里内的刑、招、仵小轿三乘，每乘钱二百四十文，如在八里外直至行政区划边界，每乘钱四百八十文。其他则都与上述情况相同。①

乌程县的超级大镇南浔的南栅青华观内，康熙六十年始建的师善堂，以民间自发组织的方式，捐资处理施榇、掩埋事务，其后废弛。嘉庆七年复建后，到道光二十四年重增规约，咸丰四年又仿照湖州府城中广仁堂的样例，"遇无主路毙浮尸及斗殴命案，尸场验费由堂捐给"。太平天国战乱后，主要是在同治六年善堂再度重建，浙江巡抚马新贻"闻而善之"，通令全省各府州县均要以南浔师善为榜样，以应对各"阻葬"、"抢灰索费"等恶习。至此善堂的经营活动完全受到了官府保护，并以官方确认的方式承担如下事务：②

> 遇无主水陆毙尸，地保到堂报知，堂董督保查看，有伤者填单报验，棺交地保收管，听官详缉，与堂董无涉，不传地主、地邻讯供取给滋累；无伤者捐棺殓埋，报县出示召认。尸场应用什物、差仵饭食、船只等费，由堂捐给。

在归安县的双林镇，道光年间始立以禁止地方拦丧、阻葬之恶习为主要目的崇善堂，长期从事掩埋无主之棺、收殓路毙之尸、修葺停棺之所、经营横山义冢的慈善工作，具体如敛尸、扛棺、舁柩、埋葬等，"所给佣资皆有定价"，倘有无主之尸，"例应由官验视"，但一切供应开销，都由崇善堂承担，并且依照湖州府城"善堂例条"所列章程，刊播于众。③

位于杭州城百岁坊内的栖流所，在道光二年曾奉官府的要求，负责地方孤贫、残疾、无人赡养者的安置工作。到道光六年，栖流所还开办衣食医药，"随时酌给"，所有工役费用不得向病茕者需索，倘有亡殁，就棺殓殡，注册刻石，以备亲属认领迁徙。至于倒毙浮尸，则需另立报验规条，"以免株累邻右"。太平天国战乱后，栖流所附设于普济堂右，其尸场报验费用，就由同善堂施材局司事兼办。杭州知府为此专立所谓"永禁勒索碑"，以示保护。碑文中，栖流所报验规条都有诸种说明：要求"仁（和）、钱（塘）两邑各都图地

---

① 光绪《长兴志拾遗》卷上《公建》，光绪二十三年刻本。

② 周庆云纂：《南浔志》卷三十四《义举一》，民国十一年刻本。

③ ［清］蔡蓉升：《崇善堂纪》，收入［清］蔡蓉升原纂、蔡蒙续纂：《双林镇志》卷三十二《纪略》，上海商务印书馆民国六年铅印本。

保遇有路毙浮尸及斗杀命案,饬令亲身赴所出具报单切结,或盖戳,或画押";"道路河港路毙浮,经地保报所后,即应遵照定章填单候验,不准移动";"路毙浮尸年貌服色填明联单,赴县呈报,以凭请验";"地方斗杀及居家伤毙以至坟园寺观一切命案,均准投所报验,其尸场验费既已由所给发,不准书差、仵作、轿人等再向地主、邻保、凶犯、被告人家勒索分文,如违,亦由同善堂绅董查明送究",等等。其中就提及了杭州地方流行的藉尸诈扰之恶习,官方表示都要予以严禁:①

> 省城每有地棍串同地保将路毙之尸体移至富户门首,名曰"飞殃",又有河内浮尸引至富户地界,名曰"打扦子",借此勒诈;又行店工伙、徒弟及居家之雇工、仆婢并留宿之亲友人等,或与东人口角,或猝中邪魔,或本有亏空,贫病交迫,在主家倏然自尽,抑或跌磕身死,妇人生产殒命等项,往往尸亲视为奇货,不肯收殓;无尸亲者,或有疏远亲友挺身出认,衙蠹、地棍从旁怂恿,多方勒索,吵闹不休;即被害之家赴官请验,而衙役、地棍联为一气,或拦其具呈,或定须保戳,或必令地保同禀,刁难百出;及至相验,而官司之验费更多,于尸亲等之诈索盈千累百,荡产倾家,而抬诈之风日炽。如事出乡宦,若辈或尚敛迹;若小康民户,则相率公行,视为固然,尤为可悯。

而由栖流所(其实是同善堂)承担的每一项命案尸场相验费用,碑文中也有明确的刊示:

> 尸格结状钱,一百六十文
> 布两块,钱六十文
> 朱墨笔值,四十文
> 苍术、香草纸钱,三十文
> 烧酒钱,七十文
> 刑招值三房饭食钱,四百八十文
> 皂班管事饭食钱,三百二十文
> 快班管事饭食钱,共四百八十文
> 仵作饭食钱,一百二十文
> 刑杖各役饭食钱,一百六十文

---

① 光绪《杭州府志》卷七十三《恤政四》,光绪二十四年修、民国十一年铅印本。

跟随各役饭食钱，共三百二十文
随使钱，二百八十文
中轿饭食钱，四百八十文
马夫灯笼饭食钱，八十文
地保报词钱，二百四十文
地保及伙役搭厂伺候饭食钱，三百六十文
土工抬看尸身收殓钱，三百二十文

需要说明的是，以上费用安排，都是依杭州城内或附郭县城中的情况而定。如查勘验范围至笕桥、东新关、古荡、茅家埠、闸口、大关、赤山埠、松木场等处，从刑招值房至马夫灯笼饭食这几项，费用都要增加一倍。如果离城相验的范围不超过五里路程，费用不需增加。但如更远，至四乡的留下、桐坞、三墩、乔司、唐栖、临平、翁家埠、长桥等地，前述这几项费用还得递加一倍。其中，如遇水路，除官船费用由官捐廉给价外，另加书、仵人等船钱一千四百文，仍从同善堂那里核明领取，不准于地方船埠需索。

倘从文献记载的层面来看，同治年间的改革整顿工作显得十分深入而全面。对城乡民众的违法行为，不仅从律法制度上予以惩戒，而且也在思想伦理上进行教化。

像“严禁自尽图赖”这一问题，关乎人心、风俗，就得从父子、兄弟、夫妇这样的“人道之大经”谈起，教育民众绝不可以死者为利，否则就是“禽兽不如”。制度上则对官员的勘验职责予以强调，不得散漫拖延，大致命案发生后一个月，必须审结。相应地，违犯律例的罪名，都要开列出来，以为警示。详细内容如下：①

一子孙将祖父母、父母尸身图赖人者，杖一百、徒三年。期亲尊长，杖八十、徒二年，妻将夫尸图赖人者罪同，功缌递减一等；告官者，以诬告反坐，杖一百流三千里，加徒役三年；因而诈取财物者，计赃准“窃盗”论，抢去财物者准“抢夺”论。

一词状止许实告实证，若陆续投词，牵连妇女及原状内无名之人，一概不准，仍从重治罪。

---

① ［清］丁日昌：《抚吴公牍》卷五《会衔严禁各属自尽人命亲属藉尸图诈告示》。该文收入［清］余治辑：《得一录》卷八之五《尸场经费章程》附“严禁自尽图赖宪示”（同治七年五月），姑苏得见斋同治八年刻本。

一赴各衙门告言人罪，一经批准，即令原告投审。若无故两月不到案，即将被告、证佐俱行释放，所告之事不与审理，专拏原告治以诬告之罪；

一控告人命，如有诬告情弊，照律治罪，不得听其拦息；或有误听人言，情急妄告，于未经验尸之先，尽吐实情，自愿认罪、递词求息者，果无贿和等情，照“不应重”律杖八十；如有主唆，仍将教唆之人照律治罪。

六、吏治的要求

陈宏谋(1696—1771)认为：“牧令之事，烦杂难理，江左较多，苏、常二府尤甚，而讼狱其大端也。”江南的风俗，“大抵人多智巧，好事喜争”，往往一案化为数案，小事酿成大事，“繁者益见其繁，刁者愈逞其刁矣”。他强调说：①

吴中风气，最讲打点，又善营求，夜长则梦多，事久必弊生。官司耐一时之烦劳，则小民受无穷之福。向闻赴县告状，竟至二三十日尚不批出；所批仍属含糊，似准不准，应拘不拘，有拘不审。偶审不结，以致乡民皆以告亦无益，非政简刑清也。案牍中留一分精神，即可为百姓主持一分公道。矧官衙之是非，即里闬之从违，境内顽恶有所警惧，良善得以保全。其为劝惩者不少矣。能令州县官时时事事，存一点惟恐冤民累民之心，庶可望风俗移易。

所以，乡村百姓因狱讼迁延而破家身亡的，十分常见。② 而所谓“吴中为奸民者”主要就是“访行”与“打行”两类，虽然官府明令禁访，可是“彼访行者，或跳而他匿”，而“打行”者，在侯峒曾看来，以嘉定县为甚：“小者呼鸡逐犬，大者借交报仇，自四乡以至肘腋间皆是也。”③而江南盛行的“打行”恶势力，被太仓人管志道(1536—1608)视为与齐、燕之地“响马贼”和江、淮、楚、越之地的“豪侠巨盗”并称的地方祸患。④

---

① [清] 陈宏谋：《论吴中吏治书》，收入[清]贺长龄、魏源等编：《清经世文编》卷二十二《吏政八 · 守令中》，中华书局1992年影印本。

② [清] 尚湖渔夫：《虞谐志》，“访行传”，收入[清]丁祖荫辑：《虞阳说苑》乙集，民国六年铅印本。

③ [明] 侯峒曾：《仍贻堂集》卷二《与万明府书(崇祯乙亥)》，收入[清]潘锡恩辑：《乾坤正气集》卷四百四十，道光二十八年袁江节署求是斋刊、同治五年印行本。

④ [明] 管志道：《管东溟奏议 · 直陈紧切重大机务疏》，收入[明] 陈子龙等选辑：《明经世文编》卷三百九十九。

在明清时期相对繁荣富庶的江南地区，文献中有关吏治弊漏、民风“刁恶”或“浇漓”的负面描述确实所在多有。清代那些深受儒家伦理道德熏陶的绅士们，对于民间的任何反判或抵触，大概都会采取批判的态度，要求官方严行禁约，加强社会控制，淳化社会风俗。

同时也令人遗憾的是，尽管地方行政中存在的诸多弊端，已深为时人所熟识，也经无数有识之士的揭示、批判或警训，但在历朝历代似从无太多的改观。所以制度层面的设计，或州县官员们的所谓为官之道，其实多停留在理想化层面，在具体的行政实践中，或隐或显的种种障碍与痼弊，很难从根本上予以全部消除，而且在地方社会中有着很强的传承性，则多因出身本地、长期盘踞衙门的胥吏们的存在。这正如陈宏谋所言：“吏胥生长里巷，执事官衙，于民间情伪、官司举措孰为相宜、孰为不宜，无不周知。”①

由于州县官吏一般由非本籍人士莅任，流动性又强，确实很需要胥吏这一特殊人群在地方行政工作中的协调辅助，官私举措由此得到一定程度的贯彻执行。清初上海县吏姚廷遴，出身于浦东，即常常利用自己的身份参与各类民间纠纷的调解，其中有的已完全不属于他的职责范围。之所以如此的原因，就在于所谓“熟识衙门人面”，可以从中多方斡旋，为各方利益的分割起到媒介作用。②

王凤生(1776—1834)曾指出：“近时编审案件，每以原告两月不到，辄为照例详销，及其以前情上控，又作新案办理，亦属了而未了。夫编期示审，乡民未尽周知，且恐差役受被告贿属，不为传知原告，故意捺延，豫为注销地步，其弊不可不防。”③作为经验丰富的地方官员，王凤生对差役干扰州县正常工作的弊端，不可谓不详悉，也有其清醒的防范意识，但是仍像清代的其他地方官员一样，在实际工作中多受困扰，根本无法达到理想的目的。而就正常的情形而言，衙门各类控案的审理，州县官首先都必须安排胥吏来担任具体的处理工作，其中担当某一案件的胥吏叫“承行胥吏”(承行吏书)。对胥吏们来说，这类处理工作与其说是义务，不如说一种利权。④ 从中可见的各种利益，似乎促进了这个阶层的腐化。

---

① [清] 陈宏谋：《在官法戒录》卷二《法录上》，乾隆培远堂刻汇印《五种遗规》本。

② 类似这样的事情，曾有十余次。详参[清] 姚廷遴：《历年记》，稿本，收入《清代日记汇抄》，上海人民出版社 1982 年版。

③ [清] 王凤生：《从政要言》，“编审”条，收入[清]盛康辑：《皇朝经世文续编》卷一百一《刑政四·治狱上》，光绪二十三年思补楼刊本。

④ (日) 夫马进：《明清时代的令师与诉讼制度》，收入(日)滋贺秀三、寺田浩明等著：《明清时期的民事审判与民间契约》，王亚新、梁治平编，法律出版社 1998 年版，第 398 页。

人命案件本是地方刑事问题中最严重的事件,不少人因“命案被诬”,[①]或含冤自缢,或多方花钱通融才得免牢狱之苦,有的甚至出狱不久就死了。[②] 法律上即要求州县牧令遇到关涉人命的呈告时,要十分审慎。如果审明确实是因为斗殴、故意杀人、谋杀而导致被害人身死的,必须马上讯问被害人的亲属、其他人证以及在押的凶犯,审实致死的原因,然后根据上述人员的供述,立即带领仵作、刑书、皂隶亲自到达尸体所在的现场,进行仔细勘验。

同时,为了避免州县官及其随行人员员藉此骚扰地方,甚至需索差钱,法律上规定:“凡人命呈报到官,该地方印官立即前往相验。止许带仵作一名、刑书一名、皂隶二名,一切马夫饭食,俱自行备用。”[③]这是对“检验尸伤不以实”的笼统规范,按照清末法律学家、刑部尚书薛允升的说法,这一条例的潜在意思就是“总系恐其扰累地方之意”。[④]

也就是说,命案勘验对于地方社会的扰害,其实无处不在。谁都知道,“命案验伤,乃第一要紧”,在地方报告或尸亲报到后的第一时间内,地方官员就应该亲赴现场,特别是要“单骑减从”,带领吏员、仵作等人,到尸场勘验。[⑤] 像清初人梁熙所言,他在午时到尸场检视,未刻就逐一研审,工作效率很高。[⑥] 类似这样的表述,在清人著述中常可见到,其实多数不过是其从政的体会或理想,以及为后来者提供的有益借鉴。当然,从他们理想表述的背后,可发现制度上的设计与要求,总是和实际情况相差悬殊。

普遍的情况是,衙役、长随及其他随行人员到达地方时,都会要求分享一份陋规费收入,一桩杀人案收取的陋规费有时甚至高达几万或几十万钱。[⑦] 同治时期丁日昌在江苏地方进行整顿时,就十分强调命案词讼扰民的问题,要求州县地方进行改革,所有的自尽命案都限期一个月审结,如若发现有耸令自尽、诬告诈赖等情况,须严究主使棍徒,一并从重治罪。[⑧]

---

① 乾隆《海宁州志》卷十四《列女下》,乾隆四十年修、道光二十八年重刊本。

② 同治《安吉县志》卷十二《人物·孝友》,同治十二年刻本。

③ [清]湖北谳局辑:《大清律例汇辑便览》卷三十七《刑律·断狱下》,“检验尸伤不以实”条。

④ [清]薛允升著,胡星桥、邓又天主编:《读例存疑点注》,中国人民公安大学出版社1994年版,第865页。

⑤ [清]佚名:《招解说》,“命案论”条,嘉庆抄本。收入郭成伟、田涛点校:《明清公牍秘本五种》,中国政法大学出版社1999年版,第565—566页。

⑥ [清]梁熙:《皙次斋稿》卷十二《文稿十·刑类》,康熙间刻本。

⑦ 瞿同祖:《清代地方政府》,第109—110页。

⑧ [清]丁日昌:《抚吴公牍》卷五《会衔严禁各属自尽人命亲属藉尸图诈告示》。

总之，所谓牧令得人、官方自饬而民困渐苏、吏治日上的想法或态度，①不过是一部分官员的美好愿望，与实际的地方政治生活总会形成反差。所以对州县官员的要求也在不断退让，在省级官员们看来，只要在地方上能做好听讼、催科、缉盗这三件大事，“即是第一等好牧令”。② 一些州县官员在这方面的努力，暂时成就了其个人在吏治上的令名，但人去政废，③仍不能维持太长的时间。

---

① 《清文宗实录》卷九，“道光三十年五月丁酉”条。

② 《江苏省例》藩政类，“整顿水利蚕桑”条，同治八年江苏书局刊本。

③ 如因在平湖县推行保甲管理的成就而闻名的王凤生，当属成功的之外，多数情况都是人亡政息。参瞿同祖：《清代地方政府》，第254页。

第十章　匪乱控制

一、三省交界

在太湖平原的西部，也就是太湖水系的上游地区，因茅山与天目山的影响，遍布低丘，交通不便，聚落偏僻。从农业发展的角度讲，这里并非沃土良田，而且相对太湖地区的低乡而言，开发稍晚，以致在清代中后期客民大量涌入江南的时候，这些丛杂的山区还能将他们容纳下来；当然，这也是与太平天国战乱导致土著人口的大量流失有较大关系。① 当时人指出，浙江省"肃清之后，流亡复业者几于十不存一"。② 像湖州府北部的长兴县，在战乱之后，"民物凋丧"，人口损失严重，所谓"列于册者，孑遗之民仅十之三"，而田赋之收入仅存十分之四，城墙、乔梁、庙宇、官衙等废圮的十分之七。③

对于这样的现状，当地确实需要外来移住民加强垦荒，恢复地方生产。在湖州的西面，是安徽的广德州，在受到了太平天国战争的巨大冲击后，情况同样糟糕，人口也是大量损失，④人员流动情况复杂。所谓"土客杂交，狱讼繁兴"，⑤是较普遍的社会现象。还有不少人因本地山乡的贫困，到东边不远的长兴地方另谋生计。

众所周知，在江南，湖州府是遭受太平天国兵燹最深重的地区之一。府区内各县，除了乌程、归安两个附郭县外，形势最重要的，就是北部的长兴

---

① 参冯贤亮：《清代浙西乡村的土客冲突与生态环境》，收入陕西师范大学西北历史环境与经济社会发展研究中心编：《历史环境与文明的演进——2004 年历史地理国际学术研讨会论文集》，商务印书馆 2005 年版，第 405—424 页。

② 同治《长兴县志》卷首，周学浚《序》，同治十三年修、光绪十八年增补刊本。

③ 同治《长兴县志》卷首，恽思赞《序》。

④ 光绪《广德州志》卷六十《杂志·兵寇》，光绪七年刻本。

⑤ ［清］胡有诚：《重修广德州志序》（光绪六年八月），载光绪《广德州志》卷首，光绪七年刻本。

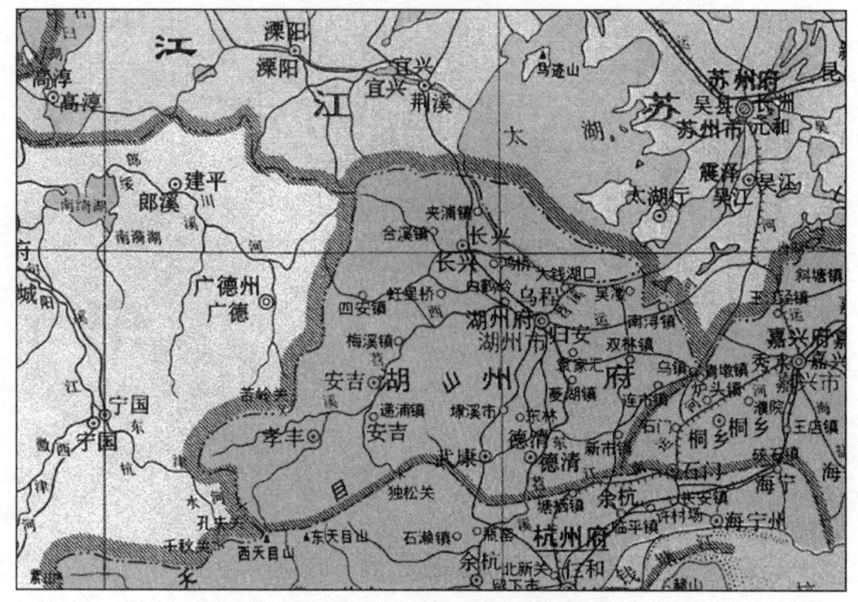

图一　清代三省交界的广德州与湖州府地区

（据谭其骧主编：《中国历史地图集》第八册）

县。清人早已指出该县治安防卫的重要性以及当时存在的问题：①

> 湖郡水乡泽国，支港错杂，其间萑苻易聚，在在自宜严防，而惟长兴为最要。查长兴形势，有四安一镇，路通江南之广德，可以直达江宁，计程不过三日，且皆系坦途，并无关隘，则是长兴为江浙藩篱，而四安为长兴要隘，虽驻防县镇，设有守备千总，然各统官兵为数无几，在平常无事可备巡防，若遇盗贼窃发，江浙接壤孔道，岂寥寥戎卒足以分防？合行酌议添兵守御。

在太平天国战乱之后，官方清理地方时，很多人都清楚地指出，乘着抛荒地与山地空闲较多，外来移民大量涌入，与本地民众之间发生了较多的矛盾。这是地方政府在施政过程中，不得不要谨慎处理的大问题。当然，政府时有偏袒土著的行为，一个主要理由，应该是出于棚民客户有窝匿匪徒的嫌疑，在编查地方保甲时，客民往往成为重点清理的对象。②

---

① ［清］李之芳：《李文襄公别录》卷四《檄饬湖协副将严防长兴四安镇（康熙十三年三月）》，康熙间刻本。

② 冯贤亮：《太湖平原的环境刻画与城乡变迁（1368—1912）》，上海人民出版社 2008 年版，第 308—341 页。

不过，在社会平静时期，像长兴这样民风雄悍的地方，政府控制很是吃力，故当地风气一直被视为恶习而让历任地方官时时警惕。加上所谓盗匪问题的增剧，政府更是颇感头痛。尤其是对山乡而言，各级政府的控制一直不甚方便。表现最为突出的，就是浙江湖州府、江苏常州府、安徽广德府三省各政区接壤的地方。

清代同治年间是战乱平定后的一个重要恢复期，对湖州府而言，重建行政秩序、绥靖地方社会的一大核心工作，就是治安。而治安工作表现最突出，同时治安问题也是最多的，仍是政区边界的长兴县。

长兴县的地理环境是多样化的，低平原（包括水面）只占了十分之四多一点，而高平原、丘陵与山地占了一半以上，①自然环境颇为复杂，清代后期的官方对此有清醒的认识："湖州府属长兴县，逼近太湖，汊港分歧，盗匪出没其间，往往此拿彼窜。"②东边紧靠太湖，西、北边境既是山区也是三个省区的交接地带，中间夹着面积很小的平原，这种环境固然是盗匪出没的理想所在。

经历了太平天国战争的巨大震荡后，如何迅速地恢复正统秩序，加强地方治安，毫无疑问应该成为政府的核心工作。首要工作是及时重建被毁坏的政府各类衙署，以确保行政与治安工作的稳定。其中最重要的当然是县衙。同治十年、十一年长兴县重修县衙的碑记这样说道：③

> 长兴为浙西剧邑，襟带南皖，屏翳西吴，由宁、广趋浙，实当其冲。……故粤逆陷而踞者凡六，县署尽毁于火。……同治八年秋余承乏斯篆，披荆访址，惘然者久之，因念县之有官署犹人之有冠冕也。……请于上台，蒙抚宪杨、藩宪卢、军需局宪桑、湖郡厘局宪王、府宪杨酌拨公帑钱万一千缗，乃延绅士冯君敬承董其事，而考其成焉。……阅八月而告成事。

显然，县衙的恢复工作，得到了省级官府与地方士绅的共同支持，毕竟县衙是署政令之所出、赋税之所入的所在。

领率长兴地方战后重建的一位知县，是赵定邦，他也是整个同治年间湖州府最具声名的知县。赵定邦是江苏丹徒县人，功名只是个监生。同治八年八月上任后，直到同治十二年才去职，由江苏通州人张炜基（具进士功名）

---

① 长兴县志编委会编：《长兴县志》，上海人民出版社1992年版，第2页。

② 同治《长兴县志》卷三《公署》，同治十三年修、光绪十八年增补刊本。

③ 同治《长兴县志》卷三《公署》。

接任。[①] 从不同方面的文献记载来看，在他任职期间，长兴地方的盗案屡屡告破，就是一些根本不属该县管辖的邻境盗贼，他也能尽力缉捕。这是让同僚们与上级政府部门不得不予以称赏的表现。[②]

在同治十年上半年，江、浙、皖交界的建平、广德、长兴、孝丰等地发生了一起令人惊心的“匪乱”攻打城市的案件，对地方与朝廷都产生了极大的震动。叛乱发生在广德州，但在失败后匪徒主要流入了长兴与孝丰境内，人心因此不稳，谣言遂而四起，并波及了湖州府城。这让地方官员十分紧张。而案发的起点，就在长兴县西部的重要关隘四安镇。鉴于这个案件的重大，而且在以往研究中未受关注，本章就以此为切入点，详细剖析整个案件的经过，同时考察太平天国战乱后从朝廷至地方的垂直控制系统、地方府县的具体治安工作以及跨政区、跨地区的官吏合作情况，并略带说明以巡检司、保甲为标志的共同责任网在实际工作中的有效程度。

二、广、建反乱事件

同治十年正月十三日，安徽广德州建平县人朱法南，从湖州府长兴县四安镇的孙三房客栈打工回乡，到了建平县梅渚地方，听说离这儿不远的江苏高淳县安兴地方出了一桩奇事。那里有一对关姓的夫妇，妻子怀孕已达三年，一直没有生产，但胎儿在腹中居然会说话，道是须在高山地方才能降生，后来他们就到了湖州孝丰县山中。谁都没有想到，这个姓关的就是后来震动朝廷的叛乱匪首关汶贵。

差不多休息了一个月后，二月十二日，朱法南从家里出发，准备仍到长兴县的四安镇地方打工。他与同伴王行根路过广德州东城门内饭店时，王行根碰到一个江北人，说是从那个关姓家里来，他们将要在二月十八日攻打广德城，会合地点是在东城门的杨姓饭铺；他们还准备了方旗，上面写的都是悖逆反乱的话，每个人都要辫三尺红绳作为标记。二月十四日，朱法南到了四安，将这个传闻告诉同乡、合顺行的雇工吕水荣。吕又传给了徽州人、全顺行的伙计江授芝。于是这个惊天的消息就这样迅速传播开来了。这当中，人们还知道，那个关姓人家悬有一幅神像，日夜焚香祷告，称这次举事是神的旨意。参与攻城叛乱活动的，据说有江北、宁绍、湖北等籍的很多人。

① 同治《湖州府志》卷六《职官表 · 州县》。

② 同治《长兴县志》卷三《公署》。

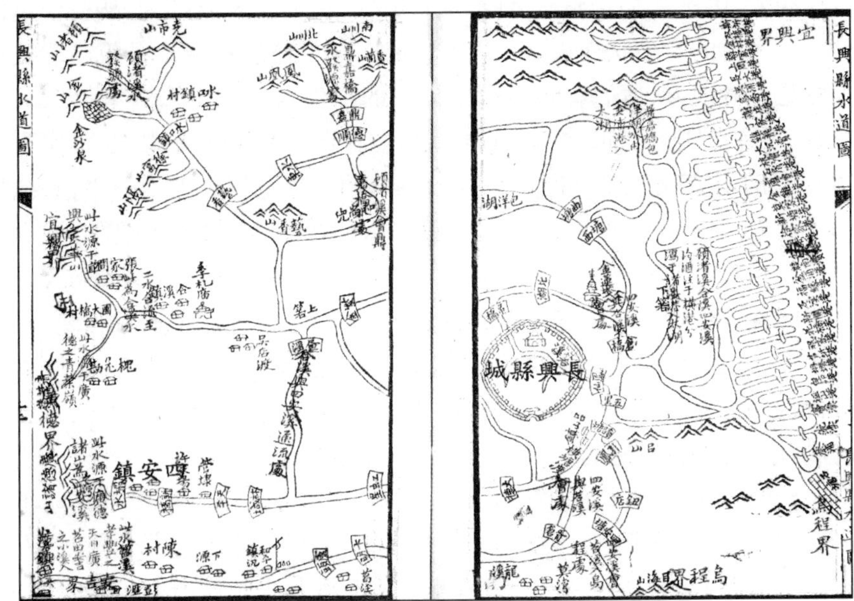

图二　《浙西水利备考》中所绘的清代长兴县环境与四安镇

第二天,朱法南与吕、江三人被四安镇巡检黄复初抓获。根据朱法南的口供,所谓的关姓匪首在高淳、建平交界之安兴地方,常常妖言煽惑,到孝丰后,又与同是高淳人的杨驼子勾结。当天,知府宗源瀚就得到了禀报。宗急忙下令查办,同时要求安吉、孝丰二县地方进行密查,并致函驻守的军队副将,随时策应。①

各地政府迅速展开了对这个大案的追查,缉捕、审讯等事显得十分紧张而繁杂,而案情的细节由此明朗。

一开始,安吉知县向宗瀚源禀报说尚未发现匪徒踪迹,但也探听到在广德、孝丰交界的耿里、井里坞地方,十七日夜间,确实有几个持枪执械、头辫红绳的人,为首的叫杨幅受,混称杨驼子。不久当地乡民拿获数人,送到县里。广德州地方经罗副将、建平县令先后函告,说已在城乡地方拿获匪犯,分别正法。而攻打建平城的匪徒,在被官兵炮击后已经逃散。②

但是早在十六日,孝丰知县郭志瀛就已得到消息,获知县境北部与广德交界的地方有匪徒活动,当即会营查拿,不久抓到沈添保、沈定青、沈沨林、

① ［清］宗源瀚:《颐情馆闻过集·守湖稿》卷六《捕防·禀抚宪(二月二十日)》、《禀抚宪(二月二十五日)》。

② ［清］宗源瀚:《颐情馆闻过集·守湖稿》卷六《捕防·禀抚宪(二月二十日)》。地方县志中均将杨驼子的原名写作“杨幅材”,兹据宗源瀚文稿中的记录,统一写作“杨幅受”。

沈定桂四人,供称都是北乡埂里(即耿里)人。二月十七日那天,杨驼子邀他们到其上吴村的家中吃夜饭后,赶到广德地方时,已有更余。在距广德城十里大概是五岭地方,他们看到沿途聚拢来的陌生人有三十多,都操广德、建平口音,手拿白镶边红旗,持有竹枪。杨驼子分给大伙红头绳、红布作为标号,约定在小东门外会齐,里应外合破城。这时,沈定青等人十分害怕,找机会逃了回来。杨驼子则拿着灯笼小刀,到东门探信,不料风声败露,城内已有准备。杨等人四散而逃。沈定青等人逃回来不久,就被官府抓住了。①

与匪首关汶贵一直有秘密联系的建平人王斋公,曾在十七日当晚,带领本地数百人到离城十余里的莫家团莫家祠堂,会齐后,走至城下,见城上已有准备,也散去了。后来以王斋公为首的几个小头目,在建平与湖州官府方面的联合行动下,都被抓获。②

在广德方面,上胜村的地保云大毛(即应大毛)在正月初曾到杨驼子家拜年,并与关汶贵见面。二月十五日,杨驼子到上胜村章老头子家,约人攻打广德。云大毛得知后大概很害怕,连夜将此事报告了官府。十八日晚上,在上胜村还抓住了匪徒王阿登、王来荣,解送广德州。后来他被解到湖州府重新质审,所得结果与孝丰县所获情况大略相同。在审问杨驼子时,杨说云大毛确实到他家里拜过年,是来求仙方烧香的,与关汶贵起先并不认得,也没有结盟。③

在长兴县,官府抓住了一名要犯,叫"老林"(即林方孚)。根据后来知县赵定邦陪同知府宗源瀚在湖州府衙所作的进一步审讯,可以得出其大致的反乱情节。原来,在咸丰年间,这个老林曾在浙江衢州勇营蓝翎千总刘天幅管下当烧饭的伙夫,其间因为什么事被刘天幅吊打过一次,但后来待他却十分好。被遣散之后,老林到福建建宁府当了几年兵勇,又被遣散,仍旧回衢州,常在衢州城东门内饭店与刘天幅见面。刘天幅因在江西广信营保释过盗匪被官府革了职。老林还听说,当时刘天幅已经加入了福建九龙山的白莲教。同治八年八月间,老林由衢赴杭,半路到了富阳县城的西门外,又与刘天幅会面,向刘借钱。刘却说,如果他能代为招募"忠义弟兄",方可借钱。老林这时大概想乘机骗钱,佯为依允,刘天幅就借给他洋钱十元。此后,老林取道余杭,到了孝丰县,钱也花完了,沿途靠帮做短工,掮竹擘篾,谋点生活费。到同治十年三月,在孝丰县,老林碰到了所谓的同乡人老萧,两

① [清]宗源瀚:《颐情馆闻过集·守湖稿》卷六《捕防·禀抚藩臬道(二月二十一日)》、《捕防·禀抚藩臬巡(三月初一)》;同治《孝丰县志》卷八《祥异志·兵戈》。

② [清]宗源瀚:《颐情馆闻过集·守湖稿》卷六《禀抚藩臬道(三月初九)》。

③ [清]宗源瀚:《颐情馆闻过集·守湖稿》卷六《禀抚藩臬巡(三月二十四)》。

人一起到长兴县的和平镇。老萧一直在这里的一户章长生家做工，于是代老林借住章长生的空屋。老林诈称会画符治病，用过章长生的洋钱两元、米五斗，平日里又怕人藐视他，借口杭州有刘姓武官（即刘天幅）嘱令他在这里招兵，常说大话吓人；私做的"号衣"，也是用来恐吓棚长等人。后来这里的棚头不准他留宿，老林只好回去，说是道路不熟，央章长生伴送到长兴县城，结果被官府抓住了。根据多方质审，老林承认私自做了"号衣"，还学画避蚊虫符，但在长兴期间确实没有为刘天幅招过兵，所谓与刘约期攻城的口供，也是随口乱供，并无其事。至于刘天幅的下落以及是否白莲教首，老林也答不出一个所以然。宗源瀚觉得此事非同小可，向省里作了汇报。据后来五月份的密查结果，老林所谓刘天幅曾住衢州城东门内赵庸饭店、有义子刘宝元尚在店中等语，都是不确实的。①

另外，孝丰知县向宗源瀚禀报，广德州方面还来函，说是在白茅岭拿获了贼犯六人，都是当地及高淳人氏，内有王学根，供出有杨铜匠等两千人，装扮垦户，曾到孝丰地方约期举事。②

宗源瀚马上与孝丰知县联合向省里禀报，说乱匪头目沈添保、沈定青等都被捕获。沈添保供称，他是听从了寄住在他家的表兄杨幅受即杨驼子入的伙，还授了职位；杨驼子是高淳县花墙门地方人，而这次叛乱的大头目是合肥人关汶贵，从前曾在江苏军营当兵勇，后来寄居高淳东坝；沈定青等人是被沈添保诱骗的，中途畏惧逃回。③ 据二月二十八日湖州府衙的审问口供，沈添保则谓杨驼子原来住在建平城外七里花台门地方，先是卖与孝丰鄣吴村巫有功家为奴。太平天国战乱平定后，他仍回到建平，最近才加入关汶贵的非法组织。二月份某日，关汶贵来过孝丰一次，与杨驼子一起住在巫有功家中。不久关汶贵就回去了。另外，据沈添保的堂叔沈绍厚供指，沈添保所受的职位是"天保将军"。④

二月二十日晚，时在南京任两江总督的曾国藩，也得知了建平匪乱的消息，在日记中他写道"头目姓关，人数颇多"，"殊以为忧"，直到二更五点才睡下。⑤

无论是基层官吏还是高级官僚，对地方反乱都十分惊心，民间因此受到的震动更是巨大。在后来的汇报中，宗源瀚强调了这次匪乱给地方造成的

---

① ［清］宗源瀚：《颐情馆闻过集·守湖稿》卷八《词讼·禀督抚臬巡（五月某日）》。

② ［清］宗源瀚：《颐情馆闻过集·守湖稿》卷六《捕防·禀抚藩臬道（二月二十一日）》。

③ 同治《孝丰县志》卷八《祥异志·兵戈》，同治十二年修、光绪三年刊、光绪二十九年补刊本。

④ ［清］宗源瀚：《颐情馆闻过集·守湖稿》卷六《捕防·禀抚藩臬巡（三月初一）》。

⑤ ［清］曾国藩：《曾国藩全集·日记》，同治十年二月，岳麓书社1987年版，第1837页。

恐慌，他说“探闻广、孝交界山岭之中，或百人，或数十人，揭竿而趋广、建者不少，建平已有匪人入城抢掠，广德亦有匪踪”，以致长兴县城内的百姓纷纷迁徙，县令赵定邦极为焦急。还有很多人逃到湖州府城，城内守防比较空虚，人心惊恐。住在城内的绅士们与宗源瀚商量，要求店铺商家各出一人，组织巡防；各城门的守卫仍由绅士添派司事，每个城门再雇当地民兵数人，加强防卫。①

到三月初一日，漏网的杨驼子等人，在楚军右营总兵、补用副将罗启勇、楚军左营副将吴清亮、湖州协王天焱、孝丰知县郭志瀛等人督饬弁勇的搜捕下，于孝丰、广德交界的山内被抓。杨驼子对自己的行为供认不讳，并说出了主犯关汶贵的一些细节，以及二月十七日夜攻城的具体情况。②

原来，关汶贵先是住在高淳东坝及宜兴水栅地方，与溧阳人施道士、绩溪人俞漆匠、绍兴人顾木匠结拜兄弟，后又与建平东华村的王斋公兄弟二人交好，据说他们都有“邪术”，前后纠集了党羽数百人，分为四旗。二月十二日，顾木匠交给杨驼子旗帜，上有悖逆字样，并约好攻打广德、建平的日期，要他先带人在广德城外埋伏。结果都失败了。③

在宗源瀚与湖州协副将王天焱向浙江巡抚杨昌浚等人作了汇报不久，由省里调派至长兴四安驻防的楚军右营总兵、补用副将罗启勇，也向杨昌浚作了禀报。双方报告的内容基本一致。杨昌浚马上添派了管带楚军左营副将吴清亮，率所部由余杭一路赶往孝丰，与罗启勇部分道会拿，要求如有匪徒乘机窃发，立时扑灭。不久他得到报告，建平的匪徒已被击退，攻打广德的彭节应等多名匪徒也被抓获。④

杨昌浚将上述情况及时上报了朝廷。这在《清实录》中有专门记载：⑤

> 壬子。浙江巡抚杨昌浚奏，皖、浙交界之广德、孝丰境内土匪蠢动，经副将罗启勇等剿捕，捡获贼党沈添保等正法。得旨，着懔遵本月二十日谕旨，檄饬该副将等会同安徽派出各员，不分畛域，实力搜捕余匪，并将关汶淮严拏务获，毋任远扬。

朝廷要求各地政府不分疆域辖区，联合搜捕漏网逃窜的匪徒，特别是匪

① ［清］宗源瀚：《颐情馆闻过集·守湖稿》卷六《捕防·禀抚藩臬道（二月二十一日）》。
② 同治《孝丰县志》卷八《祥异志·兵戈》。
③ 同治《孝丰县志》卷八《祥异志·兵戈》。
④ 同治《孝丰县志》卷八《祥异志·兵戈》。
⑤ 《清穆宗实录》卷三百七，“同治十年三月壬子”条。

首关汶溎。关汶溎即关汶贵,在事情败露后早已不知去向。

三、匪徒的追缉

根据杨驼子的口供,关汶贵到过孝丰县一次,具体下落他也不知。官方连日对其熬审,辅以刑吓,结果依然一样。

杨昌浚在向朝廷的奏报中,讲了关于消弭匪祸的想法,完全贴合了朝廷要求"不分畛域"、跨政区合作的主张:①

> 广、建、高淳之交界十五保山内,尚有余匪,江皖各省均已派兵搜捕,诚恐彼拿此窜,臣已饬吴清亮一营留札孝丰,加劲蹈缉,并令罗启勇、王天焱赴长兴、安吉边境,会同严密查拿,务期无分畛域,将关汶贵拿获,以绝根株。

在长兴县,面对如此重大的案情,知县赵定邦绝对不敢怠慢,与知府宗源瀚倒是十分配合,及时地发布应对措施,并向省级政府作案情通报。在上述二月二十日朝廷下达了全力缉捕乱匪命令的当天,宗源瀚就与赵定邦联合向抚、藩、臬、道四位省府大员作了禀报,次日宗源瀚又作了补充说明。他说:②

> 王副将经卑府筹给口粮军火,已于二十一日早间带兵前进。此未经战阵之兵,姑以兵声慑匪耳。安吉金令二十日卯刻发来之禀,安吉尚无事;孝丰郭令卑府已三次驰函,尚无禀到,所获之人,亦不知如何讯供。昨又拟具联民团、查客籍、辨匪踪、捕匪党等事六条,飞致该二县察办,并请王副将于沿路劝民团防捕匪。匪徒散漫,得乡民齐心,随时捕捉,更易办理。

王副将所率的部队大概都由新兵组成,宗源瀚不太放心,要求他们多与地方民团联手,合力捕捉逃匪。

至于对匪首关汶贵的通缉,一直在全力进行之中。

根据已获案犯的口供与相关侦讯,官方得知关汶贵曾在江苏魁字营当

---

① 同治《孝丰县志》卷八《祥异志·兵戈》。

② [清]宗源瀚:《颐情馆闻过集·守湖稿》卷六《捕防·禀抚藩臬道(二月二十一日)》。

过兵勇，在江苏之高淳、安徽之广建交界一带谋逆起事后；之后建平的定埠、梅渚等处，还发生了盐厘局被抢之事。首匪未擒，余匪则四散伏莽，江、浙、皖三省地方恐怕“一日不能安枕”。宗源瀚觉得需要督饬各县联络团防，随时戒备，即便是府城，也不能放松盘查巡防；他要求由省里出面，与江、皖地方会同商办，“以绝根株而靖地方”。①

同时，根据看到过关汶贵的建平人讲，关的体貌特征大致如是：唇颊之间有一赤痣，有毫；有人说他身长、面腴、有须，但官方也不能确定。直到三月上旬，宗源瀚的官方通禀中，也只说他已逃往上海一带。②

作为知府，宗源瀚严格要求所辖各县，特别是毗邻安徽省境的安吉、长兴、孝丰，对匪乱问题绝不能掉以轻心，对逃匪应设法捕尽，以绝后患。三月初七日，他向安吉、长兴两县专门发了公函：③

> 据孝丰县禀，拿获匪犯杨驼子，讯供通禀到府，据此，查现在江、皖、浙三省均派兵捕拿，所有交界地方难免此拿彼窜，合行抄供札饬。札到该县，即会督营汛兵役，将有名各匪犯设法侦缉，务获惩办，以绝根株，而靖地方。有能获首犯者，禀请本府照格给赏。切勿稍涉大意，致干重究。此札。

三月十五日，宗源瀚将杨驼子从孝丰县提到湖州府衙，作进一步审讯。得到的口供情况大致如下：④

> 去年四月，关汶贵在宜兴与施道士生嫌之后，即到上海，耽搁数月。旋于七月到高淳下坝，年底方到孝丰鄣吴村。今年二月初四日，从鄣吴村又到广德。二月十七夜事败之后，该犯杨驼子仍潜入广德城，又逾白茅岭，距建平只有十里，因未寻得关汶贵，诸人故于二月三十日仍回鄣吴村。二月十四日赵金沅约期举事之时，原有“如不成，关汶贵等可逃苏州、上海”之语。

这大概是有关匪首关汶贵比较详细的踪迹了。但现在他匿于何地，杨驼子显然并不知晓。也许正像建平人传言的，关汶贵已经逃往上海。

---

① ［清］宗源瀚：《颐情馆闻过集·守湖稿》卷六《捕防·禀抚藩臬巡（三月初一）》。
② ［清］宗源瀚：《颐情馆闻过集·守湖稿》卷六《禀抚藩臬道（三月初九）》。
③ ［清］宗源瀚：《颐情馆闻过集·守湖稿》卷六《捕防·札安吉、长兴县（三月初七）》。
④ ［清］宗源瀚：《颐情馆闻过集·守湖稿》卷六《禀抚藩臬道（三月十八）》。

宗源瀚认为,关汶贵到鄣吴村的时候,相伴人员有杨金林、周铜匠、俞漆匠、顾木匠四人,离去时同行的有杨立人即黑皮、吴老头子。按杨驼子供出的这些人的年貌身材情况,如果拿获其中几个,关汶贵的踪迹大概不难查出。①

杨驼子还供出,关姓之妻曾住在杭州武林门内顾木匠家。② 这是一条重要线索。但是否确实,仍需进一步查证。后来杨驼子继续供出,他并没有见过关妻,但听过周铜匠、顾木匠详细谈起过,顾木匠还告诉他关妻大概住在离杭州城七八里的地方,具体位置他不得而知。③ 很快,杭州府守营务处张守来信,说已拿获顾木匠。三月二十一日,顾木匠及其妻顾杨氏、小孩共三人被押解到湖州府衙,宗源瀚立即提审杨驼子,与顾木匠当堂质认。结果很令宗源瀚失望,杨驼子所言的顾木匠应该是绍兴兼长兴口音,都对不上,而审到顾木匠,更是不认得杨驼子为何人。杨驼子所供顾木匠显然另有其人。④

对江、浙、皖交界地方发生的这起重大反乱事件,朝廷一直能够较快地从各地方政府获知其变化情况,在三月份的一份谕旨中明确指出:⑤

> 安徽建平县于二月十七日有客民勾结土匪滋事,抢劫厘局盐卡。经该县文武拏获数十人正法,余党逸入浙省湖州府属之孝丰县山中……该匪余党人数尚有若干,现在窜入孝丰,亟应赶紧搜捕。着杨昌浚酌拨兵勇,悉数查拏,尽法处治,务绝根株。广德属境是否尚有匪徒潜匿,着英翰严饬该地方官认真搜查,一面严防毗境,遇贼即击,毋令再行回窜,扰害地方。溧水、荆溪、宜兴、溧阳均与建平接壤,尤须加意防维。着曾国藩、张之万严饬水陆各军,察看情形,相机防剿,不可稍涉大意。将此由五百里各谕令知之。

这个五百里的加急要求,是直接指向江苏巡抚张之万、安徽巡抚英翰与浙江巡抚杨昌浚的。其间,已在南京任两江总督的曾国藩,也负有督捕之责。曾国藩对此事件保持着高度关注,对可能混杂土匪的客民群体,作了及时的清理。同样在三月份,他向朝廷的报告中强调了地方的应对措施:"拟先清查现垦之田,分别有主无主,认粮认租,严禁侵占。次即设立保甲,无论

---

① [清]宗源瀚:《颐情馆闻过集·守湖稿》卷六《禀抚藩臬道(三月十八)》。
② [清]宗源瀚:《颐情馆闻过集·守湖稿》卷六《禀抚藩臬道(三月初九)》。
③ [清]宗源瀚:《颐情馆闻过集·守湖稿》卷六《禀抚藩臬道(三月十八)》。
④ [清]宗源瀚:《颐情馆闻过集·守湖稿》卷六《禀抚藩臬巡(三月二十四)》。
⑤ 《清穆宗实录》卷三百七,"同治十年三月庚戌"条。

土客,一概编册,以为除莠安良之计……俾土客各民恪遵约束,毋任再滋事端。"①

不过,据湖州方面的仔细审查,政府一直担心的客民基本与反乱无关。宗源瀚报告说:"此次匪首关姓等起事,连日各路探报,证之犯供……其党羽多系高淳、建平人,似与垦荒客民无涉。安吉西乡之鄂民,卑府派人探视,耕作照常;即埭溪之温、台人,亦尚未闻勾结。"②曾国藩后来也同意了英翰的意见:"建平土匪滋事,将次扑灭,不与开垦土客相涉。"③英翰向朝廷的奏报中还说:"浙江孝丰山内土匪窜扰建平等界,经官兵击散,擒获匪首彭节应等正法";同时表示要严格遵照朝廷的要求,认真搜捕逃匪,并已派员前赴广德搜剿,希望"将匪首关汶湛会同浙江严拏务获,毋任漏网"。④

江浙皖交界地方发生的匪乱,确实让许多人惊心。曾国藩在其信札中多次提及,表现了他对此事件的关切。在整个三月份,案情的追查与审理已经比较清楚了。曾国藩给李鸿章的一封信中这样说道:"上月皖境建平、广德一带土匪滋事,比经兵役擒剿,即已鼠窜。现闻首匪关汶贵隐匿浙境孝丰山中,已派刘镇启发四处密擒。渠善于购线,务求弋获,不使漏逸为患。"⑤最让官方不放心的,仍是匪首关汶贵一直没有落网。曾国藩给英翰的信中讲了他的希望与要求:"目下匪党鼠窜,其首犯关汶贵逃匿何处,尚无确耗。尊处檄令刘将启发暂留,与潘镇方道会其时,刘已回宁,未经接到,弟面告之,而檄令带勇百名,四出密捕。"⑥但他后来讲道,"元恶关汶贵尚鼠伏孝丰山中",十分希望皖、浙双方各军进行"联络搜捕",江苏方面会派刘启发展开搜捕工作。⑦

朝廷也亟需了解漏网匪徒的抓捕情况,在五月份的一道谕旨中要求说:"建平匪徒滋事,前谕该抚派员搜捕余匪,现在办理情形如何?匪首关汶湛在孝丰县山内,曾否会同浙江兵勇拏获?并着迅速奏闻。将此由五百里谕令知之。"⑧所谓"该抚"即指安徽巡抚英翰,朝廷只是听说匪首关汶贵可能躲在湖州孝丰山区,所以要求他与浙江方面联合缉拿。

可是,关汶贵到底匿身何处,被捕匪徒的供词与案情追踪的结果,都不

---

① 《清穆宗实录》卷三百七,"同治十年三月辛亥"条。
② [清]宗源瀚:《颐情馆闻过集·守湖稿》卷六《捕防·禀抚宪(二月二十五日)》。
③ [清]曾国藩:《曾文正公书札》卷三十三《复英西林中丞》,光绪二年传忠书局刻增修本。
④ 《清穆宗实录》卷三百七,"同治十年三月辛亥"条。
⑤ [清]曾国藩:《曾文正公书札》卷三十三《复李中堂》,光绪二年传忠书局刻增修本。
⑥ [清]曾国藩:《曾文正公书札》卷三十三《复英西林中丞》,光绪二年传忠书局刻增修本。
⑦ [清]曾国藩:《曾文正公书札》卷三十三《复李质堂军门》,光绪二年传忠书局刻增修本。
⑧ 《清穆宗实录》卷三百十,"同治十年五月甲午"条。

能确实。湖州地方一直没有发现关的踪迹，在知府宗源瀚的行政文稿中也再无出现这方面的信息。宗源瀚将其在四月初九日向有关部门的汇报编入个人文集时，在后面补了一句“关汶贵后经皖省拿获正法”，就没有下文了。[①] 而从其他方面的零星记载来看，有关情况也多付之阙如。至于官方如何组织人员进行访拿缉捕，史料记载多不详确。

《清实录》中记载说：“（五月）丁巳，谕军机大臣等……匪首关汶淮之子关双淦及婿金尚芝，业经英翰派令总兵潘鼎立，在合肥关家集地方拏获。惟关汶淮尚无踪迹。现将金尚芝作为眼线，并派总兵许思义等，会同地方绅团，密探贼踪。”[②]这是皖南镇总兵潘鼎立的大功。光绪年间的《庐州府志》有简单的记载：“同治十年，土匪关汶淮聚党窃发，犯建平县，鼎立轻骑率兵、练进剿之，获首要犯数人正法，事乃定。”[③]这里并没有确认关汶贵是被潘鼎立抓获的，但不论怎样，抓到了关的儿子与女婿，是令朝廷十分高兴的事。朝廷仍然要求曾国藩、张之万、杨昌浚在苏皖浙三省交界处所，各派人员会同地方文武，联合缉拿关汶贵。至于在广德、建平、孝丰一带，难保无余匪藏匿，更要“搜捕净尽，以绝根株”。[④]

关汶贵最后被捕获应该还是在五月份。[⑤] 光绪初期所编的《广德州志》，谓“同治十年二月土匪关汶淮谋逆伏诛”，是十分不确的。[⑥] 而《清实录》记载说：“同治十年辛未，六月己卯，以安徽当涂拏获逆首关汶淮，予总兵官潘鼎立以提督遇缺提奏、守备胡忠发等花翎、把总杭镇年等蓝翎，余加衔有差。”[⑦]这个记录也实在简单，不过是在六月份表彰那些有功人员而已。具体是如何拿获的，是谁先抓到关汶贵的，都没有交代清楚。霍山县地方志中倒有一条记载，说是曾国藩的爱将刘启发，曾擒获盖天王蒋富贵、瞅地王朱大、陈来、穆老四等匪乱头目，“最后以奇计捕获建平关汶淮”。[⑧]《安徽通志》中讲述了巡抚英翰的功绩，提及他在同治九年到十三年间，“于广德、建平、当涂擒获孝丰窜匪彭节应、李凤岐、吕和根、赵锦源、关双淦、金尚芝等数十名及首逆关汶淮，均各正法而稽诛之”。[⑨] 关汶贵最后是在安徽当涂被拿

---

① ［清］宗源瀚：《颐情馆闻过集·守湖稿》卷六《捕防·移总理楚湘全军营务处张（四月初九）》。

② 《清穆宗实录》卷三百一十二，“同治十年五月丁巳”条。

③ 光绪《续修庐州府志》卷四十八《武功传三》，光绪十一年刊本。

④ 《清穆宗实录》卷三百一十二，“同治十年五月丁巳”条。

⑤ 同治《长兴县志》卷三十一上《杂识·纪事》。

⑥ 光绪《广德州志》卷六十《杂志·兵寇》。

⑦ 《清穆宗实录》卷三百一十四，“同治十年六月己卯”条。

⑧ 光绪《霍山县志》卷九《人物志上·宦迹》，光绪三十一年刊本。

⑨ 光绪《重修安徽通志》卷一百三十九《名宦统部》，光绪四年刊本。

获的,①应无疑义。

上述暴乱事件,在后来地方官主编的若干地方志中,也有记载,内容差别不大。这里抄录一份在同治时期编修、光绪年间补刊《长兴县志》中的记载,以为一例:②

> 同治十年二月间,广、建教匪关文淮倡造妖言,聚众滋事,形迹败露,经知县赵定邦拿获匪目陈穿锭正法。先是,关文淮者,庐州人,在广、建、宜、荆等处讹言,今值弥勒佛下降治世,托体于其妻某氏之身,怀孕三年,于某年某月某日某时降生,约诸匪目于同治十年二月二十日同时攻破广德、建平、安吉、孝丰、四安诸处,因于二月十五日遣匪目陈穿锭(混号八千岁)潜来四安,勾结党羽,旋经败露,四安巡检黄复初解送县署,城中及四安居民风鹤惊疑,纷纷迁徙。知县赵定邦移知邻邑,并会获首伙张真大等十数名,安吉拿获沈添保、杨驼子等数名,广德拿获冯松寿(即武生冯钊)、李凤岐(五品军功)、宁蹲荣等十五名,建平拿获施振奇、刘岳寿等二名,宜、荆拿获陈汶英、蒋广汶等五名,先后正法,匪党逃匿,人心渐定。而关文淮于五月内在安徽当涂县拿获,安徽巡抚英翰奏请正法,传首各处示众,余党悉平。

这个县志是由知县赵定邦主修的,故而在记述中特别强调了赵本人及其属下们的功绩,以示长兴地方在捕盗缉匪方面的功勋。这段资料明确指出了关汶贵是在五月份被抓获的。而所谓"传首各处示众",则与《广德州志》所言"传首苏皖浙三省示众"基本一致。③

四、巡检与保甲控制

对于地方匪乱等问题,官方向来有比较成熟的应对机构与消弭措施。其中,巡检司的设置,是一大关键。④

---

① 广德地方志中也有如是记载。参光绪《广德州志》卷六十《杂志 · 兵寇》。

② 同治《长兴县志》卷三十一上《杂识 · 纪事》。

③ 光绪《广德州志》卷六十《杂志 · 兵寇》。

④ 对清代中国巡检司的若干分析,参(日)太田出:《清代江南地区的"佐杂"分防初探》,载《中国社会历史评论》第二卷,天津古籍出版社2000年版,第105—113页;张研:《对清代州县佐贰、典史与巡检辖属之地的考察》,载《安徽史学》2009年第2期,第5—18页。

在平灭同治十年春天的这起匪乱中，长兴县四安镇的巡检司，显然起了重要的作用。可是，这个原来设于四安镇顺兴桥西的巡检司衙署，早在咸丰十年太平天国战乱期间，就已彻底毁圮了。同治五年十月，江苏元和人、监生黄复初到这里任巡检的时候，衙署僦居于乡征公署。直到光绪五年九月他卒于官时，这个官衙仍相当简陋。①

然而这个地方的重要性，从来未被忽视。据说，这个四安小镇过去建有城池，设四座城门。既有说小镇是因这里四方平广得名，也有说是用以保障吴兴、宜兴、故障、广德四处而名。清代在这里一直设有巡检司。② 四安巡检司原来只管辖长兴县的方山区与谢公区，同治十年的时候增加了荆泉区。后来当地人这样论道："湖州府属毗连苏、皖，向为私枭枪匪出没之区。湖州之毗连苏、皖莫长兴若，长兴之毗连苏、皖莫四安若，通衢四出，其垦荒者，豫人为一类，楚人为一类，温台淮扬人又各为一类，土客杂处，夙名难治。"这段话兼顾了当地的环境与太平天国战乱后的社会形势，颇有代表性。③ 由于政府提倡垦荒，四安镇的外来客民居然占了当地总人口的十分之七八，人口管理变得十分复杂，被列入了重点治理的范围。④ 宗源瀚到任湖州知府后，给长兴知县赵定邦写信，也指出了该地"盗贼横行"的严重问题。⑤

在政府高度关注地方秩序的情势下，四安巡检黄复初首先从外来打工人员的反乱传言中敏感地作出反应，并为事件的快速解决创造了条件，是并不偶然的。加上地方驻军也有防营在四安镇上，特别是在同治六年五月换防以后的楚军右营，⑥为加强地方弹压发挥了重要作用。在广、建土匪事平后，宗源瀚还在孝丰县的泗安营增加一哨兵丁，作为分防镇压，以加强城乡控制。⑦

后来，光绪五年接任四安镇巡检的华亭人朱镇，为巩固治安，在光绪十九年向乡村地区颁布了明白易晓的《六言示录》十六条，其中两条专讲盗匪与会匪，另有两条专说城乡防卫，不妨移录于下：⑧

一示盗患：

各乡五方聚处，向称盗患众多。奉宪查办严密，往来缉拿如梭。

---

① ［清］朱镇：《长兴志拾遗》卷下《职官》，光绪二十二年刻本。

② 同治《长兴县志》卷一下《建置沿革·镇市》。

③ ［清］朱镇：《长兴志拾遗》卷上《官署》。

④ ［清］朱镇：《长兴志拾遗》卷下《风俗》。

⑤ ［清］宗源瀚：《颐情馆闻过集·守湖稿》卷十一《杂稿·致长兴县》。

⑥ ［清］朱镇：《长兴志拾遗》卷上《兵防》。

⑦ 同治《孝丰县志》卷三《建置志·武备》，同治十二年修、光绪三年刊、光绪二十九年补刊本。

⑧ ［清］朱镇：《长兴志拾遗》卷下《风俗》。

律定首从皆斩，而今执法不阿。趁早改恶从善，转念只一刹那。
有案终须破案，几同地网天罗。本厅开诚布告，虽贫莫作强徒。
一示会匪：
哥老会匪到处，隐图诪惑人家。太雄天下名目，无非捏造空花。
奉宪从严查办，难逃地角天涯。票布有则速毁，及早归正去邪。
本厅修关责任，历经雪夜擒拿。或尚执迷不悟，其罹法网谁赊。
一示街防：
节候将交冬令，深恐宵小易生。奉宪整顿防务，巡逻击柝靡停。
栅栏依时启闭，无故不许夜行。永禁添开烟馆，照章初更关门。
倘有窝藏匪类，分别责枷封惩。先此申明晓谕，其各恪守兢兢。
一示乡防：
当此冬防紧急，无分土客棚民。凡有不明来历，互相盘诘认真。
齐备梆锣木棍，轮流支更惟勤。山僻畸零烟户，就近联络庄村。
苟闻盗贼窃发，同仇截拿成群。毋得推诿坐视，各乡实事奉行。

这些条款都是对乡村百姓的要求，当然也属巡检司的治安职任所在。

正因有了这样散处乡村市镇的县丞、主簿、典史、巡检等的驻防，①以及相关地方驻军的配合，地方社会的调控与治安情况，方能更好地为官府所掌握。一旦发生异常情况，也能比较顺利地施行应对措施。

另一方面，城乡地区长期推行的保甲制度，于治安方面的功用，在官方的行政实践中，其实一直未被轻视，常被认为是“弭盗良规”，②尽管保甲并不能在所有的情形下产生积极的效果，但至少在乡村中保持着一种威慑作用，也有助于减少发生混乱失序的可能。③

---

① 有关江南佐贰官吏分防的统计分析，参濱島敦俊的《明代江南農村社会の研究》（东京大学出版会1982年版）、太田出的《清代江南三角洲地区的佐杂“分防”初探》（载《中国社会历史评论》2000年第二卷，第105—116页）。

② 当然，清代有不少记载，描述了保甲制度的弊病以及在清代后期的所谓“名存实亡”。像刚毅（1837—1900）所论的：编查保甲本来是被认为“弭盗良规”，地方官常视为具文，“往往置之不问，虽有一二纸上空谈者，不过虚应故事”。（参［清］刚毅撰、葛士达编订：《牧令须知》卷一，“保甲”条，光绪十五年刊本）这种保甲制度的消极面，也影响了许多现代研究者对于清代后期地方治安工作的评价。但就行政实践而论，这些描述或论断是与实际情况有出入的。黄六鸿的论说相对全面：“保甲之设，所以弭盗逃而严奸宄，法至善也。惟行之者不得其要，且视为具文。”问题就在于如何推行，否则就只能成为制度上的描述。（参［清］黄六鸿：《福惠全书》卷二十一《保甲部·总论》，光绪十九年文昌会馆刻本）

③ 萧公权 Hsiao Kung-chuan, *Rural China: Imperial Control in the Nineteenth Century*, Seattle: University of Washington Press, 1960, p. 502.

在外来客民或棚民聚居的湖州山乡等地，保甲体系被很好地建立起来。像土著居民中的甲长、牌长一样，棚民之中有棚头、棚长。每户合法的棚民都要编册（门牌），并领有腰牌。[①] 就门牌制度而言，它是清代律法和行政实践中的重要内容。地方官员每年都会向城乡民众按户签发门牌，[②]甲长也有责任及时在门牌登录中反映民户的变动情况，从而保证保甲记录的不断更新，更正后的保甲簿一份由甲长保管外，另备一份交由州县官保存。[③]

在湖州地区，宗源瀚发布有十六条查办客民保甲的章程，具体包括“选棚头、棚长以杜滥充”、“取互保以严连坐”、“造册给牌以便稽查”、“收器械以防后患”、“禁赌场以清盗源”、“报迁徙以符牌册”等等。[④]

从实际情况来看，太平天国后，保甲的重要性仍然受到了官方高度的关注，并成为处理地方人口与盗匪问题的一大依赖，并不像有的学者所言，比乾隆至道光期间朝廷权威没有遭到重大损害时的情况要差。[⑤]

当然，地方政府应对盗匪问题的措施还有不少。像光绪十八年间任长兴知县的尹丽枢，将过去弭盗规章中讲的“闻警鸣锣”予以彻底施行，亲自捐钱置买竹梆，挨村分发给乡村百姓，堪称代表。尹丽枢另立有章程四条，就是要求民众充分利用竹梆鸣警，联合防盗与捕盗，并辅有相应的奖惩措施。详细如下：[⑥]

一、各乡大村公议耆民二人，立为村长，小村立村长一人，每十户立牌长一人，不及十户者就近联络一二村，立牌长一人；除力能置锣之户闻警鸣锣外，每户计丁制梆，约长三尺余，坚木作杆，安放床头，遇有盗劫，无论老弱男妇，随手猛击；一家击梆，家家应之，一村击梆，村村应之；霎时梆锣齐鸣，声达遐迩，盗匪虽凶，未有不仓皇而遁者；

一、盗匪入村，梆锣齐鸣，附近村庄如有力能捕盗，即约伴持械驰捕，或在要路拦截，或乘逃尾追；每获首盗一名，赏洋五十元，从犯每名

① 冯贤亮：《太湖平原的环境刻画与城乡变迁（1368—1912）》，上海人民出版社 2008 年版，第 313—316 页。

② 详参冯贤亮：《社会变动与地方行政：清代江南的客民控制》，载《传统中国研究集刊》第 6 辑，上海人民出版社 2009 年 6 月版，第 450—466 页。

③ 瞿同祖：《清代地方政府》，法律出版社 2003 年版，第 250—251 页。

④ ［清］宗源瀚：《颐情馆闻过集·守湖稿》卷十《保甲·禀抚藩臬巡》。

⑤ 何炳棣认为乾隆四十一年到道光三十年期间，保甲登记户口制度的实行“大概比太平天国起义后政治权力分散的时期要好得多”，参氏著《1368—1953 年中国人口研究》，葛剑雄译，上海古籍出版社 1989 年版，第 49 页。

⑥ ［清］朱镇：《长兴志拾遗》卷下《风俗》，光绪二十二年刻本。

减半，如系情重盗犯，酌量加赏，被拒受伤，另给医资；但所获须外来面生或明火持仗、涂面挂须，方是真盗；其因事争竞，聚众抢夺者，律例别有治罪专条，不得概目为盗；

一、遇盗击梆，出邻佑，达合村，由一村达邻村，即古"守望相助"之义；倘有抗不制梆，并闻声不为应击，则是幸灾乐祸，责成村长、牌长会同地保禀究；其偶然熟睡，非有意者，由村长查明，视其贫富，从轻议罚；如实在无力者，罚制竹梆若干，留备丁多家领用，仍将议罚缘由报县备考；

一、各村土客杂处者，客户亦归村长、牌长约束制梆，同心御盗；凡雇用工人，只身无属，来历不明，概不准雇，如违，由村长、牌长禀县勒逐，仍罚雇主钱十千，留作村人捕盗受伤医资；至梆锣专为捕盗而设，不准因私忿而用，倘有执捕盗器械私斗，重则责成村长、牌长送究，轻则由村长等公议罚钱二三千，留作获盗花红，仍报县备查。

经历了太平天国战争后，政府面临的社会问题，大多与战后客民的大增有关。除了垦荒与客民直接相关外，政府认为客民聚居区是盗匪容易隐匿的所在，而保甲制度对此是最好的日常控制方式。

五、官方的反应

回顾官方对于同治十年春天匪乱的反应，首先应该注意的，是政府对此事件的定性。

像很多地方民众的叛乱一样，本章涉及的所谓匪乱分子，在地方官员们的通告或汇报中，大多被视为"教匪"，是属于妖言惑众、假托神明进行反乱一类。宗源瀚的官方文件中，都是持这样的判断。他说："闻关姓匪徒在孝丰等处高山中，山上向有祠山大帝庙，现已毁去，搭盖草棚，此等匪徒，大抵假托神明，欺赚愚人……关姓在山中闻悬一神像，日夜焚香，诈称神命，其反不必多人，有阴兵相助。"①显然，这些匪徒无非是假托神明，号召愚顽，称神道鬼，妖言惑众而已。② 在建平县与关氏秘密往来的王斋公，平日里也是

① ［清］宗源瀚：《颐情馆闻过集 · 守湖稿》卷六《捕防 · 致湖协并各县(二月二十日)》。

② ［清］宗源瀚：《颐情馆闻过集 · 守湖稿》卷六《捕防 · 禀抚藩臬道(二月二十一日)》、《捕防 · 禀抚宪(二月二十五日)》。

"妖言惑众",号称怀有"邪术"。[①] 这类认识,与清代地方志的相关零星记录,也是比较一致的。

然而,在曾国藩看来,这仍然是"发逆"漏网余孽的作乱。[②] 在英翰与朝廷的案情沟通中,此次匪乱也被视为"太平余党"。[③] 这样的定性,无疑会加重此次反乱事件的严重程度。曾国藩、英翰等人是清廷高级官僚的代表,他们的观点应有一定的代表性。当然,在朝廷的视野中,无论一般的教匪还是发逆之乱,都是绝不能忽视而必须予以彻底根除的。

其次,对已获案犯的惩治,官方基本是据其涉案程度的深浅或情节的不同而予以不同的处分。

匪乱首逆关汶贵在捕获后,当然要被就地正法。其他从乱的要犯,如杨驼子,也被认为"属同恶巨魁,情罪重大",需就地正法,并枭示以伸国法。[④] 具体执行由宗源瀚负责,在四月十二日,他与归安、乌程两县知县一起到归安县监狱,提出杨驼子,验明正身,照"例不停刑日期"就地正法,将其首级即日派差协同孝丰差役解回孝丰县,悬竿示众。[⑤]

沈添保是"甘心党匪",而且"骗人入伙",授有"天保将军"伪号,亦是罪不容诛的行为,二月二十九日在孝丰被就地正法,枭首示众。[⑥]

被沈添保所骗的沈定青、沈沨林、沈定桂,根据官府的详察,属于"情稍可原",而且在二月十七日案发当晚,早因害怕,中途逃走了,可以从轻发落,"另行分别办理"。[⑦] 宗源瀚还强调说:"沈定青、沈沨林、沈定桂先既不知逆情,迨经知觉,登时逃回,与沈添保情形迥异";而且沈沨林只有十八岁,沈定桂才十六岁。另外,他们的同族人沈绍厚曾在十八日协同族人捆获沈添保等送县,但在二十日听了老婆的话,"畏警迁徙",被村人疑为心虚,也被押到县里,但因无通匪情节,官府没有对他为难。[⑧] 最后,宗源瀚作了这样的判定:沈定青、沈沨林、沈定桂三人如平日别无不法,只是因贪赌被骗,仅施以枷杖的惩罚,在监押满日后即交地保严行管束;而沈绍厚确系与匪徒无干之

---

① [清] 宗源瀚:《颐情馆闻过集·守湖稿》卷六《禀抚藩臬道(三月初九)》。
② [清] 曾国藩:《曾文正公书札》卷三十三《复李质堂军门》,光绪二年传忠书局刻增修本。
③ 李文海主编:《清史编年》第十卷(同治朝),六月十七日条,中国人民大学出版社 2000 年版,第 540 页。
④ 同治《孝丰县志》卷八《祥异志·兵戈》。
⑤ [清] 宗源瀚:《颐情馆闻过集·守湖稿》卷六《捕防·札乌程、归安县》。
⑥ [清] 宗源瀚:《颐情馆闻过集·守湖稿》卷六《捕防·禀抚藩臬巡(三月初一)》。
⑦ 同治《孝丰县志》卷八《祥异志·兵戈》,[清] 宗源瀚:《颐情馆闻过集·守湖稿》卷六《捕防·禀抚藩臬巡(三月初一)》。
⑧ [清] 宗源瀚:《颐情馆闻过集·守湖稿》卷六《捕防·禀抚藩臬巡(三月初一)》。

人，可以先行保释。①

至于一开始在长兴县四安镇地方，于民众中传说匪乱事情的江授芝、吕水荣、朱法南，其实不过是外出谋生的普通百姓。湖州府衙对他们的最后处理依然十分审慎。徽州人、全顺行的伙计江授芝是将匪乱情况通报给官府的人，被先行发县取保，而且赏给"八品功牌"。在四安打工的建平人朱法南与同乡、合顺行的雇工吕水荣，官府并未从对其他案犯的多次讯问中，听到他们的名字，确定他们没有入伙，"并非匪党"，就要求长兴县在四安镇觅具切实后，由保人将吕水荣、朱法南保出，仍然可以在四安镇帮工谋生。②

第三，从案件的整个过程中，可以看出，对涉案匪徒的缉拿，官方都比较注意"线索"或"眼线"的作用，并屡屡在捕盗工作中加以强调。

在宗源瀚向上级官员的报告中，多次提到这一点。三月初五日的一份禀牍中，他说："匪徒伏匿，总以不惜赏项，多购线索为要。兹接吴、罗、王三副将来函，并孝丰县来禀，知首匪杨驼子业已设法拿获，由卑府筹措洋二百元札发备赏，以励人心，而净匪党。"③对拿获匪徒的有功人员，都要奖励。针对窜匿难缉的匪徒，宗源瀚要求孝丰县令"总以不惜赏项，多购线索为要"。④ 孝丰县据宗源瀚的指示，依照发布的捕盗赏格，给抓获杨驼子的人赏金一百千。宗特别指出，"此时匪徒深藏巧匿，非得眼线，不能就擒，而眼线非重赏不足以动之也"。⑤ 他又筹措了洋钱二百元，札发孝丰备赏，目的是励人心、净匪党。⑥ 刘启发就是"善于购线"而颇得上司曾国藩的称赏。⑦曾国藩派他"多购眼线，四出密拿"，要求不使匪徒漏逸为患。⑧ 最终，还是刘启发以"奇计捕获建平关汶淮"而为江淮人所称道。⑨

最后，有关广建匪乱情况最系统、翔实的报告记录，见诸湖州知府宗源瀚的《怡情馆闻过集》。湖州地方是广、建匪乱后匪徒们窜匿的主要所在，作为地方最高领导的宗源瀚，也许是因代理知府的缘故，在绥靖地方工作中特别用力。例如，宗源瀚在二月二十一日向上级的汇报中，说明此前因赴沿太湖的溇港勘工，结果失足跌落深沟中，导致左足受伤，至今步履蹇滞，却适逢

① ［清］宗源瀚：《颐情馆闻过集·守湖稿》卷六《禀抚藩臬道（三月十八）》。
② ［清］宗源瀚：《颐情馆闻过集·守湖稿》卷六《捕防·谕兵房（四月二十三）》。
③ ［清］宗源瀚：《颐情馆闻过集·守湖稿》卷六《捕防·禀抚藩臬巡（三月初五）》。
④ ［清］宗源瀚：《颐情馆闻过集·守湖稿》卷六《捕防·禀抚藩臬巡（三月初五）》。
⑤ ［清］宗源瀚：《颐情馆闻过集·守湖稿》卷六《禀抚藩臬道（三月初九）》。
⑥ ［清］宗源瀚：《颐情馆闻过集·守湖稿》卷六《捕防·禀抚藩臬巡（三月初五）》。
⑦ ［清］曾国藩：《曾文正公书札》卷三十三《复李中堂》，光绪二年传忠书局刻增修本。
⑧ ［清］曾国藩：《曾文正公书札》卷三十三《复李质堂军门》，光绪二年传忠书局刻增修本。
⑨ 光绪《霍山县志》卷九《人物志上·宦迹》，光绪三十一年刊本。

匪乱,他仍表示对一切事务都不会松懈怠慢。①

在匪乱伊始,宗源瀚十分果断,一面选雇健足各路侦探情形,随时向他具禀;一面分别致函附近的广德、建平及江宁府的高淳县各府州县官员,按址查拿匪徒。他认为,匪徒乌合散漫,军火器械未必充足,是不难扑灭的;所担心的,是广、建等处兵力一旦加强,匪徒必定反扑湖州境内的长兴、安吉、孝丰,这些地方处处与广、建连界。安吉、孝丰山路众多,与武康、归安毗连,如果匪徒进入归安县西部的埭溪地区,那么府城就会陷于危险之境。他向上级建议,应由省里拨出兵勇二三百名,由埭溪山路直奔孝丰山岭,并札饬罗启勇副将带领一二百人从四安镇出发,分布孝丰、广德交界地方,而湖协王副将则由安吉进入孝丰之腹里。这样三面兜合,声势联络,可望将伏匿的匪党全部搜捕,也使已赴广、建的匪徒不敢回犯湖州地区。②

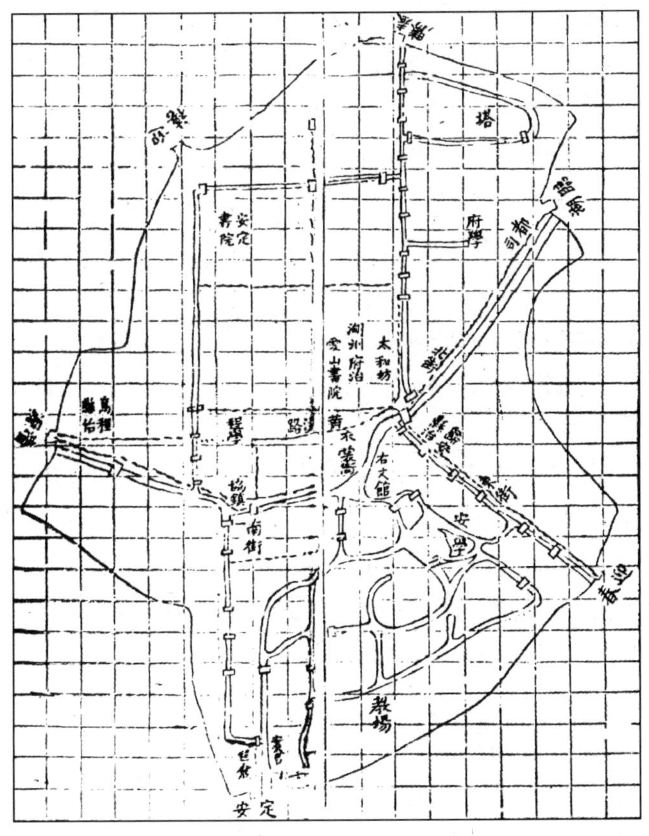

图三 同治《湖州府志》所绘的湖州城

① [清]宗源瀚:《颐情馆闻过集·守湖稿》卷六《捕防·禀抚藩臬道(二月二十一日)》。

② [清]宗源瀚:《颐情馆闻过集·守湖稿》卷六《捕防·禀抚藩臬道(二月二十一日)》。

考虑到广、建匪乱消息四传后，长兴县四安镇一带的居民纷纷欲逃亡到湖州府城，宗源瀚生怕有奸宄混迹其中，便向湖州各城门守卫者发出命令，要与附郭的归安、乌程两县县差一起驻防于东、南、西、北水陆门内，会同营弁每天盘查出入的人、船，一旦发现有形迹可疑之人，即予扣留，送府衙讯问。宗源瀚向他们再三强调“切毋稍涉大意”。①

这道命令发出的第二天，即二月二十日，宗源瀚特派专差将一份禀文送到巡抚杨昌浚那里，将他应对匪乱的思想与措置作了一番陈述。他说：②

> 吉、孝山林丛杂，藏垢纳污，且与武康、归安处处连界，温台匪类甚多，地无重兵，虽有罗副将居中策应，不敷分置。现已酌筹口粮，商请王副将酌带弁兵，亲赴孝丰捕剿防堵。卑府仍立缮多示，遍贴吉、孝城乡，谕以匪踪败露，重兵云集，各宜联络民团防守，乡民有擒匪首者赏钱百千，匪党十千。长兴四安居民纷纷迁徙，亦已缮示饬发，晓谕居民各安生业，不得轻举妄动，并函嘱西路水师炮船加意巡防。日来四安等处之人颇有迁来郡城，诚恐奸宄混迹，卑府于四城门分派委员会同营弁严密盘查。一切情形，别与署湖协王副将会禀外，所有大略情形，合先肃泐禀陈。

同一天，宗源瀚向下属各知县及湖协王副将，也发送了一份公文，主要是对匪乱情况的通告及地方应尽的捕防职责。内容有些琐细，这里不妨简单作一归纳：③

首先，关姓匪徒在孝丰等处高山中的祠山大帝庙废址，搭盖草棚，假托神明，欺赚愚人；匪首关汶贵，自称关老爷，其妻伪称三年不育，先在高淳界之安兴地方，后称腹中能言，不愿在平地出世，要到孝丰山中，走至半路又折回了，伪称腹中之子已生，且下地能走；据说关姓在山中悬一神像，日夜焚香，诈称是神命指示，且有阴兵相助。

其次，匪党发辫都有红绳为号，持有红巾器械，比较容易辨认；匪首小头目杨幅受，混名驼子，高淳人，年纪已大。

第三，反乱匪党多系外籍之人，安吉、孝丰垦荒客民较多，应责成各客董认真自查；保甲中有情形可疑者，自行捆送领赏，即同乡亦断不准容留，自受

---

① [清] 宗源瀚：《颐情馆闻过集·守湖稿》卷六《捕防·札四城门委员（二月十九日）》。

② [清] 宗源瀚：《颐情馆闻过集·守湖稿》卷六《捕防·禀抚宪（二月二十日）》。

③ [清] 宗源瀚：《颐情馆闻过集·守湖稿》卷六《捕防·致湖协并各县（二月二十日）》。

祸累，仍各取连环互保，请领门牌，以分别良莠；乡村中应谕令凡面生可疑之人，都不得窝留住宿，如敢窝留，照“窝匪”律究办，邻居、保长同坐；同时，出示悬赏，如有军民人等捆匪送赴行营，即予奖励。

第四，大兵过山村时，要晓谕百姓们知道省里重兵会陆续而至，百姓们务必互相团防，齐心捉匪，有事鸣锣为号，断不可惊恐迁徙，使匪徒有机可乘。

从上述各方面的应对来看，宗源瀚是一个相当细心的官员，考虑问题周到全面。他还注意到，城市中街巷复杂，“宵小混迹，奸徒造言”的情况也是难免的。为此他特地要求各铺户人家，每户居民出一人，随同各铺董事，“昼则互相守望，夜则备具灯笼，于大街小巷，分投巡查”，凡是遇到外来形迹可疑之人，随时报官驱拿，以达到官民联防的良好目的。这个措施将从二月十五日全面执行，凡办理认真者将予以奖励。①

当然，宗源瀚一直很关心四安镇的治安与防护其作。在二月二十四日，他给四安巡检黄复初下了一道命令：②

> 照得广、建匪徒事早败露，各路纷纷擒获正法，即孝丰山中亦已捕获党羽，湖协王□现在带兵赴孝丰，又奉抚宪札饬罗镇军酌带队伍赴孝丰，会合搜捕。所有四安一带，应联合民团，以壮声势，而慑奸宄，合亟札饬。札到该员，即便遵照督饬本镇绅董，联合团防，昼夜巡察，以免奸宄混迹，仍于要隘地方设卡盘查。发来赏格十张，遍贴晓谕。有获匪者，由该员派人来府领赏。仍劝谕本镇居民，切勿张皇迁徙，为匪所乘。切切，此札。

这道命令从大局着眼，说明了各地平灭匪乱的工作进程以及官方的控制力度，提出了官民联防的要求，并以悬赏的形式激励民众缉匪，从而在心理上对民间社会起到一定的安抚作用。也在同一天，宗源瀚接到了巡抚杨昌浚的回信，得知省里已同意派拨左营一哨军兵驻于埭溪镇。③ 这对加强埭溪这个交通要隘的治安，显然是一大助力。

另外，特别值得注意的是，在二月二十五日，宗源瀚向省里的汇报中，指出这种“谋逆起事”发生在江苏、安徽交界之处，本与浙江方面无关。为免皖、浙两省在汇报案情时出现矛盾，宗源瀚很细心地将安徽广德州衙门的禀

---

① ［清］宗源瀚：《颐情馆闻过集·守湖稿》卷六《捕防·给谕各铺家（二月二十三日）》。
② ［清］宗源瀚：《颐情馆闻过集·守湖稿》卷六《捕防·札四安巡检（二月二十四日）》。
③ ［清］宗源瀚：《颐情馆闻过集·守湖稿》卷六《捕防·禀抚宪（二月二十五日）》。

稿抄录了一份附上，以为明证。[①] 显然，宗源瀚专门予以强调辨明的这层利害关系，应当也是浙江方面首先要向朝廷澄清的大问题，可以摆脱些地方治安不力之咎。这就很容易理解，为什么在安徽巡抚英翰的奏报中，多次使用“孝丰窜匪”一词，[②]甚至明确说是“浙江孝丰山内土匪窜扰建平等界”，[③]明显有将主要祸患推向浙江湖州方面的意思。

六、社会危机感

太平天国战乱后，面对地方社会一直存在的秩序危机与紧张感，满目疮痍的社会景观，与风吹草动随时可能带来的社会动乱，无论是政府还是民间，都觉得难以真正平复。

从安徽广德州向东，北面是常州府，南面是湖州府，山林丛杂，客民麇集，所谓“劫夺频闻，强占田宅，并造有会馆”，违法事件常有发生，且其私藏军器，动辄聚众闹事，更让政府惊心。这些地方的客民很会“彼此煽惑”，让朝廷颇有“为患不可胜言”的忧虑，自然需要加强治安控制。加上战乱之后，各地被遣散的游勇，“所在盘踞，欺压良民”，也有“乘机滋事”之患。在朝廷官员们看来，“若不豫为防范，必至愈无忌惮”。同治九年十月间，朝廷要求那些封疆大吏，如曾国藩、张之万、英翰、杨昌浚等，遴派明干大员，前往各该管州县，认真体察情形，分别良莠，对安分守业之民“量给荒田暂行耕种，俾安生业”；对强横不法之徒，须“查明原籍，递回管束”；至于无籍可归的，分别安置在各州县，另编保甲。收缴到的军械，责成该管道府随时稽察。地方凡有敢滋生事端的，都要严拏惩办。[④]

尽管这样，第二年春天，江浙皖三省交界地区还是发生了匪徒攻打城市的暴乱。首逆关汶贵被拿获后，曾国藩认为“是一快事”。但他也知道，匪乱的平定，并不意味着人心已经思安。他说湖南哥老会匪徒肃清之后，“嚣然思乱之心，实繁有徒”，确是有感而发。[⑤]

接下来的同治十一年九月间，江浙交界、濒临太湖地区，又发生了大批

---

① ［清］宗源瀚：《颐情馆闻过集·守湖稿》卷六《捕防·禀抚宪（二月二十五日）》。

② 参《清穆宗实录》卷三百七，“同治十年三月辛亥”条；光绪《重修安徽通志》卷一百三十九《名宦统部》，光绪四年刊本。

③ 《清穆宗实录》卷三百七，“同治十年三月辛亥”条。

④ 《清穆宗实录》卷二百九十五，“同治九年闰十月庚寅”条。

⑤ ［清］曾国藩：《曾文正公书札》卷三十三《复张友山漕师》，光绪二年传忠书局刻增修本。

枪匪乘船劫掠的嚣张行为，而且恃众拒捕。在官军的合围痛剿下，仍有不少余匪，以李阿四为首，在余杭、桐乡等地活动。不过，这股匪徒未被剿除干净，政府深知，“江浙边界，滨临太湖，港汊纷歧，犬牙交错，易致此拏彼窜”，所以只能寄希望于各地方官吏们“认真巡缉，协力兜拏”，务必根株。①

在经历了太平天国战争这样巨大的社会震荡后，地方社会当然有较大的变化。那种地方政府与社会生活中的不安定，时常影响着人们的心理和行为。正像清代霍山县地方志编撰者所强调的，战乱之后四处溃散的兵勇“往往啸聚为盗”，②埋下了很多不安定因素。在这样的情势下，对神灵信仰长期怀有迷信与笃诚的地方民众，在一些打着神灵崇拜的盗匪组织的鼓动下，很容易被搅动起来，走到了对抗政府的一面。

就在广、建匪乱爆发前的同治九年五月，乌程县抓获了一批所谓的匪犯。其中为首的，是六十三岁的归安人王德清，他从小就茹素好佛，同治七年开始随乡民郑三亚爹诵习《无为经》（又名“龙经”），代人拜忏，人称“无为门”。他常邀陈瀛洲、笪老二、朱亚兰、杨元富、陈长发及已故之席元成等一起茹素放生，当中还经常说修身不易，应该修炼金丹，后来就被误传为“金丹教”了。这样的结伙，虽然并无实际的“悖逆不法”，但显然有“倡立邪教”的嫌疑，必遭致官府的严惩。官府认为：“湖州兵后，愚民无知，多畏祸求福之心，而不肖者遂不免藉茹素诵经，三五成群，惑人耳目，虽无违悖不法，而渐不可长。”王德清受到枷号一月的惩戒，由县衙派差把他押赴城乡，掮牌示众，目的不过是所谓的端风俗、正人心。③ 当然，王德清之所以得咎的原因，还在于以这个“无为大被金丹一字教”为名，聚众敛钱，而且“男女混杂，大干禁令”，直接触犯了政府的“邪说惑众”禁令。他在枷号一个月后，差不多又坐了半年的牢。知府宗源瀚将此事晓谕全府民众，希望城乡百姓各安本分。④

而作为社会力量中坚的绅士阶层，在匪乱初起表现出的隐忍、漠视的态度，更让官府深感不满。像宗源瀚所说的“匪徒蠢动，联络团防，乃贤绅董分内之事”，但这些绅士却很是“推诿”。同治十年二月十七夜匪徒窜匿孝丰境内时，本地绅民耳目较近，但对官方并未主动提供线索。直至大兵到境，匪徒的行踪才被访获。绅士们在当中并未发挥任何作用。⑤ 地方绅士的这

① 《清穆宗实录》卷三百四十四，“同治十年十一月丙申”条。
② 光绪《霍山县志》卷九《人物志上·宦迹》，光绪三十一年刊本。
③ ［清］宗源瀚：《颐情馆闻过集·守湖稿》卷八《词讼·禀抚臬巡（五月某日）》。
④ ［清］宗源瀚：《颐情馆闻过集·守湖稿》卷八《词讼·示稿》。
⑤ ［清］宗源瀚：《颐情馆闻过集·守湖稿》卷六《捕防·孝丰善后局绅刑部员外王景沂禀批（三月初三）》。

种态度及行为，应当与太平天国时期饱受打击后的余悸多有关系。因为在战争期间，地主阶层受到沉重打击的同时，乡村农民的抗租斗争亦被有力地激发出来。①

在这样人心紧张而迷乱的时代，确实需要政府重塑正统、恢复传统的秩序感。各级官吏在战后也采取了比较积极的措施，在从朝廷到地方的上下配合下，跨政区的合作很顺利地得以展开。萧公权认为，在 19 世纪后半期，长期的争斗、骚乱、盗匪和反叛的频发，表明整个乡村行政控制结构已成空架子，也可以说明其控制在快速地崩溃。构成乡村控制体系的各种辅助组织，大部分变得无效，②此一说也并非全部符合历史实际，但因政治环境变化造成的王朝统治的危机感，应该是切实存在的。

一般而言，政区边界交错地带的行政，历来最为烦难，③而所谓隔属不相关的惯习与思想，常常无形中让地方官员囿于本地工作而自安。很少有打破行政限隔，为缉捕流窜盗匪，插手邻县政务的情形。当然这样的行为，在不同地方的官吏们看来，每每被视为越限而心怀不满。同治时期长兴县等地出现的盗匪活动，被披上了民间宗教的外衣。这种遭国家正统意识形态严厉抵制的行为，必然会引起从地方到朝廷的高度关注。跨政区、跨地域的行政合作，就显得十分必要。像长兴知县赵定邦为捕盗而关心并插手邻县事务，不但不会招致反对，而且可以赢得省级官府以至朝廷的称赏。

同治十年春天发生的匪乱事件及政府的应对举措，无疑是王朝统治遭受严重冲击后，地方行政与乡村民生常态的一个真实写照。像长兴县等地这样的三省交界区域，经济上的困难与社会、文化的混乱，交织在一起。④战争给人们造成的创伤，给地方政府带来的许多烦难，给社会环境带来的诸多破坏，⑤影响依旧深远。

---

① 傅衣凌：《太平天国时期江南地区农民的抗租》，原载《厦门大学学报》1986 年第 4 期，收入氏著《休休室治史文稿补编》，中华书局 2008 年版，第 164—165 页。

② 萧公权 Hsiao Kung-chuan, *Rural China: Imperial Control in the Nineteenth Century*, Seattle: University of Washington Press, 1960, p. 503。

③ 参冯贤亮：《明清江南地区的环境变动与社会控制》，上海人民出版社 2002 年版，第 328—360 页。

④ 类似这样的区域社会，在中国还有很多。例如陕西、四川和湖北的秦岭、大巴山区在清代中期的相关问题，可参（美）孔飞力：《中华帝国晚期的叛乱及其敌人》，中国社会科学出版社 1990 年版，第 38—41 页。

⑤ 冯贤亮：《十九世纪后期的江南：循着〈清国漫游志〉的路程》，《复旦史学集刊》第三辑“江南与中外交流”，复旦大学出版社 2009 年版，第 207—230 页。

第十一章　地方政治和社会变化

一、地方评判与感觉

明清时期江南州县衙门公署的内外环境，已在本书的论述中，有了一个宏观的建构。官僚体制的充分培育及其架构，地方行政的施展与社会反应，官、绅、民关系的复杂勾连与矛盾冲突等，也有了比较多的阐明。可以说，州县官吏依照不同区划、系统有效地编排于地方，自上而下形成极强的垂直控制体系，在地方而言，从中产生的任何有损王朝统治的破坏力或影响因素，也极易被消弭。不过，州县官府与其管辖的地方社会，确乎时常存在"对立"的情绪和行动。

就衙门而言，普通民众往往心存畏念。他们与衙门的关系，曾有"望官衙如在天上"的俗谚，①聊示两者之间心理上的巨大隔膜。明代湖州府的一位知府王珣，在向朝廷的奏疏中，曾言及该府的孝丰、天目、鱼池、灵奕、金石、广苕、浮玉、太平、移风九个乡的百姓，经常向政府反映一些生活或工作上的客观困难，如僻居深山、道路险阻、不通舟楫，以致有所谓"老死山林不见官府者"。②

这些是普遍的情况，地方百姓难见官府是很正常的，乡民有事，常常委托粮长出面办理，所以乡村百姓"有终身不识城市者"。所谓"城市"，当然是州县衙门所在的治地。明代后期松江华亭人何良俊曾说："忆得小时见府君为粮长日，百姓皆怕见官府。"到明代中后期，百姓"十九在官，十一在家；身无完衣，腹无饱食，贫困日甚"，而国家逋负日积，"岁以万计"；即使缙绅

---

① ［清］黄印辑：《锡金识小录》卷一《备参上・风俗变迁》，乾隆十七年修、光绪二十二年刊本。

② ［明］王珣：《添设孝丰县疏》，载同治《孝丰县志》卷一《方舆志・沿革》，同治十二年修、光绪三年刊、光绪二十九年补刊本。

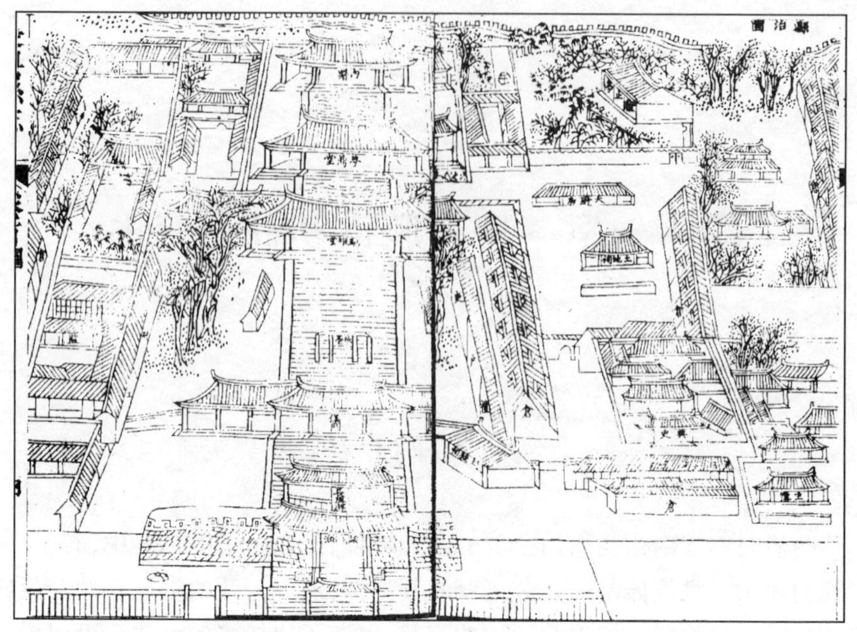

图一 设置完备的长兴县衙体现了官民之间存在的固有距离

（据嘉庆十年《长兴县志》所绘）

之家，也是“差役沓至”；征租索钱的胥吏，日夕候于门前。① 官衙中的文移往来、岁时申报、词讼招详、官评册揭等工作纷繁芜杂，却多让贪官污吏们得以钻营取利，终使劳民伤财，弊多而久。② 清初的黄六鸿专门提到“东南州县”的这类问题：“每遇值年，则粮胥书总、保歇图差与在城之棍虎，若群蚁聚羶，咸思蚕食，于是多方恐吓，假公济私。”他们利用掌握的差票，向百姓索诈，“不大快其所欲不止”。所以乡民就有了这种“望城市如地狱、见差胥如狞鬼”而魂飞胆慄之感。③

另一方面，在明清时期的文献中，时常可见的地方百姓对于衙门吏治的不信任感，与州县衙署的疏离感是同时存在的。一个有趣的事例是，有位官员在县衙前书有“三不要”，并作注说：“一不要钱，二不要官，三不要命。”次早再看时，每行下面已被人各添二字：“不要钱”曰“嫌少”，“不要官”曰“嫌小”，“不要命”曰“嫌老”。④ 这显然是一个大笑话，但确实也是现实生活的

① ［明］何良俊：《四友斋丛说》卷十三《史 九》，中华书局1959年版，第109—110页。

② ［明］谢肇淛：《五杂俎》卷十四《事部二》，中华书局1959年版，第397页。

③ ［清］黄六鸿：《福惠全书》卷六《钱谷部·催征》，“甦排落甲”条，光绪十九年文昌会馆刻本。

④ ［清］宋荦：《筠廊偶笔》卷上，上海古籍出版社2012年版，第17页。

一种真实反映。所以,地方行政败坏的一个重要影响,是乡民们开始不把衙门当作其寻求正义或保护的地方,而是作"毁灭性的陷阱",宁可冤屈,也不愿冒险到衙门里打官司。①

在很多情形下,代表官府办理基层社会事务的,都是那些书办、里书、粮役等等吏役,而不是州县正印官本人。因此,所谓官府对于民间的扰害、利益的侵夺,甚至狱讼之处理、赋役的安排等,都是经由吏役这一层而产生的。从这个层面而言,地方社会对于"蠹吏"及其形象的评判及感受,时常会与地方官府或绅士等有力阶层纠缠在一起,很难真正区分清楚。

在永乐年间,松江地方发生大水时,朝廷命通政赵居任治水。赵氏在超果寺桥上察看后,下令居民插茭芦于水田中,说"望青亦可"。结果后来都据以起税,故时有"白水征粮赵通政"之谣。② 官府对民间进行"巧取"的类似事例,在明清时期是不鲜见的。但更多的,则是明目张胆的"豪夺"。而这些巧取豪夺,可以说都是在蠹吏们的安排下进行的。

李乐曾讲述其家乡桐乡县青镇的事例,说明了地方官员及胥吏们对百姓的危害,以及民间产生的强烈不满:③

> 本馆设有巡捕一员,承上接下,似不可少。但苦数十年来一官署务,便仰视积书五六为师,盐不经心,盗置末务,渺视守、巡二道及本馆禁约,专一接受手本,擅理民事,一词才入,非银数钱不差人。及至问词,大约官须五六钱,书手二三钱为例。事情稍大,贿及二三两余。本镇民俱以小本为生,捕官辄指呈堂为由,往来非四五日不了,民所最患,愿脱衣典当,揭债求免。刁民大户,欲逞豪势,以酒食结纳,授词凌虐。此官在镇一日,官与积书、弓兵非日八十两不充其欲,一年不下七八百金。膏髓暗抽,涕泪日堕。民间隐痛,未有甚于此者。众议集思,唯有台端严示禁约,刊立板榜,不得擅受民间一字,庶几大害可杜,蚁芥安生,阴功无量。蒙三台各上司严批,永永裁革,不得再行擅受。

巡捕官虽非州县正印官,但在乡镇地方俨然又是一位土皇帝,在接收民间词讼、处理地方纠纷时,百姓不花钱就不派人。一般情况下是官员拿五六钱、书手拿二三钱,多的可以拿到二三两;甚至还有的故意拖延办理时间,以

---

① 萧公权 Hsiao Kung-chuan, *Rural China: Imperial Control in the Nineteenth Century*, Seattle: University of Washington Press, 1960, pp. 415 - 416。

② [明] 撰人不详:《云间杂志》卷下,奇晋斋丛书本。

③ [明] 李乐:《见闻杂记》卷十,第 877—878 页。

便获取更多的利益。他们又与地方大户相勾结,对百姓敲骨吸髓。故地方士民强烈要求上级官府载革这个巡捕官,最后得以成功。

无锡泾里(今张泾镇)人顾宪成(1550—1612),在万历二十二年因忤旨被削职为民后,居于家乡讲学,适逢万历三十一、三十二年税棍害民致死案的发生。他在给浒墅镇榷关使者的信中,沉痛指出这一影响地方的大事,以及各处设税对民间的侵害问题:①

> 当岁癸卯、甲辰间,税棍俞愚、金阳等所在恣行,民不堪命。敝里有牙行赵焕者,慨然发愤具呈前抚院曹嗣老公祖,尽暴其奸。俞愚一班痛恨入骨,适遇焕于江阴之长泾,缧绁之而去,杀而沉其尸于河,则是赵焕为地方而受祸也。……窃计敝里之去城则四十里也,去浒墅则百里也,贸迁在四十里之近,输税在百里之远,无乃非人情乎?而况转水河头,恰当城郭之间,业有栅为之限乎?又况所市者,类皆小民日用饮食之需,不必辗转行贩谋子母也。长此不已,只出里门,便应有税矣。只一蔬一腐,皆应有税矣。民何所措手足乎?

崇祯年间,继死于嘉善知县任上的刘大启,署县事的是聂胤绪,他一开始就强行编役十二亩,完全听任乡绅安排"册书",所谓"每区必送稿大宦而后定",对此民间有"编役无聂公,册书依旧穷"的谣语。②

赵南星曾讲过,"今佐领官所在贪肆害民,正官有缺,必令署事入门,即征租税,以图加收,日夜敲朴,急于星火"。这就是民间俗言中流传的"署印如打劫",并非虚语。③ 所以冯梦龙认为,州县地方很需要"朴实"的佐贰官吏。他举了由监生任长洲县丞的山东马信的故事:"一日乘舟谒上官,上官问曰:'船泊何处?'对曰:'船在河里。'上官怒,咤之曰:'真草包!'信又应声曰:'草包也在船里。'"冯氏强调这个朴实的县丞"清谨奉法,一无所染",县治还保留有他的"去思碑"。他认为:"如此草包,岂不胜近来金囊玉箧!"④

应该提到的是,江南地方"刁讼"成风。⑤ "吴中民黠",词讼必会牵累他

---

① [明] 顾宪成:《泾皋藏稿》卷四《柬浒墅榷关使者》,文渊阁《四库全书》本。

② [清] 佚名:《武塘野史》,不分卷,"崇祯十五年壬午"条,清抄本。

③ [明] 赵南星:《赵忠毅公诗文集》卷二十《典铨疏 · 鼓舞士气安民生疏》,崇祯十一年范景文等刻本。

④ [明] 冯梦龙:《古今谭概》专愚部第四,"呆县丞"条,中华书局 2007 年版,第 44 页。

⑤ 相关研究可参侯欣一:《清代江南地区民间的健讼问题——以地方志为中心的考察》,《法学研究》2006 年第 4 期;王刚:《清代江南地区健讼问题研究》,苏州大学硕士学位论文,2006 年;徐忠明:《众声喧哗:明清法律文化的复调叙事》,清华大学出版社 2007 年版,等等。

人“以图报复”,可能是莅任江南的地方官员们的共识。① 海瑞就说,每到常规的初二、十六日放告时,词状动以三四千计。②

宣德五年间,以廷臣身份担任松江知府的赵豫,每遇并非紧急的讼事,就谕知百姓“明日来”,其目的是希望因一时之忿的讼者“经宿气平,或众谓解纷”,最终息讼。故时有“松江太守明日来”之谣。③ 再如,万历四十七年任长洲知县的福建同安人叶成章,据说上任时“浑穆不省事”,俗呼“叶木头”。但是仅过了三个月,“纤悉利弊,烛照数计,拔其奸之尤者,重创之,群吏屏息。钱粮征比,恒至达旦,不轻差一人,亦不轻议一重辟。狱讼清息,胥吏有衣敝踵决者”,④因而深得士民爱戴。

在王有光收集的江南谚语中,有一句是讽刺明末一位知州的:“日以酒色为事,民词案牍从无清理,一切委之吏目。其吏目亦无明白审办者,一味颟顸了事。”时人就说:“知也糊,目也糊。”⑤这位地方官的“糊涂”为政,在明清时期并不鲜见,也可以代表一些官吏在江南短暂莅任时的敷衍行为。

松江人董含曾以民间俗谣的形式,指出履任当地的官员“往往不能廉洁”:“秀野原来不入城,凤凰飞不到华亭。明星出在东关外,月到云间便不明。”董含所举的例子,是清初力行增设新县娄县的知府李正华,言其“矫廉饰诈”,刚来时“行李萧然”,去任时却“方舟不能载”。⑥

但外来从政者,倘若真的尽心于地方政事,遭受的挫折也常常难以逆料。

崇祯年间,在镇江知府印司奇的努力下,不到两年,所管辖的州县行政都有了良好转变。时为丹阳县秀才的葛麟这样称颂道:“往者豪宦横肆,今闭门自守矣;往者士风奔竞,今干谒不通矣;往者僚佐窃柄,今词状不纳矣;往者猾吏舞文,今案牍惟谨矣;往者虎役无厌,今酒食不索矣;往者盗贼纵横,今夜行屏息矣;往者奸凶豪奴得志,今良善大兴矣”,皆因印知府“廉明公正”。但因得罪了当权者、乌程人温体仁(1573—1638),印氏被问责送归乡里。葛麟即于崇祯十二年赴京上诉,为其申冤。⑦

康熙年间,嘉定地方对前后相继的两位知县的不同态度,也很能体现

---

① ［明］刘时俊:《居官水镜》卷一《理县事宜》,“驭役之法”条。

② ［明］海瑞:《海瑞集》上编《被论自陈不职疏》,中华书局1962年版,第237页。

③ ［明］撰人不详:《云间杂志》卷中,奇晋斋丛书本。

④ 乾隆《长洲县志》卷二十一《宦迹》,乾隆十八年刻本。

⑤ ［清］王有光:《吴下谚联》卷一,“猪也糊木也糊”条,中华书局1982年版,第26页。

⑥ ［清］董含:《三冈识略》卷三,“谣谶”条,辽宁教育出版社2000年版,第59页。

⑦ ［明］葛麟:《葛中翰集》卷一《讼印知府冤疏》(崇祯十二年),收入［清］潘锡恩辑:《乾坤正气集》卷四百五十四,道光二十八年袁江节署求是斋刊、同治五年印行本。

"民意"。康熙十三四年间,被视为"贪黩"的嘉定知县赵昕,准备将贪贿所得载归故乡,"时荒乱,乡人夺之,焚其居,赵亦随以狂疾卒于官。引发,[illegible]人争拾瓦砾击之;又佯为儋负者,没其余赀。妻子贫馁,至不能营葬。"这是"贪黩者"的惨报。代之任知县的是平湖人陆陇其,"到官之日,除弊政,绝馈遗。薪水取给于家,夫人率婢妾以下纺织给鱼菜。日与绅士之贤者,讲道论学,当午辄出粗粝共食。"在其离任之际,"留者輷輷殷殷遮道而哭,海内争欲望见其颜色"。这是人们对"廉洁者"的感恩。①

清初的松江府地方,本来赋役沉重,因迭逢灾眚,兼之官吏贪污,更使民不堪命,出现了"六未见之谣",深刻反映出当时的风俗民情:②

一未见,华亭县丞打知县。

华令郑之翰,与县丞韩廷遇争火耗,为韩所殴,几毙。

二未见,焚城杀人官勿断。

东关营兵杀黄氏兄弟,告官,逐出免究。

三未见,扯住乡人作谋叛。

张知府羽明指乡人为谋叛,忽起大狱,株连者甚众。

四未见,招赦钱粮官弗算。

奉旨蠲本年地丁三分,郡县匿蠲,严刑追比。

五未见,一两耗银四钱半。

时加耗甚重,上(海)、青(浦)两县尤甚,正银一两,加耗至四五钱者。

六未见,百物俱贵米独贱。

米价每石四钱。

也可以认为,地方风气、吏治的好坏,与州县官员有着必然的联系。可是在江南这样社会极形复杂的地区,振肃吏治、扭转恶习往往显得十分艰难。余国柱指出,"三吴风俗浇漓,人心猾诈,刁讼驾祸,尤其惯熟"。③ 府县衙门接到民间控词时的表现,往往是"两可调停,含糊姑息"。胥吏们通过拖延讼期,多收贿赂红包,将民间词讼视为谋取私利的一大财源。因而就有俗语所谓的"种肥田不如告瘦状"。④

在反映明代社会现实的小说《禅真逸史》中,有一篇《唆讼赋》,将衙门

① [清] 刘献廷:《广阳杂记》卷一,中华书局1957年版,第9—10页。

② [清] 董含:《三冈识略》卷五,"谣谚"条,辽宁教育出版社2000年版,第107页。

③ 康熙《江南通志》卷六十五《艺文·余国柱〈禁假命移文〉》,康熙二十三年刻本。

④ [明] 海瑞:《海瑞集》上编《示府县严治刁讼》,中华书局1962年版,第274页。

词讼的黑暗以及讼师的险恶全盘揭出：[1]

> 世道衰而争端起，刁风盛而讼师出。横虎狼之心，悬沟壑之欲。最怕太平，惟喜多事。靠利口为活计，不因而农；倚刀笔作生涯，无本而殖。媒孽祸端，妄相告讦；联聚朋党，互计舞文。阀阅婚姻，一交构遂违秦晋之好；公平田地，才调弄便兴鼠雀之词。搬斗两下相争，捏证打伤人命，离间同胞失好，虚装罟占家私。写呈讲价，做状索钱，碎纸稿以灭其踪，洗牌字而泯其迹。价高者，推敲百般，惟求耸动乎官府；价轻者，一味平淡，那管埋没了事情。颠倒是非，飞片纸能丧数人之命；变乱黑白，造一言可破千金之家。捞得浮浪尸首，奇货可居；缉着诡寄田粮，诈袋在此。结识得成招大盗，嘱他攀扯冤家；畜养个久病老儿，搀渠跌诈富室。设使对理，则硬帮见证而将无作有；或令讲和，则抵银首饰而弄假为真。律条当堂可陈，诰令随口而出。苶罢闻言，即鼓掌而欢笑曰：老翁高见，甚妙甚妙！吾辈真个不及。酒阑定计，乃侧首而沉吟曰：学生愚意，这等这等，执事以为何如？以院司为衣钵，陆地生波；藉府县为化媒，青天掣电。朝来利在于赵，乃附赵以毙钱；晚上利在于钱，复向钱以倾赵。又能餂李客之言，送于张氏之耳；复探张氏之说，悦乎李客之心。刚强辈图决胜，则进嘱托之谋；愚弱者欲苟安，则献买和之策。乘打点市恩皂快，趁请托结好吏书。傥幸胜则曰：非人力不至于此。傥问输则曰：使神通其如命何。或造不根谤帖，以为中伤之阶；或捏无影访单，以贾滔天之祸。彼则踞华屋，被文衣，犹怀虎视之心；孰敢批龙鳞，撩虎须，声彼通天之恶？故欲兴仁俗，教唆之律宜严；冀挽颓风，珥笔之奸当杀。

讼师应该是地方社会生活中普通民众不可或缺的人物，在官方的视野中，也常被叫作"讼棍"，是专营诉讼的"地痞流氓"，声名极坏，可以用教唆词讼、包揽词讼、颠倒是非、打点衙门、串通衙蠹、欺压良民、恐吓诈财等语来描述他们。[2]

至于衙门中的"请托"之弊，确实是"伤人害物，长刁纵恶"之罪魁。[3] 有

---

① ［明］清溪道人编著：《禅真逸史》第二十五回《遭屈陷叔侄下狱　反囹圄俊杰报仇》，上海古籍出版社1990年版，第402—403页。

② （日）夫马进：《明清时代的令师与诉讼制度》，收入（日）滋贺秀三、寺田浩明等著：《明清时期的民事审判与民间契约》，王亚新、梁治平编，法律出版社1998年版，第390—391页。

③ ［明］佘自强：《治谱》卷四《词讼门·请托一》，崇祯十二年胡璇刻本。

图二　俗语画所绘的“熟皂隶打重板子”

人认为，“古今世事败坏，大都由请托得行”。① 如民间有所谓“熟皂隶打重板子”之说，倘有了“请托”，情况就完全不同。按照常规，衙门施刑多少，都由官员判定，皂隶不过是施刑者，“不得重轻其手”，但收了“杖钱”就不一样了。陈龙正说：②

> 近来刑责既滥，官不能细视多少之数，虽定于官，轻重之手则操于隶。每杖约用青蚨百文，不用则出格捶击之。是受刑者又加费也。又原、被成仇，一贫一富，贫者或当责，则富者反以杖钱厚与皂隶，嘱用重手，间有十余杖而毙者，大可伤心。

这似乎也是明清时期皂隶的通病，州县官员纵然明白知晓，仍然无可奈何。③

当然，衙役们平时的无良劣行应该会造成其心理上一定的罪恶感，纾解压力多需仰求鬼神之力。据明末清初苏州人徐树丕的亲身感受，苏州地方

---

① ［明］伍袁萃：《林居漫录》畸集卷四，明万历间刻本，收入《续修四库全书》子部杂家类第1172册，上海古籍出版社2002年影印版，第228页。

② ［明］陈龙正：《几亭外书》卷四《乡邦利弊考 · 刑例四条 · 禁索杖钱四》。

③ ［清］李伯元：《活地狱》第九回“遇酷吏简缺变烦难　受严刑良民负冤屈”，第44页。

盛行的迎神赛会活动中,以每年清明、中元、下元府县官衙主导的城隍神出巡、无祀鬼魂的祭祀、土地神的巡行活动最盛大,“山塘一带观者如云,鼓乐幡幢盈塞道路”,很多妇女甚至在虎丘山塘“赁屋而观”。府县的大小衙役无日不来尽“执事”的义务,原因就在“平日所作过恶众多,冀以一日受役于神,阴销其罪耳”。①

以上这些记述,多属各个时代流露于文人笔端对于州县官吏与衙门的负面感觉。

二、乡宦巨室的影响

值得注意的是,在地方官员的思想中,又存在着“宁得罪于朝廷,无得罪于官长;宁得罪于小民,无得罪于巨室”的思想认识,因为得罪朝廷可以盗取“批鳞”的美名,而得罪小民者“可施弥缝之术”,只有长官与地方巨室不能轻易得罪,否则很快会丢官罢职,遑论吏治了。②

长官们掌握着各种署缺的分派,州县官倘若要求得到好的官缺,“或央情面,或许贿赂”,百般钻营,不良藩司即视地方的美恶作为酬谢之厚薄,州县官名声无论如何狼藉,上司也会优容。贿赂上司官长之钱粮,都是从小民身上搜括而来,因有“权官如劫贼”之谚,③昭示了民间对“权官”的痛恶感。像居于枢要地位的京官,更是地方官员行贿的重要对象。在嘉、道时期,据说这些京官中的“领袖”收入丰腴,“每年得馈遗有至巨万者”。④

而所谓巨室,当然不仅仅是指地主富豪,还应有缙绅之家。笼统地说就是那些“齐民之首”或者“绅士”,为“一邑之望”,⑤很多在江南属于“著姓望族”。⑥ 地方上的这些“大家巨室”,被认为“一方元气”,是“国运”的基础。⑦

紫隄村的望族秦渭就是这样的巨室。在嘉定县民困于输运、很多大户

---

① [明]徐树丕:《识小录》卷四,“吴中巫风”条,稿本,收入孙毓修编:《涵芬楼秘笈》第一集,北京图书馆出版社2000年影印版,第947页。

② [明]谢肇淛:《五杂俎》卷十三《事部一》,中华书局1959年版,第394页。

③ [清]赵申乔:《赵恭毅公剩稿》卷六《牌檄·申严委署以饬吏治事檄》,乾隆二年赵侗敩刻本。

④ [清]欧阳兆熊、金安清:《水窗春呓》卷下,“枢堂”条,中华书局1984年版,第55页。

⑤ 雍正《钦颁州县事宜》,“待绅士”条,同治七年江苏书局刊本。

⑥ 详参吴仁安:《明清时期上海地区的著姓望族》,上海人民出版社1997年版;《明清江南望族与社会经济文化》,上海人民出版社2001年版。

⑦ [明]丁元荐:《西山日记》卷下《日课》,康熙二十八年先醒斋刻本,收入《续修四库全书》子部杂家类第1172册,上海古籍出版社2002年影印版,第370—371页。

图三　俗语画所绘的“朝中无人莫做官”

诡寄运役的时候，这位太学例贡生秦渭“独无所谓，悉系本户而汇之一所，乡之百役，皆一家任之”，“为赋长数十年”，平时所论凡是关乎民间利害以及时政得失，官府“悉就参议”。① 居乡之士大夫“和易近人”，在官府看来是“最为美事”，特别在“施于故交、贫戚”等方面，最能见其“盛德”。② 而士大夫家族本身有着道德上的规范，所谓“不教训子弟，不钤束家奴，而纵令暴横闾里，不有人祸，必有天刑”。③

顾公燮认为，居官之要虽在安顿穷人，但是“尤宜保全富户”，就地方社会而言，“富户”是贫民的依靠。④ 州县官对这些“巨室”要“交以道，接以礼”，不要轻易得罪，不可以权势相压。官府需要借重那些读书敦品之士，转相劝戒民众，使官府的教化工作得以顺利推行。⑤ 嘉善人陈龙正表示，很多巨室还是有“公心”的：⑥

> 巨室有公心，为政果持身无缺，行事合宜，彼自不敢不听。若我未能实有实无诸已，或处之过激，则我固有罪焉。故曰不得罪于巨室。君子自反而已矣。非畏巨室之敢于我抗也。

但是，假如按照嘉靖十三年巡按直隶御史郑坤上奏朝廷的条陈中所言，名宦乡贤的概念是“仕于其地而有政绩惠泽及于民者谓之名宦，生于其地而

---

① ［清］汪永安：《紫隄小志》卷二《人物》，上海博物馆藏康熙五十七年稿本，收入上海市地方志办公室编：《上海乡镇旧志丛书》第13册，上海社会科学院出版社2006年版，第42页；［清］汪永安原纂、侯承庆续纂、沈葵增补：《紫隄村志》卷五《人物》，康熙五十七年修、咸丰六年增修，上海图书馆藏传抄本。

② ［清］曹家驹：《说梦》，道光八年醉沤居士抄本，页四十五。

③ ［明］伍袁萃：《林居漫录》前集卷四，明万历间刻本，收入《续修四库全书》子部杂家类第1172册，上海古籍出版社2002年影印版，第132页。

④ ［清］顾公燮：《丹午笔记》，“居官之要”条，江苏古籍出版社1999年版，第151页。

⑤ ［清］王凤生：《学治体行录》卷上《绅士》，道光四年刻本。

⑥ ［明］陈龙正：《几亭外书》卷一《随处学问・不得罪于巨室》。

有德业学行传于世者谓之乡贤”的话,[①]恐怕很多江南的乡宦都不太够格。

宣德时期况钟在苏州府任上时就发现,苏、松地区势豪大户兼并土地,占种他人田地,动至数十百顷,且“常年不肯纳粮,有司不能究理”,官府稍欲催征,他们就巧构诬词,告讦赖免。[②] 苏州地方缙绅人家的田宅,“无不揽名胜,连阡陌”,多数是由其“门生故吏”代为经营所致。[③] 缙绅们家居时,多致力于“美宫室,广田地,蓄金银,盛仆从,受投谒,结官长,勤宴馈”,也是晚明松江府的普遍现象。[④] 像徐阶(1503—1583)这样的乡宦,在乡里聚敛专横,招致百姓的怨恨更多。[⑤] 类似地,居于湖州南浔镇的尚书董份,因拥有家资过厚,居然也“怨满一乡”。[⑥] 清前期归安人沈炳巽曾举家乡湖州府人谈震方以文选郎家居时“豪横一邑”的事例:“邑之绅士畏之如虎,疾之如仇。邑中凡有公私宴会以及交际往来,如谈在座,则绝无一至者。”[⑦]以及在清代咸、同时期,地方绅士普遍“包揽侵吞,习为惯技”,[⑧]都说明了这类乡宦豪绅的可怕。

官府对其间凭借门第,倚恃护符,包揽钱粮,起灭词讼,出入衙门、武断乡曲的乡宦巨室,理应严加惩治,使顽绅劣士有所收敛。[⑨] 事实上,明清府州县官员中能真正抑制豪强的人,为数极少。像况钟这样虽然有“轻听躁动”等缺点,但当地人“以其异途健吏,能抑豪强”,仍对他颇多赞誉。[⑩] 关键应当在于况钟真正能做到“视民事如己事,诛猾吏,劾贪官,以清弊源”。[⑪]

---

① [明]俞汝楫编:《礼部志稿》卷八十五下《崇祀备考·严名宦乡贤祀》,文渊阁《四库全书》本。

② [明]况钟:《况太守集》卷九《兴革利弊奏疏·请禁词讼牵连越控奏(宣德七年十二月二十六日)》,吴奈夫等校点,江苏人民出版社1983年版,第96页。

③ [清]顾公燮:《消夏闲记摘抄》卷上,“明季缙绅田园之盛”条,旧抄本,收入孙毓修编:《涵芬楼秘笈》第二集,北京图书馆出版社2000年影印版,第631页。

④ [清]董含:《三冈识略》卷四《补遗》,“读书种子不可绝”条,辽宁教育出版社2000年版,第95页。

⑤ 王崇峻:《维风导俗——明代中晚期的社会变迁与乡约制度》,台北:文史哲出版社2002年版,第93页。

⑥ [清]顾公燮:《消夏闲记摘抄》卷中,“董氏悖入悖出之报”条,旧抄本,收入孙毓修编:《涵芬楼秘笈》第二集,北京图书馆出版社2000年影印版,第717页。

⑦ [清]沈炳巽:《权斋老人笔记》卷二,民国五年吴兴刘氏嘉业堂刊本。

⑧ [清]陈康祺:《郎潜纪闻初笔》卷四,“叶文敏因逋赋一厘左迁”条,中华书局1984年版,第68页。

⑨ 雍正《钦颁州县事宜》,“待绅士”条,同治七年江苏书局刊本。

⑩ [明]沈德符:《万历野获编》卷二十二《府县》,“知府赐敕”条,中华书局1959年版,第575页。

⑪ [明]况钟:《况太守集》卷首《记(道光六年陈文述撰)》,吴奈夫等校点,江苏人民出版社1983年版,第13页。

至于乡宦巨室的亲族对地方社会的恶劣影响,有时甚至超过了乡宦本身。苏州缙绅家庭的"豪奴悍仆",都是倚势横行乡里,使百姓"不能安居";而市井小民只有投身其门下,"得与此辈水乳交融",成为那种"城狐社鼠",才有望获取更多的利益。① 松江人范濂指出当地存在的特殊现象,就是那些乡宦年久官尊,在地方上极具威望,而其子姪及妻族内亲俗称"老婆舅"之类,"辄谓有司无可奈何乡宦,而乡宦又无可奈何我们"。② 进士、曾官至礼部侍郎的松江人张鼐的儿子"张大爷",倚仗父亲权势,"惯以棒椎打人",被松江人称作"张棒椎",十分凶暴。然而在鼎革后,其家资尽废,六十多岁依赖在华亭衙门中做捕役谋生。③

乡宦威权的获得,其初当然得益于科举的成功。明末清初的苏州人顾公燮,以其亲历,深刻地论道:④

> 明季缙绅,威权赫奕。凡中式者,报录人多持短棍,从门打入厅堂,窗户尽毁,谓之"改换门庭"。工匠随行,立刻修整,永为主顾。有通谱者,招婿者,投拜门生者,乘其急需,不惜千金之赠,以为长城焉。尤重师生年谊,平昔稍有睚眦,即嘱抚按访拿。甚至门下之人,遇有司对簿,将刑,豪奴上禀"主人呼唤",立即扶出,有司无可如何。其他细事,虽理曲者,亦可以一帖弭之。出则乘大轿,扇盖引导于前。生员则门斗张油伞前导。婚丧之家,绅衿不与齐民同坐,另构一室,名曰"大宾堂"。盖徒知尚爵,而不知尚德尚齿矣。至本朝康熙年间,尚有此风。

顾公燮记忆中地方举子科考中式后的威风情形,正是由科举本身所发挥的威力而来。⑤ 同属明末清初人的叶梦珠这样讲道:"一登科甲,便列缙绅,令人有不敢犯之意,非但因其地位使然,其品望有足重也。"⑥在松江人何良俊(1506—1573)生活的时代,"士大夫家居,皆与府县讨夫皂",这种本属过分的要求,虽屡经禁革,"终不能止",每名致仕乡官,都由官衙拨派皂夫

① [清]顾公燮:《消夏闲记摘抄》卷上,"明季缙绅田园之盛"条,旧抄本,收入孙毓修编:《涵芬楼秘笈》第二集,北京图书馆出版社2000年影印版,第631—632页。

② [明]范濂:《云间据目抄》卷四《记赋役》,民国年间上海进步书局印行本。

③ [清]曾羽王《乙酉笔记》,旧抄本,收入上海人民出版社编:《清代日记汇抄》,上海人民出版社1982年版,第5页。

④ [清]顾公燮:《消夏闲记摘抄》卷上,"明季绅衿之横"条,旧抄本,收入孙毓修编:《涵芬楼秘笈》第二集,北京图书馆出版社2000年影印版,第630—631页。

⑤ (日)斯波义信:《中国都市史》,布和译,北京大学出版社2013年版,第86页。

⑥ [清]叶梦珠:《阅世编》卷四《士风》,上海古籍出版社1981年版,第83—85页。

二名、轿夫四名、伞夫一名。[①] 而在吴江县，乡绅家居时期，县衙曾要专门拨派九名“舆隶”（轿夫），以供乡绅出入使用。[②]

退官或返乡后的绅士，确实颇具话语权威，威望极高，甚至“居间请托，估计占夺”也无所不为。[③] 嘉靖七年（1528）到太仓州任知州的陈璜就说，凡地方兴革等大事，“必集儒绅耆彦议”。[④] 地方衙门“受乡绅请托”之风，大概在嘉靖末年已经很盛。[⑤] 明末著名绅士刘宗周也指出，在江南这个冠盖辐辏之地，“无一事无绅衿孝廉把持，无一时无绅衿孝廉嘱托”。[⑥]

对“小民”而言，这样的缙绅地主，绝大多数在地方上拥有巨量的政治、经济资源，人际关系广而深，当然都属于地方势豪之列，即使他们的家僮，不但数量庞大，而且十分威风。大概从元代以来，江南“富家大族役使小民，动至千百，至今佃户、苍头有至千百者，其来非一朝夕也”。[⑦] 官绅的家奴对地方的扰害，倘不能被节制，将产生更多的负面影响。在京为官的昆山人顾鼎臣得知家奴“欺凌乡民、在外生事”，甚至有“兜揽乡民粮，上仓代纳”，假托顾家名目，谋取利益，十分震怒，给其长子履方写信，认为这是“亏官损民，坏我家风”，要求“访察仔细，捉拿痛加惩治”；而对平素相厚的知府、知县，“切不可凭人哄以事嘱他县中，等闲不可进去相见，分付家人倍加小心谨慎，毋得恃熟不尊、欺凌它人、惹气惹祸”。[⑧] 像顾氏这样比较注意管束家奴的官绅，应该只具代表意义，并非普遍。在嘉定地方的巨室大家，据说僮仆“多至万指”，“平居乘气，为横乡间”。[⑨] 王士性说，浙西的杭、嘉、湖地方多巨室大豪，“若家僮千百者，鲜衣怒马，非市井小民之利”。[⑩] 再如苏州乡绅徐廷禄的家童，据说能致厚产，豪横于乡间，“乡人畏之如虎”。[⑪]

不过，倘要摆脱势豪人户的奴仆身份，也并非易事。太仓人、号称清代

---

① ［明］何良俊：《四友斋丛说》卷三十五《正俗二》，第318页。

② ［清］陆文衡：《啬庵随笔》卷四《风俗》，光绪二十三年吴江陆同寿刻本，台湾广文书局1969年影印版。

③ ［明］郑瑄：《昨非庵日纂》三集卷九，“惜福”条，明崇祯刻本。

④ ［明］陈璜：《太仓州大东门闸记》（嘉靖十年），载［明］张国维：《吴中水利全书》卷二十五，文渊阁四库全书本。

⑤ ［明］沈德符：《万历野获编》卷十九《臺省》，“私书”条，中华书局1959年版，第494页。

⑥ 吴晗：《明代的新仕宦阶级，社会的政治的文化的关系及其生活》，载中国社会科学院历史研究所明史研究室编：《明史研究论丛》第五辑，江苏古籍出版社1991年版，第1—68页。

⑦ ［明］于慎行：《谷山笔麈》卷十二《赋币》，中华书局1984年版，第139页。

⑧ ［明］顾鼎臣：《顾文康公文草》卷十《书牍·家书》，中国科学院图书馆藏万历至顺治顾氏家刻本，收入《四库全书存目丛书》集部第55册，齐鲁书社1997年影印版，第451—454页。

⑨ 万历《嘉定县志》卷二《疆域考下·风俗》，万历三十三年刊本。

⑩ ［明］王士性：《广志绎》卷四《江南诸省》，中华书局1981年版，第67页。

⑪ 郝秉键：《晚明清初江南“打行”研究》，《清史研究》2001年第1期，第13—26页。

“娄东十老”之一的陆世仪(1611—1672),曾讲过一个晚明常州的世家奴仆子弟,虽读书有成,能取得功名,但是很难摆脱奴仆身份的故事:①

> (常州)吴世睿有家僮张峣者,能文章。少受业于赵自新,两张(张采、张溥)收之为弟子,列名社录,主人不之许,使之供隶役,职抄誊。羲耻之,避之南张(张采)所。延陵拘系峣之父母,南张为峣请甚力,事虽解,而使执役如故。峣不能堪,举家徙之武陵(武进),吴来之处之宾席。未几,两张言之学使者,厕吴江学序。延陵控之当事,求正叛亡罪,卒不胜。久之,两张嘱(太仓)知州事周仲琏,仲琏携来之手书,造延陵,进赎金,为峣削隶籍。

另一方面,地方社会生活中一直存在着拜金风习,以及人们看到的那些乡豪富室因拥有巨量经济资源而能产生的较大社会影响力。当时人有所谓“劝人没钱休投亲,若去投亲贱了身”之叹。朱元璋的九世孙朱载堉(1536—1610),写有一曲《钱是好汉》,反映的正是彼时的世态人情:②

> 世间人睁眼观看,论英雄钱是好汉。有了他诸般趁意,没了他寸步也难。拐子有钱,走歪步合款。哑叭有钱,打手势好看。如今人敬的是有钱,蒯文通无钱也说不过潼关。实言,人为铜钱,游遍世间。实言,求人一文,跟后擦前。

虽然财富的力量敌不过官府的权力,俗语所谓“穷不与富斗,富莫与官斗”,③但是在对金钱的贪欲及社会风气恶化的影响下,官吏群体普遍有拜金之习。晚明以来社会风气多变,拜金逐利似已成普遍之势。万历年间人伍袁萃认为:“今天下人惟利是趋,视仁义若土芥,不复顾惜。”④在官场中,像唐甄所言:“今之为吏者,一袭之裘,值二三百金,其他锦绣视此矣;优人之饰,必数千金;其他玩物视此矣;金钱,银罂,珠玉,珊瑚,奇巧之器,不可胜计。”达至这样的生活状态,可以获得社会的“认可”,被视为“能吏”:“市人

---

① [清] 陆世仪:《复社纪略》卷四,清抄本。

② [明] 朱载堉:《叹人敬富》、《山坡羊·钱是好汉》,收入路工编:《明代歌曲选》,上海:古典文学出版社 1956 年版,第 77 页。

③ (美)何炳棣 Ho Ping-ti, *The Ladder of Success in Imperial China: Aspect of SocialMobility in China, 1368 - 1911*, Columbia University Press, 1962, pp. 44 - 45。

④ [明] 伍袁萃:《林居漫录》别集卷三,明万历间刻本,收入《续修四库全书》子部杂家类第 1172 册,上海古籍出版社 2002 年影印版,第 165 页。

慕之，乡党尊之，教子弟者劝之”。相反，那些廉吏是“出无舆，食无肉，衣无裘”，就是所谓“无能”了，被市人轻贱、乡党耻笑。① 嘉定知县陆陇其为太仓人陆世仪遗著所写的叙言中，就深刻地指出，这种“功利之习”已是浸淫于人心，到了根深蒂固而不可拔的境地。② 即如古人所重的乡饮酒礼，到清初早已被地方官府视为“奉行故事”之举，只要有钱，就可以参加到此种隆重的典礼活动中。据华亭人董含的观察：“东村有一土豪陈姓，西郊有一市侩黄姓，二人最微贱，胥以贿得之，虽不敢赴饮，而俨然以大宾自居。”这样的情形，被董氏视为对古礼的玷辱。③

而在官府的视野中，俗语中所谓“财即是命”，官吏们“却要他命”，毕竟命重于财，倘人爱命就会不吝财。在官府行催科之法时，也重视“取命”的策略：“先悬解京定罪斩、绞、籍没、流徙重典，而后为逾额之派，非时之征，加一加二之耗，勒限时日之奏销，有小逋或少愆期者，法无赦。典质称贷，卖男鬻女，救命之不暇，尚敢与论轻重，争多寡哉?”“取命”策略贪官们公用之，而地方土豪们则私用之。④

同时，很多人认为，无论功名还是官衔，都是可以通过钱财轻易地获取。地方官府“惟力是视，有钱者生。”⑤生活于嘉庆至道光年间的沈垚就说：“当今钱神为贵，儒术道消。”虽然此话比较适用于清代后期，⑥但不少人在入仕之初，也不过是求温饱、博显荣而已，⑦要求颇低。古人视野中的仕宦道路，本被认为“干功立业、治世治民之具”，发展至后世，“则以之糊口赡家，他非所计也”，至于“以清廉自矢，不必赚钱语之者”，多被目为“痴”人。⑧ 以清望为重的士大夫，多崇尚财货，“见有拥厚赀者，反屈体降志，或订忘形之交，或结婚姻之雅，而窥其处心积虑，不过利我财耳”。⑨ 衙门中自吏书而下，则

---

① ［清］唐甄：《潜书》下篇上《富民》，中华书局 2009 年版，第 107 页。

② ［清］吴德旋：《初月楼续闻见录》卷一，台湾商务印书馆 1976 年版影印本，页 1a。

③ ［清］董含：《三冈识略》卷六《补遗》，“乡饮酒”条，辽宁教育出版社 2000 年版，第 139 页。

④ ［清］陆文衡：《啬庵随笔》卷四《风俗》，光绪二十三年吴江陆同寿刻本，台湾广文书局 1969 年影印版。

⑤ 吴晗：《明代的新仕宦阶级，社会的政治的文化的关系及其生活》，载中国社会科学院历史研究所明史研究室编：《明史研究论丛》第五辑，江苏古籍出版社 1991 年版，第 1—68 页。

⑥ 何炳棣 Ho Ping-ti, *The Ladder of Success in Imperial China: Aspect of SocialMobility in China, 1368 - 1911*, Columbia University Press, 1962, pp. 50 - 51。并参徐泓译注《明清社会史论》，台北：联经出版事业公司 2014 年版，第 57 页。

⑦ ［清］方大湜：《平平言》，但湘良《序》(光绪十三年)，光绪十八年刊本。

⑧ ［清］百一居士：《壶天录》卷中，光绪间申报馆仿聚珍板印本。

⑨ ［清］董含：《三冈识略》卷十，“三吴风俗十六则”条，辽宁教育出版社 2000 年版，第 225 页。

"无一事不欲得钱,无一人不欲作弊"。[①] 清代中期青浦县北杨庄人王有光就说:"今人相见,不论官民士大夫,开口即道'发财'",以为"发财"二字是吉利之颂。[②] 而社会生活中的钱权交易,早已成了常态。只要有钱,什么事都可办成。明末小说《型世言》中有这样一段概论:[③]

> 如今人最易动心的无如财,只因人有了两分村钱,便可高堂大厦,美食鲜衣,使婢呼奴,轻车骏马。有官的与世家不必言了,在那一介小人,也装起憨来。又有这些趋附小人,见他有钱,希图叨贴,都凭他指使,说来的没有个不是的,真是个钱神。但当日有钱,还只成个富翁。如今开了个工例,请书的萤窗雪案,朝吟暮呻,巴得县取,又怕府间数窄分上多,府间取了,又怕道间遗弃。巴得一进学,侥幸考了前列,得帮补,又兢兢持持守了二三十年,没些停降。然后保全出学门,还只送教职、县佐贰,希有遇恩遴选,得选知县通判。一个秀才与贡生何等烦难!不料银子作祸,一窍不通,才丢去锄头、匾挑,有了一百三十两,便衣巾拜客。就是生员,身子还在那厢经商,有了六百,门前便高钉"贡元"扁额,扯上两面大旗,偏做的又是运副运判,通判州同,三司首领,银带绣补,就夹在乡绅中出分子、请官,岂不可羡?岂不要银子?

譬如,在沿海的太仓州茜泾镇地方,告飞赌博之风盛行,有滋事之徒,常欺诈良懦,"其怕见官,往往出钱私和"。[④] "见官"意味着又得遭受衙门的敲剥,困苦无力的小民只能向恶霸无赖低头。在较为富庶的地方,譬如无锡县,当地乡村百姓同样是"望官衙如在天上,见差役则畏惧避匿",他们向官府纳粮输税是通过一些中介人或地方有力人物来完成的。[⑤] 其他稍形不同的,就属昆山人龚炜所讲的这种情况:他以往看到村民言及官吏,俱有怖色,认为此风最好。但是后来社会变迁,情况多有不同,一些下层民户稍微富足一些,"便与胥吏亲热,遇细故辄控更一二事",于是"视公庭如熟路";

---

① [明] 佘自强:《治谱》卷二《到任门 · 房科事体条约》,崇祯十二年胡璇刻本。

② [清] 王有光:《吴下谚联》卷三,"发财"条,中华书局1982年版,第102页。

③ [明] 陆人龙:《型世言》二十三回《白镪动心交谊绝　双猪入梦死冤明》,收入《韩国藏中国稀见珍本小说》第五卷,中国大百科全书出版社1997年版,第356—357页。

④ [清] 倪大临纂、陶炳曾补辑:《茜泾记略》(不分卷)"风俗",乾隆三十七年纂、同治九年增补抄本。

⑤ [清] 黄印辑:《锡金识小录》卷一《备参上 · 风俗变迁》,乾隆十七年修、光绪二十二年刊本。

“乡村如此，城市可知，案牍之所以日繁也”。① 更早的事例，可举董含在清初所论松江的贱役“农民”，专门负责府县系统的柬帖传递工作。松江城北关外有一徐姓者，因充此役致富，其子援例捐成监生，后纳运判之官，“挥金交结当事”而扬扬自得。②

透过上述这些社会现象，可以清楚地感受到明清时期地方社会确实存在的比较紧张的官民关系，官府在赋役等方面给贫苦民众带来的巨大压力，以及其间勉强维持的平衡状态。

三、风 气 恶 化

自明初以来，政府的理想设计，是经由法制的创立，能长期维持“田有定额，赋有常经”，以致达成“上足国用，下固邦本”的理想状态。到明代中期以后，法制已然大坏，“府州县总书、书手通同贪污，官吏上下之间，关节相通，造作奸弊，无所不至”。很多州县官员都是初入仕途，“百责所萃，未及三四年，升迁交代，孰能勾稽磨算以摘发其奸哉?”③

降至晚明，应该普遍存在的“天下吏治日衰，教化不获宣布，词讼不获速理，耕敛不获时省”的社会现实，究其原因，其弊仍在“上官好趋承而参谒繁也”，④亦如清人所评判的：“吏治迭变，为循为酷，或猛或宽，视上好尚以为转移。”⑤因而风气代有不同，且有日趋败坏之势。在成化二十年进士、吴县人杨循吉（1456—1544）的笔下，官员群体中多有“酷吏”之相：⑥

> 酷吏面上无慈色，手中长提法三尺。怒肉横生髯奋张，高呼拍案气扬扬。鞭笞在前视如戏，人血纵横流满地。水荆尚怪轻，铜包大杖犹嫌细。贫穷百姓真可怜，每每见官多被鞭。忍饥忍痛哭向天，公人更觅杖

---

① ［清］龚炜：《巢林笔谈续编》卷下，乾隆三十四年刻本。

② ［清］董含：《三冈续识略》卷下，“煞神”条，辽宁教育出版社2000年版，第262页。

③ ［明］顾鼎臣：《顾文康公文草》卷一《陈愚见划积弊以裨新政疏》，中国科学院图书馆藏万历至顺治顾氏家刻本，收入《四库全书存目丛书》集部第55册，齐鲁书社1997年影印版，第265—268、270页。

④ ［明］伍袁萃：《林居漫录》畸集卷四，明万历间刻本，收入《续修四库全书》子部杂家类第1172册，上海古籍出版社2002年影印版，第231页。

⑤ ［明］况钟：《况太守集》卷首《序》，道光六年董国华序，吴奈夫等校点，江苏人民出版社1983年版，第5页。

⑥ ［明］杨循吉：《松筹堂集》卷二《古诗·酷吏行》，北京图书馆藏清金氏文瑞楼抄本，收入《四库全书存目丛书》集部第43册，齐鲁书社1997年影印版，第198页。

头钱。

另一方面，明代中期，江浙一带曾有的浑厚之风少衰，到明末已是一派华侈相高、僭越违制的普遍景象。① 苏州人伍袁萃以其感受，对这种变化作了如下的论述：②

> 闻之长老，吾乡自正德以前风俗醇厚，而近则浇漓甚矣。大都强凌弱、众暴寡、小人欺君子、后辈侮先达，礼义相让之风邈矣。又有势家豪族、宗党奴隶横行闾闬，如狼如虎，炰烋搏噬，小民无以自存，搢绅间亦不免适乐土乎，歌苌楚乎？噫！

管志道向朝廷的奏疏中则指出："今贤守令之腾鹰剡者不绝，而民穷盗起，风俗日敝，岂政事与民俗不相关耶？臣切惑之。盖今宪臣督责有司自送迎参谒之外，不过征钱粮、理词讼而已。有司方救过弥缝之不暇，奚暇及生民远图？间有务实政者，或以刚直见忤，或以悃愊启侮，多寘之下等；而善事上官，起赫赫誉者，不久据要路，得以是非而荣辱之矣。此风不息，天下事，臣不知所终也！"政事变化与地方风气转移当然有着密切联系。管氏将地方官员风气的恶化概括为"名实太淆"四字。③

伍袁萃还指出了苏州等地风气变化的另一种情况："近来士风恶薄，吴中尤甚，稍不得志于有司及乡衮，辄群聚而侮辱之，或造为歌谣，或编为传奇，或摘《四书》语为时义，以恣其中伤之术。"④

何良俊在晚年时感叹说："风俗日坏，可忧者非一事。"在他的家乡松江，长期沿袭的"旧俗"，就是"凡府县官一有不善，则里巷中辄有歌谣或对联"，而且颇能破的，刺讥时世人物十分犀利。这与伍袁萃所论的有些相像。何良俊说：⑤

---

① 徐泓：《明代社会风气的变迁——以江、浙地区为例》，原载《第二届国际汉学会议论文集：明清与近代史组》（台北中研院，1989 年），收入刑义田、林丽月主编：《社会变迁》（台湾学者中国史研究论丛），中国大百科全书出版社 2005 年版，第 292—318 页。

② ［明］伍袁萃：《林居漫录》畸集卷一，明万历间刻本，收入《续修四库全书》子部杂家类第 1172 册，上海古籍出版社 2002 年影印版，第 204 页。

③ ［明］管志道：《管东溟奏议 · 直陈紧切重大机务疏》，收入［明］陈子龙等选辑：《明经世文编》卷三百九十九。

④ ［明］伍袁萃：《林居漫录》前集卷三，明万历间刻本，收入《续修四库全书》子部杂家类第 1172 册，上海古籍出版社 2002 年影印版，第 124 页。

⑤ ［明］何良俊：《四友斋丛说》卷十八《杂纪》，第 161—162 页。

嘉靖中,袁泽门在郡时,忽喧传二句云:"东袁载酒西袁醉,摘尽枇杷一树金。"盖泽门有一同年亦袁姓者,住府之东,颇相厚昵。时有曲室之饮,故当时遂有此谣。人以为沈玄览所造,遂以事捕之,庾死狱中。沈平日有唇吻,善讥议。然此谣实不知其果出于沈否也。余尝记得小时闻有一对云:"马去侯来齐作聂张,仲贤良是太守喻公。"时沈尚未生。盖马骙、侯自明为同知,聂瓒、齐鉴为通判,而知县则张仲贤也。一句之中而五人之臧否莫遁。后孔太守在任,时聂双江初到,只有"三耳无闻、一孔不窍"之谣。近年又有"松江府同知贪酷拚得重参,华亭县知县清廉允宜光荐"之对。时潘天泉为同知,潘名仲骖;倪东洲为华亭尹,倪名光荐故也,是非之公毫发不爽,岂当时皆沈子所造耶?然古贤圣之君则令士传言庶人谤,子产之不毁乡校,正欲以闻谤也。今乃陷之以死,是何无人道耶?

较何氏生活时代稍晚的嘉兴人沈德符则认为,"政以贿成"的情况在嘉靖末年已很严重。① 这不仅仅体现在官场政治的交际之中,还表现在地方社会的日常生活中。

苏州地方的缙绅阶层,据说曾有"洁已好修,砥砺风节"的良好时期,苏州城的这种风气"绝非他方比也",可是从晚明开始,"典型既远,澜倒无隄"。当然这也有一个过程:"始焉犹畏人知,即则攘窃公行,甚乃指官诓骗"。平时地方有小"利害",就相视如寒蝉,喑无一语。一旦涉及"居间请托","辄嗫嚅絮絮,奴颜婢膝于上官之前"。② 风气因而大坏。

明末地方政治的总体情形,似乎可以刘献廷(1648—1695)对元末社会状况的概括相比拟。他说:③

元朝末年,官贪吏污,因蒙古色目人罔然不知廉耻为何物。其问人讨钱,皆有名目。所属始参,曰拜见钱;无事白要,曰撒花钱;逢节曰追节钱;生辰曰生日钱;管事而索,曰常例钱;送迎曰人情钱;勾追曰赍发钱;论诉曰公事钱。觅得钱多曰得手,除得州美曰好地分,补得职近曰好□窟,漫不知忠君报国之为何事矣。刘继庄曰:"若明初,吾不知也。明季耳目之所睹记,何一不然耶?"

---

① [明]沈德符:《万历野获编》卷二十六《谐谑》,"术艺"条,中华书局1959年版,第666页。

② [明]徐树丕:《识小录》卷二,"合纪诸不肖始末"条,稿本,收入孙毓修编:《涵芬楼秘笈》第一集,北京图书馆出版社2000年影印版,第587—588页。

③ [清]刘献廷:《广阳杂记》卷三,中华书局1957年版,第139页。

刘氏认为,那些贪官污吏向地方需索拜见钱、撒花钱、追节钱、生日钱、常例钱、人情钱、赍发钱、公事钱等,在其目睹的明末社会中普遍存在。

明末清初的吴江人陆文衡也有类似的评论:“近来贪淫之风日炽,贪而犯盗,淫而犯奸者屡见,告既败露矣,而处之怡然。噫,何其无媿耻也!通国之人,亦无一公论,有群起而攻之者以索贿,即有群起而袒之者亦以索贿,此诚世道之大可忧矣!”①这与同一时期华亭人董含的感受相仿佛:江南各地衙门差役人选多为“地方奸猾及富人避役者”,串成一局,把持挟诈,无所不为。加上江南风气素来“浇薄”,“小人”往往可以挟持“君子”,体统大变。而最重品望的士大夫们也变得轻贱起来,对地方官长“曲意奉承,备极卑污”。因此董含总结说:三吴“风俗之日趋于下也,犹江湖之流而不返也,然未有甚于今日者”。② 这类感受,应该是带有普遍性。徐树丕对明末清初士人丧失“器识”之情况,颇有讥讽之意,认为他们“往往有才得科名而志满意足,即为骄奢淫泆者”,在徐氏眼中,这类事例难以仆数。③

而处社会弱势的普通民众,情形则大为不同。他们的利益诉求,因面对的是复杂的诉讼环境与强大的官绅权益网络,多不能正当获取,甚至畏惧避匿,完全放弃。民间曾有所谓“气死不可告状,书役之畏人可知”,④“堂上一点朱,民间千点血”的俗谚,⑤多少能体现出时人对于衙门的不满和对于词讼的恐惧。苏州人伍袁萃举其体会道:“曹吴令自守,尝戒百姓云:‘饿死勿做贼,气死勿告状,’此格言也。以此为训,而民能从之,官府之刑罚可省矣。予往往见争讼者起于一念之忿,而多至倾家,甚且陨命……败家事非一,而好讼者必亡。”⑥好讼的结局,大多是败家,这对地方百姓而言自然是十分重要的鉴戒。

丁日昌据其管辖区域的情况这样概述道:⑦

---

① ［清］陆文衡:《啬庵随笔》卷四《风俗》,光绪二十三年吴江陆同寿刻本,台湾广文书局1969年影印版。

② ［清］董含:《三冈识略》卷十,“三吴风俗十六则”条,辽宁教育出版社2000年版,第222—223页。

③ ［明］徐树丕:《识小录》卷二,“钱举人”条,稿本,收入孙毓修编:《涵芬楼秘笈》第一集,北京图书馆出版社2000年影印版,第489页。

④ ［清］叶镇:《作吏要言》附“管见十二则”,道光许乔年刻本。

⑤ ［清］汪辉祖:《佐治药言》,“省事”条,辽宁教育出版社1998年版,第5页。

⑥ ［明］伍袁萃:《林居漫录》前集卷五,明万历间刻本,收入《续修四库全书》子部杂家类第1172册,上海古籍出版社2002年影印版,第144页。

⑦ ［清］丁日昌:《丁禹生政书·巡沪公牍》卷六《札通属州县禁约书差》,香港:志濠公司1987年版,第254页。

查苏、松、太各属府、厅、州、县衙门书差，最为地方之害。遇有词讼，无论大小，牌票得手，先讲书差，盈百累千，以银钱之多寡，为两造之胜负，串通内外，吓诈乡愚，其中弊病，不一而足。最苦无力贫民，乃更视为鱼肉。班房各所，为索贿之窟；管押二字，乃取财之符。巧取在于当堂，横索甚至私押。株连波及，枉累无辜；家破人亡，毫不为怪。

丁氏所言情形，多因衙役的豪横而生。例如，常熟地方充任粮道承差的钱维周，出身屠夫，家中居然设有监牢，作为"圈逼平人讲价之所"。钱氏在家中有一个"百事匣"，细书常熟城乡各区事项。有人曾在其门大书"钱卖肉，食人肉，一家欢，千家哭"十二字，说明这个差役的豪横。① 这类衙门中的老吏，常使人感到可怕，曾任湖州府学教授的许正绶（1795—1861）这样描述道：②

公门大好修行便，鬼蜮肺肝积习深。
成我一家惟读律，杀人两字不寒心。
青天何日庭悬镜，昏夜有人袖致金。
毕竟黄泉脱关节，阎罗包老自森森。

县令代表了皇帝的权威，但又称"父母官"，所谓"亲民"，只是表示与百姓可能发生的密切关系，其一言一行本应使百姓共见共闻，"内外既不隔阂，膏泽方可宣布"，③而在百姓的心目中，这样的"老爷"却是高不可攀的，官府衙署也并非是他们可以自由出入的地方。由此"衙役"成了两者的媒介。"衙役"虽地位低下，但长期在"无为而治"思想指导下的地方官，绝大多数不会亲任工作，具体事务都由"衙役"承担，他们自己多注重舒适的生活和自我的"修养"，因此导致"衙役"层的滥用权力和政府腐败的产生。④

在命案刑事方面，官府一旦启动下乡开检，无数杂费都要落在地方民众身上。明末乌程人凌濛初在其小说中有这样一段生动的描述：⑤

---

① ［清］尚湖渔夫：《虞谐志》，"访行传"，收入［清］丁祖荫辑：《虞阳说苑》乙集，民国六年铅印本。

② ［清］许正绶：《重桂堂集笺注》卷四《诗四 · 寄生草》，王义胜笺注，学林出版社 2010 年版，第 141 页。

③ 《江苏省例》藩政类，"兼署教职分别支领斋工"条，同治八年江苏书局刊本。

④ 费孝通 Fei Hsiao-Tung, *China's gentry: essays in rural-urban relations*, the University of Chicago Press, 1953, pp. 79 – 80。

⑤ ［明］凌濛初：《二刻拍案惊奇》卷三十一《行孝子到底不简尸　殉节妇留待双出柩》，人民文学出版社 1996 年版，第 564 页。

> 官府一准简尸，地方上搭厂的就要搭厂钱，跟官、门皂、轿夫、吹手多要酒饭钱，仵作人要开手钱、洗手钱，至于官面前桌上要烧香钱、朱墨钱、笔砚钱，毡条坐褥俱被告人所备，还有不肖佐贰要摆案酒，要折盘盏，各项名色甚多，不可尽述。就简得雪白无伤，这人家已去了七八了；就问得原告招诬，何益于事？所以奸徒与人有仇，便思将人命为奇货。

将人命视为“奇货”的风习，其实一直颇为流行。沈德符指出，“吴俗最嚣，无命辄以人命入状”，地方官吏已经视之为“寻常故套”，“漫然准其行，亦漫然听其罢”。那些“温饱善良”者多受这种假命案之祸害，而倾家荡产。①

另外，嘉善县名宦陈龙正向礼部尚书钱士升提及一个更为严重的问题，即因社会变乱，地方官衙的部分公务人员已介入了所谓“寇盗”的行列。嘉善邻县的寇盗“行劫无虚日，至有一日之间劫数家、劫数舟者”，官方对此居然不予搜剿，百姓又不敢鸣官；原因就在这些盗寇与衙门捕役“相为表里，久益鸱张”。②

据明末清初已佚名的可能是嘉善县衙中的某位吏役，在其《武塘野史》中的记述，崇祯十三年七月间，曾出现了乡民抢掠嘉善县署之事，被知县吴春枝禁止。到康熙四年春天，知县叶蕴全征四年条银，民不聊生，像西塘寡妇卞氏因欠白折银五钱被杖死，县城中丰前桥居民朱尔宏媳妇顾氏因欠灰石银四钱被逼自杀，朝廷决定将叶蕴革职，士民听闻消息即遮围县衙，不料叶蕴舞刀而出，砍伤了数十人，但也逃不出县衙。康熙七年，嘉善县丞李金枝羁禁欠银生员十余人，并开征条银，限三六九勒完；至十一月，府宪已革除区甲，但县丞李金枝仍用里催名色，派沈尔章、胡子安两人索诈，区甲人等欲呈上宪不果，就聚众往县衙，将沈尔章打死，李金枝根本阻止不了。康熙十一年，知县莫大勳要重建仓厫，编派民间每亩征钱十三文，居然合计达 7 000 两白银，真是“劳民伤财，长府之役也”。康熙十四年时因莫大勳对地方赋税征比太酷，其子在县南游玩大云寺时，“为民殴伤，几毙”。③ 需要说明的是，从明末清初松江人董含的笔记来看，与其有莫逆之交的莫大勳在嘉善知县

---

① ［明］沈德符：《万历野获编》卷二十二《府县》，“县令处分人命”条，中华书局 1959 年版，第 578 页。

② ［明］陈龙正：《几亭续文录》卷二《寄塞庵阁老二》，崇祯间刻本。

③ ［清］佚名：《武塘野史》，不分卷，“崇祯十三年庚辰”、“康熙四年乙巳”、“康熙七年戊申”、“康熙十一年壬子”、“康熙十四年乙卯”条，清抄本。

任上"多善政,厘奸剔弊,群然有卓鲁之目",而且在莫氏死后,他偶至嘉善,当地人对莫氏还是"舆颂载道"、"思慕不已"。① 与《武塘野史》的记录,差异较大。

再如,在常熟县,崇祯十年时的知县邹守常被认为是"贪墨吏",到任仅四月"民即起而噪之",全县的士大夫对邹氏也颇不满,率领民众告诸府城的巡抚,终使邹氏去职。② 但有的史料显示,邹知县是"以腐儒登第,不善为政",才招致乡绅士民的不满,常被"诟厉"、"辱骂"而"俯首无措","为民父母者,取侮至此",真是无地自容,不久就被罢去。③

而在上海县,顺治十八年正月,新帝康熙登基,因年初三个月多雨,使农业歉收,知县涂贽却"征粮甚迫,比较严切",百姓无法筹措,被迫去借高利贷,利息加二,倘若还款逾期得加小利,"稍不如法,拿到家去吊打,惨状万千,顷刻几倍",因此破家者甚多。④

所以董含说,"衙役之横,莫甚于吴下",而且"设计肆毒,酷于虎狼"。⑤ 也由于衙役群体的败坏,使衙门公差的杂费名目多到可怕的地步。根据清初常熟人的描述,那里的情形主要如下:⑥

> 钱粮之有由单,定赋额也;征粮之有比簿,稽完欠也。吴中财赋甲天下,加派名目不一,而常熟胥吏因缘为奸,尤剧于他县。每岁由单不发,浮征加派无从究诘,亦不可胜数。而比簿张李互换,完欠虚开,粮书藏匿,泛供奸户,私相知会,互为隐占,莫穷其根。而良民已完复纳,已纳复征。有囚执赴比,号泣于道者。或问之,曰:"噫!完者再矣。"曰:"噫!完者再矣。"曰:"噫!家产竭矣,男女鬻矣。"公差至门,索路费,索纸包酒钱、饭钱、买差钱、雇役钱、门子掣签钱、吏房销名钱、粮房嵌数钱、数书还库钱、经催常例钱、府厅解比钱、内衙公费钱。应之死,不应亦死。詈骂之声,棰楚之毒,惨于目,伤于心,身未至公庭而死者数矣。嗟嗟!蠹役忍于杀人,长吏忍于纵蠹,此自李璞令虞

① [清] 董含:《三冈识略》卷三,"鹤湖谣"条,辽宁教育出版社2000年版,第72页。
② [清] 王应奎:《柳南随笔》卷三,中华书局1983年版,第51页。
③ [明] 佚名:《崇祯记闻录》卷二,收入《台湾文献史料丛刊》第三辑第52册,台湾大通书局1984年印行本,第12页。
④ [清] 姚廷遴:《历年记》,"历年记中",稿本。收入上海人民出版社编:《清代日记汇抄》,上海人民出版社1982年版,第83页。
⑤ [清] 董含:《三冈识略》卷八,"纸皂行"条,辽宁教育出版社2000年版,第170页。
⑥ [清] 尚湖渔夫:《虞谐志》,"粮胥传",收入[清]丁祖荫辑:《虞阳说苑》乙集,民国六年铅印本。

后,尤加剧者也!

差粮的重逼与征收的混乱、杂税的繁多,真让百姓有“应之死,不应亦死”的悲怆之感。

地方风气的败坏,应该具有普遍之势。在宜兴人任启运(1670—1744)看来,其家乡“风俗”已到了极度恶化的地步,必须要由地方官大力去民害、兴民利方可:①

> 赌博之徒日夜讙呼而破家废业也,贼盗日见窃发而捕役因之为利也,高台演戏岁费以万计而不知节也,寺庙兴作舁神出会开场聚众、日费以千计而不知禁也,妇女盛服入庙游观而为奸盗媒也,积逋历数十年而国课莫肯率先也,生女屡行掩溺而父子恩绝也,缢溺强死动成命案而告讦之风胜也,衿监与胥吏结纳出入把持而廉耻道丧也。
>
> 谚云“奸近杀,赌近盗”。故里之中有赌场,而穿窬至矣,有一穿窬,而穿窬之类毕至矣。日聚而居曰赌友,夜而散去即贼党也。故赌博盛则盗贼借之以自藏,盗贼盛则汛捕因之以自利,月有馈,岁有例,故多一贼,则民多一害,而汛捕多一利也。汛捕倚盗贼以自肥,盗贼即倚汛捕为恩主,故附近之民有日夕危惧而不报矣,有屡见窃掠而终不报矣,非不欲报也,不敢报也,一有愤而告之官者,则汛捕群起而攻之,需索百端,凌辱备至,而盗终不获也,一不如意,则转诬其家为线盗,或失主的知盗贼之所在,而使擒之,则汛捕反授意于盗,使反噬失主为枉盗,为挟雠故,一有报盗而千金之产立散者矣,一有报盗而所需索反倍于贼之所窃者矣。盖官虑盗贼之关乎考成,而胥役遂窥其隐而中之也。

任氏最后所谓的“官虑盗贼之关乎考成,而胥役遂窥其隐而中之”,正是切中了当时地方政治问题的一大关键。

倘在社会动荡时期,问题将更形严重。像咸丰六年,江南地方因太平天国军队的逼近,形势十分紧张。而两浙普遍遇到大旱,嘉兴、湖州各地乡民藉灾滋事相继而起,首先是秀水、海盐,继之平湖、嘉善,又继之嘉兴、石门,乡民聚众哄闹公堂事件此起彼伏,嘉兴地方还出现殴打官员、拆毁衙门的严重情况。② 在天灾人祸的背景下,最终都会形成民众反乱的危局,并威胁到

① [清]戴肇辰:《学仕录》卷七《任启运〈与胡邑侯书〉》,同治六年刻本。

② [清]戴槃:《桐溪记略》,同治七年刊本。

王朝统治。

从清代王朝统治的变化来看,清初的状况显然远较嘉、道以降为佳。曾任海安通判、湖北督粮道等职的嘉善人金安清认为,在整个乾隆朝,“各省绝鲜大水旱,故百姓充实,丁粮鲜逋欠者。盖朝廷日以民事为重,慎择疆吏,凡监司以下至牧令,皆以才德自奋,虽不尽廉平,而地方咸日有起色,百废具举故也”。而到嘉、道之际,风气大变,“国与民皆患贫,奸伪日滋,祸乱相继,士习益漓,民心益竞,其由来也甚渐,其消息也甚微”。①

道光年间朝廷大开捐例,使原本主要由科第晋升的仕宦阶层更形复杂。那些衙门中的幕友官亲、长随门印都可以“就地输捐”,一旦获得委任,即“百计营谋,以图肥缺”。在清代后期的上海人毛祥麟看来,“此辈得官,惟以贪酷为能”,所谓“贪则金多,易于谋干;酷则民畏,而求无不得也”,②形成恶性循环。咸丰时期,吴县文士沈守之在其《借巢笔记》中记到,在太平天国战事兴起后,本来价格昂贵的捐例,变成了朝廷筹饷的方式,价格大跌,故而抱怨说:“市井牙侩、仆隶人等,无不各有官阶,一时有官多民少之谣。”③

在吴江县,同治时期的一位沈姓知县,有人称其勤,有人则言其伪。但民间传闻其办案“最能得情”,吴江百姓叫他“沈拐子”。可是又有传说,给他看家的周小村曾有收受各乡礼物之劣迹。不同的风评,让上司感到了疑惑。④ 在丁日昌看来,类似这样的问题都需要彻查,否则无法维持公信、惩治腐败。他曾经秘密派人查访各州县地方官有无恃权作威作福、地方有无不肖绅衿董事勾结衙门、有无著名讼棍干扰司法公正、地方官员居心是否清正而办事是否认真、地方佐杂汛弁等官吏是否安分守己等等问题。⑤ 这些都要从民间的风评中去了解掌握,以便知晓地方官员是否真正受到民情的感戴、百姓的冤屈能否及时得到申诉。

而对于最切近地沟通官民关系的胥吏的普遍形象,文献中的记载大多是声名狼藉:⑥

---

① [清] 欧阳兆熊、金安清:《水窗春呓》卷下,“国初爱民”条,中华书局 1984 年版,第 33 页。

② [清] 毛祥麟:《墨余录》卷十三,“开捐例”条,上海古籍出版社 1985 年版,第 212 页。

③ 张仲礼:《中国绅士——关于其在 19 世纪中国社会中作用的研究》,李荣昌译,上海社会科学院出版社 1991 年版,第 106 页。

④ [清] 丁日昌:《抚吴公牍》卷十五《札查吴江县申复公文先后是否相符》,宣统元年南洋官书局石印本。

⑤ [清] 丁日昌:《抚吴公牍》卷二十三《密委查访各州县事宜》。

⑥ [清] 佚名:《佐贰须知》“谕衙役堂规事宜条款”,清抄本。据文本内容,有一“大兴县”,时间可能是在嘉庆初年。

> 衙役多是无赖之徒，方来充当，此等小人，十无一良，好酒、赌博、嫖荡，不顾自家姓命，一入公门，即指官诈民，犯事亦不畏法，借官府责他过去图赖索钱，虽经革退，仍要请绅衿说情复充。总之，官府是他奇货，百姓是他鱼肉。无往不受其害。

民间出现的“顽滑人户”，即将病故亲属停尸不埋，或将死孩童用盐腌卤后，到官府征粮时月，就捏作人命，“或扛尸上门，或告检验”，而三五十人成群称作尸亲、尸邻，“图赖粮里，希免官粮”。就是巡按御史碰到这种人命大事，有时也很难辨明真伪，不得不与之免粮。其间的吏胥、老人、隶兵人等，更乘此机会下乡骚扰需索，待官府真正讯究得实情，本年之征粮已被耽误。①

至明代后期，吏缘为奸的情形更为严重。陆世仪曾指出：“明末废弛，吏缘为奸，风俗弊坏，相沿至今。”②在民间舆论中，人们认为上级官府若正善，下级官员一般不敢多行邪恶，“若做不好官，则相率而为小人”，这就是明末以来俗谚所谓“朝里无人莫做官之意”。③ 可是，对一般的地方官来说，“上司之求索，要津之挟制，间有借贷名色以善取者，其何以应?”其势必将迫使官员多方搜括以应上级之勒索，所以有人将此比拟为“做官如娼妓要钱，只为老鸨，狠鞭挞耳”。④

在清初的上海地区，“讼师衙蠹，表里作奸，赋役繁兴，狱讼滋扰，郡县胥吏，得以狎侮士林”，⑤则是另一幅图景，社会的黑暗与秩序的混乱，都交织在一起了。常熟县地方将榷酒、榷醋的滑吏刁民互为奸利，称作“秕政”。⑥而在钞行，因拣择不甚，故其利特厚，有“锦灰堆、乌金行”之谚，⑦也揭示了其间可以谋利的事实。到清末，李伯元曾特别提及官署中设的监狱，好比阎罗王的地狱：“大堂之中，公堂之上，本官是阎罗天子，书吏是催命判官。衙役三班，好比牛头马面。板子夹棍，犹如剑树刀山。不要等到押下班房，禁

① ［明］况钟：《况太守集》卷九《兴革利弊奏疏·请楚词讼牵连越控奏（宣德七年十二月二十六日）》，吴奈夫等校点，江苏人民出版社1983年版，第96页。

② ［清］陆世仪：《陆桴亭先生文集》卷五《姑苏钱粮三大困、四大弊私言（代友人上当事）》，光绪二十五年唐受祺刻“陆桴亭先生遗书”本。

③ ［清］王有光：《吴下谚联》卷四，“朝里无人莫做官”条，中华书局1982年版，第119页。

④ ［清］陆文衡：《啬庵随笔》卷二《自述》，光绪二十三年吴江陆同寿刻本，台湾广文书局1969年影印版。

⑤ ［清］叶梦珠：《阅世编》卷四《士风》，上海古籍出版1981年版，第85页。

⑥ 光绪《重修常昭合志稿》卷十二《钱粮志》。

⑦ 乾隆《吴江县志》卷十七《赋役六》，乾隆修、民国年间石印本。

在牢狱,这苦头已经够吃的了。”中国各地风俗各异,但是论到衙门里要钱,与那讹诈百姓的手段,“虽然大同小异,却好比一个印板印成,断乎不会十二分走样的”。[①]

宝山县存在的一些问题,就颇具代表性。丁日昌的公文中有如下记述:[②]

> 宝山县任信家人,每递呈词,尚有挂号等费,如全号、半号、内千三、外十三各名目。凡大事须挂全号,计钱八百四十文;小事半号,计钱四百二十文;内费一千三百文;外费亦一千三百文,种种需索,殊堪痛恨,亟应严行查禁。又署内家丁时常二三邀结,前赴吴淞,所有来往车钱及一切食用,均系地保与船行供应,每于回城时,尚须向船行刘锡借钱,多寡不等,亦应严行约束。又闻县属西南五十里之真如镇,有土棍张德明,年四十余岁,结拜兄弟多人,与地保绰号雷祖者,联为一气,每每倚恃人众,酗酒滋扰,一方人俱畏之。

在地方行政工作中,民众最感压力的,仍是每次钱漕征收之期。那些办漕吏役经常有恃无恐,恣意妄为,“或以完捏欠,或以熟作荒”;内则交接门丁,朋比为奸,外则勾串粮差,浮收肥己,以致地保任其指挥、小民暗受朘削,甚至包揽代纳、招摇撞骗。[③]

四、下层绅士变化与地方政事

另外必须注意的,是地方生员(秀才)阶层中存在的问题。[④] 秀才两字源于汉代,历史悠远,秀才中那些“能为士者”,本是国家与社会发展可以依赖之人。[⑤] 他们可以被称为士民(scholar-commoners),在平民之中堪称“特权阶级”,是一种重要的社会“过渡性”群体。[⑥] 虽然最多只能归入“下层绅

---

① [清]李伯元:《活地狱》,“楔子”,第2页。

② [清]丁日昌:《抚吴公牍》卷三十六《宝山挂号等费名目饬禁》。

③ 《江苏省例》藩政类,“革除钱漕总书”条,同治八年江苏书局刊本。

④ 有关明代生员的宏观分析,可参陈宝良:《明代儒学生员与地方社会》,中国社会科学出版社2005年版。

⑤ [清]周寿昌:《思益堂日札》(十卷本)卷九,“秀才”条,中华书局2007年版,第192页。

⑥ 何炳棣 Ho Ping-ti, *The Ladder of Success in Imperial China: Aspect of SocialMobility in China, 1368－1911*, Columbia University Press, 1962, p. 35。

士"之列，包括"廪生"、"增生"、"附生"等，①其中廪生的待遇最好，官府每年会给予膏火银120两，②但在地方而言，他们在数量上远比"上层绅士"庞大，是"乡之望"，应该"读书修行，不与外事，以期功名"，即便"穷而不遇"，"研田终身"也是他们的本分。③ 松江人何良俊就说，士君子即命位列卿相，也当存一分"秀才气"，"方是名士"，④对能保持读书人本色的生员们评价颇高。

社会上对生员的道德修养要求较高："做秀才如处子"，要像"处子"般不能随便"侈口家事，并预邻家事"。⑤ 而且直到明末，他们一直享受朝廷的优厚待遇，像无锡县的秀才，"每岁免粮银五钱，无田可免者，则与之银，谓之'叩散米'"。⑥

尽管这样，秀才们似乎仍不够"安分"。

明初朱元璋时代对生员公议国事有所禁约，曾颁禁例于天下，学校镌勒卧碑，置于明伦堂之左。清代沿袭此制，但称"功令卧碑"，所刻为《学政全书》中的内容。⑦ 基本要求在《大清会典》、《清实录》及各地方志中也有记载，包括生员应读书明理，孝顺父母；应当学做"清官"，行利国爱民之事；不可干求官长、交结势要；不可轻入官司衙门，与他人轻易发生词讼；对地方军民一切利病，不能随便上书陈言；更不能纠党结社，把持官府，武断乡曲，等等。⑧ 可是这些法令或要求，似乎没有什么效力。特别是那些贫苦而无用的生员，常与衙役及乡村文盲勾结，成了那种社会小说里共同诅咒的对象。⑨

康熙初期吴江人陆文衡曾论及江南的实际情形，与朝廷的要求完全不同："生员言事，卧碑有禁。而吴下士子好持公论，见官府有贪残不法者，即

---

① 张仲礼：《中国绅士——关于其在19世纪中国社会中作用的研究》，李荣昌译，上海社会科学院出版社1991年版，第15—16页。

② ［清］顾公燮：《消夏闲记摘抄》卷中，"明季生员"条，旧抄本，收入孙毓修编：《涵芬楼秘笈》第二集，北京图书馆出版社2000年影印版，第714页。

③ ［清］汪永安原纂、侯承庆续纂、沈葵增补：《紫隄村志》卷八《庠生》，康熙五十七年修、咸丰六年增修，上海图书馆藏传抄本。

④ ［清］董含：《三冈识略》卷三，"林史"条，辽宁教育出版社2000年版，第62页。

⑤ ［清］陆文衡：《啬庵随笔》卷四《风俗》，光绪二十三年吴江陆同寿刻本，台湾广文书局1969年影印版。

⑥ ［清］计六奇：《明季北略》卷十八，"锡邑诸生逐县令"条，中华书局1984年版，第337—338页。

⑦ ［清］周寿昌：《思益堂日札》（五卷本）卷五，"功令卧碑"条，中华书局2007年版，第258页。

⑧ 张仲礼：《中国绅士——关于其在19世纪中国社会中作用的研究》，李荣昌译，上海社会科学院出版社1991年版，第201—202页。

⑨ 何炳棣 Ho Ping-ti, *The Ladder of Success in Imperial China: Aspect of SocialMobility in China, 1368 - 1911*, Columbia University Press, 1962, pp. 36 - 37。

集众昌言,为孚号扬庭之举。上台亦往往采纳其言。"[①]又说:"今之诸生,动辄呼朋引类,摇唇鼓舌,持官府短长,自谓以是非为己任,不思正言犹戒出位。"[②]可能在实际生活中,生员好论官府短长之风往往会有过度的地方。出于公义,生员们敢于在"民不敢违"的情势下刁难贪、淫的知县,在江南地方多能获致正面的评价。[③]

当然生员阶层内部本身也有变化,并非都是公正贤明、好持公论的形象。

倘从明初洪武以来的变化而言,就如陆容(1436—1494)年轻时在太仓兴福寺见到的老僧智暕所论:"洪武间,秀才做官吃多少辛苦,受多少惊怕,与朝廷出多少心力?到头来,小有过犯,轻则充军,重则刑戮,善终者十二三耳。其时士大夫无负国家,国家负天下士大夫多矣。"可是到了陆容的生活时代(正统至弘治时期):"圣恩宽大,法网疏阔。秀才做官,饮食衣服,舆马宫室,子女妻妾,多少好受用,干得几许好事来?到头全无一些罪过。今日国家无负士大夫,天下士大夫负国家多矣。"所以陆容感叹道:"谓今日士大夫有负朝廷,则确论也。省之,不能无愧。"[④]陆容的这段感受,后来为松江人何良俊所完整抄录,大概是在何氏的时代情形更糟,何氏可能很有同感之故。[⑤] 海宁县袁花镇灵泉乡人许敦俅在万历年间亦感叹道:"初生员见学官则称老先生,自称学生,今则老师门生,此变于谄谀,乏昔日朴茂之风矣。"[⑥]

而华亭人范濂清楚地记述过晚明生员的逃税、免役即所谓"诡寄",则反映出了地方政事中所存在的大问题:[⑦]

> 自贫儒偶蹑科第,辄从县大夫干请书册,包揽亲戚门生故旧之田实其中。如本名者仅一百亩,浮至二千,该白银三百两,则令管数者日督寄户完粮,及有司比较结数二百七十两,已足九分,便置不比。是秀才一得出身,即享用无白银田二百亩矣。积以十计,则每县无白银田去二千矣。

---

① [清]陆文衡:《啬庵随笔》卷三《时事》,光绪二十三年吴江陆同寿刻本,台湾广文书局1969年影印版。

② [清]陆文衡:《啬庵随笔》卷四《风俗》,光绪二十三年吴江陆同寿刻本,台湾广文书局1969年影印版。

③ [清]董含:《三冈识略》卷二,"吴中墨令"条,辽宁教育出版社2000年版,第29页。

④ [明]陆容:《菽园杂记》卷二,中华书局1985年版,第16页。

⑤ [明]何良俊:《四友斋丛说》卷九《史 五》,第75页。

⑥ [明]许敦俅:《敬所笔记》"纪世变",嘉兴祝廷锡民国十年手抄本,收入陈学文:《中国封建晚期的商品经济》,湖南人民出版社1989年版,第320页。

⑦ [明]范濂:《云间据目抄》卷四《记赋役》,民国年间上海进步书局印行本。

生员可以包揽富户钱粮，“立于自名下隐吞”，所以明末生员有“坐一百走三百”之谣。① 所以，“诡寄”愈多，就意味着对国赋的侵害愈甚。常熟地方的县学秀才，自明末以来，还有所谓“学霸武断乡曲，不畏强御”之称，到清初则放辟邪侈，有“七伤官”之说，即有七个生员托庇于衙蠹，诈害乡民百姓，且各有分工，“与县官过钱，每谒见，多所中伤，民被其毒”，因此民间就有“伤官见官，为祸百端”之语。②

至于伍袁萃所言江南地方生员被雇为官司打手的事情，也令人惊叹：“更有卑污甚者，日伺郡县之前，以待人有事者，而为之干谒也。其富家豪俗，尝豢养数人而呼嗾奔走之，市井闾阎相争，动云‘我雇秀才打汝’！噫，秀才而曰雇，士风至此，大可哀怜也哉！”③顾公燮曾指出，在康熙年间江南地方“讦讼”之际，原、被告“各有生员”，帮助打官司。④ 实际上，明清时期地方上的多数讼师都是生员，且遍布于城市之外的广大乡村市镇地区，支撑着当时被人们批判的“健讼”、“好讼”之风。这些好讼的“劣生”，时常出现于公文布告中，成为令官方警惕的特殊人群。⑤

因而，顾炎武曾将生员与乡宦、吏胥并称“病民”三大害，就不值得奇怪了。他说：⑥

> 今天下之出入公门以挠官府之政者，生员也；倚势以武断于乡里者，生员也；与胥史为缘，甚有身自为胥史者，生员也；官府一拂其意，则群起而哄者，生员也；把持官府之阴事，而与之为市者，生员也。前者噪，后者和；前者奔，后者随；上之人欲治之而不可治也，欲锄之而不可锄也。小有所加，则曰是杀士也，坑儒也。百年以来，以此为大患，而一二识治体能言之士，又皆身出于生员，而不敢显言其弊，故不能旷然一举而除之也。

---

① ［清］顾公燮：《丹午笔记》，“明季生员”条，江苏古籍出版社 1999 年版，第 69 页。

② ［清］尚湖渔夫：《虞谐志》，“劣衿传”，收入［清］丁祖荫辑：《虞阳说苑》乙集，民国六年铅印本。

③ ［明］伍袁萃：《林居漫录》前集卷三，明万历间刻本，收入《续修四库全书》子部杂家类第 1172 册，上海古籍出版社 2002 年影印版，第 124 页。

④ ［清］顾公燮：《消夏闲记摘抄》卷上，“打降”条，旧抄本，收入孙毓修编：《涵芬楼秘笈》第二集，北京图书馆出版社 2000 年影印版，第 679 页。

⑤ （日）夫马进：《明清时代的令师与诉讼制度》，收入（日）滋贺秀三、寺田浩明等著：《明清时期的民事审判与民间契约》，王亚新、梁治平编，法律出版社 1998 年版，第 413、416 页。

⑥ ［清］顾炎武：《顾亭林诗文集·亭林文集》卷一《生员论中》，中华书局 1983 年版，第 22—23 页。

尽管明清时期的州县官，还拥有唯一合法的司法权是行使笞杖，①按清代《学政全书》的规定，府州县官可以对犯小事的生员要求由学官进行责罚，犯大事的可以申学黜革，然后定罪，但若对生员非法动刑处理的话，总会在地方上引发骚乱。② 康熙二十年，嘉善县出现了县役殴打生员的情况，地方生员们"不胜愤激，造明伦堂缴衣顶"，最后由学官率衙役劝释乃止。③ 李煦(1655—1729)指出，常州府所属无锡、宜兴两县曾出现了"劣衿顽户"抗粮的情况，学臣责打生员，引起了常州府士子们的喧哗。④

不过，就总体而言，在清初的奏销案、哭庙案之后，官府对东南地区绅士的严酷打压，使生员豪横的情形较晚明好很多，也使士绅的钱粮拖欠问题得到一定程度的纾解。在时人看，"钱粮必早办、完欠须亲查"似乎成了日常生活中的头等大事。而这一认识的再确立，显然是与奏销案的影响密切相关的。在哭庙刚开始时，乡绅顾予咸就告诫苏州士人："此何时候，可讦县官耶?"明代地方士子公论官府利弊的普遍情形，在清初已不合时宜。陆文衡则以其亲历这样讲道：⑤

> 今日绅衿之罪，莫大于逋粮，挂欠分毫，一入奏册，即黜革提问，身家立破。其间亲友诡寄、蠹役飞洒者居多，州县开报欠册，绝不令各户闻知，一拟掩袭而取者。及知之，而无从控诉，又不按分数，概以大法绳之。真有察不及察、诛不胜诛者，何所措手足乎？遍告有田之家，钱粮必早办、完欠须亲查，时刻经心，庶可苟免！

从清初奏销案以后，"役隶威加衿士"的状况形成常态，已非昔日"优文之象"了。⑥ 戴名世(1653—1713)回忆说："岁戊辰、己巳(康熙二十七、二十八年)以后，十余年来，江南缙绅之体陵夷极矣。其祸始于一二家之横，致得重罪，他处遂多效之。官吏务以挫辱士大夫为能，逢迎上官，皆得美擢。"就连

---

① 杨联陞：《明代地方政府》，收入氏著《国史探微》，新星出版社2005年版，第104页。

② 张仲礼：《中国绅士：关于其在19世纪中国社会中作用的研究》，李荣昌译，上海社会科学院出版社1991年版，第33页。

③ [清]佚名：《武塘野史》，不分卷，"康熙二十年辛酉"条。原抄本中此条缺年份，这里据上下文补。

④ [清]李煦：《衿监把持衙门以致漕米丁银迟悮折》(康熙五十年四月十九日)，收入故宫博物院明清档案部编：《李煦奏折》，中华书局1976年版，第93—94页。

⑤ [清]陆文衡：《啬庵随笔》卷三《时事》，光绪二十三年吴江陆同寿刻本，台湾广文书局1969年影印版。

⑥ [清]计六奇：《明季北略》卷十八，"锡邑诸生逐县令"条，中华书局1984年版，第337—338页。

普通百姓，也经常让曾经威风煊赫的绅士们斯文扫地，即使发生诉讼纠纷，老百姓往往能够胜诉。最后，在与百姓发生纠纷时，居然有绅士冒充布衣百姓，才敢到官府打官司。戴名世对此很不解，知情的人就说："生员辈与百姓讼，无问曲直，必百姓胜，遂有自匿衣衿而诈称百姓，遂获直者。"①原来，只有诈称普通百姓，在诉讼中才有获胜的机会，否则，即使有理也打不赢官司。

所以，生活于康、乾时期的常熟人王应奎感叹道，古称秀才为"措大"，是能措办大事之士，可是"今日之秀才，偷懦惮事，无廉耻而嗜饮食，大半皆子游氏之贱儒也"，根本配不上"措大事"之谓。② 其原因多与上述政治背景有关。

五、区 域 的 发 展

以太湖平原为中心的江南，地处长江流域的下游，是王朝统治的一个基本经济区。③ 财赋当然是国家的"治平之资"，大多需要仰给东南。④ 太湖周边的各府州县，构成了国家财用的重要供应地。经济地位的提升，自然导致了社会、文化方面的诸多变化。俗谚中有所谓"上有天堂，下有苏杭"之说，"悮入人耳，生于其地者，坐卧于饮食宴乐之中"。⑤ 像松江府城这样并不算宏阔的城市，所居"名宦"甚多，"旗杆稠密，牌坊满路"，就是极小民户、极贫之弄堂、住房一间者，"必有金漆桌椅、名画古炉、花瓶茶具"，⑥其生活之繁华，被时人认为"锦绣江南，无以逾此"。⑦ 江南经济的发达、文化的昌盛、社会的富足，似已被明清时代的文人描画殆尽，是所谓"天下风俗，惟江之南靡而尚华侈"。⑧ 苏州人徐树丕就说："风俗至今日华伪已极，而吾吴更甚。"⑨

---

① ［清］戴名世：《戴名世遗文集》，王树民等编校，中华书局 2002 年版，第 130—131 页。

② ［清］王应奎：《柳南随笔》卷二，中华书局 1983 年版，第 24 页。

③ 江南作为基本经济区的地位，早在唐代就获得了。参冀朝鼎：《中国历史上的基本经济区与水利事业的发展》，中国社会科学出版社 1981 年版，第 117 页。

④ ［清］叶方蔼：《叶文敏公集》卷二《序·送成侍御视鹾两浙序》，中国科学院图书馆藏清抄本，收入《续修四库全书》集部第 1410 册，上海古籍出版社 2002 年影印版，第 433 页。

⑤ ［明］唐时：《阊门放生会疏》，收入［明］唐时辑：《如来香》卷十四《疏》，康熙孙丕璨刻本。

⑥ ［清］姚廷遴：《历年记》，"历年记上"，稿本，收入上海人民出版社编：《清代日记汇抄》，上海人民出版社 1982 年版，第 59 页。

⑦ ［清］曾羽王《乙酉笔记》，旧抄本，收入上海人民出版社编：《清代日记汇抄》，上海人民出版社 1982 年版，第 14 页。

⑧ ［明］徐献忠：《吴兴掌故集》卷十二《风土》，嘉靖三十九年范唯一等刻本。

⑨ ［明］徐树丕：《识小录》卷一，"俗尚之侈"条，稿本，收入孙毓修编：《涵芬楼秘笈》第一集，北京图书馆出版社 2000 年影印版，第 445 页。

松江人曹至得祖上家甚富饶，曾筑一屋，全部以锡为涂料，月夜邀客饮宴其间，号称“瑶台”。江南富厚之家的“侈僭”之风，大率类此。[①] 这种已很流行的奢靡之风，以及其间时人可能存在的自豪感、世人对江南怀有的羡慕之情，常见诸文人的笔录。像常熟县等地，早在明代天顺、成化之际已是“崇侈尚靡”，[②]袁花镇等地的奢华都是“始于富贵之人”，而贫贱之人“不能自揣，效而成俗”，[③]昆山县等地的生活风尚“日骛新异”，[④]嘉定县紫隄村等地“华不已而侈，侈不已而僭”，[⑤]唐棲镇的“世风日奢，人心日恣”，[⑥]都可在江南地方文献中找到极其相似的众多描述。

在地方官员的眼中，素称富丽之地的苏州，城市富民奢侈太甚，缙绅大族“锦绣铺张，梨园燕饮，率以为常”。[⑦] 在海瑞看来，江南地方官员也有这种“奢靡淫荡”的风气。[⑧] 官员的奢靡会影响地方缙绅，而缙绅们又影响了小民，风俗自然趋奢。[⑨]

文人雅士们的生活，大致如谢肇淛（1567—1624）所概括的，极力追求“宫室之美，妻妾之奉，口厌粱肉，身薄纨绮，通宵歌舞之场，半昼床笫之上”的境界。[⑩] 康熙三十一年莅任苏州织造官在李煦，驻于苏州城三十余年，并兼理浒墅关税务及扬州盐政，其子即性好奢华，喜欢串剧演戏，仅衣装费即达数万两，以致多有亏空。李氏家人有汤、钱、瞿、郭四姓者，都豪于财，在苏州城置办宅第，各值万两以上。可惜在李煦解任后，这些产业都被纳入官产了。[⑪]

明末以来盛行的奢侈之风，到清代“益见僭踰，等威无辨，贵贱不分”，地

---

① ［明］许浩：《复斋日记》上卷，明抄本，收入孙毓修编：《涵芬楼秘笈》第一集，北京图书馆出版社2000年影印版，第254—255页。

② 嘉靖《常熟县志》卷四《风俗志》，嘉靖间刻本。

③ ［明］许敦俅：《敬所笔记》“纪世变”，嘉兴祝廷锡民国十年手抄本，收入陈学文：《中国封建晚期的商品经济》，湖南人民出版社1989年版，第320页。

④ ［清］龚炜：《巢林笔谈》卷六，“叶寿承至老冠服一式”条，中华书局1981年版，第149页。

⑤ ［清］汪永安：《紫隄小志》卷上《风俗》，上海博物馆藏康熙五十七年稿本，收入上海市地方志办公室编：《上海乡镇旧志丛书》第13册，上海社会科学院出版社2006年版，第29页。

⑥ ［清］王同纂：《唐棲志》卷十八《事纪·纪风俗》，光绪十五年著者手稿本、十六年刻本。

⑦ ［明］况钟：《况太守集》卷十二《条谕·戒奢侈榜示（宣德五年）》，吴奈夫等校点，江苏人民出版社1983年版，第132页。

⑧ ［明］海瑞：《海瑞集》上编《督抚条约》、《续行条约册式》，中华书局1962年版，第247、256页。

⑨ ［明］陈龙正：《几亭外书》卷四《乡邦利弊考·礼例十三条·变奢俗三》。

⑩ ［明］谢肇淛：《五杂组》卷十三《事部一》，第261页。

⑪ ［清］顾公燮：《丹午笔记》，“李佛公子”，江苏古籍出版社1999年版，第178—179页。

方工商士人“宴县官必取盈百簋，不如是，县官亦不乐”。[①] 归庄（1613—1673）则批评说：“尝叹吾吴中风俗，日以媮薄，而虞山为甚。”“虞山”代指常熟地区。[②] 又说：“今日吴风汰侈已甚。数里之城，园圃相望，膏腴之壤，变为丘壑，绣户雕甍，丛花茂树，恣一时游观之乐，不恤其他。”[③]孙嘉淦（1683—1753）认为，即使是苏州城的阊门内外，那种“居货山积，行人流水，列肆招牌，灿若云锦”的繁华景象，“都门不逮”。[④] 官场之中，据金安清的观察，像江苏地方的州县，“其挥霍大半与河厅相上下”，而河厅自乾隆末来，生活极其奢侈。[⑤] 至于市井轻佻之徒，尽管“家无担石”之储，却要“华衣鲜履”。[⑥] 嘉定是江南“壮县”，“俗颇尚奢，民财日耗”。[⑦] 乌程县的“恌达少年”，以红紫为奇服、以绫纨作衵衣，更不要说那些富贵人家“纵容仆隶，亦僭巾履，新巧履更，珍错争奇，只供目食”的夸张情形了。[⑧] 嘉兴府郊的王店镇，“民贫而奢”。[⑨] 即便是乡村务于耕织的百姓，生活上同样颇习华靡，“非茶肆听书，即酒家醵饮”。[⑩]

对“大朝代”之王朝统治者而言，[⑪]江南不仅是财政收入的重要源泉，也是社会政治问题的频发地带，[⑫]官场陋习颇多。[⑬] 就像昆山人顾鼎臣所论的：“苏、松、常、镇、嘉、湖、杭七府，钱粮渊薮，供需甲于天下，而里书、豪强蠹弊日甚，纠结群党，欺罔朝廷，靠损小民，每岁上下通同侵分钱粮以千万计。”[⑭]从这个角度出发，州县行政的繁难与民生的艰辛，又构成了江南社会

① ［清］陆文衡：《啬庵随笔》卷四《风俗》，光绪二十三年吴江陆同寿刻本，台湾广文书局1969年影印版。

② ［清］归庄：《归庄集》卷三《序·虞山先哲图序》，上海古籍出版社1984年版，第173页。

③ ［清］归庄：《归庄集》卷六《记·太仓顾氏宅记》，第351页。

④ ［清］孙嘉淦：《南游记》（一卷），收入山西省文献委员会编：《山右丛书初编》第九册，山西人民出版社1986年据民国年间刊本影印版，页6a。

⑤ ［清］欧阳兆熊、金安清：《水窗春呓》卷下，“河厅奢侈”条，中华书局1984年版，第41—42页。

⑥ 万历《上海县志》卷一《风俗》，万历间刻本。

⑦ ［明］顾潜：《静观堂集》卷八《碑·嘉定尹王侯去思碑》，清玉峰雍里顾氏六世诗文集本。

⑧ 崇祯《乌程县志》卷四《风俗》，崇祯十年刻本。

⑨ 余霖纂：《梅里备志》卷二《风俗》，民国十一年阅沧楼刻本。

⑩ 光绪《嘉定县志》卷八《风土志·风俗》，光绪六年重修、尊经阁藏版。

⑪ 杨联陞指出统治中国的全境或其大部分，且传国久远的朝代，可以算是大朝代。参杨联陞：《国史诸朝兴衰刍论》，收入氏著《国史探微》，新星出版社2005年版，第14页。

⑫ （美）黄仁宇：《十六世纪明代中国之财政与税收》，三联书店2001年版，第128页。

⑬ ［清］丁日昌：《丁禹生政书·藩吴公牍》卷九《通饬各属毋许馈送酒席互相宴饮由》，第111页。

⑭ ［明］顾鼎臣：《顾文康公文草》卷二《恳乞天恩饬典宪拯民命以振举军国大计疏》，中国科学院图书馆藏万历至顺治顾氏家刻本，收入《四库全书存目丛书》集部第55册，齐鲁书社1997年影印版，第292页。

生活的另一种面相。归有光的总结十分到位:“世以江南为富,而不知其民实贫也。”[①]后来姚希孟也说过:“三吴名为殷繁,实乃虚耗。”[②]徐树丕则说:“吴中几十年来,外观甚美,在中实枵然。至近年辛巳奇荒之后,即外观亦不美矣。”[③]“辛巳奇荒”是指崇祯十四年江南的大旱灾,在此前后都是灾荒频仍,给地方民生以较大的打击。[④] 其实态,亦如明末清初桐乡人张履祥所指斥的:“水利不讲,农政废弛,未有如近代之甚者!游民之多,亦未有如近代之甚者!海内如何不虚耗乎?”[⑤]

到康熙时期,唐甄的批评更甚:“清兴五十余年矣,四海之内,日益困穷,农空,工空,市空,仕空。”号称最为富庶的江南地区,“民多鬻男女于远方,男之美者为优,恶者为奴;女之美者为妾,恶者为婢。遍满海内矣。困穷如是,虽年谷屡丰,而无生之乐。”[⑥]河南商丘人宋荦(1634—1713),则以其亲历,讲述了苏州城郊农民生活的艰辛:“自胥江泛小舟,出日晖桥,观农夫插莳,妇子满田塍,泥滓被体,桔槔与歌声相答,其劳苦殊甚。”[⑦]他们都是从政治民生的层面,揭示出江南社会内在的困顿状态。

所谓民贫、虚耗的主要原因,就在于赋役沉重。大约自嘉靖朝以降,江南地区占据着优势地位的乡绅地主,以官僚身份或科举功名为依凭而逃避的徭役负担,都转嫁到了庶民身份的土地所有者身上,同此出现了庶民社会生活中的所谓“役困”问题。[⑧] 倘要禁革州县行政工作中的“不法事”,祛奸革弊,使百姓真正得以息肩,是十分困难的。在何良俊看来,“盖非大有力之人肯担当,能任怨不计毁誉,终不能了”。[⑨] 谢肇淛认为,江南赋税奇重,甲于天下,“一县可敌江北一大郡”,从而出现“破家亡身者往往有之”的状况。[⑩] 陈子龙在崇祯朝的最后一年,还向朝廷上奏指出“海内之役,以江南

---

① ［明］归有光:《震川先生集》卷十一《送昆山县令朱侯序》,上海古籍出版社1981年版,第254—255页。

② ［明］姚希孟:《文远集》卷十一《书牍·叶长洲(乙丑)》,收入《四库禁毁书丛刊》集部第179册,据国家图书馆藏崇祯张叔籁等刻清阁全集本影印,第402页。

③ ［明］徐树丕:《识小录》卷四,“吴优”条,稿本,收入孙毓修编:《涵芬楼秘笈》第一集,北京图书馆出版社2000年影印版,第912页。

④ 冯贤亮:《明清江南地区的环境变动与社会控制》,上海人民出版社2002年版,第170—188页。

⑤ ［清］张履祥:《杨园先生全集》卷四十二《备忘录遗》,同治十年江苏书局刻重订“杨园先生全集”本。

⑥ ［清］唐甄:《潜书》下篇上《存言》,中华书局2009年版,第114页。

⑦ ［清］宋荦:《西陂类稿》卷二十六《记·游姑苏台记》,文渊阁四库全书本。

⑧ (日)滨岛敦俊:《方志与乡绅》,《暨南史学》2003年第六号,第252页。

⑨ ［明］何良俊:《四友斋丛说》卷十二《史 八》,第104页。

⑩ ［明］谢肇淛著:《五杂俎》卷三《地部一》,第73页。

为最重”，要求消除役法之弊。[①] 总之，“江南赋役百倍他省”。[②]

而天下之治乱，正如常熟人柯悟迟所言，就在钱、漕、盐、考四政。[③] 仅以漕运而言，清代漕务浮收勒始于乾隆年间，至嘉庆年间更甚，而极于道光年间。在江苏，以上海、南汇、嘉定、宝山四缺为最优，每年陋规都有十多万。在浙江方面，则有“金平湖、银嘉善”之谣，钱漕也都在十万之上。百姓只求县官“无格外需求”，每亩多交一二百文以祈太平生活而已。[④] 可以认为，钱粮、漕运、盐政、吏治考核这四个方面，确实能被视为王朝统治稳定与否的标识。但一切工作的出发点，皆在州县。

清代后期的孙鼎臣（1819—1859）就说，百姓对原来“民所望为父母”的州县官，“今疾之如仇雠，而欲剸刃焉”，其原因就是从进士、举贡、捐纳、丞倅这些途径出身的州县官出现了很多问题，主要在于“选之不精，任之不重，待之不宽”。他们当中出身堪称最好的、由进士、举贡道路而来的州县官，大都困于记诵之学、溺于科举之文，一旦从政，又多“低首而听于幕友吏胥”；由捐纳出身的官员，是以钱躐取官位，居官期间常欲偿其贪念；而以丞倅之位上升至州县官的，“皆巧于媚其上官，而忍虐用其民者”。州县官员中，很少能有顺利进入顶级的公卿之位，大多数“老死风尘”。而在地方上，州县官员的正常待遇较低、责任过重，官员们真正能关注“职事之修废、民生之休戚”的并不多，天下因而不能大治。所以州县官员的人选，就变得十分重要，如果选拔得人，“天下如网之在纲”，就能施行有效的统治。[⑤]

全国的行政，是通过首都到省城再到府州县城这一路径，在地方实现“上意下达”后，又反向沿此路径实现“下意上达”。这种行政路径的作用，主要在于处理治安、司法、税收以及社会有实力者可能出现的对地方行政领导权的挑战等问题。[⑥] 州县当然是王朝统治的基础，地方倘要发展，州县行政的有效施展是其前提。而地方行政全在州县官们手中，否则地方行政就会停滞。[⑦] 民间的赋役重困、吏治的诸多腐败、社会的复杂矛盾、王朝的秩

---

① ［明］陈子龙：《臣郡役法久弊疏》，收入氏著《陈子龙文集·兵垣奏议》，华东师范大学出版社1988年影印本，页七十四—七十六。

② ［清］钱思元纂、钱士锜补辑：《吴门补乘》卷一《田赋补》，嘉庆二十五年吴县钱氏刻、道光十年刊本。

③ ［清］柯悟迟：《漏网喁鱼集》，中华书局1959年版，第16页。

④ ［清］欧阳兆熊、金安清：《水窗春呓》卷下，“陋规一洗”条，中华书局1984年版，第75页。

⑤ ［清］孙鼎臣：《论治四》，收入［清］盛康辑：《皇朝经世文续编》卷二十四《吏政七·守令上》，光绪二十三年思补楼刊本。

⑥ （日）斯波义信：《中国都市史》，布和译，北京大学出版社2013年版，第68页。

⑦ 瞿同祖著：《清代地方政府》，第29页。

序危机等等问题，都需要从基层的州县行政展开治理。对理想主义者而言，州县治理应该懂得老子的治大国如烹小鲜之喻，绝不能以扰民为能。① 在天下治道多难、民气久离的时代，州县官员其实都是各随其才学而为，但倘若能遵黄老之学，就是历史上所谓的“循吏”了。②

当然，江南地方文献中普遍存在的各种“去思碑”，是对各地历任重要官员政绩的颂扬，也含有对未来官吏从政的期望，更有地方利益或地方“公议”的表达。那些主笔“去思碑”的文人士绅们，透过“去思碑”的撰述，说明了其对于地方发展与社会稳定维持的意愿。以下仅依时间先后，随意检择若干“去思碑”所涉的江南各州县官员之从政情况，以为例证。

宣德年间，由吴江县典史出任常熟县主簿的郭南，负责当地的“抚民”工作，“政通人和，逋逃复业”；后负责“管粮”，“弊除而课早集”，政绩显著。在常熟县耆老、民人桑庆源等三千三百多人联名向官府的呈告中，讲述了郭南的具体政绩：“本县地广民稠，税粮浩大，词讼迭兴。自宣德五年九月内，有主簿郭南到任以来，持身廉谨，莅政公勤，听断刚明，词讼简息，禁奢节用，吏用畏服。招抚逃民四千余户复业；捕获强盗王果等八十二名，余党敛迹；添置仓廒，遵依劝借米五万余石，赈济饥民；委征今年秋粮三十三万三千余石，不加鞭扑，逾月完足，民皆感戴。”在苏州知府况钟的推荐下，郭南即于宣德九年升作知县。其在任时，比较注意改善地方农田水利环境，提高社会福利，“贫民鬻子女偿逋，赎回百余口”，并以仓米贷给百姓，官府只收取成本；在征得朝廷的同意下，对粮长佥替、差解罪囚、军匠等方面的弊病进行全面整顿，实行轮编法。这些事迹都被写入了当地人为他写的《去思碑》中。③

弘治九年，任崇明知县的张世昌，“恤民爱士，豪强敛迹”，最后死于职，“百姓巷哭三日”。万历二十七年，以举人身份担任崇明知县的李官，“锄奸惩暴，迎刃而解”；同时注意县境东南区的农田灌溉事业，开浚杨家河，“水道得通，民利之”。他们的事迹，也都载于当地人撰写的《去思碑》中。④

弘治年间任海盐知县的庐陵人王玺，“外刚内和”，“以文章饰吏事，新县治，兴庙学”，注意沿海乡村的海潮抵御工作，兴筑捍海塘。海塘兴建得

---

① ［明］归有光：《震川先生集》别集卷九《公移·乞休申文》，上海古籍出版社1981年版，第931页。

② ［清］凌廷堪：《校礼堂文集》卷三十一《跋二·书权文公酷吏传议后》，中华书局1998年版，第281页。

③ ［明］况钟：《况太守集》卷十一《举劾官员奏疏·保升贤能邑令奏(宣德八年八月)》，吴奈夫等校点，江苏人民出版社1983年版，第116页；康熙《常熟县志》卷十五《宦迹》，康熙二十六年刻本。

④ 嘉庆《直隶太仓州志》卷十二《名宦下》，嘉庆七年刻本。

法,数十年不圮,在保障地方民生方面功绩显著。①

也在弘治年间,以举人身份任崇明知县的博罗人张世昌,“恤民爱士,扶弱锄强”,使盗贼悉为屏绝,后卒于任上。其子扶榇回乡时,“行李萧然”。地方士民为他立了《去思碑》,同时也将他纳入名宦祠予以祭祀。崇明县史上类似地被写刻进“去思碑”的历任知县,代不乏人。例如,为崇明地方发展,在经济改革(主要是“轻徭缓征”)、县志编纂等方面有着诸多努力的范性,在解任后,当地人为他立了《去思碑》,竖于县衙仪门之右。再如,万历二十七年始任知县的李官,被写入《去思碑》的主要政绩,是他为加强地方治安与稳定社会秩序而移建县治、“扼奸锄暴”等内容。②

明人顾应祥的《黄侯去思碑》,记载了嘉靖十五年出任长兴知县的福建晋江人黄光升,着力于整顿地方财政与基层社会管理的大问题。先是到任之初,即痛革每年掌握着钱粮盈缩大权的“仓总”,消除其间的各种弊端,使小民得免横索而粮长亦无赔补之累。同时下令庶民百姓,只要不是“公务”,都不必至官衙,由里长直接处理乡民事务,“穷乡僻壤,闻命即至,谳讼立剖,无留狱”。③

在武康县的一份去思碑中,记述了嘉靖二十六年到任的知县程嗣功“居官如水,听讼若神”的事迹,使地方社会、政治出现了“胥吏奉公遵法,赋役惟均,民乐生勤”的良好面貌。④

嘉靖四十三年任乌程知县的李橡,⑤时值倭乱之后,“公私俱困,民苦征发”。李橡很注意安抚民生,使民困稍苏。乌程县地土宜桑,每年输丝充赋,百姓按照惯例出值以授“赋长”,“赋长”因而得以横索,比市价高出数倍。李橡到任后,下令民间可以以银代丝,每两三分,与市值相等。同时县境西北以山乡为多,编役原是以三当田一,李橡向上级建议以六当田一。这两项赋役变革,获得上级官府批准,而且通报周边各县,“各着为例,民甚称便”。李橡每遇人命狱讼,不轻易出检。只在遇到两方有深仇大怨、难以和解时,才下令检验。在他看来,“检尸与凌迟无异”,上干天和,又令人“破家荡产”。在他升任工部主事去后,当地士民感其德,刻立《去思碑》,以颂扬其政绩。⑥

① 光绪《海盐县志》卷十四《名宦录》,光绪二年刊本。
② 康熙《重修崇明县志》卷十《宦迹志》,康熙二十年刻本。
③ 同治《湖州府志》卷六十三《名宦录二》,同治十三年刊本。
④ 道光《武康县志》卷十七《列传一·名宦》,道光九年刊本。
⑤ 同治《湖州府志》卷六十三《名宦录二》,同治十三年刊本。
⑥ 乾隆《乌程县志》卷五《名宦》,乾隆十一年刻本。

归有光在嘉靖四十四年任长兴知县时，年已六十。他认为，“县官为天下牧民，宜求所疾痛，不当过自严重”。每听讼，尽量以吴语与长兴百姓沟通，“务得其情”。长兴地方风俗刁悍，“乐以人命诬讦富家”。遇有命案，归有光必亲至其地，招呼村落百姓详细察问。长兴县依湖山之间，盗贼较多，他曾用计擒获盗首，而将被诬为盗者一律释放。①

隆庆三年任嘉善知县的史朝，很注意振恤民生。当年该县即遇水灾，史朝积极申请拨蠲免赋。次年，给民谷种，至秋天仍有天灾，他又呈请赈恤。离任时，据说百姓卧辙请留，并刻了《去思碑》立于西林庵。后来于光绪五年，邑人查炳年募资在西关外諟安里、西林庵右偏建立“史公祠”，供乡民祭祀。②

万历二年出任桐乡知县的蔡时鼎，从政三年间，据说“环操茂政，名满全浙”。按时人李乐的说法，蔡知县在任时：“专精殚思，三载之中，嗽泉啮蘗，食无兼味，寒无重裘，出无华御。夙兴夜寐，形神不劳。奸书猾吏思言利以媢上者，弗敢仰视。其所承上而临下，无众寡大小，无造次暇豫，悉以敬慎将之，而邑无不理之事，亦无失所之名矣。”蔡知县的从政才干、高洁品性、宏远见识，深获上级官员及地方士人的赞誉。③

天启二年由浙江瑞安县令调任嘉善知县的康元穗，莅政之初，即卖掉衙署中的各种帐具，“埋枯胔，清赋税，平狱讼，惩赌博，汰冗役”。据《漕规德政碑》的说法，他着力解决漕粮溢额问题，从而“岁省耗蠹巨万”，捐官俸购捕漕运渠魁；当时北方白莲教民变剧烈，县境内也受到影响，效尤者千百成群，他即出面严禁“狙诈”，后升礼部主事去。当时士民对他十分感念，在古湘泉庵中为他塑像祭祀，将其列入名宦祠。④

明人陈函辉的《晏公去思碑》，追思了崇祯八年任靖江知县的晏益明，为政“综核明辨，一切刑名赋役，积弊如洗”，使地方豪右望之“如负霜雪”。⑤

辽东铁岭人李吉士于顺治年间出知安吉，时值兵燹之后，民不聊生。李到任后，即“修城垣，饬署宇，剪除山寇，鸠集流亡，新文庙以兴斯文，减赋役以苏民命”，从政勤免，曾自题其衙门内堂对联为“举笔判公私头上苍翁可畏，片言分曲直眼前赤子堪怜”。他在安吉工作的重要原则，就是休养生息，

① 同治《湖州府志》卷六十三《名宦录二》，同治十三年刊本。

② 光绪《嘉善县志》卷七《典秩志上·祠祀》，光绪十八年刊、民国七年重印本。

③ ［明］李乐：《邑令蔡公去思碑记》，载光绪《桐乡县志》卷十《官师志下·名宦录》，光绪十三年刊本。

④ 光绪《嘉善县志》卷十五《官师志下·名宦》。

⑤ 光绪《靖江县志》卷十二《良吏志》，光绪五年刻本。

所谓“省刑薄敛，课农桑，务使民无冻馁”，同时倡导礼教，营造社会和谐气氛，“说礼敦诗，申孝弟，须俾户有弦歌”。其事迹后来被刻入了《去思碑》。①

康熙八年担任溧阳知县的嘉兴籍人杨应标，②从政一年间，“洁躬而恕人，政平而讼简”，凡病民者去之、利民者出之，其善政据说“书之不胜书”。③

清人许缵曾撰的《去思碑》，称颂了康熙三十一年任松江府华亭县知县的曹鼎的吏治：“讼庭清简，人不得售以奸；严保甲，戢强暴，酗饮、赌博之徒皆敛迹；征输禁差役之扰，裁革火耗，而课自足。”在地方士人看来，这位地方官对于“有裨于民生吏治”之事，无不覃思竭虑，并且“见诸施行”，付诸实践。类似的，蔡鸿业撰的《去思碑》，追颂了乾隆三十二年从震泽知县调任华亭知县的高辰，能对地方做到“催科不扰，折狱必得其情”，而且注意地方思想教育，“讲论诗书”，使地方父老“咸颂其德”，堪称地方官员的楷模。④

其他还有大量被后人所追慕并被入祀名宦祠的地方官，也多与上述《去思碑》中官员们的出众政绩相类。像丹徒人何金蔺，在康熙二十年任桐乡知县，莅政五年，其主要表现见诸光绪年间嘉兴地方官绅的概括：“禁无艺之征，绝苞苴之入，宽猛得中，常讲乡约以诱良，除仓蠹以遏暴，一时政教肃然。至于修理学宫，重建云龙阁，开浚城河，重启西水门，建羁所以便囚民，建普同以收遗骨，百废俱兴。”⑤

另外，特别值得一提的是，在江南地方文献中，很少见到巡检的详细描述及其正面评价。像先任吴江县平望司巡检、后任吴县角头司巡检（驻太湖洞庭西山）的河南人暴方子，“刻苦自厉，非其分所应得，一钱不取”，于地方官吏群中的表现实属卓异。他在西山为政期间，虽然布衣芒屩、徜徉山水，怡然自然，但性格傲岸，“讲真理”，很不合上官之意，竟被劾免，生活衣食因而难以维持，西山百姓相继送米给他，还有“老翁持肉，童子担酒，庵尼负菜，禅僧携茶相饷者”。有一份光绪十六年十二月的“送米簿”传世，所书皆为各村百姓公送的柴米细目。同时，西山的文士名流，将此绘成画卷，并且“广征题咏”，影响由之外扩。然而就在次年，这些地方百姓对于暴氏的接济，被苏州知府视为西山“棍徒”向乡村“敛费”的暴行，官方强制暴方子离开西山，到省衙接受处治。⑥ 不过，后来留下的自晚清至民国知识界对暴方子的

---

① 同治《安吉县志》卷十一《名宦》，同治十二年刻本。

② 乾隆《镇江府志》卷二十五《宰贰》，乾隆十五年增刻本。

③ ［清］吴颖：《杨南城父母去思碑记》，载乾隆《镇江府志》卷四十六《艺文三》。

④ 光绪《重修华亭县志》卷十一《职官·名宦》，光绪四年刊本。

⑤ 光绪《嘉兴府志》卷四十三《名宦二》。

⑥ 钟叔河编订：《林屋山民送米图卷子》，岳麓书社 2002 年版，第 115—141 页。

大量称颂之词，则代表了民间的公意。

虽然，对于历任官员的“去思”行为，在地方史志的记述传统中，显得十分平常，但实际深蕴意味。就像李乐所言，“为民父母者”不得其职而要民为其“去思”，是“诬己”；而“为子民者”没有真正受惠于地方官之恩泽，徒“去思”托言，是“诬人”。所以，“名可以倾大吏之耳，而不能服匹夫匹妇之心”，“力可以制大豪之吭，而不能箝里居巷聚之口”。[①] 所谓公道自在人心，真正能体现“去思”之意的，多半在官民关系的优劣状况。而这又取决于官吏个人的品行、才干，为官的处境，地方政治的繁简程度等。不过，那些有所成就的地方官员，“一旦罢去，而诸所设施，且复停废”，地方百姓的生活就更为可悲。[②]

一般来说，州县官府与民间社会的关系变化与相关协调问题，政府的基层行政管理问题，即行政空间的分划、整合，地方经济的管理与乡村社会的控制问题等，是地方行政中十分紧要的大事。对地方政府的社会控制而言，主要在于人口与赋税管理。在明初以后，江南的地域核心太湖流域被划归两大高层政区（南直隶与浙江）管辖，使一个完整的流域平原从此分属不同的政区；而同时，州县一级频繁的增设改置，更导致疆土方面插花错壤问题的长期存在，使城乡基层行政十分繁杂而棘手，由此产生的城乡民众冲突与经济纠纷、不同区域行政官员之间的矛盾，又一直影响着地方社会的稳定与经济的发展。

同时，全国性的制度推行，必须与地方传统有机地融汇，方能得以有效展开。故而在表现形式上，同一种制度在很多地方，不但很不统一，就是实质内容也有很大区别，不能简单地从全国性的制度或措施名称来概括之；更不能从一地的考察，推广至整个江南地区。就像众所周知的鱼鳞图，官方的说法与地方的记忆都有不同。梁方仲总结了三种，即“以其比次若鱼鳞状得称”（如《武进县志》等）、“以所绘若鱼鳞得称”（如《明实录》等）、“以排列先后之序常得变动得称”（如《靖江县志》等）。梁氏认为，前三种“可并存不悖”；此外军册也有鱼鳞之称（如万历《会典》）。[③] 因此，仅凭官方颁定的内容，来简单地判断地方的实际情形，得出的认识肯定是不完全的，甚至是错误的。

在复杂的环境背景下，为应对王朝统治的政治与经济需求，各地州县官

---

① ［明］李乐：《邑令蔡公去思碑记》，载光绪《桐乡县志》卷十《官师志下·名宦录》，光绪十三年刊本。

② ［清］归庄：《归庄集》卷三《序·送昆山令黄冈万侯序》，上海古籍出版社1984年版，第225页。

③ 梁方仲：《明代鱼鳞图册考》，收入氏著《梁方仲文集》“明清赋税与社会经济”卷，中华书局2008年版，第94—95页。

府频繁应命于各类钱粮的征需，以及不时会有加派、摊征，使官、民都深受迫压。而主导地方政治的州县官员，莅任时间往往太短，在新的政策举措尚在推行或将要推行之际，就已离任，所谓人去政废是最常见的结局。继任者往往对传统旧制不作改动，甚至放任遗留的矛盾问题。因此地方官员的任用，须十分谨慎，所谓“贤、不肖之进退，乃民生休戚、社稷安危所关”；为一己之私，或收取人情以保禄位的州县官，是古人所谓的“绝无良心”之人，天地鬼神也不能容。① 而“干没帑金、科索民财”的为官者，就是时人眼中的“盗”了，至于“受贿而三尺废，卖法而冤鬼嗥”的官吏更是“盗之尤”，是以剥食“赤子膏血”的“捧头钱”以肥自家人的恶盗。②

明清时期的地方行政，在国家体制结构的约束下，主要围绕着受儒家伦理文化指导下的“精英化”的管理方式，数量极其有限的州县官员的行政实践工作而展开，在衙门中不得不依靠数量不菲的胥吏，以便应对纷繁芜杂的城乡社会。

那些通过科举甫入仕途的士人，对吏治堪称陌生，而且“去父母之邦，而为令于他郡邑”，③具有极强的流动性。尽管可以雇请幕僚帮衬，有牧令书可资借鉴，也有国家律法可循，但在异地为官时，实际的从政工作仍得依赖衙门胥吏，所谓“在一邑，则一邑之政由其手；在一郡，则一郡之政由其手；在一部，则一部之政由其手”，极端的观点是，依赖这群无赖之人，“而政出其手，则无所往而不为弊矣”。④

正是由于州县官员的属下大多出身本地，长期盘踞公门之中，甚至父子相继、子孙师徒相传，属于衙门中不可摇撼之群体，⑤形成了一股强大的势力，在官、民之间扰动，更使后来的州县主政者，多不敢妄作更张，原因极似顾炎武所谓的书役为主人、州县官为过客的关系状态，⑥从而长此以往，形成难以逆转的恶性循环。“州县为亲民之官，胥役乃殃民之蠹”这句话，似乎成了明清时代人们的一个通识。本来，百姓受蠹吏之害，只能诉其情于官；而官与民为亲，必要申其法于蠹，这样才能“理无可贷，责有攸归”。⑦ 但要

① ［明］赵南星：《赵忠毅公诗文集》卷十七《杂著 · 良心语》，崇祯十一年范景文等刻本。

② ［明］伍袁萃：《林居漫录》畸集卷二，明万历间刻本，收入《续修四库全书》子部杂家类第1172册，上海古籍出版社2002年影印版，第214页。

③ 康熙《常熟县志》卷十九《人物 · 循吏》，康熙二十六年刻本。

④ ［清］阮葵生：《茶余客话》卷七，“论吏道”条，第182页。

⑤ 缪全吉：《明代胥吏》，台北：嘉新水泥公司文化基金会1969年版，第30页。

⑥ ［清］顾炎武：《菰中随笔》，光绪十一年扫叶山房刊本。

⑦ ［清］丁日昌：《丁禹生政书 · 巡沪公牍》卷六《札通属州县禁约书差》，香港：志濠公司1987年版，第254页。

在官、民之间成就良好的沟通联系，隔着胥役这一层，往往就变得很难。况且，衙门中的“三老”即老吏、老幕、老胥，向来是官员行政工作中的重要依靠，可至晚在道光朝以后，“三老”风气更恶，变成所谓老贪、老滑与老奸了。①

可以说，绝大多数籍贯本地的胥吏阶层中长期存在的痼弊、衙门吏治的不良与腐败等问题，确实难以根除。这就使得地方治理模式形成了一种恶性循环，也使这些问题与州县官员、绅士豪强、乡里领袖等阶层复杂地缠在一起而很难分开。因此那种所谓的“蠹吏”或“衙蠹”，也必然会牵涉整个州县行政的体制问题。

陆文衡认为，“今之世纵横而莫敢谁何者，约有数辈，虽官府设严法重刑以待，不能骤解，曰大盗，曰衙蠹，曰积棍”，②将官府“衙蠹”、地方“积棍”的祸害与江湖“大盗”并列。亦如明末清初上海人叶梦珠所感叹的，历经不同时期的改革整顿，在明清两代中国地方社会中仍不能真正改变的差役借势扰民、胥吏舞文乱法的普遍情形。③ 当然，这也是中国社会长期的历史性问题。如何有效地抑制这一群体的普遍腐败，使地方行政有所推进、社会经济有所发展，即便是有经验的州县官，也须认真思量的大事。

六、政治参与及竞争

明清时期很多重要的时段，比如明初开国，嘉靖倭乱，明清交替，太平天国战乱等，往往可以成为从朝廷到地方重建社会秩序与统治权威，进行全面整顿的良好契机。有关江南州县行政工作的一些转折或重大调整，就是出现在这样一些时段。④ 苏州人王鏊（1450—1524）认为，社会越发展，官员队伍越显繁杂，在这样的趋势下，“政令纷然，守令欲举其职，难矣”，因而也很难产生古代的所谓“循吏”。⑤ 在顾鼎臣对于明代后期江南地方社会败坏的批评中，关涉地方官员与居乡士大夫这两个关键性的群体。前者“食君之禄，居人之上”，应该“顾念职守，承宣德意，为百姓分忧”，然而常有“日务送迎奔走，取办簿书，谀媚上官，以求荐举、图升迁”的情形，自然对于吏弊民隐

---

① ［清］欧阳兆熊、金安清：《水窗春呓》卷下，“三老一变”条，中华书局 1984 年版，第 62 页。

② ［清］陆文衡：《啬庵随笔》卷四《风俗》，光绪二十三年吴江陆同寿刻本，台湾广文书局 1969 年影印版。

③ ［清］叶梦珠：《阅世编》卷四《宦迹一》，第 91 页。

④ 冯贤亮：《明清江南地区的环境变动及其社会控制模式》，载《中国社会经济史研究》2001 年第 3 期，第 19—38 页。

⑤ ［明］王鏊：《震泽长语》卷上《官制》，嘉庆十三年张海鹏辑、借月山房汇钞丛书本。

“恬不经意”,对朝廷的政策与要求常有怠慢之举。而作为“乡邦之领袖”的后者,是属于“挂名仕籍”、受国家恩宠的一个群体,更宜表率齐民、奉公守法,却与那些贪图利禄的地方官员们一样,“瘠人肥己,效尤成风,坐享田租之利,而使无田小民代其包赔税粮”,倘遇官府清查,也敢妄行阻挠,“任私情而昧天理”。[①] 顾氏的批评,当然并不能涵括所有地方官员与绅士的面貌,而且地方官与乡居绅士们确实存在的互相牵制的弹性关系,可以使地方社会趋向良性发展的态势。

滨岛敦俊认为,江南地域社会中应该存在的“县社会”(以“乡绅”为主导),呈现出的“乡绅”话语层,使州县官和知府不可能随心所欲地施政,而需要同士大夫、士人及耆老层协商,襄理地方事务。[②] 从根本上讲,国家对基层社会的控制是不得不通过乡绅阶层来实现,尽管它可以在不同乡绅或乡绅集团之间进行选择。[③] 对王朝统治来说,乡村控制中存在着的局部真空,确实可以说明其行政体系的不完整,这些地方的管理也很容易让人觉得可能存在着乡村“自治”,甚至误认为“民主的真正图景”,而被热烈讨论,[④]其实都是一种“幻景”。

晚明乡官(乡绅)数量的庞大,使府州县官员不可能疏于迎送,地方公事也不可能不受其影响。[⑤] 他们在地方上不仅举足轻重,而且在全国政治生活中似乎也能呼风唤雨、掣肘朝政,“非昔唐宋局促的情景”。[⑥] 康熙初期仍然在世的吴江人陆文衡,是万历四十七年的进士,在他对晚明地方公议的评述中,透露出对彼时地方绅士关心社会公益、评议行政利弊而又能被官府所敬重及其产生的积极影响的怀念。他说:“往时缙绅有公会雅集,团坐一处,讲求时事得失、咨询地方利弊,凡衙门积蠹大恶,皆耳而目之,谒当事,侃侃指陈,或公函条议,当事虚心采纳,以故上下之情通而梓里蒙福,蠹恶亦有所

---

① [明] 顾鼎臣:《顾文康公文草》卷二《恳乞天恩饬典宪、拯民命以振举军国大计疏》,中国科学院图书馆藏万历至顺治顾氏家刻本,收入《四库全书存目丛书》集部第55册,齐鲁书社1997年影印版,第292—293页。

② (日) 濱島敦俊:《“民望”から“鄉紳”へ——十六・七世紀江南の士大夫》,载《大阪大学大学院文学研究科紀要》第四十一卷,平成十三年三月,第27—62页。

③ 傅衣凌:《中国传统社会:多元的结构》,载《中国社会经济史研究》1988年第3期,后收入氏著《休休室治史文稿补编》,中华书局2008年版,第212页。

④ 萧公权 Hsiao Kung-chuan, *Rural China: Imperial Control in the Nineteenth Century*, Seattle: University of Washington Press, 1960, p. 505。

⑤ [明] 何良俊:《四友斋丛说》卷三十四《正俗一》,第316页。

⑥ 王家范:《晚明江南士大夫的历史命运》,收入氏著《百年颠沛与千年往复》,上海远东出版社2001年版,第353—371页。

畏惮而不敢逞。”[①]而像明末乌程县的生员，都有“动持吏短长者”而使地方官“凛凛忧炙手”的情形，[②]其实在江南也很普遍。

在县级行政于社会生活中的重要性增强之后，为州县行政提供咨询、表达地区内各方意见的乡绅们，变得更为重要。而且这一阶层随着16世纪社会秩序的变化，已经深入参与到州县行政中。[③] 绅士们在地方公事方面的参与度应该是很高的。像松江地方，这类公事都是需要“公所会议”。[④] 在晚明，江南地方的官吏、乡绅、县民等聚于府学、县学，会商施政的习惯已很普遍，当时就称“士民公议”或“地方公议”。[⑤] 在时人看来：“君子不持公论，将使小人持之乎？荐绅先生不持公论，将使市井细民持之乎？”[⑥]侯峒曾以嘉定折漕成功的体会，认为“为民请命”是那些“贤豪长者之业”，而“导扬圣明，宣悟闾里”则为“乡大夫之事”。[⑦] 其实际情势，又如清人所谓的，绅士们“恒足以树齐民之望，而转移其风俗”。[⑧] 可以说，在明清时期的基层社会中，归根结底绅士在从中起着关键作用。[⑨]

绅士阶层虽然与州县官僚集团存在这种形似相互依存的关系，但又各自以不同的方式行使着自己的权利。[⑩] 他们的政治参与程度或政治竞争的能力，其实会威胁到州县官员的施政权威，压缩官府权力的影响范围。

从政府的角度而论，中国的传统风尚是乡绅“以不管公事为有品”，这样的人往往被誉为“自爱”。地方事务乡绅一般都不便出面，只有遇到关系“利害安危大端”或必须由地方官“敦请”，方可参与议论地方政务。而那些“平日自愿管地方事者”与“好管地方琐细事者”，都被政府视为“非端廉之士”。[⑪] 董含认为：“士大夫居乡，贵乎自重”，除了地方上的真正利弊大事不

---

① ［清］陆文衡：《啬庵随笔》卷四《风俗》，光绪二十三年吴江陆同寿刻本，台湾广文书局1969年影印版。

② 崇祯《乌程县志》卷四《风俗》，崇祯十年刻本。

③ （日）上田信：《明清时代：海与帝国》，广西师范大学出版社2014年版，第230、415页。

④ ［清］曹家驹：《说梦》，道光八年醉沤居士抄本，页四。

⑤ （日）滨岛敦俊：《方志与乡绅》，《暨南史学》2003年第六号，第252页。

⑥ ［明］伍袁萃：《林居漫录》别集卷八，明万历间刻本，收入《续修四库全书》子部杂家类第1172册，上海古籍出版社2002年影印版，第190页。

⑦ ［明］侯峒曾：《复折奏疏序》，收入［清］汪永安原纂、侯承庆续纂、沈葵增补：《紫隄村志》卷一《田赋》，康熙五十七年修、咸丰六年增修，上海图书馆藏传抄本。

⑧ 吴仁安：《明清时期上海地区的著姓望族》，上海人民出版社1997年版，第2页。

⑨ 陈宝良：《明代社会转型与文化变迁》，重庆大学出版社2014年版，第131页。

⑩ 瞿同祖：《清代地方政府》，第282页。

⑪ ［清］吴庆坻：《蕉廊脞录》卷二，“张之洞电驳更张官制”条，中华书局1990年版，第50—58页。

妨直陈官府外，非公事者，“概行谢绝”。[①] 梁章钜也说：“古人家居，每相戒不入州府，当官枉顾者，必闭门不纳。”这类行为，是“高人退士”所崇尚的。[②]

比如，明前期的嘉兴名士黄希声，永乐年间的举人，在昆山县城授徒时，自题其座隅云“非公事不入县门”。[③] 明末世居张堰镇的松江名士吴嘉胤，很能“矜慎名节”，努力做到与府县官员“不通一刺”，不轻交官府，获得知府方岳贡的称赏。[④] 内阁首辅申时行（1535—1614）于万历十九年退职回家乡苏州后，堪称居乡之“大老”，但与地方官来往谨严有礼。而另一位“大老”、以正直闻名的嘉兴名宦沈思孝（1542—1611），时人论为“清白之操不待言”，原则上是“绝不与守令交”，倘万不得已时就以“野服”相见。[⑤]

再如，顺治丁亥科进士、曾任刑部主事与吏部考功员外郎的长洲人顾咸予，回到江南休养时，“居乡风采峻整，为后进所惮”，为世人所称道。[⑥] 这些居乡之“大老”，应该都是地方上极具权威性的绅士领袖。[⑦] 陆文衡则表示，绅士们在居官时“有言责者当建言，有事权者当任事”，而在居乡时，倘若“值地方扰扰、物情汹汹之日”，“只宜闭户缄默，随乡里大例，奉官府之施行而已”，特别是在清初江南，“好事多言，即是招尤取祸之本”。[⑧] 他居乡时的这种体会，又是具有特定时代特征的，也与前述诸绅的言行一样，有其代表性。

在孔飞力等人看来，这些地方精英显然有其政治行为模式，因此之故，他们与国家的关系也时好时坏，或敌或友。[⑨] 官场中的关系是“上下相胶固”，又是“上下相猜防”。[⑩] 州县官员们会留意绅士们是否在其施政期间制造麻烦，是否会带领民众给官府造成威胁和危害。[⑪] 萧公权概括性地评述了这种地方控制关系：尽管地方人士被广泛地用于辅助控制，但官府仍然

---

① ［清］董含：《三冈识略》卷十，“官绅接见有禁”条，辽宁教育出版社2000年版，第216页。

② ［清］梁章钜：《归田琐记》卷二，“家居”条，中华书局1981年版，第23页。

③ ［明］叶盛：《水东日记》卷三，“黄希声”条，中华书局1980年版，第28页。

④ ［清］曹家驹：《说梦》，道光八年醉沤居士抄本，页八。

⑤ 《明史》卷二百二十九《沈思孝传》；［明］沈德符：《万历野获编》卷九《内阁》“大老居乡之体”条、卷十二《吏部》“士大夫癖性”条，中华书局1959年版，第246、314页。

⑥ 同治《苏州府志》卷八十八《人物十五·长洲县》。

⑦ ［清］曹家驹：《说梦》，道光八年醉沤居士抄本，页四。

⑧ ［清］陆文衡：《啬庵随笔》卷五《鉴戒》，光绪二十三年吴江陆同寿刻本，台湾广文书局1969年影印版。

⑨ （美）康无为Harold Kahn：《读史偶得：学术演讲三篇》，台北中研院近代史研究所1993年版，第30—31页。

⑩ ［明］沈德符：《万历野获编》卷十九《台省》，“私书”条，中华书局1959年版，第494页。

⑪ 张仲礼：《中国绅士——关于其在19世纪中国社会中作用的研究》，李荣昌译，上海社会科学院出版社1991年版，第30页。

很小心地注意对他们的监视，同样，那些常被用作控制辅助工具的乡区中本已存在的组织或团体，其活动也受到官府的限制甚至有时完全被禁止。① 然而对实际上并不拥有大量暴力装置的明清州县官府本身而言，对数量较大、力量更大、结构复杂的绅士群体，关键主要仍在“以礼法绳之”，②甚至更要“勤见绅士”，虽然未必所有的绅士都是贤者，但“不见绅士，则地方一切情形无由知悉”。③

官员们应当注意利用乡绅、地主、商人等地方有力阶层迎合官方调控工作的各类活动，④要正士风、激励志节，⑤将绅士们都肯完纳钱粮的地方，褒扬为风俗淳厚的“善地”。⑥ 那些“公正”的绅士们当然也应该成为“小民”们的依靠，否则就像清末人说的“士大夫饱食嬉遨、废书不观之日，即小民衔冤负痛、救死不赡之时”，使地方吏治更形糟糕了。⑦

比较而言，由于江南地域的“国家化”很早，王朝统治的政治基础较好，因而呈现出与华北、华南不同的特色。滨岛敦俊就认为，判定某一区域中社会阶层、社会主导不同特质的重要指示仍在乡绅，并指出华南是宗族性的乡绅社会、江南是非宗族性的乡绅社会、华北是非宗族性的庶民社会。⑧

在这样的比照与具体分析下，江南地区并不存在严格意义上的“宗族社会”。⑨ 而在黄宗智研究的长江三角洲和华北两地区中，也承认“士绅社会”似乎更适合描写长三角，尽管黄氏论述的长三角主要集中于长江南岸的江苏地方。⑩

绅士在地方上会以“民”的名义，为其利益服务而不挑战王朝权威；他们

---

① 萧公权 Hsiao Kung-chuan, *Rural China: Imperial Control in the Nineteenth Century*, Seattle: University of Washington Press, 1960, p. 502。

② 雍正《钦颁州县事宜》，“待绅士”条，同治七年江苏书局刊本。

③ ［清］方大湜：《平平言》卷二，“勤见绅士”条，光绪十八年刊本。

④ 冯贤亮：《传统时代江南的中层社会与乡村控制》，载《学术季刊》2002 年第 2 期，第 166—175 页。

⑤ ［明］何良俊：《四友斋丛说》卷三十五《正俗二》，第 318 页。

⑥ ［明］佘自强：《治谱》卷五《钱粮门 · 比较处绅士法》，崇祯十二年胡璇刻本。

⑦ ［清］方大湜：《平平言》，杜贵墀《序》（光绪四年），光绪十八年刊本。

⑧ 参（日）濱島敦俊：《明代江南農村社会の研究》，东京大学出版会 1982 年版；《總管信仰——近世江南農村社会と民間宗教》，研文出版 2001 年版；《明末华北地区地方士人的存在形态》，收入《近世中国的社会与文化论文集》，台北，明代研究学会，2007 年，第 29—60 页；《江南无“宗族”》，收入《复旦史学集刊》第四辑“明清以来江南城市发展与文化交流”，复旦大学出版社 2011 年版，第 281—290 页；另参濱島敦俊、片山剛、高橋正：《華中 · 南デルタ農村實地調査報告書》，《大阪大學文學部紀要》第 34 卷，1994 年，第 1—576 页。

⑨ （日）濱島敦俊：《明代江南は“宗族社会”なりしや》，收入（日）山本英史编：《中国近世の規範と秩序》，東洋文庫 2014 年版，第 94—135 页。

⑩ 黄宗智：《长江三角洲小农家庭与乡村发展》，中华书局 1992 年版，特别是第 330 页。

甚至会将其利益与“民”等同起来，并承担后者代言人的角色。比较服从的绅士阶层与总体上柔顺的乡村民众共同生活在一起，使王朝得以保持一种政治稳定的状态。① 他们在地域社会的公益性或公共性表现，特别是灾荒赈济、慈善捐助、风俗教化、危机缓解等方面，确实使官方的施政获得较多的助力，并在国家动力支配的总情势下，可以引导地域社会趋向良性发展。

在此过程中，尽量消弭不同利益群体间的矛盾、纠纷、冲突甚至差异，并在可能存在的共通的社会秩序之下，结合成具有一定秩序的地域性场境，②从而能使官方获致相对稳定的施政条件与地方规范，并努力使官、民之间的紧张关系维持平衡状态。

就江南水乡的公共事业而言，明代的里甲制度本身就是在士绅的重要构成者之一乡居地主们的领率下，常年进行浚筑圩岸的活动，维持水利事业的发展。至少在明代中期以前还是如此。③ 马若孟（Ramon H. Myers）认为，早在明代中叶，地方官员已利用乡村里甲制征集劳役、修建新的灌溉系统、增扩巨大的河堤以防水患，但到16世纪里甲制解体时，主持这一工程的责任便转移到大土地所有者身上；到清代，政府又令地方士绅担任重修明末湮废的蓄水系统和灌溉网络的领导，后来为了恢复水利设施的功能，并对其进行常年的维修和管理，就把这一责任摊至农村地方和居于城市的士绅的头上。④ 而从中体现的时人对于公、私利益的维护态度，也是王朝统治秩序中的应有之义。

总之，在明清两代的江南地区，虽然经历了许多变化，但仍保持着长期发展的态势，主要与这个区域内的州县官府，和数量庞大的各类地方绅士有较好的合作关系或力量平衡的保持，即能在法令推行、疆土管理、社会整顿、利益分割、危机控制、灾害应对、赋役负担等关乎切身利益的大问题上，既有所谓的政府管理，又有较多的社会参与，从而达到一种较为契合的程度，并使官民关系得以适当的调和，完善所谓的社会安全体系或社会稳定机制，促进官府对于城乡社会的全面控制，维持社会的平稳与持续性，是分不开的。

---

① 萧公权 Hsiao Kung-chuan, *Rural China: Imperial Control in the Nineteenth Century*, Seattle: University of Washington Press, 1960, p. 507。

② （日）岸本美绪：《伦理经济论与中国社会研究》，收入（日）滋贺秀三、寺田浩明等著：《明清时期的民事审判与民间契约》，王亚新、梁治平编，法律出版社1998年版，第343页。

③ （日）濱島敦俊：《姚文灝登場の背景——魏校〈莊渠遺書〉に拠る試論》，收入中国水利史研究会编：《佐藤博士還暦記念·中国水利史論集》，国书刊行会1981年版，第249—265页。

④ （美）吉尔伯特·罗兹曼（Gilbert Rozman）主编、国家社会科学基金“比较现代化”课题组译：《中国的现代化》，江苏人民出版社1998年版，第162页。

主要参考文献

一、基础史料类

[明] 不著撰者:《吴中水利通志》,北京图书馆藏明嘉靖三年锡山安国铜活字本。

[明] 陈继儒:《白石樵真稿》,北京大学图书馆藏明崇祯刻本。

[明] 陈继儒:《眉公杂著》,尚自斋刻本。

[明] 陈龙正:《几亭全书》,康熙云书阁刻本。

[明] 陈龙正:《几亭外书》,北京大学图书馆藏明崇祯刻本。

[明] 陈龙正:《几亭外书》,崇祯间刻本。

[明] 陈龙正:《几亭续文录》,崇祯间刻本。

[明] 陈龙正:《救荒策会》,上海图书馆藏崇祯十五年洁梁堂刻本。

[明] 陈其愫辑:《皇明经济文辑》,天启七年自刻本。

[明] 陈子龙:《陈子龙文集》,华东师范大学出版社 1988 年影印本。

[明] 陈子龙等选辑:《明经世文编》,中华书局 1962 年影印本。

[明] 程敏政编:《皇明文衡》,商务印书馆《四部丛刊》初编影印明刊本。

[明] 戴金编:《皇明条法事类纂》,据东京大学图书馆藏抄本影印,古典研究会出版 1966 年版。

[明] 丁宾:《丁清惠公遗集》,崇祯间刻本。

[明] 丁元荐:《西山日记》,康熙二十八年先醒斋刻本,收入《续修四库全书》子部第 1172 册,上海古籍出版社 2002 年影印版。

[明] 董斯张辑:《吴兴艺文补》,崇祯六年刻本。

[明] 范濂:《云间据目抄》,民国年间上海进步书局印行本。

[明] 冯梦龙:《古今谭概》,中华书局 2007 年版。

[明] 冯梦龙:《醒世恒言》,明叶敬池刻本。

[明] 冯梦龙编撰:《甲申纪事》,上海古籍出版社 1993 年影印本。

[明] 冯梦桢:《快雪堂日记》,凤凰出版社 2010 年版。

[明] 傅凤翔编纂:《皇明诏令》,嘉靖二十七年补刻本。

[明] 葛麟:《葛中翰集》,收入[清]潘锡恩辑:《乾坤正气集》卷四百五十五,道光二十

八年袁江节署求是斋刊、同治五年印行本。

［明］顾鼎臣：《顾文康公三集》，中国科学院图书馆藏万历至顺治顾氏家刻本，收入《四库全书存目丛书》集部第 55 册，齐鲁书社 1997 年影印版。

［明］顾鼎臣：《顾文康公文草》，中国科学院图书馆藏万历至顺治顾氏家刻本，收入《四库全书存目丛书》集部第 55 册，齐鲁书社 1997 年影印版。

［明］顾潜：《静观堂集》，清玉峰雍里顾氏六世诗文集本。

［明］顾宪成：《泾皋藏稿》，文渊阁四库全书本。

［明］管一德编：《皇明常熟文献志》，万历三十三年刻本。

［明］归有光：《震川先生别集》，上海涵芬楼影印常熟刊本。

［明］归有光：《震川先生集》，上海古籍出版社 1981 年版。

［明］归有光：《震川先生集》，上海涵芬楼影印常熟刊本。

［明］桂萼：《文襄公奏议》，嘉靖二十三年桂载刻本。

［明］海瑞：《海瑞集》，中华书局 1962 年版。

［明］何良俊：《四友斋丛说》，中华书局 1959 年版。

［明］侯峒曾：《仍贻堂集》，收入［清］潘锡恩辑：《乾坤正气集》卷四百三十九，道光二十八年袁江节署求是斋刊、同治五年印行本。

［明］侯峒曾著、［清］侯玄瀞编：《侯忠节公全集》，民国二十二年铅印本。

［明］侯岐曾：《侯岐曾日记》，收入《明清上海稀见文献五种》，人民文学出版社 2006 年版。

［明］皇甫录：《皇明纪略》，民国二十九年商务印书馆景印元明善本丛书十种《历代小史》本，收入《续修四库全书》子部杂家类第 1167 册，上海古籍出版社 2002 年影印版。

［明］黄汝亨：《寓林集》，天启四年吴敬芝等刻本，收入《续修四库全书》集部第 1369 册，上海古籍出版社 2002 年影印版。

［明］黄省曾：《吴风录》，民国二十七年商务印书馆影印明隆庆刻万历增修百陵学山本。

［明］黄宗羲：《南雷文约》，雍正间刻本。

［明］黄尊素：《说略》（一卷），古香书屋钞，收入孙毓修编：《涵芬楼秘笈》第一集，北京图书馆出版社 2000 年影印版。

［明］焦竑：《玉堂丛话》，中华书局 1981 年版。

［明］况钟著，吴奈夫等校点：《况太守集》，江苏人民出版社 1983 年版。

［明］郎瑛：《七修类稿》，上海书店 2001 年版。

［明］李陈玉：《退思堂集》，崇祯十年刻本。

［明］李乐：《见闻杂记》，上海古籍出版社 1986 年影印万历间刻本。

［明］李日华：《味水轩日记》，上海远东出版社 1996 年版。

［明］李贤等撰，（日）山根幸夫、长泽规矩也编：《大明一统志》，汲古书院昭和五十三年（1978）刊本。

［明］李诩：《戒庵老人漫笔》，中华书局 1982 年版。

[明] 凌濛初:《初刻拍案惊奇》,人民文学出版社 1991 年版。
[明] 凌濛初:《二刻拍案惊奇》,人民文学出版社 1996 年版。
[明] 刘时俊:《居官水镜》,万历间刊本。
[明] 娄坚:《学古绪言》,文渊阁四库全书本。
[明] 陆人龙:《型世言》,江苏古籍出版社 1994 年版。
[明] 陆人龙:《型世言》,收入《韩国藏中国稀见珍本小说》第五卷,中国大百科全书出版社 1997 年版。
[明] 陆容:《菽园杂记》,中华书局 1985 年版。
[明] 陆师贽:《过庭随笔》,传抄本。
[明] 陆应阳:《广舆记》,清康熙刻本。
[明] 罗懋登:《西洋记》,万历二十五年刊本。
[明] 吕光洵:《三吴水利图考》,明嘉靖四十年刻本。
[明] 吕坤:《实政录》,万历二十六年赵文炳刻本。
[明] 南园啸客:《平吴事略》,收入中国历史研究社编:《虎口余生记》,上海书店 1982 年印行本。
[明] 庞尚鹏:《百可亭摘稿》,万历二十七年庞英山刻本,收入《四库全书存目丛书》集部第 129 册,齐鲁书社 1997 年影印版。
[明] 钱谷编:《吴都文粹续集》,文渊阁四库全书本。
[明] 钱薇:《海石先生文集》,万历四十一年至四十二年钱氏刻清增修本,收入《四库全书存目丛书》集部第 97 册。
[明] 清溪道人编著:《禅真逸史》,上海古籍出版社 1990 年版。
[明] 瞿九思撰:《万历武功录》,万历间刻本。
[明] 邵圭洁:《北虞先生遗文》,万历间刻本。
[明] 佘自强:《治谱》,崇祯十二年胡璇刻本。
[明] 沈德符:《万历野获编》,中华书局 1959 年版。
[明] 沈啓:《吴江水考》,天津图书馆藏清乾隆五年沈守义刻本。
[明] 史鉴:《西村集》,文渊阁四库全书本。
[明] 谈迁:《国榷》,上海古籍出版社 1958 年版。
[明] 谈迁:《枣林杂俎》,中华书局 2006 年点校版。
[明] 唐时辑:《如来香》,康熙孙丕璨刻本。
[明] 天然痴叟:《石点头》,上海古籍出版社 1985 年版。
[明] 田汝成:《西湖游览志》,浙江人民出版社 1980 年版。
[明] 田艺蘅:《留青日札》,上海古籍出版社 1985 年影印万历己酉刻本。
[明] 汪应蛟:《抚畿奏疏》,明刻本。
[明] 王圻:《东吴水利考》,明刻本。
[明] 王锜:《寓圃杂记》,中华书局 1984 年版。
[明] 王士性:《广志绎》,中华书局 1981 年版。

［明］王世茂：《仕途悬镜》，明崇祯间刻本。

［明］王世贞：《弇山堂别集》，中华书局 1985 年版。

［明］王在晋：《越镌》，中国科学院图书馆藏万历三十九年刻本。

［明］吴亮：《万历疏钞》，万历三十七年刻本。

［明］伍余福：《三吴水利论》，嘉靖吴郡袁氏嘉趣堂刻《金声玉振集》本。

［明］伍袁萃：《林居漫录》，万历间刻本，收入《续修四库全书》子部第 1172 册，上海古籍出版社 2002 年影印版。

［明］夏完淳著、白坚笺校：《夏完淳集笺校》，上海古籍出版社 1991 年版。

［明］谢肇淛：《五杂俎》，中华书局 1959 年版。

［明］徐复祚编次：《花当阁丛谈》，借月山房汇抄本。

［明］徐光启：《农政全书》，中华书局 1956 年版。

［明］徐光启著、石声汉校注：《农政全书校注》，上海古籍出版社 1979 年版。

［明］徐阶：《世经堂集》，万历间刻本。

［明］徐树丕：《识小录》，稿本，收入孙毓修编：《涵芬楼秘笈》第一集，北京图书馆出版社 2000 年影印版。

［明］徐献忠：《吴兴掌故集》，嘉靖三十九年范唯一等刻本。

［明］徐象梅：《两浙名贤录》，明天启徐氏光碧堂刻本。

［明］薛尚质：《常熟水论》，收入［清］曹溶辑、陶樾增订：《学海类编》，第 48 册，民国九年上海涵芬楼据道光十一年六安晁氏木活字版影印本。

［明］杨循吉：《松筹堂集》，北京图书馆藏清金氏文瑞楼抄本，收入《四库全书存目丛书》集部第 43 册，齐鲁书社 1997 年影印版。

［明］姚文灏：《浙西水利书》，“豫章丛书”本。

［明］姚希孟：《公槐集》，收入《四库禁毁书丛刊》集部第 178 册，据国家图书馆藏崇祯张叔籁等刻清阁全集本影印。

［明］姚希孟：《文远集》，收入《四库禁毁书丛刊》集部第 179 册，据国家图书馆藏崇祯张叔籁等刻清阁全集本影印。

［明］叶权：《贤博编》，中华书局 1987 年版。

［明］叶绍袁：《湖隐外史》，收入［明］叶绍袁原编、冀勤辑校《午梦堂集》，中华书局 1998 年版。

［明］叶盛：《水东日记》，中华书局 1980 年版。

［明］佚名：《崇祯记闻录》，收入《台湾文献史料丛刊》第三辑第 52 册，台湾大通书局 1984 年印行本。

［明］佚名：《民抄董宦事实》，收入中国历史研究社编：《明武宗外纪》，上海书店 1982 年据神州国光社会 1951 年版复印本。

［明］应槚：《大明律释义》，嘉靖三十一年刊本。

［明］于慎行：《谷山笔麈》，中华书局 1984 年版。

［明］俞汝楫编：《礼部志稿》，文渊阁《四库全书》本。

［明］袁宏道著，钱伯城笺校：《袁宏道集笺校》，上海古籍出版社 2008 年版。

［明］袁黄：《了凡杂著》，万历三十三年建阳余氏刻本。

［明］张国维：《吴中水利全书》，文渊阁《四库全书》本。

［明］张瀚：《松窗梦语》，中华书局 1985 年版。

［明］张卤辑：《皇明制书》，明万历七年张卤刻本。

［明］张内蕴、周大韶：《三吴水考》，文渊阁《四库全书》本。

［明］章潢：《图书编》，文渊阁《四库全书》本。

［明］赵官等编、万文彩等重修：《后湖志》，收入《金陵全书》甲编“方志类”，南京出版社 2013 年影印版。

［明］赵南星：《赵忠毅公诗文集》，崇祯十一年范景文等刻本。

［明］赵用贤：《松石斋集》，万历四十六年赵琦美等刻本。

［明］郑晓：《今言》，中华书局 1984 年版。

［明］郑瑄：《昨非庵日纂》，明崇祯刻本。

［明］支大伦：《支华平先生集》，万历清旦阁刻本。

［明］周孔教：《周中丞疏稿·江南疏稿》，明万历刻本。

［明］朱国桢：《涌幢小品》，中华书局 1959 年版。

［明］朱国祯：《朱文肃公集》，北京大学图书馆藏清抄本。

［明］朱象玄：《山樵暇语》，抄本，收入孙毓修编：《涵芬楼秘笈》第二集，北京图书馆出版社 2000 年影印版。

［明］朱长春：《朱太复乙集》，万历刻本。

［明］撰人不详：《云间杂志》，奇晋斋丛书本。

［清］百一居士：《壶天录》，光绪间申报馆仿聚珍板印本。

［清］包世臣：《包世臣全集》，黄山书社 1993 年版。

［清］不著纂人、王锺翰点校：《清史列传》，中华书局 1987 年版。

［清］曹家驹：《说梦》，道光八年醉沤居士抄本。

［清］曹雪芹、高鹗著：《红楼梦》，人民文学出版社 1982 年版。

［清］曾国藩：《曾国藩全集·日记》，岳麓书社 1987 年版。

［清］曾国藩：《曾文正公书札》，光绪二年传忠书局刻增修本。

［清］曾羽王：《乙酉笔记》，旧抄本，收入上海人民出版社编：《清代日记汇抄》，上海人民出版社 1982 年版。

［清］查继佐：《国寿录》，中华书局 1959 年版。

［清］查继佐：《罪惟录》，浙江古籍出版社 1986 年版。

［清］陈鼎辑：《东林列传》，收入周骏富辑：《明代传记汇刊》学林类三，明文书局 1991 年版。

［清］陈宏谋：《在官法戒录》，乾隆培远堂刻汇印《五种遗规》本。

［清］陈瑚：《确庵先生文钞》，同治九年刊本。

［清］陈康祺：《郎潜纪闻初笔》，中华书局 1984 年版。

[清] 陈其元:《庸闲斋笔记》,中华书局 1989 年版。

[清] 陈去病:《五石脂》,江苏古籍出版社 1999 年版。

[清] 陈确:《陈确集》,中华书局 1979 年版。

[清] 陈士鑛:《明江南治水记》,收入[清]曹溶辑、陶越增订:《学海类编》第 48 册,1920 年上海涵芬楼据六安晁氏木活字版影印本。

[清] 陈文述:《颐道堂集》,嘉庆十二年刻、道光增修本。

[清] 戴璐:《藤阴杂记》,上海古籍出版社 1985 年版。

[清] 戴名世:《戴名世集》,王树民编校,中华书局 1986 年版。

[清] 戴名世:《戴名世遗文集》,王树民等编校,中华书局 2002 年版。

[清] 戴槃:《桐溪记略》,同治七年刊本。

[清] 戴槃:《严陵记略》,同治七年刻本。

[清] 戴肇辰:《学仕录》,同治六年刻本。

[清] 丁日昌:《丁禹生政书》,香港:志濠公司 1987 年版。

[清] 丁日昌:《抚吴公牍》,宣统元年南洋官书局石印本。

[清] 东鲁古狂生:《醉醒石》,上海古籍出版社 1992 年版。

[清] 董含:《三冈识略》,辽宁教育出版社 2000 年版。

[清] 杜春登:《社事始末》,收入[清]张潮主编:《昭代丛书》续编戊集卷十六,吴江沈氏世楷堂藏板,道光年间刊、光绪二年重印本。

[清] 法式善:《陶庐杂录》,中华书局 1959 年版。

[清] 方大湜:《平平言》,光绪十八年刊本。

[清] 冯桂芬:《校邠庐抗议》,光绪十年刊本。

[清] 福格:《听雨丛谈》,中华书局 1984 年版。

[清] 刚毅撰、葛士达编订:《牧令须知》,光绪十五年刊本。

[清] 葛士浚编:《皇朝经世文续编》,光绪十七年上海广百宋斋校印本。

[清] 龚炜:《巢林笔谈》,中华书局 1981 年版。

[清] 龚炜:《巢林笔谈续编》,乾隆三十四年刻本。

[清] 顾公燮:《丹午笔记》,江苏古籍出版社 1999 年版。

[清] 顾公燮:《消夏闲记摘抄》,旧抄本,收入孙毓修编:《涵芬楼秘笈》第二集,北京图书馆出版社 2000 年影印版。

[清] 顾禄:《桐桥倚棹录》,上海古籍出版社 1980 年版。

[清] 顾士琏等辑:《吴中开江书(三种)》,康熙七年刻本。

[清] 顾炎武:《菰中随笔》,光绪十一年扫叶山房刊本。

[清] 顾炎武:《顾亭林诗文集》,中华书局 1983 年版。

[清] 顾炎武:《圣安本纪》,收入《台湾文献史料丛刊》第三辑第 53 册,台湾大通书局 1984 年印行本。

[清] 顾炎武:《天下郡国利病书》,1936 年涵芬楼影印昆山图书馆所藏稿本。

[清] 顾炎武著、黄汝成集释:《日知录集释》,岳麓书社 1994 年版。

[清] 顾震涛:《吴门表隐》,江苏古籍出版社 1999 年版。

[清] 顾祖禹:《读史方舆纪要》,上海书店 1998 年影印本。

[清] 管庭芬辑:《康熙朝品级考》,收入缪荃孙编:《烟画东堂小品》“冷”字号册,民国九年江阴缪氏刊本。

[清] 归庄:《归庄集》,上海古籍出版社 1984 年版。

[清] 韩世琦:《抚吴疏草》,康熙五年刻本。

[清] 贺长龄、魏源等编:《清经世文编》,中华书局 1992 年影印本。

[清] 洪亮吉:《洪亮吉集》,中华书局 2001 年版。

[清] 湖北谳局辑:《大清律例汇辑便览》,同治十一年刊本。

[清] 黄辅辰编著、马宗申校释:《营田辑要》,农业出版社 1984 年版。

[清] 黄六鸿:《福惠全书》,光绪十九年文昌会馆刻本。

[清] 黄宗羲:《弘光实录钞》,浙江省图书馆藏光绪三年傅氏长恩阁抄本,收入《续修四库全书》史部第 367 册,上海古籍出版社 2002 年影印版。

[清] 计东:《改亭文集》,乾隆十三年计瑸刻本。

[清] 计六奇:《明季北略》,中华书局 1984 年版。

[清] 计六奇:《明季南略》,中华书局 1984 年版。

[清] 姜宸英:《湛园集》,文渊阁四库全书本。

[清] 柯悟迟:《漏网喁鱼集》,中华书局 1959 年版。

[清] 李伯元:《活地狱》,上海古籍出版社 1997 年版。

[清] 李介:《天香阁随笔》,清伍氏刻粤雅堂丛书本。

[清] 李雯:《蓼斋后集》,收入《四库禁毁书丛刊》集部第 111 册,据中国科学院图书馆藏顺治十四年石维昆刻本影印本。

[清] 李渔:《无声戏》,人民文学出版社 1989 年版。

[清] 李之芳:《李文襄公别录》,康熙间刻本。

[清] 梁熙:《晳次斋稿》,康熙间刻本。

[清] 梁章钜:《归田琐记》,中华书局 1981 年版。

[清] 梁章钜:《退庵随笔》,道光间刻、光绪元年浙江书局校刊本。

[清] 凌廷堪:《校礼堂文集》,中华书局 1998 年版。

[清] 刘锦藻编:《乌程刘氏义庄事略》,宣统元年刊本。

[清] 刘廷玑:《在园杂志》,上海古籍出版社 2012 年版。

[清] 刘献廷:《广阳杂记》,中华书局 1957 年版。

[清] 陆陇其:《三鱼堂集》,康熙间刻本。

[清] 陆世仪:《复社纪略》,清抄本。

[清] 陆世仪:《陆桴亭先生文集》,光绪二十五年唐受祺刻“陆桴亭先生遗书”本。

[清] 陆文衡:《啬庵随笔》,光绪二十三年吴江陆同寿刻本,台湾广文书局 1969 年影印版。

[清] 陆心源:《仪顾堂集》,光绪二十四年序刻本。

[清] 陆以湉:《冷庐杂识》,中华书局 1984 年版。
[清] 毛祥麟:《墨余录》,上海古籍出版社 1985 年版。
[清] 冒襄:《影梅庵忆语》,收入《美化文学名著丛刊》,上海书店 1982 年据国学整理社 1936 年版重印本。
[清] 倪大临纂、陶炳曾补辑:《茜泾记略》,乾隆三十七年纂、同治九年增补抄本。
[清] 欧阳兆熊、金安清:《水窗春呓》,中华书局 1984 年版。
[清] 潘柽章:《松陵文献》,康熙三十二年潘耒刻本。
[清] 齐学裘:《见闻随笔》,同治十年天空海阔之居刻本。
[清] 钱大昕:《潜研堂文集》,商务印书馆 1936 年版。
[清] 钱思元纂、钱士锜补辑:《吴门补乘》,嘉庆二十五年吴县钱氏刻、道光十年刊本。
[清] 钱泳:《履园丛话》,中华书局 1979 年版。
[清] 乾隆敕撰:《清朝通典》,商务印书馆 1935 年版。
[清] 秦荣光:《上海县竹枝词》,上海古籍出版社 1989 年版。
[清] 全祖望:《鲒埼亭集外编》,上海涵芬楼影印姚江借树山房刊本。
[清] 阮葵生:《茶余客话》,中华书局 1959 年版。
[清] 尚湖渔夫:《虞谐志》,收入[清]丁祖荫辑:《虞阳说苑》乙集,民国六年铅印本。
[清] 沈炳巽:《权斋老人笔记》,民国五年吴兴刘氏嘉业堂刊本。
[清] 沈炳巽:《权斋文稿》,民国十二年吴兴刘氏嘉业堂刊本。
[清] 沈复著,金性尧、金文男注:《浮生六记》,上海古籍出版社 2000 年版。
[清] 沈之奇:《大清律集释附例》,乾隆十一年刻本。
[清] 盛康辑:《皇朝经世文续编》,光绪二十三年思补楼刊本。
[清] 宋荦:《筠廊二笔》,上海古籍出版社 2012 年版。
[清] 宋荦:《西陂类稿》,文渊阁《四库全书》本。
[清] 宋征舆:《林屋文稿》,上海图书藏康熙九钥楼刻本。
[清] 孙嘉淦:《南游记》(一卷),收入山西省文献委员会编:《山右丛书初编》第九册,山西人民出版社 1986 年据民国年间刊本影印版。
[清] 孙静庵:《明遗民录》,新中华图书馆 1912 年版、浙江古籍出版社 1985 年版。
[清] 孙诒让:《周礼政要》,光绪二十八年瑞安普通学堂刻本。
[清] 谈迁:《北游录》,中华书局 1960 年版。
[清] 唐甄:《潜书》,中华书局 2009 年版。
[清] 陶澍:《陶澍集》,岳麓书社 1998 年版。
[清] 万斯同:《明史》,清抄本。
[清] 汪辉祖:《学治续说》,辽宁教育出版社 1998 年版。
[清] 汪辉祖:《学治臆说》,同治元年吴氏望三益斋刻本。
[清] 汪辉祖:《佐治药言》,辽宁教育出版社 1998 年版。
[清] 汪琬:《钝翁续稿》,天津图书馆清康熙刻本。
[清] 汪志伊辑:《荒政辑要》,"近代中国史料丛刊三编"第 54 辑,嘉庆十一年序刊本。

［清］王凤生：《学治体行录》，道光四年刻本。
［清］王凤生修、梁恭辰重校：《浙西水利备考》，道光四年修、光绪四年重刻本 。
［清］王庆云：《石渠余纪》，北京古籍出版社 1985 年版。
［清］王应奎：《柳南随笔》，中华书局 1983 年版。
［清］王有光：《吴下谚联》，中华书局 1982 年版。
［清］王又槐：《刑钱必览》，嘉庆十九年刻本。
［清］王沄续撰：《陈子龙年谱》，收入［明］陈子龙：《陈子龙诗集》，施蛰存、马祖熙标校，上海古籍出版社 1983 年版。
［清］魏际瑞：《四此堂稿》，同治二年刻本。
［清］温睿临、李瑶：《南疆绎史》，清傅氏长恩阁抄本。
［清］吴德旋：《初月楼续闻见录》，台湾商务印书馆 1976 年版影印本。
［清］吴敬梓：《儒林外史》，人民文学出版社 1977 年版。
［清］吴庆坻：《蕉廊脞录》，中华书局 1990 年版。
［清］吴伟业：《鹿樵纪闻》，神州国光社 1947 年版。
［清］吴伟业著，李学颖集评标校：《吴梅村全集》，上海古籍出版社 1990 年版。
［清］吴熊光：《伊江笔录》，清广雅书局刻本。
［清］徐栋辑：《牧令书辑要》，同治七年江苏书局刻本。
［清］徐崧、张大纯：《百城烟水》，康熙二十九年刻本。
［清］许正绶著，王义胜笺注：《重桂堂集笺注》，学林出版社 2010 年版。
［清］许仲元：《三异笔谈》，重庆出版社 1996 年版。
［清］薛允升著，胡星桥、邓又天主编：《读例存疑点注》，中国人民公安大学出版社 1994 年版。
［清］延昌：《知府须知》，清抄本。
［清］姚承绪：《吴趋访古录》，江苏古籍出版社 1999 年版。
［清］姚廷遴：《历年记》，稿本，收入上海人民出版社编：《清代日记汇抄》，上海人民出版社 1982 年版。
［清］叶昌炽：《奇觚庼文集》，民国十年刻本。
［清］叶方蔼：《叶文敏公集》，中国科学院图书馆藏清抄本，收入《续修四库全书》集部第 1410 册，上海古籍出版社 2002 年影印版。
［清］叶梦珠：《阅世编》，上海古籍出版社 1981 年版。
［清］叶镇：《作吏要言》，上海图书馆藏道光许乔年刻本。
［清］佚名：《圣谕广训衍说》，光绪三十四年重刻本。
［清］佚名：《吴城日记》卷中，江苏古籍出版社 1999 年版。
［清］佚名：《武塘野史》，清抄本。
［清］佚名：《浙西横桥堰水利记》，光绪二十五年刊本。
［清］佚名：《州县须知》，乾隆五十九年刻本。
［清］佚名：《佐贰须知》，清抄本。

[清] 佚名编:《浙西横桥堰水利记》,光绪二十五年刊本。
[清] 余治辑:《得一录》,姑苏得见斋同治八年刻本。
[清] 张海鹏辑:《墨海金壶 · 荒政丛书》,1921 年上海博古斋据清张氏刊本影印本。
[清] 张履祥著,陈祖武点校:《杨园先生全集》,中华书局 2002 年版。
[清] 张履祥:《杨园先生全集》,同治十年江苏书局影印"重订杨园先生全集"本。
[清] 张履祥辑补,陈恒力校释,王达参校、增订:《补农书校释》,农业出版社 1983 年版。
[清] 张培仁:《静娱亭笔记》,清刻本。
[清] 张廷玉等:《明史》,中华书局 1974 年点校。
[清] 张廷玉等编:《清朝文献通考》,商务印书馆民国二十五年铅印本。
[清] 赵申乔:《赵恭毅公剩稿》,乾隆二年赵侗敩刻本。
[清] 赵慎畛:《榆巢杂识》,中华书局 2001 年版。
[清] 赵翼:《陔余丛考》,商务印书馆 1957 年版。
[清] 赵翼:《廿二史劄记》,商务印书馆 1958 年重印本。
[清] 浙江采访忠义局编:《浙江忠义录》,同治六年马新贻序刻本。
[清] 郑光祖:《一斑录》,道光二十五年刻咸丰二年增修、"舟车所至"丛书本。
[清] 郑经编:《江阴现行乡约》,同治六年江阴乡约局刊本。
[清] 郑元庆:《石柱记笺释》,文渊阁《四库全书》本。
[清] 周寿昌:《思益堂日札》,中华书局 2007 年版。
[清] 朱鹤龄:《禹贡长笺》,文渊阁《四库全书》本。
[清] 朱克敬:《暝庵杂谈》,岳麓书社 1983 年版。
[清] 朱轼、常鼐等:《大清律集解》,雍正三年内府刻本。
[清] 朱子素:《嘉定屠城惨史》,宣统三年嘉定旅沪同乡会刊本。
[清] 祝庆棋等编:《刑案汇览》,北京古籍出版社 2004 年版。
[清] 庄廷鑨:《明史钞略》,上海书店 1985 年据商务印馆 1935 年版重印本。
[清] 宗源瀚:《颐情馆闻过集 · 守湖稿》,光绪三年刻本。
[元] 脱脱等:《宋史》,中华书局 1977 年点校本。
[元] 王祯著、王毓瑚校:《王祯农书》,农业出版社 1981 年版。
[元] 徐元瑞:《吏学指南》,元刻本。
《大清搢绅全书》,光绪三十四年荣宝斋刊本。
《大清缙绅全书》,荣录堂宣统元年版。
《江苏省例》,同治八年江苏书局刊本。
《江苏省例三编》,光绪九年江苏书局刊本。
《明实录》,中研院历史语言研究所 1962 年校印国立北平图书馆藏红格本。
《清实录》,中华书局 1987 年影印本。
《世宗宪皇帝朱批谕旨》,文渊阁《四库全书》本。
《万历邸钞》,江苏广陵古籍刻印社 1991 年影印旧抄本。
《永乐大典》,中华书局 1986 年影印本。

《浙江巡按》(残件),收入《明清史料》(己编),台北中研院历史语言研究所 1957 年刊行本。
故宫博物院明清档案部编:《李煦奏折》,中华书局 1976 年版。
郭成伟、田涛编:《明清公牍秘本五种》,中国政法大学出版社 1999 年版。
洪焕椿编:《明清苏州农村经济资料》,江苏古籍出版社 1988 年版。
胡人雨编撰:《江浙水利联合会审查员对于太湖水利局水利工程计划大纲实地调查报告书函》,民国间铅印本。
胡山源:《嘉定义民别传》,世界书局 1938 年版。
怀效锋点校:《大明律》,法律出版社 1999 年版。
康熙《上谕十六条》,康熙二十六年范正辂刊本。
路工编:《明代歌曲选》,古典文学出版社 1956 年版。
上海市嘉定区政协文史资料编辑委员会编:《嘉定抗清史料集》,上海古籍出版社 2010 年版。
沈佺编:《民国江南水利志》,民国十一年木活字刊本。
宋希尚编著:《历代治水文献》,"中华"文化出版事业委员会 1954 年版。
中研院史语所编:《明清史料》己编第一本《刑部残题本》,中华书局 1987 年影印本。
万历《大明会典》,万历朝重修本。
徐秀丽编:《中国近代乡村自治法规选编》,中华书局 2004 年版。
雍正《钦颁州县事宜》,同治七年江苏书局刊本。
赵尔巽等:《清史稿》,中华书局 1977 年点校本。
赵经达编:《归玄恭先生年谱》,收入[清]归庄:《归庄集》,上海古籍出版社 1984 年版。
中国社会科学院历史研究所资料编纂组编:《中国历代自然灾害及历盛世农业政策资料》,农业出版社 1988 年版。

。

二、地方史志与碑刻类

[明] 蔡升撰、王鏊重撰:《震泽编》,弘治十八年林世远刻本。
[明] 李乐纂:《重修乌青镇志》,万历二十九年刻本。
[明] 杨循吉:《苏州府纂修识略》,北京图书馆藏明万历三十七年徐景凤刻"合刻杨南峰先生全集十种"本,收入《四库全书存目丛书》史部第 46 册,齐鲁书社 1996 年影印版。
[清] 蔡丙圻纂:《黎里续志》,光绪二十五年禊湖书院刻本。
[清] 蔡蓉升原纂,蔡蒙续纂:《双林镇志》,上海商务印书馆民国六年铅印本。
[清] 曹蒙纂:《纪王镇志》,上海市文馆会所藏稿本,收入上海市地方志办公室编:《上海乡镇旧志丛志》第 13 册,上海社会科学院出版社 2006 年版。
[清] 曹相骏纂、徐光墉增纂:《重辑枫泾小志》,光绪十七年铅印本。

[清] 陈树德、孙岱纂:《安亭志》,民国二十六年安亭吴廷铨铅印本。

[清] 董世宁纂:《乌青镇志》,民国七年铅印本。

[清] 范来庚纂:《南浔镇志》,民国二十五年铅印《南林丛刊》本。

[清] 高如圭原纂,万以增修纂:《章练小志》,民国七年铅印本。

[清] 顾传金纂:《蒲溪小志》,收入上海市文物保管委员会编"上海史料丛编",1961 年印行本。

[清] 黄印:《锡金识小录》,乾隆十七年修、光绪二十二年刊本。

[清] 金惟鼇纂:《盘龙镇志》,光绪元年修,收入上海市文物保管委员会编"上海史料丛编",1961 年印行本。

[清] 金友理:《太湖备考》,江苏古籍出版社 1998 年版。

[清] 柳树芳纂:《分湖小识》,道光二十七年胜溪草堂柳氏刻本。

[清] 彭方周纂:《吴郡甫里志》,乾隆三十年刻本。

[清] 秦立纂:《淞南志》,上海图书馆藏嘉庆十年秦鉴刻本,收入上海市地方志办公室编:《上海乡镇旧志丛志》第 13 册,上海社会科学院出版社 2006 年版。

[清] 沈藻采纂:《元和唯亭志》,民国二十三年元和沈三益堂铅印本。

[清] 唐宝淦编,葛冲增补:《西岑乡土志》,上海图书馆藏"葛氏丛书"第十二集抄本。

[清] 汪永安:《紫隄村小志》,康熙五十七年辑录稿,收入上海市地方志办公室编:《上海乡镇旧志丛书》第 13 册,上海社会科学院出版社 2006 年版。

[清] 汪永安:《紫隄小志》,上海博物馆藏康熙五十七年稿本,收入上海市地方志办公室编:《上海乡镇旧志丛志》第 13 册,上海社会科学院出版社 2006 年版。

[清] 汪永安原纂,侯承庆续纂,沈葵增补:《紫隄村志》,康熙五十七年修、咸丰六年增修,上海图书馆藏传抄本。

[清] 汪曰桢纂:《南浔镇志》,咸丰间修、同治二年刻本。

[清] 王初桐纂:《方泰志》,嘉庆十二年刻、民国四年排印本。

[清] 王同纂:《唐栖志》,光绪十五年著者手稿本、十六年刻本。

[清] 徐达源纂:《黎里志》,嘉庆十年吴江徐氏孚远堂刻本。

[清] 佚名纂:《甫里志稿》,约纂于光绪间,抄本。

[清] 佚名纂:《双凤乡》,抄本。

[清] 赵诒翼纂:《信义志稿》,宣统三年纂修,抄本。

[清] 仲沈洙纂,仲枢增纂,仲再霈再增纂:《盛湖志》,乾隆三十五年刻本。

[清] 仲廷机纂,仲虎腾续纂:《盛湖志》,民国十四年乌程周庆云覆刻吴江仲氏本。

[清] 周郁滨纂:《珠里小志》,嘉庆二十年刻本。

[清] 朱栋纂:《朱泾志》,民国五年铅印本。

[清] 朱镇:《长兴志拾遗》光绪二十二年刻本。

[清] 诸世器纂:《菉溪志》,民国二十八年朱启甲、蒋正逵铅印本。

安吉县地方志编纂委员会编:《安吉县志》,浙江人民出版社 1994 年版。

蔡松纂:《双林镇志新补》,嘉兴图书馆藏民国四年稿本。

常熟市地方志编纂委员会编:《常熟市志》,上海人民出版社 1990 年版。
陈桥驿主编:《中华人民共和国地名词典·浙江省》,商务印书馆 1988 年版。
成化《湖州府志》,成化十一年刊本、弘治补刊本。
成化《重修毗陵志》,成化二十年刊本。
崇明县志编纂委员会编:《崇明县志》,上海人民出版社 1989 年版。
崇祯《嘉兴县志》,崇祯十年刻本。
崇祯《松江府志》,崇祯四年刊本。
崇祯《乌程县志》,崇祯十年刻本。
崇祯《吴县志》,崇祯间刻本。
单树模主编:《中华人民共和国地名词典·江苏省》,商务印书馆 1987 年版。
道光《江阴县志》,道光二十年刊本。
道光《昆新两县志》,道光六年刻本。
道光《武康县志》,道光九年刊本。
光绪《川沙厅志》,光绪五年刊本。
光绪《奉贤县志》,光绪四年刊本。
光绪《广德州志》,光绪七年刻本。
光绪《归安县志》,光绪八年刊本。
光绪《海盐县志》,光绪二年刊本。
光绪《杭州府志》,光绪二十四年修、民国十一年铅印本。
光绪《霍山县志》,光绪三十一年刊本。
光绪《嘉定县志》,光绪六年重修、尊经阁藏版。
光绪《嘉善县志》,光绪十八年刊、民国七年重印本。
光绪《嘉兴府志》,光绪五年鸳湖书院刻本。
光绪《嘉兴县志》,光绪三十四年刻本。
光绪《江都县续志》,光绪十年刻本。
光绪《江阴县志》,光绪四年刊本。
光绪《金山县志》,光绪四年刊本。
光绪《靖江县志》,光绪五年刻本。
光绪《昆新两县续修合志》,光绪六年刊本。
光绪《南汇县志》,光绪五年刻、民国十六年重印本。
光绪《平湖县志》,光绪十二年刊本。
光绪《青浦县志》,光绪五年刊本。
光绪《石门县志》,光绪五年刊本。
光绪《松江府续志》,光绪九年刊本。
光绪《桐乡县志》,光绪十三年刊本。
光绪《乌程县志》,光绪七年刻本。
光绪《无锡金匮县志》,光绪七年刊本。

光绪《武进阳湖合志》,光绪十二年刻本。
光绪《续修庐州府志》,光绪十一年刊本。
光绪《严州府志》,光绪九年增修重刊本。
光绪《长兴县志》,同治十三年修、光绪十八年增补刊本。
光绪《长兴志拾遗》,光绪二十三年刻本。
光绪《重修安徽通志》,光绪四年刊本。
光绪《重修常昭合志稿》,光绪三十年刊本。
光绪《重修丹阳县志》,光绪十一年刊本。
光绪《重修华亭县志》,光绪四年刊本。
光绪《重修嘉善县志》,光绪十八年重修、民国七年重印本。
弘治《常熟县志》,上海图书馆藏清抄本。
嘉靖《安吉州志》,嘉靖间刻本。
嘉靖《常熟县志》,嘉靖间刻本。
嘉靖《嘉兴府图记》,嘉靖二十八年刻本。
嘉靖《江阴县志》,嘉靖二十七年刻本。
嘉靖《南畿志》,嘉靖间刻本。
嘉靖《太仓州志》,崇祯二年重刻本。
嘉靖《吴县志》,嘉靖间刻本。
嘉庆《嘉善县志》,嘉庆五年刻本。
嘉庆《嘉兴县志》,嘉庆六年刻本。
嘉庆《松江府志》,嘉庆二十二年松江府学刻本。
嘉庆《余杭县志》,嘉庆十三年修、民国八年重刊本。
嘉庆《余杭县志》,民国八年重刊本。
嘉庆《长兴县志》,嘉庆十年刊本。
嘉庆《直隶太仓州志》,嘉庆七年刻本。
嘉庆《重刊荆溪县志》,嘉庆二年刻本。
嘉庆《重刊宜兴县旧志》,嘉庆二年刻本。
嘉庆《重修一统志》,上海涵芬楼影印清史馆藏进呈写本。
嘉庆十九年五月十八日御史张鉴《为请敕浙江巡抚将棚民编设保甲事奏折》,载《历史档案》1993年第一期。
嘉善县志编纂委员会办公室编:《嘉善县志(送审稿)》,1993年4月。
江苏省博物馆编:《江苏省明清以来碑刻资料选集》,三联书店1959年版。
姜卿云编:《浙江新志》,杭州正中书局民国二十五年刊本。
康熙《常熟县志》,康熙二十六年刻本。
康熙《常州府志》,康熙三十四年刻本。
康熙《德清县志》,康熙十二年抄本。
康熙《归安县志》,康熙十二年刻本。

康熙《嘉兴府志》,康熙二十一年刻本。
康熙《江南通志》,康熙二十三年刻本。
康熙《无锡县志》,康熙二十九年刻本。
康熙《秀水县志》,康熙二十四年刻本。
康熙《重修崇明县志》,康熙二十年刻本。
康熙二十七年三月《吴江县永禁豪强侵占湖荡以保障国课碑》,吴江文管会藏。
李长傅编著:《江苏省地志》,中华书局 1936 年铅印本。
隆庆《长洲县志》,隆庆五年刻本。
隆庆《重修靖江县志》,隆庆三年刻本。
卢学溥修,朱辛彝、张惟骧等纂:《乌青镇志》,民国二十五年刻蓝印本。
梅元鼎纂:《新丰镇志略初稿》,浙江图书馆藏民国三十四年油印本。
民国《宝山县续志》,民国十年铅印本。
民国《川沙县志》,民国二十五年铅印本。
民国《德清县新志》,民国十二年修、二十一年铅印本。
民国《获嘉县志》,民国二十四年铅印本。
民国《青浦县续志》,民国二十三年刻本。
民国《吴县志》,民国二十二年刊本。
民国《镇洋县志》,民国八年刊本。
钱淦:《江湾里志》,民国十三年铅印本。
乾隆《海宁州志》,乾隆四十年修、道光二十八年重刊本。
乾隆《杭州府志》,乾隆四十九年序刻本。
乾隆《江南通志》,乾隆二年重修本。
乾隆《金山县志》,乾隆十六年刊、民国十八年重印本。
乾隆《乌程县志》,乾隆十一年刻本。
乾隆《吴江县志》,乾隆十二年修、石印重印本。
乾隆《武进县志》,乾隆间刻本。
乾隆《长洲县志》,乾隆十八年刻本。
乾隆《浙江通志》,乾隆元年重修本。
乾隆《震泽县志》,乾隆十一年修、光绪十九年重刊本。
乾隆《镇江府志》,乾隆十五年增刻本。
乾隆三十二年二十月《江苏布政司给帖保护韩贞文祀产碑》,苏州碑刻博物馆藏。
乾隆三十三年三月《禁革圩地色目碑记》,原碑在太仓浏河镇。
上海博物馆图书资料室编:《上海碑刻资料选辑》,上海人民出版社 1980 年版。
盛泽镇地方志办公室编纂:《盛泽镇志》,江苏古籍出版社 1991 年版。
顺治十三年六月《长洲县奉宪禁革首名役累碑》,苏州碑刻博物馆藏。
苏州博物馆、江苏师范学院历史系、南京大学明清史研究室合编:《明清苏州工商业碑刻集》,江苏人民出版社 1981 年版。

天启《平湖县志》,天启间刻本。
同治《安吉县志》,同治十二年刻本。
同治《湖州府志》,同治十三年刻本。
同治《上海县志》,同治十一年刊本。
同治《苏州府志》,同治间修、光绪九年刊本。
同治《孝丰县志》,同治十二年修、光绪三年刊、光绪二十九年补刊本。
同治《长兴县志》,同治十三年修、光绪十八年增补刊本。
万历《常州府志》,万历四十六年刻本。
万历《嘉定县志》,万历三十三年刊本。
万历《嘉善县志》,万历二十四年刻本。
万历《嘉兴府志》,万历二十八年刻本。
万历《钱塘县志》,万历三十七年修、光绪十九年武林丁氏刻陶浚宣署本。
万历《青浦县志》,万历二十五年刊本。
万历《上海县志》,万历间刻本。
万历《秀水县志》,万历二十四年修、民国十四年铅字重刊本。
王国平、唐力行主编:《明清以来苏州社会史碑刻集》,苏州大学出版社 1998 年版。
王锺撰、胡人凤续辑:《法华乡志》,民国十一年铅印本。
西塘镇志编写组编:《西塘镇志》,新华出版社 1994 年版。
姚裕廉、范炳垣纂修重辑:《重辑张堰志》,民国九年金山姚氏松韵草堂铅印本。
雍正《嘉善县志》,雍正十二年刊本。
雍正《浙江通志》,文渊阁四库全书本。
余霖纂:《梅里备志》,民国十一年阅沧楼刻本。
长兴县志编委会编:《长兴县志》,上海人民出版社 1992 年版。
正德《姑苏志》,正德间刻本。
正德《松江府志》,正德七年刊本。
周庆云纂:《南浔志》,民国十一年刻本 。
。

三、近人研究著作类

(澳)梁肇庭:《中国历史上的移民与族群性——客家人、棚民及其邻居》,社会科学文献出版社 2013 年版。
(比)高华士:《清初耶稣会士鲁日满常熟账本及灵修笔记研究》,大象出版社 2007 年版。
(韩)田炯权:《中国近代社会经济史研究——义田地主和生产关系》,中国社会科学出版社 1997 年版。
(韩)吴金成:《明代社会経済史研究——紳士層の形成と社会経済的役割》,汲古书院 1990 年版。

（加）卜正民（Timothy Brook）：《为权力祈祷：佛教与晚明中国士绅社会的形成》，江苏人民出版社2005年版。

（加）卜正民（Timothy Brook），*The Chinese State in Ming Society*，Routledge Curzon，2004。中文译本《明代的社会与国家》，陈时龙译，黄山书社2009年版。

（美）白凯（Kathryn Bernhardt），*Rents，Taxes，and Peasant Resistance: The Lower Yangzi Region，1840－1950*，SMC Publishing Inc，Taipei，1992。中文译本《长江下游地区的地租、赋税与农民的反抗斗争（1840—1950）》，林枫译，上海书店2005年版。

（美）包筠雅（Cynthia J. Brokaw）：《功过格：明清社会的道德秩序》，浙江人民出版社1999年版。

（美）曾小萍（Madeleine Zelin），*The Magistrate's Tael: Rational Fiscal Reform in Eighteenth Century Ch'ing China*，University of California Press，1984。中文译本《州县官的银两：18世纪中国财政的合理化改革》，董建中译，中国人民大学出版社2005年版。

（美）陈毓贤：《洪业传》，商务印书馆2013年版。

（美）邓尔麟（Jerry Dennerline），*The Chia-ting loyalists: Confucian leadership and social change in seventeenth-century China*，New Haven：Yale University Press，1981。中文译本《嘉定忠臣——17世纪中国士大夫之统治与社会变迁》，宋华丽译，中央编译出版社2012年版。

（美）邓尔麟（Jerry Dennerline），*The Mandarins and the Massacre of Chia-ting: An Analysis of the Local Heritage and the Resistance to the Manchu Invasion in 1645*，Ph. D. dessertaiton，Yale University Press，1973。

（美）费正清（John King Fairbank），*The United States and China*，*the 4th edition*，Harvard University Press，1983。

（美）黄仁宇：《明代漕运》，新星出版社2005年版。

（美）黄仁宇：《十六世纪明代中国之财政与税收》，三联书店2001年版。

（美）黄仁宇：《万历十五年》，中华书局1982年版。

（美）黄宗智：《长江三角洲小农家庭与乡村发展（1350—1988）》，中华书局1992年版。

（美）吉尔伯特·罗兹曼（Gilbert Rozman）主编：《中国的现代化》，国家社会科学基金"比较现代化"课题组译，江苏人民出版社1998年版。

（美）康无为（Harold Kahn）：《读史偶得：学术演讲三篇》，台北中研院近代史研究所1993年版。

（美）孔飞力：《中华帝国晚期的叛乱及其敌人》，中国社会科学出版社1990年版。

（美）芮玛丽：《同治中兴：中国保守主义的最后抵抗（1862—1874）》，中国社会科学出版社2002年版。

（美）施坚雅：《中国农村的市场和社会结构》，史建云、徐秀丽译，中国社会科学出版社1998年版。

（美）施坚雅主编：《中国华帝国晚期的城市》，叶光庭等译，中华书局2000年版。

（美）魏斐德：《洪业——清朝开国史》，陈苏镇、薄小莹等译，江苏人民出版社1998年版。

（日）岸本美緒:《清代中国の物価と経済変動》,研文出版 1997 年版。
（日）岸本美緒:《明清交替と江南社会——17 世紀中国の秩序問題》,东京大学出版会 1999 年版。
（日）奥崎裕司:《中国郷紳地主の研究》,汲古书院 1978 年版。
（日）本村正一:《清代社会に於ける紳士の存在》,《史渊》24,1940 年。
（日）濱島敦俊、片山剛、高橋正:《華中・南デルタ農村实地調査報告書》,《大阪大學文學部紀要》第 34 卷,大阪,1994 年。
（日）濱島敦俊:《明代江南農村社会の研究》,东京大学出版会 1982 年版。
（日）濱島敦俊:《総管信仰——近世江南農村社会と民間宗教》,研文出版 2001 年版。
（日）川勝守:《中国封建国家の支配構造——明清賦役制度史の研究》,东京大学出版会 1980 年版。
（日）川勝守:《明清江南农业经济史研究》,东京大学出版会 1992 年版。
（日）川勝守:《明清江南市鎮社会史研究——空間と社会形成の歴史学》,汲古书院 1999 年版。
（日）村松祐次:《近代江南の租栈》,东京大学出版会 1978 年版。
（日）夫马进:《中国善会善堂史研究》,同朋舍 1997 年版;中文译本《中国善会善堂史研究》,伍跃、杨文信、张学锋译,商务印书馆 2005 年版。
（日）福武直:《中国農村社会の構造》,大雅堂昭和二十一年(1946)版。
（日）根岸佶:《中国社会に於ける指導層——耆老紳士の研究》,平和书房 1947 年版。
（日）和田清:《中国区域自治发达史》,汲古书院 1939 年版。
（日）酒井忠夫:《中国善書の研究》,国书刊行会 1999 年版;中文译本《中国善书研究》（增补版）,刘岳兵、何英莺译,江苏人民出版社 2010 年版。
（日）鈴木智夫:《近代中国の地主制——租覈の研究訳注》,汲古书院 1977 年版。
（日）清水盛光:《支那社會の研究》,岩波书店昭和十四年(1939)版。
（日）清水盛光:《中国乡村社会论》,岩波书店昭和二十六年(1951)版。
（日）三木聰:《明清福建農村社会の研究》,北海道大学图书刊行会 2002 年版。
（日）森田明:《清代水利社会史研究》,郑樑生译,台湾编译馆 1996 年版。
（日）森田明:《清代水利史》,亚纪书房 1974 年版。
（日）森田明:《清代水利史研究》,亚纪书房 1974 年版。
（日）森田明:《清代水利与区域社会》,山东画报出版社 2008 年版。
（日）森正夫、濱島敦俊等编:《明清時代史の基本問題》,汲古书院 1997 年版。
（日）森正夫:《明代江南土地制度の研究》,同朋舍 1988 年版。
（日）森正夫:《明清社会经济史旧稿选》（私家版）,未来舍 1983 年版。
（日）山本进:《清代社会经济史》,山东画报出版社 2012 年版。
（日）山本英史:《清代中国の地域支配：地方文献が解き明かす清代中国の国家》,庆应义塾大学出版会 2007 年版。
（日）山本英史编:《中国近世の規範と秩序》,东洋文库 2014 年版。

（日）上田信：《明清时代：海与帝国》，广西师范大学出版社 2014 年版。
（日）斯波义信：《中国都市史》，布和译，北京大学出版社 2013 年版。
（日）斯波义信著，方健、何忠礼译：《宋代江南经济史》，江苏人民出版社 2001 年版。
（日）寺田隆信：《明代鄉紳の研究》，京都大学学术出版会 2009 年版。
（日）松本善海：《中国村落制度史の研究》，岩波书店 1977 年版。
（日）天野元之助：《支那农业经济论》，改造社 1940 年版。
（日）夏井春喜：《中国近代江南の地主制研究——租栈関係簿册の分析》，汲古书院 2001 年版。
（日）星斌夫：《明代漕运の研究》，日本学术振兴会 1963 年版。
（日）岩井茂树：《中国近世財政史の研究》，京都大学学术出版会 2004 年版；中文译本《中国近代财政史研究》，社会科学文献出版社 2011 年版。
（日）滋贺秀三、寺田浩明等著：《明清时期的民事审判与民间契约》，王亚新、梁治平编，法律出版社 1998 年版。
（日）佐伯富：《清雍正朝的养廉银研究》，郑樑生译，台湾商务印书馆 1996 年版。
（瑞）阿道夫·克莱尔：《时光追忆——19 世纪一个瑞士商人眼中的江南旧影》，陈壮鹰译，东方出版中心 2005 年版。
（英）阿瑟·哈罗德·希思：《画里中国》，见《港督话神州》附，北京图书馆出版社 2006 年版。
Bradly W. Reed, *Talons and Teeth: County Clerks and Runners in the Qing Dynasty*, Stanford University Press, 2000.
John R. Watt, *The District Magistrate in Late Imperial China*, Columbia University Press, 1972.
Mary Backus Rankin, *Elite Activism and Political Transformation in China, Zhejiang Province, 1865 - 1911*, Stanford University Press, 1986.
Will, Pierre - Etienne, R. Bin Wong, *Nourish the People: The State Cililian Granary System in China, 1659 - 1850*, Center for Chinese Studies, University of Michigan, 1991.
柏桦：《明代州县政治体制研究》，中国社会科学出版社 2003 年版。
柏桦：《明清州县官群体》，天津人民出版社 2003 年版。
蔡申之：《清代州县故事》，近代中国史料丛刊本，1970 年版。
常建华：《明代宗族研究》，上海人民出版社 2005 年版。
常建华：《清代的国家与社会研究》，人民出版社 2006 年版。
陈宝良：《明代儒学生员与地方社会》，中国社会科学出版社 2005 年版。
陈宝良：《明代社会生活史》，中国社会科学出版社 2004 年版。
陈宝良：《明代社会转型与文化变迁》，重庆大学出版社 2014 年版。
陈宝良：《中国的社与会》，浙江人民出版社 1996 年版。
陈春声：《市场机制与社会变迁——18 世纪广东米价分析》，中山大学出版社 1992 年版。
陈锋：《清代财政政策与货币政策研究》，武汉大学出版社 2008 年版。
陈锋主编：《明清以来长江流域社会发展史论》，武汉大学出版社 2006 年版。

陈恒力编著:《补农书研究》,中华书局 1958 年版。
陈生玺:《明清易代史独见》,中州古籍出版社 1991 年版。
陈学文:《明清时期太湖流域的商品经济与市场网络》,浙江人民出版社 2000 年版。
陈学文:《中国封建晚期的商品经济》,湖南人民出版社 1989 年版。
陈支平:《清代赋役制度演变新探》,厦门大学出版社 1988 年版。
褚绍唐:《上海历史地理》,华东师范大学出版 1996 年版。
戴顺居:《明代的强盗案件:判牍中所反映的民间社会治安问题》,明史研究丛刊,明史研究小组,2005 年刊本。
邓云特:《中国救荒史》,商务印书馆 1937 年版。
邓之诚:《骨董琐记》,中国书店 1991 年版。
邓之诚:《中华二千年史》,中华书局 1983 年版。
樊树志:《江南市镇:传统的变革》,复旦大学出版社 2005 年版。
范金民:《国计民生:明清社会经济史研究》,福建人民出版社 2008 年版。
范金民:《明清江南商业的发展》,南京大学出版社 1998 年版。
范金民编:《江南社会经济研究(明清卷)》,中国农业出版社 2006 年版。
范毅军:《传统市镇与区域发展:明清太湖以东地区为例,1551—1861》,联经出版事业股份有限公司 2005 年版。
方志远:《明代国家权力结构及运行机制》,科学出版社 2008 年版。
费孝通:《江村经济——中国农民的生活》,商务印书馆 2001 年版。
费孝通:《乡土中国·生育制度》,北京大学出版社 1998 年版。
费孝通:《乡土中国与乡土重建》,风云出版公司 1993 年版。
费孝通 Fei Hsiao-Tung, *China's gentry: essays in rural-urban relations*, the University of Chicago Press, 1953。中文译本《中国士绅》,惠海鸣译,中国社会科学出版社 2006 年版。
冯尔康、常建华:《清人社会生活》,天津人民出版社 1990 年版。
冯尔康:《清人生活漫步》,中国社会出版社 1999 年版。
冯贤亮:《明清江南地区的环境变动与社会控制》,上海人民出版社 2002 年版。
冯贤亮:《太湖平原的环境刻画与城乡变迁(1368—1912)》,上海人民出版社 2008 年版。
冯玉荣:《明末清初松江士人与地方社会》,中国社会科学出版社 2011 年版。
傅衣凌:《明代江南市民经济试探》,上海人民出版社 1957 年版。
傅衣凌:《明清封建各阶级的社会构成》,载《中国社会经济史研究》1982 年第一期。
傅衣凌:《明清封建土地所有制论纲》,上海人民出版社 1992 年版。
顾诚:《南明史》,中国青年出版社 1997 年版。
郭建:《帝国缩影——中国历史上的衙门》,学林出版社 1999 年版。
郭廷以编著:《中华民国史事日志》,中研院近代史研究所 1985 年印行本。
何炳棣:《1368—1953 年中国人口研究》,葛剑雄译,上海古籍出版社 1989 年版。
何炳棣:《中国古今土地数字的考释和评价》,中国社会科学出版社 1988 年版。

何炳棣(Ho Ping-ti), *The Ladder of Success in Imperial China: Aspect of SocialMobility in China, 1368 - 1911*, Columbia University Press, 1962。中文译本《明清社会史论》,徐泓译注,联经出版事业公司 2014 年版。

何朝晖:《明代县政研究》,北京大学出版社 2006 年版。

何冠彪:《生与死: 明季士大夫的抉择》,联经出版事业公司 1997 年版。

何淑宜:《明代士绅与通俗文化——以丧葬礼俗为例的考察》,台湾师范大学历史研究所 2000 年印行本。

洪焕椿、罗仑主编:《长江三角洲地区社会经济史研究》,南京大学出版社 1989 年版。

洪焕椿:《明清史偶存》,南京大学出版社 1992 年版。

黄宗智:《长江三角洲小农家庭与乡村发展》,中华书局 1992 年版。

黄宗智(Philip C. C. Huang), *Civil Justice in China: Representation and Practice in the Qing*, Stanford: Stanford University Press, 1996。中文译本《清代的法律、社会与文化: 民法的表达与实践》,上海书店出版社 2001 年版。

冀朝鼎:《中国历史上的基本经济区与水利事业的发展》,中国社会科学出版社 1981 年版。

蒋兆成:《明清杭嘉湖社会经济史研究》,杭州大学出版社 1994 年版。

金性尧:《清代笔祸录》,香港: 中华书局 1989 年版。

经君健:《清代社会的贱民等级》,浙江人民出版社 1993 年版。

赖惠敏:《明代南直隶赋役制度的研究》,台湾大学出版委员会 1983 年刊本。

赖惠敏:《明清浙西士绅家族的研究》,台湾大学历史研究所博士论文 1988 年刊本。

李伯重:《多视角看江南经济史: 1250—1850》,北京三联书店 2003 年版。

李伯重:《江南农业的发展: 1620—1850》,上海古籍出版社 2007 年版。

李乔:《清代官场图记》,中华书局 2005 年版。

李天佑:《明末江阴、嘉定人民的抗清斗争》,上海人民出版社 1955 年版。

李文海、夏明方主编:《天有凶年: 清代灾荒与中国社会》,北京三联书店 2007 年版。

李文海主编:《清史编年》,中国人民大学出版社 2000 年版。

李文治编:《晚明民变》,上海书店、中华书局 1989 年版。

李向军:《清代荒政研究》,中国农业出版社 1995 年版。

李志庭:《浙江地区开发探源》,江西教育出版社 1997 年版。

李治安、孙立群:《社会阶层制度志》(《中华文化通志》第 4 典"制度文化"),上海人民出版社 1998 年版。

梁方仲:《梁方仲文集》"明清赋税与社会经济"卷,中华书局 2008 年版。

梁方仲:《明代粮长制度》,上海人民出版社 2001 年版。

梁方仲:《中国历代户口、田地、田赋统计》,上海人民出版社 1980 年版。

梁方仲:《中国社会经济史论》,中华书局 2008 年版。

梁其姿:《施善与教化: 明清的慈善组织》,联经出版事业公司 1997 年版。

梁治平:《清代习惯法——社会与国家》,中国政法大学出版社 1996 年版。

林涓:《清代行政区划变迁研究》,复旦大学博士学位论文 2004 年 4 月,未刊本。
林乾:《清代衙门图说》,中华书局 2006 年版。
刘翠溶:《明清时期家族人口与社会经济变迁》,中研院经济研究所 1992 年刊本。
刘大钧:《吴兴农村经济》,中国经济统计研究所 1939 年版。
刘淼:《明清沿海荡地开发研究》,汕头大学出版社 1996 年版。
刘石吉:《明清时代江南市镇研究》,中国社会科学出版社 1987 年版。
柳亚子:《柳亚子文集》"南明史纲·史料",上海人民出版社 1994 年版。
鲁迅:《风波》,收入氏著《鲁迅全集》第一卷《呐喊》,人民文学出版社 1981 年版。
鲁迅:《离婚》,收入氏著《鲁迅全集》第二卷《彷徨》,人民文学出版 1981 年版。
栾成显:《明代黄册研究》,中国社会科学出版社 1988 年版。
吕进贵:《明代的巡检制度》,"明史研究丛刊",明史研究小组,2002 年刊本。
缪启愉编著:《太湖塘浦圩田史研究》,农业出版社 1985 年版。
缪全吉:《明代胥吏》,嘉新水泥公司文化基金会 1969 年版。
那思陆:《清代州县衙门审判制度》,中国政法大学出版社 2006 年版。
牛铭实:《中国历代乡约》,中国社会出版社 2005 年版。
彭雨新、张建民:《明清长江流域农业水利研究》,武汉大学出版社 1993 年版。
钱海岳:《南明史》,中华书局 2006 年版。
钱穆:《中国历代政治得失》,台湾东大图书公司 1977 年版。
邱澎生:《当法律遇上经济:明清中国的商业法律》,五南图书出版公司 2008 年版。
瞿同祖 Tung-tsu Ch'ü, *Local Government in China Under the Ch'ing*", *Harvard University Press*,1962。中文译本《清代地方政府》,范忠信、晏锋译,法律出版社 2003 年版。
任立达主编:《中国古代县衙制度史》,青岛出版社 2004 年版。
太湖地区农业史研究课题组编:《太湖地区农业史稿》,农业出版社 1990 年版。
唐瑞裕:《清代吏治探微(二)》,文史哲出版社 1998 年版。
唐瑞裕:《清代吏治探微》,文史哲出版社 1991 年版。
唐瑞裕:《清代乾隆朝吏治之研究》,文史哲出版社 2001 年版。
唐文基:《明代赋役制度史》,中国社会科学出版社 1991 年版。
万灵:《常州的近代化道路——江南非条约口岸城市近代化的个案研究》,安徽教育出版社 2002 年版。
王崇峻:《维风导俗——明代中晚期的社会变迁与乡约制度》,文史哲出版社 2002 年版。
王刚:《清代江南地区健讼问题研究》,苏州大学硕士学位论文,2006 年,未刊本。
王家范:《百年颠沛与千年往复》,上海远东出版社 2001 年版。
王庆成编著:《稀见清世史料并考释》,武汉出版社 1998 年版。
王卫平:《明清时期江南城市史研究:以苏州为中心》,人民出版社 1999 年版。
王卫平:《中国古代传统社会保障与慈善事业:以明清时期为重点的考察》,群言出版社 2005 年版。
王业键 *Yeh-Chien Wang*, Land Taxation in Imperial China, *1750 - 1911*, *Harvard University*

Press, 1973. 中文译本《清代田赋刍论》,高风等译,人民出版社 2008 年版。
王振忠:《明清徽商与淮扬社会变迁》,北京三联书店 1996 年版。
王振忠:《明清以来徽州村落社会史研究》,上海人民出版社 2011 年版。
王志强:《法律多元视角下的清代国家法》,北京大学出版社 2003 年版。
韦庆远:《明代黄册制度》,中华书局 1961 年版。
魏光奇:《官治与自治——20 世纪上半期的中国县制》,商务印书馆 2004 年版。
魏光奇:《有法与无法——清代的州县制度及其运作》,商务印书馆 2010 年版。
魏嵩山:《太湖流域开发探源》,江西教育出版社 1993 年版。
魏秀梅:《陶澍在江南》,中研院近代史研究所 1985 年刊本。
巫仁恕:《官与民之间——清代的基层社会与国家控制》,收入黄宽重主编:《中国史新论:基层社会分册》,联经出版事业公司 2009 年版。
巫仁恕:《激变良民:传统中国城市群众集体行动之分析》,北京大学出版社 2011 年版。
巫仁恕:《品味奢华:晚明的消费社会与士大夫》,中华书局 2008 年版。
吴晗等:《皇权与绅权》,上海观察社 1948 年版。
吴仁安:《明清江南望族与社会经济文化》,上海人民出版社 2001 年版。
吴仁安:《明清时期上海地区的著姓望族》,上海人民出版社 1997 年版。
吴震:《明末清初劝善运动思想研究》,台湾大学出版中心 2009 年版。
伍丹戈:《明代土地制度和赋役制度的发展》,福建人民出版社 1982 年版。
伍跃:《明清时代の徭役制度と地方行政》,大阪经济法科大学出版部 2000 年版。
伍跃:《中国の捐纳制度と社会》,京都大学学术出版会 2011 年版;中文版《中国的捐纳制度与社会》,江苏人民出版社 2013 年版。
向燕南等编注:《劝孝——仁者的回报、俗约——教化的基础》,中央民族大学出版社 1996 年版。
萧公权(*Hsiao Kung-chuan*), *Rural China: Imperial Control in the Nineteenth Century*, Seattle: University of Washington Press, 1960。
谢国桢:《明末清初的学风》,人民出版社 1982 年版。
谢国桢:《明清之际党社运动考》,中华书局 1982 年版。
谢国桢:《南明史略》,上海人民出版社 1957 年版。
徐泓:《清代两淮盐场的研究》,嘉新文化基金会 1972 年版。
徐茂明:《江南士绅与江南社会(1368—1911)》,商务印书馆 2004 年版。
徐忠明:《众声喧哗:明清法律文化的复调叙事》,清华大学出版社 2007 年版。
许大龄:《清代捐纳制度》,北京哈佛燕京学社 1950 年版。
杨开道:《中国乡约制度》,山东省乡村服务人员训练处 1937 年印行本。
杨茜:《从地方到国家:晚明江南士绅丁宾的行政实践与社会活动》,复旦大学硕士学位论文,2012 年 4 月,未刊本。
叶显恩主编:《清代区域社会经济研究》,中华书局出版社 1992 年版。
伊懋可(*Mark Elvin*), *Another History: Essays on China from a European Perspective*, Wild

Peony PTY Ltd. , 1996.

郁维明:《明代周忱对江南地区经济社会的改革》,台湾商务印书馆 1990 年版。

张伟仁:《清代法制研究》,中研院历史语言研究所 1983 年刊行本。

张研:《清代社会的慢变量:从清代基层社会组织看中国封建社会结构与经济结构的演变趋势》,山西人民出版社 2000 年版。

张研:《清代县级政权控制乡村的具体考察:以同治年间广宁知县杜凤治日记为中心》,大象出版社 2011 年版。

张仲礼:《中国绅士的收入》,费成康、王寅通译,上海社会科学院出版社 2001 年版。

张仲礼(*Chang Chung-Li*), *The Chinese Gentry: Studies on Their Role in 19th-Century*, University of Washington Press, 1955. 中文译本《中国绅士——关于其在 19 世纪中国社会中作用的研究》,李荣昌译,上海社会科学院出版社 1991 年版。

赵世瑜:《吏与中国传统社会》,浙江人民出版社 1994 年版。

周保明:《清代地方吏役制度研究》,上海书店出版社 2009 年版。

周振鹤:《地方行政制度志》(《中华文化通志 · 制度文化典》第 4 典),上海人民出版社 1998 年版。

周振鹤:《体国经野之道——新角度下的中国行政区划沿革史》,香港中华书局 1990 年版。

朱东润:《陈子龙及其时代》,人民文学出版社 2007 年版 。

。

四、近人研究论文类

(韩) 吴金成:《明清时期的江南社会:以城市发展为中心》,收入《中国江南社会与中韩文化交流》,杭州出版社 1997 年版。

(美) 迈克尔 · 马默(Michael Marme):《人间天堂:苏州的崛起,1127—1550》,收入(美) 林达 · 约翰逊主编:《帝国晚期的江南城市》,成一农译,上海人民出版社 2005 年版。

(美) 万志英(Richard Von Glahn):《太湖盆地民间宗教的社会学研究》,收入李伯重、周生春主编:《江南的城市工业与地方文化(960—1850)》,清华大学出版社 2004 年版。

(美) 赵佶:《试论明代后期权势之家与中央及地方政治间的关系:董份与湖州之变》,载《中国社会历史评论》2000 年第二卷。

(日) 岸本美绪:《崇祯十七年的江南社会与关于北京的信息》,载《清史研究》1999 年第 2 期。

(日) 滨岛敦俊:《方志与乡绅》,《暨南史学》2003 年第六号。

(日) 滨岛敦俊:《关于江南“圩”的若干考察》,载《历史地理》第七辑,上海人民出版社 1990 年版。

（日）濱島敦俊:《"民望"から"郷紳"へ——十六・七世紀江南の士大夫》,载《大阪大学大学院文学研究科紀要》第四十一卷,平成十三年三月。

（日）滨岛敦俊:《江南无"宗族"》,收入《复旦史学集刊》第四辑"明清以来江南城市发展与文化交流",复旦大学出版社2011年版。

（日）濱島敦俊:《明代江南の水利の一考察》,载《東洋文化研究所紀要》1969年第四十七册。

（日）滨岛敦俊:《明末华北地区地方士人的存在形态》,收入《近世中国的社会与文化论文集》,明代研究学会2007年版。

（日）濱島敦俊:《姚文灝登場の背景——魏校〈荘渠遺書〉に拠る試論》,收入中国水利史研究会编:《佐藤博士還暦記念・中国水利史論集》,国书刊行会,1981年版。

（日）川胜守:《明代江南水利政策的发展》,载《明清史国际学术讨论会论文集》,天津人民出版社1982年版。

（日）川勝守:《浙江嘉興府の嵌田問題——明末、郷紳支配の成立に関する一考察》,载《史學雜誌》第82编第4号,1973年。

（日）稻田清一:《清末江南一乡村地主生活空间的范围与结构》,载《中国历史地理论丛》1996年第2期。

（日）宮崎市定:《明代苏松地方の士大夫と民衆——明代史素描の試み》,《史林》37—3,1954年。中译本收入刘俊文主编,栾成显、南炳文译:《日本学者研究中国史论著选译》第6卷,中华书局1993年版。

（日）宮崎市定:《清代の胥吏と幕友:特に雍正朝を中心として》,《東洋史研究》1958年第16卷第4号。

（日）鶴見尚弘:《明代における郷村支配》,收入《岩波講座・世界歴史》第12卷,岩波书店1971年版。

（日）森田明:《明清時代の西湖水利について》,中国水利史研究会编:《中国水利史研究》1971年第5号。

（日）森正夫:《日本の明清时代史研究における郷紳論について》(1)(2)(3),分别载《歴史評論》1975年第12期、1976年第4期、1976年第6期。

（日）森正夫:《十六—十八世紀における荒政と地主佃户関係》,载《東洋史研究》,27.4:69—111,1969。中译本收入刘俊文主编:《日本学者研究中国史论著选译》第六卷"明清",中华书局1993年版。

（日）森正夫:《一六四五年太仓州沙溪鎮における烏龍会の反乱について》,收入(日)佐久间重男、山根幸夫编:《中山八郎教授颂寿纪念・明清史论集》,燎原书店1977年版。

（日）山根幸夫:《河南省商城县の紳士層の存在形態》,《東洋史研究》,40—2,1982年。

（日）山根幸夫:《明末农民反乱と紳士層の対応》,《中岛敏先生古稀紀念论集》(下),汲古书院1981年版。

（日）上田信:《被展示的尸体》,收入孙江主编:《事件・记忆・叙述》("新社会史丛刊”第一卷），浙江人民出版社 2004 年版。

（日）太田出：《清代江南地区的“佐杂”分防初探》，载《中国社会历史评论》第二卷，天津古籍出版社 2000 年版。

（日）太田出：《清代江南三角洲地区的佐杂“分防”初探》，载《中国社会历史评论》2000 年第二卷。

（日）檀上宽：《明清乡绅论》，收入刘俊文主编，高士明、邱添生、夏日新等译：《日本学者研究中国史论文选译》第 2 卷，中华书局 1993 年版。

（日）西村かずよ：《明末清初の奴僕について》，收入（日）小野和子编：《明清時代の政治と社会》，京都大学人文科学研究所，1983 年印行本。

（日）细野浩二：《里甲制太祖の政治的工作——“方巾御史”の創出をめぐって》，载唐代史研究会编：《中国聚落史の研究》第 III 集，1980 年 3 月。

（日）小畑龙雄：《论江南里甲的编制》，载《史林》1956 年第三十九卷第 2 期。

（日）真水康树：《资料：清代乾隆、嘉庆期全国各州、县“冲繁疲难”一览》，载《环日本海研究年报》2000 年第 7 号。

（日）重田德：《郷紳支配の成立と構造》，收入《岩波講座・世界歷史》第 12 卷，岩波书店 1971 年版。

（日）佐藤仁史：《清朝中期江南的一宗族与区域社会——以上海曹氏为例的个案研究》，载《学术月刊》1996 年第 4 期。

白坚：《夏完淳陈子龙研究的珍贵史料——读侯岐曾〈丙戌丁亥日记〉札记》，载《文献》1989 年第 4 期。

柏桦：《清代州县司法与行政——黄六鸿与〈福惠全书〉》，《北方法学》2007 年第 3 期。

曹国庆：《明代乡约推行的特点》，载《中国文化》1997 年春之卷，总第 15 期。

曹国庆：《王守仁与南赣乡约》，《明史研究》1993 年第三辑。

常建华：《乡约的推行与明朝对基层社会的治理》，《明清论丛》第四辑，紫禁城出版社 2003 年版。

陈春声：《明末东南沿海社会重建与乡绅之角色——以林大春与潮州双忠公信仰的关系为中心》，《中山大学学报》社会科学版，2002 年第 4 期。

陈家其：《太湖流域南宋以来旱涝规律及其成因分析》，《地理科学》1989 年 9 卷第 1 期。

陈柯云：《略论明清徽州的乡约》，载《中国史研究》1990 年第 4 期。

段文艳：《死尸的威逼：清代自杀图赖现象中的法与“刁民”》，《学术研究》2011 年第 5 期。

段自成、施铁靖：《试论清代乡约的政治职能》，载《河池师范高等专科学校学报》1998 年第 3 期。

段自成：《略论清代乡约领导保甲的体制》，载《郑州大学学报（哲学社会科学版）》1998 年第 4 期。

段自成：《明清乡约的司法职能及其产生原因》，载《史学集刊》1999 年第 2 期。

段自成：《清代前期的乡约》，载《南都学坛》1996 年第 5 期。

范金民:《鼎革与变迁: 明清之际江南士人行为方式的转向》,载《清华大学学报》2010年第2期。

范金民:《明清江南重赋问题》,收入氏编:《江南社会经济研究(明清卷)》,中国农业出版社2006年版。

费孝通:《小城镇——苏北初探》,收入氏著《费孝通论小城镇建设》,群言出版社2000年版。

冯贤亮:《陈龙正: 晚明士绅社会生活的一个侧面》,载《浙江学刊》2001年第6期。

冯贤亮:《城市重建及其防护体系的构成——十六世纪倭乱在江南的影响》,载《中国历史地理论丛》2002年第一辑。

冯贤亮:《传统时代江南的中层社会与乡村控制》,载《学术季刊》2002年第2期。

冯贤亮:《坟茔义冢: 明清江南的民众生活与环境保护》,《中国社会历史评论》第七卷,天津古籍出版社2006年版。

冯贤亮:《高乡与低乡: 杭嘉湖的地域环境与水利变化(1368—1928)》,载《社会科学》2009年第12期。

冯贤亮:《旱魃为虐: 清代江南的灾害与社会》,载李文海、夏明方编:《天有凶年: 清代灾荒与中国社会》,三联书店2007年版。

冯贤亮:《江南城镇的空间、形态与管理(1912—1949)》,收入邹逸麟编:《明清以来长江三角洲地区城镇地理与环境研究》,商务印书馆2013年版。

冯贤亮:《明末清初江南的地方防护》,载《云南社会科学》2001年第3期。

冯贤亮:《明清江南的正统寺庙、民间信仰与政府控制》,载《江苏社会科学》2002年第3期。

冯贤亮:《明清江南地区的环境变动及其社会控制模式》,载《中国社会经济史研究》2001年第3期。

冯贤亮:《明清江南州县的衙署》,载《传统中国研究集刊》第四辑,上海人民出版社2008年版。

冯贤亮:《明清中国地方政府的疆界管理——以苏南、浙西地域社会的讨论为中心》,《历史地理》第21辑,上海人民出版社2006年版。

冯贤亮:《清初江南的乡村变迁与社会结构》,载《中国社会历史评论》第五辑,商务印书馆2007年版。

冯贤亮:《清代浙江湖州府的客民与地方社会》,载《史林》2004年第2期。

冯贤亮:《清代浙西乡村的土客冲突与生态环境》,收入陕西师范大学西北历史环境与经济社会发展研究中心编:《历史环境与文明的演进——2004年历史地理国际学术研讨会论文集》,商务印书馆2005年版。

冯贤亮:《社会变动与地方行政: 清代江南的客民控制》,载《传统中国研究集刊》第六辑,上海人民出版社2009年版。

冯贤亮:《十九世纪后期的江南: 循着〈清国漫游志〉的路程》,《复旦史学集刊》第三辑"江南与中外交流",复旦大学出版社2009年版。

冯贤亮:《魏塘:明代以降一个江南城镇的空间形态与社会变革》,收入《复旦史学集刊》第四辑"明清以来江南城市发展与文化交流",复旦大学出版社 2011 年版。

傅衣凌:《太平天国时期江南地区农民的抗租》,原载《厦门大学学报》1986 年第 4 期,收入氏著《休休室治史文稿补编》,中华书局 2008 年版。

傅衣凌:《中国传统社会:多元的结构》,载《中国社会经济史研究》1988 年第 3 期,后收入氏著《休休室治史文稿补编》,中华书局 2008 年版。

顾慕晴:《明、清州县官之自我律求》,载《中国行政评论》1992 年第 1 卷第 3 期。

郭润涛:《官府、幕友与书生——绍兴师友研究》,中国社会科学出版社 1996 年版;《清代的"家人"》,《明清论丛》1999 年第 1 辑。

郭松义:《论"摊丁入地"》,载《清史论丛》第三辑,中华书局 1982 年版。

郝秉键:《晚明清初江南"打行"研究》,《清史研究》2001 年第 1 期。

侯欣一:《清代江南地区民间的健讼问题——以地方志为中心的考察》,《法学研究》2006 年第 4 期。

黄慧珍:《侯岐曾与〈明侯文节先生日记〉》,载中国历史文献研究会主编:《嘉定文化研究》,三秦出版社 1990 年版。

黄克武:《从乾隆末年经世思想看清初官僚行政:〈切问斋文钞〉服官、选举部分之分析》,收入中研院近代史研究所编:《近代中国初期历史研讨会论文集》,1989 年 4 月。

黄友斌:《百年清白、三世英名——明代嘉定侯氏》,载上海市嘉定区政协文史资料编辑委员会编:《嘉定抗清史料集》,上海古籍出版社 2010 年版。

李济贤:《明代塘长述略》,收入王春瑜主编《明史论丛》,中国社会科学出版社 1997 年版。

李文朝:《太湖湖体综合治理对策的探讨》,载《湖泊科学》1996 年第 8 卷第 1 期。

梁方仲:《近代田赋中的一种奇异制度及其原因》(1935 年),收入《梁方仲经济史论文集》,中华书局 1989 年版。

廖华生:《士绅阶层地方霸权的建构和维护——以明清婺源的保龙诉讼为考察中心》,《徽学研究》2008 年第 1 期。

林丽月:《俎豆宫墙:乡贤祠与明清的基层社会》,收入黄宽重主编:《中国史新论:基层社会分册》,联经出版事业公司 2009 年版。

刘敏:《论清代棚民的户籍问题》,载《中国社会经济史研究》1983 年第 1 期。

刘翔:《江南社会的解剖与再造》,《新运月刊》1936 年第 34 期。

刘铮云:《"冲、繁、疲、难":清代道、府、厅、州、县等级初探》,载中研院《历史语言研究所集刊》第六十四本第一分,1993 年 3 月。

刘铮云:《乡地保甲与州县科派——清代的基层社会治理》,收入黄宽重主编:《中国史新论:基层社会分册》,联经出版事业公司 2009 年版。

罗丽馨:《明代灾荒时期之民生——以长江中下游为中心》,《史学集刊》2000 年第 1 期。

罗晓翔:《城市生活的空间结构与城市认同——以明代南京士绅社会为中心》,《浙江社会科学》2010 年第 7 期。
蒙文通:《中国历代农产量的扩大和赋役制度及学术思想的演变》,收入氏著《蒙文通文集》第五卷《古史甄微》,巴蜀书社 1999 年版。
潘光旦、费孝通:《科举与社会流动》,载《社会科学》1947 年第 4 卷第 1 期。
潘清:《明代太湖流域水利建设的阶段及其特点》,载《中国农史》1997 年第 2 期。
秦海滢:《明初乡村教化初探》,载《东北师大学报(哲学社会科学版)》2001 年第 1 期。
任道斌:《清代嘉兴地区胥吏衙蠹在经济方面的罪恶活动》,载《清史论丛》第六辑,中华书局 1985 年版。
孙剑艺:《红楼"尸场"解》,载《红楼梦学刊》2007 年第一辑。
台北嘉兴同乡会:《嘉兴今昔》,嘉兴市政协学习和文史资料委员会编:《嘉兴市文史资料通讯》第 34 期,2003 年 1 月 2 日,收入《嘉兴文史汇编》第 4 册,当代中国出版社 2011 年版。
太湖流域水利委员会编:《太湖流域水利季刊》第四卷第四期《太湖流域民国二十年洪水测验调查专刊》,民国二十年十月。
谭其骧:《浙江省历代行政区划——兼论浙江各地区的开发过程》,原载杭州《东南日报》,1947 年 10 月 4 日,收入《长水集》(上),人民出版社 1987 年版。
汪家伦:《历史时期太湖地区水旱情况初步分析(四世纪—十九世纪)》,载《农史研究》1983 年第三辑。
汪荣祖:《江南与明亡清兴——兼论历史地缘说》,载熊月之、熊秉真主编:《明清以来江南社会与文化论集》,上海社会科学院出版社 2004 年版。
汪毅夫:《明清乡约制度与闽台乡土社会——〈闽台区域社会研究〉之一节》,载《台湾研究集刊》2001 年第 3 期。
汪毅夫:《试论明清时期的闽台乡约》,载《中国史研究》2002 年第 1 期。
王汎森:《清初的下层经世思想》,收入氏著《晚明清初思想十论》,复旦大学出版社 2004 年版。
王日根、徐枫:《争沙案所见明代崇明地方社会秩序》,《江南文化研究》第 6 辑,学苑出版社 2012 年版。
吴晗:《明代的新仕宦阶级,社会的政治的文化的关系及其生活》,载中国社会科学院历史研究所明史研究室编:《明史研究论丛》第五辑,江苏古籍出版社 1991 年版。
吴晗:《晚明仕宦阶级的生活》,收入北京市历史学会编:《吴晗史学论著选集》第一卷,人民出版社 1984 年版。
吴建华:《"民抄"董宦事件与晚明江南社区的大众心态》,《中国社会经济史研究》2000 年第 1 期。
吴晓龙等:《乡约与明代乡村社会治理——以 <醒世姻缘传> 为例》,载《甘肃社会科学》2006 年第 5 期。
吴震:《"证人社"与明季江南士绅的思想动向》,《中华文史论丛》2008 年第 1 期。
伍丹戈:《明代绅衿地主的发展》,载《明史研究论丛》第二辑,江苏古籍出版社 1983

年版。

夏越炯:《浙江省宋至清时期旱涝灾害的研究》,载《历史地理》创刊号,上海人民出版社1981年版。

谢国桢:《明末农民大起义在江南的影响——"削鼻班"和"乌龙会"》,收入氏著《明末清初的学风》,人民出版社1982年版。

谢国桢:《明末清初的学风》,载《四川大学学报》1963年第二期,收入氏著《明末清初的学风》,人民出版社1982年版。

谢长法:《乡约及其社会教化》,载《史学集刊》1996年第3期。

徐泓:《明代社会风气的变迁——以江、浙地区为例》,原载《第二届国际汉学会议论文集:明清与近代史组》,台湾中研院,1989年;收入刑义田、林丽月主编:《社会变迁》(台湾学者中国史研究论丛),中国大百科全书出版社2005年版。

杨联陞:《国史诸朝兴衰刍论》,收入氏著《国史探微》,新星出版社2005年版。

杨联陞:《明代地方政府》,载 Charles O. Hucker ed., *Chinese Government Ming Times: Seven Studies*, Columbia University Press, 1969。收入氏著《国史探微》,中文版辽宁教育出版社1998年版、新星出版社2005年版。

杨茜、冯贤亮:《官绅互动与万历年间的南京社会:以丁宾的活动为中心》,《江苏社会科学》2012年第1期。

杨再福等:《东太湖生态环境的演变与对策》,载《中国环境科学》2003年第23卷第1期。

尹钧科:《明代的宣谕和清代的讲约》,载《北京社会科学》1999年第4期。

虞云国:《略论宋代太湖流域的农业经济》,《中国农史》2002年第1期。

张芳:《明代太湖地区的治水》,载《太湖地区农史论文集》第一辑,1985年印行本。

张研:《对清代州县佐贰、典史与巡检辖属之地的考察》,载《安徽史学》2009年第2期。

周绍泉:《退契与元明的乡村裁判》,载《中国史研究》2002年第2期。

周振鹤:《〈圣谕〉、〈圣谕广训〉及其相关的文化现象》,载《中华文史论丛》第六十六辑,上海古籍出版社2001年版。

周振鹤:《中国历史上两种基本政治地理格局的分析》,载《历史地理》第二十辑,上海人民出版社2004年版。

周致元:《明代徽州的教化措施及其影响》,载《安徽大学学报(哲学社会科学版)》1996年第2期。

朱鸿林:《从沙堤乡约谈明代乡约研究问题》,载《中国社会历史评论》2000年第二卷。

朱俊瑞、李涛:《民国浙江乡镇组织变迁研究——以"新县制"为中心的分析》,中国社会科学出版社2007年版。

邹逸麟:《江南运河镇江、常州段历史地理问题之研究》,原载《文史新澜》,浙江古籍出版社2003年版,收入氏著《椿庐史地论稿》,天津古籍出版社2005年版。

邹逸麟:《谈"江南"的政治含义》,收入王家范主编:《明清江南史研究三十年(1978—2008)》,上海古籍出版社2010年版。

后　　记

本书的完稿,历时颇长。

2005 年时我正在华东师范大学历史系供职,开始准备以"衙门内外——明清江南的州县行政与地方社会研究"为主题,展开系统性的研究。次年,即申请获得上海市哲学社会科学规划基金(批准号:2006BLS002)的资助。

再过一年,我回到复旦大学历史系工作,由于先后接手了其他几项课题,使这一研究被迫滞缓。但真正延缓工作的原因,应该还在于为更多地吸纳不断涌出的史料与相关研究,而耗费了颇多的时间。

后来在该课题结项成果的基础上,重新整合研究,并于 2013 年获得国家社科基金的后期资助(批准号:13FZS025),藉此对书稿进行了新一轮的修改。但因交稿时间在限,不可能于浩如烟海的明清史料中将所有相关的史料都予穷尽,况且很多史料反映的内容具有重复性,越搜越多,没有必要全部予以采用,尽管如此,仍然补充了至少八万字的资料。

本书研究的时段是明清两朝,上承宋元,下启近代,是一个富于变革而带有"全球化"意味的时代。文献中呈现出来的江南地区,在明清官绅们的笔录中,有着各种状貌情态,在州县行政与地方社会方面尤有其难以形容的复杂性。不过,现在都成了历史,很多内容的了解,只有依靠当时文人的记述和人们的想象。

在我的中学时代,所寓居的县城相对破旧,还有不少晚清民国时代的影儿,而校园中的食堂旁,就是明清县衙的"儒学"(文庙),那种残存的痕迹,裸露着的颓败的木柱子,还一直停留在我记忆中。

在大学时代,最后让我选择的毕业论文选题,竟然还是这个县城的所在地魏塘镇。其历史传说上溯至魏武帝时代,宋代已然成镇,而元代书画大家吴镇在镇中的旧居梅花庵,则真切地说明它曾经应有的文化地位。至于城内著名官宦丁宾的祠宇,虽然早已变成了邮电局的所在,但我偶然相识的这位晚明模范官员的后人,仍可以诉说出其原有的隆崇地位。

在研究生时代,我从业师邹逸麟先生系统学习中国历史人文地理,开始尝试着华北地区的研究,由此对宋代至民国时期的华北城乡社会有了些基本的认识。1998 年夏天,随滨岛敦俊先生在湖州地区的乡村调查结束后,我选择的研究地域又回到了江南。在滨岛先生看来,我的江南研究就应该从明末的嘉善乡宦陈龙正开始。

而现在研究的这个主题,就是与"儒学"一体的州县行政问题,重点则在古人所谓的钱谷与刑名两端,其复杂性仍让我感到还有许多问题有待深入和解决。

所以,目前呈现的成果,只是至 2014 年春的研究状态,与原设想的多少还有距离。所幸在进行上述研究工作时,曾以州县行政、社会调控与官绅网络为主题的研究,申请获得教育部人文社会科学研究一般项目(批准号:09YJC770005)、教育部新世纪优秀人才支持计划(2011 年度)的资助,从而有可能使本书未暇顾及的研究,得到丰富和完成。

在本项研究最后成型的过程中,曾受复旦大学人文基金的资助(2012年),前往台湾中研院学术交流并搜集许多相关资料;同时,要感谢海内外诸多师友的帮助,要感谢责任编辑余璇女士的全程关注及其对书稿的精心编校,更要感谢我的研究生杨茜、王晨燕、郑宁、蒋丽君、李玉琴、李潇、张艺程对本书所用不少资料的核录或校对工作,以及与梅恺、陈夏玲、陆闻天、赵丹青等共同研究探讨中的各种所得。内子林涓经常为我分担许多琐事,而小儿自牧现在已懂得我长时间置身书房是在"工作"。我要感谢他们!

冯贤亮
2015 年 1 月 20 日于沪北　美岸居

图书在版编目(CIP)数据

明清江南的州县行政与地方社会研究 / 冯贤亮著.
—上海：上海古籍出版社，2015.3(2023.4 重印)
(国家社科基金后期资助项目)
ISBN 978-7-5325-7508-4

Ⅰ.①明… Ⅱ.①冯… Ⅲ.①行政管理体制—研究—华东地区—明清时代 Ⅳ.①D691

中国版本图书馆 CIP 数据核字(2014)第 313504 号

责任编辑 余 璇

国家社科基金后期资助项目
明清江南的州县行政与地方社会研究
冯贤亮 著
上海古籍出版社出版发行
(上海市闵行区号景路 159 弄 1-5 号 A 座 5F 邮政编码 201101)
(1) 网址：www.guji.com.cn
(2) E-mail：guji1@guji.com.cn
(3) 易文网网址：www.ewen.co
上海新艺印刷有限公司印刷
开本 787×1092 1/16 印张 33 插页 2 字数 575,000
2015 年 3 月第 1 版 2023 年 4 月第 2 次印刷
ISBN 978-7-5325-7508-4
K·1981 定价：158.00 元